COLECCIÓN
CUESTIONES ACTUALES
DEL DERECHO DEL TRABAJO Y DE LA SEGURIDAD SOCIAL

EL NUEVO RÉGIMEN JURÍDICO DE LAS EMPLEADAS DEL HOGAR

COLECCIÓN
CUESTIONES ACTUALES
DEL DERECHO DEL TRABAJO Y DE LA SEGURIDAD SOCIAL

DOMENICO MEZZACAPO
Professore ordinario di Diritto del lavoro, Sapienza Università di Roma. Presidente della Commissione di certificazione dei contratti di lavoro.

GRATIELA FLORENTINA MORARU
Profesora ayudante doctora Derecho del Trabajo y de la Seguridad Social, Universidad de Castilla La Mancha.

PILAR ORTIZ GARCÍA
Profesora Titular de Sociología, Universidad de Murcia.

M.ª MAGNOLIA PARDO LÓPEZ
Profesora Titular Derecho Administrativo, Universidad de Murcia.

ANA ISABEL PÉREZ CAMPOS
Profesora Titular Derecho del Trabajo y de la Seguridad Social, Universidad Rey Juan Carlos.

JESÚS RENTERO JOVER
Magistrado jubilado de la Sala de lo Social del Tribunal Superior de Justicia de Castilla La Mancha.

GUILLERMO RODRÍGUEZ INIESTA
Profesor Titular de Derecho del Trabajo y de la Seguridad Social, Universidad de Murcia.

BEATRIZ RODRÍGUEZ SANZ DE GALDEANO
Profesora titular Derecho del Trabajo y de la Seguridad Social, Universidad Pública de Navarra.

MARÍA JOSÉ ROMERO RODENAS
Catedrática de Derecho del Trabajo y de la Seguridad Social, Universidad de Castilla La Mancha.

MERCEDES SÁNCHEZ RUIZ
Profesora Titular de Derecho Mercantil, Universidad de Murcia.

CARMEN SÁNCHEZ TRIGUEROS
Catedrática Derecho del Trabajo y de la Seguridad Social de la Universidad de Murcia y Directora de la Unidad de Igualdad de la Universidad de Murcia.

CONCEPCIÓN SANZ SÁEZ
Profesora asociada Derecho del Trabajo y del la Seguridad Social, Universidad de Castilla La Mancha.

ALEJANDRA SELMA PENALVA
Catedrática Derecho del Trabajo y de la Seguridad Social, Universidad de Murcia.

CARMEN SOLÍS PRIETO
Profesora Contratada Doctora de Derecho del Trabajo y de la Seguridad Social, Universidad de Extremadura.

EDUARDO ENRIQUE TALÉNS VISCONTI
Profesor contratado doctor de Derecho del Trabajo y de la Seguridad Social, Universidad de Valencia.

COLECCIÓN
CUESTIONES ACTUALES
DEL DERECHO DEL TRABAJO Y DE LA SEGURIDAD SOCIAL

EL NUEVO RÉGIMEN JURÍDICO DE LAS EMPLEADAS DEL HOGAR

M.ª Elisa Cuadros Garrido
Alejandra Selma Penalva
Directoras

Fco. Javier Fernández Orrico
Prólogo

COLEX 2023

© Editorial Colex, S.L.
Calle Costa Rica, número 5, 3º B (local comercial)
A Coruña, C.P. 15004
info@colex.es
www.colex.es

I.S.B.N.: 978-84-1359-936-6
Depósito legal: C 897-2023

SUMARIO

CAPÍTULO II
LA CONTRATACIÓN DE LAS PERSONAS TRABAJADORAS AL SERVICIO DEL HOGAR FAMILIAR

Carolina Blasco Jover

CAPÍTULO III
TRATAMIENTO DEL TIEMPO DE TRABAJO EN EL EMPLEO DOMÉSTICO

Sira Pérez Agulla

CAPÍTULO IV
RETRIBUCIONES DE LAS EMPLEADAS DEL HOGAR

María Elisa Cuadros Garrido

CAPÍTULO V
EL PERÍODO DE PRUEBA EN EL EMPLEO DOMÉSTICO

Fermín Gallego Moya

CAPÍTULO VI
LA CONFIGURACIÓN JURÍDICA DE LOS PERMISOS RETRIBUIDOS EN EL EMPLEO DOMÉSTICO

Ana I. Pérez Campos

CAPÍTULO VII
EXTINCIÓN DEL CONTRATO DE LOS EMPLEADOS DE HOGAR

Beatriz Rodríguez Sanz de Galdeano

CAPÍTULO VIII
SEGURIDAD SOCIAL DE LOS EMPLEADOS DE HOGAR

José Antonio González Martínez

CAPÍTULO IX

ECONOMÍA SUMERGIDA EN LA RELACIÓN LABORAL ESPECIAL DE EMPLEADOS DE HOGAR

Alejandra Selma Penalva

CAPÍTULO X

CONTROL DE LA PRESTACIÓN A LOS EMPLEADOS DE HOGAR

Carmen Sánchez Trigueros

CAPÍTULO XI
RIESGOS PSICOSOCIALES DE LOS EMPLEADOS DE HOGAR

Mirentxu Marín Malo

CAPÍTULO XII
INMIGRACIÓN Y SERVICIO DOMÉSTICO: CLAVES LABORALES DE SUS RECIENTES REFORMAS

Paz Menéndez Sebastián
Alex Minculeasa Copcea

CAPÍTULO XIII

LA ACTUACIÓN DE LA INSPECCIÓN DE TRABAJO EN EL ENTORNO LABORAL DE LAS PERSONAS TRABAJADORAS DEL HOGAR FAMILIAR

Rocío Carbonero Santaella

CAPÍTULO XIV

DOMESTIC WORK IN THE ITALIAN LEGAL SYSTEM

Domenico Mezzacapo
Luisa Rocchi
Flaminia de Giuli
Chiara Trotta
Dario Calderara
Fabrizio Ferraro
Gianluca Giampà

PRÓLOGO

Las directoras de la presente obra colectiva, profesoras, M.ª Elisa Cuadros Garrido y Alejandra Selma Penalva, han tenido la amabilidad de solicitarme unas líneas que sirvan como presentación a *El nuevo régimen jurídico de las empleadas del hogar*, que constituye la más reciente aportación sobre las diversas vertientes jurídicas del trabajo que desempeñan las empleadas de hogar hasta la fecha.

Estamos ante una obra que contiene prácticamente todas las cuestiones que afectan al trabajo, la mayoría realizado por mujeres, de ahí el sugerente título del libro, que no emplea la denominación del colectivo del Real Decreto-ley 16/2022, que habla de personas trabajadoras al servicio del hogar.

Diría que el trabajo realizado en el hogar es una actividad especialísima, porque si bien reúne las notas de laboralidad del art. 1.1 ET, sin embargo, en su ejercicio, aparecen algunos elementos que lo distinguen claramente de una relación ordinaria de trabajo e incluso va más allá de una relación laboral especial, tal como se concibe actualmente en su regulación.

En efecto, se trata de elementos, como el lugar de desarrollo de la actividad, constituido por el hogar familiar, que no es una empresa más al uso, en la que el trabajador ofrece asépticamente su prestación de servicios retribuidos. En realidad, no debería considerarse el domicilio familiar como un centro de trabajo cualquiera, porque el empleador tan solo recibe la prestación de los servicios domésticos de una actividad, que no es lucrativa, sino que se dirige al autoconsumo del propio titular del hogar familiar, porque necesita contar con una ayuda para realizar las tareas del hogar, como la limpieza de la casa, de la ropa, compra de alimentos, elaboración de comidas, cuidado especial de personas mayores o con discapacidad. En consecuencia, es un trabajo que dista mucho del entorno en que se mueven con carácter general los trabajadores por cuenta ajena. De ahí, la especialidad de su relación laboral.

Debe reconocerse, que la relación existente entre un empleador y un empleado del servicio doméstico va mucho más allá del intercambio de prestaciones (trabajo-salario), porque interviene otro elemento esencial ausente de las relaciones laborales corrientes, y es esa especialísima relación de confianza, de cercanía con la intimidad de la familia del empleador, que supone el hecho de acoger a una persona extraña, que en la mayoría de las veces se integra como un familiar más, dada la proximidad física e incluso psíquica del empleado hacia las personas que componen el hogar familiar del empleador.

Otro aspecto no menos relevante, en materia de vigilancia del cumplimiento de las obligaciones del empleador por la Inspección de Trabajo y Seguridad Social, es el de la dificultad de acceso a domicilios privados con la autorización de sus titulares para comprobar la situación de sus empleados de hogar; permiso que difícilmente se otorgará al funcionario actuante, si en ese momento presta servicios en la vivienda alguna persona empleada de forma ilegal, ya sea por ser extranjera sin autorización para trabajar, sin dar de alta en la Seguridad Social o que presente cualquier otra irregularidad laboral.

Pero quizá el mayor problema que se plantea, es esa dicotomía que existe, por un lado, entre los derechos de los empleados de hogar, en particular, a una retribución digna que al menos alcance el salario establecido en el convenio colectivo de aplicación o el salario mínimo interprofesional (SMI), así como el ingreso de las correspondientes cotizaciones, y, por otro, la necesidad de considerar las circunstancias que atraviesan algunas personas empleadoras, que no pueden valerse por sí mismas, necesitando la atención de una empleada de hogar, cuya función primordial sea la de prestar servicios como persona cuidadora del empleador cuya pensión no pueda cubrir el salario y la cotización de la persona trabajadora.

Sobre este punto, creo, desde la perspectiva de la persona empleadora, que junto con el reforzamiento en la gestión de las ayudas previstas en el Sistema para la Autonomía y Atención a la Dependencia para los empleadores, debería regularse una normativa similar a las existentes en otros países de nuestro entorno, como el *chèque emploi service universal*, en Francia, el *Titres services* en Bélgica o el *Buoni laboro* en Italia, adaptándola a nuestra legislación que facilite la ocupación de un empleado de hogar por las personas que, por sus circunstancias especiales (ancianidad, discapacidad, dependencia, etc.) unida a su situación de precariedad económica no puedan permitirse su contratación, y por otro, el itinerario inverso, es decir, evitar el paso de la legalidad al empleo sumergido, como consecuencia de la elevación del SMI y las correlativas cotizaciones sociales. Y es que, si se quiere erradicar el problema del trabajo informal en el ámbito del hogar familiar, el medio más eficaz será el de apoyar a las personas empleadoras con medidas que alivien sus cargas salariales, impositivas, y de seguridad social, particularmente a los que sufran situaciones de vulnerabilidad y precariedad económica.

Una última cuestión que merece un comentario relacionado con el Sistema Especial de Empleados de Hogar del Régimen General de la Seguridad Social, que está ocasionando sobresaltos entre los empleadores del hogar familiar, es la de que se está requiriendo y cobrando por la Tesorería General de la Seguridad Social (TGSS), de oficio, e incluso con la actuación de la propia Inspección de Trabajo y Seguridad Social, el pago de diferencias de cotización de períodos anteriores, que los empleadores no actualizaron como consecuencia de las frecuentes subidas del SMI. Problema que no se habría producido, si se hubiera elevado por defecto la cotización adecuada en el momento por el propio organismo en función del incremento del SMI, teniendo en cuenta que, en este Sistema Especial, el ingreso de las cotizaciones se lleva a cabo a través del sistema de liquidación simplificada [art. 22.1.c) LGSS] y por ello, con mayor dificultad por parte de la persona empleadora de manejarse para modificar la base de cotización. Esto y las enormes dificultades que han surgido con la pandemia, a la hora de tramitar expedientes con la TGSS o con el INSS, o simplemente para cualquier gestión o solicitud de información ha llevado consigo la aparición de negocios paralelos a los que se acude para poder tener acceso a los servicios de la Seguridad Social, ya sea presencial o de la sede electrónica, inaccesible frecuentemente para las personas más mayores que suelen tener más dificultades a la hora de acceder al uso de las nuevas tecnologías.

Creo que los responsables de las entidades gestoras y servicios comunes de la Seguridad Social deberían reflexionar sobre todas estas cuestiones que son las que interesan a los ciudadanos, porque les afectan directamente en su relación con la Seguridad Social cada vez más presente en sus vidas y valorar la posibilidad de mejorar la gestión, en especial cuando se trata de ofrecer atención a los «sujetos protegidos de la Seguridad Social». Todavía recuerdo no hace mucho, que era frecuente escuchar lo bien que funcionaba la Seguridad Social en España. Confiemos que lo volvamos a oír más pronto que tarde.

Entrando en el contenido de esta magna obra colectiva, con una introducción y quince capítulos, que abordan las cuestiones más actuales y que plantean aquellas dificultades que podrían presentarse, comienza con el capítulo del profesor de la Universidad de Murcia, *Guillermo Rodríguez Iniesta*, que analiza el recorrido histórico seguido hasta la actualidad para dotar al trabajo del hogar familiar de un régimen jurídico específico, en el que destaca la eliminación de la figura del desistimiento sustituida por una nueva causa de extinción que aparentemente equilibra la posición del empleador y del empleado, y se ocupa además, como buen especialista en Seguridad Social, de la regulación como Sistema Especial del Régimen General; de la Universidad de Alicante, la profesora *Carolina Blasco Jover*, en el capítulo 2, se interna en la contratación de las personas trabajadoras del hogar familiar, ahondando en lo que constituye la esencia del contrato de trabajo de esta singular relación laboral especial, como su formalización, duración, período de prueba e incluso se adentra en aspectos relacionados con los beneficios en la cotización e incluso llega a comentar la singularidad de las personas inmigrantes, colectivo mayoritario en esta actividad; el tiempo de trabajo en el empleo doméstico es otro de los temas, que trata la profesora de la Universidad Complutense, *Sira Pérez Agulla*, en el capítulo 3, incluyendo aspectos tan interesantes como el Convenio 189 de la OIT sobre los trabajadores domésticos y la recomendación 201, que analiza las horas de trabajo y de presencia y descansos, las vacaciones, el trabajo nocturno, y entiende que «en cuanto al tiempo de trabajo, la no ratificación por parte de España del Convenio 189, no significó la inobservancia de los principios y derechos básicos por él establecidos», como lo demuestra la exposición que realiza sobre el mismo en la normativa española; un aspecto de particular importancia como son las retribuciones, lo acomete la profesora de la Universidad de Murcia, *M.ª Elisa Cuadros Garrido*, en el capítulo 4, dejando constancia de las dificultades económicas que atraviesan las empleadas de hogar, especialmente en el empleo sumergido, y comentando diversos aspectos del salario, sus modalidades, pagas extras, vacaciones, horas de presencia, etc., y es que, como asegura la autora, «en la sociedad actual, el trabajo doméstico resulta esencial para el funcionamiento productivo de nuestra economía, por lo que no se entiende que la invisibilidad, la irregularidad y la desprotección social de este trabajo sean características que afectan a este colectivo, altamente feminizado»; del capítulo 5 es autor, el profesor de la Universidad de Murcia, *Fermín Gallego Moya*, que realiza un minucioso estudio sobre el período de prueba en el empleo doméstico, aprovechando para explicar cómo se regula en las demás relaciones laborales especiales, así como su evolución en el empleo doméstico, sus aspectos esenciales, su duración y finalmente la resolución contractual por desistimiento durante la prueba, advirtiendo que «la posibilidad de desistimiento tras la fase de prueba desaparece, lo que va a complicar sobremanera la adopción de ceses inmotivados o contrarios a Derecho a partir de ese momento»; un aspecto específico, en este recorrido de las diversas vicisitudes del empleo en el hogar familiar lo constituye, el de los permisos retribuidos al empleado de hogar, que acomete con claridad la profesora de la Universidad Rey Juan Carlos, *Ana Isabel Pérez Campos*, en el capítulo 6, resaltando que «la regulación de los permisos retribuidos es especialmente importante para garantizar que las personas que trabajan en el hogar familiar puedan hacer frente a situaciones personales y familiares sin poner en riesgo su empleo o su situación económica», sin embargo, se lamenta porque «la aplicación práctica de estos derechos dista mucho de ser eficaz por circunstancias tales como el desconocimiento generalizado de la normativa, las escasas ventajas que proporciona el sistema, el estatus legal de las trabajadoras inmigrantes o por los difíciles mecanismos de control de la Administración»; a continuación, la profesora de la Universidad Pública de Navarra, *Beatriz Rodríguez Sanz de Galdeano*, realiza, en el capítulo 7 un estudio clave acerca de la extinción de contrato de los empleados de hogar, pues es uno de los puntos críticos de los cambios producidos en esta actividad, en la que analiza la diversas formas de extinción del contrato, como «la falta de confianza», nueva causa de extinción, según la cual, concluye que, «la formulación de esta causa de extinción puede ser una vía para extinguir la relación laboral en aquellos supuestos en los que la conducta del empleado no obedezca a los estándares de diligencia o comportamiento habituales, pero no tenga la entidad suficiente para justificar un despido disciplinario»; el profesor de la Universidad de Murcia, *José Antonio González Martínez*, realiza en el capítulo 8, un interesante análisis sobre las posibles mejoras en materia de

Seguridad Social, destacando sobre todo, la nueva cobertura de la protección por desempleo, afirmando en las conclusiones que «la inclusión de quienes desempeñan su labor en el servicio doméstico como beneficiarios potenciales de las prestaciones por desempleo, al menos en el ordenamiento jurídico español, a todas luces ha de considerarse consecuencia directa de la publicación de la Sentencia del TJUE C-389/20», y finaliza el capítulo con las novedades en materia de cotización; la profesora de la Universidad de Murcia, *Alejandra Selma Penalva*, se ha ocupado en el capítulo 9 de una cuestión harto compleja, como es el de la economía sumergida en la relación laboral especial de empleados de hogar, que ha lidiado con enorme soltura al aproximarse a este fenómeno tan corriente en España confrontado la realidad con la regulación existente, haciéndose diversas preguntas y describiendo con precisión que el «trabajo negro» «trata de pasar desapercibido para evitar la aplicación de las consecuencias legales que precisamente trata de eludir. Es una forma de fraude sí, pero no sólo a los derechos de los trabajadores ni al ordenamiento laboral: constituye un fraude a todo el sistema económico en general puesto que genera un trabajo productivo que no se computa. No crea riqueza teórica ni contribuye a sustentar el gasto público. De entre las posibles formas de precariedad, ésta será quizá la que ocasione consecuencias más duras»; no podía faltar un capítulo —el 10—, sobre un aspecto de gran actualidad como es el de la vigilancia y control de la prestación a los empleados de hogar, mediante las nuevas tecnologías, asumido por la profesora de la Universidad de Murcia, *Carmen Sánchez Trigueros*, que después de realizar un profundo repaso de los actuales criterios procedentes de la normativa, doctrina científica y de los principales tribunales nacionales y europeos, en particular, realiza un detenido examen de la STS 692/2022, de 22 de julio, de la que hace un esquema radiográfico sobre la videovigilancia en el hogar familiar, que responde a la pregunta que se hacía al principio del capítulo, sobre si «la prueba videográfica podría lesionar la garantía constitucional que ampara el derecho a la intimidad y a la imagen de los empleados»; otro aspecto que no conviene olvidar es el de la prevención de riesgos laborales, concretamente, el de los riesgos psicosociales de los empleados de hogar, cuya autora es la profesora de la Universidad Pública de Navarra, *Mirentxu Marín Malo* en el capítulo 11, en el que realiza un estudio sobre esta cuestión con objeto —según sus propias palabras—, «de sentar las bases para, a falta de un desarrollo normativo específico para este ámbito, facilitar el cumplimiento del empleador doméstico de sus obligaciones preventivas, en concreto, con relación a los riesgos de carácter psicosocial presentes en el domicilio», y termina señalando que «desde el ámbito preventivo, se tomen medidas dirigidas a eliminar la precariedad laboral en este sector con un doble objetivo: garantizar unas condiciones de trabajo dignas y cuidar la salud mental de los trabajadores empleados de hogar»; el capítulo 12, sobre inmigración y servicio doméstico, como claves laborales de sus recientes reformas, lo asumen, la profesora de la Universidad de Oviedo, *Paz Menéndez Sebastián* y el profesor, también de la Universidad de Oviedo, *Álex Min-*

culeasa Copcea, quienes, una vez han analizado los problemas que plantean algunos aspectos generales en materia de la extranjería en el ámbito de trabajo doméstico, llegan a diversas conclusiones, entre ellas destaca la del hecho de que «la legislación laboral en el entorno doméstico y la propia de extranjería no son, vasos comunicantes, sino que cada una de ellas parece responder a una realidad diferente, que prescinde del hecho de que la mayoría de las personas que trabajan en este singular ámbito de actividad son mujeres extranjeras extracomunitarias», expresando el deseo de que «en reformas venideras o desarrollos reglamentarios futuros se solventasen todas estas incoherencias y dificultades, que no hacen más que sembrar de incertidumbre la ya de por sí compleja relación laboral especial»; la Inspectora de Trabajo y Seguridad Social, *Rocío Carbonero Santaella*, trata en el capítulo 13, de una cuestión relacionada con su actividad profesional como es la que trata sobre la actuación de la Inspección de Trabajo y Seguridad Social en el entorno laboral del hogar familiar, en la que describe la normativa vigente e incluye un acta de liquidación por cotización inferior al tramo que le corresponde, en función de las horas de trabajo, finalizando con una reveladora confesión, según la cual, pese a que el derecho a la inviolabilidad de domicilio podría limitar de alguna forma la actuación de la Inspección de Trabajo y Seguridad Social, «con los mecanismos que nos proporciona la normativa reguladora se pretende velar por la garantía de los derechos de las (...) personas trabajadoras del hogar familiar»; el capítulo 14, sobre el sistema legal del trabajo doméstico en Italia, cuyos autores son los profesores de la Universidad de Roma, *Domenico Mezzcapo, Luisa Rocchi* (Universidad de Cusano), *Flaminia de Giuli, Chiara Trotta, daría Calderara, Fabrizio Ferraro, y Gianluca Giampà*, también consideran el trabajo doméstico como una relación especial de empleo, que se inicia con el desarrollo de su regulación en 1958, comentando diversas particularidades de su régimen jurídico, entre los que destacan los servicios domésticos ocasionales realizados a través de plataforma digital, con el objetivo de proteger a los trabajadores domésticos en término de salud y de seguridad, asegurando sus autores, que «la implicación de estas plataformas en el desempeño laboral varía según el tipo de servicio ofrecido. En algunos casos, la actividad de la plataforma impacta significativamente en el desempeño del servicio, mientras que, en otros, solo facilita el emparejamiento de la oferta y la demanda laboral». Además, señalan que «la plataforma proporciona dos sistemas diferentes de evaluación de los trabajadores. Por un lado, un sistema de revisión permite al empleador evaluar, de forma puntual el desempeño del trabajador (...) por otro lado también existe un sistema de clasificación interno, visible solo para los operadores de la plataforma. Este sistema tiene en cuenta la conducta de los trabajadores en un sentido más amplio, teniendo en cuenta factores como el número de citas, la cancelación y la disponibilidad».

Como puede apreciarse la monografía abarca todas las cuestiones candentes relativas al régimen jurídico laboral del empleo doméstico, elaborado por especialistas en la materia que han puesto lo mejor de sus conocimientos y experiencias para transmitirlas a los lectores, especialmente, a quienes se dedican al asesoramiento a empleadores y a empleadas que integran esta relación laboral tan especial. Pero también se dirige a quienes se dedican a labores docentes y de investigación, que profundizan en el estudio y en la investigación de esta actividad tan necesaria en numerosas ocasiones, de vulnerabilidad en los hogares familiares.

Quisiera agradecer a las directoras de este libro, la iniciativa de profundizar en un trabajo esencial para la vida de las personas, como es el del empleo doméstico, que exige una regulación justa en cada uno de sus aspectos, y destacar el acierto de reunir para ello un elenco de laboralistas competentes que han dedicado buena parte de su tiempo en reflexionar sobre el modo de mejorar las condiciones de trabajo de las personas empleadas en el hogar familiar, así como de facilitar su contratación por las personas empleadoras.

Finalmente, el agradecimiento se extiende a la editorial COLEX, que, al asumir la publicación de esta monografía, que ya forma parte de sus prestigiosas publicaciones, está posibilitando un paso importante en el logro de la justicia social.

Valencia, primavera de 2023

Fco. Javier Fernández Orrico
Catedrático de Derecho del Trabajo y de la Seguridad Social
Universidad Miguel Hernández (Elche)

CAPÍTULO I

EL TRABAJO DE LAS PERSONAS AL SERVICIO DEL HOGAR FAMILIAR

(Breve síntesis de la trayectoria seguida en su ordenación jurídica)

Guillermo Rodríguez Iniesta
Profesor Titular de Derecho del Trabajo y de la Seguridad Social
Universidad de Murcia

1. Introducción

El 3 de abril de 2023, el Boletín Oficial del Estado publicaba el Instrumento de adhesión al Convenio 189 OIT sobre el trabajo decente para las trabajadoras y trabajadores domésticos, hecho en Ginebra el 16 de junio de 2011. La deseada adhesión se había producido. No obstante, su entrada en vigor para España, a tenor del ap. 3 del artículo 21, se producirá el 29 de febrero de 2024[1]. Las críticas doctrinales a la pasividad legislativa habían sido prácticamente unánimes especialmente desde 2011. En mayo de 2013 la Comisión de Empleo y Seguridad Social del Congreso de los Diputados había aprobado por unanimidad una proposición no de ley consensuada por todos los grupos de la Cámara que instaba al Gobierno a someter a evaluación la ratificación del Convenio y a proceder a la adaptación de la legislación española en el sentido en que regulan el Convenio número 189 y la Recomendación número 201 de la Organización Internacional del Trabajo. El empuje último para ello

---

1 El citado apartado dice así: «*Desde dicho momento* [se está refiriendo a la necesaria ratificación de dos Miembros] *el presente convenio entrará en vigor, para cada Miembro doce meses después de la fecha de registro de su ratificación*», la fecha de ratificación fue el 28 de marzo.

sería el fallo del Tribunal de Justicia de la Unión Europea en su sentencia de 24 de febrero de 2022.

El presente estudio trata de analizar el recorrido seguido para llegar a dotar al trabajo en el hogar familiar de un régimen jurídico específico. Ello se hará teniendo en cuenta también el camino paralelo (a veces incluso por delante) del régimen de Seguridad Social de estos trabajadores.

2. Primer período. La inicial despreocupación de la legislación social por dotar de un régimen jurídico específico al trabajo doméstico

Este primer período llegaría en la práctica hasta el RD 1424/1985, de 1 de agosto, que regularía la relación laboral de carácter especial del Servicio del Hogar Familiar, dando cumplimiento a la previsión recogida en el art. 2.1 b de la Ley 8/1980, de 10 de marzo, del Estatuto de los Trabajadores de 1980[2].

Las razones para esta tardía regulación quizás estén, como ha observado la doctrina, en las dudas que suscitaba la calificación jurídica de la relación de trabajo. Obviamente no se pueden olvidar algunos intentos como el llevado a cabo por la Ley de Contrato de Trabajo de 21 de noviembre de 1931[3], cuyos art. 4 a 6 consideraban: a) Como sujetos que pueden celebrar un contrato de trabajo el patrono y el trabajador; b) Patrono al individuo o la persona jurídica, propietaria o contratista de la obra, explotación, industria o servicio donde se preste el trabajo; y c) Como trabajadores —entre otros— *a «los ocupados en servicios domésticos»*. En general la citada Ley no contenía precisiones acerca del trabajo doméstico, salvo algunas que pudieran ser entendidas dirigidas singularmente a estos trabajadores. Es el caso de las previsiones relativas: a) Vivir en casa del patrono y las condiciones de alojamiento, alimentación y auxilios médicos (arts. 39 y 40); b) Deber del trabajador «fidelidad a la Empresa y casa para la que trabajen» (art. 82); y c) Causas del despido justificado «falta grave de respeto y consideración al patrono y a los miembros de su familia que convivan con él» (art. 89.6.ª).

El texto refundido del Libro I la Ley de Contrato de Trabajo, aprobado por Decreto de 26 de enero de 1944, derogaría la Ley de 21 de noviembre de

2 La DA primera de la Ley 32/1984, de 2 de agosto, sobre modificación de determinados artículos de la Ley 8/1980, de 10 de marzo, del Estatuto de los Trabajadores, contenía un mandato dirigido al Gobierno para que el plazo máximo de doce meses contados a partir de la entrada en vigor de dicha Ley (que fue el 24 agosto de 1984), regulará el régimen jurídico de las relaciones laborales de carácter especial previstas en el artículo 2, punto 1, de la Ley 8/1980, de 10 de marzo del Estatuto de los Trabajadores.

3 Gaceta de Madrid, año CCLXX. Tomo IV, 22 de noviembre de 1931, núm. 326, págs. 1130-1138.

1931 y además excluyo expresamente de su ámbito al servicio doméstico[4]. Su artículo 2.º párrafo 2, señalaba:

> «No están comprendidos en la regulación del contrato [de trabajo] establecido por esta Ley:
>
> c) El servicio doméstico, entendiéndose por tal el que se preste mediante jornal, sueldo, salario o remuneración de otro género o sin ella, y que sea contratado; no por un patrono, sino por un amo de casa que no persiga fin de lucro para trabajar en una casa o morada particular al servicio exclusivo del contratante, de su familia o de sus dependientes, bien se albergue en el domicilio del amo o fuera de él».

En consecuencia, el régimen jurídico del trabajo doméstico habría que buscarlo en las previsiones de los art. 1583 a 1587 del Código Civil, que norman los servicios de *«criados y trabajadores asalariados»* (sin perjuicio de lo que determinasen las leyes y reglamentos especiales en relación con los amos y sirvientes), en los siguientes términos:

a) Puede contratarse esta clase de servicios sin tiempo fijo, por cierto, tiempo, o para una obra determinada. Considerando el arrendamiento hecho por toda la vida es nulo (art. 1583)

b) El criado doméstico destinado al servicio personal de su amo, o de la familia de éste, por tiempo determinado, puede despedirse y ser despedido antes de expirar el término; pero, si el amo despide al criado sin justa causa, debe indemnizarle pagándole el salario devengado y el de quince días más (art. 1584)

c) Dos presunciones *iuris tantum* en favor del amo. Este será creído, salvo prueba en contrario sobre (art. 1584):

- El tanto del salario del sirviente doméstico.
- El pago de los salarios devengados en el año corriente.

d) Los criados de labranza, menestrales, artesanos y demás trabajadores asalariados por cierto término para cierta obra, no pueden despedirse ni ser despedidos antes del cumplimiento del contrato, sin justa causa (art. 1586).

e) La despedida de los criados, menestrales, artesanos y demás trabajadores asalariados, a que se refieren los artículos anteriores, da derecho para desposeerles de la herramienta y edificios que ocuparen por razón de su cargo (art. 1587).

Esta exclusión del trabajo doméstico provocaba también un difícil encaje de su protección social en el ámbito de los Seguros Sociales. Será la Ley de 19 julio de 1944 la que se encargue de extender al personal del servi-

4 Boletín Oficial del Estado, 24-2-1944, núm. 55, págs. 1627 y ss. La Ley 14/1942, de 14 de diciembre autorizaba a publicar los textos labores refundidos por la Comisión Recopiladora y Refundidora de la Legislación Social, creada por Decreto de 14-3-1942.

cio doméstico los beneficios de los Subsidios y Seguros Sociales (subsidios familiares, vejez, seguro de accidentes de trabajo y de enfermedad)[5]:

> «Ha sido costumbre tradicional la familia española, dada su honda raigambre cristiana, considerar a Los servidores domésticos como una prolongación de tila misma, siendo ésta la razón quería influido para no hacerlos partícipes de los beneficios concedidos por los subsidios y seguros sociales a los demás trabajadores.
>
> Esta costumbre perdura en la inmensa mayoría de nuestra sociedad; pero en muchas ocasiones a pesar de los buenos propósitos del dueño de casa, tropieza éste con dificultades de índole económica que le imposibilitan para cumplir con magnanimidad las. normas cristianas de protección sus servidores domésticos, en los casos de accidente, enfermedad, vejez u otras desgraciadas e inevitables circunstancias, quedando estos trabajadores a expensas de la Beneficencia pública, cuando deben ser protegidos por la previsión social. Las razones expuestas abonan el que se extiendan los beneficios de los subsidios y seguros sociales a este sector de la producción con las modalidades específicas que su peculiar trabajo representa, organizándose en forma de un seguro único o global que evite molestias a los cabezas de familia y a los propios beneficiarios»[6].

Quince años después (aproximadamente) se les dotaría a estos trabajadores de un particular sistema de previsión social, vía creación del Montepío Nacional del Servicio Doméstico, por Decreto 385/1959, de 17 de marzo[7], bajo las siguientes previsiones:

a) Los servidores domésticos españoles disfrutarán de los beneficios de Seguridad Social establecidos en la Ley de diecinueve de julio de mil novecientos cuarenta y cuatro a través de una Institución con personalidad jurídica y patrimonio propio, que se crea bajo la denominación de Montepío Nacional del Servicio Doméstico (art. 1.º). Quedando también comprendidos los trabajadores extranjeros en España cuando les fuere de aplicación el principio de reciprocidad o se establezca por tratados o convenios internacionales (art. 3.º).

---

5 Véase ARNALDOS, P.: «Extensión de los Seguros Sociales Obligatorios al personal del Servicio Doméstico», Boletín de Información del Instituto Nacional de Previsión, núm. 4, abril 1946.

6 Boletín Oficial del Estado de 21-7-1994, págs. 5562. Ver exposición de motivos.

7 Boletín Oficial del Estado de 24-3-1959, núm. 71, págs. 4578-4579. La Orden de 6-4-1959 aprobaría los Estatutos del Montepío Nacional del Servicio Doméstico.
Véase: BLANCO RODRÍGUEZ, J.E.:
«El montepío nacional del servicio doméstico», *Revista de Derecho del Trabajo*, núm. 33,1959.
- *La Seguridad Social en España*, Servicio de Información y Publicaciones de la Organización sindical, Madrid, 1961, págs. 132-134
Un análisis de su evolución y configuración del Régimen Especial de los Empleados de Hogar puede verse en: LUJÁN ALCARAZ, J.: *El Régimen Especial de la Seguridad Social de los Empleados de Hogar,* Cuadernos de Aranzadi Social 5, Aranzadi, Pamplona, 2000.

b) Se considera servicio doméstico: El que se presta mediante jornal, sueldo o salario, o remuneración de otro género, contratado entre un cabeza de familia amo de casa y el prestador del trabajo, sin ánimo de lucro, y para tareas de carácter exclusivamente doméstico dentro de la casa que habita con sus familiares nicho dueño de casa, bien se albergue el doméstico dentro o fuera de ella, siempre qué reúna las condiciones establecidas en los Estatutos del Montepío (art. 2.º).

c) La afiliación o incorporación al Montepío era obligatoria para todos los servidores domésticos con edades comprendidas entre los catorce y cincuenta y cinco años. Si bien las servidoras domésticas debían de ser solteras o viudas (o separadas de hecho o de derecho por causa no imputable a ellas) o bien su marido estar incapacitado para todo trabajo de manera permanente y absoluta[8].

d) Quedaban excluidos del mismo (art. 2.º):

- Los ascendientes, descendientes, colaterales hasta el cuarto grado e hijos adoptivos del dueño de la casa o de su esposa[9];
- Los prohijados o acogidos de hecho o de derecho.
- Las personas ligadas con el cabeza de familia por vínculos distintos a los de subordinación propios del servicio doméstico.
- Los que presten servicios domésticos, benévolos o de buena vecindad.

e) El Estatuto del Montepío Nacional del Servicio Doméstico en su art. 13 recogía también ciertas restricciones a su ámbito subjetivo, en los siguientes términos:

- Exigía que los servidores domésticos se dedicaran única y exclusivamente a la prestación de servicios domésticos.
- Excluía de su ámbito a los servidores domésticos que se alberguen fuera del domicilio del amo de casa y presten servicios de análoga naturaleza a otro amo o amos de casa[10].

Avanzado en el tiempo la Ley de Bases de la Seguridad Social de 28 de diciembre de 1963, en sus Bases 2.ª y 3.ª se ocuparía de los servidores domésticos. La Base 2.ª incluiría dentro del campo de aplicación del Sistema de Seguridad Social a los servidores domésticos. Y la Base 3.ª relativa a la estructura y composición de este, en razón a la naturaleza de la actividad, sus

---

8 Art. 13 de la Orden 6-4-1959.
Véase Borrajo Dacruz, E.: «Las responsabilidades de los amos de casa ante el Montepío Nacional del Servicio Doméstico», *Revista Iberoamericana de Seguridad Social*, núm. 4/1962.

9 Véase la STC núm. 49/1994, de 16 de febrero sobre la improcedencia de una interpretación literal del art. 3.1 a) del Decreto 2346/1969, por resultar contraria al principio de igualdad.

10 Posteriormente la Orden 3-5-1962 volvería a incluirlos denominándoles «asistentas».

peculiares condiciones de tiempo y lugar, consideró preciso que la incorporación de estos trabajadores lo fuera dentro de un régimen especial. Lo que luego sería recogido en el texto articulado de la Ley de Bases de la Seguridad Social aprobado por Decreto de 21 de abril de 1966, en su art. 10.2 h). Su art. 11 dispondría que las normas reguladoras de los distintos regímenes especiales (que determinarían su campo de aplicación, acción protectora y las singularidades relativas a los actos de encuadramiento y cotización) serían aprobadas por Decreto a propuesta del Ministro del ramo, tendiendo hacía la máxima homogeneidad con los principios establecidos para el Régimen General. Lo que finalmente se llevaría a cabo por Decreto 2346/1969, de 25 de septiembre, cuyo art. 2 definía su ámbito subjetivo, declarando comprendidos dentro del Régimen Especial de los Empleados a todos los españoles mayores de catorce años, cualquiera que sea su sexo y estado civil que reuniesen los siguientes requisitos[11]:

a) Dedicarse en territorio nacional a servicios exclusivamente domésticos para uno o varios cabezas de familias.

b) Que estos servicios sean prestados en la casa en la que habite el cabeza de familia y demás personas que componen el hogar familiar.

c) Que perciban por ello un sueldo o remuneración de cualquier clase.

Volviendo al marco jurídico laboral la Ley 16/1976, de 8 abril, de Relaciones Laborales, recogería en su art. 3.º, uno letra a), como relación laboral de carácter especial *«el trabajo al servicio del hogar familiar, en sus diversas modalidades»*, siempre que reunieran las características del art. 1.º, es decir trabajo por cuenta y dependencia ajena y retribuido. Y en similares términos lo haría posteriormente la Ley 8/1980, de 10 de marzo, Estatuto de los Trabajadores.

3. Segundo período. El inicio de una regulación propia. El RD 1424/1985, de 1 de agosto, por el que se regula la relación laboral de carácter especial del servicio del hogar familiar[12]

La norma buscaba dar cumplimiento al mandato de la DA. 1.ª de la Ley 32/1984, de 2 de agosto, teniendo en cuenta la necesidad de conciliar la equiparación de las condiciones de trabajo de los trabajadores domésticos al resto de los trabadores y la consideración de las peculiaridades que se derivan de una actividad prestada en el ámbito del hogar familiar. Este es

11 Véase CLEOFE SÁNCHEZ, D.: «Régimen Especial de los Empleados de Hogar», Lección 13, en AA.VV.: págs. 415-445, *Diecisiete lecciones sobre Regímenes Especiales de la Seguridad Social*, Universidad de Madrid. Facultad de Derecho, Madrid, 1972

12 Boletín Oficial del Estado de 13-8-1985.

el aspecto que se consideraba como determinante de su singularidad con respecto a la legislación común, ya que ello determina la necesidad de que esta relación se base en la mutua confianza de las partes, equilibrando el respeto a los deberes laborales básicos de los trabajadores con la necesaria flexibilidad que debe concederse a que el empleador y trabajador determinen las condiciones de prestación de servicios por mutuo acuerdo. Teniendo en cuenta que en el ámbito familiar en que se desarrolla el trabajo se proyectan derechos constitucionales, relativos a la intimidad personal y familiar[13].

El RD 1424/1985, de 1 de agosto, vino a suponer la entrada efectiva del servicio al hogar familiar en el ámbito del ordenamiento jurídico laboral, aunque sometido a normas especiales que afectan a importantes aspectos de la relación contractual[14]. Estas normas especiales introducían un grado notable de flexibilidad en la regulación de las condiciones de trabajo. En síntesis, el régimen jurídico presentaba las siguientes notas:

a) Se considera relación laboral especial del Servicio del Hogar Familiar la que conciertan el titular de este, como empleador, y la persona que, dependientemente y por cuenta de aquél, presta servicios retribuidos en el ámbito del hogar familiar (art. 1.2).

b) Titular del hogar familiar (art. 1.3). Se entiende tanto el que lo sea efectivamente como el simple titular del domicilio, o lugar de residencia, en el que se presta el servicio doméstico[15].

---

13 Véase el párrafo segundo de la exposición de motivos del RD 1424/1985, de 2 de agosto.

14 Véase: - De la Villa Gil, L.E.: «La relación laboral de carácter especial del servicio del hogar familiar», Documentación Laboral, número monográfico sobre las relaciones de carácter especial, 1985.
García Viña, J.: *Aspectos laborales, de salud laboral y de seguridad social de los empleados de hogar*, Comares, Granada, 2009.
López Cumbre, L.: «La relación especial del servicio del hogar familiar», *Revista Española de Derecho del Trabajo*, núm. 100, 2000.
- Quesada Segura, R.:
- *El contrato de servicio doméstico,* La Ley Madrid, 1991.
- «Aspectos laborales de la relación laboral de carácter especial del servicio del hogar familiar», Tribuna Social, *Revista de Seguridad Social y Laboral*, n.° 207, marzo 2008.
- Ramirez Martínez, J.M.: «La relación laboral especial del servicio del hogar familiar», en AA.VV. Borrajo Dacruz, E. (director), *Comentarios a las Leyes Laborales. Estatuto de los Trabajadores*, Edersa, Madrid, Tomo II, Volumen I, 1987.
- Sala Franco, T.: «La relación laboral especial del servicio del Hogar Familiar y el contrato de trabajo doméstico», Relaciones Laborales, Tomo I, n.° 4, 1986.

15 Sobre la consideración de hogar familiar, titulares del hogar y trabajos familiares véase: STSJ País Vasco núm. 1605/2004, de 1 septiembre (rec.supl.1303/2004), *que rechaza tal D.ª Rosario ha sido contratada tanto por D. Carlos Antonio como por su hermana y sobrinas, tendría que constar que todos ellos tenían el mismo domicilio o lugar de residencia y eran titulares del mismo, lo que no es el caso, pues como antes vimos, no se trata de hacer tareas domésticas, sino de hacerlas contratado por las personas físicas titulares del hogar familiar para el que se realizan.... Si la contratación ha sido de todos, necesariamente tendrían que ser todos ellos los titulares del hogar familiar en el que se integra D. Carlos Antonio (objeto*

c) Objeto de la relación laboral especial (art. 1.4 y 2.4). Son los servicios o actividades prestados en o para la casa en cuyo seno se realizan, pudiendo revestir cualquiera de las modalidades de las tareas domésticas, así como la dirección o cuidado del hogar en su conjunto o de algunas de sus partes, el cuidado o la atención de los miembros de la familia o de quienes convivan en el domicilio, así como los trabajos de guardería, jardinería, conducción de vehículos y otros análogos, en los supuestos en que se desarrollen formando parte del conjunto de tareas domésticas (art. 1.4)[16].

No se consideraban comprendidas (salvo prueba en contrario) las relaciones de colaboración y convivencia familiar, como las denominadas «a la par», mediante las que se prestan algunos de los servicios como cuidados de niños, la enseñanza de idiomas u otros de los comprendidos en el artículo 1.4 siempre y cuando estos últimos tengan carácter marginal, a cambio de comidas, alojamiento o simples compensaciones de gastos (art. 2.4).

d) Exclusiones de su ámbito (art. 2). De estas relaciones laborales quedaban excluidas las concertadas por: personas jurídicas; familiares, salvo que tuvieran la condición de asalariado[17]; y los trabajos realizados a título de amistad, benevolencia o buena vecindad.

e) Concurrencia de actividades (art. 2.1 letra d). En caso de concurrir trabajos domésticos con otros ajenos al hogar familiar en actividades o empresas del empleador, salvo prueba en contrario, se, se presumirá la existencia de una única relación laboral de carácter común (art. 2.1. letra d).

---

de los cuidados de D.ª Rosario), pero los hechos probados no reflejan ni tan siquiera que vivieran todos ellos en el mismo domicilio o fuera común su lugar de residencia, lo cual debe ir en perjuicio de quien invoca la concurrencia de la relación especial y, por ello, corre con la carga de acreditar los hechos que la constituyen.... En cuanto al lugar de residencia (como expresión de aquel en el que se reside temporalmente, distinto al domicilio), únicamente tenemos el de D. Carlos Antonio (la referida residencia) y, por presunción humana, cabe descartar que lo sea de sus familiares. Residencia cuya titularidad no ostentan D. Carlos Antonio ni sus familiares, por lo que no cabe reputarlo como hogar familiar (como no lo es, por ejemplo, un colegio mayor o una residencia para personas de la tercera edad). La situación, desde esta perspectiva, no es comparable al caso que enjuiciamos el 9 de mayo de 2000, ya que ahí se detentaba un derecho de habitación sobre un espacio, que quedaba fuera de la disponibilidad de la residencia en la que se integraba, y estaba caracterizado con los rasgos propios de un hogar familiar» (FD Segundo).

16 No lo son los servicios de limpieza prestados para una embajada, STSJ Madrid núm. 591/2004, de 15 junio (rec. supl. 1058/2004).

17 Véase PALOMEQUE LÓPEZ, M.C.: «Sobre el derecho de los empleados de hogar familiar a la no discriminación por razón de parentesco» en la afiliación al sistema de Seguridad Social», *Revista Española de Derecho del Trabajo*, núm. 53, 1992.
Véase la STC núm. 49/1994, de 16 de febrero sobre la improcedencia de una interpretación literal del art. 3.1 a) del Decreto 2346/1969, por resultar contraria al principio de igualdad.

f) Modalidades y forma del contrato (art. 4). No se exige su formalización por escrito y se puede optar por cualquier modalidad o duración. En defecto de pacto dos presunciones de interés se establecen:

- Se presumirá concertado por tiempo determinado de un año, prorrogable tácitamente por períodos igualmente anuales, de no mediar denuncia con anterioridad a su vencimiento, que deberá notificarse al trabajador con una antelación de al menos siete días.
- La relación se presumirá celebrada a prueba durante quince días. A estos efectos se computarán aquellos días en que se da prestación de servicios efectiva.

g) Contratación (art. 5). No se exige para la contratación la obligación del titular del hogar familiar de solicitar a las oficinas de Empleo el trabajador que precisaren[18]. Quedan prohibidas las agencias privadas de contratación.

h) Retribuciones (art. 6). Se parte del SMI, sin perjuicio de que sea mejorado por pacto o convenio[19]. Se regula la parte de salario que se pueda percibir en especie, disponiendo que se podrá descontar por tales conceptos, el porcentaje que las partes acuerden, sin que de la suma de los diversos conceptos pueda resultar un porcentaje de descuento superior al 45 por 100 del salario total. El empleado del hogar tendrá derecho a un incremento del salario en metálico de un 3 por 100 del mismo por cada tres años naturales de vinculación con un empleador, con un máximo de cinco trienios. Y además tendrá derecho a dos gratificaciones extraordinarias al año, siendo u cuantía, como mínimo, igual al salario en metálico correspondiente a quince días naturales.

i) Tiempo de trabajo (art. 7.1 a 4). El tiempo de trabajo se articula de la siguiente forma:

- La jornada máxima semanal de carácter ordinario será de 40 horas de trabajo efectivo, sin perjuicio de los tiempos de presencia, a disposición del empleador, que pudieran acordarse entre las partes.
- Determinación del horario: será fijado libremente por el titular del hogar familiar, sin que en ningún caso las horas ordinarias de trabajo efectivo al día puedan exceder de nueve. Entre una y otra jornada deberá mediar un mínimo de diez horas, si el empleado

---

18 Art. 16.1 Ley 8/1980, de 10 de marzo, del Estatuto de los Trabajadores y entró en vigor el día 1 de enero de 1986. Sobre sus efectos véase su Disposición Final.

19 Para la retribución de los empleados de hogar que trabajen por horas, en régimen externo, el salario mínimo de referencia será el que se fije en la normativa correspondiente con carácter general para los trabajadores eventuales y temporeros, que incluye todos los conceptos retributivos; este salario mínimo se abonará en proporción a las horas efectivamente trabajadas

de hogar no pernocta en el domicilio, y de ocho horas, en caso contrario. El empleado interno dispondrá de al menos dos horas para las comidas principales, y este tiempo no se computará como trabajo.

- El régimen de horas extraordinarias será el establecido en el Estatuto de los Trabajadores.
- Los empleados de hogar tienen derecho a un descanso semanal de treinta y seis horas de las que, al menos, veinticuatro horas serán consecutivas y preferentemente coincidiendo con el día del domingo.

j) Permisos y vacaciones (art. 7.4, 5 y 6). En general se remite al art. 37.2 ET con la previsión de ajuste a las singularidades indicadas del tiempo de trabajo. El período de vacaciones anuales será de treinta días naturales; de ellos, al menos quince días se disfrutarán de forma continuada, siendo el resto susceptible de fraccionamiento en la forma en que se acuerde entre las partes.

k) Garantías (art. 8). En orden a la conservación del contrato de trabajo se dispone que:

- La subrogación contractual por cambio de la persona del empleador sólo procederá previo acuerdo de las partes, presumiéndose éste cuando el empleado de hogar siga prestando servicios al menos durante siete días en el mismo domicilio, pese a haber variado la titularidad de éste o la del hogar familiar.
- En los supuestos de cambio del hogar familiar por traslado de éste a localidad distinta se aplicará respecto a la conservación del contrato el mismo régimen establecido para los supuestos de cambio de la persona del empleador en el número uno de este artículo, presumiéndose, por tanto, la conservación del contrato de trabajo cuando se continuase prestando servicios durante siete días en el nuevo domicilio. Cuando el traslado sea de carácter temporal podrá acordarse la suspensión del contrato.
- En el caso de la suspensión del contrato por incapacidad temporal del empleado de hogar, debido a enfermedad o accidente, si aquél fuera interno tendrá derecho a permanecer alojado en el domicilio un mínimo de treinta días, salvo que por prescripción facultativa se recomiende su hospitalización.

l) Extinción del contrato (arts.9 y 10). Las causas que de extinción eran similares a las establecidas en el art. 49 ET/1980, con determinadas particularidades:

- En el caso de expiración del tiempo simultáneamente a la notificación de la extinción el empleador, deberá poner a disposición del trabajador una indemnización cuya cuantía será equivalente al salario en metálico correspondiente a siete días naturales multiplicado por el número de años naturales de duración del contrato, incluidas las prórrogas, con límite de seis mensualidades.

- En el caso de dimisión del trabajador deberá de mediar un preaviso de al menos siete días.
- En el caso de despido disciplinario del trabajador si fuere declarado improcedente, las indemnizaciones serán equivalentes al salario en metálico correspondiente a veinte días naturales multiplicados por el número de años naturales de duración del contrato, incluidas las prórrogas, con el límite de doce mensualidades[20].
- Extinción por desistimiento del empleador[21]. El contrato podrá extinguirse con anterioridad a la extinción del tiempo convenido por desistimiento del empleador. Simultáneamente a la comunicación deberá de poner a disposición del trabajar la indemnización equivalente a siete días naturales de salario por año trabajado con un límite de seis mensualidades. En el caso de que la prestación de servicios hubiera superado la duración de un año, el empleador deberá conceder un plazo de preaviso cuya duración, computada desde que se comunique al trabajador la decisión de extinción, habrá de ser, como mínimo, de veinte días. En los demás supuestos el preaviso será de siete días. Si no hubiere preaviso deberá de indemnizarse al trabajador por los salarios en metálico de dichos días.

---

20 MENÉNDEZ SEBASTIÁN, P.: «*Despido disciplinario o desistimiento empresarial en el trabajo al servicio del hogar familiar*», Civitas, *Revista Española de Derecho del Trabajo*, n.º 119, 2003.

21 Sobre las diferencias entre despido disciplinario y desistimiento véase la STS 27 junio de 2008 (rec. 2235/2007) y STS 5 junio 2022 (rec. unif. 2506/2001).
Sobre desistimiento o despido de trabajadora embarazada y discriminación véase STSJ Madrid 714/2015, de 26 octubre (rec. sup. 552/2015).« *...siendo el único indicio aportado por la trabajadora el de su condición de embarazada y el conocimiento de este hecho por la empleadora, sin embargo por parte de la demandada se ha acreditado que ya con antelación de más de dos años la actora había estado embarazada y había tenido un hijo durante la relación laboral sin que ello hubiera causado el menor contratiempo; y que la empleadora conocía el hecho del embarazo desde el mes de junio y notificó el desistimiento a la actora en el mes de noviembre, habiendo mantenido la relación laboral durante varios meses de embarazo. Consideramos por lo expuesto que los supuestos indicios no tienen tal naturaleza y virtualidad.*» (FD Cuarto). para considerar la existencia de discriminación.
En similares términos STSJ Cataluña 6550/2014, de 7 octubre (rec. 2838/2014, ECLI:ES:TSJCAT:2014:9769); y STSJ Madrid núm. 143/2014, de 14 febrero (rec. 1834/2013, ECLI:ES:TSJM:2014:1732).
Ahora bien, la extinción del contrato de trabajadora embarazada por desistimiento empresarial debe considerarse despido nulo al ofrecer la demandante indicios de un panorama discriminatorio por razón de sexo, pues el empleador comunica a la trabajadora el desistimiento de la relación laboral el mismo día que se incorpora a su puesto de trabajo, una vez concluida la baja maternal, sin disfrutar de los días de lactancia, STSJ Extremadura 383/2016, de 15 septiembre (rec. 338/2016).

m) Control por la Inspección de Trabajo y Seguridad Social (art. 11). El control de cumplimiento de la legislación laboral relativa a dichos contratos correrá a de la Inspección de Trabajo y Seguridad Social, sin perjuicio de los derechos a la inviolabilidad del domicilio y al debido respeto a la intimidad personal y familiar.

n) Jurisdicción competente (art. 12). Los conflictos que surjan como consecuencia de la aplicación de la normativa reguladora de la relación laboral de carácter especial del Servicio del Hogar Familiar corresponderán a los Jueces y Tribunales del orden jurisdiccional social.

o) Seguridad e higiene en el trabajo (art. 13). El titular del hogar familiar está obligado a cuidar de que el trabajo de sus empleados se realice en las debidas condiciones de seguridad e higiene. La deficiencia grave de estas obligaciones será justa causa de dimisión del empleado.

En relación con la protección social de los empleados de hogar durante este período (de 1985 hasta la reforma de 2011)[22], la protección siguió estando normada por el Decreto 2346/1969, de 25 de septiembre, si bien con las importantes modificaciones introducidas por:

- El RD 1609/1987, de 23 de diciembre que modificó su art. 32, sobre la forma de cálculo de la pensión de jubilación en función de los años cotizados por el beneficiario
- El RD 356/1991, de 11 de octubre, que derogó su art. 35, sobre prestaciones por hijo a cargo.
- El RD 1517/1991, de 11 de octubre, que modificó su art. 17, sobre plazo de ingreso de las cuotas.
- El RD 2110/1994, de 28 de octubre, que modificó su art. 14 (sobre alcance de la obligación de cotizar).
- El RD 84/1996, de 26 de enero, que derogó su capítulo III (afiliación, altas y bajas) y el art. 14 (alcance de la obligación de cotizar)[23].
- El RD 2064/1995, de 22 de diciembre, que derogó su capítulo IV, sobre cotización y recaudación).
- El RD 1596/2011, de 4 de noviembre, que derogó los arts. 22.3 (contingencias protegidas y prestaciones) y 33.2 (porcentaje de la pensión de jubilación)

---

22 Para este período véase: - LUJÁN ALCARAZ, J.: *El Régimen Especial de la Seguridad Social de los Empleados de Hogar,* Cuadernos de Aranzadi Social 5, Aranzadi, Pamplona, 2000.
- ALMANSA PASTOR, J.M.: *Derecho de la Seguridad Social,* 5.ª edición, Tecnos. Madrid, 1987, págs. 603-609.
- SENDÍN BLÁZQUEZ, A.: *El Régimen Especial de los empleados de hogar: cuestiones sobre su integración en el Régimen General,* Ministerio de Trabajo y Asuntos Sociales, Secretaría de Estado de la Seguridad Social, 2006.

23 El precepto ya estaba derogado por el RD 2064/1995, de 22 diciembre.

4. El RD 1620/2011, de 14 de noviembre, por el que se regula la relación laboral de carácter especial del servicio hogar familiar

4.1. El RD 1620/2011 en su versión inicial

La relación laboral especial de las personas al servicio del hogar familiar se encuentra actualmente normada por el RD 1620/2011, de 14 de noviembre que derogó expresamente el RD 1424/1985, de 1 de agosto y todas aquellas disposiciones de igual o inferior rango que se opusiesen o lo contradigan[24].

El legislador español, influido por el Convenio n.º 189 —que, sin embargo, no ratificaría— llevó a cabo en 2011 una importante reforma laboral del empleo doméstico, junto con la reforma del sistema de protección social de este colectivo que después se examinará brevemente[25]. Ello era consecuencia del mandato recogido en la Disposición adicional 39.ª 5 de la Ley 27/2011, de 1 de agosto, ordenaba al Gobierno a que procediera a modificar la relación laboral especial del servicio del hogar familiar[26].

La nueva regulación entraría en vigor el 1 de enero de 2012 y era aplicable a los contratos que estuvieran vigentes en esa fecha, aunque se exceptúa la nueva cuantía indemnizatoria prevista para el supuesto de extinción del contrato por desistimiento empresarial, que únicamente afecta a los contratos que se suscriban con posterioridad a la fecha de entrada en vigor. El Real Decreto 1620/2011 aborda la modificación del régimen jurídico de la relación laboral especial del servicio doméstico *«desde una perspectiva que pretende conjugar el mantenimiento de las diferencias, allí donde estas encuentran una justificación objetiva y razonable, con la reducción o eliminación de aquellas, cuando se comprenda que su razón de ser ya no encuentra por más tiempo motivo, de manera que se logre una progresiva equiparación del bagaje jurídico de esta relación laboral especial con la común»*. Y que se justifica por «el ámbito donde se presta la actividad, el hogar familiar, tan vinculado a la intimidad *personal y familiar y por completo ajeno y extraño al común denominador de las relaciones laborales, que se desenvuelven en*

24 Entró en vigor el 1 de enero de 2012. Sobre la vigencia de las condiciones más beneficiosas que pudieran existir a su entrada en vigor véase la DT. 2.ª.

25 Ver FERNÁNDEZ-COSTALES MUÑIZ, BAVIERA PUIG, I., y KAHALE CARRILLO, D.: «Régimen Especial de Empleados de Hogar: su integración en el Régimen General», capítulo IX, AA.VV.: *Reforma y Modernización de la Seguridad Social (Análisis de la Ley 27/2011, de 1 de agosto)*», SEMPERE ANVARRO, A.J. y FERNÁNDEZ ORRICO, F.J. (directores), Thomson Reuters. Pamplona, 2012, págs. 469-521

26 Boletín Oficial del Estado 2-8-2011. En vigor desde 2 de agosto de 2011.

entornos de actividad productiva presididos por los principios de la economía de mercado»; y «*el vínculo personal basado en una especial relación de confianza que preside, desde su nacimiento, la relación laboral entre el titular del hogar familiar y los trabajadores del hogar, que no tiene que estar forzosamente presente en los restantes tipos de relaciones de trabajo*» [27].

El nuevo régimen jurídico de la relación laboral presentaba las siguientes notas o elementos característicos frente a la regulación anterior[28]:

a) El capítulo I, Disposiciones generales (arts. 1 a 3) recoge las disposiciones sobre el objeto y ámbito de aplicación: se definen las partes de la relación laboral especial, en singular de la figura del empleador; se detallan las distintas relaciones que quedan excluidas, en especial las concertadas por empresas de trabajo temporal o las de los cuidadores, profesionales y no profesionales, respecto de las personas en situación de dependencia; y concreta las fuentes de la relación laboral, sin perjuicio de las adaptaciones necesarias derivadas del carácter especial de esta relación y especial referencia a los convenios colectivos.

b) El capítulo II, Del contrato de trabajo (arts. 4 a 6), destacan como novedades: en relación con el ingreso al trabajo, el hecho de que se permita junto a la contratación directa, la intermediación del Servicio Público de Empleo o de las agencias de colocación debidamente autorizadas; respecto a la forma del contrato, la aplicación a esta relación laboral especial de lo dispuesto en el RD 1659/1998 en materia de información al trabajador sobre los elementos esenciales del contrato de trabajo. Información que, además, deberá de comprender: las prestaciones salariales en especie, cuando se haya convenido su existencia; la duración y distribución de los tiempos de presencia pactados, así como el sistema de retribución o compensación de estos; y el régimen de las pernoctas del empleado de hogar en el domicilio familiar, en su caso.

---

27 Véase su preámbulo.

28 Véase: - DESDENTADO DAROCA, E.: «Las reformas de la regulación del trabajo doméstico por cuenta ajena», *Revista Investigaciones Feministas*, Vol. 7, núm. 1/2016, págs. 129-148
- LÓPEZ GANDÍA, J. y TOSCANI GIMÉNEZ, D.: El nuevo régimen laboral y de Seguridad Social de los trabajadores al servicio del hogar familiar, Bomarzo, Albacete, 2012.
- MELENDEZ MORILLO-VELARDE, L., SAN MARTÍN MAZZUCONI, C. y PALOMINO SAURINA, P.: «La relación laboral especial del personal al servicio del hogar familiar», capítulo II, AA.VV. Vol. II, *El Contrato de Trabajo. Relaciones Laborales Especial y contratos con particularidades,* SEMPERE NAVARRO, A.V. y CARDENAL CARRO, M. (directores), Thomson Reuters. Aranzadi, Pamplona, 2011, págs. 131-170.
- MIÑARRO YANINI, M.: «La nueva relación laboral de carácter especial del servicio del hogar familiar: una mejora mejorable», Relaciones laborales números 4 y 5 de 2012.

c) El capítulo III es el que norma el contenido de la relación laboral (arts. 7 a 11). Destaca en relación con los derechos y deberes el reconocimiento expreso de la aplicación a los trabajadores de los establecidos en los artículos 4 y 5 del ET; en cuanto se refiere al salario, además de garantizarse la retribución en metálico del salario en cuantía no inferior al SMI, en proporción a la jornada de trabajo, y de limitar el salario en especie al 30 por 100 del salario total, se establece que los incrementos salariales habrán de fijarse de común acuerdo por las partes, aplicándose a falta de pacto un incremento salarial anual igual al incremento medio pactado en los convenios; por lo que respecta al tiempo de trabajo también se incorporan novedades tales como la fijación del horario de común acuerdo entre las partes, el incremento del descanso entre jornadas, el carácter consecutivo del disfrute del descanso semanal, de treinta y seis horas, la aplicación, en materia de disfrute de permisos, del artículo 37 del ET o el reconocimiento expreso de que los tiempos de presencia pactados sean compensados con tiempos de descanso equivalente o retribuidos. Por su parte, el régimen jurídico de la extinción del contrato se modifica, efectuándose una remisión al artículo 49 del ET con las salvedades establecidas en relación con el despido disciplinario y el desistimiento, modalidad específicamente aplicable a esta relación laboral especial, respecto de la que se incluyen dos modificaciones: la primera, relativa a la exigencia de la comunicación por escrito de esta decisión del empleador, con manifestación clara e inequívoca de que la causa de la extinción del contrato es el desistimiento y no otra; y la segunda, el incremento de la indemnización en este supuesto, pasando de siete a doce días por año de servicio, con el límite de seis mensualidades.

d) El Capítulo IV relativo a otras disposiciones. De forma similar a la regulación anterior recoge a las previsiones del cumplimiento de la legislación laboral a cargo de la Inspección de Trabajo y Seguridad Social y a la atribución a la jurisdicción social (la referencia se hará ahora conforme a la Ley 36/2011).

e) Las Disposiciones adicionales y transitorias vendrá a disponer que será la TGSS quien deberá efectuar la comunicación al Servicio Público de Empleo Estatal sobre el contenido de los contratos y su terminación, y se señala la aplicabilidad de la nueva regulación a las relaciones laborales en vigor a la fecha de su entrada en vigor, exceptuándose lo relativo a la cuantía de la indemnización por desistimiento, que solamente se aplicará a los contratos que se concierten tras aquella fecha. Además, se establece un periodo de un año para que los empleadores puedan formalizar por escrito los contratos de trabajo vigentes que deban celebrarse por escrito, de acuerdo con la nueva regulación; e igual plazo para cumplir con las nuevas obligaciones de información a los trabajadores.

4.2. La protección social. Del Régimen Especial de los Empleados de Hogar a su integración en el Régimen General vía sistema especial

El preámbulo del RD 1620/2011, de 14 de noviembre, destacaba también un aspecto muy ligado a la relación laboral *«la existencia desde antiguo de un ámbito propio de protección social para los empleados de hogar constituido por el Régimen Especial de Empleados del Hogar de la Seguridad Social. De ahí que la revisión que se haga del régimen jurídico de la relación laboral especial va de la mano y ha de ser coetánea con la que se haga del Régimen Especial de la Seguridad Social de Empleados de Hogar»*.

Ello se había llevado a cabo por la Disposición adicional trigésima novena de la Ley 27/2011 de 1 de agosto, que procedió, con efectos 1 de enero de 2012, a la integración del Régimen Especial de Empleados de Hogar dentro del Régimen General, mediante la creación del Sistema Especial para Empleados de Hogar[29].

Las singularidades del nuevo sistema especial a destacar son[30]:

a) Actos de encuadramiento[31]. A partir de la indicada fecha de 1 de enero de 2012 los empleadores para quienes los trabajadores realicen

29 Téngase en cuenta que los puntos 2 y 3 del apartado a) de dicha disposición serían luego modificados por el art. RD-ley 29/2012, de 28 de diciembre, de mejora de gestión y protección social en el Sistema Especial para Empleados de Hogar y otras medidas de carácter económico y social. Y por otro lado que la citada disposición adicional trigésima novena sería derogada con efectos 2 de enero de 2016 por la disposición derogatoria única 22 del Real Decreto Legislativo 8/2015, de 30 octubre.

30 Véase: - FERNÁNDEZ-COSTALES MUÑIZ, BAVIERA PUIG, I., y KAHALE CARRILLO, D.: «Régimen Especial de Empleados de Hogar: su integración en el Régimen General», capítulo IX, AA.VV.: *Reforma y Modernización de la Seguridad Social (Análisis de la Ley 27/2011, de 1 de agosto)*», SEMPERE NAVARRO, A.J. y FERNÁNDEZ ORRICO, F.J. (directores), Thomson Reuters. Pamplona, 2012, págs. 469-521.
- GARCÍA GONZÁLEZ, G.: «La integración del régimen especial de empleados en el régimen general: logros y retos de futuro», Aranzadi Social, n.°8, diciembre de 2011.
- PANIZO ROBLES, J.A.: «La Seguridad Social de las personas que prestan servicios en el hogar familiar: la incorporación de un Sistema Especial en la estructura del Sistema de la Seguridad Social», RTSS, CEF, n.° 346, enero 2011.
- VELA DÍAZ, R.: *El nuevo régimen especial de las personas empleadas del hogar. Aspecto Laborales y de Seguridad Socia*l, Laborum Ediciones, Murcia, 2012.
- VILLAR CAÑADA, I.: «Seguridad Social e igualdad por razón de género tras la Ley 27/2011 de reforma de las pensiones: el Sistema Especial de Empleadas/os de Hogar», Relaciones Laborales, n.° 18, septiembre de 2011.

31 El apartado 4 de la Disposición adicional establecía un período de seis meses naturales para dar cumplimiento a las obligaciones establecidas en la misma.
El artículo 2 del RD-ley 29/2012, de 29 de diciembre, modificará el RD 84/1996, de 26 de febrero, en el sentido de:
- Añadir un nuevo ordinal 7° al apartado 1 del art. 10 en relación con la determinación de empresario.
- Suprimir el apartado 3 del art. 10, pasando entonces los apartados 4 y 5 a ser los apartados 3 y 4.

labores domésticas, deberán disponer de un Código de Cuenta de Cotización dentro del Sistema Especial para Empleados de Hogar del Régimen General al que adscribirán a los trabajadores a su servicio.

Las altas que se soliciten en el Sistema Especial para Empleados de Hogar deberán realizarse con carácter previo al inicio de la actividad laboral, existiendo un plazo de 6 días para comunicar las bajas.

b) Cotización y recaudación[32]. La cotización en este estará en función de 15 tramos en atención a las retribuciones percibidas por los empleados. Para el año 2012 el tipo de cotización será del 22 % (18,30 para el empleador y 3,70 a cargo del empleado). Para la cotización por contingencias profesionales se aplicará el tipo previsto en la tarifa de primas aprobada por la Disposición Adicional cuarta de la Ley 42/2006. Se establecen durante 2012 a 2014 una reducción del 20 % en las cotizaciones por la contratación de las personas que presten servicios en el hogar familiar y queden incorporadas en este Sistema Especial, siempre que la obligación de cotizar se haya iniciado a partir de la fecha de integración de este sistema en el Régimen General como Sistema Especial. Reducción que se ampliaba con una bonificación hasta llegar al 45 %, en las familias numerosas, en los mismos términos de las reducciones y bonificaciones que ya se vienen practicando en este régimen especial. No se establece cotización para desempleo (al quedar esta excluida de la protección). En todos los casos el responsable del ingreso de las cuotas será siempre el empleador, conforme a la normativa establecida en el Régimen General de la Seguridad Social. El procedimiento de ingreso de cuotas se realizará, de manera obligatoria mediante domiciliación bancaria o cargo en cuenta.

- Añadir un nuevo apartado 2 al art. 43 (con efectos 1-4-2013) en relación con aquellos trabajadores que prestasen servicios durante menos de 60 horas. Véase también su Disposición Transitoria única.
- Suprimir el art. 49.

32 El art. 3 del RD-ley 29/2012, de 29 de diciembre, modificará el RD 2064/1995, de 22 diciembre, en el sentido de:
- Modificar (con efectos 1-4-2013) el apartado 1 del art. 11, relativo a la cotización por riesgos profesionales.
- Introducir un nuevo art. 34 bis, relativo a la cotización en el Sistema Especial para Empleados de Hogar.
- Suprimir la sección quinta del capítulo II.

El art. 4 del RD-ley 29/2012, de 29 de diciembre, modificará el RD 1415/2004, de 11 de junio, en el sentido de:
- Modificar la letra b) del apartado 2 del art. 59 relativo a documentos de cotización.
- Modificar la letra b del apartado 1 del art. 85 relativo a la falta de ingreso de cuotas.
- Añadir una nueva disposición adicional octava, sobre domiciliación del pago de cuotas que ahora resultará obligatoria.

La DA segunda del RD-ley 29/2012, de 29 de diciembre, recogía las exclusiones de los beneficios en la cotización en este Sistema Especial que sería luego derogada por la disposición derogatoria única. 25 del RD-Legislativo 8/2015, de 30 octubre.

c) Acción protectora. La reforma supuso, en general, una mejora de sus derechos a las prestaciones de la Seguridad Social ya que las mismas se van a hacer efectivas en los mismos términos y condiciones que los establecidos para el Régimen General, salvo alguna peculiaridad:

- Los trabajadores a tiempo parcial, o los que tengan una actividad que en conjunto no alcance el equivalente a una jornada completa, disfrutarán de idéntica protección que los trabajadores a tiempo completo, si bien, para acreditar los periodos de cotización necesarios para acceder a las prestaciones, se tendrá en cuenta el número de horas de trabajo que resulten según su base de cotización.
- Incapacidad temporal. A partir del 1 de enero de 2012, el subsidio por incapacidad temporal en caso de enfermedad común o accidente no laboral se va a percibir desde el cuarto día de la baja en el trabajo, estando a cargo del empleador el abono de la prestación al trabajador desde ese día hasta el octavo de la citada baja, ambos inclusive. A partir del noveno día la baja por este motivo será abonada por la Seguridad Social o en su caso la Mutua. Anteriormente, la prestación se percibía desde el día 29.° de la baja. El pago se efectuará directamente por el Instituto Nacional de la Seguridad Social. En el caso de Incapacidad temporal derivado de riesgos profesionales se percibirá a partir del día siguiente al de la baja médica en el trabajo.
- Contingencias profesionales. Se amplía la protección a las denominadas contingencias profesionales, por lo que, en caso de accidente de trabajo o enfermedad profesional, los trabajadores de este Sistema Especial tendrán la misma protección que los demás trabajadores por cuenta ajena. Hasta ahora, los empleados de hogar solamente tenían la protección por contingencias comunes (enfermedad y accidente no laboral). No se comprende el régimen de responsabilidades previsto en el art. 167 LGSS.
- No se incluye la protección correspondiente al desempleo. Sin embargo, la Ley deja abierta la posibilidad a las iniciativas que se establezcan en esta materia, en el marco de la modificación de la relación laboral del servicio del hogar familiar, posponiendo la decisión sobre la viabilidad de esta protección para más adelante.

5. El RD-Ley 16/2022, de 6 de septiembre y su incidencia en la relación laboral y en la protección social

El objetivo declarado de la reforma es «...*equiparar las condiciones de trabajo y de Seguridad Social de las personas trabajadoras del hogar familiar a las del resto de personas trabajadoras por cuenta ajena, descartando aquellas diferencias que no solo no responden a razones justificadas, sino que además sitúan a este colectivo de personas trabajadoras en una situación de desventaja particular y que, por tanto, pueden resultar discriminatorias»* [33].

Por otro lado, también se recuerda el compromiso asumido en la Disposición adicional segunda, apartado 2 de la Ley 27/2011, de 1 de agosto, de un estudio sobre la viabilidad de reformar el sistema de extinción del contrato (concretamente de la figura del desistimiento) y de la viabilidad de incorporar la protección por desempleo a este colectivo de trabajadores, siempre garantizando los principios de contributividad, solidaridad y sostenibilidad financiera.

Y con apoyo en la Sentencia del Tribunal de Justicia de la Unión Europea, de 24 de febrero de 2022, asunto C 389/20, ha establecido con rotundidad que no son compatibles con el ordenamiento de la Unión Europea las normas de Seguridad Social que sitúen a las trabajadoras en desventaja particular con respecto a los trabajadores y no esté justificada por factores objetivos y ajenos a cualquier discriminación por razón de sexo, se considera que la equiparación de condiciones trascienden del ámbito de la Seguridad Social y que alcanza el ámbito de las condiciones de trabajo[34], se procede a una amplia reforma de la normativa socio-laboral, concretamente[35]:

---

33 Preámbulo.

34 MONEREO PÉREZ, J.A. y RODRÍGUEZ INIESTA, G.: «La legislación española que excluye constitutivamente de las prestaciones por desempleo a los empleados de hogar, resulta discriminatoria y contraria al derecho social de la Unión Europea», *Revista Derecho de la Seguridad Social Laborum*, núm. 29, 4.º trimestre 2021, págs. 11-24.

35 En este punto se hace referencia expresa a: 1) La Directiva 2006/54/CE del Parlamento Europeo y del Consejo, de 5 de julio de 2006, relativa a la aplicación del principio de igualdad de oportunidades e igualdad de trato entre hombres y mujeres en asuntos de empleo y ocupación, y el propio artículo 157 del Tratado de Funcionamiento de la Unión Europea, establecen la prohibición de discriminaciones directas e indirectas en el trabajo; 2) A la necesidad para incorporar al ordenamiento español lo establecido en el Convenio número 189 de la OIT, sobre condiciones relativas al trabajo decente para los trabajadores domésticos (citado como el Convenio sobre las trabajadoras y los trabajadores domésticos, 2011), cuya ratificación es un compromiso adquirido por el Gobierno y también por gobiernos españoles anteriores, que cuenta con un amplio consenso político, sindical y social y que tiene un espectro amplio que se refiere tanto a las condiciones de trabajo como a las de Seguridad Social; 3) La Ley Orgánica 3/2007, de 22 de marzo, para la igualdad efectiva de mujeres y hombres, que recoge, en su artículo 5, el principio de igualdad de trato y de oportunidades en el acceso al empleo, en la formación y en la promoción profesionales, y en las condiciones de trabajo y que prohíbe, en su artículo 6, la discriminación directa e indirecta por razón de sexo.
Téngase en cuenta la disposición derogatoria final séptima sobre su entrada en vigor:
- Con carácter general al día siguiente de su publicación en el Boletín Oficial del Estado, es decir el 9-9-2022.
- La modificación normativa efectuada por el artículo sexto (la modificación del RD 84/1996, de 26 enero), así como las letras a) y c) de la disposición derogatoria única en las

- La Ley 31/1995, de 8 de noviembre, de Prevención de Riesgos Laborales[36].
- El RD-legislativo 2/2015, de 23 octubre, texto refundido del Estatuto de los Trabajadores[37].
- El RD-legislativo 8/2015, de 30 octubre, texto refundido de la Ley General de Seguridad Social[38].
- El Real Decreto 505/1985, de 6 de marzo, sobre organización y funcionamiento del Fondo de Garantía Salarial[39].
- Real Decreto 1620/2011, de 14 de noviembre[40].
- Reglamento General sobre inscripción de empresas y afiliación, altas, bajas y variaciones de datos de personas trabajadoras en la Seguridad Social[41].

El RD-Ley 16/2022 en sus disposiciones adicionales contienen previsiones relativas a: 1) Beneficios en la cotización aplicables al Sistema Especial de Empleados de Hogar (DA. 1.ª); 2) Asunción de obligaciones en materia de cotización con relación a las personas trabajadoras al servicio del hogar que presten servicios durante menos de 60 horas (DA 2.ª); 3) Suministro de información al Servicio Público de Empleo Estatal por parte de las Administraciones Públicas (DA. 3.ª); 4) Previsión en el plazo de seis meses crear una

---

que se prevé la derogación de la disposición adicional vigésima cuarta del texto refundido de la Ley General de la Seguridad Social y la derogación del artículo 34 bis del Reglamento General sobre Cotización y Liquidación de otros Derechos de la Seguridad Social, surtirán efectos desde el día 1 de enero de 2023.

- El apartado 1 de la disposición adicional primera (Beneficios en la cotización) entrará en vigor el día 1 de octubre de 2022.

- Los apartados 2 y 3, así como el párrafo segundo del apartado 4 de la disposición adicional primera (beneficios en la cotización), y la letra b) de la disposición derogatoria única (el l artículo 9 de la Ley 40/2003, de 18 de noviembre, y el artículo 5 del Reglamento de la Ley 40/2003, de 18 de noviembre, de protección a las familias numerosas, aprobado por el Real Decreto 1621/2005, de 30 de diciembre, entrarán en vigor el día 1 de abril de 2023.

36 Se suprime el apartado 4 del art. 3; y se añade una nueva disposición adicional, la decimoctava con el fin de garantizar a través del correspondiente desarrollo reglamentario, un nivel de protección de la seguridad y salud de las personas al servicio del hogar familiar equivalente a la de cualquier otra persona trabajadora, especialmente por lo que respecta a la prevención de la violencia contra las mujeres. La disposición final primera modifica la redacción de la DA. quinta relativa al a Fundación Estatal para la Prevención de Riesgos Laborales (FSP).

37 Modificación del apartado 2 del art. 33.

38 Se suprime la letra d) del art. 251; se incorpora un nuevo párrafo 8.º al art. 267.1.a); se modifica la Disposición Transitoria decimosexta.

39 Se añade una letra d) al art. 11. Uno; se añade un apartado seis al art. 19

40 Se modifican la letra b) del art. 3; art. 5; y art. 11;

41 Se modifica el apartado 2 del art. 43.

comisión para la integración de la perspectiva de género en el listado de enfermedades profesionales (DA. 4.ª); 5) Evaluación de las nuevas bonificaciones en la cotización en el Sistema Especial (DA. 6.ª); 6) Acreditación de competencias para los empleados de hogar dedicados al cuidado o atención de las personas miembros de la familia o de las personas que formen parte del ámbito doméstico y familiar, que tendrán en cuenta las particulares condiciones de trabajo de este sector y el perfil de las personas trabajadoras empleadas en el mismo[42].

Por otra parte, recoge en dos de sus disposiciones transitoria previsiones relativas a la cotización por desempleo y al Fondo de Garantía Salarial hasta diciembre de 2022 (DT. 2.ª) y al mantenimiento de los beneficios por la contratación de cuidadores en familias numerosas (DT. 3.ª).

5.1. La relación laboral especial de las personas al servicio del hogar familiar. Situación actual

Las notas más relevantes del actual régimen jurídico de esta relación laboral especial son[43]:

A) Objeto

El objeto de esta relación laboral especial son los servicios o actividades prestados para el hogar familiar, en cualquiera de las modalidades de las tareas domésticas, particularmente en lo que se refiere a la dirección o cuidado del hogar en su conjunto o de algunas de sus partes, el cuidado o atención de los miembros de la familia o de las personas que forman parte del ámbito doméstico o familiar. Quedan también comprendidos otros trabajos que se desarrollen formando parte del conjunto de tareas domésticas, tales como los de guardería, jardinería, conducción de vehículos y otros análogos[44].

---

42 Véase:
- BENITO BENITEZ, M.A.: «Protección social del servicio doméstico desde una perspectiva de género», *Revista Lex Social*, julio-diciembre 2019, Vol. 9 núm. 2, 2019.
- SANZ SÁEZ, C.: *Régimen prestacional de las empleadas de hogar: análisis crítico y perspectivas de cambio*, Tesis Doctoral, Universidad de Castilla La Mancha, 2015.
- TRILLO GARCÍA, R.A.: «Retos futuros en la protección integral desde el Sistema de la Seguridad Social de las Trabajadoras del Hogar», *Revista Lex Social*, julio-diciembre 2019, vol. 9 núm. 2/2019.

43 Véase: MONEREO PÉREZ, J.L. y RODRÍGUEZ INIESTA, G.: «Reformas en la Seguridad Social de los trabajadores por cuenta propia o autónomos y para los trabajadores al servicio del hogar familiar, *Revista Derecho de la Seguridad Social Laborum*, núm. 32, 3.° trimestre 2022, págs. 9-44.

44 Art. 1.4 RD 1620/2011

B) Sujetos

Esta relación laboral especial se concierta entre el titular del hogar familiar y la persona física que se compromete a prestar servicios de forma dependiente y por cuenta de aquél en dicho ámbito.

El titular o representante del hogar familiar tiene la condición de empleador, y la persona que trabaja la de trabajador o empleado de hogar.

Se considera titular del hogar familiar el que lo sea efectivamente o el que aparezca como simple titular del domicilio o lugar de residencia en el que se presten los servicios domésticos. Cuando la prestación de servicios se realice para dos o más personas que, sin constituir una familia ni una persona jurídica, convivan en la misma vivienda, asumirá la condición de titular del hogar familiar la persona que ostente la titularidad de la vivienda que habite o aquella que asuma la representación de tales personas, que podrá recaer de forma sucesiva en cada una de ellas[45].

C) Exclusiones

Quedan excluidas del ámbito de esta relación laboral especial[46]:

a) Las relaciones concertadas por personas jurídicas, de carácter civil o mercantil, aun si su objeto es la prestación de servicios o tareas domésticas, que se regirán por la normativa laboral común[47].

b) Las relaciones concertadas a través de empresas de trabajo temporal, de acuerdo con lo establecido en la Ley 14/1994, de 1 de junio, por la que se regulan las empresas de trabajo temporal. También quedan excluidas las tareas domésticas llevadas a cabo por trabajadores contratados vía empresas de servicios[48].

---

45 Art. 1.3 RD 1620/2011.
No se considera como servicios los prestado en un hogar familiar la situación de catorce residentes desvinculados, varios pisos unidos, servicios comunes, y una organización de seis empleadas; el auténtico empresario no es quien figura como titular del contrato de trabajo, uno de los residentes de los pisos, sino una institución que se encuentra detrás y cuyo elemento visible es la promotora, dueña del lugar, que ha realizado las obras, y arrienda el mismo, STSJ País Vasco 1641/2015, de 22 septiembre (rec. 1467/2015, ECLI:ES:TSJPV:2015:3031).

46 Art. 2 RD 1629/2011

47 Véase el art. 2.3 del RD 1629/2011 que contiene una presunción de relación laboral de carácter común y, por tanto, no incluida en el ámbito de esta relación laboral de carácter especial, para la relación del titular de un hogar familiar con un trabajador que, además de prestar servicios domésticos en aquél, deba realizar, con cualquier periodicidad, otros servicios ajenos al hogar familiar en actividades o empresas de cualquier carácter del empleador.

48 Véase la DA 17.ª de la Ley 27/2011.

c) Las relaciones de los cuidadores profesionales contratados por instituciones públicas o por entidades privadas, de acuerdo con la Ley 39/2006, 14 de diciembre, de promoción de la autonomía personal y atención a las personas en situación de dependencia.

d) Las relaciones de los cuidadores no profesionales consistentes en la atención prestada a personas en situación de dependencia en su domicilio, por personas de la familia o de su entorno, no vinculadas a un servicio de atención profesionalizada, de acuerdo con la Ley 39/2006, 14 de diciembre, de promoción de la autonomía personal y atención a las personas en situación de dependencia.

e) Las relaciones concertadas entre familiares para la prestación de servicios domésticos cuando quien preste los servicios no tenga la condición de asalariado en los términos del art. 1.3.e) ET.

f) Los trabajos realizados a título de amistad, benevolencia o buena vecindad.

g) También se excluyen, salvo prueba en contrario que acredite su naturaleza laboral, las relaciones de colaboración y convivencia familiar como las denominadas «au pair»[49], mediante las que se prestan algunos servicios como cuidados de niños, la enseñanza de idiomas u otros de los comprendidos en el art. 1.4, siempre y cuando estos últimos tengan carácter marginal, a cambio de comidas, alojamiento o simples compensaciones de gastos.

D) Colocación y contratación

La contratación de trabajadores para atender el hogar familiar pueden hacerlo directamente o por intermediación de los servicios públicos de empleo o de las agencias de colocación debidamente autorizadas, que deberán garantizar en todo caso el principio de igualdad en el acceso al empleo, no pudiendo establecer discriminación alguna basada en motivos de origen, incluido el racial o étnico, sexo, edad, estado civil, religión o convicciones, opinión política, orientación sexual, afiliación sindical, condición social, lengua dentro del Estado y discapacidad, siempre que los trabajadores se hallasen en condiciones de aptitud para desempeñar el trabajo o empleo de que se trate[50].

Hasta la entrada en vigor de la reforma llevada a cabo por el RD-ley 16/2022 era factible la celebración del contrato por escrito o de palabra, salvo que lo exigiera una modalidad determinada o fuere igual o superior a cuatro semanas, si bien cualquiera de las partes podía exigir su formali-

49 Ver STSJ Castilla y León 22 mayo 2000 (rec. 564/2000).

50 Véase art. 4 RD 1620/2011

zación por escrito[51]. Ahora ya no es factible y la nueva redacción del art. 5 establece que en defecto de forma escrita se presumirá cualquiera que sea la duración de este[52].

El art. 5 del RD 1620/2011 introdujo la obligación empresarial de información al trabajador sobre los elementos esenciales del contrato de trabajo para los contratos cuya duración era superior a cuatro semanas. La nueva redacción del art. 5 dada por la reforma de 2022 ha extendido tal obligación de información sea cual sea la duración del contrato[53].

E) Duración

El contrato de los empleados al servicio del hogar familiar puede celebrarse por tiempo indefinido o por una duración determinada, en los términos previstos en la legislación laboral general[54].

F) Periodo de prueba

Las partes pueden concertar por escrito un periodo de prueba conforme a las reglas laborales de carácter general[55]. El periodo no podrá exceder de dos meses o de un mes si el contrato es de duración determinada por tiempo inferior a seis meses, y durante el mismo empleador y empleado «estarán obligados a cumplir con sus respectivas prestaciones»; cualquiera de las partes podrá proceder a la resolución de la relación laboral con el periodo de preaviso ajustado a lo que se pacte, sin exceder, en ningún caso, de siete días naturales[56].

G) Tiempo de trabajo

Jornada, horario y tiempo de presencia[57].

---

51 Véase art. 5 RD 1620/2011

52 Véanse también las DA 1.ª y 3.ª del RD 1620/2011.

53 Su contenido alcanza a los elementos esenciales del contrato y las principales condiciones de ejecución de la prestación laboral, mediante el propio contrato, si se celebra por escrito, o en documento adicional. En esta relación laboral especial son de singular importancia las prestaciones salariales en especie y la duración y distribución de los tiempos de presencia pactados, así como sobre el sistema de retribución o compensación de estos, y las pernoctas del empleado de hogar en el domicilio familiar.

54 Véase art. 6.1 RD 1620/2011 y art. 15 ET

55 Art. 14 ET.

56 Art. 6.2 RD 1620/2011

57 Art. 9.1 RD 1620/2011

- La jornada máxima ordinaria semanal será de cuarenta horas de trabajo efectivo. El horario será el que se fije «por acuerdo entre las partes». Al finalizar la jornada el empleado no queda obligado a permanecer en el hogar familiar.
- Entre el final de una jornada y el inicio de la siguiente deberá mediar un descanso mínimo de doce horas. No obstante, en el caso de empleado interno podrá reducirse a diez, siempre que se compense el resto hasta doce horas en períodos de hasta cuatro semanas[58]. Las partes pueden pactar tiempos de presencia suplementarios al tiempo ordinario de trabajo, que obligan en su caso al empleado a permanecer a disposición del empleador, hasta su conclusión[59].
- Se admite la realización de horas extraordinarias conforme al art. 35.5 ET (máximo de 80 al año, salvo compensación por descanso en el periodo posterior de cuatro meses o concurrencia de razones extraordinarias).
- No existen las obligaciones de registro de jornada para los contratados a tiempo parcial, ni tampoco de horas extraordinarias[60].

H) Descansos, permisos y vacaciones

- Los empleados de hogar tienen derecho a un descanso semanal de treinta y seis horas consecutivas que comprenderán, como regla general, la tarde del sábado o la mañana del lunes y el día completo del domingo[61].
- El empleado de hogar tiene derecho al disfrute de las fiestas y permisos previstos en la legislación laboral general[62].
- El período de vacaciones anuales será de treinta días naturales; puede fraccionarse en dos o más periodos por acuerdo de las partes, «si bien al menos uno de ellos será, como mínimo, de quince días naturales consecutivos[63].

---

58 El empleado de hogar interno dispondrá, al menos, de dos horas diarias para las comidas principales, no computables como tiempo de trabajo.
En relación con los tiempos de presencia téngase en cuenta las previsiones del art. 9.2 RD 1620/2011.

59 Art. 9.1 párrafo 2 RD 1620/2011.

60 Véase art. 9.3 bis RD 1620/2021.

61 Véase el art. 9.5 RD 1620/2011 para trabajos que no se realicen a jornada completa.

62 Véase art. 9.6 RD 1620/2011 y art. 37 ET.

63 Véase art. 9.7 RD 1620/2011.

I) Retribuciones

- La retribución mínima será la equivalente al salario mínimo interprofesional (SMI) o la proporcional a la duración a la jornada[64].
- Se admite el pago de salario en especie (siempre que incremente la cuantía del SMI) con el límite del 30 % respecto del montante total del salario.
- El empleado de hogar tiene derecho a dos gratificaciones extraordinarias al año, que se percibirán, salvo pacto en contrario, al finalizar cada uno de sus semestres.
- El pago del salario habrá de documentarse mediante la entrega al trabajador de un recibo individual y justificativo del pago de este, en la forma acordada entre las partes o, en su defecto, conforme a lo establecido en el art. 29.1 ET[65].

J) Suspensión y conservación del contrato de trabajo

- El contrato puede suspenderse por las causas previstas en la legislación laboral común (art. 45 ET), siempre que resulten compatibles con las características de este trabajo
- Son causas expresamente previstas[66]: la incapacidad temporal del empleado de hogar; la enfermedad o accidente[67]; y el traslado temporal del domicilio familiar[68].
- En el supuesto de cambio de la persona del empleador (del titular del hogar familiar, en definitiva) procede la subrogación contractual cuando exista acuerdo de las partes (empleado de hogar y nuevo titular de este), que se presume si el empleado sigue prestando servicios.

K) Extinción del contrato de trabajo

La extinción de la relación laboral se norma en el art. 11 RD 1620/2011, precepto que ha sido objeto de una profunda reforma por el RD-ley 16/2022.

---

64 Véase art. 8 RD 1620/2011.

65 Véase la DA 3.ª RD 1620/2011

66 Art. 10.2 y 3 RD 1620/2011.

67 Para los trabajadores internos véase el art. 10.2 RD 1620/2011

68 Si el traslado es localidad distinta se mantiene el contrato si así se pacta por las partes, lo cual se presume si el empleado continúa prestando servicios durante siete días en el nuevo domicilio. O bien optar por el desistimiento en los términos previstos.

Básicamente, la situación actual es la siguiente:

1. Desaparece la posibilidad del desistimiento del empresario que en la versión anterior a la reforma facultaba al empresario para dar por concluida la relación laboral a su voluntad[69].
2. La extinción de la relación sólo podrá realizarse:
   - Por las causas previstas en el art. 49.1 ET, que incluye el despido de la persona trabajadora, aplicándose la normativa laboral común salvo en lo que resulte incompatible con las peculiaridades derivadas del carácter especial de esta relación[70].
3. Y por unas causas específicas de esta relación laboral:
   - La disminución de los ingresos de la unidad familiar o incremento de sus gastos por circunstancia sobrevenida.
   - Modificación sustancial de las necesidades de la unidad familiar[71].

---

69 Bastaba: a) Un preaviso de al menos de siete días como regla general, y de veinte días si la prestación de servicios hubiera superado la duración de un año, aunque el empleador puede sustituirlo por «una indemnización equivalente a los salarios de dicho período, que se abonarán íntegramente en metálico»; y b) la puesta a disposición del trabajador, simultáneamente, de una indemnización «en cuantía equivalente al salario correspondiente a doce días naturales por año de servicio, con el límite de seis mensualidades», que debía de abonarse en metálico. Se presumía que el empleador optaba por el despido del trabajador y no por el desistimiento, cuando incumplía el requisito de comunicación escrita o no se ponía a disposición del trabajador la indemnización pertinente; la no concesión del preaviso o el error excusable en el cálculo de la indemnización no tenían tal efecto, sin perjuicio de la obligación empresarial de abonar los salarios correspondientes a dicho período o de pagar la indemnización en la cuantía correcta.

70 En la versión anterior del art. 11 eran causas de extinción del contrato las previstas con carácter general en el art. 49 ET, excepto las relativas a fuerza mayor, despido colectivo y despido objetivo.
- Es despido tácito despido tácito al dar de baja en seguridad social a la trabajadora, sin comunicación ni formalidad alguna, STS 145/2022, de 14 de febrero (rec. unif. 4897/2018, ECLI:ES:TS:2022:579).
- Se considera despido nulo el de empleada de hogar embarazada, sin que la empleadora conociera esa situación de embarazo y no desistimiento del empleador, toda vez que en la comunicación remitida no constaba, de modo claro e inequívoco, la voluntad empresarial de dar finalizada la relación laboral por desistimiento, ni tampoco se puso a disposición de la trabajadora la indemnización en metálico, STS 1/2022, de 11 de enero (rec. unif. 2099/2019, ECLI:ES:TS:2022:61). En caso de declaración de nulidad del despido por encontrarse la trabajadora embarazada determina el abono de los salarios de tramitación hasta el día que se notificó sentencia de suplicación que es la que por primera vez declaró nulidad, STS 77/2020, de 29 enero (rec. unif. 2401/2017, ECLI:ES:TS:2020:591). Sobre salarios tramitación véase también STSJ Cataluña 286/2013, de 15 de enero (rec. 6810/2012, ECLI:ES:TSJCAT:2013:533).

71 Podría ser como en supuestos entre otros, de la asunción de las citadas tareas por entidad pública o el cambio en las necesidades de cuidado de algún miembro de la unidad familiar.

- Pérdida de la confianza de la persona empleadora debido cuando el comportamiento de la persona trabajadora que deberá basarse en unas circunstancias valorables objetivamente.
- Formalmente deberán de cumplirse una serie de requisitos, como: comunicación por escrito, con expresión de la causa; un preaviso mínimo de 20 días si la relación ha superado el año (7 días en caso de ser inferior)[72]; y puesta a disposición una indemnización de 12 días por año con el límite de 6 mensualidades. Si se incumplen estos requisitos se presume que la persona empleadora ha optado por la aplicación del régimen extintivo del despido regulado en el Estatuto de los Trabajadores.

5.2. Novedades en la protección social

El Real Decreto-ley 16/2022, de 6 de septiembre mejora la protección social de las personas trabajadoras al servicio del hogar, dando cumplimiento al objetivo proclamado ya por la Ley la Ley 27/2011, de 1 de agosto y por el Real Decreto 1620/2011, de 14 de noviembre, y que como ya se ha indicado recibió el empuje de la sentencia del Tribunal de Justicia de la Unión Europea —STJUE, de 24 de febrero de 2022, asunto C-389/20—, que vino a declarar que no cabía excluir de la prestación por desempleo a las personas empleadas de hogar por un régimen legal de Seguridad Social, en la medida en que dicha disposición sitúe a las trabajadoras en desventaja particular con respecto a los trabajadores y no esté justificada por factores objetivos y ajenos a cualquier discriminación por razón de sexo.

Las reformas afectan a[73]:

1. Actos instrumentales y cotización

   Se dispone en la disposición adicional 2.ª, para aquellos supuestos en que la entrada en vigor del RD-ley 16/2022 existiese acuerdo de no asunción de obligaciones en materia de encuadramiento y cotización al sistema especial por parte de la persona empleadora, que a partir del día 1 de enero de 2023 dichas personas asumirán las referidas obligaciones en materia de cotización respecto del colectivo señalado, aun cuando presten servicios durante menos de 60 horas mensuales por persona empleadora, debiendo para ello comunicar durante el mes de enero de 2023 los datos necesarios para su cálculo y posterior pago de cuotas, facilitando los datos bancarios así como la entidad

72 En el caso de personas internas no podrá llevarse a cabo la decisión extintiva entre las 17 h y las 8 h del día siguiente, salvo falta muy grave de lealtad y confianza.

73 Sobre la entrada en vigor y las situaciones transitorias a contemplar véase: DT. 1.ª y DF. 7.ª de dicho RD.

gestora o, en su caso, colaboradora de la Seguridad Social por la que optan a efectos de la cobertura de las contingencias profesionales.

En correspondencia con esta nueva regulación, y con efectos 1 de enero de 2023, se procede a derogar la disposición adicional 24.ª de la LGSS que, precisamente, excluía de los beneficios en cotización a los empleadores del hogar que, encontrándose en la situación descrita, hubiesen optado por no hacerse cargo directo del cumplimiento de las obligaciones en materia de encuadramiento, cotización y recaudación, al no ser este supuesto ya posible.

2. Cotización y sus beneficios

Se da una nueva redacción a la DT. 16.ª de la LGSS para admitir la posibilidad de cotizar al FOGASA y por desempleo[74]. En cuanto a la obligación de cotización (nueva letra d) del art. 11.1 del RD 505/1985) se amplía la lista de sujetos obligados a cotizar al FOGASA, incluyendo a las personas empleadoras del servicio doméstico.

Por otro lado, en cuanto a los cambios introducidos con efectos de 1 de octubre de 2022, el ap. 1 de la DA 1.ª del RD-ley 16/2022, relativo a los beneficios en la cotización, una nueva regulación que dará lugar a determinadas reducciones y bonificaciones:

- Desde el 1 de octubre de 2022 y hasta el 31 de marzo de 2023, las personas que tengan contratada o contraten bajo cualquier modalidad contractual a una persona trabajadora al servicio del hogar y le den de alta en el Régimen General de la Seguridad Social, tendrán derecho a una reducción del 20 por ciento en la aportación empresarial a la cotización a la Seguridad Social por contingencias comunes correspondiente al Sistema Especial para Empleados de Hogar. Asimismo, tendrán derecho a una bonificación del 80 por ciento en las aportaciones empresariales a la cotización por desempleo y al FOGASA en ese sistema especial.
- A partir del 1 de abril de 2023 los beneficios en la cotización se reducen, concretándose en que durante toda la situación de alta en dicho régimen, dará lugar a una bonificación del 45 por ciento o del 30 por ciento en la aportación empresarial a la cotización a la Seguridad Social por contingencias comunes correspondiente al Sistema Especial para Empleados de Hogar establecido en el mismo, cuando se cumplan los requisitos de patrimonio y/o renta de la unidad familiar o de convivencia de la persona empleadora en los términos y condiciones que se fijen reglamentariamente.

Estas bonificaciones solo serán aplicables respecto de una única persona empleada de hogar en alta en el Régimen General de la Segu-

74 La DT. 2.ª norma la cotización para el período octubre-diciembre de 2022.

ridad Social por cada persona empleadora. Si hubiese más de una persona empleada de hogar en alta en dicho Régimen por cada persona empleadora, la bonificación será aplicable únicamente respecto de aquella que figure en alta en primer lugar.

3. Acción protectora

Se deroga la originaria exclusión de la prestación por desempleo para el colectivo del servicio doméstico contenida en el artículo 251 letra d) de la LGSS. Y se añade un nuevo párrafo 8.° al artículo 267.1 letra a) LGSS, que recoge la nueva situación legal de desempleo, requisito indispensable para el reconocimiento de la prestación, cual es la extinción del contrato de trabajo de las personas trabajadoras que desempeñen la actividad de servicio del hogar familiar de acuerdo con lo recogido en el art, 11.2 del RD 1620/2011.

También se actualiza el cálculo del coeficiente de parcialidad a que se refiere el artículo 247 a) de la LGSS, tomando en consideración la escala incluida en función de las retribuciones percibidas por los trabajadores.

6. Consideraciones finales

A lo largo de las páginas precedentes se ha hecho un recorrido histórico del marco jurídico del trabajo y de la protección social de los empleados de hogar desde su deliberado olvido (en el ámbito laboral hasta el actual marco normativo).

Las razones que se invocaron en su momento para justificar su tardía incorporación a los Seguros Sociales, probablemente hoy nos causaría sonrisa o sonrojo (razones que probablemente serían las mismas para su no consideración como relación laboral):

> «El ambiente cristiano de la sociedad española mantiene afortunadamente para el servicio doméstico su carácter tradicional como prolongación de la Familia. El aplicarle, sin circunstanciarlas a tal medio ambiente, las normas que en general se dictan para entidades de carácter laboral pudiera causar efectos contrarios a los laudables que se persiguen.
>
> En atención a ello, la legislación del Régimen mantuvo apartadas las tareas domésticas del régimen general de seguridad social y de los vínculos puramente sindicales, sin que ello significase privar a las personas dedicadas a tales menesteres de la protección que la sociedad les debe ...»[75].

La situación actual tanto en la vertiente laboral como en la de Seguridad Social poco se parece a la primera regulación de la relación laboral especial

75 De la Exposición de Motivos del Decreto 385/1959, de 17 de marzo (BOE, de 24 de marzo).

en 1985 y a la regulación del Régimen Especial de la Seguridad Social del Servicio Doméstico en 1969. El avance hacia su configuración actual vendría impulsado por la DA. 39.ª de la Ley 27/2011, de 1 de agosto, procedió a la integración del Régimen Especial de Empleados de Hogar en el Régimen General como sistema especial[76]. Y también por el RD 1620/2011, de 14 de noviembre, sobre relación laboral especial que se justificaba dado que al «*integrar el Régimen Especial de la Seguridad Social de los Empleados de Hogar en el Régimen General de la Seguridad Social, habilitando al Gobierno a modificar, en consonancia con esta integración, la regulación de la relación laboral de carácter especial del servicio del hogar familiar*»[77], y ello puesto que se consideraba como «*aspecto íntimamente ligado a la relación laboral especial al servicio del hogar familiar, la existencia desde antiguo de un ámbito propio de protección social para los empleados de hogar constituido por el Régimen Especial de Empleados del Hogar de la Seguridad Social. De ahí que la revisión que se haga del régimen jurídico de la relación laboral especial va de la mano y ha de ser coetánea con la que se haga del Régimen Especial de la Seguridad Social de Empleados de Hogar*».

El nuevo marco jurídico laboral y de Seguridad Social partía de la conveniencia de mantener la relación laboral como especial y conseguir la dignificación de las condiciones de trabajo de los trabajadores al servicio del hogar familiar. Y a eso nada hay que objetar.

La reforma laboral y de Seguridad Social llevada a cabo por el RD-ley 16/2022, de 6 de septiembre, que se presenta con el objetivo de «*... equiparar las condiciones de trabajo y de Seguridad Social de las personas trabajadoras del hogar familiar a las del resto de personas trabajadoras por cuenta ajena, descartando aquellas diferencias que no solo no responden a razones justificadas, sino que además sitúan a este colectivo de personas trabajadoras en una situación de desventaja particular y que, por tanto, pueden resultar discriminatorias.*»[78].

---

76 No había transcurrido un año cuando el RD-ley 29/2012, de 28 de diciembre, procedería a modificar diversos aspectos de la DA. 39.ª de Ley 27/2011 al detectar «*la existencia de algunas anomalías en su funcionamiento que motivan la necesidad de introducir mejoras en su configuración jurídica. Modificaciones que si bien afectan a la esfera de regulación de los actos instrumentales de dicho Sistema Especial –abordándose cambios en los reglamentos generales aplicables al efecto–, también influyen en la consideración como una situación singular merecedora de una regulación específica, de los supuestos en que los trabajadores presten sus servicios durante menos de 60 horas mensuales por empleador. Igualmente se procede a modificar las cuantías de las bases de cotización aplicables a este colectivo, avanzando en el paulatino proceso de acercamiento en la forma de determinación de tales bases de acuerdo con las normas aplicables en el Régimen General*» (Exposición de motivos). Aparentemente aliviaba las cargas administrativas al empleador, pero al reducir los tramos de cotización incrementaba por otro lado la carga económica a soportar por el mismo.

77 Exposición de motivos del RD 1620/2011, de 14 de noviembre.

78 Exposición de motivos, primer párrafo.

Es indudable que la situación laboral y de Seguridad Social de los trabajadores del hogar familiar ha mejorado notablemente desde su inicial regulación en 1985 en el ámbito de la relación laboral y desde 1969 en el relativo a la Seguridad Social.

Ahora bien, cabría plantearse si aquel principio que se recogía en la versión inicial del RD 1620/2011, según el cual la modificación del régimen jurídico de la relación laboral especial del servicio doméstico [se refería al RD 1425/1985] se abordaba desde una perspectiva que pretendía conjugar el mantenimiento de las diferencias, allí donde estas encontrarán una justificación objetiva y razonable, con la reducción o eliminación de aquellas, cuando se comprenda que su razón de ser ya no encuentra por más tiempo motivo alguno, de manera que se logre una progresiva equiparación del bagaje jurídico de esta relación laboral especial con la común. La pregunta que nos podemos hacer a continuación sería ¿han desaparecido esas particularidades o diferencias? o bien ¿se mantienen? La respuesta no es fácil. Lo que es cierto es que en el trabajo doméstico (así lo denomina el RD 1620/2011) tiene unas singularidades que no se encuentran en otras relaciones laborales: es una actividad prestada en el ámbito del hogar familiar y ello determina necesariamente una especial relación de mutua confianza entre las partes (en algunos casos relaciones familiares o cuasi-familiares); y que en dicho ámbito en que se proyecta el trabajo, confluyen derechos constitucionales relativos a la intimidad personal y familiar. Particularidades que incluso el propio RD 16/2022 admite, pero que luego relativiza su relevancia[79].

En el ámbito laboral quizás la novedad más discutible sea la eliminación de la figura de desistimiento y si ello se ajusta convenientemente a las particularidades del trabajo en el hogar familiar (por el lugar donde se desarrolla y la especial relación de confianza). La figura del desistimiento se ha sustituido por una nueva causa de extinción que aparentemente equilibra la posición del empleador y empleado, ante la pérdida de confianza «*El comportamiento de la persona trabajadora que fundamente de manera razonable y proporcionada la pérdida de confianza de la persona empleadora*»[80]. Desde el punto de vista del trabajador quizás sea razonable, pero desde empleador

79 Exposición de motivos, séptimo párrafo «*La prestación de servicios en el hogar familiar ha sido históricamente objeto de tratamiento diferenciado respecto al resto de actividades laborales. Hay, ciertamente, peculiaridades relevantes en este tipo de actividad laboral derivadas de que la persona empleadora no tiene entidad empresarial, de que la prestación de servicios se produce en un ámbito privado, de la alta variabilidad en las jornadas (desde el tiempo parcial muy reducido a la jornada completa), de la pluralidad, en determinados supuestos, de personas empleadoras y de otras circunstancias. Son factores que, sin duda, deben ser tenidos en cuenta en la configuración de la normativa aplicable a las personas que desarrollan esta actividad en la medida en que tengan una incidencia real en la prestación de los servicios.*».

80 Art. 11.2 letra c) RD 1620/2011.

presenta más dudas ya que al final tendrá que acreditar la razonabilidad y proporcionalidad de dar por concluida la relación laboral. No es aventurado pensar en una nueva fuente de conflictos que terminarán en los órganos judiciales para valorar la razonabilidad y proporcionalidad de la pérdida de confianza. Se olvida que la relación laboral se desarrolla en un hogar familiar y entre personas que tendrán que convivir día a día con esa situación de pérdida de confianza que se irá rápidamente agravando. No es lo mismo la convivencia en el seno de una empresa que un hogar familiar. No es lo mismo las malas o nulas relaciones con el empresario y compañeros en la empresa que llevarse mal o regular con el empleador y el resto de su familia. Difícil se lo ponen a un cabeza de familia que tenga que dejar su hogar y a sus familiares al cuidado de un trabajador con el que él o el resto de la familia no tengan confianza.

En el terreno de la mejora en la protección social poco hay que cuestionar, otra cosa será el control del acceso a las prestaciones (entiéndase al desempleo que se ha incorporado a la acción protectora de estos trabajadores). Más discutible es lo concerniente a las relaciones jurídicas de afiliación y cotización. Recuérdese que la DA. 39.ª que procedía a la integración del Régimen Especial de Empleados de Hogar en el Régimen General de la Ley 27/2011 pronto tuvo que ser modificada por RD-ley 29/2012 por las quejas por parte de los empleadores. Se trató de una reforma de importante calado en orden al cumplimiento de los deberes para con la Seguridad Social relativos a los actos instrumentales y de cotización. En el primer caso no se tuvo en cuentas las singularidades del empleador y del trabajo desempeñado y se pretendió si más trasladar —prácticamente— la normativa en materia de afiliación, altas, bajas y variaciones de datos a un empleador que no es un empresario (en el sentido de una relación de trabajo común) y que no tiene conocimientos de cómo tiene que proceder no solamente en el inicio de la relación laboral si no también durante su desarrollo y fin de esta. La complejidad (en la versión anterior a la reforma estas obligaciones eran menores y su cumplimiento bastante sencillo) se incrementó y los empleadores han tenido que buscar la ayuda de servicios profesionales para llevar a cabo los actos instrumentales, la elaboración de las nóminas, etcétera, con el consiguiente costo de tales servicios que tienen que asumir. Hoy en día no es aconsejable que el empleador se aventure a realizar por su cuenta estos actos con las responsabilidades que ello conlleva, por muchas hipotéticas facilidades que la Administración de la Seguridad pongan en sus manos.

La prestación de servicios en el hogar familiar ha sido históricamente objeto de tratamiento diferenciado respecto al resto de actividades laborales. Hay, ciertamente, peculiaridades relevantes en este tipo de actividad laboral derivadas de que la persona empleadora no tiene una entidad empresarial, de que la prestación de servicios se produce en un ámbito privado muy singular (el hogar familiar), de la alta variabilidad en las jornadas (desde el tiempo parcial muy reducido a la jornada completa), de la pluralidad, en determinados supuestos, de personas empleadoras y de otras circunstancias. Son factores que, sin duda, deben ser tenidos en cuenta en la configuración de la normativa aplicable a las personas que desarrollan esta actividad en la medida en que tengan una incidencia real en la prestación de los servicios. En el terreno de la cotización las diferencias respecto a la situación anterior fueron obvias incrementando la presión sobre el empleador qué si bien se matizaron con las bonificaciones establecidas, no hay que olvidar que estas son temporales. Habrá que esperar a que paulatinamente vayan desapareciendo y ver si el costo de la relación laboral puede llegar a ser asumido por los empleadores.

La contratación de servicios vía empresas facilitadores de ellos parece que sea la solución. Podrá ser de interés para algunas ocasiones y servicios, pero eso ya no serán servicios del hogar familiar. Difícilmente van ellos a cumplir con la necesaria confianza que debe darse entre un empleador que facilita el acceso a su vivienda y familiares y un empleado de una empresa de servicios.

Otro aspecto del que se suele hablar es el relativo a las condiciones de seguridad y salud en el trabajo. Inicialmente la Ley 31/1995, de 8 de noviembre descartaba su aplicación al ámbito del hogar familiar y todo quedaba en una obligación genérica de que el empleador está obligado a cuidar que el trabajo del empleado de hogar se realice en las condiciones adecuadas de seguridad y salud, debiendo adoptar medidas eficaces para este fin de acuerdo con las características específicas del trabajo a realizar. El RD-ley 16/2022 modificó el art. 3.4 y DA. 18 de la Ley de Prevención de Riesgos Laborales, estableciendo que debería de garantizarse a las personas al servicio del hogar familiar un nivel de **protección de la salud y seguridad en el trabajo** equivalente al de las restantes personas trabajadoras, teniendo en cuenta sus características específicas, en los términos y con las garantías que se prevean reglamentariamente. En el hogar familiar los riesgos a los que están expuestos los trabajadores son, sin ánimo de ser exhaustivo: caídas, riesgos químicos por los productos que utilicen, quemaduras, sobre esfuerzos, violencia contra la mujer (recuérdese que es un trabajo especialmente feminizado), etcétera. El empleado tendrá que elaborar un plan, una evaluación o una planificación de la actividad preventiva que contemple: el lugar de trabajo (orden y limpieza, zonas húmedas o resbaladizas, etc.), los equipos de trabajo (usar equipos de protección individual, gafas de seguridad, ropa impermeable, etc.), los riesgos relacionados con la seguridad (instalaciones eléctricas, escaleras de mano, etc. ...); riesgos con productos químicos industriales (limpieza, ventilación de locales, etc.); riesgos relacionados con la ergonomía y psicosociología (riesgos posturales, manipulación de cargas, estrés, etc. Como conjugar el derecho de los trabajadores y las singularidades de esta relación laboral especial será un reto muy complejo. Habrá que esperar al desarrollo reglamentario comprometido.

BIBLIOGRAFÍA

Arnaldos, Pedro: «Extensión de los Seguros Sociales Obligatorios al personal del Servicio Doméstico», Boletín de Información del Instituto Nacional de Previsión, núm. 4, abril 1946.

Almansa Pastor, José Manuel: *Derecho de la Seguridad Social*, 5.ª edición, Tecnos. Madrid, 1987, págs. 603-609.

Benito Benitez, M.ª Angustias: «Protección social del servicio doméstico desde una perspectiva de género», *Revista Lex Social*, julio-diciembre 2019, Vol. 9 núm. 2, 2019.

Blanco Rodríguez, Juan Eugenio:

- «El montepío nacional del servicio doméstico», *Revista de Derecho del Trabajo*, núm. 33,1959.

- *La Seguridad Social en España*, Servicio de Información y Publicaciones de la Organización sindical, Madrid, 1961, págs. 132-134.

Borrajo Dacruz, Efrén: «Las responsabilidades de los amos de casa ante el Montepío Nacional del Servicio Doméstico», *Revista Iberoamericana de Seguridad Social*, núm. 4/1962.

Cleofe Sánchez, Dolores: «Régimen Especial de los Empleados de Hogar», Lección 13, en AA.VV. págs. 415-445, *Diecisiete lecciones sobre Regímenes Especiales de la Seguridad Social,* Universidad de Madrid. Facultad de Derecho, Madrid, 1972.

Fernández-Costales Muñiz, Javier; **Baviera Puig**, Inmaculada y **Kahale Carrillo**, Djamil Tony: «Régimen Especial de Empleados de Hogar: su integración en el Régimen General», capítulo IX, AA.VV. *Reforma y Modernización de la Seguridad Social (Análisis de la Ley 27/2011, de 1 de agosto)*», Sempere Navarro, A.J. y Fernández Orrico, Fco. Javier (directores), Thomson Reuters. Pamplona, 2012, págs. 469-521.

García González, Guillermo: «La integración del régimen especial de empleados en el régimen general: logros y retos de futuro», Aranzadi Social, n.º 8, diciembre de 2011.

García Viña, Jordi: *Aspectos laborales, de salud laboral y de seguridad social de los empleados de hogar*, Comares, Granada, 2009

De la Villa Gil, Luis Enrique: «La relación laboral de carácter especial del servicio del hogar familiar», Documentación Laboral, número monográfico sobre las relaciones de carácter especial, 1985.

Desdentado Daroca, Eva: «Las reformas de la regulación del trabajo doméstico por cuenta ajena», *Revista Investigaciones Feministas*, Vol. 7, núm. 1/2016, págs. 129-148

López Cumbre, Lourdes: «La relación especial del servicio del hogar familiar», *Revista Española de Derecho del Trabajo*, núm. 100, 2000.

López Gandía, Juan y **Toscani Giménez**, Daniel: El nuevo régimen laboral y de Seguridad Social de los trabajadores al servicio del hogar familiar, Bormazo, Albacete, 2012.

Luján Alcaraz, Jose: *El Régimen Especial de la Seguridad Social de los Empleados de Hogar,* Cuadernos de Aranzadi Social 5, Aranzadi, Pamplona, 2000.

Melendez Morillo-Velarde, María Lourdes, **San Martín Mazzuconi,** Carolina y **Palomino Saurina**, Pilar: «La relación laboral especial del personal al servicio del hogar familiar», capitulo II, AA.VV. Vol. II, *El Contrato de Trabajo. Relaciones Laborales Especial y contratos con particularidades,* SEMPERE

Navarro, A.V. y **Cardenal Carro**, Miguel (directores), Thomson Reuters. Aranzadi, Pamplona, 2011, págs. 131-170

Menéndez Sebastián, Paz: «*Despido disciplinario o desistimiento empresarial en el trabajo al servicio del hogar familiar»*, Civitas, *Revista Española de Derecho del Trabajo*, n.° 119, 2003.

Miñarro Yanini, Margarita: «La nueva relación laboral de carácter especial del servicio del hogar familiar: una mejora mejorable», Relaciones laborales números 4 y 5 de 2012.

Monereo Pérez, José Luis y **Rodríguez Iniesta**, Guillermo:

- «Reformas en la Seguridad Social de los trabajadores por cuenta propia o autónomos y para los trabajadores al servicio del hogar familiar, *Revista Derecho de la Seguridad Social Laborum*, núm. 32, 3.° trimestre 2002, págs. 9-44.

- «La legislación española que excluye constitutivamente de las prestaciones por desempleo a los empleados de hogar, resulta discriminatoria y contraria al derecho social de la Unión Europea», *Revista Derecho de la Seguridad Social Laborum*, núm. 29, 4.° trimestre 2021, págs. 11-24.

Palomeque López, Manuel Carlos: «Sobre el derecho de los empleados de hogar familiar a la no discriminación por razón de parentesco» en la afiliación al sistema de Seguridad Social», *Revista Española de Derecho del Trabajo*, núm. 53, 1992.

Panizo Robles, Jose Antonio: «La Seguridad Social de las personas que prestan servicios en el hogar familiar: la incorporación de un Sistema Especial en la estructura del Sistema de la Seguridad Social», RTSS, CEF, n.° 346, enero 2011.

Quesada Segura, Rosa:

- *El contrato de servicio doméstico,* La Ley Madrid, 1991.

- «Aspectos laborales de la relación laboral de carácter especial del servicio del hogar familiar», Tribuna Social, *Revista de Seguridad Social y Laboral*, n.º 207, marzo 2008.

Ramirez Martínez, Juan Manuel: «La relación laboral especial del servicio del hogar familiar», en AA.VV. Borrajo Dacruz, E. (dir.), Comentarios a las Leyes Laborales. Estatuto de los Trabajadores, Edersa, Madrid, Tomo II, Volumen I, 1987.

Sala Franco, Tomás: «La relación laboral especial del servicio del Hogar Familiar y el contrato de trabajo doméstico», Relaciones Laborales, Tomo I, n.º 4, 1986.

Sanz Sáez, Concepción: *Régimen prestacional de las empleadas de hogar: análisis crítico y perspectivas de cambio*, Tesis Doctoral, Universidad de Castilla La Mancha, 2015.

Sendín Blázquez, Alberto: *El Régimen Especial de los empleados de hogar: cuestiones sobre su integración en el Régimen General*, Ministerio de Trabajo y Asuntos Sociales, Secretaría de Estado de la Seguridad Social, 2006.

Trillo García, Andrés Ramón: «Retos futuros en la protección integral desde el Sistema de la Seguridad Social de las Trabajadoras del Hogar», *Revista Lex Social*, julio-diciembre 2019, vol. 9 núm. 2/2019

Vela Díaz, Raquel: *El nuevo régimen especial de las personas empleadas del hogar. Aspecto Laborales y de Seguridad Socia*l, Laborum Ediciones, Murcia, 2012.

Villar Cañada, Isabel María: «Seguridad Social e igualdad por razón de género tras la Ley 27/2011 de reforma de las pensiones: el Sistema Especial de Empleadas/os de Hogar», Relaciones Laborales, n.º 18, septiembre de 2011.

CAPÍTULO II

LA CONTRATACIÓN DE LAS PERSONAS TRABAJADORAS AL SERVICIO DEL HOGAR FAMILIAR

Carolina Blasco Jover
Prof.ª Titular de Universidad Dpto. Derecho del Trabajo y de la Seguridad Social
Universidad de Alicante

1. Introducción

Como se conoce, es el Real Decreto 1620/2011, de 14 de noviembre, la norma que específicamente regula el empleo y las condiciones de trabajo de las personas que trabajan en el servicio doméstico. Esta prestación de servicios ha sido históricamente objeto de tratamiento diferenciado respecto al resto de actividades laborales habida cuenta de sus evidentes particularidades. Así, no existe una organización empresarial como tal, el trabajo se desarrolla en el ámbito estrictamente privado de un domicilio, quien contrata es el titular de este y el desarrollo de la prestación de servicios se desenvuelve en el seno de una especial relación de confianza entre aquél y la persona trabajadora. Debido a estos factores, se consideró necesario ya en su momento, con el anterior Real Decreto 1424/1985, de 1 de agosto, otorgar una protección singular a quienes se dedican a prestar estos servicios, apartada en cierta forma del común denominador que supone el Estatuto de los Trabajadores, y que implicaba la introducción de ciertas diferencias de trato que venían aconsejadas por ese especial ámbito relacionado con la intimidad personal y familiar donde se ejecuta el trabajo.

Con todo, recientemente el Real Decreto 1620/2011 se ha visto modificado por el Real Decreto-Ley 16/2022, de 6 de septiembre, para la mejora de las condiciones de trabajo y de seguridad social de las personas trabajadoras al servicio del hogar, que ha replanteado los límites de esa regulación especial para que, en ningún caso, suponga una tutela de los derechos fundamentales inferior a la prevista respecto de la relación laboral común. De este modo, se revisa el régimen jurídico de esta relación laboral especial para fortalecer la posición de la persona trabajadora, otorgándole, con efecto inmediato[1], nuevos derechos (señaladamente, la protección por desempleo en consonancia con la normativa y la jurisprudencia europea o la protección a través del FOGASA) y para introducir nuevas obligaciones a la parte empleadora. Se intenta con ello paliar o corregir en cierta forma el principal problema que subyace en este régimen: su infravaloración social y, hasta hace poco, normativa. Un asunto éste que, además, se complica si se tiene en cuenta que un alto porcentaje de las personas integradas en este régimen son mujeres[2], lo que deriva, a la postre, en la perpetuación de estereotipos y en el agravamiento de la brecha de género. Y mujeres, además, en un buen número, inmigrantes[3] que pueden padecer los efectos de una discriminación múltiple en sus condiciones de trabajo y de Seguridad Social[4]. La combinación de todos estos factores ha contribuido, como se decía, a que se reformularan los límites de la protección que debe dispensarse a este colectivo y a que, por lo que ahora importa, se hayan modificado algunas cuestiones en materia de contratación. Cierto es que, proporcionalmente, su peso no es tan significativo como otras reformas de mayor calado que se han operado, pero, con todo, son lo suficientemente relevantes como para otorgar una mayor salvaguardia a los derechos de la persona trabajadora. En las páginas que siguen, se pasará revista a esas modificaciones y se dará cuenta de cómo queda el régimen de contratación de las personas que prestan servicios en el hogar familiar. De igual modo, y habida cuenta de que el empleo doméstico es la puerta de entrada, si se permite la expresión, al mercado de trabajo español por numerosa población inmigrante, mujeres especialmente, se abordarán algunas cuestiones relacionadas con nuestro régimen jurídico de extranjería vigente que pueden terminar afectando a la contratación de este colectivo.

2. El contrato de trabajo en el empleo doméstico

2.1. Las partes del contrato

Dispone el número dos del art. 1 RD 1620/2011 que «se considera relación laboral especial del servicio del hogar familiar la que conciertan el titular de este, como empleador, y el empleado que, dependientemente y por cuenta

1 La Disposición transitoria primera del RD 16/2022 establece que la nueva norma será de aplicación a los contratos vigentes a su fecha de entrada en vigor.

2 Más del 97 % según datos del Ministerio de Igualdad.

3 Según datos del Ministerio de Inclusión, Seguridad Social y Migraciones a diciembre de 2022, un 45 % de las personas empleadas en el sector del empleo doméstico eran personas con una nacionalidad distinta a la española. Y, de ellas, un 94 % eran mujeres.

4 Sobre ello, SANZ SÁEZ, Concepción: «La discriminación en contra de las empleadas de hogar como forma de manifestación de las discriminaciones múltiples», *Revista de Derecho Social,* núm. 83, 2018, pp. 94-97.

de aquél, presta servicios retribuidos en el ámbito del hogar familiar». Por su parte, el apartado tres del mismo precepto señala a quién debe considerarse empleador a los efectos de esta relación laboral: «al titular del hogar familiar, ya lo sea efectivamente o como simple titular del domicilio o lugar de residencia en el que se presten los servicios domésticos». Ciertamente, la lectura conjunta de sendos apartados permite deslindar claramente quiénes son las partes de esta relación laboral especial. De un lado, la persona física que, sin ánimo de lucro y siendo la titular del hogar familiar, contrata a otra para desempeñar trabajos domésticos. De otro, esa otra persona física que es contratada, en régimen de dependencia y ajenidad[5], para llevar a cabo las tareas o labores domésticas. Veamos.

Por lo que atañe a la parte contratante, ésta necesariamente debe ser una persona física, nunca jurídica. Es más, las letras a), b) y c) del art. 2.1 RD 1620/2011 excluyen del ámbito objetivo de la norma reglamentaria las relaciones concertadas por personas jurídicas, de carácter civil o mercantil, aun si su objeto es la prestación de servicios o tareas domésticas (que se regirán por la normativa laboral común)[6], las prestaciones de servicios concertadas a través de una ETT (que se regirán por la normativa propia de este tipo de empresas) o aquéllas en las que la contratación la realizan instituciones públicas o entidades privadas de acuerdo con la normativa de

---

5 Sólo el trabajo doméstico, por lo tanto, que se preste en condiciones de dependencia y ajenidad tendrá cabida en el RD 1620/2011. Lo que guarda relación con el art. 1.b) Convenio n.º 189 OIT que define al trabajador doméstico como «toda persona, de género femenino o género masculino, que realiza un trabajo doméstico en el marco de una relación de trabajo» y con el apartado II de la Recomendación n.º 198 OIT que versa sobre la determinación de la existencia de una «relación de trabajo». Recomendación, por cierto, a la que menciona el propio Convenio n.º 189 OIT. Ello no obsta, sin embargo, a que este tipo de trabajo se desarrolle también de forma autónoma, por un profesional que, en ese régimen, se dedique a ello. Evidentemente, la prestación de servicios que, en estas circunstancias, se concertase con el titular del hogar familiar no se encuadraría en el régimen especial laboral de los empleados de hogar que diseña la norma reglamentaria. Lo problemático aquí, no obstante, será discernir cuándo se está ante una relación laboral típica y cuándo ante una autónoma pues el deslinde entre una y otra, según los indicios que se aprecien, puede resultar un tanto difuso. Sobre ello, vid. SELMA PENALVA, Alejandra: «¿Existe el trabajo doméstico por cuenta propia?», *Revista de Trabajo y Seguridad Social CEF*, núm. 465, 2021, pp. 47-82.

6 De este modo, la prestación de servicios de limpieza en una embajada se ha considerado excluida de esta relación laboral especial. Así, sentencia del Tribunal Superior de Justicia de Madrid, de 15 de junio de 2004 (Rec. 1058/2004). También, en esta misma línea, en la sentencia del Tribunal Superior de Justicia del País Vasco, de 22 de septiembre de 2015, Rec. 1467/2015 (ECLI:ES:TSJPV:2015:3031) se solventó un caso en el que difícilmente podía encuadrarse en el concepto de hogar familiar la situación de catorce residentes desvinculados, varios pisos unidos, servicios comunes y una organización de seis empleadas y en el que el auténtico empresario no era quien figuraba como titular del contrato de trabajo (uno de los residentes de los pisos), sino una institución que se encontraba detrás y cuyo elemento visible era la promotora, dueña del lugar, que era la que arrendaba el lugar.

dependencia con cuidadores profesionales[7]. De hecho, la primera exclusión remite a la Disposición adicional decimoséptima de la Ley 27/2011, de 1 de agosto, sobre actualización, adecuación y modernización del sistema de Seguridad Social, que dispone, a tales efectos, que «las tareas domésticas prestadas por trabajadores no contratados directamente por los titulares del hogar familiar sino al servicio de empresas, ya sean personas jurídicas, de carácter civil o mercantil, determinará el alta de tales trabajadores en el Régimen General de la Seguridad Social por cuenta de esas empresas». Por lo tanto, en estos concretos supuestos de hecho, la prestación de servicios habrá de ser necesariamente catalogada como de relación laboral común por aplicación de lo dispuesto en la letra a) del art. 2.1 RD 1620/2011 e incardinada en el Régimen General de la Seguridad Social por aplicación, esta vez, de la mencionada Disposición adicional[8]. Es más, que el titular del hogar familiar pueda contratar los servicios domésticos a través de esta vía, esto es, a través de una empresa que se dedique a contratar trabajadores para que desempeñen tareas domésticas en el hogar familiar, supone, *de facto*, que se admita en este contexto la cesión legal de trabajadores, aunque la empresa cedente no sea una empresa de trabajo temporal como exige el art. 43 ET[9]. Cuestión distinta, eso sí, es que se produzcan irregularidades en la contratación de la persona trabajadora, de tal forma que el contrato se suscriba por el titular del hogar familiar (incluso aceptando el contenido confeccionado por la empresa con, posiblemente, cláusulas que remitan a las propias de una relación laboral especial regulada por el RD 1620/2011), pero sea precisamente aquélla, la empresa cedente, la que asuma la obligación de emitir el contrato, la que controle la actividad laboral, la que se encargue de abonar el salario o de sustituir a la persona trabajadora en supuestos de suspensión del contrato o la que, en definitiva, desempeñe funciones de decisión, control y organización propias de un empleador en el desempeño regular de sus facultades organizativas y directivas. En estos supuestos, en los que existe un empresario real y otro aparente, se ha apreciado[10] la existencia de una cesión ilegal de trabajado-

7 En este caso, la profesionalidad del cuidador y las específicas tareas que éste debe acometer son los factores que determinan la exclusión de estos sujetos de la relación laboral especial que aquí se trata. Como botón de muestra, vid. sentencia del Juzgado de lo Social núm. 2 de Zaragoza, de 10 de enero de 2019, Proc. 726/2017. ECLI:ES:JSO:2019:1.

8 A modo de ejemplo, vid. sentencia del Tribunal Superior de Justicia de Madrid, de 23 de marzo de 2004 (Rec. 5822/2003).

9 López Gandía, Juan y Toscani Giménez, Daniel: *Las causas de la reforma de la Seguridad Social: análisis práctico de la Ley 27/2011, de 2 de agosto*, El Derecho, Madrid, 2011, p. 343.

10 Rodríguez Crespo, María José: «La contratación irregular de los empleados del servicio del hogar familiar», *Lex Social,* vol. 9, núm. 2, 2019, pp. 187-190. Entre la doctrina judicial, sentencia del Tribunal Superior de Justicia Castilla y León, Valladolid, de 8 de abril de 2021, Rec. 326/2021. ECLI:ES:TSJCL:2021:1215.

res prohibida por el ordenamiento con las consecuencias que en materia de responsabilidad ello comporta[11].

La persona contratante, por lo demás, debe ser la titular del hogar familiar, ya lo sea —como señala la norma reglamentaria— «efectivamente o como simple titular del domicilio o lugar de residencia en el que se presten los servicios domésticos». Ciertamente, se podría haber aprovechado la reforma impulsada por el RD 16/2022 para perfilar de un modo más concreto a la persona contratante y evitar así posibles interpretaciones contradictorias. No habiéndose actuado de este modo por parte de quien legisla, parece que quepa entender el tenor literal del art. 1.3 RD 1620/2011 del siguiente modo: la «titularidad efectiva» quedaría asimilada con la posesión y el uso y disfrute del concreto espacio físico de que se trate (a través, por ejemplo, de un contrato de arrendamiento), mientras que la «simple titularidad» se identificaría con la dominical o, incluso, la usufructuaria[12]. A partir de aquí, sin embargo, el problema surge cuando se ha pretendido identificar titularidad con domicilio o residencia habitual de la persona contratante, de tal modo que, por ejemplo, no se han considerado empleadores, por este motivo, a los hijos titulares de su propio hogar familiar que contratan una persona para que cuide y atienda a sus progenitores, siendo éstos, a su vez, titulares dominicales de su domicilio o residencia, lugar donde, a la postre, se prestan los servicios[13]. No obstante y a mi modo de ver, la norma podría albergar esta interpretación y la contraria, pues nada se indica en ella de que ese domicilio o lugar de residencia deba coincidir, de forma necesaria, con la residencia habitual de quien contrata la concreta prestación. Dicho de otra manera, el laxo tenor de la norma reglamentaria creo que puede conducir a sostener que al contratante se le exija ser, en efecto, el titular del espacio físico donde se prestan los servicios, pero no que éste constituya, de modo forzoso, su

11 No parece, sin embargo, que la persona trabajadora pueda ejercer el derecho de opción que la cesión ilegal comporta. Y ello, de un lado, por las peculiaridades que acontecen en la figura del empleador titular del hogar familiar y, de otro, porque el fraude en estos casos cometido debe conjurarse con la aplicación de lo dispuesto por las normas que se han pretendido eludir, precisamente el art. 2.1.a) RD 1620/2011 y la Disposición adicional decimoséptima de la Ley 27/2011.

12 La sentencia del Tribunal Superior de Justicia de Galicia, de 28 de enero de 2013, Rec. 1866/2013 (ECLI:ES:TSJGAL:2015:758) resuelve un caso en que madre e hija eran cotitulares del hogar familiar dado que una era la propietaria y la otra ostentaba el derecho al usufructo de este, siendo que los servicios prestados eran destinados a ambas.

13 La sentencia del Tribunal Superior de Justicia de Cataluña, de 28 de junio de 2021, Rec. 1478/2021 (ECLI:ES:TSJCAT:2021:6319) matiza que ello siempre en el caso de que la persona titular del hogar familiar donde se prestan los servicios tenga las facultades mentales necesarias tanto para concertar el contrato, como para dirigir su ejecución durante el período de su vigencia. En el supuesto de hecho, los hijos de la persona cuidada y que posteriormente falleció no convivían en el domicilio, ostentando su madre la condición de única empleadora, aceptándose que ésta tenía plenas facultades mentales, aunque su salud física se deteriorara finalmente. También incide en esta idea la sentencia del Tribunal Superior de Justicia de Cataluña, de 7 de octubre de 2020, Rec. 1898/2020. ECLI:ES:TSJCAT:2020:7276.

residencia habitual. Al límite, incluso una futura reforma legal podría amparar un cambio en la conceptualización de la persona del empleador para entender que éste pueda ser, sin más, la persona física que ejerza las funciones de dirección, organización y control de la persona trabajadora, con independencia, pues, de que aquélla ostente la titularidad del espacio íntimo y privado donde se prestan los servicios domésticos[14].

En cualquier caso, es de destacar que, a nivel judicial, se llegado a ensanchar también la noción misma de «hogar familiar», puesto que este concepto no se ha entendido, necesariamente, como sinónimo de residencia o domicilio familiar. Es más, en la interpretación que del art. 1.4 RD 1620/2011 se ha realizado en sede judicial se ha entendido que tales actividades pueden ser llevadas a cabo, incluso, fuera del estricto ámbito del domicilio familiar, por ejemplo, en una finca de recreo[15] o, al límite, en una residencia de ancianos cuando el contrato es suscrito por la propia persona, dado que «existen espacios que pueden considerarse como la vivienda habitual donde se realizan las actividades normales de la vida diaria y para la que se tienen asignadas determinadas piezas o habitaciones, funcionando el centro titular del derecho de dominio de la finca como mero prestador de determinados servicios»[16]. Del mismo modo, «hogar familiar» se ha identificado con una congregación religiosa cuando el contrato fue concertado con la Superiora del convento, persona física y cabeza de familia de las monjas que residían en el mismo (no por la Congregación como persona jurídica), siendo que «la convivencia en comunidad de un grupo de religiosas dedicadas al culto no deja de configurar un asimilado al tipo especial de familia, en cuanto existe una convivencia en una residencia común y unas tareas a realizar para mantener el buen orden y comodidad de la morada»[17].

---

14 Adoptan esta interpretación la sentencia del Tribunal Superior de Justicia de Extremadura, de 19 de diciembre de 2013 (Rec. 512/2013) y la sentencia del Tribunal Superior de Justicia de Andalucía, Sevilla, de 25 de mayo de 2016, Rec. 1569/2015. ECLI:ES:TSJAND:2016:4632.

15 Sentencia del Tribunal Supremo (Sala de lo Contencioso-Administrativo) de 12 de diciembre de 1990 (Rec. 1400/1989).

16 Sentencia del Tribunal Superior de Justicia del País Vasco, de 9 de mayo de 2000 (Rec. 2583/1999). También sentencia del Juzgado de lo Social n.º 1 de Burgos, de 10 de octubre de 2018, Proc. 326/2018. ECLI:ES:JSO:2018:6045. Con todo, no se argumentó del mismo modo en la sentencia del Tribunal Superior de Justicia del País Vasco, de 1 de septiembre de 2004 (Rec. 1303/2004). Y ello porque no se consideró que las circunstancias fueran idénticas al suscribirse el contrato para atender al cuidado de un familiar que estaba internado en una residencia por varias personas físicas, todos ellos miembros de una misma familia que residían cada uno en un lugar distinto.

17 Sentencia del Tribunal Superior de Justicia de Cataluña, de 19 de marzo de 1999 (Rec. 8760/1998). En sentido contrario a éste, la sentencia del Tribunal Superior de Justicia de Madrid, de 19 de enero de 1999 (Rec. 6611/1998), considera inexistente una relación laboral de este tipo cuando se prestan servicios para una asociación, comunidad o residencia con los fines de una formación humana y cristiana, «pues no se trata de un hogar familiar y los servicios prestados por la actora a la demandada no son tampoco para satisfacer

Por lo demás, cabe apuntar que no es preciso que en ese «hogar» convivan los miembros de una familia[18]. De hecho, dispone muy claramente el art. 1.3 RD 1620/2011 que, cuando la prestación de servicios «se realice para dos o más personas que, sin constituir una familia ni una persona jurídica, convivan en la misma vivienda, asumirá la condición de titular del hogar familiar la persona que ostente la titularidad de la vivienda que habite o aquella que asuma la representación de tales personas, que podrá recaer de forma sucesiva en cada una de ellas». Ello quiere decir, por lo tanto, que no tiene por qué existir vínculo de parentesco alguno entre los convivientes del concreto espacio físico de que se trate, bastando, para atribuir la condición de empleador, que alguno de ellos ostente la titularidad de este o represente al grupo, siempre en ambos casos, claro está, que ejerza funciones de organización y dirección de la persona contratada[19].

La otra parte de la relación es la persona física que va a desempeñar, a cambio de una remuneración[20], los trabajos domésticos, entendiéndose éstos, a tenor de lo que dispone el apartado cuarto del art. 1 RD 1620/2011, de una forma amplia, pues en ellos tienen cabida tanto «la dirección o cuidado del hogar en su conjunto o de algunas de sus partes», como «el cuidado o atención de los miembros de la familia o de las personas que forman parte del ámbito doméstico o familiar»[21] u otros trabajos «que se desarrollen for-

---

las necesidades de una familia dentro de su propio hogar, sino de los integrantes de esa comunidad o asociación».

18 Curioso es el caso enjuiciado en la sentencia del Juzgado de lo Social núm. 4 de Valladolid, de 29 de enero de 2018, Proc. 596/2017 (ECLI:ES:JSO:2018:725) en la que se ha llegado a otorgar la posición jurídica del empleador a dos personas, exmarido y exmujer, considerando que en este caso el hogar familiar se bifurcaba en los domicilios de cada uno de ellos, generando un supuesto responsabilidad solidaria entre ambos.

19 Un ejemplo de esta circunstancia en la sentencia del Tribunal Superior de Justicia de Cataluña, de 7 de octubre de 2020, Rec. 1898/2020. ECLI:ES:TSJCAT:2020:7276. Esta resolución menciona incluso al Decreto 2346/1969, de 25 septiembre, que ordena la inclusión en el Régimen Especial de la Seguridad Social del Servicio Doméstico de quienes en calidad de empleados de hogar, prestan sus servicios a un grupo de personas que si bien no constituyen familia, viven todas ellas con tal carácter familiar en el mismo hogar, pues lo que, a juicio de la Sala, «justifica y determina la naturaleza especial de la relación laboral de los empleados de hogar no es el parentesco de los moradores, ni la naturaleza familiar de los lazos que les unen, sino las particulares exigencias que se derivan de la convivencia de los moradores en el lugar de la prestación del trabajo y de la reordenación de éste a la facilitación de la vida en común».

20 Aunque esa remuneración provenga de transferencia desde una cuenta de una sociedad mercantil propiedad del empleador, ya que este dato no transforma la relación especial de servicio del hogar en una relación laboral común. Así, sentencia del Tribunal Superior de Justicia de Islas Baleares, de 3 de marzo de 2016, Rec. 345/2015. ECLI:ES:TSJBAL:2016:213.

21 Así, el trabajo en la atención y cuidado de los hijos menores, con horario permanente, trasladándoles al colegio, dándoles de comer y cuidándoles mientras sus progenitores se encuentran fuera del domicilio (sentencia del Tribunal Superior de Justicia de Cantabria, de 11 de mayo de 2000, Rec. 1473/1998).

mando parte del conjunto de tareas domésticas, tales como los de guardería, jardinería, conducción de vehículos y otros análogos»[22]. Ahora bien, de darse la circunstancia que la persona trabajadora doméstica desempeña este tipo de tareas y, además, otras ajenas al hogar familiar en actividades o empresas de cualquier carácter del empleador, su relación laboral será calificada como de ordinaria, no de especial. Aunque ello a salvo de que «se acredite que la realización de los servicios no domésticos tiene un carácter marginal o esporádico con respecto al servicio puramente doméstico» (art. 2.3 RD 1620/2011)[23].

Por lo demás, también hay que prestar atención al posible vínculo que pueda unir a la persona contratada con la contratante puesto que el artículo segundo de la norma reglamentaria termina de perfilar su ámbito objetivo de aplicación. De esta forma, no serán catalogadas como relación laboral especial del empleo doméstico las prestaciones de servicios de los cuidadores no profesionales para atender a personas en situación en situación de dependencia en su domicilio por miembros de su familia (letra d), las relaciones concertadas entre familiares para la prestación de servicios domésticos cuando quien preste los servicios no tenga la condición de asalariado (letra e)[24] y los trabajos realizados a título de amistad, benevolencia o buena vecindad (letra f)[25]. De igual modo, tampoco quedan incluidas en el radio de acción de la norma reglamentaria, salvo prueba en contrario de su naturaleza laboral, las relaciones «de colaboración y convivencia familiar como las denominadas a la par mediante las que se prestan algunos servicios como cuidados de niños, la enseñanza de idiomas u otros de los comprendidos en [el objeto de la prestación de servicios del trabajo doméstico], siempre y cuando estos últimos tengan carácter marginal, a cambio de comidas, alojamiento o simples compensaciones de gastos» (art. 2.2 RD 1620/2011)[26].

---

22 Un ejemplo en sentencia del Tribunal Superior de Justicia Andalucía, Sevilla, de 1 de marzo de 2011, Rec. 2975/2010. ECLI:ES:TSJAND:2011:441.

23 Un par de ejemplos en sentencias del Tribunal Superior de Justicia de Cataluña, de 4 de julio de 2000 (Rec. 2236/2000) y de 4 de septiembre de 1998 (Rollo 1890/1998). Se ha llegado a defender por la doctrina la matización de esta regla cuando se retribuyan ambas actividades de forma independiente y los servicios domésticos sean considerables, de tal modo que se concertaran dos contratos diferentes, uno común y otro especial. Así, RODRÍGUEZ CARDO, Iván: «La relación laboral especial de los empleados de hogar», *Revista del Ministerio de Empleo y Seguridad Social,* núm. 118, p. 58.

24 Un ejemplo en sentencia del Tribunal Superior de Justicia de Cataluña, de 16 de julio de 2001 (Rec. 5837/2000).

25 Un ejemplo de éstas últimas en sentencia del Tribunal Superior de Justicia de la Comunidad Valenciana, de 2 de julio de 1998 (Rec. 3090/1995).

26 Un ejemplo en la sentencia del Tribunal Superior de Justicia de Cataluña, de 20 de marzo de 2013, Rec. 2097/2012. ECLI:ES:TSJCAT: 2013:3178. En ella, se aprecia la existencia de una colaboración de este tipo cuando se pacta con el titular del hogar familiar «el uso de

2.2. El ingreso al trabajo

El art. 4 RD 1620/2011 regula, sin que se haya visto modificado por la entrada en vigor del RD 16/2022, el régimen jurídico del ingreso al trabajo doméstico. De este modo, en el apartado primero se afirma que «los empleadores podrán contratar a los trabajadores directamente o por intermediación de los servicios públicos de empleo o de las agencias de colocación debidamente autorizadas». La norma, por lo tanto, admite tanto que el contrato lo concierte directamente la persona titular del hogar familiar (que será lo habitual a través de contactos u otras relaciones personales) como que acuda a agentes externos para que sean ellos los que le pongan en contacto con uno o varios candidatos, posibilidad esta última que no estaba contemplada en el anterior RD 1424/1985, pero que se incluyó en la nueva reglamentación para intentar promocionar la empleabilidad de este colectivo. Y todo ello con la debida observancia y respeto a los principios de igualdad de trato y no discriminación. Así, el apartado segundo del precepto reglamentario dispone que «los servicios públicos de empleo y las agencias de colocación deberán garantizar, en su ámbito de actuación, el principio de igualdad en el acceso al empleo, no pudiendo establecer discriminación alguna basada en motivos de origen, incluido el racial o étnico, sexo, edad, estado civil, religión o convicciones, opinión política, orientación sexual, afiliación sindical, condición social, lengua dentro del Estado y discapacidad, siempre que los trabajadores se hallasen en condiciones de aptitud para desempeñar el trabajo o empleo de que se trate». Por su parte, el apartado tercero incide en que «la publicidad de las ofertas de empleo que se formulen para la contratación de personas para el servicio doméstico no podrá contener discriminación alguna basada en los motivos indicados en el apartado anterior».

La inserción y permanencia en el mercado laboral, en concreto, en el sector del empleo doméstico, puede conseguirse, también y en consecuencia, a través de la intermediación laboral, entendida ésta, según el art. 40.1 Ley 3/2023, de 28 de febrero, de Empleo (LE), como «el conjunto de acciones destinadas a proporcionar a las personas trabajadoras un empleo adecuado a sus características y facilitar a las entidades empleadoras las personas trabajadoras más apropiadas a sus requerimientos y necesidades»[27]. Y ello en

---

una habitación con derecho a cocina a cambio de guardar y cuidar la finca con la diligencia de un buen padre de familia, sin que de dicha colaboración se desprenda la existencia de las notas configuradoras de la relación laboral según la reiterada jurisprudencia que recoge la resolución impugnada, pues ni se ha acreditado que el demandante percibiera remuneración alguna, ni situación de dependencia o subordinación respecto de la titular de la vivienda, ni ajenidad».

27 Según el número dos del art. 40 LE, «la intermediación puede comprender las siguientes actuaciones: a) La prospección y captación de ofertas de trabajo; b) La puesta en contacto de ofertas de trabajo con personas que buscan un empleo, para su colocación o recoloca-

coherencia con lo que disponen el art. 41 LE que define quiénes son los agentes de la intermediación (servicios públicos de empleo y agencias de colocación, señaladamente), el art. 42 LE que considera a la actividad de intermediación laboral llevada a cabo por aquellos agentes como un servicio de carácter público y el art. 43 LE que conceptúa a las agencias de colocación y delimita sus obligaciones y deberes. De igual modo, el precepto reglamentario está estrechamente vinculado con el art. 2 RD 1796/2010, de 30 de diciembre, que define a las agencias de colocación como «entidades públicas o privadas, con o sin ánimo de lucro, que, en coordinación y, en su caso, colaboración con el servicio público de empleo correspondiente, realicen actividades de intermediación laboral que tengan como finalidad proporcionar a las personas trabajadoras un empleo adecuado a sus características y facilitar a los empleadores las personas trabajadoras más apropiadas a sus requerimientos y necesidades»[28].

El art. 4.1 RD 1620/2011 guarda relación, además, con el art. 15 Convenio n.º 189 OIT que, desde una perspectiva prevencionista, admite la existencia de las agencias de colocación siempre que los Estados Miembros cumplan con una serie de obligaciones, entre ellas, «determinar las condiciones que regirán el funcionamiento de las agencias de empleo privadas que contratan o colocan a trabajadores domésticos», «asegurar la existencia de un mecanismo y procedimientos adecuados para la investigación de las quejas, presuntos abusos y prácticas fraudulentas por lo que se refiere a las actividades de las agencias de empleo privadas en relación a los trabajadores domésticos» y «adoptar todas las medidas necesarias y apropiadas para proporcionar una protección adecuada y prevenir los abusos contra los trabajadores domésticos contratados o colocados en su territorio por agencias de empleo privadas». En lógica correlación con esta norma internacional, el art. 4.1 RD 1620/2011 es claro al exigir que las agencias de colocación que este ámbito actúen deben estar «debidamente autorizadas», por lo que, a tenor de lo que dispone el art. 43.2 LE, deberán presentar, antes de iniciar su actividad, una declaración responsable al Servicio Público de Empleo competente, de tal modo que «el falseamiento de la declaración responsable (...) así como el incumplimiento de las obligaciones relacionadas en el apartado 3, serán causas de baja en la condición de agencia de colocación,

---

ción; c) La selección para un puesto de trabajo de personas que pueden ser idóneas para el mismo, evitando cualquier sesgo o estereotipo de género, edad o discapacidad; d) La puesta a disposición de la persona solicitante de empleo, especialmente si se encuentra entre los colectivos de atención prioritaria del artículo 50, el conjunto de apoyos necesarios para que sus circunstancias personales, sociales o familiares no se traduzcan en barreras a lo largo del proceso de intermediación laboral»

28 Cabe recordar que las ETT también pueden actuar como agencias de colocación, debiendo informar expresamente y en cada caso a los trabajadores y a las empresas clientes si su actuación lo es en su condición de empresa de trabajo temporal o como agencia de colocación (art. 1 Ley 14/1994, de 1 de junio, por la que se regulan las empresas de trabajo temporal).

sin perjuicio de la aplicación del régimen sancionador correspondiente». En cualquier caso, parece que no determinaría la nulidad del contrato el hecho de que se hubiera producido la contratación a través de una agencia de colocación no autorizada, en tanto que el contrato se concierta con el titular del hogar familiar y la persona que va a prestar servicios, no con la agencia de colocación[29].

En otro orden de ideas, que se deje espacio en este ámbito a la intermediación laboral es particularmente relevante a efectos, ya no sólo de fomentar el empleo del colectivo femenino, sino también de fortalecer la formación profesional de sus integrantes, y ello en tanto que, como dispone el art. 50 LE, existen una serie de colectivos protegidos —entre ellos, las mujeres[30]— sobre los que los servicios públicos de empleo deberán incidir para asegurar su empleabilidad «con el objeto de promover una atención específica hacia las personas integrantes de los mismos en la planificación, diseño y ejecución de las políticas de empleo». Es más, teniendo en cuenta que el empleo doméstico se ha convertido, como ya se avanzó, en una de las principales fuentes de empleo para las mujeres inmigrantes que tratan de incorporarse al mercado laboral en España, es de reconocer que, entre esos colectivos, también se mencione a la población inmigrante, pues a la sensación de aislamiento que ya de por sí pueden padecer por tener que alejarse de su territorio y/o de su familia, se le une la especial situación de soledad que supone trabajar en el empleo doméstico, sin más compañía que la propia del titular del hogar familiar, de los miembros de su familia o de quien lo habite y en su limitado espacio.

---

29 Del mismo parecer, RODRÍGUEZ CRESPO, María José: «La contratación irregular de los empleados del servicio del..., *op. cit.*, p. 180.

30 Aunque la anterior Ley de Empleo hacía referencia a las "mujeres" sin más adjetivos como colectivo de especial prioridad, el actual art. 50 LE realiza una mayor concreción al referirse, no ya a las mujeres, sino a "mujeres con baja cualificación" y "mujeres víctimas de violencia de género". Por lo demás, el resto de colectivos que se protegen de modo especial son los siguientes: personas jóvenes especialmente con baja cualificación, personas en desempleo de larga duración, personas con discapacidad, personas con capacidad intelectual límite, personas con trastornos del espectro autista, personas LGTBI, en particular trans, personas mayores de cuarenta y cinco años, personas migrantes, personas beneficiarias de protección internacional y solicitantes de protección internacional en los términos establecidos en la normativa específica aplicable, personas víctimas de trata de seres humanos, personas en situación de exclusión social, personas gitanas, o pertenecientes a otros grupos poblacionales étnicos o religiosos, personas trabajadoras provenientes de sectores en reestructuración, personas afectadas por drogodependencias y otras adicciones, personas víctimas del terrorismo, así como personas cuya guardia y tutela sea o haya sido asumida por las Administraciones públicas, personas descendientes en primer grado de las mujeres víctimas de violencia de género y personas adultas con menores de dieciséis años o mayores dependientes a cargo, especialmente si constituyen familias monomarentales y monoparentales, entre otros colectivos de especial vulnerabilidad, que son de atención prioritaria en las políticas activas de empleo, u otros que se puedan determinar en el marco del Sistema Nacional de Empleo.

Ahora bien, cuestión distinta es que la agencia de colocación se exceda en las funciones que tiene encomendadas y se arrogue, *de facto*, capacidades de decisión, control y organización propias de un empleador en el desempeño regular de sus facultades organizativas y directivas y ajenas a una mera intermediación, revelando con ello que la auténtica finalidad de lo pactado con el titular del hogar familiar no resulta ser la mera puesta en contacto de éste con la persona trabajadora, sino, más bien, el trasvase de mano de obra de un empresario (el real) a otro (el aparente). En estos casos, se ha entendido que, como más arriba se comentó, existe un fenómeno interpositorio ilícito, sancionado en el art. 43 ET, que despliega toda una serie de consecuencias entre ambos empresarios en materia de responsabilidad[31].

2.3. La forma del contrato y el deber de información de la persona titular del hogar familiar

El régimen regulatorio de la forma del contrato de la persona trabajadora que presta servicios domésticos en el hogar familiar ha sufrido varias modificaciones legislativas con la clara intención manifiesta de ir aproximándolo al régimen jurídico aplicable a la relación laboral ordinaria que deriva del contenido del art. 8 ET y, por ende, de conseguir mejorar y dignificar la situación laboral de quienes en este sector trabajan. De esta forma, cabe recordar que el primigenio art. 4 RD 1424/1985 admitía una absoluta libertad de forma, en tanto que este contrato podía celebrarse por escrito o de palabra «cualesquiera sean su modalidad o duración», lo que implicaba, de suyo, que en este tipo de prestación de servicios resultaba admisible la concertación de un contrato temporal de forma verbal. La previsión, obviamente, chocaba frontalmente con lo dispuesto en el art. 8.2 ET en lo que se refería a la forma escrita de determinados contratos, entre ellos, los de duración superior a cuatro semanas, y resultaba ser una especialidad admitida para este tipo de relación laboral[32]. Como especialidad también era la previsión de que, «en defecto de pacto escrito, en el que se optase por alguna de las modalidades o duraciones previstas en el Estatuto de los Trabajadores, el contrato de trabajo en este ámbito se presumirá concertado por tiempo determinado de un año, prorrogable tácitamente por periodos igualmente anuales, de no mediar denuncia con anterioridad a su vencimiento, que deberá notificarse al trabajador con una antelación de al menos siete días». Es decir, no sólo se admitía

31 Sentencia del Tribunal Superior de Justicia Castilla y León, Valladolid, de 8 de abril de 2021, Rec. 326/2021. ECLI:ES:TSJCL:2021:1215. También sentencia del Tribunal Superior de Justicia de Castilla-La Mancha, de 9 de octubre de 2020, Rec. 800/2020. ECLI:ES:TSJCLM:2020:2391.

32 Cabe recordar, a este respecto, que el Convenio n.º 189 OIT no exige la forma escrita para este contrato. Tan sólo su artículo séptimo se limita a exponer que será preferente la contratación por escrito «cuando sea posible».

la completa y absoluta libertad de forma, sino que, también, se introducía la particularidad de que la falta de forma escrita cuando se siguiera el régimen contractual previsto estatutariamente provocaba la prórroga anual del contrato, no su carácter indefinido, pudiendo el titular del hogar familiar prescindir de la persona trabajadora mediante la oportuna denuncia del contrato. Por lo demás, ninguna previsión aparecía en el texto del art. 4 RD 1424/1985 sobre la posibilidad de que cualquiera de las partes pudiera exigir que el contrato se formalizase por escrito, lo que evidenciaba la clara intención de no considerar aplicable, dada la naturaleza especial de esta relación laboral frente a la ordinaria, lo previsto en el art. 8.3 ET sobre el particular. No parece que quepa aplicar la misma solución con la ausencia de referencia alguna a la regla contenida en el art. 8.1 ET sobre la presunción de laboralidad de toda prestación de servicios en las que concurra dependencia y ajenidad. Y no lo parece porque, siendo ésta una regla básica que domina todo el entramado jurídico-laboral no cabe pensar en razón alguna por la que, en esta relación laboral, por muy especial que se catalogue, quepa excluirla.

La situación descrita —claramente ventajosa para el titular del hogar familiar— quedó modificada con la entrada en vigor del RD 1620/2011, cuya evidente intención era el acercamiento del régimen jurídico de esta relación laboral especial al propio de la ordinaria, estableciendo mayores y mejores derechos de los trabajadores y aplicando, en lo que resulte factible, la regulación general contemplada en el Estatuto de los Trabajadores y normativa concordante. De esta forma, el art. 5.1 RD 1620/2011, siempre en su redacción anterior a la entrada en vigor del RD 16/2022, disponía que el contrato de la persona trabajadora que presta servicios domésticos en el hogar familiar podía celebrarse por escrito, pero también de palabra, exigiéndose la forma escrita —y esto es lo relevante— cuando así lo dispusiera «una disposición legal para una modalidad determinada» y, «en todo caso» cuando se concertase un contrato «de duración determinada cuya duración sea igual o superior a cuatro semanas». En cuanto a la duración, se incorporó la regla general de la presunción del carácter indefinido del contrato desde el inicio de la relación laboral y se introdujo una mayor estabilidad en el empleo a través de la supresión del contrato prorrogado anualmente no causal y la sujeción a la regla del Estatuto de los Trabajadores en materia de presunción del carácter indefinido y a jornada completa del contrato celebrado verbalmente «con una duración superior a cuatro semanas», salvo «prueba en contrario que acredite su naturaleza temporal o el carácter a tiempo parcial de los servicios» (art. 5.2 RD 1620/2011). Finalmente, por fin se contemplaba la posibilidad de que cualquiera de las partes pudiera exigir la formalización del contrato por escrito, incluso «durante el transcurso de la relación laboral» (art. 5.3 RD 1620/2011)[33].

33 Por lo demás, cabe recordar que se considera infracción grave «No formalizar por escrito el contrato de trabajo, cuando este requisito sea exigible o lo haya solicitado la persona trabajadora, o no formalizar el acuerdo de trabajo a distancia en los términos y con los requisitos legal y convencionalmente previstos» (art. 7.1 LISOS).

Un paso más en esta aproximación de regímenes jurídicos lo constituye la aprobación del RD 16/2022 que modifica por completo y, por lo que ahora importa, los apartados primero y segundo del art. 5 RD 1620/2011 antes referidos. De esta forma, se acomete, ahora ya sí, de una forma plena, sin condicionantes ni olvidos legislativos, una remisión al art. 8 ET, al quedar redactado ese apartado primero de la siguiente manera: «La forma del contrato de trabajo se ajustará a lo previsto en el Estatuto de los Trabajadores». Parecería que su nueva redacción se debe más a razones estéticas en tanto que, en su redacción originaria, el art. 5.1 RD 1620/2011 ya remitía *de facto* a lo dispuesto en el art. 8 ET. Pero esto sería una forma de verlo; otra, alineada claramente con lo que se pretende con la aprobación del RD 16/2022, es considerar que esta modificación es absolutamente relevante para los fines que se ha impuesto el legislador, que no son otros que acometer una nueva fase en esa tarea de acercar, en la medida en que sea posible, esta relación laboral especial a la ordinaria, corrigiendo, además, el desliz de no hacer alusión alguna en los textos anteriores a la presunción de laboralidad contenida en el art. 8.1 ET. Ello implica, en definitiva, que, aunque también en este ámbito exista libertad de forma, tal libertad no cabe entenderla como absoluta e incondicionada, pues cabrá concertar por escrito el contrato de trabajo doméstico, como así dispone el art. 8.2 ET, cuando «lo exija una disposición legal» y, «en todo caso, los de prácticas y para la formación y el aprendizaje, los contratos a tiempo parcial, fijos-discontinuos y de relevo y los contratos para la realización de una obra o servicio determinado; también constarán por escrito los contratos por tiempo determinado cuya duración sea superior a cuatro semanas». Ciertamente, es difícil pensar en un contrato formativo o de relevo en el seno de esta relación laboral especial habida cuenta de las especiales características definitorias y de duración de estos contratos[34]; pero, sin embargo, ha de aplau-

34 La referencia al contrato de obra y servicio, con la actual redacción del art. 15 ET, debe quedar obviada. Con todo, cabe recordar que, según la Disposición transitoria tercera del Real Decreto-ley 32/2021, de 28 de diciembre, de medidas urgentes para la reforma laboral, la garantía de la estabilidad en el empleo y la transformación del mercado de trabajo «Los contratos para obra y servicio determinado basados en lo previsto en el artículo 15.1.a) del Estatuto de los Trabajadores, según la redacción vigente antes de la entrada en vigor del apartado tres del artículo primero, celebrados antes del 31 de diciembre de 2021, así como los contratos fijos de obra suscritos en virtud de lo dispuesto en el artículo 24 del VI Convenio Estatal de la Construcción, que estén vigentes en la citada fecha, resultarán aplicables hasta su duración máxima, en los términos recogidos en los citados preceptos». Por lo tanto, estos contratos, hoy en día, aún no habrán concluido su vigencia. Por su parte, el régimen de transitoriedad se completa con lo que dispone la Disposición transitoria cuarta de la misma norma: «Los contratos para obra y servicio determinado y los contratos eventuales por circunstancias del mercado, acumulación de tareas o exceso de pedidos, celebrados desde el 31 de diciembre de 2021 hasta el 30 de marzo de 2022, se regirán por la normativa legal o convencional vigente en la fecha en que se han concertado y su duración no podrá ser superior a seis meses».

dirse que con esta remisión al régimen estatutario deban formalizarse por escrito contratos que, con mucha frecuencia, se conciertan en el empleo doméstico, como el tiempo parcial, los temporales de duración superior a cuatro semanas o, incluso, los fijos-discontinuos, pues, dada la definición que de estos últimos ofrece el actual art. 16 ET, no es difícil imaginar que se concierte este tipo de contrato para una prestación intermitente con un período de ejecución cierto como pueda ser la atención y cuidado de los hijos menores durante el período académico y su traslado al colegio mientras los progenitores trabajan.

Por lo que se refiere al apartado segundo del art. 5.2 RD 1620/2011, el mismo queda redactado igualmente a imagen y semejanza de lo que prevé el art. 8.2 ET, apartado tercero. De tal modo ello es así como la norma reglamentaria prevé expresamente que «salvo prueba en contrario, en defecto de pacto escrito, el contrato de trabajo se presumirá concertado por tiempo indefinido y a jornada completa». Se refuerza, por lo tanto, la presunción del carácter indefinido del contrato al eliminarse la necesidad de que ello tan sólo acontezca cuando la duración de aquél sea superior a cuatro semanas. Con dicha modificación y tal y como se explicita en la Exposición de Motivos del RD 16/2022, se busca acomodar el RD 1620/2011 «a la regulación de las presunciones sobre el carácter indefinido de las relaciones laborales establecidos para una lucha efectiva contra la precariedad en el Real Decreto-ley 32/2021, de 28 de diciembre, de medidas urgentes para la reforma laboral, la garantía de la estabilidad en el empleo y la transformación del mercado de trabajo».

En otro orden de ideas, también modifica el RD 16/2022 el apartado cuarto del art. 5 RD 1620/2011 para alejarse de lo previsto en el art. 8.5 ET y superar el nivel de protección de éste. Así, mientras que, en la redacción anterior al RD 16/2022, se obligaba al empresario a suministrar cierta información a la persona trabajadora cuando la duración del contrato superase las cuatro semanas, en el nuevo texto desaparece toda referencia a aquélla. De esta forma, se garantiza ahora que, en cualquier caso, la persona trabajadora ha de recibir información acerca de las condiciones de trabajo esenciales de su contrato, tal y como establece la Directiva 2019/1152, de 20 de junio, sobre condiciones laborales transparentes y previsibles en la Unión Europea. Por lo demás, esa información que, en concreto, se debe suministrar es la que ya se venía exigiendo, esto es, los extremos a los que se refiere el art. 2.2 RD 1659/1998, de 24 de julio[35] y la información

---

35 A estos efectos, «a) La identidad de las partes del contrato de trabajo; b) La fecha de comienzo de la relación laboral y, en caso de que se trate de una relación laboral temporal, la duración previsible de la misma; c) El domicilio social de la empresa o, en su caso, el domicilio del empresario y el centro de trabajo donde el trabajador preste sus servicios habitualmente. Cuando el trabajador preste sus servicios de forma habitual en diferentes centros de trabajo o en centros de trabajo móviles o itinerantes se

correspondiente a «las prestaciones salariales en especie, cuando se haya convenido su existencia, la duración y distribución de los tiempos de presencia pactados, así como el sistema de retribución o compensación de los mismos y el régimen de las pernoctas de la persona empleada de hogar en el domicilio familiar, en su caso». Tal vez, eso sí, se debería haber aprovechado la modificación legislativa para aclarar cuándo y de qué modo debe suministrarse la mencionada información. No habiéndose previsto nada al respecto en la norma reglamentaria, habrá que estar, por coherencia, a lo que se especifica en los arts. 5 y 6 RD 1659/1998[36].

Las obligaciones informativas del empleador, por lo demás, se completan con lo dispuesto en la Disposición adicional primera del RD 1620/2011, que dispone que se debe comunicar al Servicio Público de Empleo el contenido del contrato, así como su terminación, exigencia que se entenderá cumplida «mediante la comunicación en tiempo y forma del alta[37] o de la baja en la Seguridad Social ante la Tesorería General de la Seguridad Social, acompañada, en su caso, del contrato de trabajo, cuando este se haya formalizado por escrito». Por su parte, corresponde a la Tesorería General de la Seguridad Social «comunicar al Servicio Público de Empleo el contenido mínimo de los contratos de trabajo, así como su terminación». La clara intención del legislador con esta previsión es rebajar las cargas burocráticas al titular del hogar familiar, como lo es también la previsión contenida en el art. 5.5 RD 1620/2011 sobre que el Ministerio de Empleo pondrá «a disposición de los empleadores modelos de contratos de trabajo, así como la información necesaria para el cumplimiento de [las obligaciones informativas que les incumben]».

---

harán constar estas circunstancias; d) La categoría o el grupo profesional del puesto de trabajo que desempeñe el trabajador o la caracterización o la descripción resumida del mismo, en términos que permitan conocer con suficiente precisión el contenido específico del trabajo; e) La cuantía del salario base inicial y de los complementos salariales, así como la periodicidad de su pago; f) La duración y la distribución de la jornada ordinaria de trabajo; g) La duración de las vacaciones y, en su caso, las modalidades de atribución y de determinación de dichas vacaciones; h) Los plazos de preaviso que, en su caso, estén obligados a respetar el empresario y el trabajador en el supuesto de extinción del contrato o, si no es posible facilitar este dato en el momento de la entrega de la información, las modalidades de determinación de dichos plazos de preaviso; i) El convenio colectivo aplicable a la relación laboral, precisando los datos concretos que permitan su identificación». Todo ello en coherencia con lo que dispone el art. 7 Convenio n.° 189 OIT.

36 Y todo ello teniendo en cuenta que «No informar por escrito al trabajador sobre los elementos esenciales del contrato y las principales condiciones de ejecución de la prestación laboral, en los términos y plazos establecidos reglamentariamente» constituye infracción administrativa leve (art. 6.4 LISOS).

37 Cabe recordar que, a partir del 1 de enero de 2023, el único responsable para tramitar el alta e ingresar las sucesivas cuotas correspondientes al mes de enero y siguientes, será el empleador.

2.4. La duración del contrato y el período de prueba

Dispone el art. 6 RD 1620/2011 que el contrato «podrá celebrarse por tiempo indefinido o por una duración determinada, en los términos previstos en el Estatuto de los Trabajadores y sus normas de desarrollo». La remisión a la norma estatutaria es, pues, completa, debiendo acomodarse, en consecuencia, el contrato del empleo doméstico a cualquiera de las modalidades contractuales que prevé el Estatuto. De esta forma, bien cabría recurrir al contrato indefinido puesto que, en principio, sería permanente la necesidad de contratar a una persona trabajadora del hogar familiar, o bien a los contratos de duración determinada, pero sólo en los supuestos y por las causas legalmente previstas en el art. 15 ET, esto es, por circunstancias de la producción o por sustitución de la persona trabajadora[38]. Éste último no parece plantear problema alguno en el ámbito del sector doméstico, más allá del que supone que otra persona distinta y sin, en principio, haber entablado relación alguna previa con el titular del hogar familiar se inserte en un ámbito tan privado y que requiere de tanta confianza como es el domicilio de una persona, entendido éste, como se dijo, en sentido amplio. Su empleo estará justificado si concurre alguna de las siguientes situaciones (art. 15.3 ET): cuando sea necesaria la sustitución de la persona trabajadora doméstica que ya se tiene contratada por concurrir una de las causas que suspenden el contrato con reserva de puesto[39], cuando se trate de completar la jornada reducida de la persona trabajadora doméstica cuando dicha reducción se ampare en causas legalmente establecidas o reguladas en el convenio colectivo y cuando se pretenda la cobertura temporal del puesto de trabajo durante el proceso de selección o promoción para su cobertura definitiva mediante contrato fijo, sin que, en este caso, la duración del contrato pueda ser superior a tres meses (o el plazo inferior recogido en convenio colectivo), ni pueda celebrarse uno nuevo con el mismo objeto una vez superada dicha duración máxima.

Más problemático puede ser el caso del contrato eventual por circunstancias de la producción, ya que su característica definitoria más evidente es

38 Y teniendo en cuenta que constituye infracción grave «La transgresión de la normativa sobre modalidades contractuales, contratos de duración determinada y temporales, mediante su utilización en fraude de ley o respecto a personas, finalidades, supuestos y límites temporales distintos de los previstos legal, reglamentariamente, o mediante convenio colectivo cuando dichos extremos puedan ser determinados por la negociación colectiva. A estos efectos se considerará una infracción por cada una de las personas trabajadoras afectadas» (art. 7.2 LISOS).

39 Dispone el número tres, párrafo primero del art. 15 ET que «en tal supuesto, la prestación de servicios podrá iniciarse antes de que se produzca la ausencia de la persona sustituida, coincidiendo en el desarrollo de las funciones el tiempo imprescindible para garantizar el desempeño adecuado del puesto y, como máximo, durante quince días».

que debe utilizarse para cubrir «un incremento ocasional e imprevisible de la actividad» (art. 15.2 ET), circunstancia fáctica ésta que, al menos sobre el papel, parece difícil de encajar en el sector del empleo doméstico. No obstante, tras la reforma laboral operada por Real Decreto-ley 32/2021, de 28 de diciembre, de medidas urgentes para la reforma laboral, la garantía de la estabilidad en el empleo y la transformación del mercado de trabajo, esta modalidad contractual también cubre «las oscilaciones, que aun tratándose de la actividad normal de la empresa, generan un desajuste temporal entre el empleo estable disponible y el que se requiere», incluidas aquí las vacaciones (art. 15.2 ET, primer y segundo párrafo), por lo que es plausible considerar que se pueda utilizar este contrato para sustituir a la persona trabajadora doméstica durante su tiempo de asueto anual. Más allá de esta posibilidad, en fin, también se permite la formalización de contratos por circunstancias de la producción «para atender situaciones ocasionales, previsibles y que tengan una duración reducida y delimitada en los términos previstos en este párrafo» (art. 15.2 ET, cuarto párrafo). La referencia temporal a la que aquí se alude consiste en que únicamente se permite formalizar este contrato por «un máximo de noventa días —que no podrán ser utilizados de manera continuada— en el año natural, independientemente de las personas trabajadoras que sean necesarias para atender en cada uno de dichos días las concretas situaciones, que deberán estar debidamente identificadas en el contrato». Ciertamente, la laxitud con la que está redactada la norma permite pensar en situaciones en las que sea necesaria efectuar la contratación de los servicios domésticos a través de esta modalidad contractual.

Por lo que respecta a los contratos formativos (para la formación en alternancia y para la obtención de la práctica profesional adecuada al nivel de estudios) parece que, como se anticipara más arriba, no tengan cabida en el sector del empleo doméstico por sus especiales características definitorias, más allá de ciertos supuestos muy específicos y singulares que pudieran pensarse, como sería el caso del empleo doméstico de alto nivel. Y lo mismo cabría indicar respecto del contrato de relevo, pues si bien, por sus notas definitorias, no será habitual su utilización en este sector, sí que lo podría llegar a ser en esa parte del empleo doméstico que aquí se ha denominado de alto nivel.

El contrato a tiempo parcial, por su parte, deberá utilizarse cuando —como será lo habitual— se contrate a una persona trabajadora del hogar familiar, no durante toda la jornada, sino por horas, y ya sea ello durante toda la semana o durante días alternos y, en su concertación, deberá respetarse lo estipulado en el art. 12 ET. Cabe indicar, además, que, una vez desaparecida la figura del contrato a tiempo parcial fijo periódico, la contratación de una persona trabajadora doméstica para actividades de carácter indefinido, pero «de prestación intermitente que tengan periodos de ejecución ciertos, determinados o indeterminados», se deberá acometer a través de la modalidad del contrato fijo-discontinuo y bajo el régimen regulatorio del art 16 ET[40].

Por lo demás, en el caso de que se quisiera contratar a una persona discapacitada como empleada de hogar, habría de entrar en juego lo dispuesto en la Disposición adicional primera de la Ley 43/2006, de 29 de diciembre, para la mejora del crecimiento y del empleo, una vez ya salvadas las dudas[41] sobre la aplicabilidad de esta previsión en el sector del empleo doméstico gracias a lo que prevé la Disposición adicional primera del RD 16/2022. Y es que su apartado quinto expresamente dispone que «respecto a los trabajadores incluidos en el Sistema Especial para Empleados de Hogar, también podrán resultar de aplicación las deducciones en la cotización a la Seguridad Social establecidas en el artículo 2.2 de la Ley 43/2006, de 29 de diciembre, para la mejora del crecimiento y del empleo»[42]. Por lo tanto, si el titular del hogar familiar concierta un contrato de fomento de empleo con una persona discapacitada al amparo de la Disposición adicional primera de la Ley 43/2006 podrá beneficiarse, entre otras, de las bonificaciones a la contratación que, a estos efectos, se prevén y que más adelante se comentarán.

En otro orden de ideas, por lo que se refiere al período de prueba, se explicita en el número dos del art. 6 RD 1620/2011 que aquél podrá concertarse —siempre por escrito— «en los términos del artículo 14 del Estatuto de los Trabajadores». Su duración «no podrá exceder de dos meses, salvo lo previsto en convenio colectivo» y, mientras persista, «el empleador y el empleado de hogar estarán obligados a cumplir con sus respectivas prestaciones, si bien podrá producirse la resolución de la relación laboral por cualquiera de las partes, con el periodo de preaviso ajustado a lo que se pacte, sin exceder, en ningún caso, de siete días naturales». Atrás queda, por lo tanto, una regulación tan absolutamente favorable para el titular del hogar familiar como la prevista en el art. 4 RD 1424/1985, que, nada más ni nada menos, presumía, en todo caso, que el contrato estaba sometido «a prueba durante quince días, computándose a estos efectos aquellos días en que se da prestación de servicios efectiva».

40 Desde luego, se mantiene también la posibilidad de utilizar este contrato «para la realización de trabajos de naturaleza estacional o vinculados a actividades productivas de temporada», pero es difícil imaginar que este supuesto de hecho acontezca en el sector del empleo doméstico.

41 Sobre ello, RODRÍGUEZ CARDO, Iván: «La relación laboral especial de ..., *op. cit.*, p. 62.

42 Y también las previstas «en el Real Decreto-ley 11/1998, de 4 de septiembre, por el que se regulan las bonificaciones de cuotas a la Seguridad Social de los contratos de interinidad que se celebren con personas desempleadas para sustituir a trabajadores durante los períodos de descanso por maternidad, adopción y acogimiento, y en la disposición adicional segunda de la Ley 12/2001, de 9 de julio, de medidas urgentes de reforma del mercado de trabajo para el incremento del empleo y la mejora de su calidad, no resultándoles aplicables las exclusiones que pudieran establecerse para las relaciones laborales de carácter especial».

Nada se dice, no obstante, sobre el desistimiento del contrato durante el período de prueba estando la trabajadora doméstica embarazada, con independencia de que este hecho sea conocido o no por el titular del hogar familiar. Ahora bien, habida cuenta de la remisión que se efectúa al art. 14 ET, es trasladable aquí también la doctrina acerca de la nulidad objetiva del desistimiento empresarial. Como es conocido, la aprobación del Real Decreto 6/2019, de 1 de marzo, de medidas urgentes para la garantía de la igualdad de trato y de oportunidades entre mujeres y hombres en el empleo y en la ocupación introdujo significativas novedades legislativas, entre ellas y por lo que ahora importa, una matización en el art. 14 ET, concretamente en su apartado segundo, por la que, desde ese momento, ha de entenderse nula de un modo cualificado «la resolución a instancia empresarial en el caso de las trabajadoras por razón de embarazo, desde la fecha de inicio del embarazo hasta el comienzo del período de suspensión a que se refiere el artículo 48.4, o maternidad», pero ello a salvo de que «concurran motivos no relacionados con el embarazo o maternidad»[43].

La puntualización, como es conocido, es de hondo calado, pues los Tribunales venían exigiendo, a falta de una previsión expresa en tal sentido, un panorama indiciario suficiente por el que se lograra apreciar la vulneración de derechos fundamentales para considerar la nulidad del desistimiento empresarial durante el período de prueba[44]. La nulidad objetiva que vino a establecer el RD 6/2019 puede considerarse un paso más, uno no menor, para proporcionar a la trabajadora embarazada una tutela más enérgica frente a cualquier tipo de comportamiento discriminatorio por su estado. Y esta nulidad cabe extenderla a cualquier relación laboral en la que se concierte un período de prueba, sea esta ordinaria o especial, pues no hay motivo alguno para aceptarla en la primera y negarla en la segunda. Máxime cuando lo contrario sería tanto como asignar una menor protección a la mujer que se emplee en el servicio doméstico, desdeñando la vigencia de los derechos fundamentales y de las exigencias conciliatorias y de la protección a la familia que emanan de la Constitución en un contexto ya de por sí caracterizado por una gran precariedad laboral[45].

43 Previsión ésta última que conmina a la empresa (o, en este caso, al titular del hogar familiar) a justificar de forma concreta y específica los motivos, no relacionados con el embarazo, que explican, a su modo de ver, la extinción contractual, motivos que no pueden ser otros que falta de capacidad, desempeño, rendimiento o, incluso, la transgresión de la buena contractual.

44 Como botón de muestra, vid. sentencias del Tribunal Superior de Justicia de Extremadura, Cáceres, 15 de septiembre de 2016 (Rec. 338/2016), de Cataluña, de 7 de octubre de 2014, Rec. 2838/2014 (ECLI:ES:TSJCAT:2014:9769) y de Madrid, de 14 de febrero de 2014, Rec. 1834/2013 (ECLI:ES:TSJM:2014:1732). Todas ellas sobre la base de sentencias como la sentencia del Tribunal Constitucional 17/2007, de 12 de febrero (Rec. 6595/2006) y la sentencia del Tribunal Supremo de 18 de abril de 2011, Rec. 2393/2010. ECLI:ES:TS:2011:4233.

45 Sobre ello y aunque no se refiera específicamente a la nulidad del desistimiento del contrato de trabajo doméstico durante el período de prueba, sino a la nulidad del desistimiento empresarial *ex* art. 11 RD 1620/2011, antes de su modificación por RD 16/2022, vid. sentencia del Tribunal Supremo de 11 de enero de 2022, Rec. 2099/2019. ECLI:ES:TS:2022:61.

Cuestión distinta, ahora bien, es que esa nulidad objetiva deba provocar la readmisión de la persona trabajadora del hogar familiar.

Al respecto, el art. 3.b) RD 1620/2011 dispone que en esta relación laboral especial será de aplicación la normativa laboral común con carácter supletorio «en lo que resulte compatible con las peculiaridades derivadas del carácter especial de esta relación». A su vez y por coherencia, cabe mencionar que el art. 11 RD 1620/2011 dispone que «la relación laboral de carácter especial del servicio del hogar familiar podrá extinguirse por las causas establecidas en el artículo 49.1 del Estatuto de los Trabajadores, aplicándose la normativa laboral común salvo en lo que resulte incompatible con las peculiaridades derivadas del carácter especial de esta relación». La pregunta que surge de modo inmediato es si la readmisión, tras la declaración de nulidad de la extinción contractual durante el período de prueba, sería una consecuencia compatible con las peculiaridades de este tipo de prestación de servicios habida cuenta del sacrificio que supondría para los integrantes del hogar tener que admitir en ámbito tan privado e íntimo la presencia física de una persona extraña al núcleo familiar una vez quebrada la confianza anteriormente existente. A mi modo de ver, la debida consideración que debe tenerse al derecho a la intimidad personal y familiar (art. 18.1 CE) habría de ser un motivo más que suficiente para negar la posibilidad de que, en estos supuestos, tenga que producirse inexorablemente la readmisión de la persona trabajadora doméstica. Con todo, si se elimina la readmisión obligatoria de la ecuación a causa de la especialidad o singularidad de esta relación laboral, cabe plantearse, a continuación, qué consecuencia, más allá del abono de los salarios de tramitación[46], procedería. Pues bien, si se hace jugar de forma analógica lo dispuesto en el art. 286 LJS, lo que cabría —entiendo— es el abono de la indemnización calculada conforme a lo que indica el art. 56.1 ET. Si el embarazo determina que se aplique la regla del art. 55.5.2.° b) ET, ningún motivo existe, antes, al contrario, para no considerar aplicables las reglas del cálculo de la indemnización que se prevén para el despido declarado improcedente[47].

46 Abono que procede, por cierto, hasta la fecha en que se notifique la primera sentencia que declare la nulidad, sea ésta la de instancia o la de suplicación. Sobre ello, sentencia del Tribunal Supremo de 29 de enero de 2020, Rec. 2401/2017. ECLI:ES:TS:2020:591.

47 En sede judicial, no obstante, en el caso del desistimiento del contrato por parte del titular del hogar familiar de trabajadora doméstica embarazada, se ha negado esta posibilidad y se ha dictaminado que toda extinción unilateral discriminatoria por embarazo debe tener una única consecuencia, la readmisión obligatoria. Y ello en tanto que, cuando el ordenamiento jurídico fija unas consecuencias frente a unos daños objetivos, no cabe alienar un derecho legalmente reconocido, ni tan siquiera por una indemnización. En concreto, la sentencia del Tribunal Superior de Justicia de Andalucía, Sevilla, de 14 de julio de 2022 (Rec. 3149/2020) expone que «se debe aplicar la regla de inalienabilidad ante extinciones unilaterales discriminatorias o que vulneren derechos fundamentales en las que a pesar de que el ofensor u ofendida estén dispuestos a pagar una cantidad no cabe consentir que se ejecute su voluntad. La intervención colectiva vía normativa fija unos criterios de responsabilidad y de valoración dadas las imperfecciones propias del modelo de mercado y

Por lo demás, y ya a mayor abundamiento, podría discutirse la procedencia de una posible indemnización adicional de daños y perjuicios por vulneración de derechos fundamentales anudada a la nulidad objetiva y de abono, de igual modo, automático. Es ésta una cuestión controvertida que, como se conoce, se ha suscitado precisamente en el marco de la nulidad objetiva del despido por razón de embarazo de la trabajadora no conocido por la parte empresarial. Los posicionamientos se dividen en dos. Así, existen, por un lado, resoluciones judiciales que niegan que este supuesto de nulidad cualificada deba llevar aparejado de forma automática un resarcimiento económico más allá de la readmisión y del abono de los salarios de tramitación, porque esto sólo acontecería cuando se demostrara, de forma adicional, la existencia de discriminación. Es decir, que no bastaría, para que se generara el derecho al percibo de una indemnización, que quedara acreditado el hecho mismo del embarazo, sino que, además, sería necesaria la prueba de que existe un suficiente panorama indiciario de discriminación[48] y, en este sentido, se hace jugar cierta doctrina constitucional según la cual «el estado de gestación constituye únicamente, en principio, un presupuesto de la posibilidad misma de la lesión del art. 14 CE, pero no un indicio de vulneración que por sí solo desplace al demandado la obligación de probar la regularidad constitucional de su acto»[49]. Se refuerza, además, este modo de entender la problemática con el argumento de que la vulneración de un derecho fundamental requiere de un ánimo voluntario y culposo por parte del infractor, cosa que no puede ocurrir cuando el embarazo no es conocido por el empresario[50].

por ello, el ordenamiento jurídico, por motivos de orden público, declara la inalienabilidad de las titularidades de los individuos. Se prohíben determinadas transacciones (y, por lo tanto, el juego del mercado) porque colectivamente se consideran intolerables, al margen de la utilidad, que no eficiencia, que tales operaciones pudiera acarrear».

48 De este modo, la sentencia del Tribunal Superior de Justicia de Castilla y León, Valladolid, de 18 de noviembre de 2015, Rec. 2005/2015 (ECLI:ES:TSJCL:2015:5512) dispone, para el caso enjuiciado, que «el despido en este caso es nulo no por la mera aplicación de la norma objetiva del artículo 55.5 del Estatuto de los Trabajadores, sino porque, aunque tal norma no existiera, la situación de baja por embarazo o maternidad produce un panorama indiciario de que un despido en tal situación puede tener relación con tal circunstancia y ello obliga al empresario a acreditar que su motivación ha sido ajena a tal finalidad, incluida la prueba, en su caso, de que desconociera tal circunstancia. Por tanto, el despido era nulo en este caso no solamente por aplicación de la norma objetiva, sino por considerarse acreditada discriminación ilícita en base a las normas aplicables a la valoración de la carga de la prueba. Por consiguiente, existe vulneración de derechos fundamentales y procede la indemnización por tal causa». Sobre ello, también, sentencia del Tribunal Superior de Justicia de Castilla y León, Valladolid, de 17 de julio de 2013, Rec. 1171/2013. ECLI:ES:TSJCL:2013:3628.

49 Sentencia del Tribunal Constitucional 92/2008, de 21 de julio (Rec. 6595/2006).

50 Así, la sentencia del Tribunal Superior de Justicia de Cataluña, de 21 de junio de 2021, Rec. 1926/2021 (ECLI:ES:TSJCAT:2021:6314) dispone que «declarada la nulidad automática del despido, la falta de prueba del conocimiento por parte de la empresa de la situación de embarazo de la trabajadora impide que haya incurrido en violación del derecho

Más favorables son, por su parte, otras resoluciones judiciales que abogan por la automaticidad de la indemnización[51]. Así, se entiende que si de lo que se trata es de proporcionar una tutela más enérgica que la ordinaria por discriminación, dispensando a la persona trabajadora de la carga de acreditar un panorama indiciario sobre la vulneración del derecho fundamental y eximiéndola, incluso, de probar que el empresario tenía conocimiento de la circunstancia del embarazo, lo lógico es entender también que la automaticidad se extiende incluso al abono de una indemnización por los daños y perjuicios que se hubiesen podido padecer. Y todo ello al margen de que «existan o no indicios de tratamiento discriminatorio, de que concurra o no un móvil de discriminación o incluso de que no tuviera conocimiento la empresa». No sería relevante, pues, acreditar un perjuicio específico sobre el que apuntalar la condena indemnizatoria, puesto que éste se presumiría en todo caso. Y, en cuanto al argumento del ánimo culposo al que anteriormente se hacía referencia, éste se ha contrarrestado sosteniendo que «reiterada doctrina constitucional establece que los derechos fundamentales pueden vulnerarse tanto por lesiones intencionales como por lesiones objetivas, no intencionales»[52].

Todo está a la espera, pues, de un pronunciamiento en unificación de doctrina del Tribunal Supremo que resuelva la controversia. Hasta que éste llegue, evidentemente no se puede hacer más que posicionarse en un extremo o en otro de la balanza. Y, a mi modo de ver, creo que no es difícil escoger. En efecto, poniendo el foco de atención en la totalidad de los supuestos contemplados en las letras a), b) y c) del art. 55.5.2.º ET y no sólo en la situación protegida del embarazo de la trabajadora, no puede negarse la mayor: quien legisla ha optado por que determinadas conductas empresariales, en tanto que afectan a la igualdad de trato y de oportunidades entre mujeres y hombres en el empleo, a la conciliación, a la corresponsabilidad y, al límite, a la protección a la familia, deben sancionarse con un mecanismo de acción positiva, en este caso, con un tipo de nulidad, la objetiva, que ofrece un estatus de protección más ventajoso a la persona trabajadora que la nulidad ordinaria. Pues bien, si ello es así, cabalmente no puede pensarse que la per-

---

fundamental a no discriminación por razón de sexo contemplado en el artículo 14 de la CE y, en consecuencia, que proceda la condena a indemnización de los daños y perjuicios morales que realiza la sentencia, ya que la infracción del derecho fundamental ha de ser voluntaria y culpable, y únicamente cabe condena a indemnización de daños y perjuicios, según el artículo 183 de la LRJS, cuando la sentencia declare la vulneración del derecho fundamental, que en este caso concreto no ha resultado acreditado».

51 Sentencias del Tribunal Superior de Justicia de Galicia, de 7 de mayo de 2021, Rec. 1216/2021 (ECLI:ES:TSJGAL:2021:3127), de Madrid, de 18 de junio de 2021, Rec. 286/2021 (ECLI:ES:TSJM:2021:6859) y del País Vasco, de 12 junio de 2018, Rec. 1028/2018 (ECLI:ES:TSJPV:2018:1950).

52 Sentencia del Tribunal Superior de Justicia de Islas Canarias, Santa Cruz de Tenerife, de 9 de diciembre de 2019, Rec. 407/2019. ECLI:ES:TSJICAN:2019:3393.

sona despedida obtenga por la nulidad de tipo discriminatorio una indemnización destinada a reparar el daño que la conducta ilícita empresarial ha generado y, sin embargo, en la nulidad objetiva, la que ofrece una protección de más alto nivel, no la consiga. Además, y a la postre, el mensaje que se le transmite al empresario es muy distorsionador: se le dice que, aunque procesalmente, la nulidad objetiva le suponga un inconveniente, la extinción le saldrá más a cuenta puesto que tan sólo deberá abonar los salarios de trámite. Y no parece, ciertamente, que esta consideración sea la más adecuada de sostener en atención a los intereses que están en juego.

Por lo tanto, en mi opinión, la clave de la cuestión radica en entender que la actuación empresarial (llámese ésta desistimiento durante el período de prueba o despido) genera, *per se* y con independencia de cualquier intencionalidad, una vulneración a determinados valores constitucionales[53] e, incluso, europeos[54] que debe repararse más allá de lo que simplemente dispone el art. 55.6 ET. El art. 183 LJS debería ser de aplicación también en estos casos y no restringirse a aquéllos en los que se declare que existe una situación de discriminación real y concreta probada por un suficiente panorama indiciario. Por ello, una futura decisión del Tribunal Supremo o una eventual modificación legislativa deberían ir en este sentido y aclarar que el hecho generador de la nulidad (el embarazo o el disfrute de ciertos derechos preventivos o en materia de conciliación) debe determinar, en buena lógica, no sólo que se declare de forma automática la nulidad de la extinción, sino también que proceda, de modo igualmente mecánico, el abono de una indemnización que compense por la vulneración acaecida y que disuada en cierta forma al empresario de tomar este tipo de decisiones. Otra solución sería, como bien se ha señalado por las resoluciones dictadas en suplicación que se muestran favorables a esta interpretación, «difícilmente compatible con el principio jurídico que impone compensar los daños sufridos por la actuación ilícita de otro y la tutela efectiva que debe otorgarse al derecho del perjudicado a ser indemnizado»[55].

---

53 No es ocioso recordar aquí la doctrina sentada por la sentencia del Tribunal Constitucional 3/2007, de 15 de enero (Rec. 6715/2003), sobre el valor interpretativo de la dimensión constitucional de las medidas conciliatorias. Así, se señala en esta resolución que «la dimensión constitucional de todas aquellas medidas normativas tendentes a facilitar la compatibilidad de la vida laboral y familiar de los trabajadores, tanto desde la perspectiva del derecho a la no discriminación por razón de sexo o por razón de las circunstancias personales (art. 14 CE) como desde la del mandato de protección a la familia y a la infancia (art. 39 CE), ha de prevalecer y servir de orientación para la solución de cualquier duda interpretativa en cada caso concreto, habida cuenta de que el efectivo logro de la conciliación laboral y familiar constituye una finalidad de relevancia constitucional fomentada en nuestro ordenamiento».

54 Arts. 20 y 21 de la Carta de Derechos Fundamentales de la Unión Europea.

55 Sentencia del Tribunal Superior de Justicia de Madrid, de 18 de junio de 2021, Rec. 286/2021. ECLI:ES:TSJM:2021:6859.

Así las cosas, creo que es obligado concluir que la readmisión (no aplicable en el sector del empleo doméstico como aquí se ha defendido), junto con el abono de los salarios dejados de percibir, no constituye reparación suficiente que pueda compensar por los daños derivados de la decisión empresarial que judicialmente se califica con la nulidad objetiva. A partir de aquí, no obstante, surge la pregunta de cómo haya de cuantificarse tal indemnización. Pues bien, este monto dependerá, desde luego, de los daños materiales que se hayan ocasionado, que habrán de demostrarse conforme a las vías tradicionales. Pero, de igual modo, también dependerá de los daños morales —que se entienden indisolublemente unidos a la vulneración del derecho fundamental—[56] y éstos son más difíciles de cuantificar. Con todo, parece que, en estos momentos, se encuentra asentada la doctrina judicial[57] que considera aplicable el régimen de sanciones que prevé la LISOS (arts. 8.2 y 40.1.c)[58], pero teniendo en cuenta, para realizar una valoración en su conjunto, aspectos tales como la antigüedad de la persona trabajadora, la persistencia temporal de la vulneración del derecho o la intensidad en su quebrantamiento, las consecuencias que se provoquen en la situación personal o social del sujeto titular del derecho infringido, la posible reincidencia en conductas vulneradoras, el carácter pluriofensivo de la lesión, el contexto en el que se haya podido producir la conducta o una actitud tendente a impedir la defensa y protección del derecho transgredido, entre otros[59].

3. Beneficios en la cotización aplicables en el Sistema Especial para Empleados de Hogar

Con la vista puesta en el grave problema de economía sumergida y empleo informal que existe en el sector del empleo doméstico, el RD 16/2022, a través del juego combinado de la Disposición adicional primera, de la Dispo-

56 Aun cuando en la demanda no se hayan llegado a concretar los parámetros necesarios para cuantificar el importe. Así, sentencias del Tribunal Supremo de 23 de febrero de 2022, Rec. 4322/2019 (ECLI:ES:TS:2022:830) y de 9 de marzo de 2022, Rec. 2269/2019 (ECLI:ES:TS:2022:907).

57 A modo de ejemplo, sentencia de Tribunal Constitucional 246/2006, de 24 de julio (Rec. 5702/2003) y sentencias del Tribunal Supremo de 23 de febrero de 2022, Rec. 4322/2019 (ECLI:ES:TS:2022:830) y de 5 de octubre de 2017, Rec. 2497/2015 (ECLI:ES:TS:2017:3908).

58 Como se conoce, el art. 8.2 LISOS contempla como infracción muy grave «las decisiones unilaterales de la empresa que impliquen discriminaciones directas o indirectas desfavorables por razón de edad o discapacidad o favorables o adversas en materia de retribuciones, jornadas, formación, promoción y demás condiciones de trabajo, por circunstancias de sexo, origen, incluido el racial o étnico, estado civil, condición social, religión o convicciones, ideas políticas, orientación sexual, adhesión o no a sindicatos y a sus acuerdos, vínculos de parentesco con otros trabajadores en la empresa o lengua dentro del Estado español, así como las decisiones del empresario que supongan un trato desfavorable de los trabajadores como reacción ante una reclamación efectuada en la empresa o ante una acción administrativa o judicial destinada a exigir el cumplimiento del principio de igualdad de trato y no discriminación».

59 Sentencia del Tribunal Supremo de 20 de abril de 2022, Rec. 2391/2019. ECLI:ES:TS:2022:1605.

sición transitoria tercera y de la Disposición derogatoria única y, todo hay que decirlo, mediante una deficiente técnica legislativa, intenta reforzar la contratación del colectivo a través de una serie de beneficios en la cotización aplicables en el Sistema Especial para Empleados de Hogar. Beneficios cuya eficacia será evaluada por el Gobierno a los dos años de la entrada en vigor de la norma reglamentaria, valorándose también en ese momento la conveniencia de mantenerlos[60].

De este modo, y, en primer lugar, se prevé «una reducción del 20 % en la aportación empresarial a la cotización a la Seguridad Social por contingencias comunes» para las personas que ya tengan contratada o contraten bajo cualquier modalidad contractual a una persona trabajadora al servicio del hogar y le den de alta en el Régimen General de la Seguridad Social. Esta reducción, por lo demás, será financiada «con aportaciones del Estado a los presupuestos de la Seguridad Social». Unido a lo anterior, la contratación también genera el derecho a «una bonificación del 80 % en las aportaciones empresariales a la cotización por desempleo y al Fondo de Garantía Salarial», que será financiada «por el Servicio Público de Empleo Estatal y el Fondo de Garantía Salarial, cada uno en la parte que afecte a sus respectivas cotizaciones sociales».

Como alternativa a la reducción del 20 %, se otorga al titular del hogar familiar el derecho, «durante toda la situación de alta, a una bonificación del 45 % o del 30 % en la aportación empresarial a la cotización a la Seguridad Social por contingencias comunes correspondiente al Sistema Especial para Empleados de Hogar establecido en el mismo». Con todo, estas bonificaciones —financiadas por el Servicio Público de Empleo Estatal— quedan ligadas al cumplimiento de «los requisitos de patrimonio y/o renta de la unidad familiar o de convivencia de la persona empleadora en los términos y condiciones que se fijen reglamentariamente»[61]. Además, también se prevé que únicamente sean aplicables «respecto de una única persona empleada de hogar en alta en el Régimen General de la Seguridad Social por cada persona empleadora». Por lo que, si hubiera dos o más, la bonificación no se duplicaría y sería «aplicable únicamente respecto de [la persona trabajadora] que figure en alta en primer lugar».

El Servicio Público de Empleo Estatal se arroga la competencia sobre la determinación del derecho a las bonificaciones mencionadas anteriormente (las del 45 % o 35 %), así como el control de los requisitos y condiciones establecidos para su aplicación, asumiendo la Inspección de Trabajo la tarea

60 Disposición adicional quinta RD 16/2022.

61 Esta previsión, unida al hecho de que no se especifica aquí, como acontece en el caso anterior de la reducción, que el beneficiario de la bonificación sea quien ya pueda tener contratada a una persona trabajadora del hogar familiar, indica que sólo serán aplicables estos específicos beneficios en el momento en que se apruebe la correspondiente norma reglamentaria o, en todo caso, desde el 1 de abril de 2023, como señala la Disposición final séptima RD 16/2022.

de la vigilancia en su cumplimiento. El derecho se activará, por lo demás, «a partir del mes en que el Servicio Público de Empleo Estatal comunique a la Tesorería General de la Seguridad Social los beneficiarios y el porcentaje que corresponda aplicar a cada uno de ellos».

Por lo demás, el apartado quinto de la Disposición adicional primera elimina, como ya se mencionó anteriormente, cualquier duda interpretativa sobre la aplicación en esta relación laboral especial de las deducciones en la cotización a la Seguridad Social establecidas en el art. 2.2 Ley 43/2006, de 29 de diciembre, cuando se contrate a una persona discapacitada, dejando así sin efecto, para el sector del empleo doméstico, lo que dispone el artículo sexto de aquella norma sobre que los mencionados beneficios no serán aplicables a las relaciones laborales de carácter especial. De esta forma, el titular del hogar familiar que contrate para prestar servicios domésticos a una persona discapacitada con un grado igual o superior al 33 %[62] tendrá derecho a una serie de bonificaciones según se contrate de forma indefinida o se utilice el contrato temporal de fomento del empleo. Veamos.

La contratación indefinida generará el derecho a una «bonificación mensual de la cuota empresarial a la Seguridad Social o, en su caso, de su equivalente diario por persona trabajadora contratada, de 375 €/mes (4500 €/año) durante toda la vigencia del contrato». La misma bonificación se disfrutará en el supuesto de «transformación en indefinidos de los contratos temporales de fomento del empleo celebrados con personas con discapacidad o de transformación en indefinidos de contratos formativos suscritos con personas trabajadoras con discapacidad». Esa bonificación será de «425 €/mes (5100 €/año) si la persona trabajadora con discapacidad está incluida en alguno de los grupos siguientes: a) Personas con parálisis cerebral, personas con enfermedad mental o personas con discapacidad intelectual, con un grado reconocido igual o superior al 33 %. b) Personas con discapacidad física o sensorial, con un grado reconocido igual o superior al 65 %». Además, si la persona con discapacidad tiene «en el momento de la contratación 45 o más años o si se trata de una mujer, la bonificación que corresponda de acuerdo con los parámetros anteriores se incrementará en 100 €/mes (1200 €/año) o en 70,83 €/mes (850 €/año)».

En el caso de que las personas con discapacidad sean contratadas mediante el contrato temporal de fomento del empleo, la bonificación ascenderá a «291,66 €/mes (3500 €/año) durante toda la vigencia del contrato». La bonificación será de «341,66 €/mes (4.100 €/año) si la persona con discapacidad está incluida en alguno de los grupos siguientes: a) Personas con parálisis cerebral, personas con enfermedad mental o personas con dis-

62 O el grado específicamente establecido en cada caso. También generarán beneficios en las cotizaciones «los pensionistas de la Seguridad Social que tengan reconocida una pensión de incapacidad permanente en el grado de total, absoluta o gran invalidez, así como los pensionistas de clases pasivas que tengan reconocida una pensión de jubilación o de retiro por incapacidad permanente para el servicio o inutilidad».

capacidad intelectual, con un grado reconocido igual o superior al 33 %. b) Personas con discapacidad física o sensorial, con un grado reconocido igual o superior al 65 %». Y, en fin, si la persona con discapacidad tiene «en el momento de la contratación 45 o más años, o si se trata de una mujer, la bonificación que corresponda de acuerdo con los parámetros anteriores se incrementará, en ambos supuestos, en 50 €/mes (600 €/año)».

También se considera aplicables al sector del empleo doméstico las «bonificaciones de cuotas a la Seguridad Social de los contratos de interinidad que se celebren con personas desempleadas para sustituir a trabajadores durante los períodos de descanso por maternidad, adopción y acogimiento», establecidas estas bonificaciones en el RD 11/1998, de 4 de septiembre. En concreto, estas bonificaciones alcanzan «el 100 % en las cuotas empresariales de la Seguridad Social, incluidas las de accidentes de trabajo y enfermedades profesionales, y en las aportaciones empresariales de las cuotas de recaudación conjunta».

Y, en fin, también resultan aplicables las «bonificaciones reguladas en la Disposición adicional segunda de la Ley 12/2001, de 9 de julio, de medidas urgentes de reforma del mercado de trabajo para el incremento del empleo y la mejora de su calidad», que constituyen «el 100 % en las cuotas empresariales de la Seguridad Social, incluidas las de accidentes de trabajo y enfermedades profesionales, y en las aportaciones empresariales de las cuotas de recaudación conjunta». Con todo, hay que tener en cuenta que esta Disposición adicional segunda ha sido derogada, con efectos de 1 de septiembre de 2023, por la letra b) de la Disposición derogatoria única) del RD 1/2023, de 10 de enero, de medidas urgentes en materia de incentivos a la contratación laboral y mejora de la protección social de las personas artistas.

Por lo demás, a través de la Disposición transitoria tercera del RD 16/2022 se articula el mantenimiento de los beneficios por la contratación de cuidadores en familias numerosas. De este modo, se prevé que «las bonificaciones por la contratación de cuidadores en familias numerosas que se estuvieran aplicando el 1 de abril de 2023, en los términos previstos en el artículo 9 de la Ley 40/2003, de 18 de noviembre, de protección a las familias numerosas, mantendrán su vigencia hasta la fecha de efectos de la baja de los cuidadores que den derecho a las mismas en el Régimen General de la Seguridad Social». Y, para evitar la doble aplicación de bonificaciones por el mismo supuesto de hecho, se prevé que estas específicas bonificaciones serán incompatibles tanto con la reducción en la cotización del 20 % y con las bonificaciones del 45 % y del 35 % a las que anteriormente se ha hecho referencia[63]. Consecuencia de esta previsión es que las nuevas altas de personas trabajadoras domésticas en el hogar de una familia numerosa

63 Obsérvese que, por expreso mandado reglamentario, no existirá incompatibilidad alguna con la bonificación del 80 % prevista para las aportaciones empresariales a la cotización por desempleo y al Fondo de Garantía Salarial.

únicamente se beneficiarán de las reducciones y bonificaciones previstas en la Disposición adicional primera RD 16/2022[64].

En fin, estos beneficios a la cotización que se han analizado se generarán por toda persona trabajadora doméstica que se contrate al haber sido derogada expresamente la Disposición adicional vigésima cuarta de la Ley General de la Seguridad Social, que excluía, como se recordará, de estas ventajas a los titulares del hogar familiar que contratasen personas que prestasen servicios durante menos de sesenta horas mensuales.

4. La conservación del contrato

Reglamenta el art. 10 RD 1620/2011 el régimen jurídico de la conservación del contrato de las personas trabajadoras domésticas cuando acontece una subrogación contractual o un cambio del hogar familiar. De esta forma, el apartado primero del precepto se aleja de modo totalmente consciente y voluntario del régimen jurídico ordinario de la subrogación empresarial *ex* art. 44 ET para disponer que el cambio en la persona del empleador «sólo procederá previo acuerdo de las partes». Acuerdo, además, que se presumirá existente «cuando el empleado de hogar siga prestando servicios, al menos, durante siete días en el mismo domicilio, pese a haber variado la titularidad del hogar familiar»[65]. En cualquier caso, de no mediar acuerdo[66], lo que pro-

64 Algo que ratifica la derogación, con efectos desde el 1 de abril de 2023, de art. 9 de la Ley 40/2003, de 18 de noviembre, y del art. 5 del Reglamento de la Ley 40/2003, de 18 de noviembre, de protección a las familias numerosas, aprobado por el Real Decreto 1621/2005, de 30 de diciembre. Sobre esta particular derogación, QUINTERO LIMA, Gemma: «Las modificaciones introducidas por el Real Decreto-ley 16/2022 de 6 de septiembre para la mejora de las condiciones de trabajo y de Seguridad Social de las personas trabajadoras al servicio del hogar, y su impacto en las personas empleadoras», *IusLabor*, núm, 3, 2022, p. 136.

65 La presunción, aunque parece que construida a modo de *iuris tantum*, parece más bien que quepa entenderla como *iuris et de iure*, pues no parece fácil destruirla una vez que ya se están prestando servicios de modo efectivo para el nuevo titular del hogar familiar. En sentido contrario, AYALA DEL PINO, Cristina: «El contrato de trabajo de los empleados del hogar: ingreso, conservación y extinción», *Revista General de Derecho del Trabajo y de Seguridad Social, Iustel*, núm. 47, 2017, p. 228. En sede judicial, se ha apreciado la existencia de ese acuerdo tácito cuando la persona trabajadora permanece en el domicilio catorce días después tras el cambio de titular (sentencia del Tribunal Superior de Justicia Andalucía, Sevilla, de 28 de enero de 2016, Rec. 324/2015, ECLI:ES:TSJAND:2016:206) o se continúan prestando servicios en el domicilio familiar una vez fallecido uno de los titulares del hogar para el otro supérstite (sentencia del Tribunal Superior de Justicia de la Comunidad Valenciana, de 13 de septiembre de 2018, Rec. 2201/2018, ECLI:ES:TSJCV:2018:3960).

66 Y no lo hay, ni siquiera tácitamente, cuando, tras el fallecimiento del titular del hogar familiar, la persona trabajadora acude al domicilio para recoger los enseres del difunto. Así, sentencias del Tribunal Superior de Justicia de Cataluña, de 28 de junio de 2021, Rec. 1478/2021 (ECLI:ES:TSJCAT:2021:6319) y del Tribunal Superior de Justicia de la Comunidad Valenciana, de 31 de enero de 2006 (Rec. 4205/2005).

cederá es el cese en la prestación de servicios y la extinción del contrato en virtud de lo dispuesto en el art. 11.1 RD 1620/2011 («la relación laboral de carácter especial del servicio del hogar familiar podrá extinguirse por las causas establecidas en el artículo 49.1 del Estatuto de los Trabajadores») y, por remisión, en el art. 49.1.a) ET[67].

El cambio del hogar familiar, por su parte, se rige por lo dispuesto en el apartado segundo del art. 10 RD 1620/2011 y con él se trata de conjurar los perjuicios que un posible traslado «a otra localidad distinta» (no, por lo tanto, a otro lugar de la misma localidad) pueden acarrear para la persona trabajadora doméstica. De esta forma, por regla general se aplicará lo previsto para el caso de cambio de empleador, siendo necesario, por lo tanto, o bien el acuerdo expreso entre las partes para continuar el contrato o bien el tácito «cuando se continuase prestando servicios durante siete días en el nuevo domicilio». Con todo, dos reglas específicas matizan aquí el juego de la previsión general.

De un lado, se puntualiza que, cuando el traslado sea «temporal», se admite que se proceda a la suspensión del contrato, configurándose, de este modo, una especialidad con respecto a la normativa común estatutaria. La norma no hace alusión alguna, no obstante, a qué deba entenderse por traslado temporal[68], lo que ha dado lugar —entiendo que acertadamente— a que se consideren aplicables las reglas previstas para el desplazamiento[69].

De otro, también se admite que el titular del hogar familiar, en estos casos, opte por el desistimiento de la relación laboral. Si tal fuera su decisión, «deberá comunicárselo por escrito al trabajador, resultando de aplicación en lo demás lo dispuesto en el artículo 11.3». En tanto que el art. 10 RD 1620/2011 no ha sufrido modificaciones tras la aprobación del RD 16/2022, pero sí el art. 11 RD 1620/2011, cabe entender que la referencia hecha al apartado tercero del art. 11 RD 1620/2011 alude ahora a lo dispuesto en el apartado segundo, de tal modo que el titular del hogar familiar debe conceder un preaviso (veinte días o siete según la relación laboral haya durado más de un año)[70] y abonar la correspondiente indemnización (doce días por año

67 No, por lo tanto, el desistimiento por parte del empleador (Ayala del Pino, Cristina: «El contrato de trabajo de los empleados del ..., *op. cit.*, p. 228) ya que, tras la reforma acaecida por la aprobación del RD 16/2022, esta facultad de desistimiento empresarial sólo cabe en supuestos muy concretos y tasados, entre los que no se encuentra la falta de acuerdo en caso de subrogación empresarial (ni el traslado del domicilio a otra localidad).

68 Acaso un traslado a la residencia de vacaciones.

69 Sobre ello, Rodríguez Cardo, Iván: «La relación laboral especial de ..., *op. cit.*, p. 70.

70 Al efecto, dispone el art. 11.2 RD 1620/2011 que «durante el período de preaviso, la persona que preste servicios a jornada completa tendrá derecho, sin pérdida de su retribución, a una licencia de seis horas semanales con el fin de buscar nuevo empleo. La persona empleadora podrá sustituir el preaviso por una indemnización equivalente a los salarios de dicho período».

de servicio con el límite de seis mensualidades). Si, por el contrario, fuera la persona trabajadora quien decidiera no continuar con la relación laboral, se prevé que deba comunicar su decisión al empleador por escrito o de modo verbal ya que ninguna exigencia se plasma en este caso en el texto legal. La persona trabajadora, además, en este supuesto, tendrá derecho a la indemnización «prevista en el párrafo tercero del artículo 11.3» (ahora, párrafo séptimo del apartado segundo del art. 11 RD 1620/2011).

Por último, se prevé que en el supuesto de «suspensión del contrato de trabajo doméstico por incapacidad temporal del empleado de hogar, debida a enfermedad o accidente, si aquel fuera interno, tendrá derecho a permanecer alojado en el domicilio un mínimo de treinta días, salvo que, por prescripción facultativa, se recomiende su hospitalización». El incumplimiento de esta obligación podría dar lugar, por aplicación del art. 11.1 RD 1620/2011 en su redacción dada por el RD 16/2022, a la resolución del contrato a instancias de la persona trabajadora *ex* art. 50 ET y, además, si se considera, a una indemnización adicional civil por los daños y perjuicios ocasionados[71].

5. La singularidad de las personas inmigrantes que prestan sus servicios en el hogar familiar: la relevancia de las modificaciones introducidas por el nuevo Reglamento de Extranjería

Como tuvo ocasión de comentarse en la introducción, un gran número de trabajadores migrantes, en su mayoría mujeres, se emplea en el sector del trabajo doméstico debido a que ha sido éste tradicionalmente un espacio laboral donde existe un alto grado de informalidad laboral. Este es un fenómeno que no sólo ocurre en España, sino también en otros países de nuestro entorno, lo que ha supuesto que se aprueben normas internacionales que intentan paliar las situaciones específicas de vulnerabilidad a las que estas personas migrantes están expuestas. Así, de conformidad con el Convenio n.° 189 sobre el trabajo decente para las trabajadoras y los trabajadores domésticos de 2011 y con la Recomendación n.° 201, la OIT ha formulado una estrategia global para ayudar a los Estados a proporcionar trabajo decente a las personas trabajadoras domésticas. De esta forma, el art. 8 del Convenio conmina a los Estados miembros a asegurar que «los trabajadores domésticos migrantes que son contratados en un país para prestar servicio doméstico en otro país reciban por escrito una oferta de empleo o un contrato de trabajo ejecutorio en el país donde los trabajadores prestarán servicio, que incluyan las condiciones

71 De nuevo, RODRÍGUEZ CARDO, Iván: «La relación laboral especial de ..., *op. cit.,* p. 70.

de empleo señaladas en el artículo 7[72], antes de cruzar las fronteras nacionales con el fin de incorporarse al empleo doméstico al que se refiere la oferta o el contrato». Esta obligación, no obstante, «no regirá para los trabajadores que tengan libertad de movimiento con fines de empleo en virtud de acuerdos bilaterales, regionales o multilaterales o en el marco de organizaciones de integración económica regional». De igual modo, también se impone a los Estados la adopción de «medidas para cooperar entre sí a fin de asegurar la aplicación efectiva de las disposiciones del presente Convenio a los trabajadores domésticos migrantes». Finalmente, se les conmina a «especificar, mediante la legislación u otras medidas, las condiciones según las cuales los trabajadores domésticos migrantes tienen derecho a la repatriación tras la expiración o terminación del contrato de trabajo en virtud del cual fueron empleados».

Estos mandatos son desarrollados por la Recomendación n.º 201. Así, el apartado 20.2 dispone que los Estados deberían considerar «la concertación de acuerdos bilaterales, regionales o multilaterales para asegurar que los trabajadores domésticos migrantes amparados por dichos acuerdos gocen de la igualdad de trato con respecto a la seguridad social, así como del acceso a los derechos de seguridad social y al mantenimiento o la transferibilidad de tales derechos». También se les sugiere la adopción de ciertas medidas adicionales para asegurar «la protección efectiva de los trabajadores domésticos y, en particular, de los trabajadores domésticos migrantes», entre ellas, el establecimiento de «una línea telefónica nacional de asistencia, con servicios de interpretación para los trabajadores domésticos que necesiten ayuda», la previsión de «un sistema de visitas, antes de la colocación, a los hogares que emplearán a trabajadores domésticos migrantes», la sensibilización «a los empleadores en cuanto a sus obligaciones, proporcionándoles información sobre las buenas prácticas relativas al empleo de trabajadores domésticos, sobre las obligaciones legales en materia de empleo e inmigración en relación con los trabajadores domésticos migrantes, sobre las medidas de ejecución y las sanciones en caso de infracción, y sobre los servicios de asistencia a disposición de los trabajadores domésticos y de sus empleadores» o el establecimiento de

72 Señala este precepto que «Todo Miembro deberá adoptar medidas para asegurar que los trabajadores domésticos sean informados sobre sus condiciones de empleo de forma adecuada, verificable y fácilmente comprensible, de preferencia, cuando sea posible, mediante contratos escritos en conformidad con la legislación nacional o con convenios colectivos, que incluyan en particular: (a) el nombre y los apellidos del empleador y del trabajador y la dirección respectiva; (b) la dirección del lugar o los lugares de trabajo habituales; (c) la fecha de inicio del contrato y, cuando éste se suscriba para un período específico, su duración; (d) el tipo de trabajo por realizar; (e) la remuneración, el método de cálculo de la misma y la periodicidad de los pagos; (f) las horas normales de trabajo; (g) las vacaciones anuales pagadas y los períodos de descanso diarios y semanales; (h) el suministro de alimentos y alojamiento, cuando proceda; (i) el período de prueba, cuando proceda; (j) las condiciones de repatriación, cuando proceda; y (k) las condiciones relativas a la terminación de la relación de trabajo, inclusive todo plazo de preaviso que han de respetar el trabajador doméstico o el empleador».

«un servicio público de asistencia que informe a los trabajadores domésticos, en idiomas que éstos comprendan, sobre sus derechos, sobre la legislación pertinente, sobre los mecanismos de queja y de recurso disponibles, tanto en lo relativo a la legislación en materia de empleo como a la legislación sobre inmigración, y sobre la protección jurídica contra delitos como los actos de violencia, la trata de personas y la privación de libertad, y que les proporcione otros datos que puedan necesitar» (apartado 21.1). De igual modo, se prevén recomendaciones para facilitar la repatriación (apartado 22) y para fomentar la cooperación interestatal para asegurar la efectiva aplicación del Convenio y de la Recomendación a los trabajadores migrantes (apartado 26).

Por lo que atañe al ámbito interno, se hace necesario revisar la legislación nacional en materia de extranjería para valorar el impacto que ésta pueda tener en la trayectoria laboral, social y hasta vital de las personas trabajadoras migrantes que se dedican al empleo doméstico. Porque bien es verdad que este sector es su puerta de entrada al mercado de trabajo español, pero también lo es que la política de extranjería condiciona y mucho el acceso al trabajo regularizado, al que se llega, como se conoce, con la pertinente autorización de residencia y trabajo. En este sentido, la última reforma del Reglamento de Extranjería (en adelante, REX) acometida por el Real Decreto 629/2022, de 26 de julio, puede facilitar tanto la contratación en origen de personas trabajadoras que se quieran emplear en el sector doméstico como favorecer la regularización de aquéllas que ya se encontraban en España, pero prestando servicios en la economía sumergida.

De este modo, en cuanto a las medidas de refuerzo de la migración regular[73], la normativa incorpora como novedades tanto una mejora del concepto «situación nacional de empleo», como una reducción de plazos previstos en el art. 65 REX. Por lo que atañe a la primera, ésta se determina a través del denominado Catálogo de Ocupaciones de Difícil Cobertura, que prevé un listado de puestos de trabajo que no son cubiertos por la población española y que, por ello, se ofrecen a la población migrante. Sucede, no obstante, que este Catálogo se mostraba, año tras año, deficitario para cubrir la demanda de trabajo de la población extranjera en España en actividades distintas a las que en él se relacionaban; actividades, todo hay que decirlo, demasiado específicas y singulares[74] como para ser cubiertas por una persona trabajadora migrante de nivel medio/bajo. Seguramente siendo consciente de ello, quien legisla ha considerado mejorar la dicción literal del art. 65 REX para

73 Se advierte que no se hará referencia aquí a las novedades introducidas en la autorización de estancia por estudios. Aunque ahora esta autorización incrementa las posibilidades de combinar trabajo y estudios, dispone el art. 42.1 REX que la concreta prestación de servicios debe realizarse «en instituciones públicas o entidades privadas», indicando tal vez el precepto que el desarrollo del trabajo debe realizarse en una organización productiva empresarial, justo lo que no es el hogar familiar.

74 Relacionadas todas ellas con el trabajo en buques o barcos y con el deporte profesional.

permitir la incorporación automática a ese listado de aquellas «ocupaciones pertenecientes a los sectores económicos que se determinen por acuerdo de la Comisión delegada de Asuntos Económicos a propuesta del Ministerio de Inclusión». Estará por ver si se incorpora al repertorio el sector del empleo doméstico, pero lo que no se puede negar es que es esta una modificación destinada a añadir más puestos de trabajo en el mencionado Catálogo, haciéndolo menos restrictivo y, por ende, más acorde con las necesidades del mercado laboral actual, a fin de facilitar la obtención de la autorización de residencia y trabajo a un mayor número de población migrante.

Pero esto no es todo, porque con la vista puesta en la necesidad de agilizar el procedimiento y los trámites a realizar, se prevé igualmente un ajuste a la baja de los plazos en que debe gestionarse por el Servicio Público de Empleo una oferta de trabajo respecto de un puesto no listado en el Catálogo. Si se recuerda, con la regulación anterior, el Servicio Público de Empleo debía dar publicidad a la oferta durante, al menos, quince días, para, posteriormente, el empresario, en los veinticinco días siguientes, comunicar al organismo público el resultado de la selección de candidatos que se hubiesen presentado y para que aquél, en un plazo máximo de cinco días, emitiera la certificación de insuficiencia de demandantes que resultaba necesaria para proceder a la contratación. Con la actual redacción, como se decía, los plazos se acortan, pues la oferta deberá publicarse durante un periodo de tiempo de ocho días, transcurridos los cuales el empresario deberá comunicar al Servicio Público de Empleo el resultado de la selección de candidatos. Si éste fuera negativo, el organismo público «emitirá la certificación de insuficiencia de demandantes en un plazo máximo de tres días contados a partir de la comunicación por parte del empleador del resultado de la selección». Además, se incorpora como novedad el hecho de que la Oficina de Extranjería tenga en consideración tanto «el informe presentado por los Servicios Públicos de Empleo, así como la urgencia de la contratación acreditada por la empresa».

De igual forma, se flexibiliza el régimen de la renovación de la autorización. De un lado, porque la misma será por cuatro años (y no por los dos años —más dos— que venían exigiéndose), permitiendo la autorización renovada trabajar por cuenta ajena, pero también por cuenta propia, en todo el territorio nacional. De otro, porque para conseguirla, las exigencias son menores. Así, con el régimen anterior, la autorización se renovaba, no sólo cuando se acreditase la continuidad en la relación laboral que dio lugar a la concesión de la autorización, sino también cuando se acreditase «la realización habitual de la actividad laboral para la que se concedió la autorización durante un mínimo de seis meses por año» y la persona trabajadora se encontrase en alguna de las siguientes situaciones: cuando hubiese «suscrito un contrato de trabajo con un nuevo empleador acorde con las características de su autorización para trabajar y figure en situación de alta o asimilada al alta en el momento de solicitar la renovación»; cuando dispusiera «de un nuevo contrato que reúna los requisitos establecidos en el artículo 64 y con inicio de vigencia condicionado a la concesión de la renovación» y cuando «el trabajador haya tenido un periodo de actividad laboral de al menos tres meses por año, siempre y cuando acredite, acumulativamente que la relación laboral que dio lugar a la autorización cuya renovación se pretende se interrumpió por causas ajenas a su voluntad, que ha buscado activamente empleo, mediante su inscripción en el Servicio Público de Empleo competente como demandante de empleo y que en el momento de solicitud de la renovación tiene un contrato de trabajo en vigor». La modificación que se introduce en el texto del art. 71 REX, sin embargo, rebaja, como se decía, las exigencias, pues para renovar bastará con que se acredite «la continuidad en la relación laboral que dio lugar a la concesión de la autorización cuya renovación se pretende» o «un periodo de actividad laboral de al menos tres meses por año» y que, en este caso, la persona trabajadora se encuentre en cualquiera de estas circunstancias: que «haya suscrito un contrato de trabajo con un nuevo empleador acorde con las características de su autorización para trabajar y figure en situación de alta o asimilada al alta en el momento de solicitar la renovación», que «disponga de un nuevo contrato que reúna los requisitos establecidos en el artículo 64 y con inicio de vigencia condicionado a la concesión de renovación» y que «la relación laboral que dio lugar a la autorización cuya renovación se pretende se interrumpió por causas ajenas a su voluntad y que ha buscado activamente empleo mediante su inscripción en el Servicio Público de Empleo competente como demandante de empleo».

Por lo demás, también ha sido reformado el régimen de la gestión colectiva de contrataciones en origen, siendo lo más destacado que la orden ministerial anual podrá contener previsiones, no sólo para fomentar la migración de carácter estable o para regular los visados de búsqueda de empleo, sino también para establecer lo que se ha venido en denominar migración circular. De este modo, el art. 167 REX dispone que «las autorizaciones de trabajo previstas en la contratación colectiva en origen para la migración circular tendrán una duración de cuatro años y habilitarán a trabajar por un periodo máximo de nueve meses en un año en un único sector laboral. La vigencia de estas autorizaciones estará supeditada al compromiso de retorno del trabajador al país de origen y al mantenimiento de las condiciones que justificaron la concesión de la autorización». Estas autorizaciones se concederán, en condiciones normales, «para un único empleador» y «podrán prorrogarse tras la finalización de su vigencia por iguales períodos». Además, «los trabajadores que acrediten haber cumplido con el compromiso de retorno durante la vigencia de la autorización de trabajo podrán solicitar, en el periodo de seis meses desde la finalización de esta autorización, una autorización de residencia y trabajo que tendrá una duración de dos años, prorrogables por otros dos, que autorizará a trabajar por cuenta ajena y por cuenta propia».

Ahora bien, con ser importantes las modificaciones anteriormente comentadas, es de reconocer que el impacto que hayan de tener en el sector del trabajo doméstico pueda ser escaso o prácticamente inexistente, pues lo habitual, como se conoce, es que a estas tareas se acceda no desde una contratación en origen, sino desde una situación de irregularidad administrativa. En estos casos, el recurso al arraigo se convierte en la vía preferente de regularización del colectivo migrante que se dedica al empleo doméstico. Y sucede que, con la modificación del Reglamento de Extranjería por el RD 629/2022, la figura del arraigo ha sufrido importantes novedades en orden a actualizarlo y flexibilizarlo, creándose, incluso, una nueva tipología: el arraigo para la formación. Veamos.

Por lo pronto, el régimen del arraigo laboral varía considerablemente pues, si bien con anterioridad, podía acogerse a él cualquier persona extranjera que se encontrase trabajando de forma irregular y que presentase una resolución judicial declarativa de la relación laboral o una resolución administrativa confirmatoria del acta de infracción de la Inspección de Trabajo, ahora la figura queda limitada para personas que se encuentran en situación irregular, pero que han realizado, en situación regular, una actividad laboral de duración no inferior a seis meses. A estos efectos dispone el redactado actual del art. 121.1 REX que la mencionada actividad se acreditará mediante «la realización, en los últimos 2 años, de una actividad laboral que suponga, en el caso de actividad por cuenta ajena, como mínimo una jornada de 30 horas semanales en el periodo de 6 meses o de 15 horas semanales en un periodo de 12 meses, y en el caso del trabajo por cuenta propia, una actividad continuada de, al menos, seis meses».

En el caso del arraigo social, señala ahora el apartado segundo del art. 121 REX que el contrato que se presente para solicitar la autorización no se valorará por su duración (que era de un año), sino por su adecuación al salario mínimo interprofesional o al «salario establecido, en su caso, en el convenio colectivo aplicable»[75]. La suma de la jornada laboral semanal no debe ser «inferior a 30 horas en el cómputo global y se debe garantizar al menos el salario mínimo interprofesional». El contrato, no obstante, podrá tener «una duración de mínimo 20 horas en los casos que se acredite tener a cargo menores o personas que precisen medidas de apoyo para el ejercicio de su capacidad jurídica»[76]. Por lo demás, la reforma también flexibiliza la posibili-

75 Indican las Instrucciones SEM 1/2022 sobre el arraigo para la formación y otras cuestiones comunes a las autorizaciones de residencia temporal por motivos de arraigo que «se podrá aceptar cualquier modalidad contractual prevista en la normativa laboral siempre que se acredite la percepción del Salario Mínimo Interprofesional en cómputo global anual. Del mismo modo, también se podrán admitir contratos fijos discontinuos o de naturaleza temporal, siempre que se cumpla el requisito de Salario Mínimo Interprofesional en cómputo global anual, y el requisito de horas semanales previsto en el artículo 124.2».

76 Señalan las mencionadas Instrucciones SEM 1/2022 que, en este caso, las retribuciones serán conforme a la legislación laboral, por lo que los salarios ofrecidos han de ser en proporción a las horas contratadas. Así, por ejemplo, en un contrato indefinido por 20 horas semanales han de acreditar que percibirán, al menos, el 50 % del SMI, esto es, 7.000 euros anuales en 2022».

dad de presentar varios contratos cuando se trabaje en ciertos sectores, pues ya no se van a exigir las duraciones mínimas anteriores[77].

El arraigo familiar, por su parte, amplía su ámbito de actuación. Si antes de la reforma, el apartado tercero del art. 124 REX lo limitaba al progenitor de un menor de nacionalidad española o a los hijos de progenitores que hubiesen sido españoles de origen, ahora se concederá también «cuando se trate de persona que preste apoyo a la persona con discapacidad de nacionalidad española para el ejercicio de su capacidad jurídica, siempre que la persona solicitante que presta dicho apoyo tenga a cargo a la persona con discapacidad y conviva con ella». Y, de igual modo, también se concederá cuando «se trate del cónyuge o pareja de hecho acreditada de ciudadano o ciudadana de nacionalidad española» y cuando «se trate de ascendientes mayores de 65 años, o menores de 65 años a cargo, descendientes menores de 21 años, o mayores de 21 años a cargo, de ciudadano o ciudadana de nacionalidad española, o de su cónyuge o pareja de hecho». En cualquiera de estos dos nuevos supuestos, «se concederá una autorización por cinco años que habilita a trabajar por cuenta ajena y por cuenta propia».

La reforma, en fin, incluye una nueva figura de arraigo por formación, que concede una autorización de residencia por un periodo de doce meses (prorrogables por otros doce) a las personas extranjeras que han permanecido en España de forma continuada durante un periodo mínimo de dos años si se comprometen «a realizar una formación reglada para el empleo o a obtener un certificado de profesionalidad, o una formación conducente a la obtención de la certificación de aptitud técnica o habilitación profesional necesaria para el ejercicio de una ocupación específica o una promovida por los Servicios Públicos de Empleo y orientada al desempeño de ocupaciones incluidas en el Catálogo al que se refiere el artículo 65.1, o bien, en el ámbito de la formación permanente de las universidades, comprometerse a la realización de cursos de ampliación o actualización de competencias y habilidades formativas o profesionales así como de otras enseñanzas propias de formación permanente. A estos efectos, la matriculación deberá haberse realizado en un plazo de tres meses desde la notificación de la resolución de concesión de la autorización de residencia»[78]. El solicitante, en este tipo de arraigo, «deberá aportar acreditación de dicha matriculación en un plazo de tres meses desde la notificación de la resolución de concesión de la autorización. En caso contrario, la Oficina de Extranjería podrá extinguir dicha autorización». Y, en los casos que la matriculación esté supeditada a periodos concretos de matriculación, «deberá remitir a la Oficina de Extranjería prueba de la matrícula en un periodo máximo de tres meses desde la finalización de dicho plazo». Por lo demás, «una vez superada la formación, y durante la vigencia de la autorización de residencia, el interesado presentará la solicitud

77 Seis meses o un año, según el supuesto de que se tratase.

78 Desarrollan esta previsión las ya mencionadas Instrucciones SEM 1/2022.

de autorización de residencia y trabajo ante la Oficina de Extranjería junto con un contrato de trabajo firmado por el trabajador y el empresario que garantice al menos el salario mínimo interprofesional, o el establecido por el convenio colectivo de aplicación, en el momento de la solicitud, y prueba de haber superado la formación prevista en la solicitud de residencia»[79]. La Oficina de Extranjería concederá en estos casos «una autorización de dos años que habilitará a trabajar».

También queda reformado el art. 127 REX para permitir la obtención de una «autorización de colaboración con la administración laboral competente [para] aquellas personas que acrediten ante la Inspección de Trabajo y Seguridad Social, mediante cualquier medio de prueba, estar trabajando en situación irregular durante un periodo mínimo de seis meses en el último año». Esta autorización «tendrá un año de duración y habilitará a trabajar por cuenta ajena y por cuenta propia». La solicitud podrá ser presentada «por la persona interesada o de oficio por parte de la autoridad laboral, e incorporará la resolución judicial o administrativa relativa al acta de infracción emitida por la Inspección de Trabajo y Seguridad Social».

Está por ver cómo influyen todas estas modificaciones en el sector del trabajo doméstico, tanto en el regular como en el irregular, y en las personas que hayan estado, estén o vayan a estar empleadas en el sector; pero, de lo que no cabe duda es de que la reforma del Reglamento de Extranjería está destinada a lograr la integración de un mayor número de personas trabajadoras extranjeras en el mercado laboral español, rebajando plazos, requisitos, exigencias o condicionantes o creando nuevas facilidades que contribuyen a mejorar las situaciones de vulnerabilidad existentes e impulsan la reducción de los mercados sumergidos. La combinación del cambio a un modelo de extranjería más dinámico con el avance legislativo que ha supuesto la aprobación del RD 16/2022 podría ser el punto de inflexión que se requiere para reforzar el proceso de normalización e integración de las personas trabajadoras migrantes que se ocupan en las tareas domésticas, volviendo más segura su inserción laboral, social y hasta vital. Buena muestra de ello, de los efectos positivos que puede tener la sinergia de la normativa de extranjería con la laboral, es la protección por desempleo de la que ahora gozan las personas trabajadoras domésticas y las consecuencias que pueda tener su reconocimiento en materia de expulsión.

---

79 Especifican las mencionadas Instrucciones SEM 1/2022 que, a estos efectos, «se deberán acreditar los siguientes extremos: a. Presentación de un contrato de trabajo que garantice al menos el salario mínimo interprofesional o el establecido por el convenio colectivo aplicable. b. El contrato que se presente a estos efectos deberá estar relacionado con la formación recibida y acreditada en el arraigo. c. Prueba de haber superado con aprovechamiento la formación prevista en la resolución de residencia. A estos efectos se entenderá por superación con aprovechamiento haber finalizado en su totalidad la formación de acuerdo con el programa lectivo o formativo y poder presentar un certificado de la entidad que imparte la formación que acredite este hecho».

Recuérdese a estos efectos que, según dispone el art. 57.5 de la Ley Orgánica 4/2000, de 11 de enero, sobre derechos y libertades de los extranjeros en España y su integración social (en adelante, LOEX), la sanción de expulsión no podrá ser impuesta, salvo que se cometan determinadas infracciones[80], a las personas extranjeras que, entre otras situaciones, se encuentren percibiendo «una prestación contributiva por desempleo o sean beneficiarios de una prestación económica asistencial de carácter público destinada a lograr su inserción o reinserción social o laboral». Este precepto debe ponerse en relación con el art. 36.5 LOEX, que señala, entre otras cuestiones, que «en todo caso, el trabajador que carezca de autorización de residencia y trabajo no podrá obtener prestaciones por desempleo». El motivo de esta exclusión se muestra evidente: la prestación no sólo requiere el cumplimiento del requisito de cesar en el trabajo, sino también de otros condicionantes, exigibles a cualquier persona trabajadora, que una, en situación de irregularidad, no puede cumplir. Así, como es sabido, el art. 262 LGSS atribuye la situación legal de desempleo a quienes pierdan su empleo «pudiendo y queriendo trabajar». Pues bien, es indudable que la persona extranjera que carece de la pertinente autorización administrativa, aunque quiera, no puede trabajar legalmente en nuestro país por aplicación de lo dispuesto en el art. 36.1 LOEX[81]. Además y por otro lado, esta persona no puede cumplir los requisitos exigidos por los arts. 266 y 268 LGSS para solicitar la prestación, ya que no puede inscribirse como desempleada, ni acreditar disponibilidad para buscar activamente empleo, ni para aceptar colocación adecuada a través de la suscripción de un compromiso de actividad. Desde este punto de vista, vulneraría, en consecuencia, la legalidad vigente conceder a la persona extranjera irregular la prestación por desempleo.

Pues bien, el juego combinado de los arts. 36.5 y 57.5 LOEX junto con lo que dispone el art. 3 RD 16/2022 sobre la obligatoriedad de la cotización por desempleo para las personas trabajadoras empleadas de hogar a partir del 1 de octubre de 2022 determina que la persona migrante que se encuentre trabajando en situación de regularidad en el sector disfrutará de la correspondiente cobertura por desempleo y, por ende, de la protección frente a la expulsión. Protección ésta última, nótese, que se desplegará tanto por el hecho de haber lucrado la correspondiente prestación como por tener derecho a una ayuda económica asistencial, a la que se podrá acceder, entre

80 Se trata de la infracción consistente en la participación «en actividades contrarias a la seguridad nacional o que pueden perjudicar las relaciones de España con otros países, o estar implicados en actividades contrarias al orden público previstas como muy graves en la Ley Orgánica 1/1992, de 21 de febrero, sobre Protección de la Seguridad Ciudadana» o de la reincidencia en la comisión, en el término de un año, de una infracción de la misma naturaleza sancionable con la expulsión.

81 Dispone este precepto que «Los extranjeros mayores de dieciséis años precisarán, para ejercer cualquier actividad lucrativa, laboral o profesional, de la correspondiente autorización administrativa previa para residir y trabajar».

otras circunstancias, tras haber agotado aquella prestación. Pero, no sólo eso, no sólo las personas migrantes de este colectivo que se encuentren en situación de plena regularidad podrán disfrutar de la correspondiente cobertura por desempleo. También disfrutarán de ella, por la interpretación que cabe realizar *a sensu contrario* del art. 36.5 LOEX, las personas migrantes que se encuentren prestando servicios en tareas domésticas con la autorización de residencia, pero no de trabajo, ya que, respecto de ellas —que no se encuentran en una situación de irregularidad sostenida—[82] pueden hacerse jugar las reglas de alta presunta (art. 166.4 LGSS)[83] y de automaticidad en las prestaciones (art. 281 LGSS)[84].

BIBLIOGRAFÍA

Ayala del Pino, Cristina: «El contrato de trabajo de los empleados del hogar: ingreso, conservación y extinción», *Revista General de Derecho del Trabajo y de Seguridad Social, Iustel*, núm. 47, 2017, pp. 215-242.

López Gandía, Juan y **Toscani Giménez**, Daniel: *Las causas de la reforma de la Seguridad Social: análisis práctico de la Ley 27/2011, de 2 de agosto*, El Derecho, Madrid, 2011.

Quintero Lima, Gemma: «Las modificaciones introducidas por el Real Decreto-ley 16/2022 de 6 de septiembre para la mejora de las condiciones de trabajo y de Seguridad Social de las personas trabajadoras al servicio del hogar, y su impacto en las personas empleadoras», *IusLabor*, núm., 3, 2022, pp. 120-140.

82 Argumento que se ha utilizado también para considerar que el período trabajado durante la situación de irregularidad debe computar como tiempo cotizado para acceder al desempleo en el caso de que se siguiera de un período de prestación de servicios en situación de regularidad (sentencia del Tribunal Supremo de 31 de enero de 2007, Rec. 1153, ECLI:ES:TS:2017:656). Se ha argumentado, para defender esta posibilidad, que el art. 36.5 LOEX niega la prestación por desempleo al extranjero que se encuentra en una situación de irregularidad sostenida de la prestación laboral y, en dicha situación, solicita la prestación, no así a quienes cuentan con residencia legal y a quienes mutan su situación por haber subsanado los defectos administrativos de la ausencia de autorización tomando en consideración los servicios irregularmente prestados.

83 Dispone este artículo que «Los trabajadores comprendidos en el campo de aplicación de este Régimen General se considerarán, de pleno derecho, en situación de alta a efectos de accidentes de trabajo, enfermedades profesionales y desempleo, aunque su empresario hubiera incumplido sus obligaciones. Igual norma se aplicará a los exclusivos efectos de la asistencia sanitaria por enfermedad común, maternidad y accidente no laboral».

84 El precepto expone que «La entidad gestora competente pagará las prestaciones por desempleo en los supuestos de incumplimiento de las obligaciones de afiliación, alta y de cotización, sin perjuicio de las acciones que pueda adoptar contra la empresa infractora y la responsabilidad que corresponda a esta por las prestaciones abonadas».

Rodríguez Cardo, Iván: «La relación laboral especial de los empleados de hogar», *Revista del Ministerio de Empleo y Seguridad Social,* núm. 118, pp. 49-78.

Rodríguez Crespo, María José: «La contratación irregular de los empleados del servicio del hogar familiar», *Lex Social,* vol. 9, núm. 2, 2019, pp. 172-197.

Sanz Sáez, Concepción: «La discriminación en contra de las empleadas de hogar como forma de manifestación de las discriminaciones múltiples», *Revista de Derecho Social,* núm. 83, 2018, pp. 89-108.

Selma Penalva, Alejandra: «¿Existe el trabajo doméstico por cuenta propia?», *Revista de Trabajo y Seguridad Social CEF*, núm. 465, 2021, pp. 47-82.

CAPÍTULO III

TRATAMIENTO DEL TIEMPO DE TRABAJO EN EL EMPLEO DOMÉSTICO

Sira Pérez Agulla
Prof.ª Contratada Doctora
Dpto. Derecho del Trabajo y de la Seguridad Social
Universidad Complutense de Madrid

1. Convenio 189 de la OIT sobre los trabajadores domésticos y la Recomendación 201

1.1. Introducción

Cuando la 100.ª Conferencia Internacional del Trabajo adoptó el 16 de junio de 2011 el Convenio número 189, sobre las trabajadoras y los trabajadores domésticos, pretendió extrapolar el trabajo decente[1] a este tipo de empleo, históricamente, infravalorado, privado del tratamiento específico que demandaban sus singularidades. En esta línea, con el objetivo de acercar estos trabajadores a un empleo de calidad, la norma internacional, para la consecución de tal fin, impuso mandatos a los países miembros en cuanto a materias diversas; véase, el tiempo de trabajo. A la par, con la idea de facilitar el

1 Se entiende por trabajo decente, el trabajo productivo para los hombres y las mujeres en condiciones de libertad, equidad, seguridad y dignidad humana. Supone que unos y otras tengan oportunidades para realizar una actividad productiva que aporte un ingreso justo, seguridad en el lugar de trabajo y protección social para los trabajadores y sus familias, que ofrezca mejores perspectivas de desarrollo personal y favorezca la integración social, que dé libertad a las personas para manifestar sus inquietudes, organizarse y participar en las decisiones que inciden en su vida, y que garantice la igualdad de oportunidades y de trato para todos. OIT: Guía práctica para la incorporación sistemática del empleo y del trabajo decente, 2008.Disponible en: https://www.ilo.org/wcmsp5/groups/public/---dgreports/---exrel/documents/publication/wcms_172615.pdf

cumplimiento de dichos requerimientos, se publicó la Recomendación núm. 201, disposición carente de obligatoriedad, aunque esencial al proporcionar directrices detalladas sobre su aplicación.

Desde las primeras líneas de su Preámbulo se pone de manifiesto el compromiso de la OIT de promover el trabajo decente para todos los trabajadores mediante el logro de las metas establecidas en la Declaración de la OIT relativa a los principios y derechos fundamentales en el trabajo, así como, de su heredera, Declaración de la OIT sobre la justicia social para una globalización equitativa[2].

El legislador del instrumento internacional, de manera reiterada, apunta al trabajo decente[3] como objetivo prioritario e indiscutible pilar sobre el que se sustenta la norma[4]; la inclusión de la locución en el mismo título del Convenio o la referencia expresa que de él hace en su preámbulo, así como la dedicación de un precepto específico en aras de su consecución[5], son una muestra de ello.

Tras enfatizar su objetivo prioritario, incide en la contribución significativa del trabajo domésticos a la economía mundial; en particular, se refiere al lugar prevalente que ocupan las personas trabajadoras al servicio del hogar en la sociedad actual. El envejecimiento de la población o la incorporación de la mujer al mercado laboral hacen que su labor sea contemplada como imprescindible para el acceso al empleo remunerado, especialmente, de trabajadoras con responsabilidades familiares. Pese a tal relevancia, el Convenio, en su preámbulo, hace notar que el colectivo, como ha venido ocurriendo históricamente, sigue siendo «infravalorado e invisible». En este sentido, destaca que siendo las mujeres el colectivo que de manera mayoritaria realiza este tipo de tareas, son ellas las que vienen padeciendo esta minusvaloración, que las hace particularmente vulnerables a la discriminación con respecto a las condiciones de empleo y de trabajo. Tal preocupación se pone de manifiesto cuando exige a los países miembros la toma de medidas orien-

---

2 Declaración de la OIT sobre la justicia social para una globalización equitativa. Disponible en: https://www.ilo.org/wcmsp5/groups/public/---dgreports/---cabinet/documents/genericdocument/wcms_099768.pdf

3 Vid. SERVAIS, Jean-Michel, «El trabajo decente: la visión de la OIT y su puesta en práctica», *Relaciones laborales: Revista crítica de teoría y práctica*, n.° 15-18, 2012; ROJO TORRECILLA, Eduardo, «El trabajo decente en normas y documentos de la OIT», Congreso Interuniversitario OIT sobre el futuro del trabajo / Judith Carreras (comp.), Sabrina Haboba (comp.), Julieta Lobato (comp.), Vol. 1, 2021.

4 Cit. ORDÓÑEZ CASADO, Iluminada: «El servicio doméstico desde la perspectiva del concepto de «trabajo decente» propuesto por la OIT», *Revista Internacional y Comparada de Relaciones Laborales y Derecho del Empleo*, Vol. 9, n.° 4, 2021, págs. 221.

5 Art. 6: Todo Miembro deberá adoptar medidas a fin de asegurar que los trabajadores domésticos, como los demás trabajadores en general, disfruten de condiciones de empleo equitativas y condiciones de trabajo decente, así como, si residen en el hogar para el que trabajan, de condiciones de vida decentes que respeten su privacidad.

tadas a poner fin a la discriminación salarial que estas trabajadoras vienen padeciendo —art. 11—. Se trata de una cuestión difícil de atajar si tenemos en cuenta que este tratamiento desigual respecto al salario que reciben por sus tares no deja de ser fruto de la brecha salarial que sufre el colectivo femenino, en general. Como consecuencia de los bajos salarios que reciben las mujeres, para que compense contratar a una empleada del hogar que se responsabilice de sus cargas familiares, el salario de la empleada doméstica, irremediablemente, será bajo.

En fin, el Convenio 189 pretende acercar el trabajo decente a un colectivo necesitado de protección, sometido tradicionalmente a una escasa consideración social y, en consecuencia, a una menor protección que el trabajo en otros ámbitos de actividad. Su alto grado de feminización o el elevado porcentaje de trabajadoras migrantes, son circunstancias que explican la precariedad del trabajo en el hogar familiar y la vulnerabilidad de las personas ocupadas en él[6].

1.2. El tiempo de trabajo en el Convenio 189 y en la Recomendación 201

1.2.1. Introducción

El tiempo de trabajo de los empleados domésticos siempre ha sido una cuestión objeto de controversias y abusos laborales. Sus singularidades, así como la falta de regulación específica propiciaron que normas en materia de tiempo de trabajo de aplicación universal[7], de manera sistemática, fueran incumplidas, normalizándose jornadas interminables, que atentaban contra la salud de estos trabajadores. Si bien, desde sus orígenes[8], la OIT puso en el centro del tablero el tiempo de trabajo[9] con todos los derechos que la locución aglutina —jornada, horas extraordinarias, periodos de descanso...—

6 Cabeza Pereiro, Jaime: «El trabajo doméstico en la normativa de la OIT», *Revista Trabajo y derecho: nueva revista de actualidad y relaciones laborales*, N°. Extra-9, 2019, pág.83.

7 La propia Constitución de la OIT en su Preámbulo ya se refería al derecho de todos los trabajadores a la protección del tiempo de trabajo cuando señalaba que «Considerando que existen condiciones de trabajo que entrañan tal grado de injusticia, miseria y privaciones para gran número de seres humanos, (...); y considerando que es urgente mejorar dichas condiciones, por ejemplo, en lo concerniente a reglamentación de las horas de trabajo, fijación de la duración máxima de la jornada y de la semana de trabajo».

8 Convenio sobre las horas de trabajo (industria), 1919 (núm. 1).

9 Todavía en algunos lugares del mundo continúan dándose jornadas excesivas; por ejemplo, en Oriente Medio y Asia y el Pacífico cuenta con disposiciones legislativas que permiten el establecimiento de límites de 60 horas o más por semana. OIT: El tiempo de trabajo en el siglo XXI, Informe para el debate de la Reunión tripartita de expertos sobre la ordenación del tiempo de trabajo (Ginebra, 2011).

nunca lo hizo, teniendo en mente al empleado doméstico y sus particularidades. Es más, en lugar de afrontar esta labor, que parte de la dificultad de control en el seno del hogar familiar, normas internacionales referentes a la cuestión, optaron por excluir al colectivo de la regulación laboral general, justificando su proceder en que las tareas que llevan a cabo en el desarrollo de su trabajo son distintas a las propias de los quehaceres de oficina o fábricas.

En un intento por acabar con esta situación, la OIT, mediante el Convenio 189, pone encima de la mesa la necesidad de abordar este asunto, en cierto modo, espinoso. Pues bien, en cuanto al tratamiento aportado por este, nos vemos obligados a decir que, pese a sus buenas intenciones, realmente o bien pasa de puntillas sobre aspectos especialmente conflictivos, por ejemplo, el denominado «tiempo de presencia» o, simplemente, opta por omitir cualquier referencia, como ocurre con el controvertido «control de la jornada».

1.2.2. Derecho a un trato igualitario y al reconocimiento de sus particularidades

En cuanto a lo establecido de manera específica por la norma internacional, el precepto encargado de abordar dicha materia —art. 10—, parte de la dicotomía que impregna el texto; en este sentido, aboga por otorgar un tratamiento en el que se asegure la igualdad de trato entre los trabajadores en general y los trabajadores domésticos, a la vez que recalca la necesidad de tener presente las singularidades de estos último. Así lo establece desde su preámbulo «reconociendo las condiciones particulares en que se efectúa el trabajo doméstico, habida cuenta de las cuales es conveniente complementar las normas de ámbito general con normas específicas para los trabajadores domésticos, de forma tal que éstos puedan ejercer plenamente sus derechos». A lo largo de su articulado insiste en que las peculiaridades que caracterizan el trabajo doméstico no quitan para que deba quedar garantizada la igualdad de trato entre estos empleados y los trabajadores en general. A este respecto, no podemos dejar de poner en conexión lo aquí señalado con lo establecido en el art. 3 de la norma internacional. Este precepto, tras exigir a los Estados miembros la adopción de medidas para asegurar la promoción y la protección efectivas de los derechos humanos de todos los trabajadores domésticos — art. 3.1—, requiere de ellos respetar, promover y hacer realidad los principios y derechos fundamentales en el trabajo[10] [11], que quedaron materializados en

10 Estos principios abarcan cuatro esferas de interés: el derecho de libertad sindical y de asociación y de negociación colectiva; la eliminación de todas las formas de trabajo forzoso u obligatorio; la abolición efectiva del trabajo infantil, y la eliminación de la discriminación en materia de empleo y ocupación.

11 Enunciados en la Declaración de la OIT relativa a los principios y derechos fundamentales en el trabajo y su seguimiento, adoptada en la 86.a reunión de la Conferencia Internacional del Trabajo (1998) y enmendada en la 110.a

los llamados Convenios fundamentales, entre ellos, el Convenio sobre la discriminación (empleo y ocupación), 1958 (núm. 111)[12].

Tras esta digresión, en un intento por recalcar la relevancia de los considerados Convenios fundamentales, debemos insistir en se trata de una duplicidad que marca el contenido del Convenio[13], que se hace evidente en la regulación de diversas cuestiones. En consecuencia, aboga por este tratamiento igualitario, con presencia de sus particularidades tanto, en su art. 4, cuando acomete la protección de los empleados domésticos menores como, en su precepto número 6, cuando incide en la necesaria adopción por parte de los estados miembros de medidas tendentes a asegurar el disfrute de condiciones de trabajo decente por parte de los miembros de este colectivo. Igualmente, se reafirma en esta idea tanto en su art. 14 cuando se refiere a la protección de la seguridad social, como en el precepto número 16, cuando alude al derecho a la tutela judicial efectiva. Del mismo modo, impregnada de dicha dicotomía, la Recomendación 201 se refiere al trato igualitario teniendo presente las características propias del trabajo doméstico en su numeral 16 al mentar a la protección de los créditos laborales en caso de insolvencia o de fallecimiento del empleador.

Pues bien, con miras a asegurar esta igualdad de trato, el Convenio requiere de los Estados miembros la toma de medidas con relación a las horas normales de trabajo, la compensación de las horas extraordinarias, los períodos de descanso diarios y semanales y las vacaciones anuales pagadas —art. 10.1—. En este sentido, consideramos pertinente conectar lo aquí dispuesto con otro precepto del Convenio, en particular, con el número 7; a este respecto, debemos tener presente que la norma internacional prevé otro mandato que, en cierto modo, afecta al tratamiento por parte de los Estados miembros de las cuestiones que rodean al tiempo. Concretamente, el artículo se refiere al derecho de los empleados del hogar a ser informados sobre sus condiciones de empleo de forma adecuada, verificable y fácilmente comprensible, mediante contratos escritos «cuando sea posible» en los que deberán reflejar, entre otros datos, las horas normales de trabajo —art. 7.f)—, así como las vacaciones anuales pagadas y los períodos de descanso diarios y semanales —art. 7.g)—. En cuanto a la pretensión del precepto hay que subrayar que la inclusión de la locución «cuando sea posible» flexibiliza la obligatoriedad del requerimiento que se pretende imponer.

---

12 No debemos obviar, que estos Principios y Derechos son universales, siendo de aplicación obligada a todos los Estados pertenecientes a la OIT, hayan o no ratificado los convenios esenciales que los desarrollan.

13 En este sentido, VELA DIAZ, Raquel: «Convenio sobre las trabajadoras y los trabajadores domésticos 2011 (núm. 189)», *Revista Internacional y Comparada de Relaciones Laborales y Derecho del Empleo*, Vol. 7, Nº. Extra-0, 2019 (Ejemplar dedicado a: Conmemoración del Centenario de la OIT, 2019), pág. 1523.

Así las cosas, debido a este elevado margen de discrecionalidad de que disponen los países integrantes del Organismo internacional, adquiere especial relevancia lo indicado en la Recomendación 201, disposición no vinculante, pero herramienta idónea para el logro de los objetivos marcados por el Convenio.

1.2.3. Horas de trabajo y tiempo de presencia

En cuanto a los tiempos concretos, constituyen asuntos altamente abordados por el organismo tripartito internacional, como veíamos en anteriores líneas. En particular, el estudio de las horas de trabajo entendidas como el tiempo durante el cual el trabajador está a disposición del empleador, fue clave. Normas primigenias tales como el Convenio sobre las horas de trabajo (industria), 1919 (núm. 1) o el referente a las horas de trabajo (comercio y oficinas), 1930 (núm. 30), establecieron la norma general de 48 horas regulares de trabajo a la semana, con un máximo de 8 horas al día. Precisamente esta última disposición llama nuestro interés al dejar al margen de su esfera aplicativa al trabajo doméstico junto la agricultura, la pesca y la navegación marítima e interior. Por otro lado, un lustro después de la publicación del último convenio citado, motivado por el acuciante desempleo que venía afectando a millones de trabajadores que «sin ser responsables de su situación, (estaban) en la miseria y (sufrían) privaciones de las que legítimamente (tenían) derecho a ser aliviados», se reduce las horas de trabajo a partir del Convenio sobre las cuarenta horas, 1935 (núm. 47). Una década después, se publicaría la Declaración universal de Derechos humanos de 1948[14], hito en la historia de los derechos humanos, entre el que se encontraba el derecho al descanso, al disfrute del tiempo libre, a una limitación razonable de la duración del trabajo y a vacaciones periódicas pagadas —art. 24—. Ya para entonces se había comprobado que jornadas prolongadas y descansos exiguos impactaban negativamente no solamente en la salud del trabajador, sino también en la calidad del servicio o en su derecho a conciliar la vida laboral, familiar y personal.

Tras esta puntualización, debemos destacar que el Convenio no fija ninguna pauta acerca de la limitación de las horas de trabajo. Por el contrario, la disposición orientativa afronta una cuestión de complejas aristas como es el registro de la jornada. A tal efecto, su numeral octavo, en su apartado primero, respalda la necesidad de establecer un registro en el que quede computado el tiempo de trabajo real de estos trabajadores. Si bien se trata de una mera exhortación —«se deberían»—, la misma se realiza en un tono especialmente exigente al hacer uso de la expresión «con exactitud» al referirse al registro, no solo de las horas de trabajo ordinarias, sino también de las horas extraordinarias, así como de los períodos de disponibilidad laboral

14 Adoptada por la Asamblea General de las Naciones Unidas en París el 10 de diciembre de 1948 durante su sesión plenaria número 183.

inmediata. Por tratarse de un asunto propio del trabajo doméstico, el legislador internacional dedica de manera monográfica el numeral noveno a este tiempo tan impredecible y de difícil cálculo. El artífice de la disposición no vinculante, consciente de las dificultades que dicho control entraña incita a los estados miembro a que se planteen la posibilidad de elaborar orientaciones prácticas a este respecto, en consulta con las organizaciones más representativas de los empleadores y de los trabajadores, así como con organizaciones representativas de los trabajadores domésticos y organizaciones representativas de los empleadores de los trabajadores domésticos, cuando tales organizaciones existan.

En otro orden de cosas, el Convenio 189 atiende a la necesidad de aclarar que los períodos durante los cuales los empleados domésticos no disponen libremente de su tiempo y permanecen a disposición del hogar para responder a posibles requerimientos de sus servicios deberán considerarse como horas de trabajo —art. 10.3—. Se trata del denominado «tiempo de presencia», tan propio de este tipo de empleo, como una de las principales causas que dificultan el control del tiempo de trabajo de los miembros de este colectivo. Complejidad que se acrecienta en el caso de los trabajadores domésticos internos que, residiendo en el lugar donde trabajan, no solo tienden a trabajar largas jornadas, sino que corren el riesgo de ver como la línea que separa el trabajo del descanso prácticamente quede difuminada; no será de extrañar que estos atiendan necesidades de los miembros de la familia del empleador, incluso en sus días de descanso, si así se demandara.

Precisamente, esta complejidad es la que lleva al legislador internacional a condicionar dicha equiparación a que esta sea fijada «en la legislación nacional o en convenios colectivos o con arreglo a cualquier otro mecanismo acorde con la práctica nacional». Ante la parquedad del Convenio, la Recomendación actúa como guía perfecta para que los Estados puedan observar el mandato encomendado; en concreto, será su párrafo noveno el encargado de clarificar dicha tarea, sugiriendo que la regulación que cada uno de los países establezca tendrá que tener presente cuestiones tales como: a) el número máximo de horas por semana, por mes o por año en que se puede solicitar al trabajador doméstico que permanezca en disponibilidad laboral inmediata, y la forma en que se podrían calcular esas horas; b) el período de descanso compensatorio a que tiene derecho el trabajador doméstico si el período normal de descanso es interrumpido por un período de disponibilidad laboral inmediata; y c) la tasa según la cual deberían remunerarse las horas de disponibilidad laboral inmediata.

Lo dispuesto en este precepto debe ser completado con lo establecido en el art. 9 del Convenio 189 referente a los empleados domésticos que viven donde trabajan; en particular, su apartado b), recuerda que, en ningún caso, estos trabajadores estarán obligados a permanecer en el hogar o a acompañar a miembros del hogar durante los períodos de descanso diarios y semanales o durante las vacaciones anuales. La Recomendación, en cuanto a estos trabajadores, en su numeral 18 prevé que en caso de que se produzca la extinción de la relación laboral a iniciativa del empleador por motivos que no sean faltas graves, este debería conceder, no solo un plazo de preaviso razonable sino también tiempo libre suficiente durante ese período para permitirles buscar un nuevo empleo y alojamiento.

1.2.4. Descanso diario y semanal

En cuanto al tiempo de descanso de estos trabajadores, el Convenio emplea el apartado segundo del art. 10 al irremplazable descanso semanal «al menos de 24 horas consecutivas». Al referirse a esta cuestión, simplemente, recuerda lo dispuesto por los convenios que le antecedieron en el tiempo; concretamente, el Convenio sobre el descanso semanal (industria), 1921 (núm. 14), así como el Convenio sobre el descanso semanal (comercio y oficinas), 1957 (núm. 106), que vendrían a establecer, con carácter general, la obligatoriedad del disfrute de tal derecho. Por el contrario, nada apunta respecto de otras cuestiones garantes de la salud del trabajador, así como de su derecho al respeto de su vida privada y familiar. A este respecto, omite toda referencia, por ejemplo, al descanso mínimo que debe mediar entre el final de una jornada y el inicio de la siguiente.

Igual que sucede respecto de otras cuestiones, la Recomendación 201 juega un papel importante ante la parquedad de la norma internacional. Concretamente, serán los apartados 10, 11 y 12 los que se ocupen del asunto. Así, el primero de los numerales indicados, se pronuncia acerca de las pausas, es decir, períodos de descanso durante la jornada laboral. Si bien el Convenio núm. 189 omite cualquier referencia a ello, la Recomendación, por el contrario, considera oportuno que los estados miembros adopten medidas para asegurar que los trabajadores domésticos tengan derecho a períodos de descanso adecuados durante la jornada de trabajo, de manera que puedan tomar las comidas y pausas.

En cuanto a su párrafo 11, insta a los países integrantes del organismo internacional a que, a la hora de fijar el día concreto del descanso, las partes afectadas lo hagan de común acuerdo, teniendo presentes los requerimientos del trabajo y las necesidades culturales, religiosas y sociales del trabajador doméstico. A tenor de lo anterior, resulta de interés señalar que el artífice de la Recomendación no vinculante traslada a los trabajadores domésticos el derecho garantizado por anteriores Convenios[15]. Todo ello, en conformidad

15 El Convenio sobre el descanso semanal (industria), 1921 (núm. 14) establece que «el descanso coincidirá, siempre que sea posible, con los días consagrados por la tradición o las costumbres del país o de la región»-art. 3.3-; de igual manera se refiere a esta cuestión, el Convenio sobre el descanso semanal (comercio y oficinas), 1957 (núm. 106) establece que «el período de descanso semanal coincidirá, siempre que sea posible, con el día de la semana consagrado al descanso por la tradición o las costumbres del país o de la región»—art. 6.3—.

con la legislación nacional o convenios colectivos. Por otro lado, solo para el caso en que los ordenamientos jurídicos laborales prevean que el descanso semanal puede acumularse en un período de más de siete días para los trabajadores en general, los trabajadores domésticos tendrán derecho a dicha acumulación siempre que no exceda de 14 días.

El apartado consecutivo, es decir, el duodécimo se refiere a uno de los abusos que con mayor frecuencia sufren los empleados al servicio del hogar: el exceso de horas de trabajo sin días de descanso. Con el fin de evitar tal arbitrariedad, propone a los países miembros que en su legislación o en convenios colectivos se fijen tanto, las razones por las cuales se podrá reclamar a los trabajadores domésticos que presten servicio durante su período de descanso diario o semanal, como el período de descanso compensatorio, independientemente de toda compensación financiera. Al hilo de tal conducta abusiva, no podemos dejar de recordar que mediante el art. 5 del Convenio 189, la organización tripartita, consciente de que los empleados domésticos constituyen uno de los grupos más vulnerables a los abusos, violencia y acoso, encara la problemática reclamando a los Estados miembros la toma de medidas orientadas a poner fin a tan indeseables comportamientos. Para evitar cualquier tipo de abusos a trabajadores domésticos, la Recomendación 201, propone distintos mecanismos para acabar con estas conductas reprochables; por un lado, se refiere a la creación de canales de denuncia con el fin de que los trabajadores domésticos puedan informar de casos de abuso, acoso y violencia; por otro lado, aboga por la investigación de tales sucesos, iniciándose acciones judiciales, en caso de resultar pertinente.

Para acabar, debemos destacar que largas horas de trabajo y poco descanso inciden, negativamente, en la seguridad y salud de los trabajadores domésticos. Por ello, el Convenio 189 proclama el derecho de estos trabajadores a un entorno de trabajo seguro y saludable —art. 13—. En este sentido, no podemos pasar por alto dos cuestiones esenciales: por un lado, que el hogar es el centro de trabajo en el cual estos trabajadores desarrollan actividades diversas; por otro, precisamente, que es esta variedad de tareas la que da lugar a su exposición a riesgos dispares. Teniendo ello presente, el legislador internacional insta a los países miembros a que tengan en cuenta, precisamente, estas singularidades a la hora de adoptar, en conformidad con la legislación y la práctica nacionales, medidas eficaces a fin de asegurar la seguridad y la salud en el trabajo de los miembros de este colectivo. Eso sí, lo hace con cierta cautela, al referirse a la posible aplicación progresiva de las misma, siempre y cuando esta decisión se haya tomado «en consulta con las organizaciones más representativas de los empleadores y de los trabajadores, así como con organizaciones representativas de los trabajadores domésticos y con organizaciones representativas de los empleadores de los trabajadores domésticos, cuando tales organizaciones existan». Achacamos este proceder a las dificultades que atañen a la elaboración de las medidas requeridas, principalmente por las particularidades anteriormente comentadas. Reflejo de tal complejidad es la puesta en marcha por parte de la OIT de diversas guías sobre seguridad y salud en el trabajo doméstico, dirigidas tanto a las personas trabajadoras al servicio del hogar como a sus empleadores, «a fin de promover una cultura bipartita de la prevención y del cumplimiento».

La parquedad mostrada por el Convenio contrasta por el tratamiento que la Recomendación núm. 201 otorga a la materia. En este sentido, como así queda dispuesto en su párrafo décimo noveno, insta a los países miembros a adoptar medidas tendentes a proteger a los trabajadores domésticos. Si bien parte de un requerimiento similar al realizado por el Convenio, la Recomendación completa el mismo refiriéndose a cuestiones de especial interés como, por ejemplo, el establecimiento de un sistema de inspección «suficiente y apropiado» y sanciones adecuadas en caso de infracción de la legislación laboral en materia de seguridad y salud en el trabajo.

Por otro lado, destaca el interés mostrado por la Recomendación en cuanto a la realización de reconocimientos en el ámbito el trabajo doméstico. En este sentido, se refiere a dichos exámenes en sus numerales tercero y cuarto, en los cuales, entre otras cuestiones, destaca la importancia de que estos se realicen respetando el principio de confidencialidad de los datos personales y privacidad de estos trabajadores, siempre, en consonancia con las normas internacionales existentes en torno a la materia. Resulta significativo que la norma no vinculante dedique un espacio para atender dos supuestos que pudieran colocar a los empleados domésticos en una situación de vulnerabilidad: el embarazo y el VIH.

1.2.5. Vacaciones

Par finaliza, la OIT a lo largo de su historia ha prestado especial atención a este periodo de descanso anual, adoptando dos convenios sobre el tema: por un lado, el Convenio sobre las vacaciones pagadas, 1936 (núm. 52); por otro, revisando el anterior[16], el Convenio sobre las vacaciones pagadas 1970 (núm. 132), aplicable a todas las personas empleadas por cuenta ajena, con la excepción de la gente de mar. Si bien la primera de las normas citadas cuantificaba la duración de las vacaciones pagadas en seis días laborables, tras un año de servicio continuo —art. 2.1—, el Convenio de 1970 da derecho, a todos los empleados con un año de servicio, a por lo menos 3 semanas de vacaciones anuales retribuidas. Además, este Convenio precisa diversas cuestiones con las que se pretende clarificar el disfrute del descanso anual. Así, para que el trabajador pueda acceder a este beneficio, requiere un período mínimo de servicios, el cual no podrá exceder de 6 meses —art. 3.3—.

16 También revisa el Convenio sobre las vacaciones pagadas (agricultura), 1952.

En cuanto al Convenio específico que vino a regular el empleo doméstico, este guarda silencio respecto de las vacaciones en el precepto encargado de abordar cuestiones relativas al tiempo de trabajo, únicamente, lo hace, con carácter general, en el primer apartado del artículo décimo; por el contrario, se refiere a ellas tanto en su art. 7, cuando proclama el derecho de los trabajadores domésticos a ser informados sobre sus condiciones de empleo, como en el precepto número nueve, cuando se refiere a los empleados domésticos que residen en el hogar para el que trabajan. Como venimos haciendo, acudimos a lo dispuesto en la Recomendación 201, que, si bien pasa por encima el asunto referente al descanso anual, con el fin de evitar situaciones abusivas, advierte que el tiempo dedicado por los trabajadores domésticos al acompañamiento de los miembros del hogar durante las vacaciones no se debería contabilizar como período de vacaciones anuales pagadas de estos trabajadores.

1.2.6. Trabajo nocturno

El Convenio sobre trabajo nocturno, 1990 (núm. 171)[17] [18] trajo consigo un elenco de reglas a seguir en torno a esta modalidad de trabajo, entendida como «el que se realiza durante un período de por lo menos siete horas consecutivas, que abarque el intervalo comprendido entre medianoche y las cinco de la mañana y que será determinado por la autoridad competente previa consulta con las organizaciones más representativas de empleadores y de trabajadores o por medio de convenios colectivo» —art. 1.a)—. En cuanto a su esfera aplicativa, afectará a todos los trabajadores asalariados, con excepción de los que trabajan en la agricultura, la ganadería, la pesca, los transportes marítimos y la navegación interior. No obstante, recuerda que cualquier Miembro que ratifique este Convenio podrá excluir total o parcialmente de su campo de aplicación a categorías limitadas de trabajadores, cuando dicha aplicación plantee, en el caso de esas categorías, problemas particulares e importantes —art. 2.2—. En fin, en el Convenio se establece que deben adoptarse las medidas específicas requeridas por la naturaleza del trabajo nocturno con objeto de proteger a los trabajadores nocturnos, en particular, para proteger su salud, facilitarles el ejercicio de sus responsabilidades familiares y sociales, ofrecerles oportunidades de desarrollo profesional y concederles una indemnización adecuada.

---

17 ROSENBAUM CARLI, Federico: Convenio sobre el trabajo nocturno 1990 (núm. 171), *Revista Internacional y Comparada de Relaciones Laborales y Derecho del Empleo*, Vol. 7, n.° Extra-0, 2019 (Ejemplar dedicado a: Conmemoración del Centenario de la OIT, 2019), págs. 1287-1299.

18 PEREA MONTES, Teresa: «El trabajo nocturno en los convenios de la OIT», *Revista del Ministerio de Empleo y Seguridad Social: Revista del Ministerio de Trabajo, Migraciones y Seguridad Social*, n.° 112, 2014, págs. 280.

En cuanto al Convenio núm. 189, este no realiza ninguna aportación de interés. Al contrario que la Recomendación que, [19]teniendo presente los efectos adversos del trabajo nocturno en la salud de trabajadores, en el apartado segundo de su numeral noveno, anima a los Miembros a considerar la adopción de medidas comparables a las que se deberán adoptar para el caso de los trabajadores domésticos que no disponen libremente de su tiempo y permanecen a disposición de los integrantes del hogar.

1.2.7. El tiempo de trabajo de los empleados domésticos menores

Desde sus orígenes, la OIT ha considerado meta clave a alcanzar la abolición del trabajo infantil. No podemos obviar que tal fin constituye una de las esferas de interés de la Declaración de Principios y Derechos Fundamentales en el trabajo, de 1998; dos son los Convenios Fundamentales encargados de su tratamiento: por un lado, el Convenio sobre la edad mínima, de 1973 (núm.138), que exigía a los países miembros establecer una edad mínima de admisión al empleo, así como, políticas nacionales tendentes a poner fin al trabajo infantil; por otro, el Convenio sobre las peores formas de trabajo infantil, 1999 (núm. 182), que venía a reclamar a los países la adopción de medidas inmediatas y eficaces para poner fin a las peores formas de trabajo infantil con carácter de urgencia.

En la actualidad, aunque la mayoría de los países han adoptado una legislación para prohibir trabajo de los niños o establecer severas restricciones al mismo, todavía el trabajo infantil sigue existiendo, principalmente, en los países en vía de desarrollo.

En cuanto a la materia objeto de examen, esto es, el tiempo de trabajo, el Convenio 189 omite cualquier alusión al referirse al trabajo de menores en el empleo doméstico. Por el contrario, la Recomendación que lo completa, en su párrafo quinto aborda el asunto en profundidad, proponiendo a los países miembros, por un lado, limitar «estrictamente» las horas de trabajo de los menores, garantizando, con ello, «el descanso, la educación o la formación profesional, las actividades de esparcimiento y el contacto con sus familiares»; por otro, restringir su participación en tipos de trabajo excesivamente agotadores; por último, prohibir que estos lleven a cabo trabajo nocturno.

Al hilo de esta última prohibición, diremos que la OIT, desde sus primeros trabajos, puso de manifiesto su preocupación por el trabajo nocturno llevado a cabo por menores. Adquiere especial interés el Convenio sobre el trabajo

19 Así se desprende de las alarmantes cifras extraídas del informe llevado a cabo de manera conjunta por la OIT y UNICEF: hoy en día, 160 millones de niñas y niños de entre 5 y 17 años trabajan y casi la mitad (79 millones) realizan tareas que ponen en riesgo su salud y sus vidas.

nocturno de los menores (trabajos no industriales), 1946 (núm. 79), que deja al parecer de los Estados miembros, la inclusión o exclusión de los trabajadores domésticos menores de su ámbito de aplicación —art. 1.4—. Completando lo aquí dispuesto, la Recomendación sobre el trabajo nocturno de los menores (trabajos no industriales), 1946 (núm. 80), en su segundo apartado, dispone que, sin perjuicio de la facultad que el Convenio núm. 79 reconoce a los países miembros para exceptuar de su aplicación el servicio doméstico, llama la atención de estos sobre la conveniencia de dictar medidas legislativas y administrativas apropiadas para limitar el trabajo nocturno de las personas menores de dieciocho años empleadas en el servicio doméstico.

2. Tiempo de trabajo del empleado doméstico en el ordenamiento jurídico español

2.1. RD 1620/2011, de 14 de noviembre, por el que se regula la relación laboral de carácter especial del servicio del hogar familiar

2.1.1. Presentación

El Convenio 189 de la OIT resultaría un incentivo para poner en auge el trabajo doméstico, despojado, tradicionalmente, de la protección debida. Es indiscutible que su irrupción en la esfera internacional, motivó grandes avances en el ordenamiento jurídico español, que, a pesar de no haberlo ratificado[20], materializó buena parte de su contenido, en dos reformas legislativas[21]: por un lado, la Ley 27/2011, de 1 de agosto, sobre actualización, adecuación y modernización del sistema de Seguridad Social[22] [23]; por otro, RD 1620/2011, de 14 de noviembre, por el que se regula la relación laboral

20 Con el voto a favor de todos los Grupos Parlamentario, el 9 de junio de 2022 se aprobó por el Congreso de los Diputados la ratificación por España del Convenio de la Organización Internacional del Trabajo (OIT) sobre las trabajadoras y los trabajadores domésticos, 2011 (núm. 189).

21 Vid. López Gandía, Juan y Toscani Giménez, Daniel: El nuevo régimen laboral y de Seguridad Social de los trabajadores al servicio del hogar familiar. Albacete: Bomarzo, 2012.

22 Ley 27/2011, de 1 de agosto, sobre actualización, adecuación y modernización del sistema de Seguridad Social. (BOE núm. 184, de 2 de agosto).

23 La conexión entre ambas normas queda patente en la Disposición Adicional Trigésima Novena a partir de la cual Ley 27/2011, de 1 de agosto, sobre actualización, adecuación y modernización del sistema de Seguridad Social: «El Gobierno procederá a modificar la relación laboral especial del servicio del hogar familiar, con efectos de 1 de enero de 2012.

de carácter especial del servicio del hogar familiar [24] [25]. Si bien mediante la primera, el legislador español encaró profundas modificaciones en materia de protección social, debido a la temática del estudio, será la norma reglamentaria de 2011 la que tomará protagonismo.

A este respecto, el RD1620/2011, impregnado por el espíritu del Convenio 189, desde un enfoque multidimensional, busca la actualización del vetusto Real Decreto 1424/1985, de 14 de noviembre[26], de contenido anacrónico, teniendo en cuenta los acelerados cambios sociales, económicos y laborales producidos en los 25 años que los separan. Como apunta su preámbulo más de dos décadas «(aconsejaban) una revisión en profundidad[27] de esta normativa, para renovar y modernizar diversas instituciones jurídicas que las transformaciones sociales habidas en estos últimos tiempos y la evolución natural de las costumbres han dejado caducas».

Reproduciendo el mismo enfoque sobre el que se sustenta el Convenio núm.189 de la OIT, la norma reglamentaria aboga por conjugar el mantenimiento de las singularidades que caracterizan al colectivo, allí donde encuentren una justificación objetiva y razonable, con la reducción o eliminación de aquellas, cuando se comprenda que su razón de ser ya no encuentra por más tiempo motivos, en aras de la igualdad de trato entre los trabajadores en general y los trabajadores domésticos. Se trata de una afirmación incontestable teniendo en cuenta que este colectivo ha sufrido y sufre una situación de discriminación sostenida y sistémica que no puede encontrar justificación ni en que su empleador está exento de ánimo de lucro ni en la circunstancia de que su prestación laboral se desarrolle en un ámbito privado e inviolable como es el hogar familiar[28]. Al igual que hiciera el artífice del Convenio 189, el legislador nacional destaca que, en este escenario inadmisible, cobra especial relevancia el hecho de que el empleo doméstico se encuentre altamente feminizados.

---

24 Ley 27/2011, de 1 de agosto, sobre actualización, adecuación y modernización del sistema de Seguridad Social. (BOE núm. 184, de 2 de agosto

25 A partir del Pacto de Toledo, celebrado en abril de 1995, los diferentes Acuerdos sociales producidos en materia de Seguridad Social, recomiendan la simplificación e integración de regímenes, pudiendo mencionar el Acuerdo de medidas en materia de Seguridad Social, de 13 de julio de 2006, cuyo apartado V prevé la elaboración de un estudio de la regulación de la relación laboral de carácter especial, a fin de proponer en su caso, su adecuación a la realidad actual, así como el establecimiento de medidas paulatinas de convergencia del Régimen Especial de Empleados de Hogar con el Régimen General de la Seguridad Social.

26 RD 1424/1985, de 1 de agosto, por el que se regula la relación laboral de carácter especial del Servicio del Hogar Familiar (BOE núm. 193, de 13 de agosto).

27 Luján Alcaraz, José: «El Régimen Especial de la Seguridad Social de los empleados de Hogar, Elcano (Navarra): Aranzadi, 2000.

28 Sentencia 91/2022, Juzgado de lo Social N°. 32 de Barcelona, de 14 de marzo de 2022 (Rec. 200/2019).

Como ya hemos indicado, por ser materia de análisis, focalizaremos nuestra atención en las mejoras en el tiempo de trabajo, cuya regulación, ya adelantamos, supera con creces las normas mínimas fijadas por la norma internacional vinculante. En particular, enfrentando el contenido de ambas normas, pronto se apreciarían las diversas e importantes novedades incorporadas por el Real Decreto de 2011; por ello, para ahondar en dichos cambios, cotejaremos ambas disposiciones, resaltando las garantías incorporadas.

2.1.2. Objetivo y ámbito de aplicación

Desde una elemental perspectiva de sistemática jurídica, la primera e inesquivable tarea que acomete la norma es la definición de su ámbito de imputación normativa; esto es, la delimitación de aquélla concreta y singular realidad social que se pretende juridificar; en este caso, la actividad al servicio del hogar familiar. En este sentido, la conceptualización que la nueva norma aporta es similar a la del texto anterior, si bien con ciertos matices, reflejo de la necesaria actualización de este. A este respecto, cuando la nueva disposición se refiere a la persona objeto de cuidado, opta por hacerlo de manera extensiva; a este respecto, si el texto antiguo se refería «(al) cuidado o la atención de los miembros de la familia o de quienes convivan en el domicilio», el Real Decreto 1620/2011 alude «al cuidado de las personas que forman parte del entorno doméstico o familiar».

También apreciamos el interés del legislador por amoldar el texto a las nuevas circunstancias, principalmente al nuevo concepto de hogar y, por ende, de familia, cuando en su art. 1.3 conceptualiza la figura del empleador. Si bien la norma reglamentaria de 1985, entendía por titular del hogar familiar « el que lo sea efectivamente como el simple titular del domicilio, o lugar de residencia, en el que se presta el servicio doméstico, el nuevo texto, si bien mantiene lo dicho por esta, regula un supuesto específico acorde con los nuevos tiempos; en particular, se refiere a cuando esta prestación de servicios se realiza para dos o más personas que, sin constituir una familia ni una persona jurídica, convivan en la misma vivienda. Para estos casos, la norma entiende que deberá asumir la condición de titular del hogar familiar «la persona que ostente la titularidad de la vivienda que habite o aquella que asuma la representación de tales personas, que podrá recaer de forma sucesiva en cada una de ellas». Al hilo de este asunto, debemos subrayar que la legislación nacional enfrenta con valentía el termino empleador, a diferencia de la norma internacional que omite cualquier referencia a él, ello debido a la falta de consenso entre los países miembros, los cuales, en sus legislaciones nacionales recogían una multiplicidad de conceptos para referirse al empleador doméstico —como así queda constatado en los informes preparatorios del Convenio 189—.

En cuanto a los sujetos excluidos de su esfera aplicativa, amparada en su espíritu renovador y ansias de evolución, la norma incluye tres supuestos regulados en años anteriores: por un lado, las relaciones concertadas a través de empresas de trabajo temporal, de acuerdo con lo establecido en la Ley 14/1994, de 1 de junio[29]; por otro, los cuidadores profesionales contratados por instituciones públicas o por entidades privadas conforme a la Ley 39/2006, 14 de diciembre[30]; por último, los cuidados no profesionales, también amparados por dicha norma[31]. En este sentido, resulta pertinente recordar el contenido del art. 2 del Convenio 189, mediante el cual, los Estados miembros podrían excluir total o parcialmente del ámbito de aplicación el Convenio a las categorías de trabajadores para las cuales esté previsto otro tipo de protección que sea por lo menos equivalente, como sucede en los supuestos indicados.

Antes de adentrarnos en las aportaciones referidas al tiempo de trabajo, simplemente hay que apuntar que el Real Decreto 1620/2011, en la letra b) de su art. 3 proclama el carácter supletorio del Estatuto de los Trabajadores, en lo que resulte compatible con las peculiaridades derivadas del carácter especial de esta relación[32].

2.1.3. Avances en el tiempo de trabajo de los empleados domésticos

En cuanto al tiempo de trabajo de estos empleados al servicio del hogar, el legislador afrontó su regulación teniendo presente su objetivo prioritario, esto es, acercar al colectivo, en la medida de lo posible, el régimen común del Estatuto de los Trabajadores. Para ello opta por hacer confluir en un único precepto —art. 9—, buena parte de las cuestiones que conforman el tiempo de trabajo.

2.1.3.1. Horas de trabajo y tiempo de presencia

El Real Decreto1620/2011, al igual que hiciera el anterior reglamento, fija la jornada máxima semanal de carácter ordinario en cuarenta horas semanales, de trabajo efectivo, sin perjuicio de los tiempos de presencia, a

---

29 Ley 14/1994, de 1 de junio, por la que se regulan las empresas de trabajo temporal (BOE núm. 131, de 2 de junio de 1994).

30 Ley 39/2006, de 14 de diciembre, de Promoción de la Autonomía Personal y Atención a las personas en situación de dependencia (BOE núm. 299, de 15 de diciembre de 2006).

31 Vid. ESCUDERO RODRÍGUEZ, Ricardo: «La injustificable desconexión legal entre el trabajo de cuidados en el hogar familiar y la protección de la dependencia», en MOLERO MARAÑÓN, María Luisa (dir.) *Dependencia (Long term care) y empleo en el estado de bienestar.* Cizur Menor (Navarra): Aranzadi, 2017.

32 El Real Decreto-ley 16/2022, de 6 de septiembre, para la mejora de las condiciones de trabajo y de Seguridad Social de las personas trabajadoras al servicio del hogar (BOE. núm. 216, de 8 de septiembre de 2022).

disposición del empleador —art. 9.1—. En cuanto a este asunto, teniendo presente la vocación clarificadora de la norma, no hubiera estado demás haber incluido en el precepto definiciones que nos acercaran a ambas locuciones. Si bien, en cuanto al primero, podemos acudir a lo dispuesto por en el art. 2.1) de la Directiva 2003/88/CE, de 4 de noviembre de 2003[33] —«todo período durante el cual el trabajador permanezca en el trabajo, a disposición del empresario y en ejercicio de su actividad»—, respecto del segundo, ni el Real Decreto ni la propia normativa comunitaria aclaran cual es el tiempo que abarca esta expresión, asunto problemático teniendo en cuenta su relevancia en esta relación laboral especial. En este sentido, debemos acudir al Convenio 189, ya que este sí aporta un concepto definitorio del mismo: «los períodos durante los cuales los trabajadores domésticos no disponen libremente de su tiempo y permanecen a disposición del hogar para responder a posibles requerimientos de sus servicios». Tras esta digresión conceptual, debemos destacar, como avance significativo, que la fijación del horario se hará por acuerdo entre las partes —art. 9.1— y no «libremente por el titular del hogar familiar», como decía el art. 7 del RD de 1985.

También deja a su voluntad la duración de los tiempos de presencia. Incidiendo precisamente en el tratamiento de estas horas, debemos destacar que el legislador de la norma reglamentaria de 2011, a diferencia del artífice de la disposición anterior, sabedor de que estos periodos de tiempo resultan indisponibles para los empleados, reclama su compensación. Si bien traslada tan importante cuestión a lo que acuerden las partes, este amplio margen de actuación queda constreñido por lo dispuesto en el apartado segundo del art. 9, cuando se refiere a que «salvo que se acuerde su compensación con períodos equivalentes de descanso retribuido, las horas de presencia no podrán exceder de veinte horas semanales de promedio en un periodo de referencia de un mes y se retribuirán con un salario de cuantía no inferior al correspondiente a las horas ordinarias».

A este respecto, ante el exiguo tratamiento aportado por la norma[34], celebramos el contenido de su nuevo art. 5.4, que, modificado por el Real Decreto ley 16/2022, de 6 de septiembre[35], reconoce el derecho de la persona trabajadora al servicio del hogar a ser informada sobre la duración y distribución de los tiempos de presencia pactados, así como el sistema de retribución de estos.

---

33 Directiva 2003/88/CE, de 4 de noviembre de 2003, relativa a determinados aspectos de la ordenación del tiempo de trabajo

34 Pudiera parecer que ambos instrumentos legislativos evitaran abordar el asunto, uno, dejando su tratamiento a lo que dispongan las partes, otro a lo que consideren oportuno las legislaciones laborales de cada uno de los Estados miembros.

35 Real Decreto-ley 16/2022, de 6 de septiembre, para la mejora de las condiciones de trabajo y de Seguridad Social de las personas trabajadoras al servicio del hogar (BOE núm. 216, de 8 de septiembre de 2022).

Por otro lado, con relación a las horas extraordinarias, como ya hiciera la norma de 1985, el legislador remite a lo dispuesto en el art. 35 ET; concretamente, la norma de 2011 excluye lo dispuesto en el apartado 5 de dicho precepto, proceder del todo oportuno, teniendo en cuenta que los trabajadores domésticos han quedado fuera de la obligación del registro de jornada[36] —art. 34.9 ET—, cuestión a la que, precisamente se refiere la disposición marginada. A propósito de este mecanismo de control, a partir de la disposición final quinta del R.D.-Ley 16/2013[37], se produce la adicción de un nuevo apartado, el 3 bis, mediante el cual se pone de manifiesto que los empleados domésticos a tiempo parcial también quedan extramuros de dicha exigencia.

Así las cosas, no podemos obviar que la Recomendación 201 de la OIT respalda la necesidad de establecer un registro en el que quede computado el tiempo de trabajo real de los trabajadores al servicio del hogar familiar. Entiende que, a través de este mecanismo de control, quedaría garantizado el cumplimiento de los límites en materia de jornada, propiciando un marco de seguridad jurídica para las personas al servicio del hogar familiar, facilitando, con ello, la labor de la Inspección de Trabajo y Seguridad Social. No obstante, consciente el artífice de la norma no vinculante de las dificultades que dicho control entraña[38], incita a los estados miembro a que se planteen la posibilidad de elaborar orientaciones prácticas a este respecto[39].

2.1.3.2. Descanso diario

La Real Decreto de 2011 amplía el descanso diario entre una jornada y otra a 12 horas; además, contempla la posibilidad de que este se vea reducido a 10 para los trabajadores domésticos internos, siempre y cuando, se compense el disfrute de las dos horas restantes en un periodo de cuatro semanas —art. 9.4—. El avance resulta considerable si comparamos lo aquí dispuesto con la regulación anterior la cual preveía, para los empleados que no pernoctaban en la vivienda, un descanso mínimo de 10 horas, frente a las 8, para el

36 Real Decreto-ley 8/2019, de 8 de marzo, de medidas urgentes de protección social y de lucha contra la precariedad laboral en la jornada de trabajo. (BOE núm.61, de 12 de marzo de 2019).

37 Disposición final quinta del Real Decreto-ley 16/2013, de 20 de diciembre, de medidas para favorecer la contratación estable y mejorar la empleabilidad de los trabajadores (BOE núm.305, de 21 de diciembre de 2013).

38 Vid. Boró Herrera, Fernando: «¿Es adecuado el control administrativo del trabajo de las personas empleadas del hogar?: actuación en la materia de la Inspección de Trabajo y Seguridad Social española en el periodo de 2006 a junio de 2020», Lex Social, vol. 11, núm. 1, 2021.

39 En este sentido, «La guía sobre el registro de jornada», editada por el Ministerio de Trabajo, Migraciones y Seguridad Social. Disponible en: https://www.mites.gob.es/ficheros/ministerio/GuiaRegistroJornada.pdf

caso contrario. Además, en cuanto al empleado doméstico interno, al igual que hiciera la norma anterior, dispone que este podrá disfrutar, al menos, de dos horas diarias para las comidas principales, tiempo que se computará como de descanso —art. 9.4—.

2.1.3.3. Descanso semanal

En cuanto al descanso semanal, con la norma de 2011, será de treinta y seis horas consecutivas. Por el contrario, con la disposición de 1985, los trabajadores podían disfrutar del mismo periodo de descanso, si bien solo se garantizaba la consecutividad de 24. Precisamente, este límite nos recuerda a lo dispuesto por el Convenio de la OIT, que entiende que este periodo de descanso «deberá ser al menos de 24 horas consecutivas»; como vemos, exigencia que supera ampliamente nuestra normativa. Por último, no podemos obviar otra cuestión que separa ambas disposiciones: el día de disfrute del descanso. Si bien la norma derogada, entendía preferente el domingo, el Real Decreto 1620/2011 amplía el abanico de posibilidades al disponer «como regla general, la tarde del sábado o la mañana del lunes y el día completo del domingo» —art. 9.5—. Con dicho cambio, no solo se pretendía adaptar el texto a las transformaciones religiosas y culturales acaecidas a lo largo de las últimas décadas, sino también acercar al colectivo a las reglas establecidas por el Estatuto de los Trabajadores, con carácter general —art. 37.1 ET—.

2.1.3.4. Vacaciones, fiestas y permisos

En cuanto al descanso anual, la norma reglamentaria de 2011 —art. 9.7— mantiene el régimen establecido por el Real Decreto precedente; en otras palabras, fija en treinta días naturales dicho periodo, pudiendo fraccionarse en dos o más, si bien al menos uno de ellos será, como mínimo, de quince días consecutivos. La fecha concreta del periodo vacacional se acordará entre las partes implicadas. Si bien el RD 1630/2011 se muestra conservador en cuanto a la duración y concreto establecimiento del descaso anual en el tiempo, incorpora dos cuestiones de interés: por un lado, en defecto de pacto, quince días podrán fijarse por el empleador, «de acuerdo con las necesidades familiares»; por otro, en conexión con los dispuesto por el Convenio 189, durante el periodo o periodos de vacaciones, el empleado de hogar no estará obligado a residir en el domicilio familiar o en lugar a donde se desplace la familia o alguno de sus miembros.

Respecto a las fiestas y permisos, el legislador, en aras de acabar con tratamientos singulares, injustificados, remite su regulación a lo dispuesto en el art. 37 ET. Con dicho objetivo presente, la nueva norma no solo agrupa la ordenación de ambos en un único apartado, sino que elimina toda referencia a las peculiaridades propias del empleo doméstico. Fruto de tal remisión, las personas al servicio del hogar familiar podrán disfrutar de los derechos de conciliación de la vida personal, familiar y laboral que el artículo acoge. Se de un tema de especial relevancia para un sector de la actividad altamente feminizado[40].

2.1.3.5. Tiempo de trabajo en el empleo doméstico de menores

Resulta un avance reseñable la atención que muestra el RD 1620/2011 hacia los trabajadores domésticos menores —art. 9.8—. Hasta el momento, el factor edad, había sido ignorado, por lo que trasladar al trabajo doméstico los límites establecidos para los menores de dieciocho años en el Estatuto de los Trabajadores es una aportación encomiable. Concretamente, en materia de tiempo de trabajo:

a) Sólo podrán realizarse ocho horas diarias de trabajo efectivo, con una pausa de treinta minutos para las jornadas superiores a cuatro horas y media. Si el menor de dieciocho años trabajase para varios empleadores, para el cómputo de las indicadas ocho horas se tendrán en cuenta las realizadas con cada empleador.

b) No podrán realizar horas extraordinarias ni trabajar en periodo nocturno, considerándose este el transcurrido entre las diez de la noche y las seis de la mañana.

c) El descanso entre jornadas será, como mínimo, de doce horas.

d) El descanso semanal será, al menos, de dos días consecutivos.

3. Reflexiones finales

En cuanto al tiempo de trabajo, la no ratificación por parte de España del Convenio 189, no significó la inobservancia de los principios y derechos básicos por él establecidos; es más, el contenido del Real Decreto 1620/2011, de 14 de noviembre, por el que se regula la relación laboral de carácter especial del servicio del hogar familiar, pronto superaría los estándares mínimos previstos por la norma internacional.

A pesar de esta situación favorable, entendemos que su reciente ratificación no debe entenderse como un mero trámite sino como una oportunidad de mejora. Si bien, desde hace más de una década, el ordenamiento jurí-

40 Como así se desprende de la Disposición Adicional Segunda, que, al referirse a la evaluación del impacto del RD en el empleo y en las condiciones de trabajo de las personas al servicio del hogar familiar, dispone que, conforme a lo dispuesto en el artículo 20 de la Ley Orgánica 3/2007, de 22 de marzo, para la igualdad efectiva de mujeres y hombres, la variable de sexo en las estadísticas, encuestas y recogidas de datos que se realicen.

dico español ya cuenta con un marco regulador, próximo al régimen común, garante del tiempo de trabajo de los empleados domésticos, ello no significa que todavía no haya asuntos pendientes en los que incidir. No solo en aquellas cuestiones que no fueron abordadas con la claridad suficiente que su complejidad demandaba, por ejemplo, el «tiempo de presencia», sino también otras cuyo tratamiento fue desechado, en base a las singularidades del colectivo; verbigracia, el registro de la jornada, así, como el derecho de conciliación de la vida laboral y familiar, esencial en un colectivo altamente feminizado.

BIBLIOGRAFÍA

Boró Herrera, Fernando: «¿Es adecuado el control administrativo del trabajo de las personas empleadas del hogar?: actuación en la materia de la Inspección de Trabajo y Seguridad Social española en el periodo de 2006 a junio de 2020», *Lex Social*, vol. 11, núm. 1, 2021.

Cabeza Pereiro, Jaime: «El trabajo doméstico en la normativa de la OIT», *Revista Trabajo y Derecho: nueva revista de actualidad y relaciones laborales*, No. Extra-9, 2019.

Escudero Rodríguez, Ricardo: «La injustificable desconexión legal entre el trabajo de cuidados en el hogar familiar y la protección de la dependencia», en Molero Marañón, María Luisa (dir.) *Dependencia (Long term care) y empleo en el estado de bienestar*. Cizur Menor (Navarra): Aranzadi, 2017.

López Gandía, Juan y **Toscani Giménez,** Daniel: *El nuevo régimen laboral y de Seguridad Social de los trabajadores al servicio del hogar familiar*. Albacete: Bomarzo, 2012.

Luján Alcaraz, José: «El Régimen Especial de la Seguridad Social de los empleados de Hogar", Elcano (Navarra): Aranzadi, 2000.

Ordóñez Casado, Iluminada: «El servicio doméstico desde la perspectiva del concepto de «trabajo decente propuesto por la OIT», *Revista Internacional y Comparada de Relaciones, Laborales y Derecho del Empleo*, Vol. 9, n.º 4, 2021.

Perea Montes, Teresa: «El trabajo nocturno en los convenios de la OIT», *Revista del Ministerio de Trabajo, Migraciones y Seguridad Social*, n.º 112, 2014.

Rojo Torrecilla, Eduardo: «El trabajo decente en normas y documentos de la OIT», Congreso Interuniversitario OIT sobre el futuro del trabajo / Judith Carreras (comp.), Sabrina Haboba (comp.), Julieta Lobato (comp.), Vol. 1, 2021.

Rosenbaum Carli, Federico: Convenio sobre el trabajo nocturno 1990 (núm. 171), *Revista Internacional y Comparada de Relaciones Laborales y Derecho del Empleo*, Vol. 7, no. Extra-0, 2019 (Ejemplar dedicado a: Conmemoración del Centenario de la OIT, 2019).

Servais, Jean-Michel: «El trabajo decente: la visión de la OIT y su puesta en práctica», *Relaciones laborales: Revista crítica de teoría y práctica*, n.º 15-18, 2012.

Vela Diaz, Raquel: «Convenio sobre las trabajadoras y los trabajadores domésticos 2011 (núm. 189)», *Revista Internacional y Comparada de Relaciones Laborales y Derecho del Empleo*, Vol. 7, n.º Extra-0, 2019.

CAPÍTULO IV

RETRIBUCIONES DE LAS EMPLEADAS DEL HOGAR

María Elisa Cuadros Garrido
Profesora contratada doctora
Derecho del Trabajo y de la Seguridad Social
Universidad de Murcia

1. Delimitación

En primer lugar, para abordar la cuestión objeto de análisis, hemos de partir señalando, y con ello siguiendo a SANZ SÁEZ, que a causa de la abrumadora mayoría de mujeres en el colectivo, tanto a nivel mundial[1] como español[2], vamos a referirnos al régimen de empleados del hogar en femenino[3],

1 Aproximadamente 75, 6 millones de personas se dedican al trabajo doméstico y de esa cifra el 76,2 % son de sexo femenino y equivalen al 4,5 % de todos los empleados en el mundo, aunque esta es una cuenta aproximada dada la elevada informalidad del sector (incluso de esos millones contabilizados, 8 de cada 10 trabajan en negro, el doble de lo que ocurre con los trabajadores en general). *Vid.* «Making decent work a reality for domestic workers: Progress and prospects ten years after the adoption of the Domestic Workers Convention, 2011 (No. 189)», ILO, 2021. Disponible en: *https://www.ilo.org/wcmsp5/groups/public/---ed_protect/---protrav/---travail/documents/publication/wcms_802551.pdf*

2 La STJUE 24 febrero 2022, asunto C 389/20, *Caso CJ contra Tesorería General de la Seguridad Social* (ECLI:EU:C:2022:120*)*, recoge que la mayor afectación femenina en el caso de las normas aplicables al sector del trabajo al servicio del hogar familiar español resulta indudable para considerar que supone un caso de discriminación indirecta la exclusión de la prestación por desempleo a las empleadas del hogar. considerando la manifiesta, incontrovertida y absoluta feminización del Sistema Especial de empleo en el hogar familiar, acreditada por la propia TGSS con datos de mayo de 2021 (el 95,53 % lo conforman mujeres, y el 4,72 % de las trabajadoras del RGSS se encuentran en dicho Sistema Especial, frente al 0,21 % de los hombres.

3 SANZ SÁEZ, Concepción: «Derechos colectivos y empleadas del hogar: reformas jurídicas inaplazables para un trabajo decente del trabajo doméstico en España» en AA.VV.: *Congreso Interuniversitario OIT sobre el futuro del trabajo*, Ministerio de Trabajo y Economía Social, 2021.

a mayor abundamiento, según la Encuesta de Población Activa (EPA) del primer trimestre de 2023, había 543.900 personas trabajando en el colectivo de los que el porcentaje del 95,5 % se correspondía a mujeres[4].

El empleo en el sector del hogar familiar supone un importante porcentaje en España respecto del total del en toda Europa, solamente en Italia hay más empleadas del hogar que en nuestro país[5]. Sin duda, hay varios factores que pueden explicar esta situación, pero se quiere poner especial énfasis en uno de ellos, el trabajo doméstico suple en nuestro país, parte de las carencias en materia de servicios y prestaciones que deberían ser facilitados por las Administraciones Públicas como son los servicios esenciales de cuidado de las personas[6].

El trabajo por cuenta ajena constituye un contrato, en el que la prestación básica del trabajador tiene como contraprestación la retribución a cargo del empresario, siendo dicho pago consustancial contraprestación al contrato de trabajo, como se recoge en art. 1.1 Estatuto de los Trabajadores (ET).

El empleador asume una obligación retributiva de naturaleza patrimonial[7], y es, en general, una prestación instantánea, aunque de ejecución periódica, siendo la suma de dinero o de bienes que el trabajador obtiene a cambio de su trabajo. Sabemos que el salario tiene una función sustentadora, que motiva que el Estado, dentro de sus fines político-sociales, fije retribuciones mínimas legales por debajo de las cuales resulta nula cualquier negociación colectiva o individual[8]. La singularidad del régimen de empleadas del hogar está caracterizada porque el empleador solo recibe la prestación, sin que esto suponga una actividad económica puesta en el mercado, sino que más

4 Cabe matizar que el número de las empleadas de hogar que están dadas de alta en la Seguridad Social es mucho menor suponiendo la cifra de 376.151 personas. *Vid.* Encuesta de Población Activa (EPA) y Estadística de Flujos de la Población Activa (EFPA). Fecha publicación, 27 de abril de 2023.Disponible en: *https://www.ine.es/daco/daco42/daco4211/epa0123.pdf*

5 «Making decent work a reality for domestic workers: Progress and prospects ten years after the adoption of the Domestic Workers Convention, 2011 (No. 189) », *op. cit.*

6 En los países nórdicos, por ejemplo, es muy poco frecuente contratar servicio del hogar gracias al elevado nivel de los servicios públicos y protección social para el cuidado de los hijos.

7 La obligación retributiva del empresario se corresponde con el derecho de crédito salarial del trabajador. Constituye una obligación patrimonial en virtud de la cual recae sobre el empresario el deber jurídico de cumplir la prestación retributiva. La prestación contributiva consiste en el pago de la retribución, esto es, en la transferencia de la propiedad del dinero. Se trata de una prestación de dar que en ocasiones puede consistir en una mera cesión de uso y disfrute, no traslativa del dominio, como el caso de que el empresario compense económicamente al trabajador facilitándole casa-habitación mientras dure el contrato (prestación real o en especie).

8 Aguilera Izquierdo, Raquel: «Cuestiones actuales sobre el salario mínimo interprofesional», *Revista Española de Derecho del Trabajo*, núm. 246, 2021.

bien se dirige a su autoconsumo, a diferencia de un «empresario económico» cuya condición tiene un obligado ánimo de lucro[9].

Llegados a este punto, una vez expuesto el marco general del salario, resulta conveniente resaltar un aspecto concreto respecto al salario en el régimen de empleadas de hogar que es el binomio economía sumergida-mujer precarizada[10] como las dos caras de una misma moneda que son. Ya que por todos es sabido que una parte importante del sector trabaja sin dar de alta en Seguridad Social o bien existe infracotización respecto a lo que se paga y se declara y la presencia de extranjeras aún es alta[11]. Se puede, afirmar sin equivocarnos, que estamos ante *un nexo sistémico cuidados-desigualdad-precariedad* ya que el régimen de cuidado se sustenta, a través de diversas vías, en la interrelación de las desigualdades de género, clase social y raza, sin olvidar el eje articulador vinculado a la migración: nacionalidad, y condición migratoria[12] que produce el fenómeno de las *cadenas globales de cuidados*[13]. Todo lo anterior hace que el empleo doméstico constituya *uno de los trabajos con perfiles más débiles dentro del ámbito laboral;* posee muy poca consideración social y bajo reconocimiento institucional, como consecuencia máxima este sistema especial y fruto de la devaluación general que sufren los trabajos típicamente feminizados[14].

Sin perjuicio de otras consideraciones, lo que resulta indiscutible es que existe una relación directa entre la situación económica de las familias y el salario de las personas trabajadoras del hogar y en ello han incidido de

---

9 FERNÁNDEZ ORRICO, Francisco Javier: «*El sistema especial de empleados de hogar*» en AA.VV.: MONEREO PÉREZ, José Luis y RODRÍGUEZ INIESTA, Guillermo (coords.): *Tratado de Derecho de la Seguridad Social,* Laborum, 2017.

10 La ya aludida STJUE 24 febrero 2022, concluyó que las condiciones de Seguridad Social de este colectivo se encontraban en desventaja frente a otros, y no existía una justificación por factores objetivos y ajenos a cualquier discriminación por razón de sexo, tomando en consideración que se trata de un sector totalmente feminizado ya que, recordemos, sólo el 0,21 % son varones.

11 El colectivo recoge un 45 %, extranjeros, lejos del récord del 70 % de 2005, tras el proceso de regularización de inmigrantes con contrato de trabajo. *Vid. rtvc.es: (2023, 30 marzo)* «Canarias ocupa el penúltimo lugar de empleadas del hogar afiliadas a la Seguridad Social», *https://rtvc.es/canarias-con-bajo-numero-de-empleadas-del-hogar-en-la-seguridad-social/*

12 PARELLA RUBIO, Sonia: «El sector del trabajo del hogar y de cuidados en España en tiempos de COVID-19», *Anuario CIDOB de la Inmigración*, 2020, pp. 101-114, https://raco.cat/index.php/AnuarioCIDOBInmigracion/article/view/381253.

13 GARCÍA ROMERO, Belén: «Necesidades de cuidados, derechos laborales de conciliación y medidas para mitigar su impacto en la protección social», en AA.VV.: GARCÍA ROMERO, Belén y LÓPEZ ANIORTE, María del Carmen: *Protección social del Trabajo de Cuidados*, Aranzadi, 2022, pág.28.

14 GÓMEZ GARCÍA, Francisco Xaviere: «Empleados de hogar y su protección desde la seguridad social: una situación aún deficitaria», *Lex Social: Revista de Derechos Sociales, 11*,2021, págs. 824–841.

sobremanera, por un lado, la mala coyuntura económica sufrida en España durante ya más de una década y, por otro lado, la pandemia por COVID-19[15] que han supuesto un aumento de la economía y del empleo sumergido por el descenso de la productividad, la recesión económica, los desequilibrios en el mercado laboral, y la presión fiscal y han venido a precarizar más la situación existente, así como han provocado una importante pérdida de puestos de trabajo en el empleo doméstico[16].

Cabe resaltar que el empleo no declarado no supone un hecho aislado en nuestro país, sino que se extiende a una gran mayoría de Estados desarrollados; son numerosos los organismos internacionales han que elaborado distintos conceptos para definir esta realidad, que conlleva no solo consecuencias negativas y desconocidas para los trabajadores, sino también, para las propias economías de los Estados. Por tanto, tal tendencia está generalizada a nivel mundial lo que supone una pérdida de derechos laborales y desregulación del mercado de trabajo, que adquiere relevancia dentro distintas sociedades, ya sean periféricas, o centralizadas[17].

---

15 Una cuestión destaca con relación a la legislación en tiempos de COVID-19 que afecta a las empleadas de hogar y es la protección frente al cese, temporal o definitivo, de la prestación de servicios, el RD Ley 11/2020, de 31 de marzo, previó el acceso al desempleo en caso de falta de actividad, reducción de horas trabajadas o extinción del contrato. Ello fue necesario porque, pese a la integración del sector en el Régimen general por Ley 27/2011, quedó expresamente excluido de la contingencia de desempleo. Para acceder a la prestación se requería alta en Seguridad Social en el sistema con carácter previo a la declaración de Estado de Alarma, lo cual excluyó a un alto porcentaje de empleadas carentes de alta, especialmente entre el colectivo de extranjeras sin de permiso para trabajar. Los requisitos eran 1) Mientras que para acceder al subsidio por extinción del contrato bastaba el desistimiento (sin ningún tipo de justificación) del empleador, para acceder por suspensión, ésta debía responder al objetivo de reducir el riesgo de contagio; 2) no se contemplaban las dificultades económicas que pueda atravesar el empleador como causa válida que permita sostener un posterior acceso a la prestación por desempleo; 3) en todos los casos, era necesario que la causa sea «ajena a la voluntad de la persona trabajadora»; lo que excluía que la iniciativa pueda partir de ésta, ni siquiera en el supuesto de que, en su núcleo familiar haya personas de alto riesgo; y ello pese a que, el riesgo de contagio al que hacía referencia la norma, habría de entenderse bidireccional. La iniciativa debía de partir, pues, del empleador.

16 Sirvan de ejemplo la SSOC núm. 3 Albacete 7 junio 2021, (proc. 322/2022, ECLI:ES:JSO:2021:3268) confirmada por la STSJ Castilla la Mancha 25 febrero 2022, rec. 2177/2021, ECLI:ES:TSJCLM:2022:621) en relación a la extinción del contrato por desistimiento del empleador que se declara su procedencia respecto a dos trabajadoras que prestaban sus servicios para un residente, su empleador, en una residencia de ancianos ya que consta plenamente acreditado que por la situación del COVID-19, las residencias de ancianos continuaban cerradas y no se podían prestar servicios por las empleadas y la SSOC núm. 5 Oviedo 16 febrero 2021, (proc.382/2020, ECLI:ES:JSO:2021:2724) que declara que la causa argumentada en la carta de despido « la pandemia del Virus Covid 19, el cual ocasionó decisiones gubernamentales, las cuales exigen estar confinado en el domicilio. Por lo que ha sido imposible la realización del trabajo de asistente para visitas médicas y lúdicas, para el cual estaba contratado» es improcedente.

17 Jiménez Vargas, Pedro Jesús: «La desigualdad de género en el mercado laboral», *Revista de Información Laboral* núm. 9, 2017.

Por su parte las mujeres, y en concreto las empleadas del hogar, como *colectivo diana*, se ven inmersas en situaciones de extrema dificultad para el acceso al empleo, en las condiciones de permanencia en el mercado de trabajo, especialmente por seguir enfrentando mayoritariamente las responsabilidades de hogar y familia[18].

Un factor determinante es que el desarrollo del trabajo se lleva a cabo en los espacios inaccesibles de los hogares, por ello, cualquier circunstancia que afecte a la relación laboral y suponga demostrar algo que no esté recogido en el contrato de trabajo, será judicialmente muy difícil de que prospere, pues contar con testigos será casi imposible y, como sabemos, el hogar es inviolable y la Inspección de Trabajo no puede entrar en él, salvo con consentimiento del titular, lo que ha dado lugar a determinados pronunciamientos judiciales que, incluso, invierten la carga de la prueba a favor de la empleada del hogar ante esta situación tan complicada[19].

2. Retribuciones según la nueva regulación del servicio del hogar familiar

2.1. Salario y SMI

Conforme al art. 23.2 de la Declaración Universal de Derechos Humanos[20]: «toda persona tiene derecho, sin discriminación alguna, a igual salario por trabajo igual». Por su parte, el art. 7 a). i del Pacto Internacional de Derechos

18 RODRÍGUEZ ESCANCIANO, Susana: «Mujer y empleo: perspectiva de género y políticas activas en la contratación administrativa»: *Revista del Ministerio de Trabajo, Migraciones y Seguridad Social*, N°. Extra-1, 2019, págs. 51-78.

19 STSJ Andalucía 9 junio 2022, (rec. 2983/2021, ECLI:ES:TSJAND:2022:7368) declara la nulidad de actuaciones y retrotrae la actuaciones al momento anterior a dictarse sentencia» al haberse infringido la garantía del procedimiento que supone la inversión de la carga de la prueba, materia que a juicio de la parte recurrente es aplicable ante la dificultad probatoria que encierra una relación laboral especial como la de empleada de hogar , que se encuentra subordinada en todo momento y con una especial precariedad y limitaciones personales y económicas, circunstancias que se han puesto de manifiesto en todos los pronunciamientos judiciales para poder hacer valer los elementos esenciales de la relación de laboralidad, como son la existencia de un contrato previo, en el caso enjuiciado se aduce inexistente en todo momento, o la existencia de abonos o transferencias que permitan acreditar la contraprestación económica y de seguros sociales por la laboralidad por el servicio recibido por la parte empresarial, siendo todas estas circunstancias generalmente ocultadas por quién tiene la clara intención de no reconocer los derechos de la persona trabajadora».

20 Declaración Universal de Derechos Humanos. Adoptada y proclamada por la Asamblea General en su resolución 217 A (III), de 10 de diciembre de 1948 en París.

Económicos, Sociales y Culturales[21], es más prolijo, e indica que los Estados se obligan a asegurar el derecho de toda persona que trabaja una remuneración que proporcione como mínimo a todos los trabajadores «un salario equitativo e igual por trabajo de igual valor, sin distinciones de ninguna especie; en particular, debe asegurarse a las mujeres condiciones de trabajo no inferiores a las de los hombres, con salario igual por trabajo igual».

A nivel nacional, el art. 26.1 ET aporta la definición legal de salario[22] aplicable a cualquier trabajador. Por su parte el Real Decreto-ley 16/2022[23] para la mejora de las condiciones de trabajo y de Seguridad Social de las personas trabajadoras al servicio del hogar, trata de equiparar las condiciones laborales de este colectivo al del resto de trabajadores por cuenta ajena en el ámbito laboral y en el de la Seguridad Social, pero no cambia nada en la cuestión que nos ocupa, el salario, aunque, cabe matizar que sí supone una modificación de manera indirecta; ya que la reforma garantiza, como veremos, el pago de una determinada cantidad en caso de insolvencia del empleador por parte de FOGASA y asegura el sustento por cese involuntario de la trabajadora por extinción contractual del empleador, a través de la prestación contributiva de desempleo.

La Organización Internacional del Trabajo (OIT) ha tratado de garantizar la institución del salario mínimo, de manera que todo país miembro se obliga a establecer o a conservar métodos adecuados que permitan fijar tasas mínimas de salarios para los trabajadores empleados en las empresas. Por todo ello, el salario mínimo no debe suponer una medida de destrucción de empleo, tal y como está ocurriendo en el ámbito doméstico, sino de garantía para el establecimiento de un trabajo decente[24]. En el anterior sentido y en materia de retribución, el artículo 8.1 del Real Decreto 1620/2011 esta-

21 Pacto Internacional de Derechos Económicos, Sociales y Culturales Adoptado y abierto a la firma, ratificación y adhesión por la Asamblea General en su resolución 2200 A (XXI), de 16 de diciembre de 1966. Instrumento de Ratificación de España del Pacto Internacional de Derechos Económicos, Sociales y Culturales, hecho en Nueva York el 19 de diciembre de 1966. BOE, núm. 103, de 30 de abril de 1977, páginas 9343 a 9347.

22 Se considerará salario la totalidad de las percepciones económicas de los trabajadores, en dinero o en especie, por la prestación profesional de los servicios laborales por cuenta ajena, ya retribuyan el trabajo efectivo, cualquiera que sea la forma de remuneración, o los períodos de descanso computables como de trabajo.

23 Real Decreto-ley 16/2022, de 6 de septiembre, para la mejora de las condiciones de trabajo y de Seguridad Social de las personas trabajadoras al servicio del hogar. BOE, núm. 216, de 08/09/2022.

24 Convenio número 100 de la OIT relativo a la igualdad de remuneración entre la mano de obra masculina y la mano de obra femenina por un trabajo de igual valor. BOE, núm. 291, de 4 de diciembre de 1968. El Convenio establece que los Estados ha de garantizar a todos los trabajadores la efectividad del principio de igualdad de remuneración entre trabajadores y trabajadoras por un «trabajo de igual valor», más garantista que la igualdad de remuneración por un mismo trabajo, en la medida en que lo permitan los métodos vigentes de fijación de las tasas de remuneración.

blece que las empleadas de hogar tienen derecho, al menos, a una retribución equivalente al el Salario Mínimo Interprofesional[25] (SMI) fijado para el correspondiente periodo anual, en proporción a la duración de la jornada: íntegro en caso de jornada completa y a prorrata en caso de jornada inferior. Por su parte el art. 27 ET recoge el SMI como un medio especial para lograr la suficiencia retributiva que requiere la actuación del Estado.

El salario será el acordado por el empleador y el empleado, garantizando siempre el SMI en cómputo anual en proporción a la jornada de trabajo realizada. Asimismo, el SMI ha de pagarse en dinero, sin que puedan practicarse descuentos por percepciones en especie que supongan que el importe del salario en dinero sea inferior a dicho SMI. Se garantiza desde el punto de vista legal, como mínimo, el pago en metálico del Salario Mínimo Interprofesional[26] en cómputo anual, por debajo de cuya cuantía no será posible realizar descuento alguno por salario en especie por manutención o alojamiento[27].

---

25 El Estado en cumplimiento de la orden constitucional que recibe del art. 35.1 CE debe fijar retribuciones mínimas, *«suficiente para satisfacer sus necesidades y las de su familia»* o *«salario mínimo»*, art. 27 ET, que por debajo de las cuales resultaría nula cualquier negociación colectiva o individual. Éste ha de fijar los salarios mínimos anualmente, pudiendo revisarlos semestralmente si se exceden las previsiones sobre el incremento de los precios de consumo, previa consulta a las organizaciones sindicales y empresariales más representativas. El Gobierno ha de atenerse a los criterios que establece el art. 27.1 ET para determinar el importe del salario mínimo y que son: a) índice de precios de consumo, b) productividad media nacional alcanzada, c) incremento de la participación del trabajo en la renta nacional y la situación de la coyuntura económica general. Se creó en 1963 y se revisa anualmente a través de Real Decreto del Gobierno antes de finalizar el año para su entrada en vigor el 1 de enero del año siguiente.

26 La expresión «salario mínimo» acostumbra a aplicarse al fijado imperativamente por el poder público como suelo de contratación por debajo del cual es ilícito trabajar por cuenta de otro. El salario mínimo es un instrumento que contribuye a garantizar el derecho a una remuneración suficiente para satisfacer las necesidades del trabajador que proclama el art. 35.1 de la Constitución. De acuerdo con dicha previsión, el art. 27 del texto refundido de la Ley del Estatuto de los Trabajadores señala que corresponde al Gobierno determinar anualmente el salario mínimo interprofesional (SMI) y establece los factores para tener en cuenta para ello (índice de precios al consumo, productividad media nacional, incremento de la participación del trabajo en la renta nacional y coyuntura económica general).

27 La STSJ Madrid 13 enero 2023, (rec. 711/2022, ECLI:ES:TSJM:2023:105), reconoce que la parte demandada *«percibía un salario mensual de 850 euros brutos con inclusión de pagas extras, por mucho que este fuera el pactado, el mismo no cubría el SMI, ascendiendo las diferencias entre uno y otro concepto en el periodo reclamado a 251,03 euros, por lo que la diferencia del cómputo anual es de 3.012,64 euros, de mayo de 2020 a abril 2021, no discutida a efectos aritméticos»*, por lo que procede estimar en parte el recurso de suplicación y revocar la Sentencia de Instancia (JSOC núm. 43 Madrid 11 de febrero de 2022, proc. 740/2021) que declaraba nada más ni menos que lo siguiente: *«Por el mero hecho de que el SMI sea la cantidad que se menciona, no se puede llegar a la conclusión de que el empresario deba abonar esta cantidad a sus trabajadores si la relación laboral se rige por el acuerdo de las partes reflejado en contrato»*.

Conforme al SMI 2023[28], a las empleadas del hogar se les debe pagar de la siguiente forma: aquellas que tengan un contrato de 40 horas, no podrán cobrar menos de 1.080 euros al mes si reciben las pagas extraordinarias aparte. Por el contrario, si las pagas se encuentran prorrateadas, no podrán percibir menos de 1.260 euros brutos mensuales.

La retribución de las empleadas de hogar que trabajen por horas, en régimen externo, será al menos la que se fije en la norma anual sobre SMI para dicha clase de trabajadoras, «que incluye todos los conceptos retributivos» (parte proporcional de domingos y festivos, pagas extraordinarias y vacaciones). Se abonará íntegramente en metálico, en proporción a las horas efectivamente trabajadas. Para el año 2023, la cuantía del SMI para las empleadas de hogar es de 8,45 euros por hora efectivamente trabajada (art. 4 RD 99/2023), frente a los 7,82 euros del año 2022.

Las cuantías salariales pueden mejorarse por pacto individual o colectivo. Precisamente, el marcado carácter individualizado de la negociación de las condiciones laborales encuentra aquí su principal escollo para el logro de una retribución decente, pues se trata éste de un sector que no cuenta con tradición de negociación colectiva. Por lo tanto, será la autonomía individual la vía a través de la que pueda mejorarse la regulación salarial de este colectivo.

La revisión cuantitativa del salario se hará por acuerdo entre las partes; en su defecto, el salario experimentará un incremento anual «igual al incremento salarial medio pactado en los convenios colectivos», según los datos publicados por la Subdirección General de Estadística del Ministerio de Empleo y Seguridad Social del mes en el que «se completen doce consecutivos de prestación de servicios».

2.2. Modalidades contractuales

Es posible realizar una clasificación que nos permita distinguir tres tipos de contratación[29], en función del tiempo de presencia en el hogar empleador distinguimos las siguientes:

- *Externa fija*, es la persona trabajadora que presta sus servicios más de 120 días al año para el mismo empleador.
- *Externa por horas*, es la empleada del hogar que trabaja menos de 120 días al año para el mismo empleador.
- *Interna, es la* empleada que convive con la familia o con la persona dependiente en el mismo domicilio en el que trabaja.

28 Real Decreto 99/2023, de 14 de febrero, por el que se fija el salario mínimo interprofesional para 2023, BOE núm. 39, de 15 de febrero de 2023, páginas 23120 a 23124.

29 HERNÁNDEZ CORDERO, Ana Lucía y GENTILE, Alessandro: «Trabajo *doméstico en tiempos de coronavirus: la precariedad de las empleadas de hogar migrantes en España», Rev. Interdiscip. Mobil. Hum., Brasília,* núm. 65,2022

2.3. Modalidades salariales

A) Salario en metálico

Se entiende por *salario en metálico* el que consiste en moneda de curso legal en España, art. 29.4 ET en relación con el art. 1170 CC[30]. El ET prevé la posibilidad de que el pago de los salarios se realice, mediante talón o modalidad similar, a través de una entidad de crédito.

B) Salario en especie

Con relación a la forma del contrato de trabajo se recoge en el art. 5.4 a) del Real Decreto 1620/2011, que la información de este deberá comprender las prestaciones salariales en especie, cuando se haya convenido su existencia.

Téngase en cuenta que, de acuerdo con el Convenio N.º 189 de la OIT, sobre las trabajadoras y los trabajadores domésticos[31], se considerará salario en especie el alojamiento, en caso de que sea exigido por el empleador. No obstante, se podrá incluir también en esta modalidad la utilización de vehículos, luz, agua, manutención, teléfono móvil, seguros privados[32], etc. Los pagos en especie más habituales son el alojamiento y la manutención, siendo este primero aplicable únicamente en el caso de las empleadas contratadas en régimen de internas.

En relación con el salario en especie en este colectivo ha presentado en el pasado particularidades con respecto al régimen ordinario. La norma inicialmente con el Real Decreto 1424/1985, de 1 de agosto[33], establecía que en los casos en los que se dieran prestaciones de servicios con derecho a prestaciones en especie como alojamiento y manutención, se podría descontar por tales conceptos el porcentaje que las partes acordasen sin que dicho

---

30 Art. 29.4 ET recoge: «El salario, así como el pago delegado de las prestaciones de la Seguridad Social, podrá efectuarlo el empresario en moneda de curso legal o mediante talón u otra modalidad de pago similar a través de entidades de crédito, previo informe al comité de empresa o delegados de personal». Art. 1170 CC señala lo siguiente: «El pago de las deudas de dinero deberá hacerse en la especie pactada y, no siendo posible entregar la especie, en la moneda de plata u oro que tenga curso legal en España».

31 Instrumento de adhesión al Convenio sobre el trabajo decente para las trabajadoras y los trabajadores domésticos, hecho en Ginebra el 16 de junio de 2011.BOE, núm. 79, de 3 de abril de 2023, páginas 48441 a 48450.

32 STSJ Andalucía 14 julio 2016 (rec. 1088/2016), se considera salario en especie los 200 euros mensuales que se le pagaban a la empleada del hogar por el seguro privado.

33 Real Decreto 1424/1985, de 1 de agosto, por el que se regula la relación laboral de carácter especial del Servicio del Hogar Familiar.BOE 13 agosto 1985, núm. 193, [pág. 25617]; rect. BOE 4 septiembre 1985, núm. 212, [pág. 27843].

descuento pudiera superar el porcentaje superior al 45 % del salario total. En este sentido y por las dificultades para cuantificar dichas percepciones y las prácticas abusivas que dejaban el salario en metálico reducido a cantidades mínimas, aconsejaban una reforma que introdujo la Ley 35/2010 al imponer un límite más rígido a la percepción de prestaciones salariales en especie pues, en ningún caso, incluidas las relaciones laborales especiales, el salario en especie podrá superar el 30 % de las percepciones salariales del trabajador, ni dar lugar a la minoración de la cuantía íntegra en dinero del salario mínimo interprofesional.

En todo caso, el ordenamiento jurídico muestra preferencia por el salario en metálico, habida cuenta de la limitación legal contenida en el actual art. 26.1 ET producida en la reforma laboral de 2010[34] que prohíbe que el salario en especie ascienda a más del 30 por 100 del importe total del salario, precepto cabe aclarar que es considerado como una norma de derecho necesario absoluto.

Los pagos en especie si no se contemplan en contrato y no se notifican en la Seguridad Social no podrán considerarse como tales, aunque el empleador los efectúe realmente. Esto quiere decir que si, por ejemplo, la empleada come todos los días en la casa donde trabaja pero no se declaró en la Seguridad Social, no se deberá incluir en la nómina ningún pago en concepto de manutención.

2.4. Pagas extraordinarias y vacaciones

La equiparación salarial entre el servicio doméstico y la relación laboral común también se produce en materia de pagas extraordinarias ya que la empleada de hogar que trabaje a jornada completa o a tiempo parcial tiene derecho a percibir dos pagas extraordinarias[35] en la cuantía que se acuerde entre las partes[36].

34 Reforma introducida por la Ley 35/2010, de 17 de septiembre de Medidas urgentes para la reforma del mercado de trabajo, BOE 18 septiembre 2010, núm. 227, [pág. 79278].

35 Las «pagas extraordinarias» tienen la naturaleza de remuneraciones regulares en su devengo y su pago constituye una estricta obligación para el empresario. El carácter de estas pagas es salarial y su devengo es superior al mes, pudiéndose prorratear a lo largo de los doce meses del año el importe total o parcial de las dos pagas extraordinarias, adicionándose así a cada mensualidad salarial la fracción de paga «extra» correspondiente, art. 31 ET.

36 Ya con el Real Decreto del año 1985 se establecía que las pagas extraordinarias debían acordarse por las partes siendo su cuantía, como mínimo, igual al salario en metálico correspondiente a quince días naturales. Actualmente, el Real Decreto de 2011 (artículo 8.2) prevé el pago de dos pagas extras al final de cada semestre (navidades y verano) y en proporción al tiempo trabajado, debiendo este ser suficiente para garantizar, en todo caso, el pago en metálico de la cuantía del SMI en cómputo anual.

La cuantía de las pagas extraordinarias ha de ser suficiente para garantizar la percepción del SMI en cómputo anual en proporción a la jornada de trabajo[37]. No obstante, muchos empleadores introducen la valoración de los pagos en especie con objeto de deducir el salario correspondiente a la trabajadora; sin embargo, tales pagos no podrán alterar el importe en metálico neto a percibir de la nómina, que deberá ser como mínimo el del SMI, apareciendo siempre los importes de dichas valoraciones como ingreso y como deducción, no estando permitido el que aparezcan como deducción únicamente.

Las empleadas del hogar que trabajan por horas, en régimen externo, perciben una retribución global por las horas efectivamente trabajadas, que incluye la totalidad de los conceptos retributivos (salario por el tiempo trabajado, más las partes proporcionales del descanso semanal, vacaciones y pagas extraordinarias).

En base al art. 59 ET, respecto a las vacaciones, sabemos que la acción tendente a reclamar las cantidades compensatorias de las vacaciones anuales no disfrutadas se inicia al final de cada año natural[38], por lo que se produce caducidad del derecho por no solicitarlas antes de finalizar el año[39].

2.5. Horas extraordinarias

El valor de la hora extraordinaria nunca puede ser inferior al de la hora ordinaria, que como mínimo de derecho necesario establece el art. 35 del ET, y que, por tanto, se impone como un mínimo para la negociación, que podrá mejorar esa regulación estableciendo una retribución superior, pero no desconocerla fijando una compensación económica inferior. El hecho de que la retribución de las horas extras no sea compensable, no impide que sean perfectamente válidos y conformes a derecho los pactos individuales o concertados por el empleador con la empleada del hogar, en los

37 STSJ Andalucía 13 julio 2022 (rec.694/ 2022, ECLI:ES:TSJAND:2022:8781) recoge que en cuanto a las dos gratificaciones extraordinarias al año cuya cuantía será la que acuerden las partes, debiendo ser suficiente para garantizar, en todo caso, el pago en metálico, al menos, de la cuantía del salario mínimo interprofesional en cómputo anual, y por ello no cabe deducción alguna que minore el salario en metálico equivalente al SMI para cada año, siendo nulo cualquier pacto que lo haga, debiendo percibir el empleado, en todo caso de forma obligada e imperativa, la retribución en metálico igual al SMI, sin quepa deducción alguna de la cuantía del SMI.

38 Por ello a la SJSOC núm. 4 Badajoz 2023 (proc. 129/2022, ECLI:ES:JSO:2023:46) con relación a una empleada despedida con fecha 21 de febrero de 2022 se le estima la demanda con relación a un mes de vacaciones anuales de 2021 y cinco días de vacaciones correspondientes al año 2022 y se deniega la prescripción planteada de contrario.

39 STSJ Cataluña 26 enero 2016 (rec. 515/2015, ECLI:ES:TSJCAT: 2016:386).

que se fije una retribución global o genérica, de importe igual o similar cada mes, en compensación del exceso de jornada que ésta se compromete a realizar[40].

2.6. Horas de presencia

Las horas de presencia, suponen una cuestión de conflictividad judicial relativamente frecuente en los supuestos del subcolectivo de empleadas internas[41].

Respecto a la forma del contrato especifica el art. 5.4. b) del Real Decreto 1620/2011, que la duración y distribución de los tiempos de presencia pactados, así como el sistema de retribución o compensación de los mismo han de quedar reflejados en el mismo.

En la delimitación de qué se entiende por trabajo efectivo, presentan especial complejidad los tiempos de presencia, por cuanto se caracterizan por tratarse de períodos de inactividad laboral durante las cuales el trabajador no produce ningún resultado, estamos ante un concepto de Derecho de la Unión Europea[42], por ello el Tribunal de Justicia de la Unión Europea ha negado cualquier relevancia, a efectos definitorios, a las construcciones jurídicas o jurisprudenciales nacionales, por lo que los Estados Miembros no pueden precisar qué se entiende por tiempo de trabajo y por tiempo de descanso, no caben categorías intermedias[43], basta con la concurrencia del

---

40 STSJ Extremadura 21 noviembre 2019 (rec. 525/2019, ECLI:ES:TSJEXT:2019:1226), reconoce el abono de los días festivos trabajados como horas extraordinarias, confirma la sentencia de instancia, desestima el recurso de suplicación planteado y rechaza la argumentación del empleador ,que entendía que los días festivos trabajados, a cuyo pago se condena, se han abonado en especie, por el alojamiento y la manutención que le dispensaba el empleador, habiendo vendido el recurrente su casa en fecha no determinada, evitándose por ello los mentados gastos.

41 STSJ País Vasco 24 abril 2001 (rec. 481/2001) en el FJ2°, recoge que:» cuando existe una actividad laboral dentro del servicio del hogar, en el que se incluye la manutención y el alojamiento, la determinación de cuál es la jornada efectiva que se viene desarrollando se muestra difuminada, por cuanto que se confunden los tiempos de estancia con los de prestación laboral. Pese a ello, no puede quedar el trabajador indefenso, y sin determinarse cuales son las actividades que ciertamente se llevan a cabo, pues ello supondría tanto como dejarle al arbitrio del empresario, sin determinar cuáles son sus funciones que se reciben de éste, y que deben ser retribuidas».

42 Con relación a la ordenación del tiempo de trabajo es aplicable la Directiva 2003/88/CE, de 4 de noviembre, DOL 18 noviembre 2003, núm. 299.

43 La interpretación del Tribunal de Justicia de las Comunidades Europeas, que en su sentencia de 9 de septiembre de 2003 (*asunto Jaeger* C-151/02), clarifica algunos conceptos sobre esta temática. Se declara que, «el factor determinante para considerar que los elementos característicos del concepto de «tiempo de trabajo», en el sentido de la Directiva Europea, se dan en los períodos de atención continuada que efectúan los médicos en el propio hospital es el hecho de que están obligados a hallarse físicamente

requisito de presencia y disponibilidad y no es suficiente la mera disponibilidad sin presencia[44].

El tiempo de horas de presencia una vez probado (lo que, entendemos, supone casi una prueba diabólica por las especiales circunstancias del lugar de desarrollo de la prestación[45]), habrá de ser retribuido con un salario de cuantía no inferior al correspondiente a las horas ordinarias, en base al art. 9.2 RD 1620/2021 y art. 34.5 ET, lo que se reconoció hace tiempo por la STSJ Andalucía 31 mayo 2012[46].

El tiempo de disposición obligatoria sí que constituye tiempo de trabajo y ha de ser computado a efectos retributivos, incluso y, aún a pesar de, que en el contrato de trabajo exista una cláusula especifica por la que no se reconozcan las mismas, tal previsión es nula tal y como recoge la STSJ Castilla y León 16 enero 2023[47]. Por el contrario, el tiempo de descanso que se realiza en el domicilio en el que se vive y trabaja no constituye horas de presencia[48].

---

presentes en el lugar determinado por el empresario y a permanecer a disposición de éste para poder prestar sus servicios inmediatamente en caso de necesidad». Pues bien, la doctrina del TJCE en interpretación de la Directiva de ordenación de tiempo de trabajo es aplicable al caso examinado (con las lógicas diferencias que entre un supuesto y otro concurren dada la distinta profesión analizada), ya que la disponibilidad de la trabajadora es tiempo de trabajo, aunque no trabaje, y esté descansando, puesto que lo determinante es esa disponibilidad en el centro de trabajo, que es el lugar determinado por la empleadora, con objeto de prestar servicios en caso de necesidad o cuando se le pida que intervenga.

44 ARAGÓN GÓMEZ, Cristina: «La compleja delimitación del concepto tiempo de trabajo y la aportación que, al respecto, ha realizado el Tribunal de Justicia de la Unión Europea», *Revista de Información Laboral,* núm. 9/2018.

45 Se requiere prueba de una dedicación mantenida, real y efectiva, por ejemplo, la STSJ Madrid 123 noviembre 2015, (rec. 441/2015, ECLI:ES:TSJM:2015:13499) pide prueba respecto al tiempo de pernocta en el domicilio familiar o las SSTSJ Cataluña 19 diciembre 2022 en base al 217.2 LEC afirma que la carga de acreditar en el juicio que la prestación de servicios se efectuaba en otras condiciones distintas de las pactadas es de la demandante ya que FJ4°: (...)» *el caso de los empleados de hogar lo que se pacta es la pernocta del trabajador en el domicilio del cabeza de familia, que pasa a ser también su domicilio habitual, pero no que, en determinadas franjas horarias u horquillas, las 24 horas del día el trabajador se encuentre a disposición del empleador. Como en el caso que nos ocupa, la simple pernocta en el domicilio del cabeza de familia no veta o impide la facultad del trabajador para organizar de forma autónoma su tiempo para atender sus asuntos particulares, con derecho efectivo a la desconexión, durante parte de su presencia en el domicilio familia».*

46 STSJ Andalucía 31 mayo 2012 (rec. 2841/2010, ECLI:ES:TSJAND:2012:3248). Se consideró como tiempo de presencia del lapso que todos los días, vigila y acompaña a familiar postrado en cama.

47 STSJ Castilla y León 16 enero 2023 (rec. 749/2022, ECLI:ES:TSJCL:2023:89).

48 STSJ Canarias 5 noviembre 2021, (rec. 611/2021, ECLI:ES:TSJICAN:2021:3100) recoge el FJ3° que «*no puede considerarse que precisara de más horas que las ya pactadas -tanto para realizar trabajo efectivo como cumplir con la presencia (total de 40 horas)- puesto que*

2.7. Recibos de salario

La documentación del salario se realizará mediante la entrega al trabajador de un recibo de salarios en los términos acordados por las partes. El apartado 6 del artículo 8 del Real Decreto del año 2011 prevé que la documentación o la justificación del pago del salario se haga mediante la entrega a la trabajadora de un recibo individual, en la forma acordada entre las partes o, en su defecto, de conformidad con los modelos de recibos de salario puestos a disposición por el Ministerio de Trabajo[49].

El pago del salario habrá de documentarse mediante la entrega al trabajador de un recibo individual y justificativo del pago del mismo, en la forma acordada entre las partes o, en su defecto, conforme a lo establecido en el art. 29.1 ET.

3. Desempleo y FOGASA

Por parte de la doctrina suponía un sentir unánime que el legislador reconociera y apoyara a este sector vulnerable con la prestación por desempleo y la garantía salarial del FOGASA, pues ello suponía la búsqueda de mecanismos acordes para la empleada de hogar que pueda mantenerse económicamente no solo por parte del empleador particular, sino también con medidas económicas supletorias. Esto suponía que las empleadas de hogar tuvieran un nivel de derechos muy por debajo de las previsiones del sistema de Seguridad Social en el Régimen General o de Autónomos[50].

Las argumentaciones de Exposición de Motivos del Real Decreto-ley 16/2022, de 6 de septiembre, aluden a que la STJUE 24 febrero 2022, *asunto C 389/20*, que afirma ha establecido con rotundidad que no son compatibles con el ordenamiento de la Unión Europea las normas de Seguridad Social

---

según la testifical practicada de contrario, a la empleada, no se la necesitaba durante la noche y podía dormir sin interrupciones causadas por los demandados quienes se valían por sí solos para sus necesidades elementales». En igual sentido, STSJ Cataluña 18 marzo 2016, (rec. 6669/2015). El FJ2° afirma que «las tareas que se le exigían no pueden considerarse que precisara de más horas que las ya pactadas –tanto para realizar trabajo efectivo como cumplir con la presencia (total de 52 horas)- puesto que, según el hecho probado cuarto, no se la necesitaba durante la noche y podía dormir sin interrupciones causadas por el demandado, quien se valía por sí solo para sus necesidades básicas (asearse, vestirse, comer...)».

49 De acuerdo con las previsiones generales de la DA 3.ª RD 1620/2011, el Ministerio de Trabajo «pondrá a disposición de los empleadores modelos de recibos de salarios para el cumplimiento de lo establecido en este apartado».

50 SANZ SÁEZ, Concepción: *La protección social de las empleadas de hogar. La desaparición del Régimen Especial de la seguridad Social y su integración en el Régimen General como Sistema Espacial: análisis actual y de futuro*, Bomarzo, 2017.

que sitúen a las trabajadoras en desventaja particular con respecto a los trabajadores y no esté justificada por factores objetivos y ajenos a cualquier discriminación por razón de sexo. (...) la sentencia viene a subrayar, como factor de coherencia y necesidad de los objetivos de política social, que la exclusión de la prestación por desempleo y de la obligación de cotizar por dicha contingencia implica además la imposibilidad de que las personas trabajadoras al servicio del hogar familiar accedan a otras prestaciones de Seguridad Social a las que podrían tener derecho y cuya concesión se supedita a la extinción del derecho a las prestaciones por desempleo, de manera que esta mayor desprotección se traduce asimismo en una situación de mayor vulnerabilidad y desamparo. Asimismo, se considera que la ratificación del Convenio 189 de la OIT aconseja ir más allá, habida cuenta de que la Recomendación número 201 de la OIT, sobre las trabajadoras y los trabajadores domésticos, hecho en Ginebra el 16 de junio de 2011,lo que compromete a los Estados a asegurar que los trabajadores domésticos disfruten de condiciones que no sean menos favorables que las que se apliquen a los demás trabajadores en general en lo relativo a la protección de los créditos laborales en caso de insolvencia o de fallecimiento del empleador.

El Real Decreto-ley 16/2022 modifica dos cuestiones cruciales:

- El art. 251 LGSS con supresión de su letra d, a efectos de que no quede excluida de la acción protectora del Sistema Especial para Empleados de Hogar la correspondiente a desempleo.
- El art. 3.b) del Real Decreto 1620/2011, de 14 de noviembre, a fin de que resulte aplicable a las personas trabajadoras de la relación laboral especial del servicio del hogar familiar lo establecido en el artículo 33 del Estatuto de los Trabajadores con relación a la intervención del Fondo de Garantía Salarial. Se considera que la exclusión de la cobertura dispensada por el Fondo de Garantía Salarial a las personas trabajadoras en el hogar es una diferencia de trato injustificada, dado que en la actualidad es posible la declaración de insolvencia de las unidades familiares por la ley de segunda oportunidad, ley 25/2015 de 28 de julio de mecanismo de segunda oportunidad, reducción de la carga financiera y otras medidas de orden social.

El Real Decreto-ley 16/2022 añade un apartado seis al artículo 19 Real Decreto 1620/2011, de 14 de noviembre, que tiene la siguiente redacción:

> «En el caso de extinción del contrato de trabajo por las causas previstas en el, por el que se regula la relación laboral de carácter especial del servicio del hogar familiar, la cuantía de la indemnización que procede abonar al Fondo de Garantía Salarial se calculará a razón de doce días de salario por año de servicio, prorrateándose por meses los períodos de tiempo inferiores a un año, con el límite máximo de seis mensualidades, sin que el salario diario, base del cálculo, pueda exceder del doble del salario mínimo interprofesional, incluyendo la parte proporcional de las pagas extraordinarias».

En consecuencia, de lo anterior, la cotización por desempleo[51] y FOGASA[52] se hizo obligatoria para las personas empleadoras y empleadas del hogar desde el 1 de octubre de 2022[53] aún a pesar de ello hay pronunciamientos judiciales que aplican la retroactividad y suponemos que se corregirán por el TSJ correspondiente[54].

4. Reflexiones finales

En la sociedad actual, el trabajo doméstico resulta esencial para el funcionamiento productivo de nuestra economía, por lo que no se entiende que la invisibilidad, la irregularidad y la desprotección social de este trabajo sean características que afecta a este colectivo, altamente feminizado.

Este tipo de sistema especial genera trabajadoras en su mayor parte pobres, se ha de poner de relieve la importancia de este tipo de trabajo que será cada vez más necesario por el envejecimiento de la población. Encontrar una solución a los problemas descritos a lo largo de este análisis resulta una tarea difícil, el Real Decreto-ley 16/2022, supone sin duda un avance, pero deviene insuficiente.

Se considera que la solución no pasa por la profesionalización de la profesión y que las empleadas del hogar pasen a cuenta propia como TRADE o RETA, pues ya hemos visto la experiencia con los trabajadores de las plataformas digitales y sabemos que ello conlleva a precarización.

La solución, sin duda, es conseguir la dignificación del trabajo de las empleadas de hogar, el problema es localizar la vía para lograrlo. La cuestión conlleva un problema cultural y no solo legislativo. La pregunta, quizá, sin respuesta fácil, es cómo mejorar el sector, cómo erradicar la falta de alta en SS, o la infracotización a la SS o, cómo combatir el pago de un salario por debajo del SMI en un centro de trabajo al que es difícil acceder.

---

51 Antes se vetaba a este colectivo de la prestación contributiva de desempleo, de la asistencial y de la Renta Activa de Inserción. Se defendía la exclusión de la prestación por el riesgo de fraude o de uso irregular y las deficiencias del posible sistema de control por parte de la Inspección de Trabajo y Seguridad Social. *Vid.* Monereo Pérez, Jose Luis y Rodríguez Iniesta, Guillermo: «La legislación española que excluye constitutivamente de las prestaciones por desempleo a los empleados de hogar, resulta discriminatoria y contraria al derecho social de la Unión Europea (Conclusiones del Abogado General del TJUE en el asunto C-389/20)», *Revista de Derecho de la Seguridad Social, Laborum,* núm. 29, 2021.

52 Se incluye a las trabajadoras domésticas en la protección que dispensa el FOGASA, asegurándoles el abono de las indemnizaciones reconocidas en caso de despido o extinción de contrato a causa de insolvencia o concurso de su empleador.

53 Se recoge que en la DT2.ª1 El Real Decreto-ley 16/2022, de 6 de septiembre.

54 JSOC. Núm. 1 de Palma 24 enero 2023 (proc. núm. 539/2022, ECLI:ES:JSO:2023:98). Condena a FOGASA a abonar a la actora de la suma de 4.728'81 euros correspondientes a salarios de agosto a noviembre de 2019.

BIBLIOGRAFÍA

Aguilera Izquierdo, Raquel.: «Cuestiones actuales sobre el salario mínimo interprofesional», *Revista Española de Derecho del Trabajo*, núm. 246, 2021.

Aparicio Ruiz, María Germana: *La profesionalización de los empleados al servicio del hogar familiar. Desde el contraste comparado de la normativa francesa*. Ed. Eolas. 2014.

Aragón Gómez, Cristina: La compleja delimitación del concepto tiempo de trabajo y la aportación que, al respecto, ha realizado el Tribunal de Justicia de la Unión Europea», *Revista de Información Laboral,* núm. 9, 2018.

Cardenal Carro, Miguel: «A los 15 años de existencia de las relaciones laborales especiales. Un balance y una propuesta.». Aranzadi Social, 2000, V. Cueva Puente, C. La relación laboral especial de los empleados de hogar. Valladolid: Lex Nova, 2005. pp. 404 y ss.

García Romero, Belén: «Necesidades de cuidados, derechos laborales de conciliación y medidas para mitigar su impacto en la protección social», en AA.VV. García Romero, Belén y López Aniorte, María del Carmen: *Protección social del Trabajo de Cuidados*, Aranzadi, 2022.

Fernández Orrico, Francisco Javier: «*El sistema especial de empleados de hogar*» en AA.VV.: Monereo Pérez, José Luis y Rodríguez Iniesta, Guillermo (coords.): *Tratado de Derecho de la Seguridad Social. Murcia*: Laborum, 2017.

Gómez García, Francisco Xaviere: «Empleados de hogar y su protección desde la seguridad social: una situación aún deficitaria», *Lex Social: Revista de Derechos Sociales*, núm. *11*, 2021.

Hernández Codero, Ana Lucía y **Gentile**, Alessandro: «Trabajo *doméstico en tiempos de coronavirus: la precariedad de las empleadas de hogar migrantes en España», Rev. Interdiscip. Mobil. Hum., Brasilia,* núm. 65,2022.

Jiménez Vargas, Pedro Jesús: «La desigualdad de género en el mercado laboral», *Revista de Información Laboral* núm. 9, 2017.

Toscani Jiménez, Daniel y **López Gandía**, Juan: *El nuevo régimen laboral y de Seguridad Social de los trabajadores al servicio del hogar familiar*, Marcial Pons, 2012.

Luján Alcaraz, José. «El Régimen Especial de la Seguridad Social de los Empleados de Hogar». Aranzadi Social,

Menéndez Sebastián, Paz: «Despido disciplinario o desistimiento empresarial en el trabajo al servicio del hogar familiar» *Civitas. Revista española de derecho del trabajo,* núm. 119. 2003.

Monereo Pérez, Jose Luis y **Rodríguez Iniesta**, Guillermo: «La legislación española que excluye constitutivamente de las prestaciones por desempleo a los empleados de hogar, resulta discriminatoria y contraria al derecho social de la Unión Europea (Conclusiones del Abogado General del TJUE en el asunto C-389/20)», *Revista de Derecho de la Seguridad Social, Laborum,* núm. 29, 2021.

OIT: «Making decent work a reality for domestic workers: Progress and prospects ten years after the adoption of the Domestic Workers Convention, 2011 (No. 189) », 2021.

Parella Rubio, Sonia: «El sector del trabajo del hogar y de cuidados en España en tiempos de COVID-19». *Anuario CIDOB de la Inmigración*, 2020,

Rodríguez Escanciano, Susana: «Mujer y empleo: perspectiva de género y políticas activas en la contratación administrativa»*: Revista del Ministerio de Trabajo, Migraciones y Seguridad Social*, N.º.

Sanz Sáez, Concepción:

- *La protección social de las empleadas de hogar. La desaparición del Régimen Especial de la seguridad Social y su integración en el Régimen General como Sistema Espacial: análisis actual y de futuro*. Bomarzo, 2017.

- «Derechos colectivos y empleadas del hogar: reformas jurídicas inaplazables para un trabajo decente del trabajo doméstico en España» en AA.VV.: *Congreso Interuniversitario OIT sobre el futuro del trabajo*, Ministerio de Trabajo y Economía Social, 2021.

- «Los derechos colectivos del trabajo doméstico en relación con el Estatuto de los Trabajadores»; Lan Harremanak, núm.45, 2021.

Selma Penalva, Alejandra: «Novedades en el Régimen de Seguridad Social de los Empleados del Hogar y su comparación con las propuestas de reforma anteriormente anunciadas», *Actualidad Laboral*, núm. 2, 2012.

CAPÍTULO V

EL PERÍODO DE PRUEBA EN EL EMPLEO DOMÉSTICO

Fermín Gallego Moya
Profesor contratado doctor
Derecho del Trabajo y de la Seguridad Social
Universidad de Murcia

1. Introducción

El período de prueba es una institución jurídica clásica con un contenido mucho más rico y complejo del que a simple vista pudiese parecer, contenido que no deriva, desde luego, de la parca regulación legal, sino del desarrollo convencional y la evolución jurisprudencial.

Entendemos la fase de prueba en el contrato de trabajo como un período de experimentación durante el cual poder apreciar las condiciones del otro contratante antes de consolidar el vínculo laboral. No obstante, más allá de su concepción como experimento bilateral, la fase de prueba satisface esencialmente el interés del empleador, consistente en la rescisión contractual, sin coste alguno, de un vínculo jurídico que no llegará a consolidarse, precisamente, porque al momento de su inicio se incorporó la facultad resolutoria de aquél en caso de mera «inconveniencia» de éste.

Sabemos que, con la suscripción del contrato, las partes se obligan al cumplimiento de las obligaciones recíprocas que, sobre las mismas, vierta la legislación vigente, la normativa paccionada y las propias cláusulas individuales respetuosas con las anteriores y con los principios esenciales del Derecho del Trabajo, entre ellos, la estabilidad en el empleo. Si bien este principio parece estar ausente o, al menos, muy matizado durante la vigencia del período de prueba, en la medida en que el desistimiento empresarial en esa fase representa la excepción al sistema de extinción causal implantado en nuestro sistema de relaciones laborales, lo que da entrada, en ocasiones, a decisiones de trasfondo antijurídico indetectable. Como indica Beltrán de Heredia Ruiz[1], la resolución contractual durante la fase de prueba se convierte en la «fuente de inestabilidad contractual» más común y amenazante.

Desde ese punto de vista, no quedaría afectada la estabilidad en el empleo, desde su concepción individual como derecho al trabajo, si el desistimiento empresarial se desenvuelve en el marco de legalidad que el legislador ha establecido. Es a éste, en definitiva, a quien corresponde configurar la «causalidad» que deba observarse en la extinción contractual; y en materia de prueba, el legislador ha apostado por su inexigencia, por lo que existirá un motivo «justo» para el desistimiento siempre que éste no entrañe fraude, abuso de derecho o violación de derechos fundamentales, de manera que los límites al desistimiento habremos de buscarlos no en la configuración «legal» de ese derecho al trabajo, sino en el marco constitucional mismo[2], marco en el que adquiere un especial protagonismo el respeto al derecho fundamental a la igualdad entre hombres y mujeres y la derivada prohibición de discriminación por razón de sexo.

Ocurre, sin embargo, que paradójicamente, el sustento o soporte básico de la institución, representado por la necesaria experimentación, por los contratantes, de la relación de trabajo, sobre la que decidir ulteriormente el mantenimiento o no del vínculo contractual, no se acompaña de medidas legislativas que lo hagan operativo. En efecto, no se encuentra tal experimentación durante la prueba en el capítulo de derechos y obligaciones que, con carácter general, reconoce el Estatuto de los Trabajadores. Y, además, el reconocimiento, inmediatamente después de la necesidad experimental, de la facultad de desistimiento libre (e informal), viene a desvirtuar la obligación anteriormente introducida aún en sus inespecíficos términos, pues se faculta a las partes a desvincularse del contrato suscrito sin necesidad de alegar la causa y mucho menos acreditar el resultado del experimento al que fueron compelidas, extremo éste que, sin embargo, ha sido asumido sin fisuras por nuestros Tribunales.

---

1 Beltrán de Heredia Ruiz, Ignasi: *Contrato indefinido de apoyo a los emprendedores: argumentos para la inconstitucionalidad del período de prueba*, *Revista Española de Derecho del Trabajo*, núm. 158, enero-marzo 2013, pág. 200.

2 Como recuerda Peco Alcázar, Miguel Ángel: *Discriminación por razón de sexo y criterios de diferenciación en el trabajo*, Actualidad Jurídica Aranzadi, núm. 924/2016, Parte Comentario, 2016, contra las conductas de discriminación por sexo en el trabajo no solo encontramos nuestra Constitución, sino que se amplía la protección a través de los Convenios de la OIT (Convenio OIT núm.103 sobre la protección de la maternidad; Convenio OIT núm.111 relativo a la discriminación en materia de empleo y ocupación; Convenio OIT núm.156 sobre la igualdad de oportunidades y de trato entre trabajadores y trabajadoras) y otros instrumentos como la Convención de Nueva York de 18 de diciembre de 1979 sobre la eliminación de todas las formas de discriminación contra la mujer o la Directiva 2002/73/CEE de 23 de septiembre sobre la aplicación del principio de igualdad de trato entre hombres y mujeres en cuanto al acceso al empleo, a la formación y a la promoción profesionales, y a las condiciones de trabajo.

También somos conscientes, y más aquellos que nos hemos dedicado al asesoramiento y defensa jurídica de trabajadores, de que la funcionalidad «teórica» asignada al período de prueba suele dejar paso a otra algo más «práctica». Y así, no es ajeno al quehacer diario de las asesorías de empresa: a) incluir el período de prueba en el contrato por pura inercia; b) asignarle la duración máxima que permite el convenio; c) no renunciar a su inclusión en el contrato, aunque se conozcan ya las cualidades del trabajador; d) utilizar el desistimiento como procedimiento general para la extinción del contrato, aunque la decisión poco o nada tenga que ver con el resultado de la experimentación, incluso mediando causa disciplinaria u objetiva; o, e), en ocasiones, admitir que la resolución del contrato durante el período de prueba puede encerrar una motivación lesiva de derechos fundamentales que, además, es difícilmente demostrable.

Más allá de este uso irregular, la cantidad de cuestiones complejas que surgen en torno a esta institución es inmensa, «renovándose» los debates jurídicos conforme se produce algún cambio normativo o se introduce una nueva interpretación jurisprudencial o doctrinal al hilo de un tema novedoso.

Siendo ello cierto, también lo es que no solemos reparar en la institución del período de prueba, en sí misma, sino que lo hacemos —casi— siempre al hilo de la extinción del contrato de trabajo. Al tener que enfrentar un desistimiento del contrato durante la fase de prueba, es cuando precisamos analizar su contenido, esto es, comprobar si cumplió los requisitos precisos para su formalización, si la duración dada al mismo fue la correcta y si ha habido o no algún exceso o abuso en la extinción. De forma tal que, en apretada síntesis, el análisis de la figura que nos concierne puede descansar sobre tres pilares: a) la formalización del período de prueba; b) la duración de este; y c) la extinción operada como desistimiento.

Aspectos todos ellos que, en relación con el colectivo de empleadas de hogar, objeto de las presentes líneas, muestran aspectos singulares que precisan del consiguiente análisis.

2. La escueta regulación legal (art. 14 ET) y la escasa atención convencional

Lugar común en los comentarios sobre la materia es la significación de su escasa regulación. Dejando al margen la regulación propia de las relaciones laborales especiales, y alguna pincelada atinente a contratos formativos, podemos afirmar que, prácticamente, el régimen jurídico del período de prueba se encuentra en el Art. 14 ET, precepto que, resumidamente: a) establece su carácter facultativo, exigiéndose un compromiso expreso para su constitución; b) exige, como formalidad constitutiva, su fijación por escrito; c) prevé el carácter referencial de unos plazos máximos (que operan sólo en defecto de convenio) acomodados al tipo de trabajador (técnicos titulados y resto de trabajadores), tamaño de la empresa (mayor o menor de 25 trabajadores) y duración del contrato (mayor o menor a seis meses); d) compele a los contratantes en cuanto a la realización de las experiencias propias del contrato; e) prohíbe la imposición de un período de prueba a quien previamente desempeñó idénticas funciones en la empresa; f) reconoce a la persona trabajadora, durante la prueba, el catálogo íntegro de derechos y obligaciones derivados del contrato de trabajo, siendo la libertad en la resolución contractual la única excepción a los derechos anteriormente afirmados; g) proclama la adquisición de plenos efectos por el contrato, individualizadamente el cómputo de la antigüedad, como consecuencia aparejada al transcurso de la prueba; h) precisa la no interrupción del período de prueba, salvo pacto expreso, en las situaciones suspensivas del contrato que el precepto define; y, por último, i) extiende la protección constitucional del embarazo y la maternidad también a esa fase inicial y más «débil» del vínculo laboral.

Lo anterior determina dos consecuencias claras: la primera, el importante papel que tiene, a priori, la negociación colectiva, (no solo a la hora de fijar la duración, en la que tienen plena autonomía, sino en el desarrollo de todos los aspectos relacionados con la institución); y la segunda, el papel decisivo de la doctrina judicial en la propia definición y evolución de la figura.

Con respecto al marco convencional, que está reconocido expresamente como fuente de esta relación laboral especial en el art. 3.c del RD 1620/2011, el legislador brinda a los negociadores colectivos la oportunidad de que sean ellos quienes definan los aspectos concretos relacionados con el ámbito que regulan; y en concreto, para que puedan: a) incorporar formalidades al establecimiento del período de prueba, más allá de su necesario carácter escrito; b) fijar una duración «razonada» y razonable, ajustándose al contenido propio del puesto; c) concretar, siquiera mínimamente, el contenido de las experiencias propias del contrato durante la prueba; d) detallar el contenido de los derechos y obligaciones que mantiene el trabajador durante esta fase; e) singularizar el período de prueba en función de la modalidad de contratación —contratos temporales, a tiempo parcial, fijos discontinuos, etc.—; f) decidir los supuestos suspensivos en que se interrumpe el período de prueba y, en su caso, los efectos de la interrupción; g) restringir o limitar, y en qué casos, la imposición del pacto de prueba en supuestos de contratación anterior; h) condicionar la libertad resolutoria durante la prueba al cumplimiento de requisitos adicionales; etc.

El problema es que el empleo doméstico no cuenta, hoy, con convenios colectivos que superen la desregularización a la que se ve abocado dicho sector a consecuencia del art. 2.1.B. ET, que lo configura como relación laboral de carácter especial. La dispersión de las trabajadoras que lo integran, y la consiguiente dificultad de tejer redes asociativas, invisibiliza al colectivo y dificulta sus reivindicaciones. Con todo, ya son reconocidos algunos intentos autonómicos por abrir la mesa de negociación con la patronal, como sucede en el País Vasco, a través del sindicato LAB.

En cuanto a los sectores que sí cuentan con negociación colectiva, observamos que la cuestión más abordada por los convenios es la de la duración del período de prueba, no apreciándose, en general, una utilización desviada de la posibilidad, atribuida a los negociadores, de superar, sin límite, los parámetros subsidiarios del Estatuto. De hecho, la mayoría de los convenios no superan aquellos parámetros y, los que lo hacen, suelen justificarlo en las características especialmente cualificadas de los puestos de trabajo (en este ámbito, las sentencias más conocidas de estudios de ingenierías, auditores...), siendo corregido el exceso por los Tribunales.

A veces, la imposición de períodos de prueba amplios se compensa con la adquisición automática de la condición de trabajador fijo una vez superados aquellos. Con respecto al contenido de las «experiencias propias del objeto de la prueba» a cuya realización vienen compelidos los contratantes, apenas existen convenios que intenten delimitarlo, quizás por la falta de previsión de consecuencia negativa alguna ante el incumplimiento de dicha obligación, limitándose los pocos que tratan el tema a reiterar la dicción legal o a señalar al empresario como responsable de comunicar al trabajador en qué consisten estas experiencias, identificadas, en algún convenio, con las propias funciones inherentes al puesto contratado.

Con la misma vaguedad, reproducen la mayoría de los convenios la fórmula legal según la cual, durante el período de prueba, corresponden a los trabajadores los mismos derechos y obligaciones que a los trabajadores «ordinarios» salvo los derivados de la resolución del contrato, introduciendo muchos de ellos, de forma innecesaria, el derecho a obtener una retribución acorde al puesto desempeñado.

Las escasas aportaciones en este ámbito se limitan a remarcar la precariedad en la que permanece el trabajador durante la prueba, llegándose a denominar su posición como «provisional», no incorporado a la plantilla ni admitido en la empresa, en régimen de plena dependencia, sino hasta la superación del lapso temporal fijado en el contrato como período de prueba (concepción que, por fortuna, no es unánime en todos los convenios analizados).

En algunos convenios, además, se han localizado previsiones que vendrían a horadar la regla analizada, mediante restricciones puntuales de derechos laborales, esencialmente relacionadas con actividades formativas en la empresa, participación electoral o mejoras voluntarias, para las que se impone el requisito de haber superado el período de prueba.

También encontramos singularidades en función de la modalidad contractual. La más clara es la que diferencia contratación indefinida y temporal, en la medida en que aspectos como la duración del período de prueba o su régimen interruptivo ante causas suspensivas es dispar, según sea aquella vinculación. Sí se aprecian en los convenios singularidades que vienen propiciadas por la propia naturaleza del contrato de trabajo, como sucede con los contratos de puesta a disposición en las ETTs (en los que el trabajador reedita constantemente la precariedad de la primera contratación) o los contratos a tiempo parcial, en los que las reglas generales de duración se acomodan a las particularidades de éstos, en atención fundamentalmente a las singularidades en la distribución de la jornada.

En materia de interrupción del período de prueba por las causas suspensivas recogidas en el art. 14.3, la mayoría de los convenios, al contrario de lo indicado en el Estatuto, optan por la interrupción, en defecto de pacto, si bien pocos son los que establecen este efecto ante cualquiera de las causas suspensivas, determinándose esa consecuencia, sobre todo, para la incapacidad temporal.

No tratan los convenios la extensión de las facultades empresariales de desistimiento durante tales fases de interrupción del período de prueba, seguramente al haber validado la Jurisprudencia el desistimiento aún sin pacto interruptivo.

En cuanto a las restricciones al establecimiento de un nuevo período de prueba cuando existió vínculo previo entre las partes, los convenios sí han mostrado mayor interés, conviviendo posturas claramente contrarias, con otras que abrazan interpretaciones permisivas, apoyadas en la premisa teleológica de que un largo período transcurrido desde el último contrato, un cambio de circunstancias en el puesto contratado, o la escasa duración del vínculo previo, justificarían la introducción de un período de prueba en el nuevo contrato.

Finalmente, por lo que hace a la resolución del contrato durante el período de prueba, los convenios suelen reproducir la fórmula estatutaria que reconoce la inexigencia de formalidades (no se requiere forma escrita, ni motivación, ni preaviso) y la no indemnización, como excepción al esquema extintivo ordinario. Algunos, por el contrario, incluyen mínimos ajustes en materia de preaviso, comunicación a los representantes de los trabajadores (sin tener que dar cuenta de los motivos del cese) o indemnizaciones, mínimas, en supuestos concretos.

En todos se echa en falta el establecimiento por los negociadores, de cautelas que permitan minorar la vertiente discriminatoria tan común en este ámbito (ceses con motivación contraria a los derechos fundamentales), si bien este «vacío» se ha aliviado, al menos parcialmente, con la introducción en el art. 14 ET, por RD Ley 6/2019, de la cautela según la cual «la resolución a instancia empresarial será nula en el caso de las trabajadoras por razón de embarazo, desde la fecha de inicio del embarazo hasta el comienzo del período de suspensión a que se refiere el artículo 48.4, o maternidad, salvo que concurran motivos no relacionados con el embarazo o maternidad».

3. El período de prueba en las relaciones laborales especiales

Las reglas comunes para el período de prueba establecidas legalmente en el art. 14 ET, han de ser complementadas, en el ámbito legislativo, con las reglas específicas que diversas normas singularizan en atención a la especialidad del vínculo laboral o a las particularidades del trabajo desempeñado (como en nuestro caso sucede con el empleo doméstico), de manera que el esquema estatutario general se ve matizado por el contenido de estas normas cuya existencia se apoya en su propio carácter exclusivo, coexistiendo con las relaciones laborales comunes, de las que también se apartan, con mayor o menor originalidad, al regular el período de prueba.

Excediendo del ámbito propio de este trabajo efectuar un análisis pormenorizado de estas relaciones laborales especiales (salvo en lo que a empleadas del hogar respecta), sí conviene resaltar los aspectos más destacados de la regulación especial, para comparar y entender la intensidad con la que el legislador se aparta del régimen común. Y así:

a) En cuanto al personal de alta dirección, el art. 5.1 RD 1382/1985 permite concertar un período de prueba que en ningún caso podrá exceder de nueve meses, si su duración es indefinida; de forma que, transcurrido el período de prueba sin que se haya producido desistimiento, el contrato producirá plenos efectos, computándose como antigüedad el tiempo de los servicios prestados. Fuera de este período de prueba, y al igual que hasta hace bien poco sucedía con las empleadas del hogar, el empresario podrá acudir, además de a las modalidades extintivas propias de la relación laboral común, a la figura del desistimiento, en los términos que permite el art. 11.1 RD 1382/1985 (comunicación escrita y preavisada con tres meses de antelación, con derecho a la indemnización pactada en contrato o, en su defecto, de siete días del salario en metálico por año de servicio con el tope de seis mensualidades).

b) El RD 782/2001, de 6 de julio, por el que se regula la relación laboral de carácter especial de los penados que realicen actividades laborales en talleres penitenciarios, no contiene indicación sobre el período de prueba, silencio que guarda, igualmente, el Reglamento Penitenciario, sin que pueda acudirse supletoriamente al ET, dado que el art. 1.4 RD 782/2001 establece expresamente que sólo serán aplicables las normas de la legislación laboral común «en los casos en que se produzca una remisión expresa desde este Real Decreto o la normativa de desarrollo». Ante esta omisión, parece clara la imposibilidad de establecer, en la relación laboral especial del interno un período de prueba, opción que algunos autores[3] relacionan con el hecho de que, con carácter pre-

3 Así lo indican FERNÁNDEZ ORRICO, Francisco Javier, MEGUINO FERNÁNDEZ, Diego, y GIL PLANA, Juan: «Relación laboral especial de los penados desarrollada en instituciones

vio a la formalización de la prestación laboral, el interno ha de ser seleccionado por la Junta de Tratamiento, que adjudicará los puestos de trabajo teniendo en cuenta, entre otros factores de prelación, la aptitud laboral del interno (art. 3.2.3.° RD 782/2001).

c) Para los deportistas profesionales, el RD 1006/1985 permite concertar por escrito un período de prueba, cuya duración no podrá exceder de tres meses y que se regirá por lo dispuesto en el Estatuto de los Trabajadores (Art. 5). En cuanto al deber de experimento, el art. 9.1 introduce un importante matiz aclaratorio, al permitir cumplir dicha obligación, no solo a través de la participación en competiciones oficiales, sino también en los entrenamientos, en la medida en que los mismos forman parte de la jornada de trabajo.

d) Para los artistas en espectáculos públicos, el RD 1435/1985, de 1 de agosto, junto a la remisión en bloque al ET, establece reglas que ajustan la duración máxima de cada período de prueba a la del propio contrato del artista en espectáculo público, detallándose que solo podrá establecerse en contratos de duración superior a diez días, en una escala ascendente, desde los 5 días previstos para contratos de duración no superior a dos meses, hasta los 10 días para los que no excedan de seis meses o los 15 días, finalmente, para los restantes, detalle que, en principio, parece excluir su alterabilidad por parte de la autonomía colectiva e individual.

e) Para representantes de comercio y mediadores, y en lo que a periodo de prueba respecta, no va el RD 1438/1985 más allá de declarar la remisión total en esta materia a las disposiciones estatutarias («El período de prueba se regulará por lo dispuesto en el Estatuto de los Trabajadores»), de manera que la estructura del período de prueba en esta relación laboral especial, amén de los pactos colectivos, vendrá conformada por las conocidas reglas del art. 14 ET.

f) La relación laboral de los trabajadores con discapacidad que presten sus servicios en los centros especiales de empleo, viene regulada por el RD 1368/1985, de 17 de julio[4], estableciéndose en su art. 10.2 que «con el fin de facilitar la adaptación profesional del trabajador minusválido para el desempeño de las tareas que constituyen el contenido de su puesto de trabajo o, en su caso, completar la formación necesaria

---

penitenciarias», en *Relaciones laborales especiales...* (Bibl. cit.), pág. 192. Y en la misma línea, PALOMINO SAURINA, Pilar: «La relación laboral especial de penados en instituciones penitenciarias: cuestiones cruciales», *Aranzadi Social*, núm. 5/2006, pág. 5, para quien la falta de regulación del período de prueba al inicio de la relación laboral, posiblemente se deba a que «el interno, antes de ser seleccionado para desempeñar el trabajo, ha sido evaluado por la Junta de Tratamiento a través del equipo técnico que desde su ingreso en prisión hace un seguimiento constante de su situación personal».

4 Modificado por RD 427/1999, de 12 de marzo.

para el mismo, podrá establecerse en el contrato un período de adaptación al trabajo que, a su vez, tendrá el carácter de período de prueba, con sujeción a los límites de duración que, en su caso, se establezcan en los convenios colectivos, no pudiendo exceder en ningún caso de seis meses. La necesidad de que el trabajador minusválido pase por un período de adaptación al trabajo y las condiciones de éste serán determinadas por el equipo multiprofesional». La posibilidad, pues, de pactar un período de prueba/adaptación de seis meses, queda supeditada a la *conditio iuris* de acreditarse, por el Equipo Multiprofesional, la necesidad de este, sin que sea posible sustituir dicha intervención por la de cualquier otro órgano o institución afín o asimilable.

g) Para los estibadores portuarios, tanto por la falta de remisión explícita a las normas laborales generales (a diferencia de lo que sí establecía el derogado art. 19 RD ley 2/1986), como por el peculiar régimen de prestación del servicio, en el que han de acreditarse titulación previa y superación de exhaustivas pruebas de aptitud psicofísicas, no cabe pactar un período de prueba.

h) En la residencia para la formación de especialistas en Ciencias de la Salud (relación especial creada por Ley 44/2003, de 22 de noviembre, de ordenación de las profesiones sanitarias y desarrollada luego por el RD 1146/2006, de 16 de junio), la finalidad es proporcionar a los titulados universitarios sanitarios, en régimen de residencia, el título de Especialista mediante la superación del correspondiente programa formativo. La singularidad del período de prueba en esta relación especial es, precisamente su inexistencia, lo que parece apoyarse en la propia configuración de la relación especial, con un marcado carácter formativo (¿cómo valorar las capacidades profesionales de aquel a quien se está formando?), y en el hecho de que el vínculo del residente nunca adquirirá, como tal, un carácter indefinido, al ajustarse el contrato a la duración de un año, renovable por períodos iguales durante el tiempo que dure el programa de formación, siempre que, al final de cada año, el residente haya sido evaluado positivamente por el Comité de Evaluación de la especialidad correspondiente (art. 3.1). Circunstancias que se completan con la posibilidad, ex art. 11.1 RD 1146/2006, de extinción del contrato, sin indemnización alguna, por haber obtenido una evaluación final negativa (apartado b, equivalente a una prerrogativa intemporal de desistimiento empresarial) o por renuncia voluntaria del residente (apartado d).

i) Con cuestionada técnica e incomprensible ubicación, vino el legislador nacional (por Ley 22/2005, de 18 de noviembre) a crear, como nueva relación laboral especial, aquella en virtud de la cual, los abogados prestan servicios retribuidos por cuenta ajena y dentro del ámbito de organización y dirección del titular de un despacho, individual o colectivo, realidad meramente «anunciada» cuyo desarrollo acometió el RD 1331/2006, de 17 de noviembre, que, de manera mucho más detenida, que no atinada, se encargó de detallar, en su Exposición de Motivos, las razones que le llevaron a configurar como especial esta parcela concreta de la actividad profesional del colectivo letrado. No es, desde luego, el aspecto más destacable de esta relación especial la regulación de su período de prueba, limitándose las diferencias con el régimen común, al establecimiento, siempre en defecto de convenio, de una duración máxima de seis meses para los contratos indefinidos y dos meses para los temporales, con la singularidad, en este último caso, de que no podrán coincidir en duración el contrato de trabajo y el período de prueba que se introduzca en el mismo.

La duración máxima legal, de seis meses, además de ir en la línea que el ET establece, en defecto de convenio, para los técnicos titulados, se antoja razonable para una relación en la que la verificación de las cualidades del contratado se ha de producir en un contexto (art. 5 y 6 RD 1331/2006) muy particular en el que el titular del despacho puede dar las órdenes que considere oportunas sobre la forma en que se han de prestar los servicios profesionales, pero, a su vez, ha de respetar la libertad y la independencia profesional del abogado, de manera que se precisa un tiempo razonablemente amplio para comprobar si esta necesaria «tensión» es compatible con la no menos necesaria sintonía que debe existir entre el titular del despacho y el abogado contratado.

Por lo demás, es comprensible que el titular del despacho quiera constatar, en la práctica, y más allá de la capacidad técnica del abogado, cuál es su capacidad de desenvolverse como profesional (dedicación, capacidad de trabajo en grupo, aguante, improvisación, templanza, reflejos, empatía con el cliente, trato con los compañeros, etc.), esto es, su destreza a la hora de sortear los obstáculos que, diariamente, surgen en esta exigente profesión.

4. Evolución legislativa del periodo de prueba en el empleo doméstico

4.1. Antecedentes

Su carácter «reproductivo»[5] y la tradicional concepción de esta relación como arrendamiento de servicios, ha dificultado su inclusión en el

5 MARÍN MARÍN, José y FONTES BASTOS, María Dolores: *Prontuario jurídico del trabajo doméstico asalariado y guía de buenas prácticas*, Ed. Murcia Acoge, 2007, pág. 14, definen como «trabajo reproductivo» a aquel que comprende servicios de reproducción social, esto es, las actividades que se desarrollan en el ámbito doméstico destinadas a gestionar la infraestructura del hogar y a atender y mantener las necesidades de la familia, ... es decir, un proceso de producción de bienes y servicios, pero no destinados al intercambio sino al autoconsumo familiar, generando un valor de uso consumible por la unidad doméstica».

ámbito laboral y, desde luego, cualquier intento por darle un tratamiento homogéneo y cercano al ámbito común. En efecto, prácticamente excluida del ámbito laboral[6] hasta su inclusión como relación laboral especial por la Ley de Relaciones Laborales de 1976[7], condición con la que se mantuvo en el Estatuto de los Trabajadores de 1980, no fue hasta su desarrollo reglamentario por RD 1424/1985, de 1 de agosto cuando se pudo considerar, efectivamente, incluido el trabajo doméstico entre las relaciones de trabajo, a través del citado Real Decreto, que permaneció vigente durante un cuarto de siglo, hasta la modificación operada por RD 1620/2011, de 14 de noviembre[8].

Con independencia de cuál haya sido su regulación a lo largo del tiempo, lo que resulta evidente es que el entorno en el que se desarrolla el trabajo doméstico, antes y ahora, es una singularidad más que suficiente para configurarlo como relación especial y, con la misma contundencia, considerar necesario el establecimiento de un período de prueba en el que decidir, si aquella persona que, forzosamente, se integrará en un entorno íntimo y familiar, cumple las expectativas marcadas y genera la confianza necesaria para estabilizar el vínculo laboral.

---

6 MIÑAMBRES PUIG, César: «El nuevo régimen jurídico de los empleados del hogar familiar», *Revista Española de Derecho del Trabajo*, núm. 157/2013, pág. 1, destaca cómo «las particularidades del trabajo del criado doméstico, vieja denominación que acuñaba nuestro vetusto, pero aún vigente Código Civil, artículo 1.584, hacía que la prestación de servicios de estos sirvientes, basada sobre todo en una relación de confianza respecto al amo, permaneciese cercana, pero al margen del contrato de trabajo.

7 Es cierto que antes fue incluida por la Ley de Contrato de Trabajo de 1931, pero el Texto Refundido de la Ley de Contrato de Trabajo de 1944 la excluyó.

8 ROMERAL HERNÁNDEZ, Josefa: «El impacto del Convenio 189 de la OIT en las condiciones de trabajo de los empleados de hogar», *Aranzadi Social*, núm. 7/2013, pág. 1, realizando una certera síntesis, da cuenta de que el trabajo doméstico es una de las fuentes de empleo más importantes tanto por el número de trabajadores que ocupa, como por su contribución al funcionamiento general de la economía y la vida social, contribuyendo al crecimiento de la riqueza y el PIB de los países al liberar a otras personas de los quehaceres domésticos para dedicarse al desempeño de actividades económicas, educativas o sociales. Al mismo tiempo, incrementan el bienestar social con su atención a enfermos, ancianos y niños, lo que permite hacer efectiva la conciliación de la vida laboral y familiar. Los cambios sociales y demográficos de las últimas décadas: incorporación de la mujer al mercado de trabajo, envejecimiento de la población y aumento de la esperanza de vida, entre otros, han incrementado la demanda de este trabajo, que a pesar de la crisis es un sector que sigue creando empleo. Sin embargo, es una de las formas más precarias, peor remuneradas y desprotegidas de empleo, debido a que tradicionalmente ha sido considerado un trabajo informal, no generador de riqueza, sino medio de satisfacción de necesidades familiares. Derivado de esta creencia cultural es un sector altamente feminizado, compuesto fundamentalmente por trabajadoras extranjeras que en muchas ocasiones trabajan de forma irregular, sobre todo cuando se ofrece alojamiento y comida. A ello se une que al desarrollarse en el círculo de convivencia familiar es difícil su organización como colectivo y el control de la legalidad; factores que lo hacen invisible a efectos de estudios y encuestas estadísticas y alimentan la precariedad.

4.2. La presunción de su existencia en el RD 1424/1985

La norma que, por primera vez, «laboralizaba» el empleo doméstico, introduciendo normas de derecho necesario y garantía de condiciones mínimas, optó por «presumir» existente un período de prueba durante quince días de trabajo efectivo, y ello por la sola circunstancia de haberse formalizado una relación laboral de esta índole.

En efecto, el art. 4.3 RD 1424/1985 establecía que «la relación laboral se presumirá celebrada a prueba durante quince días, computándose a estos efectos aquellos días en que se da prestación de servicios efectiva».

Ello significaba, no solo la innecesariedad de acuerdo escrito para incluir un período de prueba en la relación recién instituida, sino que, en defecto de pacto, siempre se entendía sometida la relación a prueba durante los primeros quince días, salvo prueba en contrario.

Por lo demás, el citado precepto no establecía una duración máxima, por lo que, en ausencia de convenio colectivo, habrían de operar los límites máximos del Estatuto de los Trabajadores.

En última instancia, solo computaban, a efectos de duración, los días en los que efectivamente se hubiese desarrollado la prestación laboral (sin contar días no laborables, festivos, etc.).

Ello no implicaba una renuncia total a la autonomía de las partes (propia de la tradición civilista que inspiraba el anterior arrendamiento de servicios), pues aquella presunción regía salvo pacto en contra o con distinto alcance[9]; de no existir declaración de voluntad distinta, se presumía concertada a prueba la relación laboral durante los primeros quince días de trabajo efectivo.

Para justificar el establecimiento de aquel período de prueba, aún sin pacto, algunos autores señalaban que la recíproca confianza que caracteriza muy particularmente esta relación especial es lo que explica que la relación de trabajadores al servicio del hogar familiar tuviera establecida una presunción de que el período de prueba se había establecido por quince días, si bien cabía, mediante prueba en contrario, acreditar la existencia de un pacto más largo, más corto, o incluso la renuncia al mismo[10]. Otros, sin embargo, no consideraban decisivo dicho argumento, al no existir diferencia alguna entre este contrato y el de otros trabajadores para los que el elemento personal y profesional también podría requerir aquella presunción[11]

---

9 Según BALLESTER PASTOR, María Amparo: *El período de prueba*, Ed. Tirant Lo Blanch, «Colección Laboral», Valencia, 1995, pág. 68, se podían fijar contractualmente -con la anterior normativa- duraciones inferiores o superiores a las establecidas en el precepto, e incluso renunciar a someter la relación laboral a prueba.

10 DURÁN LÓPEZ, Federico: «El período de prueba», *Relaciones Laborales*, núm. 12, 1988, pág. 95.

11 En esta línea LÓPEZ GANDÍA, Juan y TOSCANI GIMÉNEZ, Daniel: *Los trabajadores al servicio del hogar familiar. Aspectos laborales y de Seguridad Social. Propuestas de reforma,*

La Jurisprudencia del momento, encontraba el fundamento de la institución regulada en el art. 14 ET, en que la misma «se ofrece tanto en beneficio del trabajador, como en beneficio del empresario, y en que su finalidad no sólo es la primordial de constatar la aptitud técnica de aquél para la labor concreta encomendada, sino la de conocer otros datos relevantes y condiciones personales de ambos de los que conviene estén informados, de un lado el empleador, para una mejor satisfacción de sus intereses empresariales tales como disciplina, instrucción, diligencia, rendimiento, etc., y de otra el operario, al que le interesa comprobar en la práctica el ambiente en que su tarea se va a desarrollar y desempeñar, el estado de organización de ésta, etc., en definitiva el conocimiento mutuo y lo más completo posible de los contratantes, para eliminar riesgos futuros y en orden al desarrollo de unas relaciones laborales continuadas, correctas y eficientes» (STS 12-3-1987).

Podemos entender, no obstante, que la misma necesaria confianza ha de presidir hoy la relación laboral y, sin embargo, el legislador —como veremos— ha optado ahora por incluir la exigencia escrita del pacto de prueba para poder considerarlo válido, eliminando, de esta forma, los inconvenientes que, en la práctica, conllevaba el acceso a presunciones.

Por lo demás, hay que tener en cuenta que, según el art. 4.2 del RD 1424/1985, en defecto de pacto, el contrato de trabajo se presumía concertado por tiempo determinado de un año, de manera que todas estas presunciones legales, al favorecer la temporalidad y el período de prueba, venían a debilitar la posición jurídica de la empleada doméstica y su derecho a la estabilidad en el empleo[12].

Dichas previsiones legales originaron ciertos conflictos que, judicializados, dieron lugar a resoluciones interpretativas de aquella normativa, destacando los supuestos en que, pese a la presunción de existencia, las trabajadoras cesadas pretextaban, con poco éxito, la no inclusión expresa del pacto en el contrato. Así, en sentencia núm. 40/2000, de 14 de febrero, del TSJ Navarra, la trabajadora consideraba despido improcedente el cese durante el período de prueba acometido por su empleadora, al defender que «las partes no quisieron establecer período de prueba», alegación que, a falta de acreditación, cede ante la presunción legal, y ello pese a que las partes, en lugar de acogerse a la temporalidad anual, optaron por suscribir contrato de carácter indefinido. O en Sentencia núm. 528/1999, de 2 de diciembre, del JS 2 de Pamplona, proc. 500/1999, en que la demandante, que alegaba su estado de embarazo, cuestionaba la extinción de su contrato por no superar el período

Bomarzo, Básicos de Derecho Social, 2006, pág. 33, quienes, además, consideran que «la exigencia ex lege del período de prueba sólo tiene un valor simbólico y parece más bien que venga a justificar una distinción formal entre período de prueba y desistimiento».

12 Según establecía el art. 9 del Decreto 1424/1985, el contrato podía extinguirse por mutuo acuerdo, por las causas válidamente consignadas en el contrato, por expiración del tiempo, por dimisión del trabajador, por muerte, gran invalidez o invalidez permanente total o absoluta del trabajador, por muerte o incapacidad del empleador, fuerza mayor, voluntad del trabajador, despido o desistimiento del empleador.

de prueba, al no constar dicho pacto en el contrato, argumento desechado por el Juzgado, en atención a la literalidad del precepto, que presume su existencia durante los primeros quince días.

En otros casos, sin embargo, se negó la operatividad de dicha presunción al no instrumentalizarse por escrito la propia relación laboral, lo que impedía su vinculación a un período de prueba, así como la extinción del contrato de trabajo basado en la no superación de este (STSJ Madrid núm. 341/2007, de 25 de abril).

4.3. El nuevo régimen del RD-Ley 1620/2011

El RD 1620/2011, con más precisión que otras normas reguladoras de relaciones laborales especiales, nos ofrece, en su Exposición de Motivos, una justificación de dicha especialidad [13], basándose en «el ámbito donde se presta la actividad, el hogar familiar, tan vinculado a la intimidad personal y familiar y por completo ajeno y extraño al común denominador de las relaciones laborales, que se desenvuelven en entornos de actividad productiva presididos por los principios de economía de mercado», así como, «en el vínculo personal basado en una especial relación de confianza que preside, desde su nacimiento, la relación laboral entre el titular del hogar familiar y los trabajadores del hogar, que no tiene que estar forzosamente presente en los restantes tipos de relaciones de trabajo».

Para esta relación laboral, cuya especialidad, como se ha advertido, estriba en el entorno familiar en el que se desarrolla la prestación de servicios, en la condición de empresario que ostenta el titular del hogar familiar, en el objeto del contrato, ajeno a fines productivos, y en el vínculo de máxima confianza que ha de presidirla[14], establece el art. 6.2. del RD 1620/2011[15], que «podrá

---

13 QUESADA SEGURA, Rosa: *El contrato de servicio doméstico*, La Ley, 1991, pág. 59 señala que «estamos ante una de las relaciones laborales especiales en las que verdaderamente existen razones sustanciales para evitar la normativa general».

14 Quizá es en esta relación en la que más claramente puede defenderse el periodo de prueba como instrumento hábil para conocer las cualidades personales del trabajador que, en otros ámbitos, podrían considerarse menos relevantes. En este sentido MELÉNDEZ MORILLO-VELARDE, Lourdes, SAN MARTÍN MAZZUCONI, Carolina, Y PALOMINO SAURINA, Pilar: «La relación especial del personal al servicio del hogar familiar», en *Relaciones laborales especiales y contratos con particularidades,* / coord. por ARIAS DOMÍNGUEZ, Ángel, SEMPERE NAVARRO, Antonio Vicente (DIR.), CARDENAL CARRO, Miguel (dir.), volumen 2, *El contrato de Trabajo*, Aranzadi, 2011, pág. 145, la definen como «una relación fiduciaria caracterizada por la confianza personal y la fiabilidad del trabajador», destacando (con cita de QUESADA SEGURA, Rosa) que «ciertas cualidades personales y morales del trabajador, su carácter y rasgos de personalidad que en un trabajo ordinario pueden resultar del todo irrelevantes, aquí cobran especial importancia porque influirán en el contacto personal».

15 «Podrá concertarse por escrito un periodo de prueba en los términos del artículo 14 del Estatuto de los Trabajadores. Durante dicho periodo, que no podrá exceder de dos meses, salvo lo previsto en convenio colectivo, el empleador y el empleado de hogar estarán obligados a cumplir con sus respectivas prestaciones, si bien podrá producirse la resolución

concertarse por escrito un período de prueba en los términos del artículo 14 del Estatuto de los Trabajadores» y que «durante dicho período, que no podrá exceder de dos meses, salvo lo previsto en convenio colectivo, el empleador y el empleado de hogar estarán obligados a cumplir con sus respectivas prestaciones, si bien podrá producirse la resolución de la relación laboral por cualquiera de las partes, con el período de preaviso ajustado a lo que se pacte, sin exceder, en ningún caso, de siete días naturales».

La posibilidad, ahora, de que el contrato se formalice por tiempo indefinido (art. 6.1.) y la consiguiente limitación de la temporalidad causal a los supuestos legalmente permitidos (a diferencia de la regulación anterior, permisiva con la temporalidad sin causa), confiere un mayor protagonismo al período de prueba, como institución que garantiza el «acierto» en la contratación de quienes ahora, de aplicarse correctamente la normativa, adquirirán el carácter indefinido de su relación laboral, una vez superado el lapso temporal propio de dicha fase de prueba.

El art. 3 RD califica a la normativa laboral común como fuente supletoria, «en lo que resulte compatible con las peculiaridades derivadas del carácter especial de esta relación» (igualmente considera fuente de esta relación a los convenios colectivos, la autonomía individual, ajustada a la normativa legal y convencional precedente, plasmada en el contrato de trabajo, así como los usos y costumbres locales y profesionales), fórmula abierta que precisará ser concretada por la vía interpretativa, en función del caso concreto.

Con respecto al período de prueba, la regulación de esa relación laboral especial dista mucho de la anterior normativa, contenida en el RD 1424/1985, de 1 de agosto, cuyo art. 4.3, como vimos, establecía una presunción de existencia, en estos contratos de trabajo, de un período de prueba, cuya duración era de quince días» de trabajo efectivo.

Actualmente, tal flexibilización del requisito ha desaparecido, exigiéndose, como se ha dicho, un acuerdo escrito[16] para establecer el período de prueba, cuyo cómputo no se ajusta legalmente a los días efectivos de prestación de servicios. Se trata, por tanto, de una exigencia formal que vincula a ambas partes y que dota de seguridad jurídica al pacto[17].

---

de la relación laboral por cualquiera de las partes, con el periodo de preaviso ajustado a lo que se pacte, sin exceder, en ningún caso, de siete días naturales».

16 Para Asquerino Lamparero, María José: «El período de prueba en las relaciones laborales especiales», *Temas Laborales*, núm. 139/2017, pág. 200, «En la actualidad, la relevancia de la prueba no es menor, pero para dotar de mayores garantías a la posición más débil que asume el empleado, se exige la forma escrita.

17 En tal sentido, la STSJ Galicia núm. 4522/2022, de 6 de octubre, ECLI:ES:TSJGAL:2022:6746, en un supuesto en el que el empleado de hogar negaba virtualidad al pacto de prueba, por haber prestado servicios previos a la contratación, señala que «el período de prueba viene expresamente recogido en el contrato de trabajo firmado por el trabajador, por lo que cualquier intento de decir que no dio su consentimiento para dicho período de prueba conduce, sin más, al fracaso»

En cuanto a la duración, y en defecto de lo que se establezca en convenio colectivo, el establecimiento de un período máximo de dos meses viene a representar, por una parte, una ampliación significativa teniendo en cuenta los quince días de la regulación anterior[18]; y, por otra, la reducción de un mes con respecto al período de tres meses establecido, en la norma estatutaria, para las empresas de menos de 25 trabajadores. No obstante, y al no establecerse nada al respecto, la norma funcionaría en «ambos sentidos»[19], esto es, permitiendo tanto la ampliación como la reducción del indicado período.

Por otra parte, en los contratos de trabajo de duración determinada por tiempo inferior a seis meses (salvo previsión distinta en Convenio colectivo), el período de prueba no podrá exceder de un mes, en aplicación del art. 14 ET.

Peculiaridad destacable del período de prueba en el sector del trabajo doméstico es la posibilidad de pactar un preaviso para el desistimiento [20] en un plazo de siete días[21]. De esta forma, el artículo prevé la posibilidad de separar en el tiempo comunicación y efectos de la decisión extintiva; y aunque no se imponga en todo caso esta comunicación previa, la misma constituye una diferencia destacada con respecto al régimen resolutorio durante la prueba en las relaciones laborales ordinarias, en las que la decisión extintiva no está limitada temporalmente.

4.4. Incidencia de la reforma por RD-Ley 16/2022, al suprimir el desistimiento tras la prueba

Formalmente, la reforma operada por el RD Ley 16/2022, de 6 de septiembre, no ha afectado al período de prueba, al no encontrarse el artículo 14 entre los preceptos del Estatuto de los Trabajadores que retoca dicha norma, ni el artículo 6 entre los preceptos del RD Ley 1620/2011 afectados por la reforma.

---

18 Para LLANO SÁNCHEZ, Mónica: «El nuevo contrato laboral especial del servicio del hogar familiar», *Actualidad Laboral*, núm. 6, 2012, pág. 13, la ampliación de la duración máxima de 15 días a dos meses parece razonable si se tiene en cuenta la más que probable duración de los nuevos contratos, una vez desaparecida la presunción de temporalidad anual sin causa».

19 LÓPEZ GANDÍA, Juan Y TOSCANI GIMÉNEZ, Daniel: El nuevo régimen laboral y de Seguridad Social de los trabajadores al servicio del hogar familiar, Bomarzo, Básicos de Derecho Social, núm. 60, 2012, pág. 31.

20 ROMERAL HERNÁNDEZ, Josefa: «El impacto del Convenio 189 de la OIT en las condiciones de trabajo de los empleados de hogar», *Aranzadi Social*, vol. 6, núm. 7, 2013, pág. 6, indica que «Esto (el preaviso) es así porque el repentino desistimiento de cualquiera de las partes puede suponer una alteración en la organización de la vida (en el caso del empleador, sirva como ejemplo el supuesto en que los servicios sean para atender menores o ancianos; del lado del empleado imaginemos el supuesto de trabajadores extranjeros sin familia ni recursos para conseguir alojamiento de urgencia)».

21 Con redacción confusa se indica que el preaviso «no podrá exceder… de siete días naturales», para referirse a que aquel no podrá tener una duración superior a siete días.

No obstante, sí encontramos efectos «colaterales»; como sabemos, esta relación especial, dadas las singularidades apuntadas, contaba, hasta la reforma operada por el RD Ley 16/2022, con un mecanismo extintivo empresarial muy particular: el desistimiento empresarial, una vez superado el período de prueba[22], con lo que, de hecho y de derecho, se prolongaba, *sine die*, la prerrogativa empresarial de extinción acausal[23], si bien que, en este segundo momento, ya indemnizada[24].

Ahora, sin embargo, la modificación que el RD Ley 16/2022 hace del art. 11.2 del RD 1260/2011, introduce una nueva modalidad extintiva, específica para el colectivo de empleadas del hogar que, por una parte, parece cubrir el vacío generado por la supresión del desistimiento y, por otra, se asemeja demasiado a un despido objetivo con indemnización minorada.

En este punto, contrasta lo dicho en la Exposición de Motivos («por lo que al desistimiento se refiere, se incluyen dos modificaciones que mejoran la regulación hasta ahora vigente») con lo que realmente efectúa su articulado, que es, simple y llanamente, suprimir el desistimiento y sustituirlo por una extinción basada en tres posibles causas: las dos primeras obedecen a elementos objetivos (una especie de adaptación a esta relación laboral de las causas objetivas empresariales del art. 52 ET), mientras que la tercera atiende a consideraciones más subjetivas (aunque distintas de la extinción disciplinaria)[25]; en los tres casos, abundan conceptos jurídicos indeterminados que precisarán de concreción judicial.

---

22 En virtud del art. 11.3 RD 1620/2011 (en su redacción originaria), el contrato podía extinguirse por desistimiento del empleador, que podrá decidirse en cualquier momento del transcurso de la relación laboral y que deberá comunicarse por escrito haciendo constar inequívocamente tal causa, poniendo a disposición del empleado una indemnización de 12 días naturales por año de servicio (manteniéndose los 7 días de la regulación anterior para los contratos suscritos antes de la entrada en vigor del nuevo RD).

23 PALOMINO SAURINA, Pilar: «La relación laboral de carácter especial del servicio del hogar familiar», *Información Laboral*, núm. 5/2012, pág. 3, añade, a este respecto la interesante consideración de que «la superación del período de prueba en el trabajo al servicio del hogar familiar no impide extinguir el contrato por ineptitud originaria del trabajador, en la medida en que mediante el libre desistimiento no hace falta alegar causa alguna para dar por terminada la relación laboral, aunque ello supondría que el empresario debería abonar una pequeña indemnización».

24 Como señala AYALA DEL PINO, Cristina: «La extinción del contrato de trabajo de los empleados del hogar en España», *Themis-Revista de Derecho,* 75, 2019, pág. 51, «el desistimiento del empleador no es lo mismo que el desistimiento en el período de prueba ya que, de lo contrario, no tendría sentido lo previsto en el artículo 6.2 del RD 1620, con la única excepción de negar una ínfima indemnización por extinción».

25 La nueva figura extintiva introducida en el art. 11.2.c tiene un componente subjetivo que podría llevar a confundirla con el despido disciplinario, pero su régimen jurídico es distinto. En aquella: hablamos de un «comportamiento», no de un incumplimiento contractual o comisión de una falta; no tiene que alcanzar cotas de gravedad o culpabilidad, pues en ese caso habría de reconducirse al despido disciplinario; y dicho comportamiento ha de ser causa razonable y proporcionada de la pérdida de confianza del empleador (un mismo hecho puede provocar ese efecto en un empleador y no en otro).

a) La primera causa de esta nueva modalidad extintiva es la «disminución de los ingresos de la unidad familiar o el incremento de sus gastos por circunstancia sobrevenida». La norma no da «pistas» sobre el supuesto, pero podemos pensar en situaciones de desempleo, incapacidad permanente o jubilación con prestaciones inferiores al salario previo, etc., en las que, por una circunstancia sobrevenida, se produzca dicha alteración, que debe ser mínimamente relevante, en el equilibrio económico de la unidad familiar. En segundo lugar, debe exigirse que dicho desequilibrio sobrevenido justifique, de manera razonable, la proporcionalidad de la medida extintiva.

b) La segunda causa es la «modificación sustancial de las necesidades de la unidad familiar que justifiquen que se prescinda de la persona trabajadora del hogar». Se han de interpretar, aquí, tres conceptos jurídicos indeterminados: a) ¿qué tipo de modificaciones?; b) ¿cuándo son sustanciales?; y c) ¿qué necesidades familiares son las que se alteran? Aquí podríamos pensar en circunstancias que afecten a las personas cuidadas: fallecimiento de un miembro de la familia, aumento de autonomía de los menores, inserción de estos en sistemas de educación reglada, emancipación, ingreso de persona mayor en institución geriátrica, etc.; o que afecten a la propia empleadora: supuestos de separación, divorcio, ejercicio de derechos de conciliación, etc. Aquí parece lógico exigir razonabilidad y proporcionalidad.

c) La tercera causa, consiste en «el comportamiento de la persona trabajadora que fundamente de manera razonable y proporcionada la pérdida de confianza de la persona empleadora». En estos términos, podríamos considerar la nueva modalidad extintiva como una suerte de «desistimiento causalizado». En efecto, se extingue el contrato porque se ha perdido la confianza en el empleado (en términos similares al antiguo desistimiento post prueba), pero como dicha extinción no obedece a un incumplimiento grave y culpable (lo que impide acudir al despido disciplinario), ha de indemnizarse, debiéndose ser concretado además el comportamiento del empleado (para permitir el ulterior control judicial).

Formalmente, el precepto exige comunicación escrita con indicación clara e inequívoca de querer extinguir la relación laboral por dicha causa (cuyos hechos, datos, cifras, etc., motivadores de la extinción, habrán de detallarse); puesta a disposición, simultánea, de indemnización de 12 días por año de servicio (con el límite 6 mensualidades), que no tiene que ser necesariamente en metálico (valdría un cheque, transferencia, etc.); y concesión de preaviso[26] (20 días si el contrato supera la duración de un año y 7 días en caso contrario).

26 Esta obligación no tiene mucho sentido en el supuesto de pérdida de confianza.

Es palmaria la diferencia entre la actual extinción causal y el viejo desistimiento superada la fase de prueba, dado que ahora se exige causa razonable y proporcional, de modo que entra en juego el control jurisdiccional, no solo de los aspectos formales, sino de la misma causa motivadora del cese, convirtiéndose en despido improcedente la extinción que, bajo esta modalidad, incumpla las exigencias formales esenciales o adolezca de causa real o eficiente, entrando en juego las consecuencias de improcedencia o, en su caso, nulidad.

Al margen de la «letra» de la ley, el problema principal será la extrema dificultad de probar los hechos que motiven esta pérdida de confianza en el empleado doméstico, distintos —a priori— a los que podrían justificar un despido. Con la normativa anterior, el empresario, incluso ante hechos graves, casi nunca acudía al despido disciplinario por la extrema dificultad de probar tales incumplimientos en el ámbito doméstico (se trataba, en la mayor parte de los casos, de su palabra contra la del empleado de hogar y, en el mejor de los escenarios, del testimonio de algún conviviente, normalmente familiar, lo que da poco juego). Eso determinaba que se optase por extinguir el contrato desistiendo del mismo y abonando una indemnización minorada; lo que implicaba dar «carpetazo» definitivo al problema (a excepción de los casos en que se hubiese incurrido en vulneración constitucional).

Ahora, sin embargo, no solo se exige un esfuerzo probatorio, por parte del empleador, del hecho que motiva la pérdida de confianza, sino que la norma introduce un elemento valorativo: la causa alegada ha de ser suficiente para considerar justificada la decisión empresarial, lo que obliga al Juez a realizar un juicio de razonabilidad y proporcionalidad entre la conducta del empleado y la decisión del empleador, con la consiguiente incertidumbre que se genera para las partes, principalmente para el empresario, incapaz ya de «tener controlada la situación» con el recurso a la extinción sin casusa pero indemnizada[27].

Por ello, es muy probable que esta medida legislativa intensifique la introducción de períodos de prueba en el contrato (máximo 2 meses, art. 6.2 RD 1620/2011) que, como sabemos, no operan de manera automática, sino mediante pacto expreso.

De la misma manera que dicha previsión legal puede precipitar la adopción de medidas extintivas, vía desistimiento durante el período de prueba, en caso de que el empleador no esté convencido del todo de querer mantener esa relación laboral, ya que, en este caso (solo en éste), aún sigue siendo válida la inexigencia de causa.

Esta incidencia «refleja» de la norma se une, por lo demás, a otra circunstancia nada desdeñable: las trabas impuestas a la contratación temporal tras la última reforma laboral (por Ley 32/2021, de 28 de diciembre), han favo-

27 Quizás el Legislador podría haber optado por mantener el desistimiento tal cual recogía el RD 1620/2011, pero incrementando la cuantía de la indemnización como fórmula disuasoria de conductas abusivas.

recido que las empresas empleen de manera más frecuente este recurso (desistir antes de que acabe la prueba) para contratar prestaciones de corta duración enmarcadas en contrataciones indefinidas[28].

En definitiva, y en lo que al régimen de empleadas de hogar respecta, al exigirse la alegación y acreditación de causa donde antes no se requería, es probable que el empleador «exprima» las facultades extintivas que, durante el período de prueba, siguen mantenido su escudo de acausalidad e informalidades permitidas, sabedor de que, superado ese lapso temporal, aquellas facultades se limitan de manera notable.

5. Aspectos esenciales del período de prueba en el empleo doméstico

5.1. Voluntariedad y expresa formalización

En el empleo doméstico, al igual que sucede en la regulación común, la incorporación del pacto de prueba en el contrato ha de ser, en primer término, voluntaria. Es cierto que esta voluntad para el trabajador se limitará, en la mayoría de las ocasiones, a firmar o no el contrato que ya incluye el pacto, con poca o nula negociación previa; ahora bien, sin su voluntad no cabe imposición por parte del empleador ni, desde luego —aunque ello sea prácticamente irrelevante para esta relación especial—, por el Convenio Colectivo[29].

El momento en el que ha de plasmarse el pacto de prueba es al comienzo del vínculo laboral, no después, entendiéndose que la incorporación tardía conlleva una renuncia ilícita al derecho a no ver resuelto el contrato de manera acausal; aunque es cierto que algunos pronunciamientos judiciales flexibilizan este requisito si ha transcurrido muy poco tiempo entre el inicio del contrato y la suscripción del pacto.

Lógicamente, se pueden introducir períodos de prueba «sobrevenidos» cuando se trate de novaciones del contrato, de cara a consolidar una categoría o puesto superior, en la medida en que la no superación no conlleva la facultad de desistimiento sino la no consecución de ese nuevo puesto, si bien en el empleo doméstico dicha posibilidad es harto improbable.

---

28 Como señala GARCÍA SALAS, Ana Isabel, en El Foro de Labos (Blog de 9-03-2023), haciendo referencia a un informe de USO (que apunta a la multiplicación, por nueve, en el último año, de las bajas en contratos indefinidos por no superar el período de prueba) estamos ante el «artificio perfecto para hacer contratos basura con cara de indefinidos».

29 En tal sentido, la reciente STS núm. 1246/2021, de 9 de diciembre (ECLIES:TS:2021:4760) confirma que no es válida la fijación por escrito de período de prueba haciendo constar que su duración será «según convenio colectivo o art. 14 del ET» sin fijar una duración concreta, porque lo que aquellos establecen es la duración máxima del mismo. Por tanto, la fijación por escrito de la duración exacta del periodo de prueba se erige en un derecho mínimo del trabajador.

Requisito intocable es el de su carácter escrito. Podemos concertar verbalmente una relación laboral[30] pero si queremos someterla a prueba habremos de suscribir un pacto escrito al efecto, concibiéndose el mismo como requisito formal *ad solemnitatem*. Y, en este ámbito, es común el establecimiento de vínculos laborales con la mera tramitación del alta de la empleada doméstica en la Tesorería General de la Seguridad Social, sin la elaboración y firma previa de un contrato escrito, lo que, desde luego, excluye cualquier intento posterior de sometimiento a un período de prueba[31].

5.2. La duración del período de prueba

Sabemos que el art. 14 ET habilita plenamente a los Convenios colectivos para establecer la duración del período de prueba, actuando la norma legal con mero carácter dispositivo. Y lo mismo sucede en nuestro ámbito, pues, aunque el art. 6.2 RD 1620/2011 señale que dicho período «no podrá exceder de dos meses», dicha afirmación viene condicionada por dos circunstancias también afirmadas en el mismo precepto: una, previa, la indicación de que el período de prueba podrá concertarse «en los términos del art. 14 ET» (precepto que incluye aquella delegación en el convenio); y otra, posterior, que fija aquella duración máxima, «salvo lo previsto en convenio colectivo».

Con todo, reconocida la previsión legal y no descartándose que la negociación colectiva sectorial alcance, más pronto que tarde, acuerdos en este ámbito, habrán de tenerse en cuenta, en la aplicación de aquellos, las reglas «tradicionales» que, de manera pacífica, utilizan los órganos de la jurisdicción social al interpretar el contenido de dichos convenios.

Y así, en este ámbito, se han validado actuaciones que, atendiendo a la letra de la ley, podrían ser cuestionables; entre ellas: a) la posibilidad de establecer en un contrato temporal un período de prueba que abarque todo el contrato; b) la validez del período de prueba, aunque las partes se hayan excedido en su fijación de la duración máxima marcada por el convenio (aunque limitada, en sus efectos, al período máximo convencional); c) la facultad resolutoria implícita durante situaciones suspensivas del periodo de prueba (como puede ser el caso de la incapacidad temporal), que no queda interrumpida, salvo disposición en contario del convenio o pacto individual; d) la posibilidad de someter a un período de prueba a quien ya estuvo contratado, y, con respecto del cual, por tanto, se presume un conocimiento de sus condiciones y aptitudes profesionales, teniendo en cuenta el diferente tipo de funciones desempeñadas en cada contrato o el tiempo transcurrido desde la anterior contratación; etc.

30 El art. 5.1 RD 1620/2011 se remite, en este tema, al Estatuto de los Trabajadores.

31 Lo que «dificulta» la extinción del vínculo cuando, apenas iniciado, el empleador no considere «idónea» a la persona empleada, ya que, con la nueva regulación del RDLey 16/2022, habrá de ofrecer una causa objetiva para dicha extinción, al no poder desistir durante una fase de prueba que no se llegó a concertar.

5.3. La resolución contractual por desistimiento durante la prueba

A diferencia de lo que sucede en el marco común, donde la decisión extintiva se adopta sin necesidad de preaviso alguno (salvo exigencia convencional), el RD 1620/2011 establece como singularidad (art. 6.2) que la resolución durante la prueba podrá producirse «con el período de preaviso ajustado a lo que se pacte, sin exceder, en ningún caso, de siete días naturales»[32].

Obviamente, la comunicación tardía del desistimiento por el empleador, esto es, superado el marco temporal fijado para la prueba, conlleva su ineficacia y, consiguientemente, nos encontraríamos ante un despido.

Desde un punto de vista formal, podemos afirmar que la «esencia» del desistimiento es su carácter acausal e informal. No se exige forma escrita, aunque para el empresario dicha forma sea la que más seguridad jurídica le ofrezca en caso de impugnarse la extinción por la persona empleada en el hogar.

Los convenios que se suscriban en este ámbito, como en cualquier otro, podrán establecer, no obstante, cualquier requisito formal al desistimiento (forma escrita, preaviso superior al legal, cierta motivación, etc.), de manera que, su incumplimiento tuviese efecto en la propia decisión extintiva[33].

Cuestión teórica interesante es la de si el empleador, ante un hecho que debiera dar lugar (objetivamente) a una extinción disciplinaria (pensemos en un hurto) u objetiva, debe acudir a la modalidad específica de extinción o puede proceder al desistimiento como cajón de sastre válido para todas las extinciones durante la fase de prueba. En la práctica, es obvio, se acude al desistimiento por ser más rápido y económico, siendo improbable que pueda exigirse al empleador acudir a la modalidad extintiva propia, incluida la derivada de la pérdida de confianza (Art. 11.2.c RD 1620/2011), si en el momento de adoptarla, el período de prueba está vigente.

6. El control de constitucionalidad del desistimiento

Desde un punto de vista constitucional, es difícil «amarrar» los derechos fundamentales durante el período de prueba. Si el desistimiento es acausal, es decir, no precisa una justificación, ¿cómo vamos a evitar que se valide una

32 La tendencia del legislador de esta relación laboral especial a fijar preavisos es muy reconocible. Así, en la nueva figura extintiva del art. 11.2. también se establece que «en el caso de que la prestación de servicios hubiera superado la duración de un año, la persona empleadora deberá conceder un plazo de preaviso cuya duración, computada desde que se comunique a la persona trabajadora la decisión de extinción, habrá de ser, como mínimo, de veinte días. En los demás supuestos el preaviso será de siete días».

33 Si bien la ineficacia de la decisión, entiendo, solo sería posible si el convenio establece dicha consecuencia.

decisión del empresario que en el fondo sea lesiva para los derechos fundamentales? Los problemas son evidentes.

Con todo, aún durante el período de prueba la persona trabajadora mantiene todos sus derechos, por lo que, como sabemos, si consigue mostrar un panorama lesivo suficiente, siquiera indiciariamente, la carga de la prueba se traslada al empresario, que habrá de acreditar que el cese nada tiene que ver con los indicios apuntados.

Como sabemos, hasta la publicación del Real Decreto Ley 6/2019, de 1 de marzo, de medidas urgentes para la garantía de la igualdad de trato y de oportunidades entre mujeres y hombres en el empleo y la ocupación (BOE del 7 de marzo)[34], el art. 14 ET garantizaba los derechos y obligaciones correspondientes al puesto de trabajo «excepto los derivados de la resolución de la relación laboral, que podrá producirse a instancia de cualquiera de las partes durante su transcurso».

Dicha versión del precepto consagraba la libertad con la que, jurídicamente, podía el empresario, durante la fase de prueba, extinguir la relación de trabajo, sin exigencia de motivación causal o formalidad alguna. No obstante, dicha facultad resolutoria irrestricta, la norma nunca ha legitimado decisiones ajenas al resultado propio de la experimentación del contrato durante su fase inicial, de forma que el control judicial se ha venido encargando de extraer de su aparente envoltorio de legalidad, aquellas decisiones abusivas o que entrañan la vulneración de cualquier derecho fundamental.

En este esquema, la protección específica contra el «despido» no surge sino hasta que se supera el citado período de prueba, encontrándonos, durante el inicio de la relación laboral, ante un cese que puede denominarse «libre»[35], al no exigir la norma estatutaria (art. 14.2 ET) que concurra una causa concreta para desistir. Ahora bien, de ello no podemos concluir que cualquier motivación del desistimiento empresarial quedase legitimada, aun en dicha versión del precepto, como causa extintiva[36], dado que la decisión empresarial siempre estaría cercada por el necesario respeto a los derechos fundamentales de la persona cuyo contrato de trabajo se decidía extinguir[37].

---

34 Que introduce el actual segundo párrafo del número 2.

35 ROMERAL HERNÁNDEZ, Josefa: «Uso y abuso del período de prueba: límites temporales y sustantivos a la luz de la jurisprudencia reciente, *Tribuna Social*, núm. 226, 2009, pág. 32.

36 Como señala LASAOSA IRIGOYEN, Elena: «Extinción del contrato de trabajadora embarazada durante el período de prueba y nulidad objetiva», *Aranzadi Social*, núm. 57/2014, pág.1: «a pesar de que el art. 14.2 ET permita al empresario el desistimiento no motivado durante esta fase del contrato, en ningún caso puede hacerse valer este precepto para justificar la producción de resultados inconstitucionales, como son las actuaciones discriminatorias».

37 Cfr. APARICIO ALDANA, Raquel Karina: «Período de prueba y discriminación», *Aranzadi Social*, núm. 58, 2014, pág. 5: «en el caso de relaciones laborales que hayan superado el período de prueba el sólo hecho de que la trabajadora se encuentre embarazada, conozca o no esta situación la empresa, hace presumir que su despido se ha producido por una

Y en caso de que el desistimiento empresarial durante el período de prueba obedeciera a un móvil discriminatorio, siempre podía reclamarse la tutela judicial encaminada a «desenmascarar» la razón última del cese, con reposición íntegra de los derechos fundamentales conculcados. En este sentido, no concibiéndose la relación laboral durante la vigencia del período de prueba como algo distinto al propio contrato, sino tan solo como una fase inicial (si se quiere más débil, o en consolidación), es obvio que cualquier decisión de ponerle fin había de superar el juicio de constitucionalidad que pudiera plantear el trabajador cesado. Eso sí, demostrándose el carácter discriminatorio de la medida, lo que significaba, poniendo como ejemplo el paradigma del cese de la trabajadora embarazada, que, si el empleador no conocía ese hecho, el desistimiento durante la prueba no podría considerarse nulo, al reservarse la nulidad «objetiva» del art. 55.5 ET para el «despido», producido tras la superación de aquel lapso temporal.

Ahora, el art, 14 ET incorpora un segundo párrafo en virtud del cual, «la resolución a instancia empresarial será nula en el caso de las trabajadoras por razón de embarazo, desde la fecha de inicio del embarazo hasta el comienzo del período de suspensión a que se refiere el artículo 48.4, o maternidad, salvo que concurran motivos no relacionados con el embarazo o maternidad».

Estamos, sin duda, ante un nuevo e importante paso en el no siempre despejado camino de acceso hacia la igualdad «real» de la mujer trabajadora, que consiste en «objetivar» la nulidad del desistimiento empresarial que se produce durante su estado de embarazo[38]. La norma incorpora al marco

discriminación en razón de sexo, por lo que el empleador deberá presentar pruebas de que las razones de su despido han sido distintas, por el contrario, en el caso de la extinción de una relación laboral de una trabajadora embarazada que no haya superado el período de prueba no se presume vulnerador del derecho a la no discriminación por razón de sexo, sino ejercicio legítimo de la facultad del empresario a despedir sin expresión de causa, debiendo la trabajadora demostrar, mediante indicios, de que tal despido se ha producido por vulnerar algún derecho fundamental. Es decir, la presunción es inversa, mientras en el primer caso se presume que el despido de la trabajadora es nulo debiendo acreditar el empleador que tal nulidad es inexistente porque han sido otras las razones, y no la discriminación en razón de sexo, lo que ocasionó el despido; en el segundo, la extinción de la relación laboral por el empresario se presume legítima y procedente siendo la trabajadora quien tiene que presentar suficientes indicios para acreditar que las razones de dicha extinción son resultado de una discriminación en razón de sexo y no por no cumplir con las expectativas de la empresa».

38 Previsión legal que ha servido de «base» a la importantísima Sentencia núm. 1/2022 del Tribunal Supremo, de 11 enero 2022, ECLI:TS:2022:61, para aplicar el citado esquema de la nulidad objetiva, también, a la figura del «desistimiento» propio de la relación especial de empleadas del hogar que, como sabemos, podía operar durante toda la vigencia de la relación laboral, siempre que se cumpliesen los requisitos formales exigidos por el art. 11.3 del originario RDLey 1620/2011. Afirma el TS: Lógica derivación de lo anterior es que, una vez que la protección objetiva del embarazo se ha extendido al periodo de prueba, la comparación del anterior tratamiento legal de la resolución del contrato durante ese periodo de prueba tampoco se puede utilizar ya para negar que la protección objetiva del embarazo se pueda aplicar a la extinción del contrato de trabajo del personal al servicio del hogar familiar.

legal las denuncias de parte de la doctrina académica y judicial, contrarias a la artificiosa diferenciación de la protección dispensada a la mujer embarazada en función de la fase en que se encontrase su contrato de trabajo.

Y es que, en efecto, hasta la aparición de la norma en el BOE, la postura de nuestros tribunales, apoyada en el posicionamiento firme del Tribunal Supremo y Constitucional, había sido prácticamente unívoca. En este sentido, el Tribunal Supremo, en su sentencia de 18 abril 2011, Rec. 2893/2010 (ECLI:ES:TS:2011:4233)[39], había negado la extensión de las reglas de la nulidad objetiva del despido a los supuestos de desistimiento en período de prueba, en atención a la muy distinta naturaleza jurídica de ambas instituciones, algo que impedía aplicar analógicamente al segundo las reglas previstas para el primero.

El recurso de amparo frente a la anterior resolución se resolvió por Sentencia del Tribunal Constitucional núm. 173/2013, de 10 de octubre de 2013, Rec. 3773/2011[40] que confirmó el encaje constitucional del desistimiento del contrato de una trabajadora cuyo embarazo no le constaba al empleador. El intérprete constitucional debía resolver si la nulidad «reforzada» podía extenderse, también, al cese en período de prueba, o si, por el contrario, dicha limitación desnaturalizaría la propia institución[41]. Descartada la existencia, en este caso, de un panorama discriminatorio, la respuesta fue negar la extensión de las garantías de nulidad «objetiva» o «reforzada» a este supuesto, por entender que la protección establecida en el art. 55.5.b ET quedaba residenciada en el estricto ámbito del despido. De esta forma, haciendo suyos los argumentos de la Sentencia del Tribunal Supremo, que confirmaba, insistía el intérprete constitucional en la idea de que existe, por una parte, un sistema de protección general, de carácter «constitucional», que se aplicaría a cualquier extinción que vulnere derechos fundamentales (incluida la resolución durante el período de prueba) y otro, de configuración «legal», que constituiría un plus o añadido de protección, residenciado en el ámbito estricto del despido, y no aplicable, por tanto, a las extinciones no causales[42].

---

39 El Tribunal Supremo, en Sala General, desestima el recurso de casación para la unificación de doctrina (núm. 2893/2010) interpuesto por la trabajadora frente a la STSJ Madrid 11 junio 2010 que confirmaba la SJS núm. 31 de Madrid 2 diciembre 2009.

40 Resolviendo el recurso de amparo formulado frente a la STS 18 abril 2011.

41 Carrasco Durán, Manuel: «La jurisprudencia constitucional sobre discriminación por embarazo en el ámbito de las relaciones laborales», *Actualidad Jurídica Aranzadi*, núm. 875/2013, pág. 2, señala, de manera gráfica, que había que valorar si la expansión de la tutela de la mujer embarazada en casos de posible discriminación había «llegado a su tope» (en referencia al alcanzado con las Sentencias del TC 92/2008 y 124/2009).

42 En definitiva, como indica Sempere Navarro, Antonio Vicente: «Sobre la terminación empresarial del contrato durante el período de prueba», *Aranzadi Doctrinal*, núm. 8, 2013, pág.8, citando las palabras del Tribunal Constitucional, «El legislador ha evitado conscientemente incorporar la nulidad cualificada al período de prueba, de modo que, en una fase inicial -y precaria- de la relación laboral, como es el período de prueba, la interdicción de

A partir de aquí, las pocas dudas que podían albergar los órganos de suplicación se disiparon, no encontrándose resoluciones posteriores que mostrasen grietas por las que la nulidad reforzada pudiera filtrarse durante la vigencia del período de prueba[43].

Por lo demás, el Tribunal Supremo seguía inadmitiendo a trámite, por falta de contradicción, los recursos de casación que se formulaban con la pretensión de trasladar a la fase de prueba el esquema de nulidad objetiva propio del despido[44].

De esta forma, podemos afirmar que, con carácter inmediatamente anterior al RD Ley 6/2019, únicamente podíamos encontrar pronunciamientos judiciales de nulidad extintiva durante la fase de prueba cuando se acreditaba el panorama indiciario y, además, las razones empresariales de la medida extintiva no superaban una cota mínima de razonabilidad y adecuación[45].

---

la discriminación debe ceñirse a la discriminación estricta por razón del embarazo, sin que haya justificación para extender el blindaje propio del despido, que es de configuración legal». En sentido opuesto, Bajo García, Irene: «Embarazo y nulidad objetiva de la extinción del contrato durante el período de prueba», *Revista General de Derecho del Trabajo y de la Seguridad Social*, núm. 36, 2014, pág. 185, entiende que la *ratio legis* de la norma es absolutamente extensible al supuesto de desistimiento empresarial durante el período de prueba, preguntándose, de manera retórica si ¿Cabe interpretar que la intención del legislador al introducir la regla de la nulidad radical del despido de la trabajadora embarazada, era no proteger con esta garantía a la trabajadora embarazada durante el período de prueba?

43 Así la STSJ Galicia de 26 julio 2018, Rec. 1301/2018, ECLI:ES:TSJGAL:2018:3831, insistía en que la extinción del contrato de la trabajadora embarazada por desistimiento empresarial no goza de la protección de nulidad cualificada *ex* art. 55.5 b) del ET, sino que será la propia del derecho fundamental a la no discriminación por razón de sexo, siendo necesario, por tanto, aportar un indicio razonable de móvil discriminatorio para apreciar la nulidad del cese; en sintonía con la anterior, la STSJ Comunidad Valenciana núm. 443, de 13 febrero 2019, ECLI:ES:TSJCV:2019:1370, desestimaba la demanda de despido por desconocimiento empresarial del estado de embarazo de la demandante, «sin que sea aplicable analógicamente la doctrina jurisprudencial sobre nulidad del despido de la trabajadora embarazada..., dadas las diferencias sustanciales entre uno y otro supuesto de extinción»; o la STSJ Murcia núm. 110, de 6 febrero 2019, ECLI:ES:TSJMU:2019:141 que, calificando la previsión del art. 55.5.b ET de «presunción iuris et de iure de discriminación por sexo», mantenía su aplicabilidad exclusivamente al despido, y no a la resolución del contrato en período de prueba, donde juegan las reglas de aportación de indicios de discriminación.

44 Entre otros, el Auto TS de 13 febrero 2019, Rec. 1714/2018, ECLI:ES:TS:2019:2424A

45 Ejemplos de ello: la STSJ Islas Canarias núm. 16, de 16 enero 2017, Rec. 1157/2016, ECLI:ES:TSJCAN:2017:17, según la cual, el hecho de haber desistido del contrato por no alcanzar los objetivos de ventas previstos, y haber tomado la decisión también con respecto a otro trabajador varón contratado en la misma fecha que la recurrente, demostraría que la decisión extintiva fue correcta. O la STSJ Galicia de 26 julio 2018, Rec. 1301/2018, ECLI:ES:TSJGAL:2018:3831, que neutraliza el indicio del embarazo por el hecho de que la trabajadora realizaba su trabajo con gran lentitud, obligando a reforzar la línea en la que trabajaba, tratándose de un trabajo liviano y muy sencillo al que precisamente se destinaba a las trabajadoras embarazadas, y constar acreditado que en la empresa prestan

De ahí la enorme trascendencia del RD Ley 6/2019, que viene a identificar el régimen extintivo durante la fase de prueba con el establecido en la ulterior fase «ordinaria» del contrato para los supuestos de despido causal. Esto es, establece que si el desistimiento empresarial se produce en un momento en que la trabajadora se encuentra embarazada (aunque este hecho sea desconocido por el empleador, incluso por la propia trabajadora en ese momento), nos encontramos ante un despido nulo, salvo que concurra acreditación suficiente de los motivos que condujeron a no proseguir con esa relación laboral.

Las dudas que generó en parte de la doctrina la expresión «por razón de embarazo»[46], asimilándola a una suerte de «motivación de embarazo» que reintroduciría la exigencia de conocimiento empresarial del estado de gestación como prueba indiciaria, han quedado claramente despejadas por la Jurisprudencia posterior que, con contundencia (véase STS 11 enero 2022 antes citada), afirma que el RD Ley 6/2019 «ha procedido a introducir en el artículo 14.2 (ET) la nulidad objetiva de la extinción por embarazo que hasta entonces se ceñía a los supuestos de despido objetivo y disciplinario...» por lo que «ya no es posible afirmar que el legislador ha optado por no extender la protección objetiva por embarazo a la resolución del contrato durante el periodo de prueba».

Con ello se logra, por vía legal, la equiparación del cese en el período de prueba con los supuestos de despido, como venían postulando quienes consideraban irrelevantes las circunstancias contractuales, previas o posteriores a la superación del período de prueba, para diferenciar el marco protector de la trabajadora embarazada[47]. De esta forma, cualquier decisión de cese, sea un despido, por causa disciplinaria u objetiva, o un desistimiento del contrato por no superación del período de prueba, será nula, al margen de su eventual cariz discriminatorio (inexistente si falta el conocimiento empresarial del embarazo), salvo que el empresario sea capaz de demostrar la existencia de hechos que avalen su procedencia.

servicios mayoritariamente trabajadoras sin que nunca se haya cesado a ninguna durante el embarazo. En sintonía con las anteriores, la STSJ Madrid núm. 837, de 12 septiembre 2018, ECLI:ES:TSJM:2018:11484, para la cual, la valoración negativa en encuestas de alumnado hacia la profesora destruía el indicio de discriminación, mucho más teniendo en cuenta que existían otras trabajadoras en la empresa que habían disfrutado premisos de maternidad y lactancia sin que sus contratos de trabajo hubieran sido rescindidos.

46 VILLALBA SÁNCHEZ, Alicia: «La discriminación por razón de sexo padecida por las empleadas del hogar familiar en la extinción de su contrato», *Revista de Trabajo y Seguridad Social* CEF, 470, 2022, pág. 61, considera que es «este matiz el que todavía permitiría restringir la sanción de nulidad solo a aquellas extinciones que denoten una intención discriminatoria», «habiendo desaprovechado (el legislador) una magnífica oportunidad para dotar inequívocamente de la máxima protección frente a la pérdida del empleo a la trabajadora embarazada, sin que importe la modalidad extintiva elegida por la empresa».

47 En GALLEGO MOYA, Fermín: *El período de prueba en el contrato de trabajo*, Aranzadi, 2016, págs. 408-410, las razones de la necesaria aplicación indistinta.

Repárese, no obstante, en que a diferencia de lo que sucede con los supuestos de despido, objetivo o disciplinario, el problema que se presenta es que durante la prueba no se exige indicar causa alguna para desistir (ni siquiera exteriorizarla), dándose con ello la circunstancia de que los motivos reales del cese, que serían válidos en cualquier otra circunstancia, pueden perder su efectividad si resulta que la trabajadora estaba embarazada.

Ello implica, de alguna forma, desnaturalizar la propia institución del período de prueba, pues al empleador del hogar se le va a exigir, a posteriori, aportar un motivo de cierto peso que evite la declaración automática de nulidad del cese, entidad del motivo que no se le exigía cuando desistió del contrato desconociendo el embarazo de su empleada. La paradoja es, por tanto, que un mismo motivo para desistir del contrato puede ser hoy inhábil, pero habría sido eficaz unos días antes de que la misma trabajadora quedase embarazada.

No obstante, y pese a dicha posible «desnaturalización», considero un acierto legislativo haber procedido a la equiparación legal de la nulidad objetiva para todos los supuestos, nuevo escenario que, a buen seguro, mejorará la protección del colectivo de trabajadoras embarazadas y, por lógica extensión, el de las empleadas de hogar, ámbito en el que los desistimientos coincidentes con el embarazo son inasumiblemente elevados.

7. Conclusiones

Entendemos la fase de prueba en el contrato de trabajo como un período de experimentación durante el cual apreciar las condiciones del otro contratante antes de consolidar el vínculo, eso sí, con un marcado carácter de privilegio patronal (ya que el más interesado en la posibilidad de desistir del contrato sin coste indemnizatorio es, casi siempre, el empleador). En este sentido, el período de prueba encuentra su antagonista natural en la estabilidad en el empleo, anhelo generalizado en el mundo del trabajo, muy desdibujado cuando este se desarrolla para un hogar familiar.

Desde este prisma de necesaria experimentación previa, uno de los ámbitos en los que el período de prueba se ha estimado más necesario es el que opera en el empleo doméstico, entorno en el que la intimidad personal y familiar y los vínculos de necesaria confianza, vendrían a justificar, con más razón que en cualquier otra relación, común o especial, la necesidad de esa experimentación previa que todo período de prueba debiera implicar.

Tanto es así que las normas que vienen regulando el empleo doméstico desde antiguo han garantizado, no solo la extinción acausal durante el período de prueba, sino incluso tras el agotamiento de aquel, perpetuando así la posibilidad de cese inmotivado durante toda la vigencia de la relación laboral (con el pequeño gravamen de una pequeña indemnización). Circunstancia a la que se vino a añadir (RD 1424/1985), precisamente por dichas notas de confianza e intimidad, la presunción de su existencia (durante los primeros quince días de trabajo efectivo), avalándose judicialmente la imposibilidad, por inconveniencia, de readmitir a quien, una vez cesado, obtenía un pronunciamiento judicial declarativo de la improcedencia o nulidad de la extinción.

Coloquialmente hablando, el período de prueba ha sido un «coladero» de extinciones injustas (discriminatorias en demasiados casos), mucho más en este colectivo en el que la normativa de aplicación ha sido civil durante mucho tiempo y luego, laboral pero especial, esto es, restringida por sus propias singularidades.

De ahí la trascendencia del RD Ley 6/2019, que vino a identificar el régimen extintivo durante la fase de prueba con el establecido en la ulterior fase «ordinaria» del contrato para los supuestos de despido causal, eliminando con ello la necesidad de acreditar, en supuestos de embarazo, un panorama indiciario de lesión de derechos fundamentales.

Con todo, hay que reconocer al RD 1620/2011, en su redacción originaria, ciertos avances con respecto a la regulación previa contenida en el RD1424/1985, como fue la sustitución de una presunción de existencia quincenal del contrato «a prueba», por la exigencia formal de un pacto escrito; pacto que adquiere un mayor protagonismo porque las relaciones indefinidas se van imponiendo conforme las nuevas realidades contractuales son examinadas desde las estrictas reglas de temporalidad causal.

Siendo la reforma acometida por el RDL 16/2022 la que, en su objetivo declarado de acercar el empleo doméstico, pese a aquellas singularidades reconocibles, al marco estatutario común, no sólo ha retocado el régimen extintivo general del colectivo de empleadas del hogar, mejorando la protección frente al cese no justificado, sino que ha incidido, al menos indirectamente, en la figura del período de prueba.

Y es que, ahora, la posibilidad de desistimiento tras la fase de prueba desaparece, lo que va a complicar sobremanera la adopción de ceses inmotivados o contrarios a Derecho a partir de ese momento.

Al modificarse el art. 11.2 del RD 1620/2011 y acotarse, tanto formal como materialmente, la extinción basada, entre otras, en la «clásica» pérdida de confianza, no solo se obliga al empleador a probar el hecho que motiva la pérdida de confianza, sino que el mismo va a poder ser analizado judicialmente en cuanto a sus notas de razonabilidad y proporcionalidad; y lo mismo va a suceder cuando el empleador acuda a circunstancias relacionadas con sus ingresos o cambios en la unidad familiar.

Se pone, así, un límite temporal a la facultad de desistimiento *ad nutum*, que no podrá ir más allá del período de prueba que se haya fijado de manera expresa en el contrato de trabajo.

Con ello se refuerza al colectivo de empleadas del hogar, que empiezan a ver en el art. 49 ET un aliado real que limita las extinciones sin causa de manera muy notable, al admitirlas estrictamente durante la fase de prueba.

Esperemos que esta mejora, que es evidente, no termine por afectar negativamente al colectivo, «animando» a los empleadores a desempolvar viejos fraudes de contratación informal, o a acudir apresuradamente al desistimiento durante la fase de prueba, en más ocasiones de las necesarias, ante el temor de consolidar a un empleado que no «convence» del todo y del que no podrá deshacerse tan fácilmente una vez agote su límite temporal.

BIBLIOGRAFÍA

Aparicio Aldana, Rebeca Karina: «Período de prueba y discriminación», *Aranzadi Social*, núm. 58, 2014.

Asquerino Lamparero, María José: «El período de prueba en las relaciones laborales especiales», *Temas Laborales*, núm. 139/2017.

Ayala del Pino, Cristina: «La extinción del contrato de trabajo de los empleados del hogar en España», *Themis-Revista de Derecho,* 75, 2019.

Bajo García, Irene: «Embarazo y nulidad objetiva de la extinción del contrato durante el período de prueba», *Revista General de Derecho del Trabajo y de la Seguridad Social*, núm. 36, 2014.

Ballester Pastor, María Amparo: *El período de prueba*, Ed. Tirant Lo Blanch, «Colección Laboral», Valencia, 1995.

Beltrán de Heredia Ruiz, Ignasi: *Contrato indefinido de apoyo a los emprendedores: argumentos para la inconstitucionalidad del período de prueba*, *Revista Española de Derecho del Trabajo*, núm. 158, enero-marzo 2013.

Carrasco Durán, Manuel: «La jurisprudencia constitucional sobre discriminación por embarazo en el ámbito de las relaciones laborales», *Actualidad Jurídica Aranzadi*, núm. 875/2013.

Durán López, Federico: «El período de prueba», *Relaciones Laborales*, núm. 12, 1988.

Fernández Orrico, Francisco Javier, **Meguino Fernández**, Diego, y **Gil Plana**, Juan: «Relación laboral especial de los penados desarrollada en instituciones penitenciarias», en *Relaciones laborales especiales y contratos con peculiaridades,* coord. por Ángel Domínguez; Antonio Vicente Sempere Navarro (dir.), Miguel Cardenal Carro, (dir.), volumen 2 *El contrato de* trabajo, Aranzadi (Grandes Tratados), 2011.

Gallego Moya, Fermín: *El período de prueba en el contrato de trabajo*, Aranzadi, 2016.

Lasaosa Irigoyen, Elena: «Extinción del contrato de trabajadora embarazada durante el período de prueba y nulidad objetiva», *Aranzadi Social*, núm. 57/2014.

LLANO SÁNCHEZ, Mónica: «El nuevo contrato laboral especial del servicio del hogar familiar», *Actualidad Laboral*, núm. 6, 2012.

LÓPEZ GANDÍA, Juan y **TOSCANI GIMÉNEZ**, Daniel: *Los trabajadores al servicio del hogar familiar. Aspectos laborales y de Seguridad Social. Propuestas de reforma,* Bomarzo, Básicos de Derecho Social, núm. 22, 2006.

LÓPEZ GANDÍA, Juan y **TOSCANI GIMÉNEZ**, Daniel: El nuevo régimen laboral y de Seguridad Social de los trabajadores al servicio del hogar familiar, Bomarzo, Básicos de Derecho Social, núm. 60, 2012.

MARÍN MARÍN, José y **FONTES BASTOS**, María Dolores: *Prontuario jurídico del trabajo doméstico asalariado y guía de buenas prácticas*, Ed. Murcia Acoge, 2007.

MELÉNDEZ MORILLO-VELARDE, Lourdes, **SAN MARTÍN MAZZUCONI**, Carolina y **PALOMINO SAURINA**, Pilar: «La relación especial del personal al servicio del hogar familiar», en *Relaciones laborales especiales y contratos con particularidades,* / coord. por ARIAS DOMÍNGUEZ, Ángel, SEMPERE NAVARRO, Antonio Vicente (DIR.), CARDENAL CARRO, Miguel (dir.), volumen 2, *El contrato de Trabajo*, Aranzadi, 2011.

MIÑAMBRES PUIG, César: «El nuevo régimen jurídico de los empleados del hogar familiar», *Revista Española de Derecho del Trabajo*, núm. 157/2013.

PALOMINO SAURINA, Pilar: «La relación laboral especial de penados en instituciones penitenciarias: cuestiones cruciales», *Aranzadi Social*, núm. 5/2006.

PALOMINO SAURIA, Pilar: «La relación laboral de carácter especial del servicio del hogar familiar», *Información Laboral*, núm. 5/2012.

PECO ALCÁZAR, Miguel Ángel: *Discriminación por razón de sexo y criterios de diferenciación en el trabajo*, Actualidad Jurídica Aranzadi, núm. 924/2016, Parte Comentario, 2016.

QUESADA SEGURA, Rosa: *El contrato de servicio doméstico*, La Ley, 1991.

QUINTANILLA NAVARRO, Raquel Yolanda: «Extinción del contrato de trabajo durante el período de prueba y lesión de derechos fundamentales», *Revista de Derecho del Trabajo y de la Seguridad Social*, núm. 164, 2014.

ROMERAL HERNÁNDEZ, Josefa: «El impacto del Convenio 189 de la OIT en las condiciones de trabajo de los empleados de hogar», *Aranzadi Social*, vol. 6, núm. 7, 2013.

ROMERAL HERNÁNDEZ, Josefa: «Uso y abuso del período de prueba: límites temporales y sustantivos a la luz de la jurisprudencia reciente, *Tribuna Social*, núm. 226, 2009.

Sempere Navarro, Antonio Vicente: «Sobre la terminación empresarial del contrato durante el período de prueba», *Aranzadi Doctrinal*, núm. 8, 2013.

Villalba Sánchez, Alicia: «La discriminación por razón de sexo padecida por las empleadas del hogar familiar en la extinción de su contrato», *Revista de Trabajo y Seguridad Social* CEF, 470, 2022.

CAPÍTULO VI

LA CONFIGURACIÓN JURÍDICA DE LOS PERMISOS RETRIBUIDOS EN EL EMPLEO DOMÉSTICO

Ana I. Pérez Campos
Profesora Titular de Derecho del Trabajo y de la Seguridad Social
Universidad Rey Juan Carlos. Madrid

1. Introducción

Los permisos retribuidos son un conjunto de derechos laborales que tienen por objeto permitir a los trabajadores ausentarse temporalmente de su trabajo por motivos personales, familiares o de salud, con la garantía de que durante ese periodo no perderán su salario. En el caso del trabajo doméstico, estos permisos revisten una especial importancia, ya que las personas que trabajan en el hogar familiar suelen ser también las encargadas de realizar tareas de cuidado, lo que implica una mayor atención a personas dependientes que repercutirá y dificultará el disfrute efectivo de determinados permisos.

El trabajo doméstico se constituye como elemento clave en la economía de nuestro país por el incremento de la actividad laboral en este sector, aunque hace necesaria una mejora en las condiciones de trabajo de las personas que trabajan en el hogar familiar, en la medida en que el empleo del hogar sigue siendo precario, irregular, desprotegido y fuertemente vinculado a la economía informal[1]. Además, se trata de un colectivo representado mayo-

---

1 Sanz Sáez, Concepción: *Derechos colectivos y empleadas del hogar: reformas jurídicas inaplazables para un trabajo decente del trabajo doméstico en España*, en AA.VV., Congreso Interuniversitario OIT sobre el futuro del trabajo. Judith Carreras (comp.), Sabrina Haboba (comp.), Julieta Lobato (comp.). Ministerio de Trabajo y Economía Social, 2021, pp. 225-238.

ritariamente por mujeres y dentro de ellas por mujeres migrantes[2] que son particularmente vulnerables con respecto a las condiciones de empleo y de trabajo. El trabajo doméstico es un trabajo altamente feminizado y a menudo está infravalorado.

La regulación de los permisos retribuidos es especialmente importante para garantizar que las personas que trabajan en el hogar familiar puedan hacer frente a situaciones personales y familiares sin poner en riesgo su empleo o su situación económica. Además, el reconocimiento de estos permisos retribuidos también contribuye a una mayor igualdad y justicia social en el ámbito laboral, y refuerza la idea de que las empleadas del hogar tienen los mismos derechos que cualquier otro trabajador. La aplicación de los permisos retribuidos en el trabajo doméstico no presenta especialidades a nivel normativo, en la medida en que el legislador remite en esta materia a lo dispuesto en el Estatuto de los Trabajadores, aplicable a todos los trabajadores asalariados y, sin embargo, el resultado sigue siendo que no se ejercitan plenamente estos derechos por parte de los empleados de hogar, manteniéndose, por tanto, diferencias sustanciales respecto del resto de los trabajadores asalariados.

El objetivo de este estudio se centra en el análisis de la situación actual sobre el ejercicio de derecho a licencias retribuidas en el trabajo doméstico y a la necesidad de su revisión, en aras a garantizar una aplicación real y efectiva.

2. Delimitación conceptual

2.1. Caracterización general

En el mundo laboral, los permisos retribuidos son una parte importante de la gestión del tiempo del trabajo que se configuran, como es sabido, como licencias que se conceden a los empleados para ausentarse temporalmente del trabajo y así poder atender a otras tareas o responsabilidades. Se trata de un derecho de ausencia o una interrupción de la prestación de trabajo que, a diferencia de las suspensiones, no conlleva pérdida de salario y donde las causas que las originan, en la mayoría de los casos, derivan de situaciones personales del trabajador, casi siempre por situaciones familiares y de cuidado. A este respecto, la doctrina laboralista ha venido señalado que «los permisos surgen para circunstancias o causas distintas de las suspensio-

2 En España, la gran mayoría de las personas que trabajan como empleadas del hogar son mujeres. Además, muchas de estas mujeres son inmigrantes y proceden de países como Colombia, Ecuador, Perú, Marruecos o Rumanía. Según datos de la Encuesta de Población Activa (EPA), en el segundo trimestre de 2022, el 90,7 % de las empleadas del hogar eran mujeres, y el 34,6 % de ellas eran extranjeras.

nes.... la naturaleza de las situaciones contempladas en los casos de suspensión emparenta con causas de imposibilidad sobrevenida, mientras que en las interrupciones suele existir una necesidad ligada a aspectos personales del trabajador»[3].

El artículo 37 apartado tercero del Estatuto de los Trabajadores (ET) establece una serie de permisos retribuidos a los que tienen derecho los trabajadores en determinadas situaciones, permisos que también resultan aplicables al colectivo de trabajadores domésticos, por la remisión expresa del legislador a la aplicación del Estatuto de los Trabajadores (art. 3.2 RD 1620/2011) y que se configuran como un auténtico derecho y que procede sólo en los casos previstos por el ordenamiento jurídico.

Otra de las características generales de los permisos retribuidos es que su duración es limitada y se establece por ley o convenio colectivo, mientras que su disfrute no puede ser acumulado, ni transferido a otro periodo de tiempo, es decir, si un trabajador no disfruta de un permiso retribuido en el momento en que surge la necesidad, no puede posponerlo para otra fecha o acumularlo para su disfrute posterior. Todo ello, salvo las matizaciones que posteriormente se abordarán, relativas al inicio y cómputo de los permisos.

Los permisos retribuidos están diseñados para permitir que los trabajadores atiendan situaciones personales o familiares sin sufrir una pérdida económica y están sujetos a ciertos requisitos y limitaciones para evitar su abuso. Es importante que los trabajadores y empleadores conozcan los derechos y deberes asociados a los permisos retribuidos para garantizar su correcta aplicación en el ámbito laboral. Junto a los requisitos de previo aviso y justificación, es primordial también mencionar que los permisos retribuidos no pueden ser objeto de renuncia, ni compensación económica; esto es, el trabajador tiene derecho a disfrutar del permiso correspondiente y el empleador no puede sustituirlo por una compensación económica, ni obligar al trabajador a renunciar a dicho permiso. Asimismo, no se puede sancionar al trabajador por ejercer su derecho a disfrutar de un permiso retribuido. Los permisos retribuidos que aquí se estudian se caracterizan porque su aparición no es cierta, ni periódica; al contrario, en la mayoría de los casos se trata de supuestos en los que no se tiene certeza previa de que surgirán[4].

En definitiva, la caracterización general de los permisos retribuidos en el trabajo doméstico, al igual que para el resto de los trabajadores asalariados, se configura como el cese temporal de la prestación de trabajo derivado de la concurrencia de unas circunstancias personales o familiares del trabaja-

---

3 SÁNCHEZ TRIGUEROS, Carmen: *Los permisos retribuidos del trabajador*, Aranzadi, Pamplona, 1998, p. 27.

4 Ibidem., p. 29.

dor tipificadas legalmente, que le otorgan un derecho a ausentarse de su puesto de trabajo con carácter temporal y con mantenimiento de su derecho al salario[5].

2.2. Requisitos de disfrute

Los permisos retribuidos contemplados en el artículo 37.3 del ET suelen estar sujetos a ciertos requisitos o condiciones que deben cumplir los trabajadores para poder ejercitarlos, tales como la comunicación previa y la justificación documental de la causa que lo motiva.

En lo que refiere al requisito de previo aviso, el trabajador debe informar a la empresa, con la mayor antelación posible, de su intención de disfrutar del permiso. A pesar de que el legislador no haya establecido un plazo específico de preaviso, la jurisprudencia suele exigir que el trabajador comunique su solicitud de permiso con una antelación razonable, en función de las circunstancias de cada caso[6].

En lo que refiere al requisito de justificación, se establece que el trabajador está obligado a acreditar la causa que motiva la solicitud de permiso. En la mayoría de los casos, la justificación consiste en la presentación de un documento que acredite la situación que da derecho al permiso, como puede ser un certificado médico en caso de enfermedad, un certificado de defunción en caso de fallecimiento de un familiar, etc. En caso de que el trabajador no justifique debidamente la causa que motiva el permiso, la empresa podría considerar el permiso como una falta injustificada, pudiendo aplicar las sanciones previstas en el convenio colectivo o en la normativa aplicable.

---

5 STS de 3 de diciembre de 2019 (Rec. 141/2018) señala que los permisos «obedecen a situaciones transitorias en las que se encuentra el contrato de trabajo, en las que el trabajador afectado por alguna de las causas previstas legal o convencionalmente queda liberado de la obligación de la prestación laboral, pero mantiene el derecho a la retribución».

6 Véanse, entre otras: STS de 22 de mayo de 2007 (Rec. 4105/2005) donde se establece que el preaviso es una obligación del trabajador para el disfrute de los permisos retribuidos y que, en caso de no respetarse, el empleador podría considerar el permiso como no justificado y no retribuirlo. STSJ de Justicia de Madrid de 9 de febrero de 2006 (Rec. 3081/2005) indica que el preaviso es un requisito para el disfrute de los permisos retribuidos y que el trabajador debe notificar al empleador con la antelación suficiente para que este pueda organizar el trabajo. La STSJ de Galicia de 5 de mayo de 2009 (Rec. 75/2009) afirma que el preaviso es una obligación del trabajador que debe respetarse para el disfrute de los permisos retribuidos y que su incumplimiento puede dar lugar a la negativa del empleador de conceder el permiso. La STSJ de Madrid de fecha 20 de julio de 2020 establece que el preaviso para el disfrute del permiso retribuido por fallecimiento de un familiar debe ser lo suficientemente ajustado a las circunstancias del caso concreto y no necesariamente se debe realizar con antelación a la ausencia del trabajador. Además, la sentencia también indica que el preaviso debe ser proporcionado y razonable, en función de las circunstancias de cada caso, y que en algunos casos el preaviso puede no ser necesario.

La jurisprudencia laboral ha establecido que el requisito de justificación para el disfrute de los permisos retribuidos es necesario y debe ser cumplido por el trabajador. En este sentido, se ha establecido que el trabajador debe demostrar la existencia del hecho que da lugar al permiso y que justifica su ausencia del trabajo. Así, por ejemplo, la jurisprudencia ha establecido que la justificación debe ser presentada en un plazo razonable después de la finalización del permiso, para que el empresario pueda comprobar su veracidad y tomar las medidas necesarias en caso de incumplimiento. En este sentido, la doctrina judicial aborda el requisito de justificación de los permisos retribuidos en el ámbito laboral estableciendo que, para que el trabajador pueda disfrutar del permiso retribuido correspondiente, debe justificar debidamente el motivo que lo origina, ya que en caso contrario la empresa puede descontar los días no trabajados[7].

En definitiva, la justificación del motivo del permiso retribuido es un requisito significativo que los trabajadores deben cumplir para poder disfrutar del mismo.

3. Marco normativo: antecedentes y situación actual

En el estudio de los permisos retribuidos de los trabajadores al servicio del hogar familiar, resulta necesario detenerse en analizar el marco normativo que regula los derechos y condiciones de trabajo, tanto desde una perspectiva internacional como estatal.

El ámbito laboral del empleo doméstico ha sido, sin duda, un ámbito marginado desde un punto de vista normativo. Así lo ha puesto de manifiesto un amplio sector de la doctrina durante años, resaltando sobre todo las notorias diferencias en la acción protectora del Régimen Especial de los empleados de hogar con respecto al Régimen General de la Seguridad Social. Esta realidad ha venido generando una desprotección de un colectivo de personas trabajadoras especialmente débil, derivada principalmente de la opción legislativa de otorgar una protección social de mínimos[8].

---

7 SSTSJ Madrid de 30 de junio de 2015; de Cataluña de 19 de septiembre de 2017 y de Extremadura de 18 de diciembre de 2018 (Rec. 472/2018).

8 Vid. entre otros, VELA DIEZ, Raquel: «de la Ley 27/2011 al RD-ley 29/2012 de mejora de gestión y protección social en el sistema especial para empleados de hogar: la nueva frontera entre las personas trabajadoras al servicio del hogar familiar», *Temas Laborales*, núm. 121, 2013. p. 135. QUESADA SEGURA, Rosa: «El régimen especial de Seguridad Social de los empleados de hogar», en AA.VV.:, *Crisis, reforma y futuro del Derecho del Trabajo* (Coords. CAMPS RUIZ, L.M.; RAMÍREZ MARTÍNEZ, J.M. y SALA FRANCO, T.), Tirant lo Blanch, Valencia, 2010; DE VAL TENA, Ángel Luis: «El Régimen Especial de Seguridad Social de los empleados de hogar», *Tribuna Social, Revista de Seguridad Social y Laboral*, núm. 207, marzo 2008; VILLAR CAÑADA, I.: «Seguridad Social e igualdad por razón de género tras la Ley 27/2011 de reforma de las pensiones: el Sistema Especial de Empleadas/os de Hogar», *Relaciones Laborales*, núm. 18, septiembre 2011.

La relación laboral de carácter especial del servicio del hogar familiar se encuentra actualmente regulada en el Real Decreto 1620/2011, de 14 de noviembre. El carácter especial de esta relación laboral se sitúa en aspectos tales como el lugar de prestación de los servicios, la confianza en el desempeño del trabajo, la condición del empleador o, incluso el perfil de trabajadores que prestan servicios en el hogar familiar.

El trabajo doméstico ha adquirido especial protagonismo en los últimos años en España tras la sentencia del TJUE[9] relativa al reconocimiento del derecho al desempleo de este colectivo, que ha provocado, al margen de otras modificaciones normativas, la ratificación del Convenio núm. 189 de la OIT el 9 de junio de 2022; ratificación que, como se ha señalado, ha venido a cambiar el rumbo de los derechos sociales del colectivo, con la consiguiente mejora de las condiciones de trabajo y la dignificación de una profesión tradicionalmente desvalorizada, pero imprescindible para el crecimiento social y económico[10].

En consecuencia, se ha constatado una creciente preocupación por la precariedad en las condiciones de desarrollo del empleo doméstico, tanto a nivel internacional como nacional.

3.1. En el derecho internacional

El marco normativo del trabajo doméstico se centra, desde una perspectiva internacional, en la labor de la OIT con la aprobación en 2011 del Convenio núm. 189 de la OIT y la Recomendación núm. 201, que como es sabido, supuso un verdadero avance en la protección de este colectivo y del trabajo decente. El citado Convenio ha convertido el trabajo decente en un objetivo universal y ha sido integrado en las más importantes declaraciones de derechos humanos, ampliamente reflejadas en la Agenda 2030.

Una vez ratificado el Convenio de la OIT, es el momento propicio para reflexionar sobre el cumplimiento de la normativa española y su adecuación a los objetivos y directrices marcados por esta norma internacional; dentro de ella, la regulación de permisos retribuidos también se debe situar en el centro de las preocupaciones, desarrollando en especial una necesaria limitación del tiempo de trabajo. Así pues, la reciente ratificación del Convenio núm. 189 OIT se convierte en una ocasión idónea para replantear los pilares que han constituido tradicionalmente el régimen jurídico interno del trabajo doméstico en España y concebirlos desde el respeto de los derechos humanos y de los estándares exigibles de trabajo decente[11].

---

9 STJUE de 24 de febrero de 2022 (Sala Tercera), Asunto C-389/20.

10 Un estudio exhaustivo véase en ROMERAL HERNÁNDEZ, Josefa: «Nuevo rumbo en las relaciones laborales de las personas trabajadoras al servicio del hogar familiar», *Revista Internacional de la protección social*, núm. 2., 2022, p. 33.

11 CABEZA PEREIRO, Jaime: «El trabajo doméstico en la normativa de la OIT», *Trabajo y Derecho*, núm. 9, 2019, (LA LEY 7224/2019).

La aprobación de las mencionadas normas plantea una serie de retos que tienen que ver con el trabajo decente y con la prevalencia de los derechos humanos en todos los ámbitos laborales. A nuestros efectos, el reconocimiento del derecho a licencias o permisos retribuidos se contempla expresamente en la Recomendación número 201 OIT donde se fomenta la protección de los trabajadores domésticos, en especial de los jóvenes menores de 18 años a los que considera vulnerables y anima a reglamentar las condiciones de trabajo y de vida de los trabajadores domésticos y adoptar medidas para protegerlos, limitando estrictamente sus horarios de trabajo, a fin de asegurar que dispongan del tiempo adecuado para el descanso, la educación o la formación profesional, las actividades de esparcimiento y el contacto con sus familiares, estableciendo o reforzando mecanismos de vigilancia de sus condiciones de vida y de trabajo. Las referencias a los permisos retribuidos se centrarían, dentro de las condiciones de empleo, en garantizar a los empleados domésticos el derecho «a la licencia por enfermedad y, cuando proceda, a otro permiso personal» [art. 6.2 b)]. A su vez, el artículo 6 del Convenio, recoge explícitamente que los trabajadores domésticos, como los demás trabajadores en general, deben disfrutar de condiciones de empleo equitativas y condiciones de trabajo decente.

En términos generales, la ordenación del tiempo de trabajo, en este sector del trabajo doméstico, ha seguido unos parámetros muy diferentes de los que se han observado, con carácter general, en el ámbito de las relaciones laborales. Parece evidente que el muy escaso poder negociador de las personas que trabajan en este ámbito, unido a la profunda individualización de las vinculaciones de servicio, ha creado unas reglas bastante incompatibles con los principios generales que debían orientar esta materia[12]. Así, la disponibilidad permanente es una realidad que difícilmente puede disociarse del trabajo doméstico, especialmente en el ejercido de trabajo en régimen interno para el cuidado de mayores. En tales condiciones, es cierto que los problemas más acuciantes y difíciles de combatir afectan a las personas que trabajan en el hogar en régimen de internas, pero eso no quiere decir que las que prestan servicios como externas permanezcan ajenas a este tipo de problemas, al contrario, también lo sufren.

En otro orden de consideraciones, desde la perspectiva europea, cabe destacar la ausencia de una regulación específica aplicable a este colectivo. Como referente normativo no vinculante podría destacarse el informe del Parlamento Europeo de 5 de abril de 2016, sobre las trabajadoras domésticas y las cuidadoras. Dicho informe insta a los Estados miembros a que adopten medidas decisivas en el sector del trabajo doméstico y los cuidados, que representan un gran valor añadido para la economía, reconociendo ese trabajo como una profesión de pleno derecho y garantizando que los trabajadores domésticos y los cuidadores tienen unos auténticos derechos

12 Ibidem.

laborales y una verdadera protección social a través de la legislación laboral o de los convenios colectivos, en particular en lo que se refiere a los salarios, el horario de trabajo, la salud y la seguridad en el trabajo, las vacaciones, el permiso de maternidad, los derechos de pensión y el reconocimiento de cualificaciones, teniendo siempre en cuenta las especificidades del sector[13].

3.2. En el derecho español

Desde una perspectiva nacional, la laboralización del trabajo doméstico se produjo en España con la Ley de Contrato de Trabajo de 1931 que lo calificaba como una relación laboral pero cuya eficacia se vio disipada por la guerra civil. La mencionada norma excluía el servicio doméstico del ordenamiento laboral y este se regía por el Código Civil. La Ley 16/1976 de Relaciones Laborales optó por laboralizar el trabajo doméstico y configurarlo como una relación laboral especial, sometiéndolo a una normativa específica, aunque exigía un desarrollo reglamentario que no se produjo hasta años después con el RD 1424/1985 de 1 de agosto y que supuso por fin un verdadero avance en la regulación del trabajo doméstico, alejado de la normativa civil anteriormente aplicable[14].

La Ley 8/1980, de 10 de marzo del Estatuto de los Trabajadores recogía en su artículo 2 una enumeración de las relaciones laborales de carácter especial, entre las que se incluía en el apartado b) la del servicio del hogar familiar; relación laboral de carácter especial que se mantiene en la actualidad en los mismos términos, en el RDL 2/2015, de 23 de octubre que aprueba el Texto Refundido del Estatuto de los Trabajadores.

El RD 1424/1985, de 1 de agosto, por el que se regula la relación laboral de carácter especial del Servicio del Hogar Familiar es la primera norma de desarrollo reglamentario de la citada relación laboral especial, hoy derogada por el Real Decreto 1620/2011, de 14 de noviembre, que en la actualidad regula la relación laboral de carácter especial del servicio del hogar familiar. La aprobación de esta norma, inspirada en Convenio núm. 189 de la OIT supuso un avance significativo después de 25 años de vigencia del Real Decreto 1424/1985, ofreciendo a los empleados de hogar unas condiciones de trabajo más dignas, aunque se seguirán manteniendo carencias y excepciones importantes, como se analizará más adelante.

La reforma operada por aprobación del Real Decreto 1602/2011, tuvo como objetivo dignificar las condiciones laborales del sector doméstico, acercándolo a la normativa existente para los demás sectores. El preámbulo de la citada

13 https://www.europarl.europa.eu/doceo/document/A-8-2016-0053_ES.html.

14 Un estudio sobre la evolución normativa de la relación laboral especial del empleo al servicio del hogar familiar, véase en Desdentado Daroca, Elena: «La nueva regulación del trabajo doméstico cinco años después. Un análisis crítico», *Revista de Derecho Social*, núm. 75, 2016, p. 52.

norma alude a la necesidad de modernizar la legislación del servicio doméstico, con el planteamiento de mantener diferencias donde estén justificadas. Fundamenta el mantenimiento de esta prestación de servicios como relación laboral especial sobre la base del «ámbito donde se presta la actividad, el hogar familiar, tan vinculado a la intimidad personal y familiar y por completo ajeno y extraño al común denominador de las relaciones laborales»; además añade que esta especialidad también descansa en «el vínculo personal basado en una especial relación de confianza que preside, desde su nacimiento, la relación laboral entre el titular del hogar familiar y los trabajadores del hogar».

Las concretas referencias normativas a los permisos retribuidos se encuentran reguladas en el apartado sexto del art. 9 del RD 1620/2011 donde expresamente se señala que «*El trabajador tendrá derecho al disfrute de las fiestas y permisos previstos en el artículo 37 del Estatuto de los Trabajadores*».

A pesar de la aparente parquedad en el marco normativo, cabe destacar la importancia del reconocimiento expreso del derecho a permisos retribuidos de los empleados domésticos, en la medida en que esta remisión expresa supuso, tanto despejar las posibles dudas de la aplicación de estos derechos a este colectivo como de su equiparación con el resto de los trabajadores asalariados. Por tanto, no se contienen, por tanto, especialidades aplicables a esta relación laboral especial, lo que en principio supone la plena equiparación de derechos en esta materia con el resto de los trabajadores asalariados; equiparación que, como ser verá más adelante, es más aparente que real.

En otro orden de consideraciones, una de las novedades que incorporó el RD 1620/2011 es la relativa al cuadro de fuentes de la relación laboral especial de servicio de hogar familiar, disponiéndose en su artículo 3 que alude a que los derechos y obligaciones concernientes a esta relación laboral de carácter especial se regularán: «*a) Por las disposiciones de este Real Decreto; b) Con carácter supletorio, en lo que resulte compatible con las peculiaridades derivadas del carácter especial de esta relación, será de aplicación la normativa laboral común; c) Por los convenios colectivos; d) Por la voluntad de las partes manifestada en el contrato de trabajo, que habrá de respetar lo establecido en las disposiciones legales y en los convenios colectivos y e) Por los usos y costumbres locales y profesionales*».

Como se ha venido destacando por la doctrina, este precepto guarda evidentes similitudes respecto de su homólogo el art. 3 del ET, tanto en su redacción como en su estructura y, con algunos matices, también en su contenido, lo que permite evidenciar la proximidad entre la relación laboral especial y la común, a la vez que la carencia de fuentes convencionales en este sector, como es caso de los convenios colectivos que no se han logrado negociar en este ámbito[15]. Como se analizará más adelante, la dispersión,

15 Miñarro Yanini, Margarita: *El trabajo al servicio del hogar familiar: análisis de su nueva regulación*, Reus, Madrid, 2013, p. 27.

la heterogeneidad y las particulares características de las partes implicadas en esta relación laboral especial sigue constituyendo un serio obstáculo a su regulación a través de la negociación colectiva.

Junto a estas fuentes también destacaría la autonomía individual como fuente de derecho, a través del contrato de trabajo. Lo cierto es que, en esta relación, «el papel de la autonomía de la voluntad es sobresaliente», como ponía de relieve la propia Exposición de Motivos del Real Decreto 1424/1985 y que la mantiene el vigente RD 1620/2011, siendo indiscutible la importancia constitutiva de la autonomía contractual individual en la regulación de las condiciones del contrato de trabajo en esta relación laboral especial[16].

4. Tipología de permisos

4.1. Consideraciones previas

Una vez delimitadas las características generales de los permisos retribuidos y el marco normativo aplicable, se aborda el estudio individualizado de los permisos retribuidos de los empleados de hogar. A este respecto, conviene volver a recordar que el RD 1620/2011, en su art. 9.6 establece que el empleado doméstico tendrá derecho «*al disfrute de las fiestas y permisos previstos en el artículo 37 del Estatuto de los Trabajadores*» haciendo así explícito el derecho a disfrutar de todas las medidas previstas en los diferentes apartados del citado precepto estatutario[17].

Así pues, un trabajador doméstico puede solicitar un permiso por matrimonio, por fallecimiento, por enfermedad grave o accidente de un familiar, por traslado, por el tiempo indispensable para el cumplimiento de un deber inexcusable de carácter público y personal, para realizar funciones sindicales o de representación del personal, para la realización de exámenes prenatales y técnicas de preparación al parto y, en los casos de adopción, guarda con fines de adopción o acogimiento, por cuidado del lactante y por nacimiento de hijos prematuros.

Con independencia de las causas contempladas en el art. 37 del ET podría también, al igual que el resto de los trabajadores asalariados, beneficiarse de

16 LUJÁN ALCARAZ, José: «Reflexiones sobre el papel actual de la autonomía de la voluntad en el contrato de trabajo», *Aranzadi Social*, T.V, núm. 4, 1999, p. 61. AYALA DEL PINO, C.: «La ordenación jurídica vigente del trabajo de los empleados del hogar familiar» *Anuario Jurídico Económico Escurialense*, núm. 51, 2018, p. 152.
CAVAS MARTÍNEZ, Faustino: «Diversificación *versus* uniformidad en el Derecho Español del Trabajo», en *REDT*, núm. 63, 1994 p. 97, y SALA FRANCO, T.: «La relación laboral especial del servicio del hogar familiar y el contrato de trabajo doméstico», en *Relaciones Laborales*, (Madrid), T. I, núm. 4, 1986, p. 315.

17 LLANO SÁNCHEZ, Mónica: «El nuevo contrato laboral especial del servicio del hogar familiar», *Actualidad laboral*, núm. 6, 2012, p. 76.

otros permisos en función de lo que acuerden las partes, o lo que se pudiera prever en la negociación colectiva, como por ejemplo ocurre con los permisos por asuntos propios. En este sentido, las posibilidades de la negociación colectiva son amplias, y van desde la creación de nuevas causas generadoras del derecho al permiso, hasta la ampliación de los días de disfrute, bien de forma directa —fijando una cantidad mayor— o indirecta —indicando que se trata de días hábiles en vez de naturales—, entre otras alternativas[18].

Sin embargo, teniendo en cuenta la carencia de convenios colectivos en este sector, la vía de ampliación de permisos quedará circunscrita a la autonomía de la voluntad de las partes. Por ello, es importante que las condiciones laborales y los permisos a los que tienen derecho queden recogidos en el contrato de trabajo, para evitar posibles malentendidos o conflictos laborales.

4.1.1. Permiso por matrimonio

El apartado tercero, letra a) del art. 37 del ET reconoce el derecho del trabajador, previo aviso y justificación, a ausentarse de su puesto de trabajo manteniendo el derecho a la retribución para disfrutar de un permiso de 15 días naturales por matrimonio.

Una primera cuestión que tradicionalmente se ha suscitado en relación con este permiso es la aplicación o no a las situaciones de convivencia marital como a las parejas de hecho. La jurisprudencia viene considerando que la denegación del permiso a las parejas de hecho no vulnera el principio de igualdad, ya que el matrimonio y pareja de hecho son realidades distintas, tanto desde plano constitucional como del legal[19]. Los convenios colectivos pueden, no obstante, equiparar el permiso por matrimonio con otras uniones de convivencia familiar continuada[20], si bien dicha extensión debe realizarse explícitamente, porque si la cláusula prevé el permiso para el «caso de matrimonio», no pueden entenderse comprendidas las parejas de hecho, ni los nuevos modelos de convivencia familiar continuada y de género[21]. No obstante, como se verá más adelante, la futura Ley de familias sí extiende el derecho al permiso por matrimonio a las parejas de hecho[22].

18 Martínez Yañez, Nora: «Los permisos retribuidos tras un periodo de turbulencias judiciales», *Labos,* núm. 3, 2020, p.88.

19 STS de 22 de octubre de 2019 (Rec. 7171/2019). SAN 8 de enero de 2018 (Rec. 309/2017).

20 Martín Jiménez, Rocío: «La reordenación de los permisos retribuidos», *en* AA.VV.: *La reordenación del tiempo de trabajo* (Dirs. J.P Maldonado Montoya; I. Marín Moral y A.V Sempere Navarro), BOE, Madrid, 2022, pp. 365-367.

21 Entre otras, véanse, STSJ Andalucía, de 2 de marzo de 2010 (AS 2010, 1031) y STSJ Asturias, de 14 de enero de 2011 (PROV 2011, 104658).

22 Véase la disposición final tercera, apartado 3 del Proyecto de Ley de Familias. BOCG. Congreso de los Diputados 14 abril 2023. https://www.congreso.es/public_oficiales/L14/CONG/BOCG/A/BOCG-14-A-151-1.PDF

En lo que refiere a los requisitos para obtener el permiso por matrimonio, se exige el previo aviso y la justificación, aunque estos pueden variar según la empresa. Así, algunos convenios fijan taxativamente el plazo con que ha de efectuarse dicho preaviso. En lo que respecta a la justificación del permiso, teniendo en cuenta que se solicita antes de la celebración del matrimonio, lo lógico es que se justifique una vez que la celebración ha tenido lugar general. Para ello, los empleados deben proporcionar pruebas documentales de su matrimonio, como el certificado de matrimonio, o por cualquier otro medio admitido en derecho. En el ámbito del trabajo doméstico, al no existir referencias normativas específicas, ni convenios colectivos aplicables, corresponderá su concreción a través del acuerdo entre partes.

La duración del permiso por matrimonio se establece en 15 días naturales, aunque puede variar según la empresa y el convenio aplicable, toda vez que la duración establecida en el ET es un mínimo de derecho necesario que no puede ser reducida por pacto individual o colectivo[23]. En relación con la duración de este permiso se ha cuestionado en los últimos años el día de inicio del cómputo, como se analizará más adelante.

Por último, hay que señalar que el disfrute de este derecho tendrá lugar también en el caso de matrimonios sucesivos de un mismo trabajador, el silencio de la ley parece indicar que podrá disfrutarse un permiso por cada uno de ellos, con independencia de las causas que motivaran la disolución de los anteriores.

4.1.2. Permiso por enfermedad o fallecimiento de familiares

El artículo 37.3 b) establece que las personas trabajadoras tendrán derecho a un permiso retribuido de dos días por «*fallecimiento, accidente o enfermedad grave, hospitalización o intervención quirúrgica sin hospitalización que precise reposo domiciliario, de parientes hasta el segundo grado de consanguinidad o afinidad, cuando con tal motivo la persona trabajadora necesite hacer un desplazamiento al efecto, el plazo será de cuatro días*».

Una de las cuestiones más debatidas y analizadas sobre este permiso alude al alcance de los familiares que originan su reconocimiento.

Sin perjuicio de remitir a la noción de familia tradicional —a los ascendientes y descendientes por consanguinidad o afinidad hasta el segundo grado—, las cuestiones controvertidas en este ámbito de permisos se concentran en si se tiene derecho a tal permiso por enfermedad o fallecimiento de hijos adoptados o acogidos El legislador parece olvidarse de los familiares por adopción siendo poco razonable, a juicio de la doctrina mantener una interpretación restrictiva al respecto, sobre todo por la cobertura de protección a familiares

23 STCT de 29 de abril de 1983 (RTCT 1983, 3698).

por afinidad[24] y por el hecho de que las reglas civiles equiparan la filiación por adopción plena a la natural (art. 108 CC). No obstante, sí que quedarían fuera los supuestos de acogimiento familiar, de ahí que sería recomendable una reforma laboral al respecto para evitar futuras controversias.

En relación con el grado de parentesco, también se ha venido cuestionando si el derecho a permiso desaparece con el fallecimiento de cualquiera de los cónyuges o con su divorcio. A modo de ilustración puede señalarse que la doctrina judicial viene entendiendo que, si el parentesco por afinidad se adquiere a raíz del matrimonio, lógicamente dicho parentesco cesará al mismo tiempo que el matrimonio se anula o se disuelve, bien por muerte de cualquiera de los cónyuges, o bien por divorcio[25].

Por otra parte, se ha cuestionado también el alcance de la gravedad del accidente o la enfermedad que ocasiona este permiso. En primer lugar, la gravedad se refiere al accidente o la enfermedad, pero no es equiparable a la hospitalización que constituye un supuesto independiente dentro de las situaciones que originan el derecho al permiso. La gravedad del accidente o de una enfermedad es un concepto jurídico indeterminado que va a requerir de una interpretación en función de las circunstancias y del contexto en el que se aplique[26].

En lo que refiere al derecho a permiso por hospitalización de familiares las dudas interpretativas se circunscriben a si se tiene derecho a permiso por hospitalización de familiar derivada de un parto. La jurisprudencia ha resulto que se tiene derecho al permiso al entender que la finalidad perseguida con este permiso es atender y acompañar al familiar hospitalizado, por lo que el alcance de este derecho se da por el ingreso en sí en un hospital, con independencia del tipo de intervención quirúrgica o tratamiento específico que sea necesario. En consecuencia, tiene derecho a este permiso no sólo el padre que va a tener el hijo, sino también el familiar del sujeto causante[27]. A su vez, el mantenimiento del permiso se extiende aún en los casos en los que el centro hospitalario pudiese restringir el acceso de familiares, al entender que se debe atender al carácter teleológico de la norma que no requiere se demuestre, por parte del trabajador, que se permita el acompañamiento junto con el familiar enfermo o convaleciente, ya que ello supone restringir

---

24 SÁNCHEZ TRIGUEROS, Carmen: «Las interrupciones de la prestación laboral» en AA.VV.: *Régimen general del contrato de trabajo (Dirs. A.V Sempere Navarro)*, Aranzadi, Pamplona, 2010, p. 129. BLASCO JOVER, Carolina: «La necesidad de adaptar ciertos derechos personales y familiares a parejas de hecho y núcleos monoparentales», *Revista CEF de Trabajo y Seguridad Social*, núm. 451, 2020, p. 123.

25 STSJ de Madrid, Sala de lo Contencioso-administrativo, de 31 de octubre de 2013 (Rec. 2014/433).

26 MARTÍN JIMÉNEZ, Rocío: «La reordenación de los permisos... *ob. cit.*, p. 375.

27 SÁNCHEZ TRIGUEROS, Carmen: «La hospitalización por parto como causa de permiso. Comentario a la STC 71/220, de 29 de junio de 2020», *REDT*; núm. 239, 2021, pp.247-256.

ese derecho a un requisito que es impropio a una interpretación extensiva de dicho derecho[28].

Al margen de las circunstancias que habilitan el derecho, en lo que refiere a los requisitos formales para el disfrute del permiso cabe remitir al preaviso y justificación ya referenciados anteriormente. Los tribunales han admitido, incluso, que por la premura del tiempo pueda obviarse este requisito, siempre que se justifique posteriormente la situación[29]. La justificación puede efectuarse, en los casos de enfermedad, accidente u hospitalización, con el correspondiente documento expedido por el profesional médico, en el supuesto de fallecimiento con la partida de defunción, un certificado médico, etc.

Las cuestiones controvertidas relacionadas con el cómputo y disfrute serán objeto de análisis específico en otro apartado.

4.1.3. Permiso por traslado

El permiso por traslado de domicilio es otro de los permisos laborales que se regulan en el Estatuto de los Trabajadores, en la letra c) del art. 37.3 y que también tiene plenos efectos en el ámbito del trabajo doméstico.

Este permiso establece que el trabajador tendrá derecho a un permiso retribuido de dos días laborables por traslado de domicilio, ampliable a cuatro días en caso de que este traslado implique un cambio de residencia. El objetivo de este permiso es permitir que los trabajadores puedan atender asuntos relacionados con el traslado, como la búsqueda de una nueva vivienda o la adaptación a un nuevo entorno. Este permiso podría afectar a las empleadas del hogar si, por ejemplo, trabajan en una vivienda que ha sido vendida o alquilada y deben trasladarse a otra para continuar con su trabajo. El traslado ha de referirse al cambio de domicilio habitual y permanente, no al temporal[30].

En relación con el término traslado, el legislador alude a cambio de domicilio o residencia habitual, con independencia de la distancia entre el domicilio de origen y el nuevo destino. En este mismo sentido, no existen en la Ley límites al disfrute por la misma persona de sucesivos permisos por cambio de domicilio, por lo que éste podrá disfrutarse siempre que se produzca la eventualidad que lo justifica, sin más límites que los que derivan de la buena fe y la prohibición del abuso de derecho.

---

28 García Gracia, José Luis: «¿Tengo derecho al permiso retribuido por hospitalización si el hospital prohíbe acompañar al familiar enfermo?», 2021 https://elderecho.com/tengo-derecho-al-permiso-retribuido-por-hospitalizacion-si-el-hospital-prohibe-acompanar-al-familiar-enfermo.

29 STCT de 23 de abril de 1982 (RTCT 1982/ 2384).

30 STSJ Canarias, de 28 de octubre de 2005 (Rec. 477/2005).

En lo relativo a los requisitos u obligaciones instrumentales de preaviso y justificación, no existen especialidades y nos remitimos a lo ya señalado anteriormente.

4.1.4. Permisos por deber inexcusable, ejercicio de funciones de representación y realización de exámenes prenatales

Los últimos apartados del art. 37.3 contemplan el derecho del trabajador a ausentarse de su puesto de trabajo por circunstancias tales como: por el tiempo indispensable, para el cumplimiento de un deber inexcusable de carácter público y personal, comprendido el ejercicio del sufragio activo; para realizar funciones sindicales o de representación del personal en los términos establecidos legal o convencionalmente y por el tiempo indispensable para la realización de exámenes prenatales y técnicas de preparación al parto y, en los casos de adopción, guarda con fines de adopción o acogimiento, para la asistencia a las preceptivas sesiones de información y preparación.

Los permisos derivados de deberes inexcusables tales como el ejercicio del sufragio activo, la participación en una mesa electoral, la intervención como miembro del jurado o de testigo en un juicio entre otros, también serían aplicables al ámbito del trabajo doméstico. A este respecto, conviene también tener en cuenta que la jurisprudencia considera que acompañar a un hijo al médico no tendría cabida como deber inexcusable de carácter público o personal, señalando que la ausencia de reconocimiento expreso de este derecho debe ser cubierto por la negociación colectiva[31].

En otro orden de consideraciones, menor incidencia en el ámbito del trabajo doméstico tiene la aplicación del permiso para realizar funciones de representación, teniendo en cuenta la escasa o nula participación y afiliación de los empleados de hogar en funciones de representación legal o sindical.

Por último, cabe destacar también el reconocimiento a los trabajadores doméstico del derecho a permisos por exámenes prenatales o técnicas de preparación al parto. La duración de este permiso procederá por el tiempo indispensable y siempre que esos reconocimientos tengan lugar, necesariamente, durante la jornada de trabajo; lo que parece indicar la preferencia porque este tipo de actividades se realicen, siempre que sea posible, fuera de la jornada de trabajo.

31 STS de 9 de diciembre de 2020 (Rec. 79/ 2019).

4.1.5. Permiso por cuidado del lactante

El permiso por lactancia es un derecho laboral que tienen las personas trabajadoras y, por tanto, también las personas que trabajan en el hogar familiar, que les permite ausentarse del trabajo durante una hora al día hasta que el lactante cumpla nueve meses de edad (art. 37.4 ET).

El contenido de este permiso se concreta en el derecho a una hora de ausencia al trabajo que se puede dividir en dos fracciones, no necesariamente iguales. Y debemos tener en cuenta que, en los casos de nacimiento, adopción, guarda con fines de adopción o acogimiento múltiples, la duración del permiso se incrementa de forma proporcional. Además, quien ejerza este derecho, puede sustituirlo por una reducción de su jornada en media hora con la misma finalidad. No obstante, cabe destacar el olvido del legislador en la ampliación de la duración del permiso a las familias monoparentales, sobre todo teniendo en cuenta que se negaría —al menos formalmente— a los menores integrados en una familia monoparental la posibilidad de ser atendidos hasta los doce meses de edad, lo que podría vulnerar la Constitución[32].

El legislador ha perfilado el permiso por cuidado del lactante como un derecho de titularidad neutra, individual e intransferible. Es un derecho de titularidad neutra, en la medida en que se reconoce indistintamente en favor de hombres y de mujeres. Es un derecho individual porque se admite su disfrute simultáneo y al margen de si el otro progenitor trabaja o no. Es un derecho intransferible, pues no cabe la transferencia del derecho en favor de un único progenitor. No obstante, el único límite que prevé el art. 37.4 ET es en el supuesto de que ambos progenitores trabajen en la misma empresa y soliciten el ejercicio del derecho con base en el mismo sujeto causante. En tal caso, se reconoce a la dirección de la entidad la posibilidad de limitar su ejercicio simultáneo *«por razones justificadas de funcionamiento de la empresa, que deberá comunicar por escrito»*.

La duración del permiso también ha sufrido una evolución legislativa de forma que de la duración inicial de hasta los nueve meses de edad es susceptible de ser ampliada tras la modificación incorporada por el RDL 6/2019 hasta los doce meses, cuando ambos progenitores hayan disfrutado del permiso para el cuidado del lactante con la misma duración y régimen. Esta ampliación va acompañada de una prestación económica de Seguridad Social «por ejercicio corresponsable del cuidado del lactante «(art. 183 LGSS).

La fecha de inicio del permiso, es decir, el *dies a quo* se sitúa en la fecha de nacimiento del menor, lo que conlleva que la baja por nacimiento y cuidado no retrasa o pospone el inicio del cómputo del plazo. A este respecto, se debería modificar el *dies a quo* en los supuestos de filiación adoptiva, al objeto de que el plazo de nueve meses compute, no desde la fecha del naci-

32 Aragón Gómez, Cristina: «Tiempo de trabajo y conciliación: reducciones y adaptaciones de jornada por razones familiares», *Revista Trabajo y Derecho*, núm. 62, 2020.

miento del menor, sino desde la fecha de la resolución judicial por la que se constituya la adopción[33]. Y, finalmente, convendría reconocer la posibilidad de acumulación como un derecho de la persona trabajadora no condicionada a la regulación convencional o al acuerdo[34].

Por último, indicar que a pesar de que no se puedan disponer de datos estadísticos del ejercicio de este derecho en el trabajo doméstico, cabe presuponer que es meramente testimonial o incluso inexistente, sobre todo teniendo en cuenta el elevado índice de economía sumergida que existe en este tipo de prestación de servicios, así como el impacto de distintos factores que pueden influir en el disfrute real de este permiso, dentro de ellos quizá el principal sea que la edad media de las empleadas de hogar en la mayoría de los casos supera la edad fértil de la mujer o incluso de renuncia a la maternidad, por lo que la tasa de natalidad en este ámbito podría ser escasa o inexistente.

Una vez más, la aplicación de la regulación de los permisos en el ámbito del trabajo doméstico configurado por la simple remisión a la normativa común resulta insuficiente. Hay que concienciarse del derecho a permisos retribuidos como una realidad posible en el ámbito del trabajo doméstico donde la evolución no sólo normativa sino cultural, educativa y social son esenciales.

4.1.6. Permiso por nacimiento de hijos prematuros

El apartado quinto del art. 37 ET contempla el derecho de las personas trabajadoras a la ausencia de su puesto de trabajo durante una hora en los casos de nacimiento de hijo prematuro y de hospitalización del menor a continuación del parto. Derecho de ausencia también aplicable en el ámbito del trabajo doméstico.

Los titulares del permiso son los progenitores, por lo que tanto el padre como la madre tendrán derecho al disfrute de este permiso que no se condiciona al hecho de que el otro progenitor también esté trabajando.

En relación con la concreción horaria del derecho a la hora de permisos el legislador no especifica que pueda ser al principio o al final de la jornada, incluso que se pueda fraccionar el derecho en un disfrute 30 minutos a la entrada y a la salida del trabajo. En esta línea de interpretación también se considera que el alcance de este derecho se aplicará en caso de parto múltiple por cada uno de los neonatos que permanezca hospitalizados[35].

---

33 Ballester Pastor, María Amparo: «El RDL 6/2019 para la garantía de la igualdad de trato y de oportunidades entre mujeres y hombres en el empleo y la ocupación: Dios y el diablo en la tierra del sol», *Temas Laborales*, 2019, núm. 146, p. 34.

34 Aragón Gómez, C.: «Tiempo de trabajo y conciliación: reducciones y adaptaciones de jornada por razones familiares», *ob. cit.*

35 Martín Jiménez, Rocío: «La reordenación de los permisos...*ob. cit.*, p. 394.

4.2. Puntos críticos de los permisos. Momento de disfrute y cómputo

En la actualidad, uno de los aspectos más controvertidos en la materia objeto de estudio es la relativa al cómputo y disfrute de los permisos, que ha venido generando una importante litigiosidad en los últimos años por la multitud de problemas prácticos que su interpretación conlleva. Así, la primera mitad del año 2020 ha sido especialmente prolífica en pronunciamientos del Tribunal Supremo en torno al momento de inicio y cómputo de los permisos retribuidos, e incluso el Tribunal de Justicia de la Unión Europea ha tenido ocasión de pronunciarse. Si bien es cierto que estas cuestiones no se circunscriben en exclusiva al ámbito del trabajo doméstico, también lo es que la resolución de estas, también se entenderán aplicables en este sector. En este sentido, doctrina académica señala que el hecho de que las sentencias del Tribunal Supremo y de la Audiencia Nacional se refieran a convenios colectivos específicos y sus conclusiones sean de aplicación solo a los trabajadores incluidos en estos convenios, parece claro que se está asentando un criterio uniforme de interpretación que muy probablemente se aplicará a casos semejantes a los analizados[36].

La determinación del inicio del disfrute de los permisos retribuidos y el cómputo de estos ha sido analizada por el Tribunal Supremo, entre otras, en la sentencia de 13 de febrero de 2018 (Rec. 266/2016), que supuso un cambio del criterio seguido hasta ahora, porque establece que el inicio del permiso, cuando el hecho causante tiene lugar en día festivo debe comenzar en el primer día laborable para el trabajador. A raíz de este pronunciamiento se ha constatado un notable incremento de litigios en esta materia.

Las últimas sentencias han venido analizando tres aspectos concretos del disfrute de los permisos y que son los relativos a: la fecha de inicio del cómputo; el cómputo por días naturales o laborales y el posible desplazamiento del disfrute de los permisos más allá del hecho causante[37]. La doctrina académica considera que los nuevos planteamientos judiciales en relación con el cómputo y disfrute de los permisos obedecen a diversas circunstancias

36 MUÑOZ RUÍZ, Ana Belén: «Una revisión de los nuevos casos judiciales sobre el cómputo de los días de permisos retribuidos durante los periodos de descanso semanal y vacaciones», *Trabajo y Derecho*, núm. 71, 2020.

37 Un estudio detallado sobre los mismos véase, en BLASCO JOVER, Carolina: «Cómputo, retribución y otras cuestiones de interés en materia de permisos», *IUSlabor*, núm. 3, 2020., pp. 148 y ss. MARTÍNEZ YAÑEZ, Nora: «Los permisos retribuidos tras un periodo de turbulencias judiciales» Labos, núm. 3, 2020, pp. 86-108. SÁNCHEZ TRIGUEROS, Carmen: «Sobre la superposición de permisos a descansos o vacaciones. Comentario a la Sentencia del Tribunal de Justicia de la Unión Europea de 4 de junio de 2020, asunto C-588/18 *Revista de Trabajo y Seguridad Social*. CEF, núm. 451, 2020, pp. 209-215. PEÑA MONCHO, Juan: «El inicio y cómputo de los permisos retribuidos comentario a la STS 145/2018 de 13 de febrero y las reacciones generadas en la Audiencia Nacional», *IUSLabor,* núm. 1, 2019, pp. 342-352.

tales como: la flexibilidad del tiempo de trabajo, la especificidad de los descansos, la dinámica social y económica y el papel de la negociación colectiva[38]. La jurisprudencia en una sentencia reciente de 18 de octubre de 2022 (Rec. 139/2020) confirma los criterios precedentes en un pronunciamiento que podría denominarse de recapitulación y síntesis.

4.2.1. El *dies a quo* de los permisos

En los últimos años, la controversia jurídica se ha centrado en la determinación del día inicial del cómputo de los días de permiso y, en concreto, en cómo se hace el cómputo si el hecho causante recae en un día festivo o de descanso.

El art. 37.3 ET no precisa en qué momento debe comenzar a disfrutarse el permiso y ello ha suscitado la duda de cuando se inicia el día de cómputo. Las alternativas para la determinación del *dies a quo* podrían ser dos: se aplica la regla general según la cual el cómputo del permiso comienza el día en que tiene lugar el hecho causante, con independencia de que en esos días no haya obligación de prestar servicios, o bien se inicia el cómputo del permiso el primer día laborable tras el hecho causante.

En términos generales, la jurisprudencia ha señalado, a raíz de la STS 13 de febrero de 2018 (Rec. 266/2016) que el día inicial del disfrute cuando el hecho causante coincida con un festivo o no laborable, será a partir del primer día hábil. No obstante, al no haber una línea jurisprudencial clara, a raíz de varias sentencias de la Audiencia nacional[39] que distinguían entre permisos largos (como el matrimonio) y cortos (el resto), se planteó cuestión prejudicial al Tribunal de Luxemburgo sobre si los permisos retribuidos tenían que disfrutarse en días hábiles, dictándose la STJUE 4 de abril de 2020 (TJCE 2020, 136) que emplaza su resolución a nivel interno, al indicar que el establecimiento de permisos remunerados para atender a necesidades de quienes trabajan no forma parte del ámbito de aplicación de la Directiva 2003/88/CE, sino del ejercicio por el Estado miembro, de sus competencias propias.

La remisión a la jurisprudencia interna hace que quede zanjada la controversia con la publicación de las sentencias de 11 marzo 2020 (Rec. 192/2018) y de 17 de marzo de 2020 (Rec. 193/2018) que se centran en establecer que el cómputo de todos los permisos retribuidos debe iniciarse en día laborable, con independencia de si se trata de permiso por días naturales o por días hábiles[40], aunque matiza respecto de los permisos por matrimonio, que en

---

38 SÁNCHEZ TRIGUEROS, Carmen: «Sobre la superposición de permisos a descansos o vacaciones. Comentario a la Sentencia del Tribunal de Justicia de la Unión Europea de 4 de junio de 2020, asunto C-588/18...*ob. cit.* 211.

39 Por todas, véase SAN de 13 de junio de 2018 (Rec. 91 /2018).

40 Hay que precisar que la sentencia del Tribunal Supremo de 12 de mayo de 2009 (Rec. núm. 4/2008) ya establecía que el permiso por matrimonio debía iniciarse en día laborable si su

los supuestos en que el día de celebración del matrimonio es laborable, el *dies a quo* se fijará en el de la celebración.

4.2.2. El cómputo de días naturales o laborables de los permisos

En segundo lugar, a raíz del debate judicial sobre cuál debe ser el inicio de disfrute de los permisos retribuidos, este se amplía a cuál debe ser el cómputo de estos; es decir, si se circunscribe exclusivamente a días naturales o laborables.

Como es sabido, la norma legal, salvo para el permiso por matrimonio, no indica si se refiere a días laborables o días naturales, lo que supone que con independencia de cómo se determine el *dies a quo*, el cómputo de días de permiso por matrimonio incluye los días naturales, salvo mejora en convenio colectivo[41]. La cuestión se centraría en si esta misma interpretación es la que se aplica para el resto de los permisos, donde la normativa legal, a diferencia de lo que ocurre para el permiso por matrimonio, no especifica.

Como se ha señalado previamente, la jurisprudencia, en concreto, la STS de 11 de marzo de 2020 (Rec. 192/2018) ha establecido que «*el permiso sólo tiene sentido si se proyecta sobre un período de tiempo en el que existe obligación de trabajar, pues —de lo contrario— carecería de sentido que su principal efecto fuese ausentarse del trabajo*»; en consecuencia, lo razonable es que los permisos se refieran a días laborables, salvo previsión normativa en contrario. Por su parte, el Tribunal Supremo en sentencia de 14 de enero de 2021 (Rec. 3962/2018) ha vuelto analizar si los días de permiso o licencia retribuida, han de ser necesariamente días laborables y pueden ser compensados cuando coincidan con un descanso semanal. El Alto Tribunal remite a la sentencia de 11 de marzo de 2020 antes mencionada.

Por su parte, la doctrina ha entendido que la duración asignada por el artículo 37.3 ET a todos los permisos, salvo al de matrimonio, debe entenderse fijada en días laborables. Por tanto, si en el curso del disfrute del permiso quedan comprendidos uno o más días no laborables, el cómputo no se suspende y se reanuda en el siguiente día laborable[42]; los días concedidos, en la ley o por la negociación colectiva, son, en principio, naturales, salvo previsión expresa

hecho causante acontece en festivo. Por consiguiente, la sentencia del Alto Tribunal de 13 de febrero de 2018 convirtió en jurisprudencia lo que antes era doctrina. Peña Moncho, Juan: «El inicio y cómputo de los permisos retribuidos comentario a la STD 145/2018 de 13 de febrero y las reacciones generadas en la audiencia nacional», *Iuslabor,* núm. 1, 2019, p. 347.

41 STS de 17 de marzo de 2020 (Rec. 193/2018).

42 Véase Sánchez Trigueros, Carmen: «¿Puede posponerse el disfrute de los permisos por razones familiares al momento en que se debería trabajar? Comentario a la Sentencia del Tribunal Supremo 145/2018, de 13 de febrero», *Revista de Trabajo y Seguridad Social. CEF*, núm. 424, 2018, p. 136.

contraria de un cómputo de días laborables, pues como se ha señalado «no hay que olvidar que el coste retributivo de no trabajar estos días lo asume la empresa y que no es lo mismo contabilizar días naturales o laborables»[43].

4.2.3. Sobre el desplazamiento del disfrute de los permisos más allá del hecho causante

Una tercera y última cuestión a la que también da respuesta la jurisprudencia es la relativa a si el disfrute de los permisos se debe desplazar cuando recae sobre periodos de baja, de vacaciones o de descanso semanal.

En esta línea de consideraciones respecto del adecuado uso del derecho y atención a la finalidad de la licencia retribuida hay que defender la necesaria conexión entre el momento de disfrute con la causa que lo genera. Resulta evidente que el permiso solo tiene sentido cuando sirve para atender una causa generadora, de ahí que tanto la doctrina como la jurisprudencia exijan una cierta inmediatez temporal entre el hecho causante del permiso y su efectivo disfrute, pues como señala la doctrina científica, desde punto de vista jurídico carece de lógica disfrutar un permiso por cambio de domicilio cuando ya se ha producido o atender el fallecimiento de familiar ya enterrado. Pese a que socialmente pueda pensarse de otro modo, la recta aplicación de los preceptos conduce a exigir «una razonable inmediación» entre el uso de la licencia y la causa desencadenante»[44].

La expresión «razonable inmediación» evidencia que no se precisa una total coincidencia entre el hecho causante y el disfrute del permiso, sino que basta una proximidad temporal adecuada para que este último pueda cumplir su finalidad. Por lo tanto, una vez acaecido el hecho causante, el permiso debe disfrutarse en un momento suficientemente cercano para que la persona trabajadora pueda atender a las necesidades protegidas por la causa[45]. No obstante, dada la variedad de permisos, no siempre es fácil determinar cuándo existe esa «razonable inmediación», pues no todos los permisos mantienen una relación igualmente estrecha o inmediata con el hecho causante.

Quizá, entre los permisos que ofrecen menos dificultades para apreciar la razonable inmediación se encuentran la asistencia a exámenes prenatales y técnicas de preparación al parto; así como fallecimiento de familiar. En todos ellos se da una situación más o menos sobrevenida que requiere la atención urgente de la persona trabajadora. Por el contrario, cuando las necesidades

---

43 LAHERA FORTEZA, Jesús: «Ejercicio y cómputo de los permisos retribuidos. Comentario a las Sentencias del Tribunal Supremo 229/2020 y 257/2020, de 11 y 17 de marzo», *Revista de Trabajo y Seguridad Social. CEF*, núm. 448, 2020, p. 174.

44 SEMPERE NAVARRO, Antonio Vicente y SÁNCHEZ TRIGUEROS, Carmen: «Problemas generales de los permisos retribuidos», Aranzadi Social, núm. 5, 1999, pp. 141-150.

45 MARTÍNEZ YAÑEZ, Nora: «Los permisos retribuidos tras un periodo de turbulencias judiciales»... *ob. cit.*, p. 95.

generadas por el hecho causante no consisten en un hecho puntual, sino que se extienden en el tiempo, o bien son menos urgentes, la determinación de la razonable inmediación no surge de modo tan evidente, como ocurre con el permiso con infortunios familiares. También esa flexibilidad pueda darse, incluso en el permiso por matrimonio, aunque reciente jurisprudencia viene manteniendo que la fecha del matrimonio ha de estar incluida dentro de los días de permiso, salvo cuando la celebración tenga lugar en día no laborable[46].

Sobe esta cuestión también se ha pronunciado el TJUE en sentencia de 4 de junio de 2020[47] que reconoce que «un permiso garantizado por el Derecho de la Unión no puede menoscabar el derecho a disfrutar de otro permiso avalado por ese mismo derecho con distinta finalidad que el primero». Ahora bien, esta doctrina no es aplicable a los permisos retribuidos porque no forman parte del Derecho de la Unión Europea, que no los incluye en la Directiva 2003/88/CE, y por tanto son fruto del ejercicio de las competencias exclusivas de un Estado miembro.

En definitiva, el solapamiento del hecho causante de los permisos con periodos de descanso ha de ser resuelta a nivel nacional, conforme a las normas legales y convencionales que conforman el ordenamiento jurídico interno.

En lo que a la doctrina judicial nacional se refiere, como regla general los tribunales han sido estrictos en la consideración del principio de razonable inmediación entre el hecho causante y el momento del disfrute del permiso, lo que les ha llevado a denegar este último cuando, a causa del transcurso de las vacaciones, la separación temporal entre ambos sea amplia, al entender que los permisos están **indisociablemente unidos al tiempo de trabajo;** ello supone que las personas trabajadoras no pueden reclamarlos por hechos acaecidos en periodos de vacaciones o de suspensiones de contrato[48]. La negociación colectiva sí que podría disociar el disfrute de determinados permisos como mejora de los derechos mínimos. En este sentido, su impacto en el sector del trabajo doméstico no tiene cabida, dada la ausencia de negociación colectiva al respecto.

Por su parte, la sentencia del TS de 14 de enero de 2021 (Rec. 3962/2018) determina si los días de permiso o licencia retribuida han de ser necesariamente días laborables o pueden ser compensados cuando coincidan con el descanso semanal. El disfrute del permiso sólo tiene sentido cuando el hecho causante sucede en tiempo de trabajo, pues si el hecho causante sucediera

46 SSTS de 12 de mayo de 2009 (Rec. 4/2008), de 11 de marzo de 2020 (Rec. 192/2018) y de 17 de marzo de 2020, (Rec. 193/2018).

47 STJUE (Gran Sala) de 4 de junio de 2020, *Fetico y otros*, asunto C-588/18.

48 Sigue criterio de SSTS 145/2018 de 13 febrero, aclarada por auto de 10 de mayo de 2018 (Rec. 266/2016); 226/2020 de 11 marzo (Rcud. 188/2018); 229/2020 de 11 marzo (Rec. 192/2018); 257/2020 de 17 marzo 2020 (Rec. 193/2018); 636/2020 de 9 julio 2020 (Rec. 198/2018); 811/2020 de 29 septiembre (Rec. 244/2018); 189/2022 de 24 febrero (Rec. 176/2021); 282/2022 de 30 marzo (Rec. 136/2020), entre otras.

en un momento diferente no tendría sentido la ausencia del trabajo y mucho menos diferir el permiso para un momento posterior en el que se hubiera reanudado la prestación laboral[49].Por ello, lo normal es que los permisos se refieran a días laborables, salvo previsión normativa en contrario, como sucede en el caso del permiso por matrimonio[50].

A modo de síntesis general sobre los criterios jurisprudenciales en materia de permisos la STS de 18 de octubre de 2022 (Rec. 139/2020) ha recopilado las principales características de la regulación y forma de aplicación de las citadas licencias laborales retribuidos que aparecen recogidas en numerosas sentencias anteriores. Los criterios sobre el inicio de cómputo y disfrute de los permisos retribuidos se concreta en que: el «dies a quo» del cómputo de los permisos retribuidos en el convenio colectivo de empresa aplicable en este supuesto, en los casos en que el hecho causante suceda un día no laborable para el trabajador, tiene que iniciarse en el primer día laborable siguiente; salvo el permiso por matrimonio, los permisos regulados en el convenio deben disfrutarse en días hábiles. El permiso por matrimonio, reconocido legal y convencionalmente, está referido a días naturales, que incluyen días laborables y no laborables. En los demás impera la necesidad de que la ausencia al trabajo solo procede cuando existe el deber de prestarlo. Por último, cuando los acontecimientos que justifican la concesión de cualesquiera de los permisos retribuidos acaezcan durante un periodo de vacaciones anuales retribuidas o descanso semanal, no surge el derecho a su disfrute durante un periodo de trabajo subsiguiente. En esta misma línea interpretativa, uno de los últimos pronunciamientos del Tribunal Supremo, en los mismos términos que sus precedentes, vuelve a enjuiciar el día inicial de las licencias y por otro, la calificación de laborales de los días que comprende las mismas[51].

En consecuencia, la importancia de la jurisprudencia en la configuración del cómputo y disfrute de los permisos retribuidos, sin duda, resulta esencial.

5. Los desafíos de los permisos retribuidos en el trabajo doméstico

Como se ha señalado anteriormente, uno de los condicionantes más importantes del trabajo doméstico se sitúa en que se trata de un sector ocupado mayoritariamente por mujeres migrantes y donde la informalidad es muy

49 Véase un comentario de sentencia en PALOMINO SAURINA, Pilar: «Los días de permiso retribuido deben ser hábiles (Comentario de la sentencia del TS de 14 de enero de 2021, Rec. 3962/2018)». *Diario la Ley*, núm. 9835, 2021.

50 Y lo mismo se concluye en las SSTS de20 de diciembre (Rec. 104/2021) y de 28 de febrero de 2023 (Rec. 99/2021).

51 STS de 28 de febrero de 2023 (Rec. 99/2021).

elevada[52]. Este aspecto, también va a tener un impacto directo en materia de permisos retribuidos pues, como ha señalado la doctrina, la regulación del tiempo de trabajo debe perseguir la mayor igualdad posible con otros sectores, aspecto que obliga a reflexionar sobre su impacto en el trabajo doméstico[53].

Sobre esta situación descrita, el carácter especial de esta relación laboral tiene aspectos positivos y negativos. A su favor destacaría el hecho de que las especialidades de la prestación y del lugar de trabajo no deben de pasarse por alto. Pero también hay que tener en cuenta, como aspecto negativo, que el mantenimiento de un régimen especial, con una regulación diferente, plantea problemas de diferenciación injustificada que puede ocasionar situaciones de discriminación, a nuestros efectos, al constatarse que la mayor parte del trabajo doméstico es soportado por mujeres migrantes en situación de informalidad, lo que contribuye a aumentar la brecha de género.

Por todo ello, los retos o desafíos que en la actualidad conlleva la situación de trabajo doméstico que tienen un impacto directo en relación con los permisos retribuidos se sitúan: en primer lugar, en la lucha contra la precariedad y discriminación de las personas que trabajan al servicio del hogar familiar que contribuye a aumentar la distinción entre y, en segundo lugar, en el fomento e impulso de la negociación colectiva en este sector como herramienta necesaria para la mejora de las condiciones de trabajo.

Para abordar el complejo problema de la precariedad del trabajo doméstico habría que tener en cuenta una serie de medidas combinadas en tres ámbitos: «el legislativo, el de la acción colectiva y el de la sensibilización»[54].

Desde el punto de vista legislativo, el desafío pendiente sería el de fomentar, a través de la revisión normativa, la equiparación de derechos de este colectivo respecto del resto de trabajadores asalariados. Equiparación y prohibición de discriminación como se pone de manifiesto en distintos textos normativos aplicables tanto a nivel de derecho supranacional como estatal y que se constituyen en el principal objetivo a conseguir. En este sentido,

52 El trabajo doméstico ha servido para reemplazar las labores domésticas realizadas por las mujeres tras su incorporación al mercado de trabajo, circunstancia que podría explicar su desvalorización en términos culturales y económicos SANZ SÁEZ, Concepción: Derechos colectivos y empleadas del hogar: reformas jurídicas inaplazables para un trabajo decente del trabajo doméstico en España En AA.VV.: *Congreso Interuniversitario OIT sobre el futuro del trabajo...ob. cit.*, p. 235.

53 CABEZA PEREIRO, Jaime: «El trabajo doméstico en la normativa de la OIT», *Trabajo y Derecho*, núm. 9, 2019, p. 4.

54 ARANGO, Joaquín; DÍAZ, Magdalena y MOUALHI Djaouida: *Promover la integración de las trabajadoras y los trabajadores domésticos migrantes en España*, Fundación José Ortega y Gasset-Gregorio Marañón, Ginebra, 2013, p. 51.

la reciente ratificación del Convenio núm. 189 de la OIT va a suponer una nueva oportunidad para revisar la protección y alcance del trabajo doméstico y adecuarlo a las exigencias normativas que establece esta norma internacional, donde se alude a la obligación de todo Estado miembro de adoptar medidas a fin de asegurar que tanto los trabajadores domésticos como los demás trabajadores en general disfruten de condiciones de empleo equitativas; todo ello teniendo en cuenta que los permisos o licencias son condiciones de empleo.

Por su parte, la Recomendación núm. 201 OIT, en su apartado tercero alude a la necesidad de adoptar medidas destinadas a eliminar la discriminación en materia de empleo y ocupación. De forma más explícita, su apartado quinto refiere a las condiciones de empleo y expresamente reconoce, en el apartado segundo, el derecho a licencia por enfermedad y, cuando proceda, otro permiso personal». El apartado 25 alude a la obligación de los Estados miembros para establecer políticas y programas a fin de atender las necesidades de los trabajadores domésticos en cuanto a lograr un equilibrio entre la vida laboral y la vida personal y asegurar que las preocupaciones y los derechos de los empleados de hogar se tengan en cuenta en el marco de los esfuerzos más generales, encaminados a conciliar el trabajo con las responsabilidades familiares.

Junto a la equiparación de derechos y condiciones laborales, otro de los retos del trabajo doméstico que tiene especial impacto en materia de permisos retribuidos es el desarrollo de medidas de fomento de la negociación colectiva y representatividad en este sector profesional. Sin perjuicio de un análisis posterior base señalar aquí que el apartado segundo de la citada Recomendación núm. 201 OIT indica expresamente que «los Miembros deben establecer medidas que garanticen la libertad sindical y el reconocimiento efectivo del derecho de negociación colectiva, que deberían: identificar y suprimir las restricciones legislativas o administrativas u otros obstáculos al ejercicio del derecho de los empleados de hogar a constituir sus propias organizaciones o a afiliarse a las organizaciones de trabajadores que estimen convenientes, y al derecho de las organizaciones de trabajadores domésticos a afiliarse a organizaciones, federaciones y confederaciones de trabajadores».

Por último, no sería suficiente con hacer modificaciones normativas, sino que es necesario cambiar la visión respecto del trabajo doméstico, y tomar conciencia de que nos encontramos ante un trabajador por cuenta ajena. Quizá con ello y como complemento a la revisión normativa se consiga revertir el elevado porcentaje de empleo sumergido que conlleva este tipo de prestación de servicios.

En otro orden de consideraciones, los datos estadísticos y las condiciones de empleo en el sector doméstico obligan también a reflexionar sobre el futuro de su regulación, y donde cabría analizar si la desaparición de esta relación laboral especial y su paso a una relación laboral común revertiría la situación de informalidad y de discriminación que sufre este colectivo. Se debe mirar hacia el futuro y analizar el posible impacto que la digitalización y las nuevas tecnologías están provocando en el trabajo del siglo XXI. Quizá, en el trabajo del futuro, las especialidades del trabajo doméstico no tengan razón de ser y la introducción en este caso de distinciones para un determinado colectivo dentro del ámbito del empleo doméstico, den lugar a tratamientos diferenciados sin una suficiente justificación. La constante diferenciación y diversificación, con estatutos y regímenes laborales diversos en base a la especificidad del trabajo, no puede hacer perder de vista al Derecho del Trabajo y al Derecho de la Seguridad Social su importante tarea homogeneizadora, ni poner en peligro los principios tuitivos por los que se deben regir. La doctrina va más allá y como ha señalado quizá una de las herramientas para la lucha contra la economía sumergida no solo se sitúe en modificaciones normativas, sino que es necesario cambiar la visión que todos los implicados tenemos respecto del trabajo doméstico, y tomar conciencia de que nos encontramos ante un trabajador por cuenta ajena, con sus derechos y obligaciones [55].

5.1. El ejercicio efectivo de los permisos retribuidos

La remisión que la normativa aplicable a la relación laboral especial de empleados de hogar hace al Estatuto de los Trabajadores en materia de permisos retribuidos provoca que la configuración de estos derechos sea la misma que para el resto de los trabajadores asalariados. Sin embargo, a pesar de la remisión legal se descubre que bajo la apariencia de igualdad se esconde una distinción fundamental y es que el ejercicio de estos derechos ha venido planteando importantes problemas de aplicación práctica. Por tanto, la remisión que el RD 1620/2011 realiza a la aplicación de las mismas reglas sobre permisos retribuidos del trabajador común hacia el especial de trabajo doméstico demuestra que la aparente equiparación de derechos es más aparente que real.

En términos generales, los problemas de ejercicio de los permisos tendrían su origen en diferentes causas, tales como la alta informalidad que sufre esta prestación de servicios, el difícil control por parte de la inspección de trabajo y las especialidades derivadas del lugar de prestación de servicios que entorpecen el control del tiempo de trabajo y los descansos. Estos problemas se intensifican especialmente en quienes trabajan en régimen interno, pero también muy en especial en aquellas empleadas que trabajan a tiempo parcial en varias casas donde sufren en la mayoría de las ocasiones jornadas

55 MUÑOZ MOLINA, Juan: «Del régimen especial de empleados de hogar al sistema especial de empleados de hogar. protección social». *Lex social*, núm. 2, 2019, p. 440. SANZ SÁEZ, Concepción: «Los derechos colectivos del trabajo doméstico en relación con el Estatuto de los Trabajadores», *Lan Harremanak*, núm. 45, 2021, p. 159.

erráticas, con largos desplazamientos e ingresos escasos, además de muy inestables[56].

Por otra parte, la minusvaloración del trabajo doméstico y la invisibilidad de los trabajos realizados dentro de la esfera del hogar hace que se niegue la función social que tienen y, por ende, no se le preste la especial atención que merece. El principal problema parece derivar de la inseguridad jurídica a la que se ve expuesto el colectivo de trabajadores domésticos con una legislación poco efectiva para la realidad de este colectivo.

A fin de atajar eficazmente esta grave situación seria imprescindible una actuación combinada del legislador, la inspección de trabajo, los sindicatos y la sociedad en su conjunto para, por una parte, acometer la difícil pero imprescindible tarea de dignificar el trabajo doméstico y despertar la conciencia de que es un trabajo más, con sus derechos y obligaciones legalmente establecidos y, por otra, reforzar su protección normativa y el control de las condiciones en las que se presta, por cuanto, como ha quedado expuesto, el cumplimiento de la normativa laboral es la vía para evitar estas malas prácticas. Efectivamente, el ámbito en el que se presta el trabajo doméstico presenta unos condicionantes especiales, pero en ningún caso éstos pueden justificar la desprotección de estos trabajadores[57].

Teniendo en cuenta la situación del trabajo doméstico, la pregunta que tendríamos que formularnos sería la relativa a ¿significa esto que, en el contexto actual, las empleadas de hogar pueden y efectivamente ejercen sus permisos retribuidos y disfrutan de los mismos? La respuesta, a pesar de los últimos cambios normativos, debe ser negativa. Las políticas públicas no tienen en cuenta la especial vulnerabilidad de este colectivo. La ordenación del tiempo de trabajo y dentro de ella los permisos retribuidos en este sector han seguido unos parámetros muy diferentes de los que se han observado, con carácter general, en el mundo de las relaciones laborales. El limitado poder de negociación, unido a las características particulares de la prestación de servicios y los difíciles controles del cumplimiento de las normas constituyen los desafíos más importantes

En el cambio de esta situación descrita podría influir positivamente el incorporar la perspectiva de género en el diseño de la normativa laboral y de Seguridad Social, como exige el art. 19 LOIMH, desarrollada por el del

56 Son muy frecuentes, entre otros incumplimientos, las jornadas por encima del máximo permitido, las horas extraordinarias no pagadas (que además se excluyen expresamente de registro, por lo que se priva al trabajador de la prueba de su realización y cuantificación, y la consiguiente garantía de su cobro), los salarios por debajo del mínimo, el incumplimiento de las previsiones acerca de los descansos o la reducción del tiempo de descanso semanal MIÑARRO YANINI, Margarita: «Formas esclavas de trabajo y servicio del hogar familiar: delimitación conceptual, problemática específica y propuestas (1)», *Relaciones Laborales,* núm. 10, 2014, p. 81

57 Ibidem.

RD 931/2017, de 27 de octubre, conforme al cual todas las normas han de incluir la perspectiva de género, con el fin de garantizar la igualdad de trato y de oportunidades entre ambos sexos[58]. Junto a ello, también se considera una herramienta útil la puesta en marcha de campañas de concienciación para dignificar el empleo doméstico y sensibilizar acerca de los derechos y responsabilidades de cada una de las partes.

5.2. La negociación colectiva como herramienta imprescindible en el desarrollo de los permisos retribuidos: una asignatura pendiente

Como es sabido, la negociación colectiva es un mecanismo que permite la mejora de las condiciones de trabajo, lo que supone que el hecho de que Estatuto de los Trabajadores haya fijado unas licencias o permisos no impide que por vía convencional pueda ampliarse el tiempo de disfrute de estos derechos o, incluso, reconocer nuevos permisos, como, por ejemplo, un permiso para asuntos propios. Por su parte, el régimen jurídico de esta relación laboral especial identifica espacios abiertos a la negociación colectiva en materias tales como los permisos retribuidos.

En el trabajo doméstico, la negociación colectiva no se ha desarrollado tanto como en otros sectores y ello a pesar de que expresamente el Convenio núm. 189 de la OIT reconoce el derecho de los trabajadores domésticos a la negociación colectiva, así como el reconocimiento del papel de las organizaciones sindicales. Complementando lo anterior, el apartado 2 de la Recomendación núm. 201 establece que «los Estados miembros han de identificar y suprimir las restricciones legislativas y administrativas al ejercicio del derecho de los trabajadores domésticos a constituir sus propias organizaciones o a afiliarse a las que estimen pertinentes».

El Decreto 1620/2011, de 14 de noviembre, por el que se regula la relación laboral de carácter especial del servicio del hogar familiar, a diferencia de su predecesor, incorpora una relación de fuentes aplicable a esta relación laboral especial, incluyendo como fuente expresa de regulación de condiciones de trabajo para este colectivo, a los convenios colectivos. Sin embargo, el ejercicio del derecho de sindicación en este ámbito de actividad también resulta irrelevante y esta situación se mantiene en la actualidad, a pesar de las modificaciones legislativas y del impulso que este colectivo está teniendo a instancias de la jurisprudencia comunitaria; de ahí que

58 López Aniorte, M.ª Carmen y Ferrando García, M.ª Francisca: «Precariedad y desprotección social del trabajo de limpieza y cuidados ante la situación de crisis sanitaria provocada por la Covid-19», *Revista Internacional y Comparada de relaciones laborales y derecho del empleo*, volumen 9, 2021, p. 220.

la doctrina haya venido atribuyendo a este cambio normativo una «eficacia más formal que real»[59].

La falta de un convenio colectivo de sector estatal, autonómico o provincial específico para el trabajo doméstico y las dificultades de acción sindical se atribuyen a diferentes causas o circunstancias, tales como a la naturaleza de este tipo de trabajo que se realiza en el ámbito privado de las casas y que tradicionalmente ha sido desempeñado por mujeres en situación de precariedad laboral y que inciden en la desafección de la empleada hacia el sindicato[60]; el derecho de representación en el centro de trabajo, dadas las peculiaridades de esta relación resultar inexistente por naturaleza, máxime cuando, además, resultaría difícil alcanzar en un hogar familiar el número de 6 empleados [61]; al hecho de que trabajador doméstico es el único trabajador del «centro de trabajo»[62]; a las dificultades que plantearía el control de la representación en este ámbito porque no hay una organización empresarial que representante los intereses de los empleadores[63]; a la informalidad del empleo, entre otros. Incluso, se ha llegado a señalar que la ausencia de referencia expresa a la posibilidad de regulación de condiciones de trabajo por vía de la negociación en el RD 1620/2011 es una circunstancia que también habría podido contribuir a que el ejercicio de los derechos colectivos, a pesar de no estar prohibido, no resulta eficaz[64]en una relación laboral con una tendencia marcadamente individualizada como esta[65].

La inexistencia de convenios colectivos aplicables al trabajo doméstico es una situación que se ha prolongado a lo largo del tiempo y en la que los cambios normativos no han logrado variarla. A pesar de las causas y particularidades del trabajo doméstico esta ausencia de negociación colectiva no estaría suficientemente justificada, máxima a sabiendas de que en países

59 García González, Guillermo: «Derechos sociales y empleados de hogar: reformas jurídicas inaplazables para la dignificación del trabajo doméstico en España», *Revista de derecho social*, núm. 77,2017, p. 87.

60 Benavente Torres, Inmaculada: «Dificultades para la negociación colectiva en el ámbito de la relación laboral especial del trabajo al servicio del hogar familiar», *Lex Social: Revista de Derechos Sociales*, núm. 11, 2021, p. 544.

61 Sala Franco, Tomás: «La relación laboral especial del servicio del hogar familiar y el contrato de trabajo doméstico»... *ob. cit.*, p. 315.

62 Ayala del Pino, Cristina: «La ordenación jurídica vigente del trabajo de los empleados del hogar familiar» ...*ob. cit.*, p. 151

63 Desdentado Daroca, Elena: «La nueva regulación del trabajo doméstico cinco años después. Un análisis crítico», *Revista de Derecho Social*, núm. 75, 2016, p. 56.

64 Sanz Sáez, Concepción: «Los derechos colectivos del trabajo doméstico en relación con el Estatuto de los trabajadores» ...*ob. cit.*, 138.

65 Sanz Sáez, Concepción: «Derechos colectivos y empleadas del hogar: reformas jurídicas inaplazables para un trabajo decente del trabajo doméstico en España...*ob. cit.*, p. 247.

cercanos a nuestro entorno cuentan con convenios colectivos en este sector, es el caso de Alemania, Francia o Italia, entre otros[66].

Se ha venido considerando que esta situación quizá podría mejorarse a través de los mínimos reconocidos por el Decreto 1620/2011 mediante el acuerdo entre las partes, reforzándose por la negociación colectiva propia del sector, pero para ello, este colectivo debe tener una regulación suficiente o posibilitar la extensión a convenios afines. Nos encontramos con un problema aún más grave, la falta de la parte empresarial para negociar, dada la inexistencia de asociaciones de titulares del hogar familiar[67]. A este respecto «la regulación de los derechos colectivos y, muy en especial de la negociación colectiva, es una de las asignaturas pendientes de mayor transcendencia para el acercamiento de esta relación al modelo común de relaciones laborales y a la dignificación de estas trabajadoras»[68].

Por otra parte, los cambios normativos exigidos por la labor creadora del TJUE y la ratificación del Convenio núm. 189 OIT constituyen una nueva oportunidad para avanzar en los derechos colectivos de los empleados de hogar, para analizar e implementar una serie de medidas que fomenten la negociación colectiva en este sector. La reforma llevada a cabo por Real Decreto-ley 16/2022, de 6 de septiembre, para la mejora de las condiciones de trabajo y de Seguridad Social de las personas trabajadoras al servicio del hogar, aunque en la buena dirección, ha resultado ser una herramienta insuficiente para conseguir cumplir con el objetivo de equiparar las condiciones de trabajo y de Seguridad Social de las personas trabajadoras del hogar familiar con el resto de los trabajadores por cuenta ajena. Un objetivo, formulado por la normativa precedente y que hasta la fecha no se ha concluido.

En definitiva, la negociación colectiva se constituye en la herramienta idónea e imprescindible para equiparar los derechos entre trabajadores domésticos y el resto de los trabajadores asalariados. Por todo ello, resulta necesario promover medidas que favorezcan la capacidad de organización de las personas trabajadoras del hogar familiar y los empleadores domésticos, o fomentar su afiliación a las organizaciones más representativas a nivel general[69] de forma que se avance en la equiparación plena con el resto de los trabajadores por cuenta ajena.

66 MTAHER, Celia: «Los trabajadores domésticos en Europa se organizan», 2015. https://www.effat.org/wp-content/uploads/2018/11/effat_booklet_domestic_workers_in_europe_es_0.pdf

67 SANZ SÁEZ, Concepción: «Los derechos colectivos del trabajo doméstico en relación con el Estatuto de los trabajadores» ...*ob. cit.*, p. 153.

68 BENAVENTE TORRES, Inmaculada: «Dificultades para la negociación colectiva en el ámbito de la relación laboral especial del trabajo al servicio del hogar familiar», *Lex Social: Revista de Derechos Sociales*, núm. 11, 2021, p. 534.

69 ROMERAL HERNÁNDEZ, Josefa: «Nuevo rumbo en las relaciones laborales de las personas trabajadoras al servicio del hogar familiar», *ob. cit.*, p. 57.

6. Reflexiones sobe el impacto de los nuevos permisos retribuidos familiares y de cuidado en el trabajo doméstico

El Proyecto de Ley de Familias, publicado en el BOCG de 14 de abril de 2023 introduce cambios significativos en cuanto a la regulación de permisos laborales, contempla una serie de permisos retribuidos por motivos familiares y de cuidados que afectan a los trabajadores en general y, por tanto, también tienen incidencia en el ámbito del trabajo doméstico. A efectos, laborales el origen de este proyecto legislativo tiene su razón de ser en la transposición de la Directiva (UE) 2019/1158 del Parlamento Europeo y del Consejo, de 20 de junio de 2019, relativa a la conciliación de la vida familiar y la vida profesional de los progenitores y los cuidadores, y por la que se deroga la Directiva 2010/18/UE del Consejo.

Cabe insistir en que el citado Proyecto de Ley de Familias está aún en tramitación y, por tanto, los cambios que introduce no están en vigor. No obstante, cabe destacar la relevancia de estos cambios, ya que incorporarían importantes cambios en materia de permisos retribuidos también tendrían impacto en el sector del trabajo doméstico, como es sabido, por la remisión general que el art. 3 del RD 1620/2011 realiza a la normativa laboral común, al aludir a las fuentes de la relación laboral.

Las modificaciones que incorporará en materia de permisos la futura Ley de protección a las familias se pueden clasificar en dos grupos: el primero, para incluir las modificaciones en los permisos retribuidos ya existentes y, la segunda, de incorporación de nuevos permisos retribuidos. Dichas modificaciones se contienen en la disposición final tercera del citado Proyecto de ley, en concreto, en su apartado tercero.

6.1. Extensión del permiso por matrimonio a las parejas de hecho

Una primera modificación, aunque de menor calado, es la relativa a la equiparación expresa de las parejas de hecho a las matrimoniales, a efectos del permiso por matrimonio. Con esta modificación se solventarían las dudas sobre el alcance de las uniones matrimoniales que ya fueron puestas de manifiesto por la doctrina académica.

No obstante, como premisa principal y general, a propósito de la reformulación de los permisos retribuidos, se echa en falta la ausencia total de referencia a las reglas de cómputo y disfrute, que han sido objeto de diversos pronunciamientos judiciales para su interpretación y clarificación en los últimos años. De aprobarse el texto actual sin su incorporación, supondría una oportunidad perdida para incorporar lo señalado tanto por la jurisprudencia comunitaria como española al respecto.

6.2. Reordenación del permiso por infortunio familiar

Otra de las modificaciones incorporadas por el Proyecto de Ley de familias en materia de permisos es la reordenación del permiso por infortunios familiares. El Proyecto de Ley propone la división del tradicional permiso en dos, diferenciado, por un lado, el derecho a un permiso retribuido de cinco días al año para cuidado de convivientes o familiares hasta segundo grado y convivientes, en situaciones de accidente, enfermedad grave, hospitalización o intervención quirúrgica sin hospitalización que precise reposo domiciliario. Y un segundo permiso, por fallecimiento de cónyuge, pareja de hecho o parientes de dos días ampliable en dos más cuando sea necesario el desplazamiento

Quizá el aspecto importante de la nueva regulación de este permiso sea que se puede utilizar para atender a convivientes o familiares hasta segundo grado de consanguinidad o afinidad, lo que amplía el abanico de personas que pueden ser cuidadas, manteniéndose las mismas causas de enfermedad o accidente que originan dicho permiso. El Proyecto de Ley de familias reconoce la necesidad de conciliar la vida laboral y familiar y extiende el permiso no sólo al cuidado de familiares sino también de convivientes. En consecuencia, se amplía el ámbito de aplicación de este permiso más allá de los familiares a otras personas que convivan en el domicilio y que se encuentren en la misma situación de infortunio y que requieran de cuidado efectivo. De esta forma, se pretende mejorar la calidad de vida de los trabajadores, así como de las personas que requieren cuidados.

La nueva redacción del permiso suscita diferentes dudas interpretativas, tales como qué tipo de convivientes sin ser familiares generan el derecho a un permiso, o cómo se debe acreditar la convivencia. A este respecto, las únicas referencias a la convivencia se contienen en el art. 2 relativo a definiciones donde alude a «Núcleo estable de convivencia»: aquel en el que dos o más personas comparten de forma habitual y continuada la misma residencia, en los términos establecidos en el artículo 3.2. No obstante, se entenderá que la separación transitoria motivada por razón de estudios, trabajo, tratamiento médico, rehabilitación u otras causas justificadas, incluyendo los supuestos de fuerza mayor o privación de libertad, no rompe la convivencia, salvo en los casos de privación de libertad impuesta por resolución judicial por delito de violencia de género o doméstica». El artículo al que remite no aclara nada al respecto porque es el que define quienes son integrantes de la familia. La especificación sobre la interrupción de la convivencia en circunstancias variadas también pronostica una judicialización del precepto en el momento de su interpretación y aplicación.

A ello hay que añadir que el requisito exigido de «cuidado efectivo» se incorpora como concepto jurídico indeterminado que será dirimido por los jueces y tribunales, y que parece según redacción del precepto no se aplica en el caso de permiso por infortunio de familiares. A este respecto, el Consejo Económico y Social (CES) en su Dictamen de marzo de 2023 sobre el Anteproyecto de Ley de Familias llama la atención también sobre el carácter abierto de esta expresión y establece que el legislador en aras a evitar la judicialización de este permiso y garantizar la seguridad jurídica debería reconsiderar algunos de sus enunciados por la excesiva vaguedad en su planteamiento[70].

Otra de las novedades a las que alude es a la duración de los permisos —ampliada de 2 a 5 días— pero sin especificar si los días deben ser naturales o hábiles. A este respecto el Dictamen del CES considera que, en aras de la seguridad jurídica, el texto del Proyecto debería referirse a días laborables, tal como contempla la Directiva.

En otro orden de consideraciones, el legislador diferencia entre permiso por infortunio de familiares y convivientes del permiso por fallecimiento que lo limita sólo al ámbito familiar en sentido estricto. Aquí nos tendríamos que preguntar cuáles son las motivaciones que han guiado al legislador a establecer esta dualidad de permisos por infortunios familiares. Así, en espera de la aprobación definitiva de la norma, se generan dudas razonables sobre el contenido efectivo de las medidas en algunos casos y la certidumbre de su cumplimiento tales como ¿Qué sentido tiene que tengas permiso para cuidar un conviviente enfermo que esté hospitalizado por enfermedad o accidente pero que si fallece no tengas posibilidad de permiso alguno?

Respecto del segundo permiso, el del fallecimiento de parientes cabe destacar dos aspectos. El primero, relativo a la exclusión del derecho por convivientes. Aquí tendríamos que preguntarnos cuáles son las motivaciones que han guiado al legislador a establecer esta dualidad de permisos por infortunios familiares con una diferente configuración, pues ¿Qué sentido tendría que se reconozca un permiso para cuidar un conviviente enfermo que esté hospitalizado por enfermedad o accidente, pero que si fallece no se tenga posibilidad de permiso alguno? El segundo aspecto que genera dudas se sitúa en diferenciar entre la causa generadora de este permiso —el fallecimiento de un familiar— respecto de la causa generadora del permiso de la ausencia de fuerza mayor, esto es, los denominados «motivos familiares urgentes».

Por su parte, la duración de este permiso se mantiene en los mismos términos, estableciéndose dos días salvo que se requiera desplazamiento, en cuyo caso se amplía su duración a cuatro días.

6.3. Ausencia por fuerza mayor familiar

El Proyecto de Ley introduce, asimismo, un nuevo apartado 9 en el artículo 37 del ET por el que se concede a la persona trabajadora «un derecho a ausentarse del trabajo por causa de fuerza mayor cuando sea necesario por motivos familiares urgentes e imprevisibles, en caso de enfermedad o accidente que hagan indispensable su presencia inmediata».

---

70 Dictamen del CES núm. 6/2023 de 10 de marzo de 2023, p. 25. https://www.ces.es/documents/10180/5301494/Dic062023.pdf.

Cabe destacar que el Proyecto de Ley habla por primera vez de permiso por ausencia, en lugar de la expresión tradicional utilizada de permiso retribuido por razones de fuerza mayor. Quizá la incorporación de la expresión de «ausencia» sea para reforzar el hecho de que la situación es extraordinaria e imprevisible y permite incluir los supuestos en los cuales el trabajador tenga que abandonar de forma inesperada su puesto de trabajo. En cualquier caso, lo ideal hubiese sido concretar qué supuestos se engloban bajo el paraguas de fuerza mayor.

El Diccionario de la RAE define la «ausencia» como el «tiempo durante el que una persona está ausente de un lugar». En este permiso el efecto sería la falta de presencia del trabajador en su lugar de trabajo, que debe enlazarse directamente con la situación que genera tal ausencia, en este caso, la fuerza mayor descrita como todo hecho imprevisible o extraordinario que por motivos familiares urgentes e imprevisibles, en caso de enfermedad o accidente hagan indispensable su presencia inmediata.

Se trata de un permiso retribuido de 4 días al año, que se puede disfrutar por horas. Esta división en el disfrute del permiso pudiera querer decir que las ausencias no sólo suponen la no asistencia al trabajo, sino también el llegar tarde o marcharse antes; redacción que, por otra parte, nos recuerda a las faltas de asistencia y puntualidad como causa de despido disciplinario.

De la redacción del precepto surgen diferentes dudas interpretativas relativas, entre otros aspectos, a qué debe entenderse por fuerza mayor que justifique la ausencia; a la justificación de por qué sólo se genera el derecho al permiso respecto de familiares y no convivientes, o las incertidumbres sobre su cómputo y requisitos de preaviso y justificación para su disfrute y, sobre todo, la duda que más controversia puede ocasionar es la distinción de este permiso respecto de los derivados de familiar. Esta última quizá sea una de las más importantes, así lo indica también el CES en su Dictamen donde advierte de la necesidad de garantizar la coherencia y la sistemática del contenido de este apartado, clarificando nítidamente el encaje de ese nuevo derecho de ausencia por causa de fuerza mayor en el conjunto de los supuestos en que la persona trabajadora podrá ausentarse del trabajo contemplados en la redacción del artículo 37.3, de modo que quede bien diferenciado del supuesto regulado en el artículo 37.3.b), de ausencia por accidente o enfermedad graves, hospitalización o intervención quirúrgica sin hospitalización, que precise reposo domiciliario[71]. De no concretarse la vaguedad e imprecisión de algunos de los supuestos, ello obligará a realizar los arreglos interpretativos por vía judicial; el legislador aún está a tiempo de reflexionar sobre el futuro impacto de su reforma y hacer los ajustes pertinentes antes de la aprobación definitiva.

Las personas que trabajan en el hogar familiar también tendrían derecho a los nuevos permisos laborales establecidos en el Proyecto de Ley de Familias,

71 Ibidem, p. 26.

siempre y cuando estén dadas de alta en la Seguridad Social y cuenten con un contrato de trabajo en vigor. Estos permisos podrían ayudar a conciliar su vida laboral y familiar, lo que a su vez podría mejorar su bienestar y calidad de vida. Sin embargo, es importante tener en cuenta que las trabajadoras del hogar suelen trabajar en un sector caracterizado por la informalidad y la precariedad laboral, lo que puede suponer una importante limitación en el acceso a estos permisos y otros derechos laborales. Por lo tanto, es necesario garantizar que la legislación laboral sea efectivamente aplicada para proteger sus derechos laborales y de protección social de este colectivo y, en particular, los relativos a permisos retribuidos.

En definitiva, en lo que refiere a la aplicación de estos permisos en el ámbito del trabajo doméstico, al no contemplarse especialidad alguna, el debate se mantiene en los mismos términos antes señalados, y es que la aplicación real de estos nuevos permisos tendrá un impacto menor en lo que refiere a los trabajadores domésticos. Quizá por ello habría que reflexionar sobre la necesidad de establecer fórmulas de trabajo flexible que contribuyan a establecer una regulación más garantista en este sector.

6.4. Permiso parental

Para dar cumplimiento a lo establecido en los artículos 5 y 8 de la Directiva (UE) 2019/1158, del Parlamento Europeo y del Consejo, de 20 de junio de 2019, la disposición final tercera, apartado séptimo del Proyecto de Ley introduce un nuevo artículo 48 bis, titulado «Permiso parental» que supone un derecho individual de las personas trabajadoras a un permiso parental, para el cuidado de hijo o menor acogido por tiempo superior a un año, hasta el momento en que el menor cumpla ocho años. La duración de este permiso no podrá ser superior a 8 semanas continuas o discontinuas y podrán disfrutarse a tiempo completo o en régimen de jornada a tiempo parcial.

Un primer aspecto que destacar en relación con este nuevo permiso sería el relativo a la configuración jurídica del mismo. La incorporación de un nuevo apartado el «o» al art. 45 del ET nos sugiere que se trata de un supuesto de suspensión de contrato de trabajo, a pesar de la denominación de permiso. Este aspecto, en principio, se reforzaría por el hecho de que no especifica si se trata de un permiso retribuido o no, para diferenciar los supuestos de suspensión de las ausencias remuneradas. El CES considera que la incorporación expresa del derecho de las personas trabajadoras a prestación económica puede ser la vía para garantizar el ejercicio adecuado de este derecho, evitando situaciones de desprotección, de un uso de este que penalice la participación de las mujeres en el trabajo remunerado, o de posibles comportamientos abusivos del derecho, que distorsionarían la finalidad de la Directiva[72].

72 Ibidem, p. 27.

En lo que refiere a los requisitos de disfrute, el Proyecto de Ley señala un preaviso de 10 días, aunque deja amplio margen a la negociación colectiva al indicar que el citado preaviso será concretado por los convenios colectivos. Asimismo, establece que corresponde a la persona trabajadora especificar la fecha de inicio y fin del disfrute o, en su caso, de los períodos de disfrute, salvo fuerza mayor, teniendo en cuenta la situación de aquella y las necesidades organizativas de la empresa. En caso de que dos o más personas trabajadoras generasen este derecho por el mismo sujeto causante o en otros supuestos definidos por los convenios colectivos en los que el disfrute del permiso parental en el período solicitado altere seriamente el correcto funcionamiento de la empresa, ésta podrá aplazar la concesión del permiso por un período razonable, justificándolo por escrito y después de haber ofrecido una alternativa de disfrute más flexible. Cabe destacar que este último aspecto de disfrute del permiso compartido por ambos progenitores en el ámbito del trabajo doméstico es una situación que apenas tiene impacto o incidencia alguna.

En otro orden de consideraciones, llama la atención en el nuevo artículo 48 bis, la ausencia a si este permiso es retribuido o no y ello como señala el Dictamen del CES teniendo en cuenta que la prevé la propia Directiva que se pretende transponer sí que lo contempla (art. 8). Quizá la razón de la ausencia de definir si se trata de un permiso retribuido o no obedezca al hecho de que el legislador ha tenido en cuenta las repercusiones que puede acarrear la gestión de este tipo de ausencias en determinadas empresas que dispongan de recursos económicos, técnicos y humanos limitados, como suele ser el caso de las pequeñas y medianas empresas y las microempresas. Junto a ello, también debe tenerse en cuenta que no resulta fácil encajar las modificaciones exigidas por la Directiva (UE) 201/1158 en materia de permisos por responsabilidades familiares en el derecho español, debido a la variedad de figuras españolas, que regulan los derechos por razones familiares y de cuidado —suspensiones, permisos, reducciones de jornadas, excedencias—, lo que conlleva a que su puede transponer la norma en varias de estas figuras.

En cualquier caso, conviene insistir en que no queda clara las posturas del legislador porque en el Anteproyecto de ley sí que se incorporaba una disposición transitoria decimoquinta en el Texto Refundido de la Ley del Estatuto de los Trabajadores con alusión a la aplicación gradual del nuevo permiso retribuido parental previsto en el artículo 48 bis, en el que se establece que los Estados miembros disponen de un plazo de transposición que termina el 2 de agosto de 2024. Previsión que ya no se contiene en el proyecto de ley. No obstante, en los días previos al cierre de este estudio se ha publicado en los medios de comunicación la intención del gobierno de remunerar este tipo de permiso parental, lo que permite aventurar una revisión del Proyecto de Ley de familias. Sólo a través de permisos remunerado se avanzando en fomentar la corresponsabilidad.

Como última consideración cabe destacar cuestión relativa a la eficacia de estas nuevas previsiones de cara la conciliación y a la efectiva igualdad por razón de género. A este respecto, teniendo en cuenta que las necesidades de las familias son plurales y que la situación demográfica cada vez más demanda trabajos de cuidado, la reforma debe suponer una apuesta decidida por el desarrollo de permisos que combinen una duración adecuada y flexibilidad en el disfrute, una buena remuneración y la instransferibilidad de derechos e incentivos económicos para un reparto igualitario.

7. Conclusiones

El trabajo doméstico creció exponencialmente en España de modo paralelo a la incorporación de la mujer al mercado de trabajo. Desde entonces, el legislador —consciente de las diferencias de protección entre este colectivo en relación con el resto de los trabajadores asalariados—, ha intentado su equiparación. A pesar de que las últimas reformas suponen un avance significativo, aún queda mucho camino por recorrer, no sólo porque no exista una plena equiparación legal entre relaciones laborales comunes y especiales, sino por la especial situación de este colectivo, compuesto mayoritariamente por mujeres migrantes que trabajan en muchos casos de forma irregular. Por todo ello es necesario establecer medidas de prevención y acción que regulen las posibles situaciones de vulnerabilidad en las que se pueden ver envueltas las personas que trabajan en el hogar familiar.

En lo que refiere a los permisos retribuidos, el legislador se limita a la remisión a lo establecido en el Estatuto de los Trabajadores para los trabajadores asalariados sin establecer ninguna particularidad y, sin embargo, la aplicación práctica de estos derechos dista mucho de ser eficaz por circunstancias tales como el desconocimiento generalizado de la normativa, las escasas ventajas que proporciona el sistema, el estatus legal de las trabajadoras inmigrantes o por los difíciles mecanismos de control de la Administración. Por tanto, el ejercicio eficaz de estos permisos retribuidos queda puesto entre dicho.

El establecimiento de soluciones alternativas a esta situación tendría su máximo exponente en el fomento de la negociación colectiva y en la reformulación de derechos específicos de estos trabajadores; ello al margen de reflexionar más detenidamente sobre la necesidad de mantener esta prestación de servicios como relación laboral de carácter especial y analizar si sus particularidades alejan la equiparación de derechos entre trabajador doméstico y asalariado.

Ante la panorámica descrita, se observan distintas posibilidades de actuación. La primera, sería una modificación profunda y de calado consistente en la desaparición de la relación laboral especial y la integración de las personas que trabajan en el hogar familiar como un trabajador asalariado con una relación laboral común objeto de derechos y obligaciones; ello en aras a la equiparación entre trabajo doméstico con el del resto de trabajadores asalariados. La segunda línea de actuación sería una reforma de mínimos, a través del fomento y desarrollo de la negociación colectiva como herramienta idónea en la mejora de las condiciones de trabajo y empleo para este colectivo.

BIBLIOGRAFÍA

Aragón Gómez, Cristina: «Tiempo de trabajo y conciliación: reducciones y adaptaciones de jornada por razones familiares», *Revista Trabajo y Derecho*, núm. 62, 2020.

Arango, Joaquín; **Díaz**, Magdalena y **Moualhi** Djaouida: *Promover la integración de las trabajadoras y los trabajadores domésticos migrantes en España*, Fundación José Ortega y Gasset-Gregorio Marañón, Ginebra, 2013, p. 51.

Ayala del Pino, C.: «La ordenación jurídica vigente del trabajo de los empleados del hogar familiar» *Anuario Jurídico Económico Escurialense*, núm. 51, 2018, p. 152.

Ballester Pastor, María Amparo: «El RDL 6/2019 para la garantía de la igualdad de trato y de oportunidades entre mujeres y hombres en el empleo y la ocupación: Dios y el diablo en la tierra del sol», *Temas Laborales*, 2019, núm. 146, p. 34.

Benavente Torres, Inmaculada: «Dificultades para la negociación colectiva en el ámbito de la relación laboral especial del trabajo al servicio del hogar familiar», *Lex Social: Revista de Derechos Sociales*, núm. 11, 2021, p. 544.

Blasco Jover, Carolina:

- «Cómputo, retribución y otras cuestiones de interés en materia de permisos», *IUSlabor*, núm. 3, 2020., pp. 148 y ss.

- «La necesidad de adaptar ciertos derechos personales y familiares a parejas de hecho y núcleos monoparentales», *Revista CEF de Trabajo y Seguridad Social*, núm. 451, 2020, p. 123.

Cabeza Pereiro, Jaime: «El trabajo doméstico en la normativa de la OIT», *Trabajo y Derecho*, núm. 9, 2019, p. 4.

Cavas Martínez, Faustino: «Diversificación *versus* uniformidad en el Derecho Español del Trabajo», en *REDT*, núm. 63, 1994 p. 97.

De Val Tena, Ángel Luis: «El Régimen Especial de Seguridad Social de los empleados de hogar», *Tribuna Social, Revista de Seguridad Social y Laboral*, núm. 207, marzo 2008; Villar Cañada, I.: «Seguridad Social e igualdad por razón de género tras la Ley 27/2011 de reforma de las pensiones: el Sistema Especial de Empleadas/os de Hogar», *Relaciones Laborales*, núm. 18, septiembre 2011.

Desdentado Daroca, Elena: «La nueva regulación del trabajo doméstico cinco años después. Un análisis crítico», *Revista de Derecho Social*, núm. 75, 2016, p. 52.

García González, Guillermo: «Derechos sociales y empleados de hogar: reformas jurídicas inaplazables para la dignificación del trabajo doméstico en España», *Revista de Derecho Social*, núm. 77,2017, p. 87.

García Gracia, José Luis: «¿Tengo derecho al permiso retribuido por hospitalización si el hospital prohíbe acompañar al familiar enfermo?», 2021. https://elderecho.com/tengo-derecho-al-permiso-retribuido-por-hospitalizacion-si-el-hospital-prohibe-acompanar-al-familiar-enfermo.

Lahera Forteza, Jesús: «Ejercicio y cómputo de los permisos retribuidos. Comentario a las Sentencias del Tribunal Supremo 229/2020 y 257/2020, de 11 y 17 de marzo», *Revista de Trabajo y Seguridad Social. CEF*, núm. 448, 2020, p. 174.

Llano Sánchez, Mónica: «El nuevo contrato laboral especial del servicio del hogar familiar», *Actualidad laboral,* núm. 6, 2012, p. 76.

López Aniorte, M.ª Carmen y **Ferrando García**, M.ª Francisca: «Precariedad y desprotección social del trabajo de limpieza y cuidados ante la situación de crisis sanitaria provocada por la Covid-19», *Revista Internacional y Comparada de relaciones laborales y derecho del empleo*, volumen 9, 2021, p. 220.

Luján Alcaraz, José: «Reflexiones sobre el papel actual de la autonomía de la voluntad en el contrato de trabajo», *Aranzadi Social*, T.V, núm. 4, 1999, p. 61.

Martín Jiménez, Rocío: «La reordenación de los permisos retribuidos», en AA.VV.: *La reordenación del tiempo de trabajo* (Dirs. J.P Maldonado Montoya; I. Marín Moral y A.V Sempere Navarro), BOE, Madrid, 2022, pp. 365-367.

Martínez Yañez, Nora: «Los permisos retribuidos tras un periodo de turbulencias judiciales» *Labos*, núm. 3, 2020, pp. 86-108.

Miñarro Yanini, Margarita:

- «Formas esclavas de trabajo y servicio del hogar familiar: delimitación conceptual, problemática específica y propuestas (1)», *Relaciones Laborales,* núm. 10, 2014, p. 81

- *El trabajo al servicio del hogar familiar: análisis de su nueva regulación*, Reus, Madrid, 2013, p. 27.

Mtaher, Celia: «Los trabajadores domésticos en Europa se organizan», 2015. https://www.effat.org/wp-content/uploads/2018/11/effat_booklet_domestic_workers_in_europe_es_0.pdf

Muñoz Molina, Julia: «Del régimen especial de empleados de hogar al sistema especial de empleados de hogar. protección social». *Lex social*, núm. 2, 2019, p. 440.

Muñoz Ruíz, Ana Belén: «Una revisión de los nuevos casos judiciales sobre el cómputo de los días de permisos retribuidos durante los periodos de descanso semanal y vacaciones», *Trabajo y Derecho*, núm. 71, 2020.

Palomino Saurina, Pilar: «Los días de permiso retribuido deben ser hábiles (Comentario de la sentencia del TS de 14 de enero de 2021, Rec. 3962/2018)». *Diario la Ley*, núm. 9835, 2021.

Peña Moncho, Juan: «El inicio y cómputo de los permisos retribuidos comentario a la STS 145/2018 de 13 de febrero y las reacciones generadas en la Audiencia Nacional», *IUSLabor,* núm. 1, 2019, pp. 342-352.

Quesada Segura, Rosa: «El régimen especial de Seguridad Social de los empleados de hogar», en AA.VV., *Crisis, reforma y futuro del Derecho del Trabajo* (Coords. Camps Ruiz, L.M.; Ramírez Martínez, J.M. y Sala Franco, T.), Tirant lo Blanch, Valencia, 2010.

Romeral Hernández, Josefa: «Nuevo rumbo en las relaciones laborales de las personas trabajadoras al servicio del hogar familiar», *Revista Internacional de la protección social*, núm. 2., 2022, p. 33.

Sala Franco, Tomás: «La relación laboral especial del servicio del hogar familiar y el contrato de trabajo doméstico», en *Relaciones Laborales*, (Madrid), T. I, núm. 4, 1986, p. 315.

Sánchez Trigueros, Carmen:

- *Los permisos retribuidos del trabajador*, Aranzadi, Pamplona, 1998, p. 27.

- La hospitalización por parto como causa de permiso. Comentario a la STC 71/220, de 29 de junio de 2020», *REDT*; núm. 239, 2021, pp.247-256.

- «¿Puede posponerse el disfrute de los permisos por razones familiares al momento en que se debería trabajar? Comentario a la Sentencia del Tribunal Supremo 145/2018, de 13 de febrero», *Revista de Trabajo y Seguridad Social. CEF*, núm. 424, 2018, p. 136.

- «Las interrupciones de la prestación laboral» en AA.VV.: *Régimen general del contrato de trabajo (Dirs. A.V Sempere Navarro)*, Aranzadi, Pamplona, 2010, p. 129.

- «Sobre la superposición de permisos a descansos o vacaciones. Comentario a la Sentencia del Tribunal de Justicia de la Unión Europea de 4 de junio de 2020, asunto C-588/18. *Revista de Trabajo y de la Seguridad Social, CEF*, núm. 45, 2020, p. 211.

Sanz Sáez, Concepción:

- Derechos colectivos y empleadas del hogar: reformas jurídicas inaplazables para un trabajo decente del trabajo doméstico en España en AA.VV.: *Congreso Interuniversitario OIT sobre el futuro del trabajo. Judith Carreras (comp.), Sabrina Haboba (comp.), Julieta Lobato (comp.).* Ministerio de Trabajo y Economía Social, Madrid, 2021, pp. 225-238

- «Los derechos colectivos del trabajo doméstico en relación con el Estatuto de los Trabajadores», *Lan Harremanak*, núm. 45, 2021, p. 159.

Sempere Navarro, Antonio Vicente y **Sánchez Trigueros**, Carmen: «Problemas generales de los permisos retribuidos», Aranzadi Social, núm. 5, 1999, pp. 141-150.

Vela Diez, Raquel: «De la Ley 27/2011 al RD-ley 29/2012 de mejora de gestión y protección social en el sistema especial para empleados de hogar: la nueva frontera entre las personas trabajadoras al servicio del hogar familiar», *Temas Laborales*, núm. 121, 2013. p. 135.

CAPÍTULO VII

EXTINCIÓN DEL CONTRATO DE LOS EMPLEADOS DE HOGAR

Beatriz Rodríguez Sanz de Galdeano
Profesora Titular de Derecho del Trabajo y de la Seguridad Social
Universidad Pública de Navarra

1. Las razones de un régimen específico en materia de extinción y su progresiva confluencia con el común

El originario RD 1424/1985, de 1 de agosto, por el que se regula la relación laboral de carácter especial del Servicio del Hogar Familiar, en su preámbulo aludía a los motivos que justificaban una relación laboral especial para el trabajo prestado en el hogar familiar. Señalaba que era necesaria tal especialidad por la relación de mutua confianza, por la necesidad de garantizar una cierta flexibilidad y dejar margen al acuerdo de las partes y por el propio ámbito en que se desarrollaba la relación, donde se proyectan los derechos a la intimidad personal y familiar.

El RD 1620/2011, de 14 de noviembre, por el que se regula la relación laboral de carácter especial del servicio del hogar familiar, en su redacción anterior, señalaba en su exposición de motivos que el origen de la especialidad de la relación laboral radica en el ámbito en que se desarrolla la prestación laboral, el domicilio familiar, tan vinculado, dice, a la intimidad personal y familiar y fuera del ámbito productivo mercantil de las relaciones laborales comunes[1].

---

1 CUEVA PUENTE, María del Carmen: *La relación laboral especial de los empleados de hogar,* Lex Nova, Valladolid, 2005, pp. 149 y ss., identifica como rasgos distintivos de esta relación laboral el lugar de prestación de servicios, el empleador doméstico y el tipo de servicios. En igual sentido: CORDERO GORDILLO, V.: *La relación laboral especial del servicio del hogar familiar. RD 1620/2011, de 14 de noviembre,* Tirant lo Blanch, Valencia, 2014,

Estos mismos argumentos se mantienen en la redacción vigente, resultado de la reforma realizada por el RD 16/2022, de 6 de septiembre, como legitimadores de la especialidad de esta relación laboral[2]. Sin embargo, este nuevo RD también apunta que el objetivo primordial de la nueva regulación que aborda es acercar la regulación de esta prestación especial a la del régimen común y mantener las diferencias únicamente allí donde encuentran una justificación razonable, relacionada con el particular ámbito en que se desarrolla la relación.

Desde esta perspectiva, en lo que se refiere al régimen extintivo, el RD del año 2011, en su versión original, por primera vez recogió una remisión a las causas de extinción contempladas en el art. 49 TRET para las relaciones laborales comunes. Únicamente, excluyó la posibilidad de extinguir el contrato por fuerza mayor, despido colectivo y causas objetivas. Se justificaba tal exclusión por resultar incompatible con la especialidad de la relación laboral. Junto a ello, el RD del año 2011 siguió manteniendo la posibilidad de despido disciplinario y de desistimiento del empleador. En lo que se refiere al desistimiento, el RD del año 2011 mejoraba la indemnización y trataba de ofrecer una mayor seguridad jurídica para diferenciarlo del régimen del despido, obligando al empresario a hacer constar de forma clara e inequívoca, tal voluntad empresarial.

Once años después, la regulación del régimen laboral de los empleados de hogar vuelve a ser objeto de una reforma en profundidad. En esta ocasión, el origen de la reforma se encuentra principalmente en la necesidad de acomodar la regulación vigente a las exigencias derivadas de la normativa europea, sobre todo, en lo que se refiere a la equiparación de la protección en materia de protección social[3].

Ahora bien, se ha aprovechado la ocasión para actualizar algunos aspectos del régimen laboral. La novedad principal reside en la eliminación del desistimiento como causa justificada de extinción, en la previsión de tres causas extintivas particulares de esta relación laboral y en la elevación de las cuantías indemnizatorias para el caso del despido improcedente, equiparándolas al régimen común. Con todo, como se verá, se ha desaprovechado una oportunidad para clarificar las consecuencias del despido y, en concreto, el margen para la condena a la readmisión en los casos de despido improcedente y nulo. Sobre este particular, la regulación especial se mantiene como un reducto de especialidad, ajeno a los avances legislativos en esta materia, tan significativos en los últimos años.

---

pp. 9 y ss.; MIÑARRO YANINI, Margarita: *El trabajo al servicio del hogar familiar: análisis de su nueva regulación,* Reus, Madrid, 2013, pp. 15 y ss.; RUANO ALBERTOS, S.: *El régimen jurídico de los empleados de hogar,* Atelier, Madrid, 2013, pp. 43 y ss.

2 RD 16/2022, de 6 de septiembre, para la mejora de las condiciones de trabajo y de Seguridad Social de las personas trabajadoras al servicio del hogar. BOE núm. 216, de 8 de septiembre de 2022.

3 GARCÍA GONZÁLEZ, Guillermo: *El nuevo marco regulador de los empleados de hogar. Una aproximación crítica desde la dogmática jurídica,* Dykinson, Madrid, 2022, pp. 15 y ss.

2. Cuadro general de extinciones del contrato al servicio del hogar

2.1. La remisión al régimen general y la contemplación de causas específicas de extinción

Tal y como se ha señalado, la redacción actual del RD 1620/2011, remite con carácter general al régimen extintivo del TRET, salvo en lo que resulte incompatible. Se produce un cambio radical en la regulación en esta materia. En efecto, el RD originario, del año 1985, contemplaba un régimen extintivo particular, sin remisión alguna al régimen general; posteriormente, con la nueva regulación del año 2011, se aplicaba el régimen general en materia de extinción del TRET, excluyendo únicamente la posibilidad de extinguir el contrato por fuerza mayor, despido colectivo y causas objetivas[4]. La última reforma de 2022, con un claro ánimo tendente a la homogeneización con el régimen común, efectúa una remisión general al TRET, salvo en lo incompatible. No obstante, la regulación vigente, contempla todavía una serie de causas de extinción propias para el personal empleado en el hogar.

Por lo demás, tal y como se verá posteriormente, el RD no contempla reglas específicas en cuanto a los efectos del despido, ni tampoco en cuanto al régimen de indemnización, más allá de las reglas específicas contempladas para las causas de extinción particulares.

De acuerdo con esta regulación, cabe diferenciar, atendiendo a su fuente de regulación, entre causas de extinción comunes y causas de extinción específicas del empleo en el hogar.

Entre las primeras se encontrarían, la extinción por finalización del contrato, por causas objetivas, por desaparición de las partes, por despido disciplinario y por voluntad del trabajador. Con todo a la hora de aplicar el régimen general regulador de estas causas de extinción habrá que tener en cuenta que se aplicarán en bloque siempre que no resulten incompatibles con el régimen propio del empleo en el hogar.

Las causas específicas de extinción se regulan en el apartado 2 del art 11, y son las siguientes: disminución de ingresos de la unidad familiar o incremento de sus gastos, modificación sustancial de las necesidades de la unidad familiar, comportamiento de la persona trabajadora que fundamente de manera razonable y proporcionada la pérdida de confianza de la persona empleadora. Como cabe observar, de estas tres causas específicas, las dos primeras se refieren a circunstancias relacionadas con la unidad familiar y la última a la pérdida de confianza de la persona empleadora.

---

4 Crítica al respecto: García Testal, Elena: «La extinción del contrato de trabajo de los trabajadores domésticos en España: un régimen jurídico injustificadamente diferenciado», *Lex Social,* vol. 9, núm. 2, 2019, pp. 275 y ss.

2.2. Acotación de las causas de extinción incompatibles

El régimen de extinción común previsto en el art. 49 TRET se aplica a la relación laboral especial, siempre que no resulte incompatible con la propia esencia de la relación especial. Partiendo de lo anterior, no presenta problema la posibilidad de extinguir el contrato por ineptitud sobrevenida y por falta de adaptación de la trabajadora a las modificaciones técnicas. Mayores problemas plantea la admisión de la posibilidad de extinguir el contrato por causas económicas, técnicas, organizativas o de producción y ha de descartarse por completo la posibilidad de extinguir el contrato por falta de consignación, en la medida en que es una causa que solo opera en el ámbito de la Administración Pública.

En lo que se refiere a la extinción por causas económicas, técnicas, organizativas, tradicionalmente se ha descartado su aplicación en el ámbito del empleo doméstico, por cuanto se trata de causas que están concebidas para desplegar sus efectos en el ámbito de la empresa mercantil y en relaciones productivas.

En el marco de la relación especial cabría plantearse una cierta similitud en aquellos casos en los que el empleador del hogar se encuentre en una situación de crisis económica que justifique la extinción del contrato. Sin embargo, resulta un tanto forzado acomodar esta causa pensada para empresarios que operan en el tráfico jurídico con fines lucrativos y no para el empleador del hogar familiar. Además, en la regulación actual, el legislador ha contemplado expresamente una causa de origen similar, al permitir la extinción del contrato de empleo hogar por disminución de ingresos de la unidad familiar. Por lo tanto, ha de descartarse la operatividad de esta causa en el marco de la relación laboral de empleo en el hogar.

Asimismo, ha de descartarse la aplicabilidad del régimen relativo al despido colectivo en materia de extinción. De acuerdo con lo dispuesto en el art. 49.1 i) en relación con el Art 51 TRET, el despido colectivo se caracteriza, por un lado, por afectar a un número determinado de trabajadores en función del tamaño del centro de trabajo o empresa y por tener como causas las referidas causas ETOP. Partiendo de esta regulación, no habría problema para admitir el despido colectivo en aquellos casos, nada habituales, en los que se proceda a extinguir el contrato de un número de trabajadores en el marco de los umbrales exigidos por el apartado primero del art. 51 TRET[5]. Sin embargo, en coherencia con lo que se acaba de apuntar, no parece que en el marco de la relación del empleo del hogar haya margen para la concurrencia de causas ETOP[6].

5 CRUZ VILLALÓN, Jesús: «La aplicación de la Directiva sobre despidos colectivos», *Temas Laborales,* núm. 44, 1997, p. 37.

6 CORDERO GORDILLO, Vanesa: *La relación laboral especial..., op. cit.*, p. 69.

Pese a ello, ha de tenerse en cuenta que la Directiva 98/59, de 20 de julio, sobre despidos colectivos, no circunscribe su ámbito de aplicación a los despidos por causas ETOP, sino, en general, por motivos no inherentes a la persona del trabajador. Teniendo en cuenta esta más amplia definición de las causas de extinción y que la Directiva no excluye al personal al servicio del hogar familiar, cabría plantearse la posibilidad de que también se aplicaran las normas de despido colectivo a estos trabajadores, cuando alcanzaran los umbrales numéricos y su contrato se viera extinguido por circunstancias no inherentes a su persona, aunque no fueran causas ETOP.

3. Extinción por finalización del contrato

La remisión al art. 49 TRET lleva a identificar como primera causa de extinción del contrato, la terminación de este claro está, en aquellos supuestos en los que se hubiera contratado al empleado del hogar por tiempo determinado.

En materia de contratación, también se ha producido una equiparación entre el contrato por tiempo determinado del TRET y el de los empleados del hogar. El art. 6 del RD 1620/2011, remite con carácter general al TRET a la hora de fijar la duración del contrato de los empleados del hogar. De tal manera que en el empleo en el hogar se puede recurrir a la contratación temporal en los mismos términos que los previstos en el TRET. Cabrá por tanto contratar temporalmente por circunstancias de la producción en los términos previstos en el art. 15.2 TRET que, como ya se ha analizado en otro capítulo, contempla dos posibles causas que justifican este tipo de contrato. Por un lado, cuando tenga lugar un incremento ocasional e imprevisible de la actividad u oscilaciones, en cuyo caso el contrato podrá durar seis meses. Por otro lado, cuando se trate de oscilaciones previsibles con una duración máxima de noventa días, fraccionados en dos periodos. Este supuesto será menos habitual en el empleo doméstico, pero podría tener lugar en casos en los que el empleador del hogar necesite acudir en dos periodos de tiempo concretos a la contratación de personal adicional como, por ejemplo, durante la época de vacaciones navideñas o de verano, por el aumento de necesidades de cuidado o de limpieza en el hogar.

Asimismo, cabrá contratar temporalmente para sustituir a la persona trabajadora en los supuestos de suspensión del contrato.

En todos estos casos el contrato del empleado de hogar se extinguirá cuando finalice el contrato.

En cuanto a la forma en la que se debe proceder a la extinción no se establece ningún requisito formal, por lo tanto, bastará con la comunicación al trabajador por cualquier medio, si bien, resulta recomendable que tal comunicación se realice por escrito a efectos de prueba. Por otro lado, ha de tenerse en cuenta que en los casos en los que el contrato temporal haya durado más de un año (se tratará normalmente de supuestos de contratación por sustitución) hay que preavisar al trabajador con una antelación de quince días.

Por último, la extinción del contrato por circunstancias de la producción obliga al pago de una indemnización de doce días de salario.

4. Despido objetivo

4.1. Delimitación de las causas: el difícil acomodo de las causas ETOP y su reconducción al art. 11 RD 1620/2011

Con anterioridad a la reforma de este año, la remisión que se efectuaba a las causas de extinción del art. 49 TRET permitía aplicar a la relación laboral la extinción por ineptitud sobrevenida y falta de adaptación del trabajador.

Con la redacción vigente, la remisión general a las causas de extinción, salvo en lo que resulte incompatible, permite mantener la posibilidad de que el contrato en el seno del hogar familiar se extinga también por las referidas causas.

Mayores problemas suscita la posibilidad de que el empleador proceda a la extinción por causas ETOP. Estas causas justificadoras del despido en el régimen estatutario están pensadas para aquellos supuestos en los que se por motivos económicos, técnicos, organizativos o de producción no resulta factible la continuidad de la relación laboral. Se trata de causas que están pensadas para un ámbito productivo ajeno al de la relación laboral especial, en el que la empresa está sometida a los avatares del mercado.

Podría argüirse que, en el marco de la relación laboral especial, el empresario también puede sufrir avatares de tipo económico u organizativo, no parece que tanto técnico o productivo, que le aboquen a la extinción del contrato. Sin embargo, que en el marco del régimen vigente este tipo de situaciones deberían reconducirse al régimen del art. 11.1 RD 1620/2011 que, además, contempla una indemnización de doce días de salario con el límite de seis mensualidades, inferior a la prevista en el art. 52 TRET para la extinción por causas ETOP.

4.2. Causas objetivas relacionadas con el trabajador: ineptitud sobrevenida y falta de adaptación

La ineptitud sobrevenida del trabajador justifica la extinción del contrato cuando el trabajador, por circunstancias acaecidas con posterioridad al inicio de la relación laboral, no reúna las condiciones necesarias para seguir prestando su actividad. Entre las causas que pueden motivar tal pérdida de aptitud se encuentran, por ejemplo, circunstancias relacionadas con el estado de salud o con las condiciones físicas del trabajador, o con la pérdida de cualificaciones o autorizaciones necesarias para continuar con la prestación de servicios. En lo que se refiere a las circunstancias de salud, suele ser habitual, en el ámbito de la relación común, que, en el marco de las medidas de vigilancia de la salud, se llegue a la conclusión de que el trabajador no es apto o presenta limitaciones para cumplir con los requerimientos del puesto en condiciones de seguridad. Así sucede, por ejemplo, cuando debido a algún tipo de dolencia, el trabajador no puede asumir ciertas exigencias físicas del puesto. Cuando esto acontece el empresario ha de arbitrar las medidas preventivas necesarias para paliar tales limitaciones, ahora bien, cuando estas medidas no resultan factibles, se abre la posibilidad de extinción de la relación laboral por ineptitud sobrevenida.

En el ámbito de la relación laboral especial, cabe plantearse la posibilidad de que el trabajador sufra un deterioro de su estado de salud que determine su ineptitud. En este punto, ha de tenerse en cuenta que entre los aspectos que la reforma del RD ha modificado, se encuentra la inclusión de estos trabajadores en la LPRL. Hasta ahora, la relación laboral del empleo en el hogar se veía excluida de la normativa preventiva, pero con la reforma estos trabajadores han sido expresamente incluidos. Esta extensión de la normativa preventiva común determina que el empleador del hogar deba observar las obligaciones en materia preventiva. Entre estas obligaciones figura la de realizar una adecuada vigilancia de la salud y adoptar las medidas preventivas necesarias. De tal manera, que en el caso de que los trabajadores tuvieran algún tipo de limitación para el desempeño de su trabajo, el empleador del hogar deberá adoptar las medidas preventivas oportunas, siempre que sean factibles. Cabría, por tanto, exigir al empresario que, siempre que fuera factible, evitara los elementos de riesgo que influyen en la falta de aptitud del trabajador. Piénsese, por ejemplo, en el supuesto de que el trabajador no pudiera ser expuesto a determinados agentes químicos utilizados en el trabajo.

También tendría cabida en el marco del empleo doméstico la extinción del contrato por la pérdida de cualificaciones necesarias para el desempeño de la profesión; así ocurrirá en el caso de que fuera necesario la posesión del carnet de conducir porque se prestara servicios como chófer de manera esencial, o, en general, los trabajos exigieran el desplazamiento, por ejemplo, con los menores al cuidado del empleado doméstico.

4.3. Forma y efectos del despido por causa objetiva

En cuanto a la forma del despido, ha de estarse a lo establecido con carácter general por el art. 53 TRET, que exige la comunicación escrita al trabajador en la que conste la causa, la puesta a disposición de la indemnización de veinte días por año de servicio con un máximo de doce mensualidades y la concesión de un plazo de preaviso de quince días.

En caso de que se incumpla los requisitos de comunicación escrita y entrega de la indemnización correspondiente, el despido se considerará improcedente. No así, en caso de incumplimiento del plazo de preaviso, que solo tiene como consecuencia el pago del salario correspondiente a los días dejados de preavisar.

Conforme con lo previsto en el apartado 4 del art. 53 TRET, el despido será calificado como nulo cuando se lleve a cabo con vulneración de los derechos fundamentales. En este caso, el trabajador deberá aportar algún indicio de tal vulneración y será el empresario el que tenga la carga de probar que la razón del despido no obedece a los motivos alegados.

Además, será nulo el despido de personas trabajadores que tengan suspendido el contrato por nacimiento, adopción, guarda, acogimiento, riesgo durante el embarazo o la lactancia; el de las trabajadoras embarazadas desde la fecha de inicio del embarazo, con independencia de si el empresario conocía su estado; el de las personas trabajadoras que se hayan reintegrado al trabajo después de los periodos de suspensión por nacimiento, adopción etc., siempre que no hayan pasado más de doce meses desde el nacimiento. En estos casos el despido se considera nulo salvo que el empresario acredite suficientemente la causa objetiva que justifica el despido y su desconexión con la situación de embarazo, acogimiento, etc.

5. Fuerza mayor

Con la nueva redacción del RD 1620, se recupera esta causa de extinción que ya estuvo prevista en su redacción original de 1985. Nuevamente, la remisión genérica al régimen común en materia de extinción permite, en la medida en que no es incompatible con las características de la relación laboral especial, la extinción por esta causa[7].

Normalmente, la concurrencia de esta causa se ha vinculado a la concurrencia de siniestros que impiden la continuidad de la actividad laboral. Se trataría de casos en los que catástrofes, tales como un incendio o una inundación, impidieran el desarrollo de la actividad. A estas causas tradicionales habría de añadirse las derivadas de situaciones como la ocurrida durante la pandemia de la COVID 19, cuando, con carácter definitivo, fuera imposible la continuidad de la prestación laboral.

De acuerdo con lo previsto en el art. 50.7 TRET la concurrencia de esta causa requiere su constatación por la autoridad laboral. Para ello ha de realizarse la correspondiente solicitud a la autoridad laboral con los medios de prueba necesarios. La resolución de la autoridad ha de tener lugar en el plazo de cinco días.

---

7 VELA DÍAZ, Raquel: *El nuevo régimen de las personas empleadas de hogar. Aspectos laborales de Seguridad Social,* Laborum, Murcia, 2012, pp. 80 y 81; MIÑARRO YANINI, Margarita: «La nueva regulación de la relación laboral de carácter especial del servicio del hogar familiar: una mejora mejorable», *Relaciones Laborales,* núm. 5, 2012, pp. 83 y 84, ya advertían de que no se trataba de una causa incompatible con esta relación laboral especial.

No hay motivo para que en el ámbito de la relación laboral especial se excluya la observación de este procedimiento. En consecuencia, el empleador del hogar familiar ha de cursar la correspondiente solicitud y acreditar la situación origen de la fuerza mayor. El trabajador en este caso no tendrá derecho a indemnización alguna.

6. Extinción del contrato por desaparición de las partes

La remisión genérica al art. 49 del TRET obliga a plantearse las posibilidades de extinción de la relación laboral especial en el hogar familiar por la desaparición de alguna de las partes.

En lo que atañe al trabajador, el citado artículo contempla como causas de extinción la muerte, gran invalidez o incapacidad permanente total o absoluta del trabajador y la jubilación del trabajador (apartados e y f). No hay problema alguno para trasladar íntegramente tales causas de extinción al ámbito del empleo doméstico. En el caso de la incapacidad total, además, resulta plenamente compatible con las peculiaridades de la relación laboral, la posibilidad de suspender el contrato de trabajo, conforme a lo previsto en el art. 48.2 TRET, en los casos en los que se contemple una posible mejoría.

En cuanto a las causas relativas a la desaparición del empresario, el art. 49, en su apartado g) contempla los casos de muerte y jubilación y la extinción de la personalidad jurídica. En los casos de muerte y jubilación señala que la extinción se producirá, sin perjuicio de lo previsto en el art. 44, que contempla la subrogación de los contratos en los casos en los que exista una sucesión de empresa.

Como es obvio, en el marco del régimen estatutario la desaparición, física o jurídica, del empresario tiene como efecto la extinción del contrato, por cuanto puede llevar aparejado el cese de la actividad productiva. Sin embargo, este efecto no es tan fácilmente trasladable al ámbito del empleo del hogar y, desde luego, la jubilación del empresario o la declaración de incapacidad peramente total, no justifican por sí mismas la extinción de la relación especial, por cuanto no existe conexión alguna entre tales circunstancias y la prestación de servicios en el empleo en el hogar. Cuestión diferente es que la jubilación o la incapacidad conlleven un cambio en la situación de la unidad familiar que pueda justificar la extinción por alguna de las causas específicas contempladas en el art. 11.2 RD 1620/2011, a las que posteriormente se hará referencia.

En cuanto a la muerte del empleador sí es una circunstancia que puede justificar la extinción del contrato, siempre que no proceda la aplicación de lo dispuesto en el art 10 RD 1620/2011. De acuerdo con este artículo, cuando el empleado de hogar siga prestando servicios durante siete días en el mismo domicilio, pese a haber cambiado la titularidad del hogar familiar, tendrá lugar la subrogación de la persona del empleador, pero supeditada al previo acuerdo de las partes[8].

7. Despido disciplinario

7.1. La definición de las causas

La regulación común en materia de despido disciplinario se aplica sin matices a la relación especial de los artistas. En consecuencia, para proceder al despido disciplinario del trabajador en el hogar familiar es necesaria la concurrencia de alguna de las causas contempladas en el art. 54.2 TRET y la observación de los requisitos de forma recogidos en el art. 55 TRET.

Entre las causas que justifican el despido se encuentran las faltas repetidas e injustificadas de asistencia o puntualidad al trabajo, la indisciplina o desobediencia, las ofensas verbales o físicas al empresario, la transgresión de la buena fe contractual, el abuso de confianza en el desempeño del trabajo, la disminución continuada y voluntaria del rendimiento, la embriaguez habitual o toxicomanía y el acoso.

En principio, la operatividad de estas causas en el ámbito de la relación laboral especial no presenta problemas. Cualquiera de estas conductas, justificadoras del despido, puede tener lugar en el lugar de trabajo. Si bien es cierto que alguna de ellas, como el acoso, resulta bastante improbable que se de en este ámbito dada la posición de subordinación del trabajador; quizás únicamente pudiera plantearse la posibilidad del acoso horizontal en aquellos supuestos, poco frecuentes, en que existan varios empleados de hogar.

La cuestión más compleja en la aplicación de este régimen disciplinario es la de su deslinde respecto de la nueva causa de extinción por falta de confianza justificada, a la que posteriormente se hará referencia. En este punto, cabe ya adelantar que, desde un punto de vista teórico, la causa disciplinaria tiene su origen en un comportamiento culpable del trabajador, mientras que la pérdida de confianza, aunque pueda tener origen en actuaciones del trabajador, ha de relacionarse con un proceso subjetivo que sufre el empleador. Con todo, en la práctica, será frecuenta que el empresario del hogar recurra a esta última causa de extinción en aquellos casos en los que haya existido algún tipo de incumplimiento del trabajador, pero que no revista la gravedad suficiente para justificar la máxima sanción disciplinaria.

8 Ampliamente, sobre esta cuestión: BENAVENTE TORRES, Inmaculada: «Un aspecto jurídico especialmente problemático: la extinción de la relación laboral», *Lex Social, vol. 9, núm. 2, 2019,* pp. 253 y ss.

7.2. Forma y efectos del despido disciplinario

En cuanto a la forma del despido disciplinario en el ámbito de la relación laboral especial de empleo en el hogar familiar habrá de estarse al régimen común del art. 55 del TRET. Por lo tanto, será necesaria la notificación por escrito al trabajador, en la que se hagan constar los hechos que motivan el despido y la fecha de efectos. El citado precepto exige también una serie de requisitos adicionales para el supuesto en que el trabajador fuera representante legal de los trabajadores o delegado sindical, en cuyo caso se exige la apertura de expediente contradictorio. Además, si el trabajador estuviera afiliado a un sindicato se exige la audiencia previa a los delegados sindicales de la sección sindical.

No parece plausible que en el marco de la relación laboral especial se den las circunstancias para que se articulen las vías de representación legal de los trabajadores. Sería necesario que existieran al menos seis empleados de hogar para poder designar, si así lo deciden, un delegado de personal. Tampoco parece probable la posibilidad de que existan delegados sindicales, respecto de los que cumplir el requisito de audiencia previa.

Una cuestión que en el marco de la regulación anterior había planteado ciertos problemas, era la diferenciación entre el despido disciplinario y el desistimiento. La anterior regulación permitía al empresario desistir de la relación laboral, sin alegar motivación alguna, siempre que se comunicara por escrito haciendo constar la voluntad clara e inequívoca de dar por finalizada la relación laboral y se pusiera a disposición del trabajador la indemnización de doce días de salario por cada año de servicio, con el límite de seis mensualidades; además, era necesario un plazo de preaviso de veinte días en el caso de que la prestación hubiera superado la duración de un año. El incumplimiento de los requisitos de forma escrita y de puesta a disposición de la indemnización correspondiente, tenía como consecuencia la presunción de que el empleador había optado por el despido. Esta regulación había dado lugar a cierta conflictividad judicial en aquellos casos en los que el empresario no había observado los requisitos de forma y pretendía que su decisión de finalización de la relación laboral se considerará un desistimiento.

Una de las principales novedades de la actual regulación es la desaparición de la figura del desistimiento. El empresario que pretenda la extinción de lar elación laboral habrá de justificar las causas que la motivan y optar por alguna de las vías de extinción que aquí se examinan. Ahora bien, en la práctica pueden seguir planteándose problemas para diferenciar el despido disciplinario del despido por las causas específicas, propias de la relación laboral especial. En concreto, se pueden plantear problemas para diferenciar cuándo se está ante un despido disciplinario y cuando ante una extinción motivada por la falta de confianza. Como se verá a continuación, la extinción fundada en la falta de confianza conlleva un régimen similar al del desistimiento de la regulación anterior y exige la comunicación escrita y la puesta a disposición de la correspondiente indemnización.

8. Causas específicas de extinción de la relación laboral especial de empleo en el hogar

Una de las principales novedades del nuevo régimen extintivo de la relación laboral es la desaparición del desistimiento como causa de extinción y la contemplación de tres supuestos de causa extintiva particulares para esta relación laboral. Estos tres supuestos se pueden dividir entre aquellos que contemplan causas vinculadas a la situación del empleador y una causa particular, que tiene su origen en un comportamiento del empleado que da lugar a la pérdida de confianza.

8.1. Causas vinculadas a la situación del empleador

El art. 11.2 en sus apartados a) y b) contempla como causas de extinción específicas las siguientes:

> «a) Disminución de los ingresos de la unidad familiar o incremento de sus gastos por circunstancia sobrevenida
>
> b) Modificación sustancial de las necesidades de la unidad familiar que justifican que se prescinda de la persona trabajadora del hogar.»

Se trata de dos causas que atienden a un cambio en la situación del hogar familiar que justifica la no continuidad de la relación laboral. Las circunstancias sobrevenidas que justifican la extinción, según la dicción literal, pueden tener su origen bien en la alteración de la situación económica, bien en la modificación de las necesidades de la unidad familiar.

El cambio en la situación económica, según se desprende de la redacción literal, puede tener su origen bien en una disminución de los ingresos, bien en un incremento de gastos. En la apreciación de estas circunstancias, al igual que ocurre en el régimen común, habrá de realizar una interpretación ponderativa y proporcional. Esto es, no parece que una disminución reducida de ingresos o un aumento moderado de los gastos justifique en cualquier caso la extinción. Habrá de atenderse a la entidad de tales cambios y ponerla en conexión con el coste económico del mantenimiento de la relación laboral especial.

En cuanto a la segunda causa que justifica la extinción, se menciona un cambio en las necesidades de la unidad familiar. Tendrá fácil cabida en este supuesto aquellos casos en los que, por ejemplo, ya no sea necesario el cuidado de las personas del hogar, bien porque se trate de menores que pasan a estar escolarizados o que no precisan ya de cuidados constantes o bien porque se trate de personas mayores, que, por diversas circunstancias (muerte, hospitalización, etc.), ya no requieren los cuidados.

8.2. La falta de confianza como nueva causa de extinción

Se contempla, por último, como una causa sui generis de extinción la falta de confianza motivada por un comportamiento de la persona trabajadora que de manera razonable y proporcionada lo justifique.

En la interpretación de esta causa ha de tenerse presente que no cabe la extinción por la simple falta de confianza, tal y como podía ocurrir con el desistimiento en la redacción anterior, sino que es necesario justificar dicha falta de confianza por un comportamiento de la persona trabajadora. Además, se requiere que dicha falta de confianza obedezca a criterios de razonabilidad y proporcionalidad.

En consecuencia, el empleador del hogar ha de acreditar la conducta de la persona trabajadora que le aboca a la extinción y, además, dicha conducta ha de tener una cierta trascendencia o entidad en orden a justificar de forma razonable y proporcionada la falta de confianza.

A la luz de los requisitos que se pueden deducir de esta redacción literal, cabe concluir que la formulación de esta causa de extinción puede ser una vía para extinguir la relación laboral en aquellos supuestos en los que la conducta del empleado no obedezca a los estándares de diligencia o comportamiento habituales, pero no tenga la entidad suficiente para justificar un despido disciplinario.

En una primera aproximación pudiera plantearse que también cabría acudir a la extinción por esta causa, en el supuesto de que el empresario no tenga pruebas para acreditar conductas que podrían justificar un despido disciplinario. Sin embargo, el empresario ha de acreditar también en este caso el comportamiento del trabajador que le ha llevado a perder su confianza en él. Por ello, no parece que, a través de esta vía el empresario se relajen los requisitos de prueba. Ciertamente, no se obliga a la acreditación de alguna de las causas de despido disciplinario, ni tampoco se obliga a probar la gravedad de la conducta, pero, en todo caso, ha de demostrarse el comportamiento del empleador que determinan la pérdida de confianza.

Como cabe observar, con la definición de esta nueva causa se ha tratado de impedir el desistimiento sin justificación como causa de extinción y se ha obligado a justificar el motivo de la decisión. Ahora bien, en la práctica, cabe esperar que la indefinición en cuanto a la causa que motiva la pérdida de confianza y la necesidad de acreditarla, den lugar a reclamaciones del empleado en las que pretenda que se declare la extinción como constitutiva de un despido improcedente.

Por su parte, en aquellos casos dudosos, en los que no se tenga certidumbre sobre el cumplimiento de los requisitos exigidos, el empresario, puede preferir realizar un despido disciplinario, con el fin de ahorrarse la puesta a disposición de la indemnización y esperar al planteamiento de una demanda.

8.3. Requisitos de forma y consecuencias de su no observancia

El apartado 2 del art. 11, exige al empresario que proceda a la extinción con base en alguna de las tres causas señaladas, su comunicación por escrito, en la que conste de forma clara e inequívoca la voluntad de dar por finalizada la relación y la causa por la que se adopta dicha decisión. Se exige, además, la puesta a disposición de la indemnización de doce días de salario por año de servicio, con el límite de seis mensualidades. En aquellos casos en los que la prestación de servicios hubiera superada el año, se debe conceder un preaviso de quince días. En los demás casos el preaviso es de siete días. El incumplimiento del plazo de preaviso tiene como único efecto la obligación de pagar de los días correspondientes. Por último, cuando la persona empleada de hogar lo sea a tiempo completo tiene derecho a una licencia de seis horas semanales para buscar un nuevo empleo.

La falta de forma escrita y de puesta a disposición de la indemnización correspondiente dan lugar a la presunción de que el empleador ha optado por un despido. En tal caso, se aplicará el régimen común, lo cual tendrá como consecuencia, que ante la falta de forma escrita y de indemnización, se pueda declarar la improcedencia del despido, previa interposición de la correspondiente demanda.

Cabe plantearse si en la comunicación escrita ha de aportarse documentación adicional que acredite alguna de las tres causas que justifican la extinción. Esto es, cabe plantearse si el empresario debe aportar documentación económica que justifique la disminución de ingresos o aumento de gastos, u otro tipo de pruebas que acrediten el cambio de las necesidades o incluso material probatorio sobre las conductas del empleador que han dado lugar a la pérdida de confianza. En principio, la redacción del artículo solo se refiere a la necesidad de que en la comunicación escrita conste de forma clara e inequívoca la voluntad extintiva y la causa. Por lo tanto, parece que será suficiente con la explicación de la causa que motiva la extinción. En este punto, el elemento central que deberá valorarse es si el empleado de hogar ha tenido cabal conocimiento de la causa por la que es despedido, sobre todo, en orden a hacer valer su derecho a la tutela judicial efectiva y poder plantear, en su caso, una demanda frente a la decisión extintiva del empresario.

9. Calificación del despido y consecuencias: ¿es posible la readmisión?

9.1. La declaración de improcedencia y sus efectos

De lo visto hasta ahora cabe concluir que procederá la declaración de improcedencia en los siguientes supuestos

En el caso del despido por causas objetivas la improcedencia tendrá lugar cuando no se acredite la causa o se incumplan los requisitos relativos a la comunicación y puesta a disposición de la correspondiente indemnización.

En el caso del despido disciplinario procederá la declaración de la improcedencia en los casos en los que no se acredite la causa o se hayan incumplido los requisitos de forma, esto es, la comunicación escrita con descripción suficiente de la causa.

Cuando se trate de una extinción del contrato por las causas específicas del régimen especial, esto es por las causas previstas en el art. 11.2 RD, procederá la declaración de improcedencia cuando no se hayan observado los requisitos de forma. Asimismo, la falta de acreditación de la causa conllevará la declaración de la extinción como injustificada y llevará aparejada las consecuencias propias del régimen del despido improcedente.

Por último, la extinción del contrato por alguna de las causas previstas en el art. 49 TRET, tales como finalización del contrato, etc., también puede ser calificada como improcedente, con las consecuencias que de ello se deriva, en el caso de que se observe que no concurren las causas que justifican tal extinción; por ejemplo, cuando se pretenda la extinción de un contrato temporal en fraude de ley que, por tanto haya devenido indefinido, cuando se pretenda la extinción por desaparición del empresario, pero se compruebe que continúa la actividad, etc.

El RD 1620/2011, según se ha visto, no contiene previsión alguna respecto de las consecuencias de la declaración de la improcedencia de la extinción y efectúa una remisión al régimen común del despido previsto en el TRET, salvo en lo que no resulte compatible. En la redacción anterior, sin embargo, se contemplaba el abono de una indemnización (inferior a la del régimen común) como única consecuencia de la declaración de improcedencia del despido.

De acuerdo con ello, en el caso de que el despido sea considerado improcedente, procederá, a opción del empresario, el abono de la indemnización genérica de treinta y tres días de salario por año de servicio con el tope de veinticuatro mensualidades o la readmisión. En este punto se ha producido una mejora respecto de la regulación anterior, que contemplaba para el despido improcedente una indemnización de veinte días. Se produce, por tanto, la equiparación de las cuantías indemnizatorias.

La cuestión que tradicionalmente se ha suscitado es si, en el ámbito de la relación laboral especial, cabe la opción por la readmisión. Entre los argumentos para entender que no tendría cabida esta opción se esgrimen, en primer lugar, la particular relación de confianza entre el empresario y el empleado del hogar y, en segundo lugar, el que el lugar de la prestación coincida con el domicilio familiar y la posible vulneración del derecho de los derechos fundamentales a intimidad personal y familiar y la inviolabilidad del domicilio (art. 18.1 y 2 CE). También, cuando se aborda la readmisión teniendo en cuenta la situación del empleado del hogar se señala que la imposición de tal opción puede suponer también un atentado para su intimidad e integridad y libertad de residencia, máxime en aquellos supuestos en los que se trabaje como interno[9].

De entre estos argumentos, solo parece que el relativo a la posible vulneración del derecho a la intimidad familiar e inviolabilidad de domicilio puede tener una cierta virtualidad. No parece, en cambio, que la especial relación de confianza pueda justificar una solución distinta a la existente en el régimen común, por cuanto también en el marco de las relaciones laborales ordinarias puede haber prestaciones de servicios que entrañan una particular relación de confianza entre empresario y trabajador.

Teniendo en cuenta este panorama normativo, parece que no cabe apostar por una solución única para todos los casos. Esto es, las opciones no pueden pasar por una admisión rotunda de la readmisión como consecuencia de la improcedencia, pero tampoco por descartar automáticamente esta opción en el marco del empleo en el hogar.

A la hora de abordar esta compleja cuestión, ha de partirse de la regulación normativa y también de la adecuada ponderación de los intereses en juego. En cuanto a la regulación, ha de advertirse de que, a pesar de que esta cuestión relativa a los efectos de la calificación del despido como improcedente, ya se había suscitado con la redacción anterior, el legislador no ha optado expresamente por arbitrar una solución específica y ha efectuado una remisión en bloque al régimen del despido. Ciertamente, el propio legislador ha apuntado que esta remisión ha de realizarse en todo lo que no resulte incompatible, en consecuencia, todavía existe un margen para valorar si la readmisión es incompatible con las características propias de la relación laboral especial.

Según se ha apuntado, el argumento esencial para entender que la readmisión es incompatible con la relación laboral, tiene que ver, por un lado, con el posible atentado al derecho fundamental a la inviolabilidad del hogar y a la intimidad familiar, por otro lado, con el derecho del propio trabajador del hogar a su libre residencia y a su intimidad. Es en este punto, donde se impone una valoración casuística de las circunstancias de cada caso.

En lo que se refiere a la vulneración del derecho a la inviolabilidad del hogar familiar, en el caso de la declaración de improcedencia, no tiene virtualidad por cuanto es el propio empresario del hogar el que puede optar por la readmisión o por la indemnización[10].

---

9 Benavente Torres, Inmaculada: «Un aspecto jurídico especialmente problemático: la extinción de la relación laboral», *op. cit.,* pp. 253 y ss.

10 Así parece entenderlo la STSJ (Andalucía) de 13 de febrero de 2019 (rec. 117/2018).

Mayores problemas se pueden suscitar respecto del derecho del empleado de hogar a su intimidad y a su libertad de residencia. En general, la posible vulneración de la libertad de residencia solo habrá de plantearse en los casos de empleados internos. En el resto de supuestos, solo cabría plantearse la posible vulneración de derechos fundamentales por la obligación de reingreso en un ambiente hostil. En estos casos, el ordenamiento común ofrece respuestas que pueden ser trasladables a este ámbito siempre que se acredite esa posible vulneración de derechos fundamentales. Así, cabrá la posibilidad de que el empleado en caso de hostigamiento solicite la resolución del contrato ex art. 50 TRET o, incluso, que se valore la extinción del contrato por imposible readmisión (art. 286 LRJS).

En definitiva, no cabe optar por una solución drástica, que excluya automáticamente la posibilidad de readmisión, por cuanto habrá supuestos en los que la relación se pueda restablecer, sin perjuicio para los derechos fundamentales.

Con todo, lo cierto es que la tendencia mayoritaria entre la doctrina de suplicación ha sido la de reconocer la indemnización económica como única consecuencia del despido improcedente, sin que proceda la opción por la readmisión y el abono de los salarios de tramitación. Para el cálculo de la indemnización se tomaban como referencia los menores parámetros, sobre una base de veinte días de salario por año de servicio, que la regulación anterior establecía[11]. Para los periodos de trabajo inferiores al año, en la medida en que el RD no contenía una regla especial, se acude al régimen común y se prorratean por meses[12]. En la actualidad este cálculo se ha uniformado, tal y como se ha señalado, con el régimen estatutario y, en consecuencia, la indemnización ha de calcularse sobre la base de treinta y tres días de salario por cada año de servicio.

9.2. La nulidad de las decisiones extintivas en el empleo en el hogar y la readmisión

9.2.1. Supuestos conducentes a la nulidad

En el caso de que la extinción del contrato se produzca con vulneración de derechos fundamentales la consecuencia será la nulidad. Los casos más habituales de nulidad en el ámbito del empleo doméstico se han dado en los supuestos de extinción del contrato durante la situación de embarazo de la

11 SSTSJ (Andalucía) de 17 de enero de 2013 (rec. 776/2012) y (Asturias) de 17 de enero de 2017 (rec. 2643/2016).

12 STS de 5 de junio de 2002, (rec. 2099/2019)

trabajadora. Conforme con el marco normativo actual cabe concluir que se considerará nulo el despido de los trabajadores del empleo en el hogar en los siguientes supuestos:

- Embarazo, desde la fecha de inicio hasta la suspensión por nacimiento, con independencia de que el empleador conociera la situación de embarazo
- Suspensión del contrato de trabajo por nacimiento, adopción, etc., riesgo durante el embarazo o la lactancia o por enfermedades causadas por embarazo, parto o lactancia natural
- Tras la incorporación al trabajo al finalizar los periodos de suspensión por nacimiento, adopción, guarda o acogimiento, siempre que no hubieran transcurrido doce meses desde la fecha de nacimiento, adopción, guarda o acogimiento.
- En general cuando la decisión extintiva se produzca con vulneración de los derechos fundamentales y libertades públicas

En todos estos casos se contempla, no obstante, la posibilidad de que el empresario acredite que la decisión extintiva responde a una causa objetiva, que no tiene que ver con la situación de embarazo o el disfrute de los derechos de conciliación relacionados.

Con la anterior regulación, se habían planteado dudas sobre la aplicación de este régimen de nulidad a los supuestos de desistimiento, debido a que, en el régimen común, hasta la reforma del año 2019, era posible la resolución del contrato durante el periodo de prueba, situación similar a la del desistimiento. Este debate se encuentra en parte superado por cuanto la reforma realizada por el RD 6/2019, de 1 de marzo, que consideró nula la resolución del contrato durante el periodo de prueba por razón de embarazo, desde el inicio de tal situación hasta el comienzo de la suspensión por nacimiento[13]. Por otro lado, la STS de 11 de enero de 2022 (rec. 2099/2019), ya había reconocido expresamente, en un supuesto de desistimiento durante el embarazo de la trabajadora, que, la aplicación del art. 11 RD 1620/2011, en su redacción anterior, no excluía la del art. 55.5 b) ET.

Con la nueva regulación, tal y como se ha visto, desaparece el desistimiento y se contemplan unas causas específicas de extinción particulares para esta relación laboral especial. La cuestión es si también la extinción por dichas causas deviene nula cuando se produce en los citados periodos de embarazo, suspensión, etc. Al respecto, ha de concluirse que la extinción unilateral del contrato por las causas previstas en el art. 11.2., también se ve sometida a esta regulación general en materia de nulidad, por cuanto no deja de estarse ante un despido y, en consecuencia, resultará de aplicación

---

13 *Vid.* en esta misma obra, el capítulo de GALLEGO MORA, Fermín, en el que profundiza sobre esta cuestión.

la regulación general en cuanto a los posibles efectos de la no observancia de los requisitos de forma y fondo[14].

9.2.2. La readmisión como solución y su compatibilidad con las especialidades del régimen especial del empleo en el hogar

En el régimen estatutario la declaración de la nulidad del despido tiene como única consecuencia la readmisión del trabajador, con el abono de los salarios de tramitación correspondientes hasta la fecha en que se haga efectiva. Solo en los casos de acoso laboral, sexual o por razón de sexo o de violencia de género en el trabajo se permite a la propia víctima optar por la extinción de la relación laboral, con el abono de la indemnización y salarios de tramitación correspondientes.

En el marco de la relación laboral especial, la tendencia mayoritaria de nuestros tribunales ha sido considerar que la readmisión no es posible, ni tan siquiera en los casos de nulidad, conforme con los argumentos apuntados anteriormente. Se ha entendido que la colisión del derecho fundamental a la intimidad e inviolabilidad del domicilio y los derechos fundamentales de la persona trabajadora en el hogar ha de resolverse en favor del primero y entender que no procede la readmisión[15].

A partir de aquí, los pronunciamientos han variado en cuanto a la reparación económica que debe darse al empleado de hogar[16].

Por un lado, hay pronunciamientos que han reconocido a la víctima el derecho a la indemnización por despido improcedente, conforme a los parámetros del régimen estatutario, esto es, a razón de treinta y tres días de salario por año de servicio y han considerado que la readmisión es incompatible

---

14 GARCÍA GONZÁLEZ, Guillermo: *El nuevo marco regulador de los empleados de hogar. Una aproximación crítica desde la dogmática jurídica,* Dykinson, Madrid, 2022, págs. 68 a 70.

15 Entre la doctrina se muestran partidarios de no aplicar la readmisión debido a la colisión con el derecho a la intimidad: QUESADA SEGURA, Rosa, *El contrato de servicio doméstico,* La ley, Madrid, 1991, p. 208; LÓPEZ GANDÍA, Juan y TOSCANI GIMÉNEZ, Daniel, *Los trabajadores al servicio del hogar familiar: Aspectos laborales y de seguridad social, propuestas de reforma,* Bomarzo, Albacete, 2012, p. 42; VILLALBA SÁNCHEZ, Alicia, «La discriminación por razón de sexo padecida por las empleadas del hogar familiar en la extinción de su contrato», *Revista de Trabajo y Seguridad Social. CEF,* núm. 470, 2022, pp. 63 y ss; Por el contrario, sostienen que sería factible la readmisión: SALA FRANCO, Tomás, «La relación laboral especial del servicio del hogar familiar y el contrato de trabajo doméstico», *Relaciones Laborales,* 1989-I, p.313.

16 Vid. un amplio estudio jurisprudencial de la evolución de las diferentes posturas en GARCÍA GONZÁLEZ, Guillermo: *El nuevo marco regulador de los empleados de hogar. Una aproximación crítica desde la dogmática jurídica, op. cit.*, pp. 47 y ss.

con las condiciones específicas en que se desarrolla la relación laboral en el empleo en el hogar[17].

Hay, sin embargo, otra línea jurisprudencial que, en un esfuerzo por otorgar una reparación suficiente ante la nulidad del despido, han reconocido el derecho a la indemnización propia del despido improcedente estatutario y al abono de los salarios de tramitación. Así, la STSJ (Madrid) de 24 de noviembre de 2009[18], (rec. 4191/146), concluye que no cabe readmisión por cuanto ha de darse prioridad al derecho a la intimidad familiar. No obstante, calcula la indemnización con base en 33 días de salario y admite el pago de los salarios de trámite[19].

Un paso más en esta línea lo da la STSJ (País Vasco) de 20 de octubre de 2015 (rec. 1736/2015), que reconoce el derecho a los salarios de tramitación y a la indemnización propia del despido improcedente, pero calculada a fecha de la sentencia que reconoce la nulidad y no a la fecha en que tuvo lugar el despido. Sostiene esta sentencia que para aquellos despidos nulos en los que no resulta factible la readmisión, en una interpretación analógica del art. 110.1 b) LRJS, cabe proceder a la extinción de la relación laboral en la fecha de la sentencia con el cálculo correspondiente de la indemnización[20].

Por su parte, el Tribunal Supremo, no ha tenido ocasión de pronunciarse de forma genérica sobre las consecuencias de la nulidad del despido, pero en una reciente sentencia de 29 de enero de 2020 (rec. 2401/2017)[21] tuvo que hacer frente a una cuestión muy concreta. En este caso se planteaba si se devengan salarios de tramitación cuando la nulidad del despido de la empleada de hogar se reconoce en suplicación. El alto Tribunal optó por su reconocimiento hasta la fecha en la que se produce la declaración de tal nulidad, es decir, la fecha de la sentenciad de suplicación. Por otro lado, en esta línea favorable a un cierto refuerzo de la tutela reparadora de las trabajadoras del hogar, la STS de 11 de enero de 2022, reconoce sin ambages, la aplicación del régimen de nulidad objetiva en los supuestos de despido de la trabajadora embarazada al servicio del hogar familiar. Esta sentencia tampoco se pronuncia sobre los efectos del reconocimiento de la nulidad, pero en su argumentación señala: «Finalmente, por si pudiera seguir planteándose alguna duda, la perspectiva de género que ha de presidir la interpretación y

---

17 STSJ (Castilla la Mancha) de 10 de marzo de 2016 (rec. 1893/2015) STSJ (Cataluña) de 8 de abril de 2013 (rec. 7553/2012),

18 Así la STSJ (Madrid) de 24 de noviembre de 2009, (rec. 4191/146).

19 Vid. también STSJ (Madrid) de 6 de marzo de 2019 rec. 822/2018

20 Ruano Albertos, Sara: *El régimen jurídico de los empleados...,* p. 125 apuntaba ya con el régimen anterior esta posible solución. García Testal, Elena: «La extinción del contrato de trabajo de los trabajadores domésticos en España: un régimen jurídico injustificadamente diferenciado», *Lex Social,* vol. 9, núm. 2, 2019, pp. 292; Desdentado Daroca, Elena: «Las reformas de la regulación del trabajo doméstico por cuenta ajena en España», *Investigaciones Feministas,* vol. 7, núm. 1, 2016, pp. 144 y ss.

21 Sentencia de 29 de enero de 2020 (rec. 2401/2017)

aplicación de las normas (artículos 4 y 5 de la citada ley Orgánica 3/2007, de 22 d marzo, para la igualdad efectiva de mujeres y hombres), lleva también a interpretar que la protección objetiva del embarazo debe aplicarse a la extinción del contrato de trabajo de una empleada doméstica».

En efecto, la nueva regulación en materia de igualdad y no discriminación debe llevar a una cierta reconsideración de la interpretación que hasta ahora se ha mantenido en cuanto a los efectos de la nulidad del despido de las empleadas de hogar. El estudio de la doctrina judicial demuestra que en el origen de la mayoría de este tipo de extinciones se encuentra la situación de embarazo de la empleada del hogar. Desde esta perspectiva, el otorgamiento de una primacía absoluta al derecho a la inviolabilidad del domicilio e intimidad familiar puede no resultar proporcionado. Tradicionalmente, se ha señalado que la imposición de la readmisión es incompatible con la intimidad familiar e incluso se apunta a que la imposición de una presencia no querida en el hogar conduciría a posibles situaciones de conflicto. Sin embargo, parece necesario una ponderación de las concretas circunstancias en que se produce la extinción y no desechar de forma automática la readmisión. En efecto, cuando la extinción del contrato haya tenido como único móvil la situación de embarazo, no parece que haya circunstancias relacionadas con la pérdida de confianza o con una situación de conflicto personal, sino únicamente una decisión del empleador del hogar basada en los inconvenientes económicos y de otro tipo que puede conllevar el mantenimiento de la relación laboral.

Por otro lado, como sociedad no cabe abrir espacios en el ámbito privado en los que, sin justificación alguna, se cercene el derecho a la igualdad y a la no discriminación por razón de sexo.

En este sentido, merece especial mención la respuesta contundente de la reciente STSJ (Andalucía) de 14 de julio de 2022 (rec. 3149/2020)[22], que con rotundidad señala que la única consecuencia de la nulidad es la readmisión y que abre una vía para la equiparación del régimen de nulidad. Con cierta vehemencia argumenta la sentencia que: «Entendemos que es más deseable vivir en una Sociedad en la que las trabajadoras puedan embarazarse sin temor a represalias, que en una Sociedad en la que los contratos de trabajo hicieran inexistente prácticamente tal posibilidad, de forma que si la extensión de la posibilidad de 'permutar' lo legalmente reconocido por un 'precio'...» Y añade, « se debe superar el nominalismo de la regulación del servicio doméstico pues nos encontramos un amplio mercado, muy eficiente (un elevado porcentaje, el 14,4 % de nuestros hogares cuenta con servicio doméstico prestado de forma regular) en que los empresarios son un enorme número de ciudadanos normales y corrientes que no pueden negar su condición de empleadores y sin que podamos compartir las falacias del preámbulo de la norma que cualquier lector no visado puede pensar que el servicio doméstico no forma parte de la economía de mercado».

22 Reciente STSJ (Andalucía) de 14 de julio de 2022 (rec. 3149/2020),

En suma, en línea con lo apuntado por el Tribunal Supremo, parece que es momento de una revisión de esta cuestión que tenga en cuenta esa perspectiva de género que ha de presidir la aplicación de las normas.

10. Extinción por voluntad del trabajador

10.1. Dimisión y abandono

El art. 49.1 d) TRET recoge entre las causas de extinción la dimisión del trabajador. Esta causa de extinción resulta plenamente aplicable a la relación laboral especial que nos ocupa. Señala únicamente el artículo que el trabajador habrá de preavisar al empresario de acuerdo con lo que establezcan los convenios colectivos o costumbre del lugar. Sobre este extremo, no hay convenios colectivos aplicables, por lo tanto, cabe concluir que basta con que el empleador comunique su decisión al empresario. Al respecto, la jurisprudencia ha señalado que la dimisión puede ser expresa o puede deducirse de los actos del trabajador. En todo caso, ha de apreciarse a la luz de la prueba practicada tal voluntad.

En los casos en los que no medie comunicación alguna, ni expresa ni tácita, pero el trabajador deje de acudir al trabajo, se estará ante un abandono, que también da lugar a la extinción del contrato.

Como cabe intuir, los problemas en la práctica se plantearán a la hora de dilucidar si se está realmente ante una dimisión o abandono o ante un despido o desistimiento, máxime en el caso de esta relación laboral especial, donde puede ser habitual la existencia de conflictos, motivados por la intensa convivencia.

La cuestión fundamental en estos supuestos será valorar, a partir de la prueba practicada, cuál era la voluntad real del trabajador y del empresario. Así, por ejemplo, en la STSJ (Madrid) de 6 de mayo de 1997[23] (rec. 2068/1996), la trabajadora, con permiso de su empleadora, emprendió un viaje de regreso a su país. Transcurrido un tiempo, la empleadora entendió que se había producido un abandono y procedió a la extinción del contrato. A su vuelta, el trabajador pretendía retomar la relación laboral. A la luz de estos datos, la sala entendió que no ha habido tal abandono y entiende que la decisión extintiva de la empleadora constituía un desistimiento.

Más complejo, resulta el supuesto de hecho analizado por la STSJ (Cantabria) de 17 de noviembre de 1998 (rec. 1459/1998), en el que, tras una discusión con su empleadora, la trabajadora se marchó airada, si bien, a los tres días llamó pidiendo perdón y solicitando volver al trabajo. La sentencia

23 La STSJ (Madrid) de 6 de mayo de 1997 (rec. 2068/1996),

concluye que no cabe entender que ha habido una voluntad de dimitir consciente y deliberada y, en consecuencia, concluye que no existe abandono ni dimisión. Nuevamente, en este caso la extinción del contrato realizada por el empresario se reconduce a la figura del desistimiento.

Sin embargo, en el caso analizado por la STSJ (Cantabria de 28 de junio de 1995 (rec. 724/1995), también después de una discusión, la trabajadora manifestó que «se pensaría sin continuaba trabajando» y entregó las llaves y abandonó el lugar de trabajo. La sentencia concluye que la entrega de la llave y la manifestación realizada resultan suficientes a efectos de entender que ha habido una dimisión del trabajador, de la que no cabe retractarse.

Por su parte, el Tribunal Supremo, en una reciente sentencia de 14 de febrero de 2022 (rec. 4897/2018)[24], consideró que había existido un despido tácito al dar de baja el empleador a la trabajadora en la Seguridad Social, sin efectuar comunicación alguna. La empleadora alegó que la baja tenía su origen en la dimisión del trabajador, sin embargo, no pudo acreditar tal extremo mediante la correspondiente prueba.

10.2. Extinción por incumplimientos del empresario

Dentro de las posibilidades de extinción del contrato por voluntad de la persona que presta servicios en el hogar familiar, se encuentra la resolución del contrato por incumplimientos graves del empresario. Esta vía extintiva se regula en el art. 50 TRET, que reconoce tal posibilidad cuando se lleven a cabo modificaciones sustanciales de las condiciones de trabo sin respetar lo previsto en el art. 41 TRET y que redunden en perjuicio del trabajador, cuando se produzcan retrasos continuados o falta de pago en el abono de salarios, cuando tenga lugar un incumplimiento grave de sus obligaciones por parte del empresario y cuando, tras una sentencia que haya declarado injustificadas modificaciones sustanciales, el empresario se niegue a reintegrar al trabajador en sus condiciones iniciales de trabajo. En todos estos casos, el trabajador tendrá derecho a una indemnización equivalente a la del despido improcedente.

De este elenco de causas, no plantea ninguna duda la plena aplicabilidad al ámbito de la relación laboral de la posibilidad de solicitar la extinción del contrato por falta de pago o retraso en el abono del salario. Tampoco plantea dudas la posibilidad de que el empleador doméstico resuelva el contrato por incumplimientos graves del empresario, entre los que tienen cabida la inobservancia de los deberes básicos en materia de seguridad y salud en el trabajo. Ha de tenerse en cuenta, además, que una de las novedades del RD 16/2022, de 6 de septiembre, ha sido la reforma de la LPRL, con el fin de incluir en su ámbito de aplicación el trabajo doméstico.

24 El Tribunal Supremo, en una reciente sentencia de 14 de febrero de 2022 (rec. 4897/2018),

Mayores problemas ha suscitado la posibilidad de que en el marco de la relación laboral tenga cabida la resolución del contrato derivada de modificaciones sustanciales. El principal obstáculo para la doctrina se encontraba en las dudas sobre la aplicabilidad del art. 41 TRET al ámbito de la relación laboral. Como es sabido, el citado artículo permite al empresario realizar modificaciones sustanciales de forma unilateral por causas ETOP. La doctrina ha sostenido que en el marco de la relación laboral estas causas no tienen cabida, por cuanto no se está propiamente ante una relación productiva en el ámbito mercantil, con fines lucrativos, etc.[25]. Sin embargo, quizás con la nueva regulación de la relación laboral especial pueda reconsiderarse esta posición, por cuanto, las causas de extinción específicas del art. 11 RD 1620/2011, a las que antes se ha hecho mención, son un trasunto de las causas ETOP. En efecto, según se ha visto, es posible la extinción del contrato por dificultades económicas o por cambio en las necesidades del hogar familiar; mutatis mutandis, estas causas recuerdan en parte a la causa económica u organizativa de la relación laboral común. En consecuencia, cabría entender que, si es posible la extinción por estas causas, también es posible la modificación sustancial del contrato y, en consecuencia, cuando dicha modificación fuera injustificada y afectara la dignidad del trabajador en el hogar familiar, también cabría aplicar el régimen extintivo del art. 50.1 a) y c).

BIBLIOGRAFÍA

Benavente Torres, Inmaculada: «Un aspecto jurídico especialmente problemático: la extinción de la relación laboral», *Lex Social,* vol. 9, núm. 2, 2019.

Cordero Gordillo, Vanesa: *La relación laboral especial del servicio del hogar familiar. RD 1620/2011, de 14 de noviembre,* Tirant lo Blanch, Valencia, 2014.

Cruz Villalón, Jesús: «La aplicación de la Directiva sobre despidos colectivos», *Temas Laborales,* núm. 44, 1997.

Cueva Puente, María del Carmen: *La relación laboral especial de los empleados de hogar,* Lex Nova, Valladolid, 2005.

Desdentado Daroca, Elena: «Las reformas de la regulación del trabajo doméstico por cuenta ajena en España», *Investigaciones Feministas,* vol. 7, núm. 1, 2016.

25 Sala Franco, Tomás: «La relación laboral...», *op. cit.*, p. 31; Cueva Puenta, María del Carmen: *La relación laboral..., op. cit.*, p. 396 y 397; Quesada Segura, Rosa: *El contrato de servicio..., op. cit.*, p. 186 y 187; Cordeo Gordillo, Vanesa: *La relación laboral especial..., op. cit.*, pp. 67 y ss.

GARCÍA GONZÁLEZ, Guillermo: *El nuevo marco regulador de los empleados de hogar. Una aproximación crítica desde la dogmática jurídica,* Dykinson, Madrid, 2022.

GARCÍA TESTAL, Elena: «La extinción del contrato de trabajo de los trabajadores domésticos en España: un régimen jurídico injustificadamente diferenciado», *Lex Social,* vol. 9, núm. 2, 2019.

LÓPEZ GANDÍA, Juan y **TOSCANI GIMÉNEZ**, Daniel: *Los trabajadores al servicio del hogar familiar: Aspectos laborales y de seguridad social, propuestas de reforma,* Bomarzo, Albacete, 2012.

MIÑARRO YANINI, Margarita:

- «La nueva regulación de la relación laboral de carácter especial del servicio del hogar familiar: una mejora mejorable», *Relaciones Laborales,* núm. 5, 2012,

- *El trabajo al servicio del hogar familiar: análisis de su nueva regulación,* Reus, Madrid, 2013.

QUESADA SEGURA, Rosa: *El contrato de servicio doméstico,* La ley, Madrid, 1991.

RUANO ALBERTOS, Sara: *El régimen jurídico de los empleados de hogar,* Atelier, Madrid, 2013.

SALA FRANCO, Tomás: «La relación laboral especial del servicio del hogar familiar y el contrato de trabajo doméstico», *Relaciones Laborales,* 1989-I.

VELA DÍAZ, Raquel: *El nuevo régimen de las personas empleadas de hogar. Aspectos laborales de Seguridad Social,* Laborum, Murcia, 2012, pp. 80 y 81;

VILLALBA SÁNCHEZ, Alicia: «La discriminación por razón de sexo padecida por las empleadas del hogar familiar en la extinción de su contrato», *Revista de Trabajo y Seguridad Social. CEF,* núm. 470, 2022.

CAPÍTULO VIII

SEGURIDAD SOCIAL DE LOS EMPLEADOS DE HOGAR

José Antonio González Martínez
Profesor Contratado Doctor (DEI)
Derecho del Trabajo y de la Seguridad Social
Universidad de Murcia

1. Introducción: instrumentos jurídicos que propician la mejora de condiciones

Conviene tener presente que el Sistema Especial para Empleados de Hogar, como Régimen especial integrado en el Régimen General[1], encuadra a los trabajadores que presten servicios para el hogar familiar, quedando excluidos los trabajadores que presten servicios domésticos no contratados directamente por los titulares del hogar familiar, sino a través de empresas[2]. Puede revestir cualquiera de las modalidades de las tareas domésticas, así como la dirección o cuidado del hogar en su conjunto o de algunas de sus partes, el cuidado o atención de los miembros de la familia o de las personas que forman parte del ámbito doméstico o familiar, y otros trabajos que se desarrollen formando parte del conjunto de tareas domésticas, tales como los de guardería, jardinería, conducción de vehículos y otros análogos[3].

---

1 Sobre esta materia, véase, GARCÍA ROMERO, Belén: «Integración y convergencia de regímenes de la Seguridad Social: hoy estado actual y perspectivas tras el Pacto de Toledo de 2020, *Revista General de Derecho del Trabajo y de la Seguridad Social*, núm. 59 2021, pp. 411-443.

2 De conformidad con lo previsto en el art. 250 Ley General de Seguridad Social, y en la disposición adicional decimoséptima de la Ley 27/2011, de 1 de agosto, sobre actualización, adecuación y modernización del sistema de Seguridad Social.

3 Art. 1.1 Real Decreto 1620/2011, de 14 de noviembre, por el que se regula la relación laboral de carácter especial del servicio del hogar familiar (BOE núm. 277, de 17 de noviembre)

La sucesión de normas reguladoras de la protección de los servidores domésticos por el Sistema de la Seguridad Social es particularmente abundante; habría que remontarse al art. 2 de la Orden de 2 de febrero de 1940, dictada para la aplicación de la Ley de 1 de septiembre de 1939, que había establecido el régimen de subsidio de vejez en sustitución del Régimen de Retiro Obrero, que excluyó del ámbito de aplicación de la Orden a los funcionarios y obreros del Estado, Provincia o Municipio, que tengan derecho a jubilación, y a los servidores domésticos; no obstante, tal exclusión se justifica en STS de 7 de mayo de 1998 por el hecho de que, en aquel momento, los servidores domésticos estaban excluidos del ámbito de aplicación de la Ley de Contrato de Trabajo, aunque sin duda trabajaran por cuenta ajena.

La protección social para este colectivo de personas se reconoció por la Ley de 19 de julio de 1944, en el seno del Montepío Nacional del Servicio Doméstico, que fue regulado por el Decreto de 17 de marzo de 1959[4], con la prevención expresa de que la afiliación era obligatoria para todos los servidores domésticos de uno y otro sexo. Si bien es verdad que en la disposición transitoria segunda de la Ley General de la Seguridad Social no se haga alusión alguna a las cotizaciones efectuadas al Montepío del Servicio Doméstico, ese silencio ha sido salvado por la STS de 7 de mayo de 1997, tomando en cuenta la naturaleza contributiva de la prestación de que tratamos, así como con el principio garantizador de prestaciones sociales suficientes, establecido en el art. 41 de la Constitución[5] .

El objetivo de equiparar las condiciones de Seguridad Social de las personas trabajadoras del hogar familiar, al resto de personas trabajadoras por cuenta ajena, tiene su punto de partida cuando se decidió transformar el Régimen Especial en Sistema Especial, con la ley 27/2011, de 1 de agosto, sobre actualización, adecuación y modernización del sistema de Seguridad Social, la cual establece una equiparación progresiva del sistema de cotiza-

---

4 En este sentido, señala la autora, ROMERAL HERNÁNDEZ, Josefa: «Trabajo doméstico y protección social frente a contingencias derivadas del trabajo», *e-Revista Internacional de la Protección Social*, vol. V, núm. 2, 2020, p. 119, que la regulación de la protección social para los trabajadores domésticos no ha sido tarea fácil a través del tiempo, y los primeros seguros sociales hunden sus raíces en el mutualismo laboral: el Decreto de 17 de marzo de 1959 constituyó el Montepío Nacional del Servicio Doméstico con el fin de proporcionar a este colectivo las prestaciones establecidas en la Ley de 19 de Julio de 1944, que no había conseguido consolidarse.

5 STS 27 marzo de 2007. Dicha sentencia reitera que siguiendo doctrina previa (STS de 7 de mayo de 1997, referida al Seguro Obligatorio de Vejez e Invalidez), reitera que las cotizaciones efectuadas a sistemas de protección anteriores a 1967 producen un efecto equivalente a la cotización a la Seguridad Social., y por tanto, deberán tenerse en cuenta las cotizaciones realizadas al Montepío Nacional del Servicio Doméstico tanto para la determinación del período de carencia como del porcentaje aplicable a la base reguladora de la pensión por jubilación.

ción de las empleadas de hogar[6]. Si bien no será hasta el 1 de enero de 2013 cuando se incorpore al mismo, dentro de su acción protectora, a las contingencias de accidentes de trabajo y enfermedades profesionales. La protección social de los empleados del hogar frente a las contingencias del trabajo nace paralela a su integración en el régimen general como relación especial con la idea de equiparar sus derechos a los de la relación laboral común[7].

Nada justificaba el mantenimiento de un Régimen Especial de Seguridad Social para empleados de hogar aunque alguna vez estuviera justificada su existencia, antes al contrario, estos trabajadores deben integrarse en el Régimen General: si en su momento la naturaleza civil de la relación de servicios pudo justificar la conformación de un régimen especial, la actual naturaleza laboral del trabajo que prestan los empleados de hogar exige que los mismos sean considerados desde el punto de vista del Derecho de la Seguridad Social cómo lo que son, esto es, trabajadores asalariados y por tanto incluidos en el régimen propio de estos[8].

La ausencia de protección por desempleo pudo tener su justificación en el momento en que se reguló por primera vez el Régimen especial de empleados del hogar a través del Decreto 2346/1969, de 25 de septiembre, en que el trabajo doméstico estaba excluido del Derecho del Trabajo dando lugar a un aseguramiento más próximo al trabajo autónomo que al trabajo por cuenta ajena. Pero hoy día no se sostiene la exclusión, recordemos que el art. 41 de nuestra Constitución, establece un mandato a los poderes públicos para el mantenimiento de un régimen público de Seguridad Social suficientes ante situaciones de necesidad, especialmente en caso de desempleo[9].

Por tanto la primera y fundamental novedad es la desaparición del Régimen especial que pasa a integrarse en el Régimen General arbitrando para ello un nuevo Sistema Especial: la estructura de la Seguridad Social mantiene como uno de sus elementos característicos y tradicionales la distinción entre diferentes regímenes y, más en concreto, una dicotomía entre dos grandes

---

6 Esta intervención legislativa supone una gran mejora en la protección social de este colectivo, pues su disposición adicional trigésima novena ordena a partir del 1 de enero de 2012 la integración del Régimen Especial de Seguridad Social de Empleados de Hogar en el Régimen General de la Seguridad Social como Sistema Especial. En la actualidad el Sistema Especial de empleados de hogar se encuentra regulado en la Sección 1.ª del Capítulo XVIII del Título II de la Ley General de Seguridad Social, aprobada por Real Decreto Legislativo 8/2015, de 30 de octubre, denominada «Sistema Especial para empleados de hogar».

7 ROMERAL HERNÁNDEZ, Josefa: «Trabajo doméstico y protección social frente a contingencias derivadas del trabajo», cit., p. 115.

8 LUJÁN ALCARAZ, José: *El Régimen Especial de la Seguridad Social de los Empleados de Hogar*, Aranzadi, Pamplona, 2000, p. 151.

9 ROMERAL HERNÁNDEZ, Josefa: «Trabajo doméstico y protección social frente a contingencias derivadas del trabajo», cit., 2020, p. 139.

núcleos de imputación dados por la coexistencia de un Régimen General y una serie de Regímenes Especiales sin olvidar como dentro de cada uno de ellos, especialmente en el General, pervive un cúmulo de colectivos con peculiaridades que siguen haciendo que sea menester hacer referencia a distintos grupos de población cualificados en función de su actividad profesional[10].

En un primer momento el Tribunal Constitucional avala la existencia de regímenes especiales considerando como el art. 14 de la Constitución Española en principio no alcanza a corregir las desigualdades sociales entre los distintos regímenes que integran la Seguridad Social: la articulación del sistema de un Régimen General y diversos Regímenes Especiales se justifica por las peculiaridades socioeconómicas, laborales, productivas o de otra índole que concurren[11].

Posteriormente cambia de forma parcial su doctrina, al señalar que esta doctrina no puede aplicarse de manera automática a todos los supuestos de confluencia o concurrencia de regímenes jurídicos dispares, porque ello equivaldría a dejar al arbitrio del legislador o del Gobierno la eficacia del principio de igualdad, cuya aplicación podría verse excluida por el simple procedimiento de crear sistemas legales distintos que actuarían como justificación de tratamientos diferentes, aunque no concurriesen razones sustantivas que los legitimaran. Por consiguiente, debe irse más allá del dato puramente formal de la diversidad de ordenamientos jurídicos y comprobar si desde una perspectiva material esa diversidad responde a diferencias reales que, por ser objetivas, razonables y congruentes, constituyen suficiente justificación del tratamiento desigual (si bien en estas hipótesis la aplicación del principio de igualdad presenta la peculiaridad de sufrir una especie de inversión en la carga alegatoria, pues corresponde al demandante acreditar la falta de razonabilidad del trato desigualitario que denuncia, a diferencia de las discriminaciones producidas en el ámbito de un mismo régimen legal en que incumbe a quien define su constitucionalidad ofrece r la existencia de una justificación objetiva y razonable)[12].

En consonancia con los avances en protección social, la disposición adicional trigésima novena del Real Decreto 27/2011 habilitó al Gobierno para modificar la relación laboral especial del Servicio del Hogar Familiar, y con este fin se aprueba el Real Decreto 1620/2011, de 14 de noviembre, que derogó el Real Decreto 1424/1985, de 1 de agosto, que regulaba la relación laboral especial del Servicio del Hogar Familiar (la voluntad de ambas normas residía en la aproximación del régimen jurídico aplicable a estos traba-

10 Fernández-Costales Muñiz, Javier / Baviera Puig, Inmaculada / Kahale Carrillo, Djamil Tony: «Régimen especial de empleados de hogar: su integración en el régimen general», *Reforma y Modernización de la Seguridad Social, Análisis de la Ley 27/2011, de 1 de agosto*, Thomson Reuters Aranzadi, Cizur Menor (Navarra), 2012, p. 471.

11 STC 173/1988, de 3 octubre, (ECLI:ES:TC:1988:173).

12 STC 268/1993, de 20 septiembre, (ECLI:ES:TC:1993:268).

jadores al común o general en materia laboral y de seguridad social, sin que en ningún caso se consiguiera plenamente, ya que las especialidades que fundamentaban un trato diferenciado en la protección siguieron vigentes): a pesar de los cambios normativos operados, persistieron diferencias que perpetuarían la tradicional desprotección del colectivo, como la exclusión de la protección por desempleo, la prevención de riesgos laborales y del Fondo de Garantía Salarial, o las diferencias en materia de despido[13].

La normativa de Seguridad Social debería haber asumido antes la definición realizada de la relación especial del servicio doméstico en la norma laboral, extendiendo con ello su protección a todos los trabajadores así considerados con arreglo a la misma, de forma tal que se puedan evitar las disfunciones y contradicciones[14] que una doble noción de empleado de hogar produce, a efectos, por un lado, de su relación laboral y a efectos, por otro, de su relación de Seguridad Social.

Por tanto, la eliminación de cualquier diferencia de trato carente de justificación objetiva y razonable para las personas trabajadoras del hogar, de cualquier disposición que «sitúe a las trabajadoras en desventaja particular con respecto a los trabajadores y no esté justificada por factores objetivos y ajenos a cualquier discriminación por razón de sexo», es una obligación derivada del cumplimiento de la normativa antidiscriminatoria de la Unión Europea[15], establecida por la Directiva 2006/54/CE del Parlamento Europeo y del Consejo, de 5 de julio de 2006, relativa a la aplicación del principio de igualdad de oportunidades e igualdad de trato entre hombres y mujeres en asuntos de empleo y ocupación[16].

Además, resulta imprescindible para incorporar al ordenamiento español lo establecido en el Convenio número 189 de la OIT[17], sobre condiciones

---

13 ROMERAL HERNÁNDEZ, Josefa: «Nuevo rumbo en las relaciones laborales de las personas trabajadoras al servicio del hogar familiar», *e-Revista Internacional de la Protección Social*, vol. VII, núm. 2, 2022, p. 36.

14 FERNÁNDEZ-COSTALES MUÑIZ, Javier / BAVIERA PUIG, Inmaculada / KAHALE CARRILLO, Djamil Tony: «Régimen especial de empleados de hogar: su integración en el régimen general», cit., p. 474.

15 Preámbulo del Real Decreto-ley 16/2022, de 6 de septiembre, para la mejora de las condiciones de trabajo y de Seguridad Social de las personas trabajadoras al servicio del hogar» (BOE núm. 216, de 8 de septiembre de 2022).

16 Cuyo art. 5 b), prohíbe la discriminación directa o indirecta por razón de sexo en lo relativo a la obligación de cotizar y el cálculo de las cotizaciones; y su art. 9.e) considera contrario al principio de igualdad «establecer condiciones diferentes de concesión de prestaciones o reservar estas a trabajadores de uno de los sexos».

17 Que parte de la idea de la contribución significativa de los trabajadores domésticos a la economía mundial, de que el trabajo doméstico sigue siendo infravalorado e invisible y que lo realizan principalmente las mujeres y las niñas, muchas de las cuales son migrantes o forman parte de comunidades desfavorecidas, y son particularmente vulnerables a la discriminación con respecto a las condiciones de empleo y de trabajo, así como a otros

relativas al trabajo decente para las trabajadoras y los trabajadores domésticos, de 2011 (cuya ratificación es un compromiso adquirido por el Gobierno y también por gobiernos españoles anteriores, que cuenta con un amplio consenso político, sindical y social y que tiene un espectro amplio que se refiere tanto a las condiciones de trabajo como a las de Seguridad Social). Ya el 8 de mayo de 2013, la Comisión de Empleo y Seguridad Social del Congreso de los Diputados aprobaba por unanimidad una proposición no de ley consensuada por todos los grupos de la Cámara que instaba al Gobierno a someter a evaluación la ratificación del Convenio y a proceder a la adaptación de la legislación española en el sentido en que regulan el Convenio número 189, y la Recomendación número 201 de la Organización Internacional del Trabajo (que lo complementa a efectos interpretativos y de aplicación)[18].

El Convenio 189 y la Recomendación 201 se aprueban con el objetivo de integrar a estos trabajadores dentro de su objetivo fundamental de trabajo decente, y de proporcionar incentivos y orientación a los Estados miembros para facilitar el acceso a condiciones de trabajo dignas a este colectivo: el trabajo doméstico es una profesión desvalorizada socialmente, en muchos casos oculta y envuelta en precariedad y pobreza, algo que no tiene razón de ser en el tiempo que vivimos, máxime cuando estas trabajadoras dedican su actividad al bienestar y salud de las familias (cuidado de niños, ancianos, enfermos, discapacitados, etc.) y limpieza de los hogares, permitiendo el desarrollo profesional de los sujetos y aumentando la calidad de vida de quienes las emplean, cubriendo, en muchas ocasiones, obligaciones que se desatienden desde los Servicios Sociales y el Estado[19].

Tanto el Convenio como la Recomendación inciden en la necesidad de que los Estados establezcan normas reguladoras de esta ocupación que favorezcan la mejora de las condiciones de trabajo, la protección social y el diálogo social (en ellos se definen los elementos que requieren especial atención respecto a las condiciones de trabajo como son la determinación del tiempo de

---

abusos de los derechos humanos. En este sentido el art. 3 Convenio 189 OIT señala que: «Todo Miembro deberá adoptar medidas para asegurar la promoción y la protección efectivas de los derechos humanos de todos los trabajadores domésticos, en conformidad con las disposiciones del presente Convenio».

18 Estos instrumentos jurídicos destinados a un grupo particular de trabajadores se basan en dos principios básicos: los trabajadores y trabajadoras domésticos tienen derecho a gozar de los derechos fundamentales en el trabajo y de una protección social y laboral mínimas, y los trabajadores y trabajadoras domésticos no pueden tener un nivel de protección inferior ni un trato menos favorable que el resto de las personas trabajadoras; puesto que la mayoría de los trabajadores domésticos son mujeres, el fin de las exclusiones de la protección social y laboral son un paso efectivo e imprescindible hacia la realización de la igualdad de género en el mundo del trabajo y en el ejercicio efectivo de la igualdad de derechos y de protección de la mujer ante la ley.

19 Romeral Hernández, Josefa: «Trabajo doméstico y protección social frente a contingencias derivadas del trabajo», cit., p. 118.

trabajo, limitación de la edad para trabajar, tutela de los trabajadores migrantes y la protección de la seguridad y salud en el trabajo): por lo que respecta a la protección social dirige un mandato a los Estados a fin de garantizar condiciones no menos favorables que las aplicables a los trabajadores en general con respecto a la protección de la Seguridad Social[20].

Esta disposición de perspectiva internacional, ratificada por un total de 36 países en todo el mundo, señala la necesaria adecuación a las características del trabajo doméstico y la legislación nacional, sin embargo, tales apreciaciones no parecen permitir la excepcionalidad de inobservar aquel mandato escudándose, tal excepción, en la idiosincrasia del ordenamiento del Estado signatario: ello conlleva la lógica imposibilidad de poder ser ratificado (el Convenio) por los países que otorguen un trato discriminatorio y peyorativo al servicio doméstico si parangonado con el régimen general de seguridad social del resto de trabajadores por cuenta ajena[21].

Este Convenio, que brinda una oportunidad para corregir la tradicional carencia de protección de estos trabajadores, tras mucha crítica por la doctrina y fomento desde instancias comunitarias promoviendo la adhesión, finalmente ha visto su ratificación por España el 9 de junio de 2022[22] (este Convenio vincula la necesidad de una protección adecuada de las personas que desarrollan el trabajo doméstico para la consecución de un trabajo decente).

Si bien la OIT se ha preocupado por este colectivo en diferentes intervenciones, no es hasta la aprobación de este Convenio 189 cuando las recomendaciones de mejora de condiciones laborales de este colectivo se incluyen en una norma específica de protección que extiende de forma expresa el concepto de trabajo decente a los trabajadores domésticos. La preocupación por estos trabajadores ha sido una constante en la OIT desde sus orígenes, aunque no contaban con normas específicas de protección: en 1948 la OIT aprobó una resolución relativa a las condiciones de empleo de los trabaja-

---

20 Todo Miembro, teniendo debidamente en cuenta las características específicas del trabajo doméstico y actuando en conformidad con la legislación nacional, deberá adoptar medidas apropiadas a fin de asegurar que los trabajadores domésticos disfruten de condiciones no menos favorables que las condiciones aplicables a los trabajadores en general con respecto a la protección de la seguridad social, inclusive en lo relativo a la maternidad (art. 14.1 Convenio 189 OIT).

21 SALAS PORRAS, María: «La jurisprudencia del Tribunal de Luxemburgo como motor de las reformas legislativas: prestación por desempleo y servicio doméstico», *e-Revista Internacional de la Protección Social*, vol. VII, núm. 2, 2022, pp. 124-125.

22 ROMERAL HERNÁNDEZ, Josefa: «Nuevo rumbo en las relaciones laborales de las personas trabajadoras al servicio del hogar familiar», cit., p. 37. Señala la autora que la ratificación de este Convenio implica un gran avance para dignificar el trabajo al servicio del hogar, a la vez que una apuesta por la regulación de la economía sumergida y protección de las trabajadoras migrantes que en su mayoría ocupan el trabajo en régimen de pernocta en el hogar familiar. A su vez, al ser un empleo ocupado mayoritariamente por mujeres, supone un progreso en la igualdad de género, como veremos en detalle en apartados sucesivos.

dores domésticos; en 1965 aprobó otra resolución en la que se instaba a la adopción de medidas normativas en esta materia; y en 1970 publica el primer estudio sobre la condición de trabajadores domésticos en el mundo[23].

La decisión que ha llevado a España a ratificar el Convenio[24], largamente demorado, proviene en gran parte de la Sentencia del Tribunal de Justicia de la Unión Europea, de 24 de febrero de 2022, la cual dictaminó que España estaba incurriendo en una discriminación indirecta contraria a la Directiva 79/7/CEE del Consejo, de 19 de diciembre de 1978, relativa a la aplicación progresiva del principio de igualdad de trato entre hombres y mujeres en materia de Seguridad Social, por no reconocer el derecho a la protección por desempleo a las personas empleadas del hogar familiar en su gran mayoría mujeres.

En España, el avance en la regulación de derechos y protección social de este colectivo ha sido lento a lo largo del tiempo, lo que ha perpetuado condiciones de trabajo precarias y lagunas que incidían en la discriminación múltiple, lo que condenaba a un sector de la población, mayoritariamente mujeres, a la pobreza y desprotección social a lo largo de la vida y especialmente en el periodo de vejez: recientemente, el Tribunal de Justicia de la Unión Europea nos ha proporcionado un pronunciamiento que ha venido a cambiar el rumbo de los derechos sociales del colectivo, con la consiguiente mejora de las condiciones de trabajo y la dignificación de una profesión tradicionalmente desvalorizada, pero imprescindible para el crecimiento social y económico[25]. Constituye una discriminación por razón de sexo que la legislación española de Seguridad Social impida a los empleados de hogar cotizar y, subsiguientemente, cobrar prestaciones por desempleo.

La citada STJUE, de 24 de febrero de 2022, asunto C 389/20, ha establecido con rotundidad que no son compatibles con el ordenamiento de la Unión Europea las normas de Seguridad Social que sitúen a las trabajadoras en desventaja particular con respecto a los trabajadores y no esté justificada por factores objetivos y ajenos a cualquier discriminación por razón de sexo[26].

23 En este sentido, véase: ROMERAL HERNÁNDEZ, Josefa: «El impacto del Convenio 189 de la OIT en las condiciones de trabajo de los empleados de hogar», *Revista Doctrinal Aranzadi Social*, vol. 6, núm. 7, 2013, pp. 57-91.

24 Cuyo art. 6 expresa que: «Todo Miembro deberá adoptar medidas a fin de asegurar que los trabajadores domésticos, como los demás trabajadores en general, disfruten de condiciones de empleo equitativas y condiciones de trabajo decente, así como, si residen en el hogar para el que trabajan, de condiciones de vida decentes que respeten su privacidad».

25 ROMERAL HERNÁNDEZ, Josefa: «Nuevo rumbo en las relaciones laborales de las personas trabajadoras al servicio del hogar familiar», cit., pp. 34-35. Señala la autora que «con el objeto de adecuar nuestro derecho a las exigencias europeas de igualdad de trato entre hombres y mujeres en materia de Seguridad Social, aparece el reciente Real Decreto-ley 16/2022, de 6 de septiembre, para la mejora de las condiciones de trabajo y de Seguridad Social de las personas trabajadoras al servicio del hogar».

26 Declara que: «El art. 4, apartado 1, de la Directiva 79/7/CEE del Consejo, de 19 de diciembre de 1978, relativa a la aplicación progresiva del principio de igualdad de trato entre

Para el caso que nos ocupa, la cuestión planteada alude a la razón de género y se integra en la materia de la protección social, pero igualmente sería extrapolable este juicio de proporcionalidad al ámbito personal de cualquier otra esfera del ordenamiento jurídico: la solución del Tribunal de Luxemburgo en absoluto habría sido distante de la obtenida en el asunto C-389/20 si, en lugar de una discriminación por razón de sexo, el argumento esgrimido hubiera sido un trato desigual para un colectivo de trabajadores (no feminizado) respecto de quienes también estuviera proscrita esta prestación o, cualesquiera otras incardinables entre las interpretables del tenor literal del art. 34 de la Carta de los Derechos Fundamentales de la Unión Europea, dedicado a proclamar el derecho de acceso a las prestaciones de Seguridad Social y a los servicios sociales que garantizan protección a la ciudadanía[27].

En suma y de acuerdo con los argumentos precedentes, el Real Decreto-ley 16/2022 tiene como objetivo determinar de entre los preceptos aplicables a las personas trabajadoras del hogar, aquellos cuya diferencia respecto del ordenamiento laboral o social común no están justificados por razón de las peculiaridades de esta prestación de servicios, constituyendo para este colectivo, constituido casi de manera exclusiva por mujeres, una diferencia de trato o una desventaja particular carente de justificación objetiva y razonable y que, por ello, deben ser objeto de revisión, corrección y, en su caso, derogación.

Según su Preámbulo, la norma está justificada para llevar a cabo la equiparación de condiciones, la eliminación de aquellos tratamientos diferenciales e injustificados que generan una desventaja concreta en los términos requeridos tanto por la normativa antidiscriminatoria de la Unión Europea como por el Convenio 189 de la OIT, y asegurar un régimen jurídico coherente y completo para el citado colectivo, anticipando y evitando el posible planteamiento de nuevas cuestiones prejudiciales en relación con aquellos aspectos en los que concurre identidad de razón y circunstancias a los recogidos en la STJUE de 24 de febrero de 2022.

Si se mira la acción protectora de la regulación anterior, las peculiaridades que existían respondían a criterios técnico-económicos que ha llegado el momento de revisar: la imposibilidad de integrar lagunas de cotización para calcular las bases reguladoras de las pensiones de incapacidad y jubilación, o la inexistencia de protección por desempleo.

hombres y mujeres en materia de seguridad social, debe interpretarse en el sentido de que se opone a una disposición nacional que excluye las prestaciones por desempleo de las prestaciones de seguridad social concedidas a los empleados de hogar por un régimen legal de seguridad social, en la medida en que dicha disposición sitúe a las trabajadoras en desventaja particular con respecto a los trabajadores y no esté justificada por factores objetivos y ajenos a cualquier discriminación por razón de sexo».

27 Salas Porras, María: «La jurisprudencia del Tribunal de Luxemburgo como motor de las reformas legislativas: prestación por desempleo y servicio doméstico», cit., p. 133.

2. Las prestaciones de seguridad social: nueva cobertura de la protección por desempleo

2.1. La cobertura por desempleo: una reivindicación histórica

Ya el Real Decreto de 2011 establecía que (en el mes siguiente a la entrada en vigor de este Real Decreto), el Ministerio de Trabajo e Inmigración procederá a la constitución de un grupo de expertos (integrado por un máximo de seis personas propuestas por el propio Ministerio y las organizaciones empresariales y sindicales más representativas), para que realice un informe (con anterioridad al 31 de diciembre de 2012) sobre la viabilidad de establecer un sistema de protección por desempleo adaptado a las peculiaridades de la actividad del servicio del hogar familiar que garantice los principios de contributividad, solidaridad y sostenibilidad financiera[28] (ya existía la conciencia de que debía progresarse a la equiparación con las personas trabajadoras por cuenta ajena en el ámbito de la prestación por desempleo).

No se preveía la existencia de la prestación por desempleo, probablemente por las especialidades que encierra esta relación de especial confianza entre empleador y empleado, que pudiera originar algún tipo de fraude[29], sobre todo fraude en el disfrute de las prestaciones[30]. Y ello chocaba con la progresiva extensión de la protección por desempleo a colectivos de trabajadores por cuenta ajena que han estado o están insertos en Regímenes Especiales, como el marítimo o el agrario, y que antes carecían de esta previsión.

Una de las peculiaridades de esta relación laboral especial radica en el empleador, que no se trata propiamente de un empresario, sino de un titular del hogar familiar sin ánimo de lucro, lo que puede llegar a provocar situaciones de fraude, de retroceso de la contratación en este ámbito, o incluso de posibles desistimientos por parte de quien proporciona empleo de prestaciones de servicios ya existentes ante el exceso de cargas al particular[31].

Esta exclusión de la contingencia de desempleo, explicable en el momento de la aprobación en 1969 del Decreto 2346/1969, de 25 de septiembre, por el

---

28 Disposición adicional segunda Real Decreto 1620/2011.

29 SANZ SÁEZ, Concepción: *La protección social de las empleadas de hogar. La desaparición definitiva del Régimen Especial de la Seguridad Social y su integración en el Régimen General como Sistema Especial: análisis actual y de futuro*, Editorial Bomarzo, Albacete, 2017, p. 187.

30 FERNÁNDEZ ORRICO, Francisco Javier: «Aspectos prácticos de la integración del Régimen Especial de Empleados de Hogar, en el Régimen General de la Seguridad, *Diario la Ley*, núm. 7745, 2011, p. 6.

31 FERNÁNDEZ-COSTALES MUÑIZ, Javier / BAVIERA PUIG, Inmaculada / KAHALE CARRILLO, Djamil Tony: «Régimen especial de empleados de hogar: su integración en el régimen general», cit., p. 475.

que se regula el Régimen Especial de la Seguridad Social del Servicio Doméstico, habida cuenta que a la sazón los empleados de hogar no eran sujetos de una relación laboral, al menos desde 1976 y, sin duda, desde 1985, carece de toda justificación[32].

Conviene matizar que la falta de cobertura del desempleo suponía que la interrupción en el cobro de la prestación o el subsidio para dedicarse a la actividad del empleo doméstico no permitía su reanudación. La STS de 19 de diciembre de 1996 considera que una empleada de hogar que fallece como consecuencia de una enfermedad que se inició mucho antes de producirse la baja en el Régimen Especial de Empleados de Hogar y que le impidió continuar trabajando se encuentra en situación asimilada a la de alta a efectos de causar derecho a prestaciones por muerte y supervivencia de aquel régimen especial, puesto que debe continuarse la doctrina humanizadora del mismo Tribunal Supremo que sostiene que el requisito del alta y las situaciones asimiladas a ella deben ser interpretados de modo no formalista y que estima en general que sí concurre la situación de alta cuando el trabajador se encuentra en situación de paro involuntario, sin derecho a protección por desempleo y sin haberse inscrito como demandante de empleo[33].

Con la reforma, se encuentran en situación legal de desempleo los trabajadores en relación laboral de carácter especial del servicio del hogar familiar que extingan su relación laboral[34]: se amplía la acción protectora del Sistema Especial para Empleados de Hogar a la prestación por desempleo.

En este sentido, la STJUE 2022 viene a subrayar, como factor de coherencia y necesidad de los objetivos de política social, que la exclusión de la prestación por desempleo y de la obligación de cotizar por dicha contingencia implica además la imposibilidad de que las personas trabajadoras al servicio del hogar familiar accedan a otras prestaciones de Seguridad Social a las que podrían tener derecho y cuya concesión se supedita a la extinción del derecho a las prestaciones por desempleo, de manera que esta mayor desprotección se traduce asimismo en una situación de mayor vulnerabilidad y desamparo.

Las personas trabajadoras al servicio del hogar son el único colectivo laboral que carecía de protección en situación de desempleo, cuando la mayoría hallan su ocupación en trabajos a tiempo parcial e intermitentes, que a menudo se encuentran con una situación de finalización repentina de su trabajo por defunción de sus empleadores y con un régimen especial de extinción que permite los despidos arbitrarios e intempestivos, sin justificación objetiva alguna. En este contexto de especial vulnerabilidad, la prestación del desempleo constituye, desde la perspectiva de la justicia social, una necesidad ineludible.

32 LUJÁN ALCARAZ, José: *El Régimen Especial de la Seguridad Social de los Empleados de Hogar*, cit., pp. 87-88.

33 STS 19 diciembre 1996, (ECLI:ES:TS:1996:7380).

34 Art. 267.1.a) párrafo 8º Ley General de Seguridad Social.

Por tanto, la cotización por la contingencia de desempleo y al Fondo de Garantía Salarial respecto a los trabajadores incluidos en el Sistema Especial para Empleados de Hogar, establecido en el Régimen General de la Seguridad Social, es obligatoria a partir del 1 de octubre de 2022.

El citado Real Decreto-ley 16/2022 no contiene previsiones específicas para los transfronterizos, y respecto a la prestación por desempleo de los empleados de hogar se abre un nuevo debate, del que se han hecho eco los medios de comunicación, por la peculiar situación jurídica de los empleados de hogar transfronterizos que residan en Marruecos o en Andorra, ya que no podrán cobrar la prestación en su país de residencia: la eventualidad de que se cotice sin derecho a prestación por desempleo no es ni mucho menos exclusiva de los empleados de hogar con residencia en Marruecos, sino que la imposibilidad de exportar la prestación por desempleo afecta a todos los trabajadores transfronterizos sea cual sea el sector de producción en el que trabajen por el hecho de que conforme a la Ley General de Seguridad Social estas prestaciones no son exportables (y lo mismo se predica de los transfronterizos con residencia en Andorra)[35].

2.2. Nuevas reglas para el cálculo de las bases de cotización y tipos

El art. tercero del Real Decreto-ley 16/2022 modifica la disposición transitoria decimosexta de la Ley General de Seguridad Social, la cual concreta las reglas para el cálculo de las bases de cotización y tipos en el Sistema Especial para Empleados de Hogar.

A su vez, la Disposición transitoria segunda del Real Decreto-ley 16/2022 establece unas reglas especiales (en la Cotización por desempleo y al Fondo de Garantía Salarial en el Sistema Especial para Empleados de Hogar, establecido en el Régimen General de la Seguridad Social) para el periodo de aplicación paulatino hasta el 31 de diciembre de 2022. Y a partir de 1 de enero de 2024 las reglas de cotización se equiparán con el resto de los trabajadores.

2.2.1. Cálculo de las bases de cotización

La integración en el Régimen General supone que como trabajadores por cuenta ajena las obligaciones de afiliación altas y bajas corren a cargo del empleador e igualmente se le traslada a éste la obligación de cotizar: tengamos presente que el modelo de cotización del Régimen especial no atendía los salarios realmente percibidos ni a la jornada realizada, sino que

35 SÁNCHEZ-RODAS NAVARRO, Cristina: «Prestaciones por desempleo y personas trabajadoras del hogar familiar transfronterizas», *e-Revista Internacional de la Protección Social*, vol. VII, núm. 2, 2022, pp. 9-10.

partía de una base única que tantas trabas ocasionaba a los trabajadores a tiempo parcial[36].

Con la ley 27/2011, de 1 de agosto, sobre actualización, adecuación y modernización del sistema de Seguridad Social, se produce una interesante novedad al establecer un sistema de cálculo de las bases de cotización fijado por tramos en virtud de las cantidades percibidas por el trabajador a cambio del desarrollo de la prestación de servicios (estas bases y tramos han sido alteradas con el paso del tiempo hasta la actualidad)[37]. Las bases de cotización por contingencias comunes y profesionales se determinan con arreglo a una escala, en función de la retribución percibida por los empleados de hogar, prevista anualmente en la Ley de Presupuestos Generales del Estado.

Hasta el año 2022, las retribuciones mensuales y las bases de cotización de la escala se actualizaban en idéntica proporción al incremento que experimentaba el salario mínimo interprofesional.

Para el año 2023, las retribuciones mensuales y las bases de cotización son las establecidas en la siguiente tabla, dividida en 8 tramos en función de la retribución percibida:

Tramo	**Retribución mensual Euros/mes**				**Base de cotización Euros/mes**
1.°	Hasta	269,00			250,00
2.°	Desde	269,01	Hasta	418,00	357,00
3.°	Desde	418,01	Hasta	568,00	493,00
4.°	Desde	568,01	Hasta	718,00	643,00
5.°	Desde	718,01	Hasta	869,00	794,00
6.°	Desde	869,01	Hasta	1.017,00	943,00
7.°	Desde	1.017,01	Hasta	1.166,669	1.166,70
8.°	Desde	1.166,67			Retribución mensual

36 Fernández-Costales Muñiz, Javier / Baviera Puig, Inmaculada / Kahale Carrillo, Djamil Tony: «Régimen especial de empleados de hogar: su integración en el régimen general», cit., p. 501.

37 Para el año 2012 se establecieron 15 tramos en la escala de cotización, y con vistas al acercamiento progresivo de la cotización a las reglas previstas en el Régimen General, se contempló que en el año 2013 se estableciera un nuevo tramo 16.ª. Sin embargo, derivado del bajo ingreso a las arcas de la Seguridad Social por este colectivo y los costes sociales que implicaba, el sistema de tramos fue modificado por el por el RD-ley 29/2012 con arreglo a una nueva escala de 8 tramos. En un intento de corrección el RD-ley 28/2018, de 28 de diciembre para la revalorización de las pensiones públicas y otras medidas urgentes en materia social, laboral y de empleo, lo modifica con dos nuevos tramos, quedando en 10.

Se estable esta tabla con 8 tramos, estableciéndose la base de cotización mínima en 250,00 euros, para aquellos trabajadores que cobren hasta 269,00 euros al mes; y una base de cotización máxima que coincidirá con la retribución mensual, para aquellos trabajadores que cobren una retribución a partir de 1166,67 euros al mes. Hay que tener en cuenta que tanto los intervalos de retribuciones, como las bases de cotización se actualizan en la misma proporción que lo haga el salario mínimo interprofesional para el año 2023.

A partir del año 2024, las bases de cotización por contingencias comunes y profesionales se determinarán conforme a lo establecido en el art. 147 Ley General de Seguridad Social, que estará constituida por la remuneración total (cualquiera que sea su forma o denominación) tanto en metálico como en especie, que con carácter mensual tenga derecho a percibir el trabajador o asimilado, o la que efectivamente perciba de ser esta superior, por razón del trabajo que realice por cuenta ajena, sin que la cotización pueda ser inferior a la base mínima que se establezca legalmente.

Cuando este cambio sea efectivo las prestaciones experimentarán una mejora considerable, pues al salario regular se sumarán las horas extraordinarias, si las hubiera, en el caso de trabajador a jornada completa, o las complementarias si fuera a tiempo parcial. En la actualidad, al fijarse la cotización en función de la escala, la suma de las horas extraordinarias, en el caso de comunicarse su realización, tiene una repercusión indirecta en el cálculo de la base reguladora de la prestación en función de si su cómputo implica o no un cambio en el tramo de cotización[38].

La base de cotización para la contingencia de desempleo y para determinar las aportaciones al Fondo de Garantía Salarial, son las establecidas anteriormente, y a partir de 2024 la base de cotización para la contingencia de desempleo (en todos los regímenes de la Seguridad Social que tengan cubierta la misma), será la correspondiente a las contingencias de accidentes de trabajo y enfermedades profesionales; de igual manera, la base de cotización para determinar las aportaciones al Fondo de Garantía Salarial (en todos los regímenes de la Seguridad Social en los que exista la obligación de efectuarlas), será la correspondiente a las contingencias de accidentes de trabajo y enfermedades profesionales[39].

2.2.2. Tipos de cotización aplicables

Para la cotización por contingencias comunes, sobre la base de cotización que corresponda según lo indicado en la tabla anterior se aplicará, a partir del 1 de enero de 2019, el tipo de cotización y su distribución entre empleador

38 Romeral Hernández, Josefa: «Nuevo rumbo en las relaciones laborales de las personas trabajadoras al servicio del hogar familiar», cit., p. 42.

39 Conforme a lo establecido en el art. 19.3 Ley General de Seguridad Social.

y empleado que se establezca con carácter general, en la respectiva Ley de Presupuestos Generales del Estado, para el Régimen General de la Seguridad Social.

Para la cotización por contingencias profesionales, sobre la base de cotización que corresponda se aplicará el tipo de cotización previsto en la tarifa de primas establecidas legalmente, siendo la cuota resultante a cargo exclusivo del empleador.

Para la cotización por desempleo y al Fondo de Garantía Salarial se aplicarán los tipos de cotización y su distribución que se establezcan en la correspondiente Ley de Presupuestos Generales del Estado.

Los tipos de cotización aplicables para la contingencia de desempleo y para determinar las aportaciones al Fondo de Garantía Salarial en este sistema especial, entre el 1 de octubre y el 31 de diciembre de 2022, fueron los siguientes (régimen transitorio hasta finales de 2022):

a) El tipo de cotización por desempleo será del 6,05 % del que el 5 % será a cargo del empleador y el 1,05 % a cargo del empleado.
b) El tipo de cotización al Fondo de Garantía Salarial será de 0,2 % a cargo exclusivo del empleador.

2.2.3. Otras cuestiones sobre cotización

En el caso del trabajo a tiempo parcial, desde el año 2012 hasta el 31 de diciembre de 2023, para poder determinar el coeficiente de parcialidad a efectos del reconocimiento de diferentes prestaciones, sigue una aplicación paulatina (la norma general del art. 247 Ley General de Seguridad Social[40], será aplicable a este Sistema Especial para Empleados de Hogar a partir del 1 de enero de 2024): las horas efectivamente trabajadas se determinarán en función de las bases de cotización que corresponda según los tramos, divididas por el importe fijado para la base mínima horaria del Régimen General de la Seguridad Social por la Ley de Presupuestos Generales del Estado para cada uno de dichos ejercicios.

De igual modo, desde el año 2012 hasta el año 2023, para el cálculo de la base reguladora de las pensiones de incapacidad permanente derivada de contingencias comunes y de jubilación causadas en dicho período por los empleados de hogar respecto de los periodos cotizados en este sistema especial «solo se tendrán en cuenta los periodos realmente cotizados», no

40 Respecto de los periodos de cotización, este art. establece que: «A efectos de acreditar los períodos de cotización necesarios para causar derecho a las prestaciones de jubilación, incapacidad permanente, muerte y supervivencia, incapacidad temporal y nacimiento y cuidado de menor se tendrán en cuenta los distintos períodos durante los cuales el trabajador haya permanecido en alta con un contrato a tiempo parcial, cualquiera que sea la duración de la jornada realizada en cada uno de ellos».

resultando de aplicación lo previsto en los arts. 197.4 y 209.1.b), referidos al mecanismo de integración de lagunas.

Conviene recordar que en materia de jubilación y de incapacidad permanente derivada de contingencias comunes la peculiaridad establecida en este Sistema tenía este carácter temporal tendiendo a desaparecer para equiparar el nivel de protección del colectivo de personas al servicio del hogar familiar con el otorgado en el régimen general de la Seguridad Social, estando exceptuada la regla de la integración de lagunas a la hora de calcular la base reguladora de estas prestaciones de forma temporal. Con la nueva regulación, llega la tan deseada equiparación, lo que sin duda mejora la protección social de este colectivo habida cuenta que esta limitación resulta perjudicial pues no solo opera con las pensiones causadas en el Sistema Especial de empleados de hogar sino también cuando se reconozca la pensión en otro régimen[41].

2.2.4. Asunción empresarial de obligaciones: en materia de inscripción a la Seguridad Social y en materia de cotización

El alta, como acto administrativo por el cual la Tesorería General de la Seguridad Social reconoce a la persona que inicia una actividad o se encuentra en una situación conexa con la misma, su condición de comprendida en el campo de aplicación del régimen de la Seguridad Social que proceda en función de la naturaleza de dicha actividad o situación, con los derechos y obligaciones correspondientes[42], es un acto de encuadramiento obligatorio vinculado a la actividad a desarrollar por lo que se presupone siempre inexcusablemente la afiliación del trabajador.

En las solicitudes de alta formuladas con respecto a los trabajadores incluidos en el Sistema Especial para Empleados de Hogar establecido en el Régimen General de la Seguridad Social deberán figurar, además de los datos establecidos con carácter general[43], «el código de la cuenta de la entidad financiera en la que ha de domiciliarse el pago de la cotización y los datos correspondientes al tipo de contrato de trabajo y al contenido mínimo del mismo», consistente en el número de horas de trabajo mensuales y semanales, en el importe del salario pactado, tanto por hora realizada como men-

41 Trillo García, Andrés Ramón: «Retos futuros en la protección integral desde el sistema de la Seguridad Social de las trabajadoras del hogar», *Lex Social: Revista de los Derechos Sociales*, vol. 9, núm. 2, 2019, p. 513.

42 Montoya Melgar, Alfredo (coord.): *Curso de Seguridad Social*, Servicio de Publicaciones Facultad de Derecho, Universidad Complutense de Madrid, Madrid, 1998, p. 82.

43 Como por ejemplo documento nacional de identidad o equivalente y número de la Seguridad Social del trabajador, su categoría profesional, puesto de trabajo, forma y cuantía de la retribución, centro de trabajo, horario de este y cuántos otros datos o circunstancias resulten precisos al efecto.

sual, incluida la parte proporcional de las pagas extraordinarias, así como, en su caso, en el importe del salario mensual acordado en especie y en la existencia o no de pacto de horas de presencia y/o de horas de pernocta, junto con la retribución por hora pactada[44].

La integración de los Empleados del Hogar en el Sistema Especial supuso una transformación importante en la protección de estos trabajadores, pues no sólo implicó que la obligación de cotizar recayera sobre el empleador con independencia de la modalidad del servicio prestado (jornada completa o parcial), sino que para alcanzar la convergencia con el Régimen general se implantó un régimen de cotización basado en los salarios percibidos por hora de trabajo. Sin embargo, para alcanzar la equiparación, sin encarecer de forma repentina el coste para el empleador, se estableció un periodo transitorio consistente en el establecimiento de un sistema de tramos, lo que permitiría acercar progresivamente las bases de cotización al salario real percibido[45].

A partir del día 1 de enero de 2023, las personas empleadoras asumen las obligaciones en materia de cotización con relación a las personas trabajadoras al servicio del hogar que presten sus servicios durante menos de 60 horas mensuales por persona empleadora y que hubieran acordado con esta última, con anterioridad a la entrada en vigor del Real Decreto-ley, la asunción de las obligaciones en materia de encuadramiento y cotización en el Sistema Especial para Empleados de Hogar establecido en el Régimen General de la Seguridad Social.

A estos efectos, las personas empleadoras deben comunicar a la Tesorería General de la Seguridad Social, durante el mes de enero de 2023, los datos necesarios para el cálculo y el pago de las cuotas de la Seguridad Social, y en especial los datos bancarios precisos para el pago de las cotizaciones, así como la entidad gestora o en su caso colaboradora de la Seguridad Social por la que optan a efectos de la cobertura de las contingencias profesionales, siempre y cuando todos estos datos no se hubiesen comunicado con anterioridad[46].

Antes de esta reforma, recordemos que los trabajadores ya incluidos en el Sistema Especial el 1 de abril de 2013 y que prestaban sus servicios durante menos de 60 horas mensuales por empleador, podían asumir el cumplimiento de las obligaciones en materia de encuadramiento, cotización y recaudación

---

44 Art. Sexto Real Decreto-ley 16/2022 (m*odificación del Reglamento General sobre inscripción de empresas y afiliación, altas, bajas y variaciones de datos de trabajadores en la Seguridad Social, aprobado por el Real Decreto 84/1996, de 26 de enero):* el apartado 2 del art. 43 del Reglamento General sobre inscripción de empresas y afiliación, altas, bajas y variaciones de datos de trabajadores en la Seguridad Social, aprobado por el Real Decreto 84/1996, de 26 de enero, queda modificado en estos términos.

45 ROMERAL HERNÁNDEZ, Josefa: «Trabajo doméstico y protección social frente a contingencias derivadas del trabajo», cit., pp. 124-125.

46 Disposición adicional segunda Real Decreto-ley 16/2022.

en dicho sistema, cuando así lo acordaba con sus empleadores. El empleado del hogar podía realizar los actos de encuadramiento siempre que no superase el margen numérico y así lo acordaba con el empleador (por defecto la obligación recaía en el empleador, y solo a través de pacto era trasladada al empleado).

Conviene recordar que cuando la persona trabajadora asuma la cobertura de las contingencias profesionales deberá formalizar la cobertura de dichas contingencias con la Entidad Gestora o colaboradora de la Seguridad Social de su elección, salvo que la persona empleadora ya tuviera aseguradas dichas contingencias respecto a otras personas contratadas incluidas en este Sistema Especial, en cuyo caso la persona titular del hogar familiar será la que pueda elegir la Entidad Gestora o colaboradora donde cubrir la citada cobertura: en este sentido no se exige que la persona titular del hogar familiar tenga una única entidad de cobertura por lo que aunque no resulte frecuente, podría elegir diferentes entidades gestoras[47].

2.2.5. Beneficios en las cotizaciones

La disposición adicional primera del Real Decreto-ley 16/2022 recoge los beneficios en la cotización aplicables en el Sistema Especial para Empleados de Hogar, incluyendo una modulación de aquellos en función de las condiciones de renta y patrimonio y las necesidades de cuidado de las familias. Estas medidas, encaminadas a favorecer la contratación y alta de nuevos trabajadores en este sistema, parecen pensadas igualmente para hacer aflorar al menos una parte del empleo sumergido en este ámbito de actividad que no cumple los requisitos exigidos por la legislación.

Una primera bonificación consiste en que las personas que tengan contratada o contraten bajo cualquier modalidad contractual a una persona trabajadora al servicio del hogar y le den de alta en el Régimen General de la Seguridad Social, tendrán derecho a una reducción del 20 % en la aportación empresarial a la cotización a la Seguridad Social por contingencias comunes correspondiente al Sistema Especial para Empleados de Hogar establecido en dicho régimen.

Asimismo, tendrán derecho a una bonificación del 80 % en las aportaciones empresariales a la cotización por desempleo y al Fondo de Garantía Salarial en ese Sistema Especial.

Como alternativa a la reducción prevista anteriormente, las personas empleadoras que den de alta en el Régimen General de la Seguridad Social a una persona trabajadora al servicio del hogar, a partir de su entrada en vigor (1 de octubre de 2022), tendrán derecho, durante toda la situación de alta

47 FERNÁNDEZ ORRICO, Francisco Javier: «El sistema especial de empleados de hogar», AA.VV., *Tratado de Derecho de la Seguridad Social*, Laborum, Murcia, 2017, p. 615.

en dicho régimen, a una bonificación del 45 % o del 30 % en la aportación empresarial a la cotización a la Seguridad Social por contingencias comunes correspondiente al Sistema Especial para Empleados de Hogar, cuando cumplan los requisitos de patrimonio y/o renta de la unidad familiar o de convivencia de la persona empleadora en los términos y condiciones que se fijen reglamentariamente.

Estas bonificaciones solo son aplicables respecto de una única persona empleada de hogar en alta en el Régimen General de la Seguridad Social por cada persona empleadora. Si hubiese más de una persona empleada de hogar en alta en dicho Régimen por cada persona empleadora, la bonificación será aplicable únicamente respecto de aquella que figure en alta en primer lugar.

Corresponde al Servicio Público de Empleo Estatal la determinación del derecho a las bonificaciones en las cuotas de la Seguridad Social referida anteriormente, y el inicio del derecho a esta bonificación de cuotas se producirá a partir del mes en que el Servicio Público de Empleo Estatal comunique a la Tesorería General de la Seguridad Social los beneficiarios y el porcentaje que corresponda aplicar a cada uno de ellos (reglamentariamente se establecerá el procedimiento para la determinación del derecho e intercambio de información, que se deberá realizar a través de procedimientos automatizados, entre las distintas Administraciones públicas, entre las que se encontrarán las Administraciones tributarias, incluidas las de régimen foral).

Igualmente, corresponde al Servicio Público de Empleo Estatal el control de los requisitos y condiciones establecidos para la aplicación de estas bonificaciones en las cuotas de la Seguridad Social y a la Inspección de Trabajo y Seguridad Social la vigilancia de su cumplimiento.

Respecto a los trabajadores incluidos en el Sistema Especial para Empleados de Hogar, también se aplican las deducciones en la cotización a la Seguridad Social establecidas en el art. 2.2 de la Ley 43/2006, de 29 de diciembre, para la mejora del crecimiento y del empleo, referidas a los empleadores que contraten a personas con discapacidad:

- En el supuesto de contratación indefinida, tendrán derecho a una bonificación mensual de la cuota empresarial a la Seguridad Social o, en su caso, de su equivalente diario por trabajador contratado, de 375 euros/mes (4500 euros/año) durante toda la vigencia del contrato[48]. La bonificación será de 425 euros/mes (5100 euros/año) si el trabajador con discapacidad está incluido en alguno de los siguientes grupos: a) Personas con parálisis cerebral, personas con enfermedad

48 La misma bonificación se disfrutará en el supuesto de transformación en indefinidos de los contratos temporales de fomento del empleo celebrados con personas con discapacidad, o de transformación en indefinidos de contratos formativos suscritos con trabajadores con discapacidad.

mental o personas con discapacidad intelectual, con un grado de minusvalía reconocido igual o superior al 33 %. Y b) Personas con discapacidad física o sensorial, con un grado de minusvalía reconocido igual o superior al 65 %.

- Si el trabajador con discapacidad tiene en el momento de la contratación 45 o más años o si se trata de una mujer, la bonificación se incrementará, respectivamente, en 100 euros/mes (1200 euros/año) o en 70,83 euros/mes (850 euros/año), sin que los incrementos establecidos en este número sean compatibles entre sí.

Igualmente será de aplicación la bonificación establecida en el Real Decreto-ley 11/1998, de 4 de septiembre, por el que se regulan las bonificaciones de cuotas a la Seguridad Social de los contratos de interinidad que se celebren con personas desempleadas para sustituir a trabajadores durante los períodos de descanso por maternidad, adopción y acogimiento[49]: derecho a una bonificación del 100 % en las cuotas empresariales de la Seguridad Social, incluidas las de accidentes de trabajo y enfermedades profesionales, y en las aportaciones empresariales de las cuotas de recaudación conjunta[50]. Estos beneficios no se aplican en los siguientes casos: a) Contrataciones de interinidad que se suscriban con el cónyuge, ascendientes, descendientes y demás parientes por consanguinidad o afinidad hasta el segundo grado inclusive del empresario, o de aquellos que sean miembros de los órganos de administración de las empresas que revistan la forma jurídica de sociedad; b) Contratos celebrados por las Administraciones públicas y sus organismos autónomos; y c) Contratos de puesta a disposición.

Lo mismo ocurre con las bonificaciones de cuotas de Seguridad Social para cubrir a los trabajadores en período de descanso por maternidad, adopción, acogimiento, riesgo durante el embarazo, riesgo durante la lactancia natural o suspensión por paternidad, a que se refiere la disposición adicional segunda de la Ley 12/2001, de 9 de julio, de medidas urgentes de reforma del mercado de trabajo para el incremento del empleo y la mejora de su calidad[51]: la bonificación a aplicar del 100 % en las cuotas empresariales de la Seguridad Social de accidentes de trabajo y enfermedades profesionales, y en las aportaciones empresariales de las cuotas de recaudación conjunta, solo queda vigente hasta 31 de agosto de 2023.

El Gobierno desarrollará un análisis de las nuevas bonificaciones en la cotización en el Sistema Especial para Empleados de Hogar, establecidas en la

49 BOE núm. 213, de 5 de septiembre, de 1998.

50 La duración máxima de estas bonificaciones coincidirá con la de los períodos de los descansos a que se refiere el art. 48.4 del ET. En los supuestos en que el trabajador no agote el período de descanso a que tuviera derecho, los beneficios se extinguirán en el momento de su reincorporación a la empresa.

51 BOE núm. 164, de 10 de julio, de 2001.

disposición adicional primera, a los dos años de la entrada en vigor del Real Decreto-ley: dicho análisis evaluará su eficacia y valorará la conveniencia de mantener los citados incentivos a la contratación[52].

3. Garantía salarial, obligación de cotización de las personas empleadoras e intervención del Fondo de Garantía Salarial

Otra de las diferencias con el resto de los trabajadores, era estar excluida la relación doméstica de la cotización y protección a cargo del Fondo de Garantía Salarial. Si este fondo se crea ante la posible insolvencia del trabajador, teniendo atribuido el abono a los trabajadores de los salarios e indemnizaciones de las empresas, no se concibe esta exclusión, pues entendemos que, si se remite al Régimen General la acción protectora, no se debe negar la condición de trabajadores a determinadas personas que presten servicios para un empleador, aunque fuese con ciertas especialidades[53].

Procede proporcionar cobertura indemnizatoria en los supuestos de insolvencia o concurso de las personas empleadoras. Conforme al preámbulo del Real Decreto-ley 16/2022, la exclusión de la cobertura dispensada por el Fondo de Garantía Salarial a las personas trabajadoras en el hogar es una diferencia de trato injustificada, dado que en la actualidad es posible la declaración de insolvencia de las unidades familiares por la ley de segunda oportunidad (Ley 25/2015, de 28 de julio, de mecanismo de segunda oportunidad, reducción de la carga financiera y otras medidas de orden social)[54].

Asimismo, la ratificación del Convenio 189 de la OIT aconseja ir más allá, habida cuenta de que la Recomendación número 201 de la OIT, sobre las trabajadoras y los trabajadores domésticos, hecho en Ginebra el 16 de junio de 2011, compromete a los Estados «a asegurar que los trabajadores domésticos disfruten de condiciones que no sean menos favorables que las que se apliquen a los demás trabajadores en general en lo relativo a la protección de los créditos laborales en caso de insolvencia o de fallecimiento del empleador».

Por todo ello, el art. cuarto establece modificaciones en el Real Decreto 505/1985, de 6 de marzo, sobre organización y funcionamiento del Fondo de Garantía Salarial, que son necesarias, a través de las que se reconoce, por un lado, la obligación de cotización de las personas empleadoras del servi-

52 Disposición adicional quinta Real Decreto-ley 16/2022.

53 SANZ SÁEZ, Concepción: *La protección social de las empleadas de hogar. La desaparición definitiva del Régimen Especial de la Seguridad Social y su integración en el Régimen General como Sistema Especial: análisis actual y de futuro*, Editorial Bomarzo, Albacete, 2017, p. 190.

54 BOE núm. 180, de 29 de julio de 2015.

cio doméstico (por las personas trabajadoras en el hogar familiar vinculadas entre sí en virtud de relación laboral de carácter especial).

Y por otro lado, proporciona una cobertura indemnizatoria a las personas trabajadoras del servicio doméstico en los casos de insolvencia o concurso de las empleadoras: la indemnización que procede abonar se calculará a razón de doce días de salario por año de servicio, prorrateándose por meses los períodos de tiempo inferiores a un año, con el límite máximo de seis mensualidades, sin que el salario diario, base del cálculo, pueda exceder del doble del salario mínimo interprofesional, incluyendo la parte proporcional de las pagas extraordinarias.

4. Conclusiones

La inclusión de quienes desempeñan su labor en el servicio doméstico como beneficiarios potenciales de las prestaciones por desempleo, al menos en el ordenamiento jurídico español, a todas luces ha de considerarse consecuencia directa de la publicación de la Sentencia del TJUE C-389/20. Esta relación causa-efecto apenas afirmada pone de manifiesto, que España puede, por fin, entrar en el grupo de países que no solo política, sino especialmente jurídico-normativamente se alinean a favor de eliminar algunas de las causas que contribuyen a debilitar al colectivo de trabajadores domésticos, una idea esta (la del debilitamiento) que pone de manifiesto el relevante papel de las instituciones europeas en el logro del objetivo de la Justicia social y relacional.

La aprobación del Real Decreto-ley 16/2022, como efecto inmediato de la citada sentencia no solo traslada el sentir de aquel fallo, sino que lo ha trascendido dotando a este colectivo de mayores garantías de protección social.

Resulta evidente que España ha aprovechado el trampolín político que le brinda esta sentencia para implementar la prestación por desempleo entre aquellas a las que tienen derecho los trabajadores en el sector doméstico, a pesar de que contaba con suficientes mimbres como para haber podido preverlo así desde los comienzos de la ordenación de su respectivo régimen jurídico (la promulgación de esta sentencia constituye la crónica de una muerte anunciada.

La protección por desempleo para los trabajadores del hogar es una constante reivindicación por toda la doctrina laboralista, en aras a erradicar la discriminación de un colectivo esencial para el avance de las sociedades modernas y la igualdad de género.

La inexistencia de prestaciones económicas sustitutivas del salario, genera lagunas de cotización, falta de participación en las medidas de intervención estatal destinadas a personas en situación de desempleo, y la no incorporación a programas de recolocación, formación, o reinserción.

BIBLIOGRAFÍA

Fernández Orrico, Francisco Javier:

- «Aspectos prácticos de la integración del Régimen Especial de Empleados de Hogar, en el Régimen General de la Seguridad, *Diario la Ley*, núm. 7745, 2011.

- «El sistema especial de empleados de hogar», AA.VV., *Tratado de Derecho de la Seguridad Social*, Laborum, Murcia, 2017.

Fernández-Costales Muñiz, Javier / **Baviera Puig**, Inmaculada / **Kahale Carrillo**, Djamil Tony: «Régimen especial de empleados de hogar: su integración en el régimen general», *Reforma y Modernización de la Seguridad Social, Análisis de la Ley 27/2011, de 1 de agosto*, Thomson Reuters Aranzadi, Cizur Menor (Navarra), 2012.

García Romero, Belén: «Integración y convergencia de regímenes de la Seguridad Social: hoy estado actual y perspectivas tras el Pacto de Toledo de 2020, *Revista General de Derecho del Trabajo y de la Seguridad Social*, núm. 59 2021.

Luján Alcaraz, José: *El Régimen Especial de la Seguridad Social de los Empleados de Hogar*, Aranzadi, Pamplona, 2000.

Montoya Melgar, Alfredo (coord.): *Curso de Seguridad Social*, Servicio de Publicaciones Facultad de Derecho, Universidad Complutense de Madrid, Madrid, 1998.

Romeral Hernández, Josefa:

- «El impacto del Convenio 189 de la OIT en las condiciones de trabajo de los empleados de hogar», *Revista Doctrinal Aranzadi Social*, vol. 6, núm. 7, 2013.

- «Nuevo rumbo en las relaciones laborales de las personas trabajadoras al servicio del hogar familiar», *e-Revista Internacional de la Protección Social*, vol. VII, núm. 2, 2022.

- «Trabajo doméstico y protección social frente a contingencias derivadas del trabajo», *e-Revista Internacional de la Protección Social*, vol. V, núm. 2, 2020.

Salas Porras, María: «La jurisprudencia del Tribunal de Luxemburgo como motor de las reformas legislativas: prestación por desempleo y servicio doméstico», *e-Revista Internacional de la Protección Social*, vol. VII, núm. 2, 2022.

Sánchez-Rodas Navarro, Cristina: «Prestaciones por desempleo y personas trabajadoras del hogar familiar transfronterizas», *e-Revista Internacional de la Protección Social*, vol. VII, núm. 2, 2022.

SANZ SÁEZ, Concepción: *La protección social de las empleadas de hogar. La desaparición definitiva del Régimen Especial de la Seguridad Social y su integración en el Régimen General como Sistema Especial: análisis actual y de futuro*, Editorial Bomarzo, Albacete, 2017.

TRILLO GARCÍA, Andrés Ramón: «Retos futuros en la protección integral desde el sistema de la Seguridad Social de las trabajadoras del hogar», *Lex Social: Revista de los Derechos Sociales*, vol. 9, núm. 2, 2019.

CAPÍTULO IX

ECONOMÍA SUMERGIDA EN LA RELACIÓN LABORAL ESPECIAL DE EMPLEADOS DE HOGAR

Alejandra Selma Penalva
Catedrática de Derecho del Trabajo y de la Seguridad Social
Universidad de Murcia

1. Consideraciones iniciales

Aunque no existen datos oficiales para calcularla con precisión, estudios fiables concluyen que la economía sumergida en España representaba en el año 2022[1], en torno al 23 % de PIB del país[2], cifra sustancialmente más elevada que la registrada de media en la UE (un 13 % según el Fondo Monetario Internacional[3]). El que se viene denominado «trabajo negro» (por tratarse de una prestación de servicios que no sale a la luz, que no se declara), trata de pasar desapercibido para evitar la aplicación de las consecuencias legales que precisamente trata de eludir. Es una forma de fraude sí, pero no sólo a los derechos de los trabajadores ni al ordenamiento laboral: constituye un fraude a todo el sistema económico en general puesto que genera un trabajo productivo que no se computa. No crea riqueza teórica ni contribuye a sustentar el gasto público. De entre las posibles formas de precariedad, ésta será quizá la que ocasione consecuencias más duras.

---

1 Aunque, según el mismo estudio, se intuye que, posiblemente en años anteriores esta cifra ha podido ser incluso más alta, teniendo en cuenta que, a raíz de la pandemia, se incrementaron los pagos con tarjeta de crédito, y con ellos, se limitaban las posibilidades de no declarar ciertos ingresos.

2 Cfr. estudio al respecto publicado en 2022 por el Instituto de Estudios Económicos (IEE).

3 https://www.imf.org/en/Publications/WP/Issues/2018/01/25/Shadow-Economies-Around-the-World-What-Did-We-Learn-Over-the-Last-20-Years-45583

En este contexto general, no todas las actividades tienen el mismo riesgo potencial de no declaración: no se puede negar que los ámbitos en los que existe un contacto personal directo entre tomador y prestador del servicio son más propicios a que prosperen estas formas de fraude; y más aún si las condiciones en las que se realizan dificultan el pago a través de tarjeta de crédito. Y quizá, entre todos ellos, el empleo doméstico sea uno de los sectores de actividad más afectados, pero a diferencia de lo que ocurre en otros ámbitos materiales, en este caso son muchas las causas que interfieren acentuando el problema.

Cualquier actividad no declarada, tanto si se realiza por cuenta propia o ajena, va a desencadenar efectos muy serios tanto en la economía nacional como en la carrera laboral de las personas que las desempeñan, pero cuando se trata de un colectivo profundamente feminizado, como lo es el trabajo doméstico, esta situación va a resultar especialmente grave, pues va a contribuir a incrementar la brecha de género en salarios y pensiones que sufre nuestro país.

Cuando se trata de analizar la economía sumergida y la brecha de género y su incidencia sobre el mercado de trabajo se puede llegar a varias conclusiones:

La primera es que, aunque no siempre se repare en ello, entre ellas existe una relación causa-efecto, de forma que la primera, sin pretenderlo, desencadena la segunda (o a la inversa). Nadie discute que el trabajo no declarado queda al margen de la protección social al mismo tiempo que suele crear el contexto propicio para que prosperen fenómenos de fraude en la retribución, difíciles de combatir, por la dificultad de denuncia y prueba que existe en tales contextos. Pero lo que muchas veces pasa desapercibido es que, también los sectores menos cualificados y precarizados, donde existen tasas muy altas de temporalidad y parcialidad y se abonan retribuciones más bajas, también son los más propicios a aceptar colaboraciones no declaradas, en las que «la no cotización», se ha ofrecido como moneda de cambio con el fin de conseguir retribuciones ligeramente más elevadas que las correspondientes a la media del sector.

La segunda es que, en ambos casos, son múltiples las causas interconectadas entre sí que provocan el fenómeno, dando lugar a un problema muy difícil de combatir. Y es que será muy complejo encontrar una estrategia suficientemente fuerte y efectiva como para luchar contra todos los desencadenantes a la vez, lo que complica, al máximo, la solución del problema. Tanto es así que, a la hora de estudiar la incidencia de la economía sumergida en el mercado de trabajo en general y en el ámbito de la relación laboral especial de empleados de hogar en particular, resulta conveniente ir analizando, de forma individualizada, cada uno de los factores de riesgo a los que el sector se enfrenta, con el fin de que, una vez descartada la esperanza de poder idear una solución única, que sea efectiva con carácter general, poder encontrar al menos medidas puntuales que, de forma concreta y específica, vayan actuando sobre cada uno de los factores que la desencadenan. Y es que solo una confluencia de medidas y actuaciones variadas pero coordinadas entre sí, preparadas para actuar desde diferentes frentes, podrán atajar un problema tan complejo como al que ahora nos enfrentamos.

En el presente trabajo se intentan individualizar tanto las causas que, en la práctica, provocan el problema apuntado, como las medidas de actuación actualmente existentes, al mismo tiempo que se plantean nuevas estrategias que, de cara al futuro, podrían resultar útiles para atenuar la situación.

2. El empleo doméstico no declarado: causas que lo provocan

La escasa visibilidad y cobertura social que nuestro ordenamiento jurídico venía ofreciendo a los empleados de hogar se intentó corregir modificando tanto el elenco de derechos incluidos en la relación laboral especial que este colectivo mantiene con el cabeza de familia, como sustituyendo el tradicional régimen especial por un sistema especial de Seguridad Social con el fin de equiparar la protección que reciben este tipo de empleados al resto de trabajadores por cuenta ajena cuando atraviesan una situación de necesidad. Así pues, con efectos de 1 de enero de 2012 desapareció el anterior Régimen Especial de los Empleados de Hogar (en adelante REEH), integrándose como Sistema Especial en el Régimen General de la Seguridad Social —en adelante SESSEH— (Ley 27/2011). También en la misma fecha entró en vigor la reforma de la Relación Laboral Especial del Servicio del Hogar Familiar (RD 1620/2011).

Pese a todo, doce años después de su puesta en marcha, la práctica demuestra que el doble objetivo que perseguía la creación del SESSEH (elevar la recaudación a la Seguridad Social, al mismo tiempo que mejorar la calidad del empleo del servicio doméstico) no se ha cumplido, y el sistema especial de Seguridad Social ha ido perdiendo año tras años cotizantes[4], demostrando que el sistema ideado para ofrecer cobertura social al empleo doméstico no ha tenido una buena acogida[5]. A pesar de los esfuerzos realizados, no se puede negar que todavía el ámbito del trabajo doméstico, en

4 Según los datos facilitados por la propia Seguridad Social, tal y como recoge https://cincodias.elpais.com/cincodias/2019/08/16/economia/1565963421_056608.html

5 Tanto es así que, a pesar de los esfuerzos del legislador, el servicio doméstico sigue considerándose uno de los ámbitos de trabajo más precario que actualmente existen en la economía española que, además, afecta de forma prácticamente exclusiva a trabajadoras de sexo femenino. Al respecto, véase Lozano Lares, Francisco: «Los déficits de protección social del trabajo femenino», *Revista General de Derecho del Trabajo y de la Seguridad Social*, n.º 58, 2021, soporte informático. Sobre la misma cuestión, véase Martín Rodríguez, M.ª Olaya: «El empleo doméstico, un sector altamente feminizado», *Libro de Actas del X Congreso Universitario Internacional sobre Contenidos, Investigación, Innovación y Docencia*, Ed. Fórum, Madrid, 2020.

el que 9 de cada 10 personas trabajadoras del sector son mujeres[6], queda afectado por grandes dosis de precariedad laboral.

Pero la situación descrita, como se ha adelantado, es tan solo el reflejo práctico de la concurrencia de un abanico de factores variados, interconectados entre sí, agravando el problema y dificultando su solución. Entre otros, pueden destacarse los siguientes:

2.1. Cercanía con el trabajo amistoso

A modo de respuesta, debe admitirse que si bien los trabajos amistosos, benévolos o de buena vecindad constituyen un modelo clásico en la convivencia humana, perfectamente admitido desde el mismo momento en el que la sociedad se configuró como tal, no está exento de fraude. El trabajo amistoso, por su propia naturaleza, no está sujeto ni a obligaciones de cotización ni de tributación que necesariamente incidirían sobre cualquier otra forma de colaboración humana con finalidad productiva, por lo que puede ocurrir que, en la práctica, sujetos que respectivamente desempeñan las posiciones de empleador/trabajador traten de hacer pasar desapercibida su colaboración encubriéndola bajo una falsa apariencia de trabajo altruista

A la vista de los expuesto, antes de considerar trabajo «*trabajo amistoso, benévolo o de buena vecindad*» a cualquier forma de trabajo ejecutado de forma personal sin percibir ni esperar *contraprestación económica*, han de realizarse diversas matizaciones:

- En primer lugar, debe destacarse que nuestra doctrina y jurisprudencia, en términos generales, siguiendo una postura claramente *pro-operario*, vienen manteniendo una interpretación dirigida a proteger a la parte más débil de la relación iniciada, lo cual sólo se consigue colocándolo dentro del ámbito de aplicación de la legislación laboral. Así viene negando con carácter general la posibilidad de recurrir a trabajos amistosos, benévolos o de buena vecindad en organizaciones empresariales con el fin de integrar el proceso de producción[7].

6 Según demuestran los datos facilitados por la Seguridad Social, tal y como reflejan, entre otros, SÁNCHEZ JIMÉNEZ, Raquel y JIMÉNEZ ROMERA, Gemma: «Las empleadas de hogar. Régimen jurídico y de Seguridad Social», en AA.VV.: *Investigación y Género. Reflexiones desde la investigación para avanzar en igualdad: VII Congreso Universitario Internacional Investigación y Género: Sevilla, 28 y 29 de junio de 2018*, (coord. Isabel Vázquez Bermúdez y otros), SIEMUS, Sevilla, 2018, pág. 713.

7 Así lo aprecian, sin necesidad de que se trate ni de colaboraciones habituales ni a tiempo completo, entre otras, las sentencias, todas ellas de la Sala de lo Social del TSJ de Cataluña, n.° 4976/2017 de 21 julio (JUR\2017\260806), **n.° 3513/2015 de 29 mayo** (JUR\2015\188235), **n.° 4672/2011 de 4 julio** (JUR\2011\331554) y n.° 2809/2011 de 18 abril (JUR\2011\215388) respeto a las labores de limpieza en un hostal, la prestación de servicios en un bar, la atención y llevanza de la contabilidad en una asociación o la realización de funciones a tiempo parcial como conductor y operario de granja, respectivamente.

Se entiende que, si la finalidad empresarial es la de obtener un lucro económico, no cuadra con el contexto el hecho de que uno de los partícipes en el citado proceso, a pesar de que con su labor contribuye al beneficio mercantil de la empresa para la que ha prestado sus servicios, lo haga de forma altruista, tanto si se trata de una colaboración habitual[8], como esporádica o puntual[9]. Ahora bien, ¿esta apreciación puede realizarse por igual en el ámbito de los trabajos colaborativos? ¿Cabría admitir que emprendedores o empresarios intercambiaran respectivamente, sea de forma puntual o continua, prestaciones de servicios sin que mediase contraprestación monetaria? Así, ¿lo que se niega de forma prácticamente uniforme respecto a los trabajos amistosos, benévolos o de buena vecindad, podría resultar factible en el ámbito de los trabajos domésticos?

– Al mismo tiempo, y enlazando con la cuestión anterior, debe prestarse especial atención al hecho de que, el rasgo principal que identifica y define al trabajo amistoso, benévolo o de buena vecindad es su carácter *altruista*. Así las cosas, el proceso de identificación se com-

8 Con carácter general, para reconocer una colaboración habitual como amistosa, se viene exigiendo bien que se realice entre particulares, bien que se preste para entidades sin ánimo de lucro. Este es el caso por ejemplo que se ocupa de valorar la STSJ de La Rioja, (Sala de lo Social) Sentencia n.° 325/2000 de 24 octubre (AS\2000\4429) en la que se declara la inexistencia de relación laboral respecto a la prestación de servicios como pinchadiscos para una Asociación de tipo formativo, educativo y recreativo.

9 Adviértase que, aunque se niega de forma tajante que una organización productiva pueda recurrir de forma habitual a una colaboración amistosa, benévola o de buena vecindad con el fin de atender las necesidades propias de su proceso de producción de bienes o servicios, se admiten a veces ciertas flexibilizaciones a esta regla general cuando se trata de participaciones puntuales y excepcionales, aunque éstas se realicen en beneficio de una empresa o incluso, de una Administración pública. Así, por ejemplo, véanse los casos que analizan, respectivamente, las STSJ de Cataluña, (Sala de lo Social, Sección 1.ª) Sentencia n.° 7431/2013 de 14 noviembre (AS\2014\59), y más recientemente, la STSJ de País Vasco, (Sala de lo Social, Sección 1.ª) Sentencia n.° 77/2017 de 17 de enero (AS\2017\168), ambas referidas a colaboraciones excepcionales de amigos de la familia en un bar. Por su parte, la STSJ de Galicia, (Sala de lo Social, Sección 1.ª) Sentencia n.° 6317/2015 de 13 noviembre (JUR\2015\298301) y la STSJ de Cataluña, (Sala de lo Social, Sección 1.ª) Sentencia n.° 6865/2014 de 16 octubre (JUR\2015\10684) declaran la compatibilidad con la percepción de la prestación por desempleo de la realización puntual de ciertas actividades a título de amistad, como son, respectivamente, la presentación de una bebida en una feria local de alimentación o realizar labores de traductora para una víctima de violencia de género durante su comparecencia al juzgado. Por su parte, las SSTSJ de Cataluña, (Sala de lo Social, Sección 1.ª) Sentencia n.° 1501/2013 de 1 marzo (JUR\2013\172251) y de Madrid, (Sala de lo Social, Sección 2.ª) Sentencia n.° 811/2006 de 31 octubre (AS\2007\143) califican como no amistosas las colaboraciones puntuales realizadas como conductor ocasional en beneficio de una organización empresarial, por lo que resultarán compatibles con las prestaciones por desempleo o jubilación que, en su caso, pudiera estar percibiendo el sujeto que las realiza.

plica cuando, aunque el sujeto en cuestión desarrolle su actividad sin esperar contraprestación económica, esto no significa que en todos los casos el trabajo se realice de manera totalmente desinteresada, pues en realidad suelen materializarse en forma de moderno «trueque» a través del cual, tanto el sujeto que presta el servicio como el que lo recibe, cubren a través de esta vía una necesidad personal sin tener que pagar por ello un importe económico del que muchas veces carecen (normalmente intercambiando trabajos equivalentes o la realización de un trabajo básico por alojamiento y manutención[10]). De esta forma, en muchos casos, existirá la contraprestación propia de un contrato cambiario, aunque ésta no se haya manifestado en forma monetaria. Sin duda, los difusos contornos de los conceptos de «amistad», «beneficencia» y «vecindad» hacen particularmente complejo llevar a cabo este proceso de identificación.

En síntesis, la confianza mutua que caracteriza el concepto de amistad, como dato por esencia intangible, personalísimo e incuantificable, puede tener intensidades muy diferentes según los entornos en los que se desenvuelva. Por ello, puede manifestar diversas formas y presentarse en contextos muy variados. Lo relevante a estos efectos será entonces conocer el factor subjetivo que mueve las actuaciones de los sujetos implicados, pues ése es en realidad el dato principal que permitirá identificar con éxito la verdadera naturaleza jurídica de la relación iniciada revelando la causa amistosa o retributiva que la inspira. Ahora bien, dado que desentrañar las apreciaciones personales no siempre es una tarea sencilla, el intérprete tendrá que acudir al haz de indicios que rodean la prestación de servicios, esto es: al conjunto de elementos y circunstancias que se consideren relevantes a favor o en contra el carácter laboral o amistosa de la relación iniciada, a la hora de alcanzar una conclusión justificada.

Por ejemplo, en el ámbito del cuidado doméstico, la frontera entre las relaciones personales verdaderamente altruistas y las colaboraciones retribuidas no declaradas muchas veces resulta especialmente difusa. A estos efectos, los mayores problemas de delimitación de fronteras no los plantea en la práctica el cuidado del hogar o de menores de edad, sino la atención de personas dependientes. Recuérdese que la Ley 39/2006, dentro del concepto genérico de cuidado no profesional (esto es, siempre altruista y desinteresado), distingue dos tipos: el cuidado prestado por familiares y el que realizan personas del entorno del dependiente (art. 2.5 Ley 39/2006). Esto es: el cuidado no profesional prestado por personas vinculadas al dependiente por lazos de

10 Por ejemplo, las colaboraciones propias de buena vecindad suelen ser particularmente frecuentes en el ámbito agrario, en el seno de explotaciones familiares. Es habitual llevar a cabo trabajos de poca entidad (aunque repetidos a lo largo de los años) sin contraprestación entre «vecinos de tierra», coincidiendo con las épocas de recogida de las cosechas, esperando con ello obtener ayuda equivalente en sus propias labores de recogida, cuando llegue el momento.

parentesco (afinidad o consanguinidad hasta el cuarto grado inclusive)[11]; y el cuidado no profesional que llevan a cabo de forma altruista personas con las que el dependiente no mantiene vínculo familiar, pero se encuentran en su círculo más cercano (como podrían ser, por ejemplo, ahijados, vecinos o amigos)[12]. Y es precisamente este último grupo el que presenta muchas veces características muy cercanas a lo que podría ser una relación laboral especial de empleados de hogar no declarada.

Este problema de delimitación de fronteras puede ser más frecuente de lo que parece. No solo porque, ante la abrumadora y constante caída de la natalidad que sufre nuestro país, cada vez más personas dependientes carecen de familiares directos dispuestos a hacerse cargo de su cuidado, sino también porque los cuidadores no profesionales desde el 1 de abril de 2019[13], pueden suscribir un convenio especial con la Seguridad Social en condiciones especialmente ventajosas.

---

11 Así, el art. 1.1 del citado RD 615/2007 precisa que «*a los efectos de lo previsto en los artículos 2.5, 14.4 y 18 de la Ley 39/2006, de 14 de diciembre, de promoción de la autonomía personal y atención a las personas en situación de dependencia, podrán asumir la condición de cuidadores no profesionales de una persona en situación de dependencia, su cónyuge y sus parientes por consanguinidad, afinidad o adopción, hasta el tercer grado de parentesco*». Esta enumeración de situaciones familiares se completa por el Real Decreto 1051/2013 incluyendo expresamente las situaciones asimiladas a la relación familiar (parejas de hecho, tutores y personas designadas, administrativa o judicialmente, con funciones de acogimiento), por el que se regulan las prestaciones del Servicio de Atención y Ayuda Domiciliaria establecidas en la Ley de Dependencia.

12 El legislador, posiblemente por las serias dificultades que esta última alternativa en la práctica plantea a la hora de diferenciarlo de una relación laboral encubierta, opta por configurarlo como una opción excepcional y residual. Tal y como contempla el art. 1.2 RD 615/2007, hay que tener en cuenta que «*cuando la persona en situación de dependencia tenga su domicilio en un entorno caracterizado por insuficiencia de recursos públicos o privados acreditados, la despoblación, o circunstancias geográficas o de otra naturaleza que impidan o dificulten otras modalidades de atención, la administración competente podrá excepcionalmente permitir la existencia de cuidados no profesionales por parte de una persona de su entorno que, aun no teniendo el grado de parentesco señalado en el apartado anterior, resida en el municipio de la persona dependiente o en uno vecino, y lo haya hecho durante el periodo previo de un año*». Se entiende que, para que entre en juego esta excepción, no tienen que existir parientes, o los que existan, no estén dispuestos a hacerse cargo de la atención de la persona dependiente. Como pone de manifiesto FERNÁNDEZ COLLADOS, M.ª Belén, esta figura, «queda pendiente de una mayor concreción jurídica, al estar delimitada a través de conceptos muy indeterminados: «insuficiencia de recursos»; «despoblación»; «circunstancias geográficas»; «circunstancias de otra naturaleza»; «municipio vecino»; o el propio significado del concepto «entorno rural». Lo que sin lugar a duda contribuye a la tantas veces criticada desigualdad territorial en la aplicación de la Ley de Dependencia, dado que cada Comunidad Autónoma puede definir dichos términos» en «Los cuidados en el entorno familiar más de una década después. Los vaivenes en su regulación, su aplicación por la doctrina judicial y sus efectos en materia de igualdad», *Nueva revista española de derecho del trabajo*, n.º 210, 2018, pág. 8 del soporte informático.

13 El **Real Decreto-ley 6/2019 de** 1 de marzo, de medidas urgentes para garantía de la **igualdad de trato** y de oportunidades entre mujeres y hombres en el empleo y la ocupación

Pero no solo eso. Por lo que respecta a la constatación de una relación laboral encubierta bajo la fórmula de un aparente trabajo amistoso, debe resaltarse que hoy en día las dificultades más serias de diferenciación se plantean ante los intercambios de atención o limpieza por alojamiento y manutención que han proliferado de forma abrumadora a raíz de la crisis económica. Aunque se realicen en beneficio de ambas partes implicadas, que voluntaria y conscientemente asumen todas y cada una de las condiciones pactadas, presentan contornos especialmente cercanos a la prestación laboral de servicios no declarada. Y es que a pesar de que el propio art. 2.2 del RD 1620/2011 por el que se regula la relación laboral especial del servicio del hogar familiar, excluye del ámbito del Derecho del Trabajo la «*relación de colaboración a la par*» (aquella que da lugar a la *acogida temporal en régimen de convivencia familiar* de un sujeto con el que no se mantienen vínculos ni de consanguinidad ni de afinidad para realizar trabajos que tengan un *carácter marginal* siempre que esté ausente el carácter retribuido de los servicios prestados), es también un hecho notorio que muchas veces, el servicio doméstico, la atención de personas dependientes o las labores de mantenimiento y cuidado de fincas o animales domésticos, pese a presentar una clara naturaleza laboral, se mantienen desde sus inicios, valiéndose de la intimidad que reporta el hogar familiar, dentro de la economía sumergida[14]. Y si es así, ¿qué respuesta hay que ofrecer a las colaboraciones cambiarias entre particulares en las que unos y otros pretenden intercambiar entre sí servicios de distinta naturaleza jurídica sin que medie una contraprestación monetaria, cuando, además, en muchos casos, no existía entre ellos una relación personal previa, sino que se han puesto en contacto tras publicar un anuncio en Internet? ¿Deben considerarse colaboraciones de buena voluntad situadas al margen del Derecho del Trabajo? O, por el contrario, ¿dan lugar a una relación laboral encubierta en la que la totalidad del salario, contraviniendo las especificaciones de la relación laboral especial de empleados de hogar, se ha abonado en especie? Sin duda, se trata de cuestiones complejas, sobre la que todavía no se han pronunciado nuestros jueces y tribunales, y que, por tanto, permanecen por el momento al margen del derecho. Ahora bien, a pesar de que no se trate hasta ahora de fenómenos ilícitos, no se discute que

---

contempla permite a los cuidadores no profesionales de personas que tengan reconocida una prestación económica por dependencia, suscribir un **convenio especial** con la Seguridad Social sin tener que pagar ellos las cotizaciones, ofreciéndoles cobertura jubilación, incapacidad permanente y muerte y supervivencia (aunque no por desempleo, porque estrictamente estas personas no están trabajando, por lo que no perderán un empleo al desaparecer la necesidad de cuidado).

14 Y es que no siempre se intercambia un servicio a cambio de otro, sino el derecho a uso y disfrute de una vivienda a cambio de un servicio, y es entonces cuando se genera una situación que guarda una estrecha cercanía con una relación laboral no declarada en la que se ha acordado fijar única o principalmente una retribución en especie (superando así los porcentajes máximos que, según el art. 26 ET, puede alcanzar la retribución en especie sobre el salario global del trabajador en cuestión).

colocan al sujeto que presta esta forma de servicios, al margen de cualquier tipo de protección jurídica: mientras se llevan a cabo estas tareas (salvo, por supuesto, que se compatibilicen con otra actividad productiva distinta), no se percibirá el salario mínimo, ni se cotizará a la Seguridad Social, ni se tendrá cobertura ante ninguna de las situaciones de necesidad que pueda contemplar nuestro sistema (a excepción de la asistencia sanitaria respecto a la que rige el principio de universalidad de las prestaciones[15]).

2.2. ¿Cabe el trabajo doméstico por cuenta propia?

pero la desaparición del clásico REEH no sólo produce el efecto apuntado de simplificar la estructura de nuestro sistema de Seguridad Social, ni se limita a satisfacer las demandas de protección que tradicionalmente reclamaba el colectivo de los empleados domésticos, sino que genera también una importante consecuencia: reabre un nuevo problema de calificación de la naturaleza jurídica de cierto tipo de relaciones contractuales. Y es que, con este cambio, ¿el legislador verdaderamente quiere que todo trabajo doméstico tenga que quedar obligatoriamente encuadrado en el SESSEH? ¿Significa esto que no cabe realizar el trabajo doméstico por cuenta propia? ¿Se quiere con ello proclamar la laboralidad inherente de este tipo de servicios? ¿Se trata de un nuevo ejemplo de presunción legal de laboralidad? Y si esto es así. ¿se trata de una presunción *iuris tantum* o *iuris et de iure*?

Recuérdese que, nuestro ordenamiento jurídico, expresamente advierte que quedarán adscritos al SESSEH todos aquellos sujetos que realicen una prestación laboral que pueda considerarse incluida en el ámbito de aplicación de la relación laboral especial de empleados de hogar (art. 250 TRLGSS), por lo que será fundamental tener en todo momento presente el ámbito subjetivo de aplicación de aquélla, previsto en el art. 1 del RD 1620/2011. Debe destacarse que se trata de un problema de delimitación de fronteras que no existía con el régimen anterior, pues unos y otros, trabajadores domésticos por cuenta propia o ajena, quedaban encuadrados en el REEH, con la única diferencia de que, en un caso era el cabeza de familia el que asumía la obligación de cotización, y en el otro, dicha obligación corría a cargo del propio prestador del servicio.

A lo largo de los años, doctrina y jurisprudencia, han ido dejando suficientemente claro que no existe ninguna actividad que, por esencia, deba prestarse siempre en régimen de autonomía. En esta línea, han quedado ya totalmente desfasadas, por obsoletas, las antiguas apreciaciones que llevaban a equiparar cualificación profesional con independencia en la prestación de servicios. De la misma forma, se ha tenido que descartar, por incorrecta, la

15 Al respecto, véase el reciente Real Decreto-ley 7/2018, de 27 de julio, sobre el acceso universal al Sistema Nacional de Salud.

tradicional apreciación que llevaba a confundir flexibilidad de lugar y tiempo de trabajo con la actividad por cuenta propia. Pero ¿puede decirse lo mismo respecto al trabajo por cuenta ajena? ¿Existe hoy en día alguna actividad (a excepción de recepcionistas y telefonistas[16]) en la que la dependencia laboral sea consustancial a su propia existencia[17]?

A la hora de contestar a esta pregunta, son las relaciones laborales especiales las que plantean mayores problemas. O es que ¿cabe que los penados en instituciones penitenciarias realicen un trabajo por cuenta propia?, ¿los altos cargos podrían prestar servicios como profesionales autónomos? ¿Pueden no trabajar por cuenta ajena los deportistas profesionales que requieran competición en equipo?, ¿se está confundiendo al respecto forma de prestación de servicios con la naturaleza del servicio en sí mismo? Y precisamente respecto al tema que nos ocupa: ¿qué ocurre con los empleados de hogar? Estas especiales labores de limpieza y atención familiar ¿reciben un tratamiento jurídico diferente de las meras laborales de limpieza que se realizan fuera del hogar familiar, como limpieza viaria, limpieza de edificios y locales, parques y jardines, garajes, etc.? ¿En ellas también existe un margen de integración laboral inherente a la prestación de servicios que impide, atendiendo a la propia esencia de la actividad contratada, prestar el servicio en cuestión por cuenta propia? En otras palabras, esta posibilidad de elección que se otorga a los contratantes (1255 CC) que opera, como regla general, y salvo excepciones muy contadas, en cualquier ámbito de actividad, ¿incluye también a la prestación de servicios domésticos? O, por el contrario, ¿se ha de deducir el carácter necesariamente laboral de este tipo de colaboraciones? Y de ser así, dado que dentro de la relación laboral especial del personal al servicio doméstico tienen encaje prestaciones de servicios de diferente tipo (no solo limpieza

---

16 Jurisprudencialmente se reconoce que es impensable que la prestación personal de servicios de un telefonista se realice por cuenta propia. Entre otras, la STSJ de Canarias, Santa Cruz de Tenerife (Sala de lo social), de 8 de octubre de 1992 (AS 1992/4795), reconoce que, la actividad que realiza una telefonista requiere, por su propia naturaleza, incardinarse en el círculo organicista y rector de una entidad productiva, y en virtud de este razonamiento, constata la laboralidad del vínculo que une a una telefonista con el arquitecto en cuyo despacho trabaja, a pesar de que en ocasiones respondía a las llamadas desde su propio domicilio, en virtud de un sistema de desvío de llamadas. En estos términos, una labor muy similar a la de los telefonistas la realizan los recepcionistas en ciertos despachos profesionales. Así, por ejemplo, la ya clásica STSJ de Cataluña (Sala de lo Social) de 14 de octubre de 1992 (AS 1992/5108) proclama la laboralidad indiscutida de la actividad que realiza la persona encargada únicamente de atender el teléfono y recibir a los clientes en un despacho de abogados, pues parte de un margen de integración productiva consustancial a su actividad.

17 Posiblemente de forma equivocada (pues obvia los más elementales contornos del concepto de integración productiva), la propia Agencia tributaria permite que un camarero trabaje por cuenta propia. Cfr. contestación a la pregunta 109501 de la base de datos AEAT (informa): https://sede.agenciatributaria.gob.es/Sede/search.html?pqi=informa&q=109501. Respuesta también recogida en IAE - TARIFAS - ACTIVIDADES PROFESIONALES - CAMARERO POR CUENTA PROPIA | Iberley.

y cuidado, sino también jardineros y conductores), ¿todos ellos recibirán la misma calificación? La respuesta que se ofrezca a esta pregunta resultará fundamental a la hora de delimitar el marco jurídico del trabajo doméstico, entre cuyos aspectos más destacados se encuentra el régimen sancionador al que pueden enfrentarse los titulares del hogar familiar, cuestión que, en los últimos tiempos, preocupa sobremanera a muchos hogares[18].

¿Algo impide que el titular del hogar familiar contrate la prestación de dichos servicios domésticos con una persona trabajadora autónoma, con la que concierte bien un contrato civil de prestación de servicios de tracto continuado en el tiempo, bien sucesivos contratos de obra o servicio determinado cuyo objeto consista precisamente en la prestación de puntuales actividades domésticas? Y es que, si es posible que las tareas de limpieza y cuidado del hogar se contraten con una empresa (sea o no una ETT) constituida en el tráfico jurídico como tal, con el fin de ofertar al mercado la prestación de este tipo específico de servicios de limpieza[19], ¿por qué no va a ser posible que se encarguen a un profesional autónomo?

Así entonces, si por el contexto en el que se desenvuelve el servicio contratado, surge la duda razonable de a qué sujeto le corresponde cursar el alta y hacer frente a las obligaciones de cotización (situación de confusión que se produce, sobre todo, en hogares que contratan una asistencia doméstica de escasísima duración mensual y abonan retribuciones por hora trabajada muy superiores a las previstas en el SMI), la práctica se ocupa de confirmar que

---

18 Y es que no se puede dejar de resaltar que, de considerarse, siempre y sin excepción, laboral la relación jurídica constituida, las familias se pueden enfrentar a sustanciosas **multas por haber cometido infracciones graves o muy graves, obviamente inexistentes en caso de contratar con un autónomo.** Y no estamos hablando ya de establecer condiciones de trabajo inferiores a las establecidas legalmente o del impago y los retrasos reiterados en el pago del salario debido, sino de otro tipo de incumplimientos que, perfectamente pueden pasar desapercibidos para un cabeza de familia, y en cambio, reportarle una cuantiosa sanción, como no utilizar correctamente las modalidades de contrato de trabajo, no formalizar por escrito el contrato de trabajo; no entregar recibo de salarios, no entregar un finiquito, o no registrar la jornada de trabajo diariamente realizada por el empleado de hogar (arts. 7 y 8 LISOS). Pero no solo eso, por lo que respecta al trabajo de limpieza de extranjeros sin permiso de trabajo, la diferencia puede ser radical, pues en un caso será el propio autónomo el que haya cometido la conducta irregular (por prestar servicios en España sin estar en posesión de la preceptiva autorización para ello), y en el otro, el cabeza de familia que recibe el trabajo doméstico (art. 37 LISOS).

19 Precisamente en esta última posibilidad es un la que está pensando el legislador cuando, en la Disposición adicional decimoséptima de la reciente Ley 27/2011, bajo la rúbrica de <<*Prestación de servicios domésticos a través de empresas*>> expresamente dispone que «Las tareas domésticas prestadas por trabajadores no contratados directamente por los titulares del hogar familiar sino al servicio de empresas, ya sean personas jurídicas, de carácter civil o mercantil, determinará el alta de tales trabajadores en el Régimen General de la Seguridad Social por cuenta de esas empresas» (y no del titular del hogar familiar). Así pues, en este caso, será civil la relación que nace entre el cabeza de familia y a empresa que se ocupa de la prestación de servicios, aunque la empresa contratante recura a su vez a contratos de trabajo para canalizar la prestación de servicios en el mercado.

esta situación de confusión propicia la inactividad de ambos, haciendo que los servicios se presten al margen de la Seguridad Social.

Pese a la importancia del tema hay que reconocer que el legislador no es todo lo claro que sería deseable. Adviértase que la DA 2.ª del reciente RD-Ley 16/2022 *para la mejora de las condiciones de trabajo y de Seguridad Social de las personas trabajadoras al servicio del hogar*, bajo la rúbrica «*Asunción de obligaciones en materia de cotización con relación a las personas trabajadoras al servicio del hogar que presten sus servicios durante menos de 60 horas mensuales*» suprime la posibilidad anteriormente existente de permitir tramitar el alta y asumir también la responsabilidad de ingreso de las cuotas a los propios empleados de hogar que trabajen menos de 60 horas al año por empleador, y siempre que previamente lo hubieran acordado con éste (prevista anteriormente en la DA 24.ª TRLGSS y en el art. 14 de la Orden TMS/83/2019 de 31 de enero)[20].

A raíz de este cambio de criterio, se suscitan serias dudas, pues ¿el legislador está plasmando, de forma velada, una generalizada presunción de laboralidad de este tipo de servicios, aunque se presten simultáneamente para diversos hogares familiares a razón de escasas horas semanales en cada uno de ellos? Pese a su importantísima repercusión práctica, se trata de un tema apenas tratado por el momento ni legal, ni doctrinal ni jurisprudencialmente, que todavía sigue generando confusión.

Pero si no fuera así, y pudiera admitirse que el trabajo doméstico puede prestarse también por cuenta propia, pero no se articula un sistema de bonificaciones permanente para pequeños autónomos tampoco se conseguirá nunca regularizar su situación, dejando también a muchas personas que trabajan en el sector de la limpieza, al margen del derecho. Y es que el sistema de tarifa plana actualmente existente resulta insuficiente para compensar a aquellas actividades que no reportan ingresos elevados, ni los reportarán tampoco (previsiblemente), con el paso del tiempo (por lo que, una vez transcurridos los dos primeros años del inicio de la actividad, y finalizada ya la vigencia del estímulo, no podrían asumir la cotización íntegra de la cuota que les corresponde).

Esta situación, obliga necesariamente a plantearse la siguiente pregunta: ¿son suficientes las medidas implantadas hasta ahora con el Real Decreto-ley 13/2022, de 26 de julio, por el que se establece un nuevo sistema de cotización para los trabajadores por cuenta propia o autónomos y se mejora la protección por cese de actividad, tendentes a personalizar la base de cotización

20 Y en la que parecía verse una forma de reconocimiento implícito del trabajo doméstico por cuenta propia, ya eliminada. Pues, ¿por qué si no prever, de conformidad con lo previsto en el art. 4 del RD-Ley 28/2018, una reducción del 20 % en la aportación empresarial a la cotización a la Seguridad Social por contingencias comunes en este sistema, para el cabeza de familia, y después especificar que, dicha reducción no será aplicable en el caso de que el empleado de hogar asuma él mismo el cumplimiento de las obligaciones en materia de encuadramiento, cotización y recaudación en dicho sistema especial? (art. 14.4 de la Orden TMS 83/2019).

de los autónomos? ¿Lograrán regularizar a los autónomos más pequeños, hasta ahora situados al margen del derecho[21]?

2.3. Constante encarecimiento del modelo

Hace ya doce años, la DA 39.ª de la Ley 27/2011 introdujo un cambio radical en lo que a la estructura clásica del sistema de Seguridad Social se refiere: dio lugar a la desaparición del REEH y a su sustitución por el SESSEH, mediante el cual, este colectivo permanecerá adscrito al RGSS (250 y 251 TRLGSS). El legislador dio así un paso más en el proceso de simplificación del sistema de Seguridad Social (todavía inconcluso) con el que, en un futuro, se pretende mantener únicamente dos grandes regímenes de Seguridad Social en el que tengan cabida todos los tipos de prestadores de servicios: el RGSS y el RETA, a los que se adscribirán respectivamente, todos aquellos que puedan considerarse trabajadores por cuenta ajena o por cuenta propia, independientemente del sector o rama de actividad al que destinen su esfuerzo productivo. Desde el momento en que se produce la absorción del REEH por el RGSS y se impone, para el servicio doméstico realizado por cuenta ajena la obligación de cotización compartida desde la primera hora trabajada entre trabajador y empresario, puede decirse que indirectamente se le está imponiendo también al cabeza de familia el cumplimiento oportuno de los mismos deberes de afiliación, alta y cotización que rigen para cualquier empleador en el RGSS, encareciéndose sustancialmente este tipo de trabajos, en comparación con el modelo preexistente, que les confería un tratamiento especialísimo.

Sin duda, la intensa subida que el SMI ha experimentado en los últimos años no ha contribuido a atenuar el problema, sobre todo, después de comprobarse que ésta no ha llevado aparejada un incremento similar del resto de salarios y pensiones[22], haciendo insostenible, para muchos hogares, recibir

---

21 Y es que, hasta que jurisprudencialmente no se perfile el tema, de la literalidad de la ley no queda claro si con la reciente reformulación de las bases de cotización de los trabajadores autónomos (en la que, como es sabido, se fija un primer escalón en el que estarían comprendidos los autónomos con rendimientos inferiores a 670 € (computando sus ingresos netos, menos un 7 % en concepto de gastos genéricos) queda sin efectos la clásica interpretación jurisprudencial del concepto de habitualidad en la prestación de servicios, en virtud de la cual, se apreciaba que no existía obligación de alta y cotización si el autónomo en cuestión no percibía por el trabajo realizado retribución equivalente, al menos, al SMI (cfr. al respecto las ya clásicas SSTS de 29 de octubre de 1997 y de 20 de marzo de 2007). Repárese que los autónomos con ingresos más reducidos (menos de 670 €), y, por tanto, con base de cotización más pequeña, tendrán que abonar, una vez agotados los beneficios de la tarifa plana, una cuota de 230 euros en el ejercicio 2023, cantidad en absoluto baja en proporción a sus ingresos reales.

22 Cuestión sobre la que reflexiona López Insúa, Belén del Mar: «Salario y economía irregular en el empleo doméstico», en AA.VV.: *Reflexiones sobre el empleo doméstico: de dónde venimos, dónde nos encontramos y hacia dónde vamos*, Servicio Central de publicaciones del Gobierno Vasco, 2020, págs. 123-140.

un servicio de atención y cuidado del hogar y la familia, contribuyendo así, sin pretenderlo, a incrementar las situaciones en las que la prestación de servicios domésticos se realiza al margen del derecho.

Similares consideraciones pueden realizarse acerca de la reciente extensión de cobertura por desempleo y FOGASA realizada por el RD-Ley 16/2022 (dando cumplimiento a la imposición del TJUE tras su sentencia dictada en el asunto C-389/20 de 24 de febrero de 2022[23]). Pues, aunque actualmente se encuentre la cotización por tales contingencias bonificada en un 80 %, con el fin de no sobrecargar en exceso de gastos a los hogares familiares obligados a asumirlas, ¿qué nos dirán las cifras oficiales en el momento en el que no se prorrogue tal incentivo?[24] Y es que muchos hogares necesitan imperiosamente este tipo de servicios, y por lo tanto, para ellos, no cabe la opción de renunciar a un servicio que no pueden financiar, por lo que buscan fórmulas alternativas, incluso aunque ello implique dar lugar a un fenómeno de contratación irregular. Puede decirse que se presenta aquí una curva inelástica, en la que, por mucho que suba el precio del servicio, el volumen real de su demanda en el mercado no cambiará, aunque deje de tener un reflejo formal que, en su caso, pueda maquillar las estadísticas.

Pero no solo eso, con efectos de 1 de enero de 2023, la **Ley 31/2022, de Presupuestos Generales del Estado para el año 2023** aprobó, para todas las empresas y empleadores y todas las modalidades contractuales, una cotización adicional, llamada de «equidad intergeneracional» (art. 127 bis LGSS),

---

23 Teniendo en cuenta el elevadísimo porcentaje de ocupación femenina que presenta el servicio doméstico, el Juzgado de lo Contencioso-Administrativo n.º 2 de Vigo planteó al TJUE, como cuestión prejudicial, si el hecho de el SESSEH no contemplase prestaciones por desempleo, podía considerarse un ejemplo de discriminación por razón de género. A la espera de sentencia en la fecha de cierre de este trabajo, el Abogado General. Sr. Maciej Szpunar no considera justificadas las alegaciones del Estado español en las que se indica que se trata éste de un mecanismo tendente a abaratar la cotización que recae sobre el cabeza de familia dado que se trata además de un sector con mucha demanda de empleo y que por lo tanto, no requiere este tipo de cobertura, y acaba de señalar al TJUE que, aunque España no haya ratificado por el momento el art. 189 OIT, «*el artículo 4, apartado 1, de la Directiva 79/7/CEE del Consejo, de 19 de diciembre de 1978, relativa a la aplicación progresiva del principio de igualdad de trato entre hombres y mujeres en materia de seguridad social, debe interpretarse en el sentido de que se opone a una disposición nacional que excluye las prestaciones por desempleo de las prestaciones reconocidas a los empleados de hogar por un régimen legal de seguridad social, cuando consta que estos empleados son casi exclusivamente mujeres*».

24 Aunque ambas se encuentran bonificadas al 80 %, desde el 1 de octubre de 2022, el tipo de cotización por desempleo será del 6,05 por 100, del que el 5 por 100 será a cargo del empleador y el 1,05 por 100 será a cargo del empleado. Por su parte, el tipo de cotización al Fondo de Garantía Salaria será del 0,2 a cargo exclusivo del empleador. Como indica la DA 1.ª 4 del RD-Ley 16/2022, esta bonificación «será financiada por el Servicio Público de Empleo Estatal y el Fondo de Garantía Salarial, cada uno en la parte que afecte a sus respectivas cotizaciones sociales», pero no existe ninguna garantía que asegure que el citado incentivo permanezca *ad eternum*.

en constante y progresivo aumento pues, en 7 años, pasará del 0,6 vigente (0,5 a cargo de la empresa y 0,1, del trabajador), hasta el 1,2 % de la base de cotización (repartida 1 % la empresa y 0,2 % el trabajador)[25]. Obligación, por supuesto, de la que no se excluye al servicio doméstico y que contribuye a encarecer todavía más el modelo, contribuyendo, sin duda sin pretenderlo, a aumentar la economía sumergida en el citado sector.

2.4. Diferencia entre empresarios y empleadores

Son las estadísticas las que revelan que todavía son las mujeres las que siguen asumiendo con mayor frecuencia que los hombres las cargas familiares[26]. Ahora bien, esta feminización de las tareas de cuidado sobrepasa el estricto entorno de las responsabilidades familiares y, en la práctica, convierten también en femenino el trabajo de cuidado que se presta de forma profesional, tanto por cuenta ajena como por cuenta propia[27]. Servicios sociales, trabajo doméstico, asistencia domiciliaria se convierten hoy en profesiones básicamente desempeñadas por mujeres[28].

En cualquier caso, la feminización del trabajo de cuidados, tanto en su vertiente retribuida como en la no retribuida ha de considerarse un rotundo fracaso en la igualdad de género y un serio lastre que sigue avivando la brecha de género en salarios y pensiones: por una parte, la elevada parcialidad y la baja cualificación que requieren estos trabajos, determinan que, cuando

---

25 Obligación recientemente intensificada pues, a raíz de la entrada en vigor del recientísimo RD-ley 2/2023 se incrementará, de forma gradual hasta 2030, del 0,6 % al 1,2 %, en todos los regímenes y supuestos en que se cotice por jubilación.

26 Situación de la que no escapa ningún país de Europa, aunque este efecto no siempre se presente con la misma intensidad. Cfr. al respecto López Aniorte, M.ª Carmen: «La recepción en los ordenamientos sociales italiano y español de las políticas de igualdad entre mujeres y hombres de la Unión Europea», *Lex Social. Revista de Derechos Sociales*, n.º13, 2023, pág. 7.

27 La prevalencia abrumadora del sexo femenino que se registra tanto en lo que respecta al cuidado que se realiza de forma profesional como el que se presta de forma informal en el entorno familiar es un tema que, desde hace años, viene siendo ampliamente abordado por nuestra doctrina, intentado visibilizar las causas y las consecuencias de esta circunstancia. Entre otros, véase Elizalde San Miguel, Begoña: «¿Femenino e informal? El modelo tradicional de cuidados a examen desde una perspectiva demográfica», *Prisma Social: revista de investigación social*, n.º 21, 2018, págs. 243-262; Meil Landwerlin, Gerardo: «El uso de los permisos parentales por los hombres y su implicación en el cuidado de los niños en Europa», *Revista latina de sociología*, n.º 1, 2011, soporte informático; AA.VV.:, «*Visiones multidisciplinares de la igualdad entre hombres y mujeres*», Ortiz González-Conde, López Aniorte, Rubio Fernández (Coords.), Laborum, Murcia, 2019; Molina Navarrete, Cristóbal: «El régimen cuasi-profesional de cuidados de las personas dependientes en el entorno familiar: visualizando un trabajo con rostro de mujer», *Centro de Estudios Financieros. Revista de Trabajo y Seguridad Social*, n.º 297, 2007, págs. 33-78.

28 www.epdata.es.

estas actividades se llevan a cabo de forma profesional, el sujeto que las realiza encuentre en ellos una reducida fuente de ingresos que, en la mayor parte de los casos, le obliga a compaginar simultáneamente diversas tareas profesionales para poder alcanzar una retribución mensual razonable; pero esta precariedad laboral no afecta solo al trabajo de cuidados realizado de forma retribuida. De la misma forma, la elevada exigencia que requieren los cuidados no profesionales, como la realidad se ocupa insistentemente de confirmar, deja sentir una huella muy profunda en la carrera profesional de las personas que los asumen, obligándolas a sacrificar oportunidades laborales con el fin de poder atender a la menores o dependientes, desenganchándolas muchas veces del mercado de trabajo durante un periodo crucial de su vida activa. Pero no sólo esto. También el ámbito de los cuidados resulta ser en la práctica un campo propicio para que prosperen fenómenos de colaboraciones amistosas o vecinales, en las que la frontera entre un trabajo altruista prestado por una persona del entorno de la familia y la relación laboral no declarada se muestra particularmente difusa. El resultado de todo ello es que, la feminización de las labores de atención y cuidado de personas se convierte, desde diversos puntos de vista, en un escollo más a la igualdad de género muy difícil de combatir[29].

Ha llegado el momento de visibilizar un factor de desigualdad, muy importante y muy pocas veces comentado: servicio doméstico y conciliación de la vida familiar y laboral son realidades inseparables de un mismo binomio. En muchos hogares, solo el apoyo que presta el trabajo doméstico puede combatir la tendencia al abandono o reducción de la dedicación laboral que sufre, con carácter general el colectivo femenino ante las cargas familiares, provocando la consiguiente brecha de género en salarios y pensiones, y que, por el momento, ha resultado imposible de revertir.

Y es que, no se puede negar que el apoyo institucional a menores y personas dependientes resulta en España tremendamente reducido. De esta forma, ante la insuficiencia de servicios públicos y la dificultad de buscar un apoyo familiar (en una sociedad cada vez más envejecida), será únicamente la contratación privada de servicios (como alternativa a la renuncia a oportunidades laborales con el fin de atender a la familia) la que permita a muchas familias sobrellevar la situación sin desatender sus responsabilida-

29 Todos estos temas se analizan cuidadosamente, entre otros trabajos, en GONZÁLEZ VIDALES, Cristina: «Actividades encuadradas en el sector cuidados: trabajos declarados y cuidados invisibles. Panorámica general», *Lex social: revista de los derechos sociales*, vol. 11, n.º 2, 2021, págs. 497-512; MARTÍN CANO, M.ª Carmen: «El trabajo de cuidados se concibe en femenino»: Una realidad aún latente, III Congreso virtual sobre Historia de las Mujeres: Comunicaciones, 2011, soporte digital; RENDÓN GAN, Teresa: «La división del trabajo por sexo en el mundo», *Investigación económica*, vol. 61, n.º 238, 2001, págs. 157-202; ROALES PANIAGUA, Esperanza: «El trabajo de igual valor y la transparencia social como elementos clave en la eliminación de la brecha salarial entre mujeres y hombres»; *Noticias CIELO*, n.º 5, 2019.

des familiares[30]. La mejor prueba posible de hasta qué punto es importante esta cuestión la encontramos en el siguiente dato: las estadísticas revelan que el hecho de no poder financiar una ayuda externa es el principal motivo de abandono de oportunidades laborales de las mujeres en nuestro país[31].

Pero pese a recibir mano de obra por cuenta ajena, el receptor del servicio no será un empresario sino un mero empleador (un hogar familiar), aspecto que resulta mucho más importante en la práctica de lo que a primera vista pudiera parecer. En este contexto, la necesidad de atención familiar no siempre va acompañada de la disponibilidad económica suficiente como para asumir, sin conflictos, cualquier gasto social que esta actividad genere, aunque ello esté destinado a mejorar la protección social de estos trabajadores[32]. Y es que, mientras no se tome conciencia de que el problema de la precariedad del empleado de hogar no es un problema aislado que se pueda solventar fácilmente simplemente contando con la concienciación social, sino que se trata una situación compleja, íntimamente conectada a otros problemas sociales igualmente importantes, no se sabrá ofrecer una respuesta adecuada que consiga, verdaderamente, visibilizar y dignificar el trabajo doméstico, sin provocar la indeseada revitalización de la economía sumergida que, hasta ahora, toda reforma del modelo ha llevado aparejada.

El legislador debería dar un paso al frente, un paso decidido y valiente con el fin de combatir la brecha de género desde diversos flancos. Hay que ser consciente de las especiales dificultades de conciliación a las que se enfrentan no solo las familias numerosas y las familias monoparentales sino también otros muchos colectivos para los que la ayuda doméstica resulta imprescindible (como son ancianos y discapacitados, sean o no dependientes). Al respecto, ante los escasos resultados que hasta ahora han ofrecido las sucesivas reformas laborales operadas sobre la materia, es el momento de abogar por una mejora contundente de los incentivos fiscales que ayuden

30 Según los datos publicados por Eurostat (https://ec.europa.eu/eurostat), solo en España, el número de empleados en esta actividad alcanza las 619.600 personas (el 28 % del total europeo). Elevadísimo porcentaje que sólo se explica por la insuficiencia de recursos públicos efectivos para llevar a cabo las labores de atención y cuidado de la familia que necesitan las personas trabajadoras, así como por las dificultades de conciliación de la vida laboral y familiar que siguen encontrando las personas trabajadoras en España.

31 Al respecto existe un dato tremendamente revelador sobre el que, quizá, no se presta la necesaria atención: en cerca del 50 % de los casos la persona que ha hecho uso de una medida de conciliación en su actividad profesional para cuidar a menores o dependientes, o que se ha alejado del mercado laboral por ese motivo, reconoce que lo ha hecho, por no poder sufragar el gasto que implicaría obtener una atención profesional. Según los reveladores datos facilitados por el INE, https://www.ine.es/ss/Satellite?L=es_ES&c=INESeccion_C&cid=1259925472720&p=1254735110672&pagename=ProductosYServicios%2FPYSLayout

32 Al menos, el coste que supondría mantener el servicio doméstico a jornada completa, lo que implicaría hoy, un gasto de 15.120 euros anuales (más cotizaciones a la Seguridad Social), teniendo en cuenta que los ingresos medios del hogar familiar son de 35.497 euros al año, según datos del INE (últimos datos publicados de 2021).

a premiar la regularización de este tipo de contrataciones. Y es que, aunque hasta ahora el legislador tributario no haya incluido exenciones ni bonificación por este motivo, ha llegado el momento de replantear la situación, explorando nuevas vías de actuación.

2.5. ¿Puede ser que el nuevo IMV contribuya a agravar el problema?

Pero no solo eso. La creación en España el nuevo Ingreso Mínimo Vital (en adelante, IMV), introduce otro factor de dificultad añadido que va a incidir de forma directa sobre el empleo doméstico. Y es que, en un sector poco cualificado, afectado por una intensa parcialidad, y sometido a un importantísimo desgaste físico, ¿puede convertirse el IMV en la solución definitiva a la precariedad laboral? ¿Verán los potenciales trabajadores del sector doméstico una alternativa en el IMV? ¿Puede ser ésta la causa que lleve a muchas personas a rechazar los empleos con escasas retribuciones, como las que, sin duda percibe el servicio doméstico? O, en cambio, ¿se producirá el efecto contrario? Es decir, ¿resurgirá con más fuerza si cabe la economía sumergida en este sector, con el beneplácito de los propios trabajadores interesados en compaginar su percepción salarial (muchas veces meramente temporal y a tiempo parcial) con la conservación de la cuantía íntegra del IMV? Atendiendo a la regulación vigente el IMV en España, ha de reconocerse que, en la práctica, es muy difícil impedir que prosperen episodios como los descritos.

Precisamente con el fin de evitar estas situaciones, se ha dictado muy recientemente el Real Decreto 789/2022, de 27 de septiembre, por el que se regula la compatibilidad del Ingreso Mínimo Vital con los ingresos procedentes de rentas del trabajo o de la actividad económica por cuenta propia[33]. Aunque la citada norma tiene como finalidad principal mejorar las oportunidades reales de inclusión social y laboral de las personas beneficiarias de la prestación, también puede ayudar a conseguir aflorar cierto tipo de trabajos que (como a veces pudieran ser los servicios domésticos) anteriormente no se declaraban con el fin de no ver reducida la cuantía del IMV[34].

---

33 Sigue resultando curioso que la percepción del IMV genere el compromiso del solicitante y de las personas integrantes de la unidad de convivencia de «*participar en las estrategias de inclusión que promueva el Ministerio de Inclusión, Seguridad Social y Migraciones* (...)» (art. 36 a Ley 19/2021) pero en cambio, no se condicione ya (como sí ocurría en la redacción inicial de la medida que ofreció la versión inicial del RD-ley 20/2020) a la inscripción como demandante de empleo del titular de la percepción.

34 Así, aunque anteriormente la cuantía del IMV se reducía en la misma proporción que los ingresos que recibiese la unidad de convivencia, con la nueva regulación, se articulan fórmulas para poder compatibilizar la percepción del IMV, con las retribuciones obtenidas por sus integrantes por actividades realizadas tanto por cuenta propia como por cuenta ajena. Compatibilidad que será total (si los ingresos no superan determinada cantidad) o parcial (cuando sí lo hacen).

2.6. Extranjeros extracomunitarios sin residencia legal en españa como prestadores del servicio

Aunque se pretende que la ampliación de derechos que ahora se reconoce a los empleados de hogar, lleve a la parte laboral, a no aceptar trabajos no declarados (como se deduce de la exposición de motivos del reciente RD-Ley 16/2022,) habrá que esperar unos meses para saber si la reciente protección por desempleo que dicha norma incorpora a la protección social del empleo doméstico, provoca un cambio significativo en las cifras registradas, pues hay que admitir que este tipo de medidas no siempre son eficaces. Y es que, pese a su indudable utilidad social, hay que reconocer que no van a resultar nunca efectivas sobre sujetos que no pueden darse de alta en el sistema español de Seguridad Social por carecer de residencia legal en nuestro territorio. Habida cuenta de las condiciones de intimidad familiar en las que se desempeña el trabajo, resulta prácticamente imposible ofrecer cifras fiables sobre el porcentaje exacto de las personas empleadas de hogar que carecen de residencia legal en España, aunque la realidad demuestra que no es una situación para nada infrecuente.

Aunque contratar a extranjeros irregulares es objeto de sanción (art. 37 LISOS)[35], y, además, puede provocar efectos muy serios sobre la esfera económica del receptor del servicio (art. 36.5 LOEX), no se puede negar que la inviolabilidad que proporciona el domicilio familiar crea el campo propicio para que prosperen estos fenómenos de fraude, respecto a los que será inútil cualquier intento de regularización basado en bonificaciones a las cuotas de cotización de las partes. Se trata, se cabe, del ámbito en el que la desprotección del empleado doméstico puede ser más acusada. Aunque el trabajador en cuestión, en estos casos, no carece de herramientas legales para exigir sus derechos (arts. 10-14 LOEX), el miedo a poner de manifiesto su situación irregular en España y con ella, desencadenar el inicio de un procedimiento de expulsión, suele acompañar la aceptación resignada de abusos en el número de horas trabajadas, periodos de descanso y retribución mensual.

Y es que, al no ser la existencia de un contrato de trabajo, por sí solo, suficiente para legalizar la situación administrativa del sujeto que ya se encuentra en situación irregular en España, es muy difícil encontrar una estrategia de actuación que facilite aflorar el empleo doméstico que se presta bajo estos condicionamientos. Recuérdese que no hay ya procesos de regularización masiva y actualmente sólo se pueden regularizar los extranjeros haciendo uso de la figura del arraigo social, laboral o familiar (art. 124 del RD 557/2011) que exige que concurran unos estrictos requisitos que acrediten la especial vincu-

35 Aunque el legislador utiliza solamente el término «empresarios» en el citado precepto, la doctrina, llevando a cabo una interpretación sistemática del texto de la LISOS, teniendo también en cuenta lo dispuesto en el art. 1.2 ET, considera que también otros sujetos que no son «empresarios» sino «empleadores» (como ocurre con el cabeza de familia), podrían cometer este tipo de infracción y, por tanto, ser sancionados por ello.

lación de un determinado sujeto con territorio español, presupuestos que no siempre es fácil acreditar.

Ahora bien, si en la práctica, en los términos anteriormente comentados, es la insuficiencia de servicios públicos el factor primordial que desencadena la necesidad de recurrir a empleados de hogar quizá, la única estrategia que podría resultar efectiva para luchar contra el empleo irregular de ciudadanos extracomunitarios dedicados a tareas domésticas sería precisamente la que se centrara en esta línea de actuación: reforzar el ámbito del trabajo de cuidados que se desarrolla desde el empleo público y con ello, reducir la necesidad de los hogares de buscar apoyo doméstico. Así pues, ante este concreto problema, la única medida definitiva sería la incrementar el número de centros públicos en los que, con eficiencia y calidad, se presten labores de atención y cuidado de menores y dependientes, con una amplitud de horario suficiente para abarcar el transcurso de una jornada completa de trabajo. Sin listas de espera ni masificación[36].

Se trata ésta, por tanto, de una situación que no se solventará hasta que se articule una red de guarderías públicas eficaz para atender las necesidades de los usuarios, se rebaje la edad mínima de acceso a la enseñanza pública y se refuerce la red institucional de servicios públicos prestados a las personas dependientes (mejorando así, en definitiva, la oferta de empleo público relativa a la prestación de trabajo de cuidados, reduciendo sustancialmente las dificultades de conciliación a las que diariamente se enfrentan muchos hogares sin que ello represente a las familias un coste añadido, y dotando, al mismo tiempo, a este tipo de empleados de una calidad y estabilidad en el empleo de la que actualmente carecen). Y es que mientras que recurrir al servicio doméstico prestado en virtud de una relación laboral de calidad, siga siendo un gasto inasumible para muchos hogares de nuestro país, la actuación pública resulta fundamental. Se seguiría recurriendo a un trabajo de cuidados (que previsiblemente también seguirá siendo sustancialmente femenino), pero prestado ahora gozando de la transparencia y estabilidad que reporta el empleo público, evitando entonces el riesgo de precariedad que por el momento rodea al empleo doméstico y que está resultando dificilísima de combatir.

2.7. Imposibilidad de entrada sin consentimiento en el hogar familiar

Posiblemente este sea el motivo de precariedad más importante que actualmente sufre el trabajo doméstico. Y es que este rasgo, consustancial al tipo de

36 Y es que el envejecimiento de la población hace prever un inminente repunte de las labores de cuidado domiciliario, sean estas profesionales o familiares, con la desprotección social que, por un motivo u otro, ambas alternativas implican. Situación que pone de manifiesto, RAMÍREZ GARCÍA, José Miguel: «El cuidado de personas dependientes: perfil y costes personales», *TS nova: trabajo social y servicios sociales*, n.º 14, 2017, pág. 9.

servicios desarrollados, proporciona el contexto propicio para que prosperen, maliciosamente, el resto de las causas de fraude antes enumeradas: esta intimidad brinda un escudo aparentemente infalible que opaca la existencia de un trabajo irregular, haciéndolo casi indemostrable, en la práctica.

Así pues, puede afirmarse que, aunque hace ya doce años el legislador intensificó los deberes de cotización que lleva aparejados esta concreta relación laboral especial, olvida que todavía sigue siendo muy difícil comprobar un hecho fundamental sin el cual la reforma queda inoperante: que dichos servicios domésticos verdaderamente se están llevando a cabo.

En realidad, en estas dificultades de control intervienen varios factores: por un lado, la mayor parte de los mecanismos de control existentes en nuestro ordenamiento jurídico, cuando se pretenden utilizar dentro del hogar familiar, chocan de pleno con los derechos constitucionales a la «intimidad personal y familiar» (art. 18.1 CE) y a la «inviolabilidad del domicilio» (art. 18.2 CE)[37]; por otro, debe tenerse presente que la Inspección de Trabajo no tiene competencias en el interior del hogar familiar, aunque para los empleados de hogar dicho domicilio actúe también como <<centro de trabajo>>, salvo en el hipotético caso de que la entrada se produjese previo consentimiento del titular de la vivienda o por orden judicial[38]. Pues no parece legalmente aceptable como entrada lícita en el hogar familiar aquel que se produce cuando es el propio empleado de hogar el que, ante la ausencia del titular de la vivienda, permite él mismo la entrada al domicilio[39].

37 Literalmente, el art. 18.2 CE proclama que «*El domicilio es inviolable. Ninguna entrada o registro podrá hacerse en él sin consentimiento del titular o resolución judicial, salvo en caso de flagrante delito*». Así, en ausencia de reconocimiento expreso por los contratantes, para declarar que existe una relación laboral no formalizada se necesitará que se demuestre ante la jurisdicción social. La intimidad del domicilio en el que se desarrolla la actividad pactada dificulta disponer de <<hechos concluyentes>> que se puedan aportar como prueba de la existencia de una relación laboral no formalizada (8.1 ET). El juzgador entonces se tendrá que apoyar en datos indirectos o lo que es lo mismo, en indicios que permitan deducir la existencia del hecho presunto (la existencia de una relación laboral, retribuciones periódicas, testimonios de vecinos del inmueble, etc. -con las dificultades probatorias que esto implica-) para poder formular un juicio de valor al respecto.

38 Acerca del valor del consentimiento del titular de la vivienda familiar, véase la STSJ de Cantabria (Sala de lo Contencioso-administrativo), de 9 de noviembre de 2001 (RJCA 2002/172), en la que claramente se indica que «no resulta precisa la autorización judicial para entrar a un domicilio (...) si la declaración fue prestada por el interesado de forma voluntaria y sin coacción alguna, y sin que hubiese manifestado en ningún momento su oposición a la entrada en su domicilio privado», de tal forma, el acta así levantada no estará afectada de vicio de nulidad. Por otra parte, la STSJ de Murcia (Sala de lo Contencioso-Administrativo) de 25 de febrero de 1999 (JUR 1999/111482) considera perfectamente justificada la negativa a franquear la entrada a un controlador laboral a un domicilio particular en el que se creía que existía un taller clandestino de costura.

39 Aunque el art. 18.2 CE sólo precisa que sea el titular del hogar el que ofrezca su consentimiento, son nuestra doctrina y jurisprudencia las que perfilan que se considerará «titular» a cualquier morador de la vivienda cuya intimidad se vería comprometida al permitir la

La mayor consecuencia negativa que lleva aparejada la dificultad del control de este tipo de servicios es fácilmente previsible: la proliferación de variadas situaciones de fraude, en las que se iniciará y desarrollará una relación laboral especial de empleado doméstico al servicio del hogar familiar sin que ésta se declare en ningún momento, lo que contribuirá a acentuar la economía sumergida, puesto que dicha relación pasará desapercibida tanto a efectos fiscales como a efectos de la Seguridad Social.

3. Incentivos económicos contundentes como solución

A la vista de lo acontecido durante los últimos años, no cabe duda alguna de que «la lucha contra esa realidad debe articularse a través de incentivos, y no de imposiciones»[40]. Por eso, quizá el legislador debería haber pensado que, respecto al trabajo doméstico por cuenta ajena, las bonificaciones a la cuota de cotización al RGSS, son por el momento, bastante escasas (pese a que han sido recientemente ampliadas por el RD-Ley 16/2022)[41], no pare-

---

entrada a otra persona, independientemente de que posea un título de propiedad de la vivienda, sea un inquilino o se encuentre en precario (STS, Sala de lo Penal, n.° 680/2010 de 14 de julio, n.° rec. 2476/2009). En cambio, en virtud de los argumentos expuestos, no se consideraría válida la autorización de entrada otorgada por un empleado doméstico o por un conserje que pudieran tener las llaves de la vivienda y con ellas, acceso al domicilio, quedando pendiente de respuesta la licitud del consentimiento a la entrada que preste un empleado interno que, en virtud de la relación laboral iniciada, también tenga residencia habitual en el citado domicilio.

40 Como muy bien puso de manifiesto, hace años, RODRÍGUEZ CARDO, Iván Antonio (2013), «La integración de los empleados de hogar en el Régimen General de la Seguridad Social: una visión crítica», *Revista digital Facultad de Derecho*, n.° 6, pág. 31 soporte informático.

41 Adviértase que, aunque el RD-Ley 16/202 aumenta los incentivos a la cotización de este tipo de empleos, también aumenta las obligaciones de cotización que éstos llevan aparejadas. Así, hoy en día, la DA 1.ª 1 del RD-Ley 16/2022 mantiene la reducción que en su momento introdujo el art. 4.2 del RD-Ley 28/2018, en cuanto a la aplicación de una reducción del 20 por 100, en la aportación empresarial a la cotización a la Seguridad Social por contingencias comunes en el Sistema Especial de Empleados de Hogar. Además, establece una bonificación del 80 % de la cuota empresarial por desempleo y FOGASA. (recientemente creada, junto con las obligaciones que bonifica, por la DA 1.ª 4 del RD-Ley 16/2022). La principal novedad radica en que la DA 1.° 2 del RD-Ley 16/2022 crea una nueva bonificación, alternativa a la reducción del 20 % otra, de la que podrán beneficiarse los titulares de hogares familiares a partir de 1 de abril de 2023, comprendida entre un 30 y un 45 % de la aportación empresarial a la cotización a la Seguridad Social por contingencias comunes al Sistema Especial para Empleados de Hogar establecido en el mismo, siempre y cuando, se cumplan los requisitos de patrimonio y/o renta de la unidad familiar o de convivencia de la persona empleadora en los términos y condiciones que se fijen reglamentariamente (actualmente pendientes de desarrollo). Esta bonificación resultará incompatible con la bonificación del 20 % para nuevas altas. Por su parte, hasta el 1 de abril de 2023, seguirá existiendo la bonificación en la cuota de

cen ser suficientes para combatir la irregularidad que sufre el sector, por lo que sería conveniente ampliarla a muchos más supuestos personales que los contemplados en la norma (como podrían ser los mayores de 65 años, pensionistas de cualquier edad, discapacitados, familias monoparentales, existencia de hijos menores de 12 años, o por qué no, simplemente unidades de convivencia que acrediten hacer frente a cargas familiares, sean éstas del tipo que sean), que fueran aplicable de forma automática, sin tener que sujetarse a requisito ni tramitación alguna.

Al mismo tiempo, quizá también ha llegado el momento de que el legislador por fin reconociera expresamente que existe trabajo doméstico por cuenta propia, y que estableciera mecanismos efectivos para hacer aflorar este tipo de colaboraciones: como podría ser contemplando una bonificación para los pequeños autónomos que prestan servicios en este sector, que compatibilizan la atención de una pluralidad de hogares-clientes, en los que resulta prácticamente imposible determinar el carácter laboral de los servicios prestados con la mayor parte de ellos (muchas veces puntuales, ocasionales o esporádicos, y no periódicos) que, en la práctica, quedan abocados a la economía sumergida, acentuando con ello la precariedad de la que adolece este sector de actividad. Y es que, no se puede negar que, las ventajas que reporta la tarifa plana de cotización para nuevos autónomos, de duración limitada a los primeros años de actividad, en modo alguno resultan útiles para actividades profesionales, continuadas en el tiempo, en ámbitos de actividad en los que es difícilmente esperable contar con ingresos elevados (como puede ser, entre otros, la prestación de servicios de limpieza, de domicilios, edificios y/o de otro tipo de instalaciones, en los que, en muchos casos, resultaría totalmente inasumible la cuota mínima de cotización que, por el momento, establece el RETA cuando cesan los efectos de la tarifa plana). Pero no solo eso. Se ha de tener presente que la regularización de una actividad que, hasta el momento, se realizaba de forma informal, no solo genera gastos sociales, sino también fiscales para los contratantes. Así pues, como se ha adelantado, deberían reclamarse también medidas fiscales contundentes que se pudieran utilizar para potenciar la regularización de todo

cotización para las familias numerosas que puede llegar al 45 por 100, en los términos previstos en los artículos 2 y 9 de la Ley 40/2003, de 18 de noviembre, de protección a las familias numerosas, siempre que se presten servicios domésticos durante más de 60 horas al mes y solo se tenga un cuidador. Medida que permanecerá transitoriamente en vigor (DT 3.ª RD-Ley 16/2022) hasta la finalización de la relación laboral concertada, pero que se pretende que sea sustituida por la nueva bonificación creada por la DA 1.ª 2 del RD-Ley 16/2022 (bonificación entre un 30 y un 45 % para las personas que no superen determinado nivel de renta y patrimonio). Fuera de estos supuestos, la contratación de empleados de hogar solo se puede beneficiar de las cotizaciones previstas con carácter general para la contratación de personas con discapacidad, víctimas de violencia de género, o para concertar contratos de sustitución de la persona trabajadora que se encuentra en suspensión del contrato de trabajo por motivos relacionados con el embarazo, nacimiento o cuidado de un menor.

tipo de trabajo doméstico, ya sea por cuenta propia o por cuenta ajena, y que afecten tanto al prestador, como al receptor del servicio.

Así por ejemplo, sería conveniente establecer una deducción a la cuota a efectos de tributación en el IRPF con el fin de compensar a las familias el gasto realizado en servicio doméstico, y al mismo tiempo, una reducción a la base imponible de los ingresos obtenidos en este sector de actividad por las personas dedicadas profesionalmente a realizar tales tareas de atención y cuidado del hogar familiar (conviene reparar en que, en nuestro ordenamiento fiscal, ya existen medidas de similar naturaleza destinadas a regularizar actividades que también adolecen de una seria dificultad de demostración, y que por tanto, con frecuencia no se declaran, como ocurre con la reducción de la base imponible y paralela deducción a la cuota líquida del IRPF previstas, con la finalidad de potenciar la declaración de los alquileres de viviendas respectivamente para arrendador y arrendatario[42]).

Y es que, ante la insuficiencia de servicios públicos y la dificultad de buscar apoyo familiar, será únicamente la contratación privada de servicios (como alternativa a la renuncia a oportunidades laborales con el fin de atender a la familia) la que permita a muchas familias sobrellevar la situación. Ahora bien, si la necesidad de apoyo doméstico genera un gasto importante que no todas las familias pueden asumir, ¿no serán los incentivos fiscales y las bonificaciones en las cuotas de cotización a la Seguridad Social, la única solución que permita combatir, simultáneamente, dos de los graves problemas que lastran la igualdad de género en el siglo XXI?

Pese a todo, la regulación del servicio doméstico en España no contempla todavía las bonificaciones laborales ni fiscales suficientes[43] para compensar, ni siquiera mínimamente, a las familias trabajadoras el gasto que implica recurrir a esta estrategia de conciliación, demostrando que no se ha tomado

42 Dado que el ingreso para el arrendador y el gasto para el arrendatario, constituyen un binomio inseparable, el legislador ha optado por regular estos incentivos fiscales de forma paralela, así pues, la reducción de la cuota que puede aplicarse el arrendador del inmueble, siempre que éste se destine a vivienda, se presenta unida a la deducción a la base imponible de la que puede disfrutar el inquilino. Cfr. respectivamente los arts. 23.2 y 68.7 de la Ley 35/2006, reguladora del IRPF. Acerca de esta interesante cuestión, véase ROMERO PLAZA, Carlos: «Sobre la aplicación de la reducción del 60 % por arrendamiento de viviendas cuando no se declara el rendimiento voluntariamente: Sentencia 1312/2020, del Tribunal Supremo, de 15 de octubre de 2020, Sala de lo Contencioso, recurso 1434/2019, *Carta tributaria*, n.º 69, 2020, soporte informático. Basándose en el principio de buena administración y de regularización íntegra, nuestro Alto Tribunal resuelve las dudas planteadas hasta ahora y entiende que esta reducción puede aplicarse también en aquellos supuestos en los que el contribuyente no ha incluido en su autoliquidación los rendimientos de capital inmobiliario derivados del alquiler de vivienda, sino que éstos son regularizados por la Administración tributaria.

43 Como pone de manifiesto MIRAS MARÍN, Norberto: «La ampliación de la finalidad de la deducción por maternidad», en AA.VV.:, *Retos en materia de igualdad de género en el siglo XXI*», Dykinson, Madrid, 2019, págs. 181-190.

conciencia de que, en muchos hogares, el apoyo doméstico no es un lujo sino una ayuda imprescindible[44].

Aunque muchas veces pase desapercibido, el problema de género que late en la regulación del trabajo doméstico no queda referido únicamente a la profunda feminización de las labores de atención y cuidado del hogar a la que se ha hecho referencia. Existe un segundo factor igualmente importante y muy pocas veces visibilizado: en muchos hogares, solo el apoyo que presta el trabajo doméstico puede combatir la tendencia al abandono o reducción de la dedicación laboral que sufre, con carácter general el colectivo femenino ante las cargas familiares[45], provocando la consiguiente brecha de género en salarios y pensiones, y que, por el momento, ha resultado imposible de revertir[46]. Hasta que los poderes públicos no se den cuenta de ello, será muy difícil atajar el problema. ¿Y es que no es mejor una medida con muchos estímulos que una actividad sumergida? ¿No generará así más beneficios sociales y más ingresos al sistema de Seguridad Social que una actividad que permanezca indefinidamente sumergida?

4. Conclusiones

Una vez transcurridos doce años desde la puesta en marcha del nuevo sistema especial de Seguridad Social, puede concluirse que, posiblemente, no se hayan alcanzado los objetivos que pretendía el legislador al llevar a cabo la reforma. La facilidad de fraude que caracteriza a este sector de actividad

---

44 Acerca de las intensas obligaciones que genera, en un hogar familiar, la contratación de personal doméstico, véase Boró Herrera, Fernando: «¿Es adecuado el control administrativo del trabajo de las personas empleadas del hogar?: actuación en la materia de la inspección de trabajo y seguridad social española en el periodo de 2006 a junio de 2020», *Lex social: revista de los derechos sociales*, vol. 11, n.º 1, 2021, págs. 587-636. En similares términos, Fuentes Ruiz, Mario: «Las empleadas del hogar: un importante pilar en la sociedad del bienestar», *Agenda de la empresa andaluza: ideas, personas e instrumentos para dirigir la empresa*, n.º 110, 2007, pág. 50.

45 Nuestros jueces y tribunales vienen considerando un hecho notorio el que las obligaciones familiares y con ellas, las necesidades de conciliación se asumen con más frecuencia por mujeres. De forma rotunda, la SAN (Sala de lo Social) de 13 de noviembre de 2013 (AS/2013/3023), reconoce expresamente que se parte «de una premisa que no está cuestionada por constituir un hecho notorio. Se trata de la afirmación relativa a que los derechos de conciliación de la vida familiar y la protección de la maternidad y el derecho de lactancia están mayoritariamente ejercitados por mujeres». Aunque los hechos notorios no necesitan ser probados, existen hoy en día múltiples datos estadísticos que permitirían confirmar dicha circunstancia. Así, al respecto, véase Meil Landwerlin, Gerardo, «El uso de los permisos parentales por los hombres y su implicación en el cuidado de los niños en Europa», *Revista latina de sociología*, n.º 1, 2011, pág. 8 del soporte informático.

46 Situación que se ha puesto de manifiesto en infinidad de ocasiones. Así, por ejemplo, véase Herrarte, Ainhoa y Sáez, Felipe: «Mujer y abandono del empleo tras la maternidad», *Economistas*, n.º 116 (Ejemplar dedicado a: España 2007. Un balance), 2008,págs. 211-218.

resta sin duda eficacia a cualquier intento de equiparación normativa que se quiera llevar a cabo. Y es que, la práctica demuestra que cualquier incremento de los costes sociales vinculados a la prestación laboral de servicios domésticos provoca un aumento exponencial de los supuestos de fraude a la Seguridad Social[47] aprovechando la intimidad del domicilio familiar para contratar a extranjeros irregulares o para evitar el alta en la Seguridad Social y con ello, ahorrar los costes sociales que ello implica, con lo que se está condenando a este sector de actividad a la más absoluta desprotección. Un buen ejemplo de ello lo aportan las escasas altas de empleados de hogar a tiempo parcial registradas en los últimos años[48]. ¿Quiere decir que las familias renuncian al apoyo doméstico al no haber podido hacer frente a este gasto en épocas de crisis económica? ¿Qué optan, ahora más que antes, por recurrir al trabajo autónomo prestado de forma ocasional, por empresas o «empresarias» de limpieza, con el fin de evitar obligaciones añadidas? O, lo que, quizá puede ser más factible, ¿se trata de un signo revelador de que ha crecido la economía sumergida en este sector de actividad, incrementando con ello la consiguiente desprotección social[49]?

No ayuda mucho la indefinición que actualmente existe entre el trabajo de limpieza del hogar que se realiza por cuenta ajena por empleados domés-

---

47 Son diversos autores los que han reparado en que la sustitución del REEH por el SESSEP, no ha llevado aparejado un incremento en el volumen global de cotización, al mismo tiempo que todavía el número de altas se encuentra enormemente alejado de la cifra aproximada de servicio doméstico reflejada en la Encuesta de Población Activa. Entre otros autores, véase López Insua, Belén del Mar (2020), «Nadando entre dos aguas: salario decente «versus» economía irregular en el empleo al servicio del hogar familiar, *Revista Española de Derecho del Trabajo*, n.° 231, pág. 137 y Rodríguez Cardo, Iván Antonio (2013), «La integración de los empleados de hogar en el Régimen General de la Seguridad Social: una visión crítica», *Revista digital Facultad de Derecho*, n.° 6, pág. 28 del soporte informático.

48 Cfr. las estadísticas al respecto publicadas, hasta el año 2019, por UGT. https://www.ugt.es/sites/default/files/04-09_informe_trabajo_domestico_y_de_cuidados_para_empleadores_particulares.pdf

49 Cuestión que analizan nuestra doctrina desde hace años. Entre otros, véase Martínez Buján, R.: «Las nuevas tendencias del empleo doméstico en España», en AA.VV., *Trabajadoras en la sombra: dimensiones del servicio doméstico latinoamericano* (coord. por Séverine Durin, María Eugenia de la O Martínez, Santiago Bastos), Centro de Investigaciones y Estudios Superiores en Antropología Social, Casa Chata (México), 2014, págs. 49-81. Corral Juan, Ana M.ª: «Las empleadas de hogar y la precariedad», *Alternativas económicas*, n.° 76 (enero), 2020, págs. 50-51; También Fuentes Ruiz, M.: «Las empleadas del hogar: un importante pilar en la sociedad del bienestar», *Agenda de la empresa andaluza: ideas, personas e instrumentos para dirigir la empresa*, n.° 110, 2007, pág. 50. De hecho, se puede presuponer que el ámbito del empleo doméstico resulta el entorno propicio para que prosperen fenómenos de economía sumergida, entre los que, a su vez cobran una especial importancia, por su frecuencia, los trabajos realizados por inmigrantes irregulares. Tema que denuncia Santos Pérez, M.L.: «El trasfondo normativo en relación con el empleo inmigrante: el caso específico del empleo doméstico», en AA.VV., *Inmigrantes en el servicio doméstico: determinantes sociales, jurídicos e institucionales en la reorganización del servicio doméstico*, Talasa, Madrid, 2011, págs. 77-108.

ticos del que se desarrolla por pequeños empresarios dedicados al sector de la limpieza. Tanto es así que se plantea una pregunta obligada de difícil respuesta: ¿el legislador ha optado por laboralizar el trabajo de limpieza del hogar familiar, presuponiendo que todos los trabajados que se desarrollan en su seno son prestaciones laborales de servicios? Se trata éste de un tema de fundamental importancia en nuestro modelo de relaciones laborales, pero apenas abordado por nuestra doctrina ni por nuestra jurisprudencia.

Por otra parte, resulta de fundamental importancia reparar en el elevado porcentaje de mano de obra femenina que se dedica al trabajo de cuidados. Paradójicamente, en nada ayuda a luchar contra la brecha de género, el hecho de que, este tipo de trabajos, poco cualificados, se presten dentro de la intimidad que proporciona el domicilio familiar y bajo unos perfiles muy cercanos al trabajo amistoso, benévolo o de buena vecindad, produciéndose muchas veces el curioso efecto de que, cuanto más se eleva la protección social de este colectivo, estadísticamente, disminuye el número de cotizantes al sistema, siendo las mujeres las principales perjudicadas de este *efecto boomerang*.

En definitiva, una regulación completa y efectiva de la figura del empleado de hogar supondría un gran avance en la igualdad de género y en la reducción de la brecha salarial desde una doble perspectiva: por una parte favorecería la regularización de un ingente colectivo (sustancialmente femenino) que por el momento permanece dentro de la economía sumergida y alejado del modelo de protección social, y por otra, no menos importante, elevaría al servicio doméstico al lugar que verdaderamente le corresponde: una posición clave, esencial e imprescindible para que las familias trabajadoras puedan compatibilizar, fácilmente y sin incurrir en un coste económico desmotivador, sus obligaciones familiares y laborales sin que ello implique la necesidad de sacrificar oportunidades laborales (que incide con especial fuerza sobre las mujeres) y que desemboca en los perniciosos efectos negativos que ya conocemos[50]. Encontrar el punto de equilibrio que garantice la protección social de estos trabajos, al mismo tiempo que no desincentive el alta en el sistema, no es una tarea nada sencilla. Por eso, hasta que no se aborde por el legislador como un verdadero problema de género, no se podrá encontrar una solución verdaderamente útil y efectiva que ataje el problema. Y para ello, posiblemente resulte imprescindible replantear el escueto elenco de estímulos fiscales hasta ahora existente (en el que únicamente se encuentra el gasto

50 Al respecto, se ha dicho que «(...) las mujeres que desempeñan el trabajo doméstico posibilitan la conciliación entre trabajo y familia de otras mujeres, en mejor situación socioeconómica o insertas en trabajos de mayor calidad y remuneración. De esta manera, se configura una «cadena de cuidados» en cuyos diferentes eslabones mujeres reemplazan a otras mujeres en las responsabilidades y tareas domésticas y de los cuidados familiares (...)», cfr. SANZ SÁEZ, Concepción: «La precarización como realidad de mercado: la frontera entre el empleo doméstico y el trabajo de cuidados», *Lex social: revista de los derechos sociales*, vol. 11, n.° 1, 2021, pág. 529.

en guardería, pero ninguno de los restantes gastos imprescindibles para llevar a cabo la conciliación). Y es que, dado que la deducción por adquisición de primera vivienda desapareció en 2010, las familias españolas apenas pueden disponer de incentivos fiscales que les ayuden a sobrellevar el gasto que implica mantener un hogar familiar, aspecto que, sin duda contribuye consolidar la reducidísima tasa de natalidad que, cada año, registra nuestro país[51].

En síntesis, puede afirmarse que, la reforma del modelo tradicional de protección social del trabajo doméstico aporta tan sólo una solución incompleta a las demandas sociales pues, pese a sus loables propósitos, contribuye a acentuar el fraude al sistema. Algo ha fallado. Y es que la alternativa a la «escasa protección social» que recibía el servicio doméstico y que motivó la desaparición del antiguo REEH no puede ser la «ausencia total de cobertura», provocada por un incremento de la economía sumergida en el sector, como actualmente están revelando los datos estadísticos. Mientras no se tome conciencia de que el problema de la precariedad del empleado de hogar no es un problema aislado que se pueda solventar fácilmente simplemente contando con la concienciación social, sino que se trata una situación compleja, íntimamente conectada a otros problemas sociales igualmente importantes, no se sabrá ofrecer una respuesta adecuada que consiga, verdaderamente, visibilizar y dignificar el trabajo doméstico, sin provocar la indeseada revitalización de la economía sumergida que, hasta ahora, toda reforma del modelo ha llevado aparejada.

BIBLIOGRAFÍA

AA.VV.: «*Visiones multidisciplinares de la igualdad entre hombres y mujeres*», Ortiz González-Conde, López Aniorte, Rubio Fernández (Coords.), Laborum, Murcia, 2019.

López Aniorte, M.ª Carmen: «La recepción en los ordenamientos sociales italiano y español de las políticas de igualdad entre mujeres y hombres de la Unión Europea», *Lex Social. Revista de Derechos Sociales*, n.º13, 2023, págs. 1-49.

Boró Herrera, Fernando: «¿Es adecuado el control administrativo del trabajo de las personas empleadas del hogar?: actuación en la materia de la inspección de trabajo y seguridad social española en el periodo de 2006 a junio de 2020», *Lex social: revista de los derechos sociales*, vol. 11, n.º 1, 2021, págs. 587-636.

Corral Juan, Ana M.ª: «Las empleadas de hogar y la precariedad», *Alternativas económicas*, n.º 76 (enero), 2020, págs. 50-51.

51 Tasa en constante caída, como demuestran los datos estadísticos: https://www.ine.es/jaxiT3/Tabla.htm?t=1381

Elizalde San Miguel, Begoña: «¿Femenino e informal? El modelo tradicional de cuidados a examen desde una perspectiva demográfica», *Prisma Social: revista de investigación social*, n.º 21, 2018, págs. 243-262.

Fernández Collados, M.ª Belén: «Los cuidados en el entorno familiar más de una década después. Los vaivenes en su regulación, su aplicación por la doctrina judicial y sus efectos en materia de igualdad», *Nueva revista española de derecho del trabajo*, n.º 210, 2018, soporte informático.

Fuentes Ruiz, Mario: «Las empleadas del hogar: un importante pilar en la sociedad del bienestar», *Agenda de la empresa andaluza: ideas, personas e instrumentos para dirigir la empresa*, n.º 110, 2007, pág. 50.

González Vidales, Cristina: «Actividades encuadradas en el sector cuidados: trabajos declarados y cuidados invisibles. Panorámica general», *Lex social: revista de los derechos sociales*, vol. 11, n.º 2, 2021, págs. 497-512.

Herrarte, Ainhoa y **Sáez**, Felipe: «Mujer y abandono del empleo tras la maternidad», *Economistas* (2008), n.º 116 (Ejemplar dedicado a: España 2007. Un balance), págs. 211-218.

López Insua, Belén del Mar: «Nadando entre dos aguas: salario decente «versus» economía irregular en el empleo al servicio del hogar familiar, *Revista Española de Derecho del Trabajo*, n.º 231, 2020, págs. 131-160.

- «Salario y economía irregular en el empleo doméstico», en AA.VV., *Reflexiones sobre el empleo doméstico: de dónde venimos, dónde nos encontramos y hacia dónde vamos*, Servicio Central de publicaciones del Gobierno Vasco, 2020, págs. 123-140.

Lozano Lares, Francisco: «Los déficits de protección social del trabajo femenino», *Revista General de Derecho del Trabajo y de la Seguridad Social*, n.º 58, 2021, soporte informático.

Martín Cano, M.ª Carmen: «*El trabajo de cuidados se concibe en femenino: Una realidad aún latente. III Congreso virtual sobre Historia de las Mujeres: Comunicaciones*», 2011, págs. 1-22 soporte digital.

Martín Rodríguez, M.ª Olaya: «El empleo doméstico, un sector altamente feminizado», *Libro de Actas del X Congreso Universitario Internacional sobre Contenidos, Investigación, Innovación y Docencia*, Ed. Fórum, Madrid, 2020.

Martínez Buján, Raquel: «Las nuevas tendencias del empleo doméstico en España», en AA.VV., *Trabajadoras en la sombra: dimensiones del servicio doméstico latinoamericano* (coord. por Séverine Durin, María Eugenia de la O Martínez, Santiago Bastos), Centro de Investigaciones y Estudios Superiores en Antropología Social, Casa Chata (México), 2014, págs. 49-81.

Meil Landwerlin, Gerardo: «El uso de los permisos parentales por los hombres, y su implicación en el cuidado de los niños en Europa», *Revista latina de sociología*, n.º 1, 2011, soporte informático.

Miras Marín, Norberto: «La ampliación de la finalidad de la deducción por maternidad», en AA.VV., *Retos en materia de igualdad de género en el siglo XXI*», Dykinson, Madrid, 2019, págs. 181-190.

Molina Navarrete, Cristóbal: «El régimen cuasi-profesional de cuidados de las personas dependientes en el entorno familiar: visualizando un trabajo con rostro de mujer», *Centro de Estudios Financieros. Revista de Trabajo y Seguridad Social*, n.º 297, 2007, págs. 33-78.

Ramírez García, José Miguel: «El cuidado de personas dependientes: perfil y costes personales», *TS nova: trabajo social y servicios sociales*, n.º 14, 2017, págs. 9-22.

Rendón Gan, Teresa: «La división del trabajo por sexo en el mundo», *Investigación económica*, vol. 61, n.º 238, 2001, págs. 157-202.

Roales Paniagua, Esperanza: «El trabajo de igual valor y la transparencia social como elementos clave en la eliminación de la brecha salarial entre mujeres y hombres»; *Noticias CIELO*, n.º 5, 2019, soporte informático.

Rodríguez Cardo, Iván Antonio: «La integración de los empleados de hogar en el Régimen General de la Seguridad Social: una visión crítica», *Revista digital Facultad de Derecho*, n.º 6, 2013, soporte informático.

Romero Plaza, Carlos: «Sobre la aplicación de la reducción del 60 % por arrendamiento de viviendas cuando no se declara el rendimiento voluntariamente. Sentencia 1312/2020, del Tribunal Supremo, de 15 de octubre de 2020, Sala de lo Contencioso, recurso 1434/2019, *Carta tributaria*, n.º 69, 2020, soporte informático.

Sánchez Jiménez, Raquel y **Jiménez Romera**, Gemma: «Las empleadas de hogar. Régimen jurídico y de Seguridad Social», en AA.VV., *Investigación y Género. Reflexiones desde la investigación para avanzar en igualdad: VII Congreso Universitario Internacional Investigación y Género: Sevilla, 28 y 29 de junio de 2018*, (coord. Isabel Vázquez Bermúdez y otros), SIEMUS, Sevilla, 2018, págs. 713-728.

Santos Pérez, M.ª Lourdes: «El trasfondo normativo en relación con el empleo inmigrante: el caso específico del empleo doméstico», en AA.VV., *Inmigrantes en el servicio doméstico: determinantes sociales, jurídicos e institucionales en la reorganización del servicio doméstico*, Talasa, Madrid, 2011, págs. 77-108.

Sanz Sáez, Concepción: «La precarización como realidad de mercado: la frontera entre el empleo doméstico y el trabajo de cuidados», *Lex social: revista de los derechos sociales*, vol. 11, n.º 1, 2021, págs. 509-533.

CAPÍTULO X

CONTROL DE LA PRESTACIÓN A LOS EMPLEADOS DE HOGAR

Carmen Sánchez Trigueros
Catedrática de Derecho del Trabajo y de la Seguridad Social
Universidad de Murcia

1. Idea previa: la inmisión de las «nuevas tecnologías» en el ámbito laboral (incluso doméstico)

El artículo 1.2 RD 1620/2011, dispone que «Se considera relación laboral especial del servicio del hogar familiar la que conciertan el titular del mismo, como empleador, y el empleado que, dependientemente y por cuenta de aquél, presta servicios retribuidos en el ámbito del hogar familiar». El art. 1.4 de la misma norma establece que El objeto de esta relación laboral especial son los servicios o actividades prestados para el hogar familiar, pudiendo revestir cualquiera de las modalidades de las tareas domésticas, así como la dirección o cuidado del hogar en su conjunto o de algunas de sus partes, el cuidado o atención de los miembros de la familia o de las personas que forman parte del ámbito doméstico o familiar, y otros trabajos que se desarrollen formando parte del conjunto de tareas domésticas, tales como los de guardería, jardinería, conducción de vehículos y otros análogos».

Es innegable (y sencillo puno de partida para estas páginas) que quien sea titular del hogar familiar asume las facultades de dirección y control de la prestación de servicios de la persona trabajadora del hogar (art. 20 ET) por lo que, en su ejercicio, deberá respetar el derecho a la intimidad de la persona trabajadora (art. 20.3 ET) frente al uso de dispositivos de videovigilancia en los términos establecidos en la LOPD (art. 20 bis ET).

Hace ya tiempo que viene llamándose la atención sobre la necesidad de precisar el modo en que las «Nuevas Tecnologías» pueden utilizarse a efectos de que el empleador pueda llevar a cabo las facultades inherentes a su condición. La implantación en el ámbito laboral de las denominadas «nuevas tecnologías» de la información y las comunicaciones (TIC's) genera una serie de conflictos que a veces acceden al terreno jurídico, lleguen o no a los tribunales.

La referencia a esas innovaciones (ahora galopando en el ámbito de la inteligencia artificial) origina inevitables terremotos conceptuales. Ya parecen trasnochadas las alusiones a la *Cuarta Revolución Industrial* o al *auge de la tecnociencia.* El debate sobre los límites humanos, éticos o científicos carece de fronteras. Aparece y reaparece la pretensión de una absoluta libertad de investigación científica y la reivindicación del uso incondicionado de todas las oportunidades que la innovación científica pone a disposición de las personas.

Esta explosión tecnológica, paralela a la crisis de valores en nuestro entorno, se relaciona con el fenómeno de la *globalización*; entre otras muchas derivadas, aparece una especie de imperialismo cultural, de corte anglosajón, que menoscaba la identidad cultural propia de cada país y al que a veces parece que solo se planta cara desde presupuestos musulmanes. Es evidente que tales realidades minoran el poder clásico, el de las instituciones públicas, los Estados, las sociedades organizadas, los agentes sociales.

Como consecuencia de la rápida evolución de la economía mundial ha surgido ese *Derecho líquido, blando*, donde se invierte el tradicional sistema de fuentes del Derecho a través de reglas jurídicas comunes en el ámbito de ordenamientos jurídicos diferentes. Las diversas manifestaciones del *soft law* no son sino una expresión de este proceso. La transformación en responsabilidad social corporativa de lo que son auténticos deberes no anda lejos de ese enfoque, inaceptable para el mundo jurídico.

El tema se enmarca en la fenomenología que gira alrededor del Big Data, el Internet de los ciudadanos 2.0 o el Internet de las Cosas 3.0 y otros muchos epifenómenos actuales o de inminente aparición. En los últimos años se ha generado tanta información como en toda la historia de la Humanidad. Se dice que las tecnologías de la tercera generación permiten penetrar en la «caja negra» que constituye el razonamiento propio de cada individuo, prisionero de las huellas que ha dejado, pudiéndose establecer así el modo en que cada persona realiza sus operaciones y confecciona conclusiones, incluso, predictivas. SI la información es poder, su tratamiento y control lo es en grado sumo. Los propios actores políticos confían crecientemente en algoritmos para adoptar estrategias o ganar elecciones; desde luego, las empresas los utilizan para procesos de asignación de tareas e incluso de selección de personal.

Toda esta revolución en actividades tan distintas tiene su correspondiente impacto en el mercado de trabajo, donde aparecen nuevas profesiones como científicos de datos, ingenieros de visualización y analistas de negocio 2.0. Así como surgen nuevos modelos de negocio como las plataformas *Uber* y análogas. Que el ordenamiento laboral se perciba frecuentemente como un estorbo para la implantación de todo ello es tan lógico como repudiable, al menos por parte de quienes sigan creyendo en los valores consagrados por nuestra Constitución y los Tratados Internacionales con los que concuerda.

La incidencia de todo ello en el volumen de empleo (el «mercado» de trabajo) o en su calidad (los trabajadores «pobres») también es un debate inevitable, en el que todo extremismo parece condenado al fracaso. A título de ejemplo, recordemos la polémica sobre si los robots deben cotizar a la Seguridad Social, por expresarlo en términos coloquiales.

2. Aunque adaptado, el conflicto de derechos empresa *versus* persona trabajadora, también está presente en este ámbito

Una segunda idea, igualmente elemental, debe poner en liza la especificidad del ámbito en que se desarrolla prestación laboral. Se da la muy relevante circunstancia de que el lugar de trabajo de los empleados domésticos es el domicilio y morada del empleador. Lo que hay que preguntarse es si la prueba videográfica podría lesionar la garantía constitucional que ampara el derecho a la intimidad y a la imagen de los empleados. El trabajo doméstico constituye una relación de trabajo por cuenta ajena y las imágenes grabadas no pertenecen a su esfera personal y privada, sino al ámbito laboral. Debe distinguirse aquel reducto propio e inmune a la realización de cualquier grabación, que es el lugar donde desarrolla su vida íntima, de aquella otra parte de la vivienda, domicilio de sus empleadores que constituye su lugar de trabajo.

Todo esto no puede oscurecer la existencia de un claro choque o conflicto de intereses y posiciones. Es innegable la confluencia, a veces conflictiva, de los derechos fundamentales que titularizan las partes de la relación laboral. Por una parte los derechos fundamentales de quien trabaja (generalmente una mujer); la mayoría de las veces pertenecen a la primera generación de derechos fundamentales aparecidos a lo largo del siglo XIX, caracterizados por reunir el doble requisito de ser de la *persona o de la personalidad*, pues pertenecen al trabajador en su condición de tal aun cuando se ejerzan en el marco del contrato de trabajo, pero también por ser *derechos de libertad*, ya que su objeto consiste en la expectativa de la ausencia de intromisiones o interferencias.

Por la otra parte y en el lado contrapuesto (el de quien sea titular del hogar familiar), aparecen derechos del empleador como la libertad de empresa y el derecho de propiedad, de aparición más tardía, pues surgen ya en el siglo XX a resultas del nuevo pacto social que refundó las relaciones entre Estado y Sociedad.

Es aquí donde se plantea una *fuerte tensión dialéctica*, una fricción entre los derechos constitucionales del empresario y los fundamentales del trabajador, que disfrutan de una dimensión constitucional diferente.

El derecho a la protección de datos al tener la condición de derecho fundamental de las personas por su vinculación con el derecho a la intimidad personal está regulado en diversos preceptos internacionales, comunitarios y nacionales como vamos a exponer seguidamente. Así, desde el Consejo de Europa, es el art. 8 del CEDH, adoptado el 4 de noviembre de 1950 (ratificado por nuestro país y publicado en el BOE el 10 de octubre de 1979) el que reconoce expresamente: «Toda persona tiene derecho al respeto de su vida privada y familiar, de su domicilio y de su correspondencia». Reconocimiento que ha provocado un considerable número de pronunciamientos por el TEDH de donde se extraen la relación directa entre vida privada, identidad personal e imagen, en las que se admite que la captación de imágenes de una persona forma parte del derecho a la vida privada. Por esta directa relación el TEDH resuelve situaciones relacionadas con la instalación de los sistemas de videovigilancia en los lugares de trabajo.

En la Unión Europea, son, por un lado, el art. 8.1 de la Carta de los Derechos Fundamentales de las Unión Europea, de 30 de octubre de 2010 y, por otro, el art. 16.1 del Tratado de Funcionamiento de la Unión Europea de 20 de marzo de 2010, los que reconocen el derecho a la protección de datos de carácter personal, exigiendo que sean tratados de forma leal para lo que será necesario el consentimiento de la persona salvo exigencia legal. También implica el derecho de acceso a los datos que sobre una persona se hayan obtenido a partir de su tratamiento y a su rectificación, así como, que su ejercicio está sometido al necesario control por la autoridad competente[1]. Este derecho además es objeto de desarrollo normativo por el Reglamento de la Unión Europea 2016/679, del Parlamento y del Consejo, de 27 de abril de 2016 relativo a la protección de las personas físicas en lo que respecta al tratamiento de datos personales y a la libre circulación de estos datos y por el que se deroga la Directiva 95/46/CE. El RGPD admite que el derecho a la protección de datos de las personas físicas debe incluir el derecho de las personas a controlar sus propios datos personales, sin que pueda ser considerado como un derecho absoluto debido al necesario equilibrio que debe mantener con otros derechos fundamentales reconocidos, resultando esencial, para ello, la aplicación del principio de proporcionalidad.

---

1 Así, el art. 8 de la Carta de Derechos Fundamentales de la UE: «1. Toda persona tiene derecho a la protección de los datos de carácter personal que le conciernan. 2. Estos datos se tratarán de modo leal, para fines concretos y sobre la base del consentimiento de la persona afectada o en virtud de otro fundamento legítimo previsto por la ley. Toda persona tiene derecho a acceder a los datos recogidos que le conciernan y a obtener su rectificación. 3. El respeto de estas normas estará sujeto al control de una autoridad independiente».

El RGPD incorpora el ejercicio de este derecho en el ámbito laboral de forma muy general, permitiendo (en el considerando 155 RGPD) a los Estados Miembros o a la negociación colectiva, la aprobación de normas relativas al tratamiento de datos en los lugares de trabajo[2], trascribiendo este contenido casi literalmente en el art. 88.1 RGPD. Estableciendo, además, en el art. 88.2 RGPD la necesidad de que estas normas incorporen medidas adecuadas con el objetivo de salvaguardad la dignidad humana, los intereses legítimos y los derechos fundamentales de las personas. Por lo que, deben ser las normas nacionales las que garanticen la transparencia en el tratamiento de datos, así como, el establecimiento de un sistema de supervisión en los lugares de trabajo.

Ya en el ámbito nacional, es el art. 18.4 de la Constitución Española el que reconoce el derecho a la protección de datos configurado como un derecho autónomo del derecho a la intimidad (art. 18.1 CE), tal y como se extrae del contenido de la STC 39/2016 de 3 de marzo[3].

La llamada eficacia horizontal (entre particulares) de los derechos fundamentales, y en concreto en la relación laboral, ha sido avalada en nuestro sistema por una consolidada jurisprudencia constitucional, cuyo arranque se podría situar en la STC 88/1985 de 19 de julio «*la celebración de un contrato de trabajo no implica en modo alguno la privación para una de las partes de los derechos que la Constitución le reconoce como ciudadano* «. El punto de inflexión en la nueva orientación, años después, es la STC 99/1994 de 11 de abril, con la modulación de los derechos fundamentales, que luego se consagra con la proclamación del principio de proporcionalidad, lo que sucede con las SSTC 98/2000 y 186/2000 y más recientemente STC 170/2013 y STC 39 /2016.

El principio de proporcionalidad también ha sido adoptado por el Tribunal Constitucional como uno de sus criterios estelares para la fundamentación de sus decisiones y la autora le dedica un amplio análisis a su estructura. Aunque no se encuentra de manera expresa reconocido en la CE, es un juicio de ponderación para resolver el conflicto entre los derechos fundamentales

2 Señala: «...en particular en relación con las condiciones en las que los datos personales en el contexto laboral pueden ser objeto de tratamiento sobre la base del consentimiento del trabajador, los fines de la contratación, la ejecución del contrato laboral, incluido el cumplimiento de las obligaciones establecidas por la ley o por convenio colectivo, la gestión, planificación y organización del trabajo, la igualdad y seguridad en el lugar de trabajo, la salud y seguridad en el trabajo, así como a los fines del ejercicio y disfrute, sea individual o colectivo, de derechos y prestaciones relacionados con el empleo y a efectos de la rescisión de la relación laboral».

3 En la STC núm. 39/2016, de 3 de marzo, el tribunal declaró que no se habría violado el art. 18.4 CE porque el empresario instaló una señal en la ventana de la tienda indicando la instalación de videovigilancia, de conformidad con el artículo 5 LPD así como la Instrucción 1/2006, por lo que el empleado era conocedor de la instalación de un sistema de control y de su finalidad, siendo resultado de la videovigilancia que el empleado fue captado robando dinero de la caja registradora y por tanto, despedido.

del trabajador y los del empresario. La principal novedad de los últimos años radica, en el intento del Tribunal Constitucional español «*de formalizar este principio*», es decir, a través de la regla del triple «*test alemán*» de la proporcionalidad, esto es: 1.º) *Idoneidad:* que la intervención en el derecho fundamental sea adecuada para alcanzar el fin que se propone. 2.º) *Necesidad* en cuanto que no quepa una medida alternativa, menos gravosa para el interesado. 3.º) *Proporcionalidad en sentido estricto:* que en ningún caso suponga un sacrificio excesivo del derecho. Este último requisito significa que aun cuando la medida sea adecuada y necesaria, deberá considerarse inválida si implica el vaciamiento del derecho en juego.

Esa tripleta constituye ahora mismo la brújula con la que debe recorrerse el camino hacia la solución de los casos surgidos. Así ha sucedido, desde luego, con las importantes SSTEDH en el asunto *Barbulescu* y su doctrina para alcanzar un justo equilibrio entre el derecho del trabajador al respeto de su vida privada y de su correspondencia, y los intereses de la empresa empleadora. Al efecto son decisivos factores para tener en cuenta: a) el grado de intromisión del empresario; b) la concurrencia de legítima razón empresarial justificativa de la monitorización; c) la inexistencia o existencia de medios menos intrusivos para la consecución del mismo objetivo; d) el destino dado por la empresa al resultado del control; e) la previsión de garantías para el trabajador. Es buena noticia que tales consideraciones del Tribunal Europeo estén plenamente asumidas por nuestros tribunales, con independencia de que la ponderación del cada caso sea o no compartida.

3. El decálogo doctrinal para gobernar estas cuestiones

Años atrás me cupo la enorme satisfacción de dirigir la Tesis Doctoral que la codirectora de esta obra, la profesora Cuadros Garrido, elaboró y luego publicó con el título de *Trabajadores tecnológicos y empresas digitales.* Su prologuista elaboró un sugerente decálogo de conclusiones y propuestas que la lectura de la obra destila y que mantiene plena actualidad pese a que poco después se aprobara la Ley Orgánica 3/2018 de 5 diciembre. Vamos a reproducirlas, pero con adaptaciones al caso que nos ocupa.

1.ª) Recomendación de *lege ferenda*: una regulación mínima sería, a todas luces, necesaria. Parece conveniente una regulación estatal sobre el uso de las nuevas tecnologías en el trabajo doméstico, estableciendo unas pautas mínimas de las que partir con respecto a cada uno de los mecanismos de control en particular. Una previsión legal, sería idónea para prevenir posibles abusos por parte de empleadores y de trabajadores, pues al fin y al cabo ante la falta de normativa, hemos de estar, en muchas ocasiones, a lo arbitrado de manera unilateral por el empresario, que solo va a ser fiscalizado si se somete a control por parte de los tribunales, por lo que no se puede permitir que este vacío normativo desemboque en mayor poder para la parte fuerte de la relación laboral.

2.ª) La negociación colectiva, en cualquier caso, constituye cauce idóneo para que se asuman soluciones equilibradas en el ámbito del empleo común. La práctica ausencia de negociación colectiva en el empleo doméstico (por ausencia de sujetos legitimados al efecto) choca con el específico reconocimiento que el Convenio OIT-2011 realiza sobre el respeto a «La libertad de asociación y la libertad sindical y el reconocimiento efectivo del derecho de negociación colectiva». En este orden de consideraciones, quizá no resulte disparatado pensar en que la regulación reglamentaria acabe asumiendo y adaptando el tenor de algunas previsiones convencionales de otros ámbitos.

3.ª) Conveniencia de la política empresarial admonitiva y preventiva. Ante la falta de previsión legal o convencional, resulta muy conveniente que las empresas, siempre que ello sea posible, posean unas reglas claras, comprensibles para sus destinatarios y comunicadas previamente acerca de todas las cuestiones relacionadas con las TICs. Se trata de deslizar la actuación patronal hacia la admonición y clarificación, evitando que el poder disciplinario asuma el protagonismo de cara a conseguir los objetivos de eficiencia y productividad; de que la prevención de conductas abusivas prevalezca sobre la detección de infracciones.

4.ª) Confluencia de derechos fundamentales. Por más que se adopten diversos enfoques o cánones de enjuiciamiento para abordar la materia expuesta, al final acaba teniendo que acudirse a la doctrina constitucional sobre interacción de derechos. La delimitación de los derechos fundamentales es una operación absolutamente imprescindible que delimita el campo de actuación; no existirá ponderación cuando el método delimitador revele que no existe conflicto de derechos fundamentales. Estaríamos ante falsos conflictos entre derechos fundamentales, no encontrándose verdaderamente afectado ninguno de estos. La prohibición de uso para fines particulares supone una delimitación y excluye la vulneración de derechos fundamentales, como se desprende de las SSTC 241/2012 y la STC 29/2013.

5.ª) La expectativa razonable de intimidad. El criterio general de la doctrina de la expectativa razonable de intimidad aparece consagrado en diversas sentencias de los grandes tribunales y constituye una piedra de toque útil para abordar cuestiones muy problemáticas. Así, cuando no hay reglas sobre el manejo de los medios tecnológicos de la empresa, existe una situación de tolerancia con una expectativa razonable de intimidad y un desconocimiento de una prohibición absoluta expectativa que ha de ser protegida a nivel constitucional.

El trabajador actúa creyendo que la utilización que está haciendo es adecuada y confía en el carácter íntimo y secreto del contenido del medio, si se fiscalizase vulneraría sus derechos constitucionales. La existencia de un hábito social generalizado de tolerancia, con ciertos usos personales moderados de los medios informáticos y de comunicación facilitados por la empresa a los trabajadores, crea una expectativa en esos usos y a la hora de enjuiciarlos, procede aplicar la teoría gradualista, no es recomendable establecer prohibiciones absolutas que van en contra de los tiempos actuales y de las recomendaciones del Grupo de Trabajo del art. 29.

Ese parámetro también es útil en la situación contraria, cuando la empresa ha proscrito el uso de las TICs para cualquier finalidad ajena a la prestación laboral. Cuando el trabajador desoye una prohibición expresa del empresario, porque existen unas reglas de uso y manejo de los equipos de la empresa y el empleado puede fácilmente prever una posible fiscalización, no existe una situación de tolerancia ni una expectativa razonable de intimidad, por lo que no se vulneraría derecho constitucional alguno.

6.ª) La expectativa razonable de confidencialidad. En la medida que se haga permeable una determinada comunicación al conocimiento ajeno, dejará de amparar la protección formal del secreto de las comunicaciones por lo que, sirva a título de ejemplo, una expresión desafortunada de un trabajador respecto a su jefe en redes sociales, lógicamente, no se encuentra cubierta por tal expectativa, en la medida que el trabajador es libre para bajar las barrera de protección de sus derechos fundamentales, es responsable de tal acto y de sus posibles consecuencias de cara a una respuesta disciplinaria de su empleador.

7.ª) Relevancia de los pronunciamientos constitucionales. La relevancia de las sentencias constitucionales se aprecia de manera inmejorable a raíz del caso Bershka. La STC 39/2016 ha propiciado todo un cambio de enfoque en los pronunciamientos de los órganos judiciales, comenzando por el Tribunal Supremo en sus SSTS de 7 de julio de 2016, las dictadas en Pleno de 31 de enero de 2017 y 2 de febrero de 2017, y 17 de marzo de 2017.

8.ª) El principio de proporcionalidad es la vara de medir por excelencia en esta materia así lo declara el TC. El control empresarial, no puede ejercerse sin límites objetivos, ni de forma incondicionada, sino que debe someterse a una doble limitación; mediante el establecimiento por parte de la empresa de unas condiciones de uso que deben ser conocidas por los trabajadores y a través de mecanismos de control arbitrados para verificar la corrección de dicho uso. Todo ello bajo la observancia del canon de proporcionalidad; juicio que pondera y constata si la medida arbitrada cumple con los criterios de idoneidad, necesidad y proporcionalidad en sentido estricto.

El principio de proporcionalidad modula los derechos fundamentales del trabajador en conflicto con los del empleador, lo que, en ocasiones, implica una relativización del planteamiento, pues desemboca a veces en una aplicación del principio de proporcionalidad, meramente proforma, sometiendo la medida de control tecnológico a un juicio de razonabilidad que queda dentro del ámbito de la subjetividad. Por lo que, algunas veces, se aprecia que la aplicación del mencionado principio de proporcionalidad puede ensombrecer otros posibles parámetros de enjuiciamiento, y lleva a validar con enorme laxitud cualquier tipo actuación empresarial de control. No obstante, dando por hecho que el principio de proporcionalidad no constituye un procedimiento objetivo para la determinación del contenido de los derechos fundamentales, sí cumple en la mayor medida de lo posible y en comparación con otros criterios alternativos, las exigencias de racionalidad.

9.ª) Afianzamiento de la videovigilancia. La repercusión de la STC 29/2013 (caso *Universidad de Sevilla*), es mucho mayor en la jurisprudencia que la de STC 170/2013 (prohibición albergada en convenio sectorial), aunque ésta tuvo mayor impacto en los medios y fue archiconocida para los profanos del Derecho. A través de la STC 29/2013 se marcó la senda constitucional de la doctrina respecto al principio de la autotutela informativa en las relaciones laborales y se aplicó en videovigilancia permanente y por analogía en control por GPS.

Para la videovigilancia oculta se aplicaban los criterios de la STC 186/2000, de 10 de julio: instalación ocasional y temporal de una cámara de grabación tras acreditadas sospechas razonables de incumplimientos contractuales.

Lo doctrina se modifica sustancialmente por la STC 39/2016, de 3 de marzo (caso *Bershka*), reformulando lo que se entiende por derecho fundamental a la autodeterminación informativa, con un significativo descenso en el grado de protección del art. 18.4 CE. Para entender satisfecha la obligación empresarial, es suficiente con el distintivo informativo general de «zona videovigilada» al que alude la Instrucción núm.1/2006, de 8 de noviembre, sin necesidad de comunicar a los trabajadores los ámbitos concretos de control de la prestación laboral a que pueden destinarse las grabaciones de las cámaras. Si no llegara a ofrecerse esa información general, se deriva que, en tal caso, la instalación de videovigilancia por parte de la empresa no determinaría automáticamente la vulneración del art. 18.4 CE, sino que, por el contrario, la legitimidad constitucional de la medida empresarial vendría determinada por la superación o no del principio de proporcionalidad.

Sin embargo, el caso López Ribalda parece marcar un nuevo rumbo en este terreno, al someter a fuertes exigencias la grabación y a proscribir prácticamente el uso de cámaras ocultas. Hay quienes llegar a sostener que este caso supone el fin de la videovigilancia útil, sin duda de manera exagerada y omitiendo los matices que la STEDH introduce. Como se observa, las cuestiones no parece que estén cerradas de manera definitiva.

10.ª) En todo caso, el examen atento a cuantos datos concurre en cada caso resulta imprescindible, así como la actualización jurisprudencial. De ahí que debamos prestar especial atención a los contados casos en que los grandes tribunales se han pronunciado sobre el particular.

4. La incidencia «bilateral» de la Ley Orgánica 3/2018

Respecto a la instalación de cámaras de seguridad en empresas para el control del trabajo, la normativa laboral establece, en el artículo 20 del Estatuto de los Trabajadores, que «el empresario podrá adoptar las medidas que estime más oportunas de vigilancia y control para verificar el cumplimiento por el trabajador de sus obligaciones y deberes laborales, guardando en su adopción y aplicación la consideración debida a su dignidad humana y teniendo en cuenta la capacidad real de los trabajadores disminuidos, en su caso».

En relación con el asunto que nos ocupa, la jurisprudencia viene indicando que no basta con que existan distintivos informando de la instalación de cámaras de videovigilancia, ni la notificación a la Agencia de Protección de Datos, sino que lo realmente relevante es la información previa, precisa, clara e inequívoca a los propios trabajadores y a sus representantes de la finalidad de control a la que van a ser sometidos y los fines a los que la misma podrá ser dirigida. En definitiva, la empresa debe facilitar previamente información a los trabajadores de los casos en los que podrán ser examinadas las grabaciones, durante cuánto tiempo y con qué propósitos, explicitando detalladamente que la misma puede ser utilizada para la imposición de sanciones disciplinarias por incumplimiento del contrato de trabajo.

La Ley Orgánica 3/2018, de 5 de diciembre, de Protección de Datos Personales y garantía de los Derechos Digitales, vigente desde 7 de diciembre de 2018 (NLOPD), ha venido a adaptar el Ordenamiento Jurídico español a las previsiones del Derecho eurounitario, concretamente a la introducidas por el Reglamento 679/2016, de 27 de abril de protección de las Personas físicas y lo que respecta al tratamiento de datos personales y a la libre circulación de estos datos.

El tiempo transcurrido desde que se dictara la Directiva 95/46, que dicho Reglamento deroga, así como los imparables avances de las TIC, han hecho necesaria una profunda renovación y puesta al día de la normativa de protección de datos personales, encaminada a garantizar el derecho fundamental de las personas físicas a disponer de sus datos personales y a controlar su tratamiento.

La protección de datos de carácter personal es un derecho fundamental que en nuestro ordenamiento ha sido recreado por el TC, evitando así la prematura y comprensible obsolescencia de nuestra CE, que en su art. 18.4 se había atrevido a decir que *«La ley limitará el uso de la informática para garantizar el honor y la intimidad personal y familiar de los ciudadanos y el pleno ejercicio de sus derechos».* La Era Digital ha revolucionado los sistemas de producción, comunicación y, en consecuencia, las relaciones laborales, por lo que este nuevo ha venido para quedarse en el Ordenamiento jurídico laboral.

A su vez, la norma posee una enjundia que todavía no se percibe bien, pero que cabe considerar como de primera magnitud. La mayoría del laboralismo llevaba muchos años reclamando una intervención legislativa en el ámbito de las relaciones laborales y de las nuevas tecnologías, de modo que no hubiera de afrontarse cada concreta cuestión o duda a golpe de sentencia, más exactamente, de la última sentencia procedente de los Tribunales Mayores. Sin embargo, no hay más que repasar las sentencias ya dictadas bajo su vigencia para convenir que el papel de los Tribunales, como en el apartado anterior queda advertido sigue siendo estelar.

El derecho a la protección de datos ha sido objeto de desarrollo legal por la actual ley Orgánica de 3/2018, de 5 de diciembre, de Protección de Datos Personales y Garantía de los Derechos Digitales que tiene como objetivo principal la adaptación de la normativa nacional al RGPD, así como, garantizar los derechos digitales de los ciudadanos reconocidos en el art. 18.4 CE (art. 1 LOPD). Aunque esta norma no tiene estrictamente naturaleza laboral, sin embargo, incorpora alguna remisión a nuestro ámbito de estudio, en concreto, lo hace en el art. 89.1 bajo el título «Derecho a la intimidad frente al uso de dispositivos de videovigilancia y de grabación de sonidos en el lugar de trabajo».

El art. 89 de la LOPD establece que «los empleadores podrán tratar las imágenes obtenidas a través de sistemas de cámaras o videocámaras para el ejercicio de las funciones de control de los trabajadores o los empleados públicos previstas, respectivamente, en el artículo 20.3 del Estatuto de los Trabajadores y en la legislación de Función Pública, siempre que estas funciones se ejerzan dentro de su marco legal y con los límites inherentes al mismo», agregando que «los empleadores habrán de informar con carácter previo, y de forma expresa, clara y concisa, a los trabajadores o los empleados públicos y, en su caso, a sus representantes, acerca de esta medida». Pero se añade que «en el supuesto de que se haya captado la comisión flagrante de un acto ilícito por los trabajadores o los empleados públicos se entenderá cumplido el deber de informar cuando existiese al menos el dispositivo al que se refiere el artículo 22.4 de esta Ley Orgánica». En dicho artículo 22.4 se establece que «el deber de información previsto en el artículo 12 del Reglamento (UE) 2016/679 se entenderá cumplido mediante la colocación de un dispositivo informativo en lugar suficientemente visible identificando, al menos, la existencia del tratamiento, la identidad del responsable y la posibilidad de ejercitar los derechos previstos en los artículos 15 a 22 del Reglamento (UE) 2016/679. También podrá incluirse en el dispositivo informativo un código de conexión o dirección de internet a esta información. En todo caso, el responsable del tratamiento deberá mantener a disposición de los afectados la información a la que se refiere el citado Reglamento»[4].

4 Como señala la STSJ de Galicia, rec. 4586/2020, de 15 de febrero de 2021 (ECLI:ES:TSJGAL:2021:1178): De estas normas actualmente vigentes se deducen dos marcos habilitantes de la videovigilancia en el trabajo, sometidos cada uno a diferentes exigencias. Uno de ellos se refiere a la que podríamos denominar videovigilancia laboral específica, que obliga al empleador al cumplimiento de las exigencias establecidas en la legislación laboral (art. 20.3 ET, art. 18 CE y artículo 8 del Convenio Europeo de Derechos Humanos, de ahí la exigencia de superar, para la legitimidad de la restricción de los derechos fundamentales de la persona trabajadora, un juicio de proporcionalidad basado en los tres subjuicios de idoneidad, necesidad y proporcionalidad en sentido estricto) y a que informe con carácter previo, y de forma expresa, clara y concisa, a los trabajadores y, en su caso, a sus representantes, acerca de esta medida. Lo que no exige la norma es comunicar la ubicación exacta de las cámaras, con lo cual se habilita para la colocación de cámaras ocultas siempre que se cumplan las exigencias de idoneidad, necesidad y proporcionalidad en sentido estricto. El otro marco regulador presupone la existencia de una videovigilancia implementada por personas físicas o jurídicas, públicas o privadas, con la finalidad de preservar la seguridad de las personas y bienes, así como de sus instalaciones (art. 22 LOPD), esto es de carácter no laboral y en cuya ejecución aparece un hallazgo casual relacionado con la actividad laboral del personal al servicio de la empleadora, esto es «en el supuesto de que se haya captado la comisión flagrante de un acto ilícito por los trabajadores», sin limitar el acto ilícito al delito penal, con lo cual entraría un ilícito solo laboral. Basta en este caso para cumplir con el deber de información, con la colocación de un dispositivo informativo en lugar suficientemente visible identificando, al menos, la existencia del tratamiento, la identidad del responsable y la posibilidad de ejercitar los derechos ARCO reforzados según aparecen regulados en los artículos 15 a 22 del RGPD (acceso, rectificación, cancelación y oposición + derecho al olvido, la limitación del tratamiento y la portabilidad de los datos). Tampoco aquí se exige informar de la ubicación de las cámaras, pues, aunque sea muy habitual colocar el dispositivo informativo debajo de la cámara, es suficiente con colocarlo en un lugar visible en que las personas interesadas puedan leerlo antes de que se las grabe y, por tanto, puedan decidir si seguir adelante y ser grabadas, o por el contrario no entrar en la zona videovigilada.

Lo que no contemplan estas normas es la videovigilancia sin una información, más o menos amplia, a las personas interesadas (lo que constituiría una cámara secreta), salvo (y esto abría la posibilidad de un tercer marco legal habilitante de la video vigilancia) si esa video vigilancia está permitida por una norma en ámbitos en que no resulta aplicable la normativa sobre tratamiento de protección de datos personales (el ejemplo más evidente: el tratamiento por parte de las autoridades competentes con fines de prevención, investigación, detección o enjuiciamiento de infracciones penales, o de ejecución de sanciones penales, incluida la de protección frente a amenazas a la seguridad pública y su prevención; ver artículo 2 Reglamento (UE) 2016/19679 y artículo 2 de la LOPD)».

La regulación general de recabar la previa información expresa de la persona trabajadora cuando por parte de la empresa (cabeza de familia) se van a adoptar medidas de comprobación de la prestación laboral a través de la grabación de imágenes resulta aplicable a la relación laboral de empleados de hogar, es decir cuando se aplique el Real Decreto 1620/2011, de 14 de noviembre. Nos encontramos en estos supuestos con dos deberes de información que afectan al empresario/a: La obligación de información previa, expresa,

Por último, también el ET regula el derecho del empresario dentro del ejercicio de su poder de dirección a adoptar las medidas de vigilancia y control para verificar el cumplimiento de las obligaciones y deberes laborales por las personas trabajadoras (art. 20.3), protegiendo, a su vez, el derecho a la intimidad de los trabajadores frente al uso de dispositivos de videovigilancia en el sentido señalado en la LOPD (art. 20 bis ET)[5].

Lo que la rúbrica de estos párrafos quiere poder de relieve es que el espacio en que discurre la prestación laboral del empleo doméstico no solo asiste a la proyección de derechos fundamentales de la parta asalariada, sino que también es el terreno en que otras personas, nucleadas alrededor del concepto «titular del hogar familiar», ejercen otros derechos de similar o superior intensidad.

Tenemos que partir de la base de que la privacidad de la familia continúa siendo un valor consagrado constitucionalmente[6], y por tanto no deja de estar presente su influencia en la actual regulación de esta relación laboral especial. De manera expresiva señala la Exposición de Motivos del Real Decreto regulador al precisar que «*las condiciones particulares en que se realiza la actividad de las personas que trabajan en el servicio doméstico, que justifican una regulación específica y diferenciada son bien conocidas. De modo principal, el ámbito donde se presta la actividad, el hogar familiar, tan vinculado a la intimidad personal y familiar y por completo ajeno y extraño al común denominador de las relaciones laborales, que se desenvuelven en entornos de actividad productiva presididos por los principios de la economía de mercado*».

---

clara y concisa a las personas trabajadoras respecto de la utilización de sistemas de videovigilancia que comprendería los datos básicos (art. 11.2 de la LOPD), deber que podría ceder cuando existieran sospechas razonadas y fundadas de la comisión de actos ilícitos en el seno de la empresa por parte de quienes trabajan en ella. El deber de colocar un dispositivo informativo (siempre y en todo caso) en lugar suficientemente visible, que no cede ni ante la comisión de actos ilícitos tal como prevé expresamente el segundo párrafo del apartado 1 del artículo 89 de la LOPD.
En definitiva, la empresa, ante hechos de especial gravedad, puede no informar, pero siempre que haya advertido previamente con la colocación del cartel informativo. Sin perjuicio de que en supuestos como el examinado, han de ser «ponderadas las especiales circunstancias de la relación laboral», dado que la prestación de servicios de la empleada de hogar se hace en domicilio particular, no se trata de empresas con establecimientos abiertos al público, sino servicios que se prestan en la intimidad familiar, y una interpretación finalista nos llevaría a entender que no cabe exigir en la misma medida, la existencia de dispositivo identificativo.

5 De lo señalado se deduce, asimismo que la persona titular del hogar familiar asumirá las facultades de dirección y control de la prestación de servicios de la persona trabajadora del hogar (art. 20 ET) y, en su ejercicio, deberá respetar el derecho a la intimidad de la persona trabajadora (art. 20.3 ET) frente al uso de dispositivos de videovigilancia en los términos establecidos en la LOPD (art. 20 *bis* ET).

6 «Se garantiza el derecho al honor, a la intimidad personal y familiar y a la propia imagen» (art. 18.1 CE).

5. Un apunte sobre la vigilancia encubierta: la doctrina López Ribalda

Las empleadas de hogar realizan su trabajo en un entorno doméstico, privado y particular, donde el elemento de confianza recíproca resulta fundamental entre las partes y define la esencia de la relación laboral especial.

Acreditar en el hogar familiar y en el contexto de una relación laboral especial un incumplimiento grave y culpable de quienes allí desarrollan su actividad profesional resulta extremadamente complejo y difícil de probar (testimonio frente a testimonio y credibilidad de este), si no se acompaña de otros indicios probatorios. Las conductas más graves, requieren una prueba concluyente. De ahí la relevancia que está adquiriendo el empleo de medios de videovigilancia para fiscalizar la actividad laboral desempeñada y, eventualmente, acreditar la justificación de las medidas correctoras adoptadas.

La utilización de pruebas obtenidas mediante videovigilancia para el despido disciplinario de las personas trabajadoras ha sido tratada en múltiples fallos judiciales partiendo de doctrina constitucional y del TEDH, los artículos 18.1 de la Constitución sobre el derecho a la intimidad, el artículo 18.4 de la Constitución sobre el derecho a la protección de datos, el artículo 20.3 del ET, y los artículos 1, 6.1 y 11 de la Ley Orgánica 3/2018 de Protección de Datos[7].

La STC núm. 29/2013, de 11 febrero, declaró que la instalación permanente de un sistema de videovigilancia como medida de seguridad y vigilancia requería que los representantes de los trabajadores y los empleados fueran informados previamente y su falta implicaría una violación del artículo 18.4 CE.

En la STC núm. 39/2016, de 3 de marzo, el tribunal declaró que no se habría violado el art. 18.4 CE porque el empresario instaló una señal en la ventana de la tienda indicando la instalación de videovigilancia, de conformidad con el artículo 5 LPD así como la Instrucción 1/2006, por lo que el empleado era conocedor de la instalación de un sistema de control y de su finalidad, siendo resultado de la videovigilancia que el empleado fue captado robando dinero de la caja registradora y por tanto, despedido.

La STEDH 17 de octubre de 2019 (López Ribalda II) examina la compatibilidad con el artículo 8 del Convenio para la protección de los derechos humanos y de las libertades fundamentales, hecho en Roma el 4 de noviembre de 1950, de (la) vigilancia «encubierta». En la STEDH 144/2019, la Abogacía del Estado recurre ante la Gran Sala del TEDH la sentencia de 9 de enero de 2018 (STEDH 1/2018), argumentando que no fueron los tribunales nacionales los

7 Es objeto de la LOPD: «El derecho fundamental de las personas físicas a la protección de datos personales, amparado por el artículo 18.4 de la Constitución», el cual se ejercerá con arreglo a lo establecido en el Reglamento (UE) 2016/679 y en la propia LOPD (art. 1). Por su lado, el art. 6.1 entiende por consentimiento del afectado «toda manifestación de voluntad libre, específica, informada e inequívoca por la que este acepta, ya sea mediante una declaración o una clara acción afirmativa, el tratamiento de datos personales que le conciernen».

que vulneraron el derecho de privacidad, sino que esta vulneración se produjo en una esfera privada, esto es, entre empresa y personas trabajadoras y que, por tanto, en el supuesto que se enjuicia no se vulnera el artículo 8 del Convenio Europeo de Derechos Humanos[8]. En este sentido, el TEDH admite que el citado art. 8, permite a los Estados establecer los mecanismos a partir de los cualcs se va a garantizar el derecho de privacidad de las personas trabajadoras frente a actos de la empresa que puedan vulnerarlos, aceptando que, en todo caso, estas medidas deben ser proporcionadas, adecuadas y suficientes[9]. Para ello, la STEDH admite que los tribunales nacionales con el

8 Sin ánimo exhaustivo (por orden alfabético), vid. Juan Antonio Altés Tárrega, La videovigilancia encubierta en la nueva regulación sobre derechos digitales laborales y la incidencia de la STEDH López Ribalda II, *Revista General de Derecho del Trabajo y de la Seguridad Social*, núm. 55, 2020; S. Henríquez Tillería, «Protección de datos, videovigilancia laboral y doctrina de la sentencia López Ribalda II: Un peligroso camino hacia la degradación de la obligación de información», IUSLABOR 3/2019; O. Lenzi, «El control de la prestación laboral a través de fórmulas de videovigilancia: El concreto supuesto del trabajo doméstico», *Temas Laborales* núm. 146/2019, pp. 168 a 177; Mercedes López Balaguer, El control empresarial por videovigilancia en la LOPD, *Temas laborales: Revista andaluza de trabajo y bienestar social*, núm. 151, 2020, págs. 357-372; J.L. Monereo Pérez y P.G. Ortega Lozano, P, «Se justifica la grabación con cámaras ocultas en el centro de trabajo por la existencia debidamente acreditada de sospechas razonables de irregularidades graves. STEDH (Gran Sala) de 17 de octubre de 2019 (números 1874/13 y 8567/13) (asunto López Ribalda II), *Revista de Jurisprudencia Laboral*, núm. 8, 2019; A. Montesdeoca Suárez, «La videovigilancia en el ámbito laboral: El poder de control del empresario versus el derecho a la protección de datos de las personas trabajadoras», *Revista de Estudios Jurídico Laborales y de Seguridad Social*, núm. 5, 2022N. Ochoa Ruiz, «Tribunal Europeo de Derechos Humanos. Asunto López Ribalda y otros c. España [GC_], nos. 1874/13 y 8567/13, de 17 de octubre de 2019», *Revista Aranzadi Doctrinal*, núm. 1, 2020E; Rojo Torrecilla, «Medias verdades y fake news en el mundo jurídico. No cabe todo en la videovigilancia de una persona trabajadora. A propósito de la sentencia «López Ribalda» de la Gran Sala del TEDH de 17 de octubre de 2019 (y recordatorio de la sentencia de Sala de 9 de enero de 2018 y del caso Barbulescu II, sentencia de Gran Sala de 5 de septiembre de 2017)» y «Sobre la privacidad del trabajador en su vida laboral tras la jurisprudencia Barbulescu II, del TEDH. A propósito de la sentencia del TS de 8 de febrero de2018 (caso Inditex) y la «recuperación» de la doctrina del TC en sentencia núm.170/2013 de 30 de octubre», en http://www.eduardorojotorrecilla.es/2019/10/medias-verdades-y-fake-news-en-el-mundo.html y http://www.eduardorojotorrecilla.es/2018/04/sobre-la-privacidad-del-trabajador-en.html; J. Román Lemos, «La videovigilancia en el ámbito laboral. Algunos aspectos destacados en la reciente doctrina de los Tribunales Superiores de Justicia (2019-2020)», *Revista Internacional de la Protección Social*, Volumen VI, núm. 2, 2021; Carlota María Ruiz González, «Las nuevas propuestas interpretativas del Tribunal Europeo de Derechos Humanos sobre el control del uso laboral de la tecnología de la empresa: Barbulecu y López Ribalda», *Cuadernos de derecho transnacional*, Vol. 10, núm. 2, 2018, págs. 915-930; Fernando Valdés Dal-Ré, «La sentencia del López Ribalda II más sombras que luces», *Derecho de las relaciones laborales*, núm. 5, 2020, págs. 655-656.

9 Señala expresamente el Fundamento 114: «No obstante, recordó que, con independencia del margen de maniobra que gocen los Estados para elegir los medios para proteger los derechos en cuestión, los tribunales internos deben garantizar que la aplicación por parte de un empleador de medidas de supervisión que atenten contra el derecho a la privacidad o correspondencia de los empleados sea proporcionada y vaya acompañada de las garantías adecuadas y suficientes contra el abuso».

objeto de determinar la proporcionalidad de la videovigilancia en los lugares de trabajo deberían tener en cuenta el denominado *test Barbulescu* (Fundamento 116). Y recuerda que, este test implica el análisis de si la medida adoptada por la empresa cumple los siguientes principios: a) Principio de transparencia; b) Principio de causalidad real y seria; c) Principio de proporcionalidad; y d) Principio de efectividad de la tutela. No obstante, este test debe superarse con carácter previo al examen del principio de proporcionalidad por los tribunales nacionales[10].

El asunto que conoce el TEDH trata sobre la instalación de un sistema de videovigilancia en el lugar de trabajo por una empresa tras detectar irregularidades entre «los niveles de stocks y las cifras de ventas del supermercado» (Fundamento 11). El sistema de videovigilancia instalado estaba compuesto por cámaras visibles y por cámaras ocultas. La Gran Sala del TEDH decide examinar todas las quejas presentadas sobre los arts. 6 y 8 del CEDH, pues las demandantes mantenían que el despido se fundamentó en la utilización por la empresa de unas grabaciones obtenidas por unas cámaras sobre las que no fueron informadas, considerando que esta actuación vulneraba el derecho a su vida privada, y que la aceptación de las grabaciones por los tribunales nacionales suponía un incumplimiento de la obligación de los órganos jurisdiccionales nacionales de proteger este derecho. La STEDH fundamenta su resolución en la anterior Ley Orgánica 15/1999, de 13 de diciembre sobre Protección de Datos de Carácter Personal y, en el Reglamento UE 2016/679 del Parlamento Europeo y del Consejo de 27 de abril de 2016 sobre la Protección de las Personas Físicas respecto al Tratamiento de Datos de Carácter Personal y a la Libre Circulación de dichos Datos.

La doctrina más relevante extraída de la STEDH 144/2019 puede ser resumida en los términos que exponemos a continuación.

El TEDH admite que en los lugares de trabajo se pueden instalar dos tipos de cámaras unas visibles sobre las que la empresa debe cumplir el deber de información al que tienen derecho los trabajadores de esta y, otras encubiertas, en las que la empresa no realiza este deber de información y que tienen como finalidad controlar la comisión de un ilícito por las personas trabajadoras (Fundamento 130). Así aparece en el supuesto que enjuicia, admitiendo, por un lado, unas cámaras visibles dirigidas a la entrada y salida del supermercado sobre las que sí fue informado el personal de la empresa (entendemos que tanto los representantes como las personas trabajadoras); y otras denominadas como encubiertas, ya que no estaban debidamente señalizadas y sobre las que no fueron informadas las personas trabajadoras y sus representantes en la empresa (señala expresamente a ni a trabajadoras ni al resto de personal). Además, en el caso que enjuicia el TEDH, estas cámaras encubiertas estaban dirigidas directa y exclusivamente a las cajas registra-

10 Así, C. Molina Molina Navarrete, «El poder empresarial de control digital: ¿Nueva Doctrina del TEDH o mayor rigor aplicativo de la presente? *Revista IusLabor*, 3/2017, p. 293.

doras y fueron instaladas con una concreta finalidad, es decir, controlar cualquier ilícito que pudiera ser cometido por parte de las personas trabajadoras.

Por otro lado, el TEDH relaciona el necesario consentimiento previo de las personas que fueron objeto de videovigilancia (Fundamento 131), con el derecho de las personas trabajadoras a ser informadas con carácter previo y de forma clara, aunque general, sobre la instalación de estos sistemas en la empresa, así como de sus modalidades. Todo ello, con el objetivo de evitar el abuso en el ejercicio de los poderes de que dispone el empresario en su empresa. De la misma forma, acepta que el derecho de información deberá ser utilizado en la valoración de la proporcionalidad de la medida, y que la falta de información sobre la instalación del sistema de videovigilancia deberá repercutir en el establecimiento de otras garantías. Aunque, sin embargo, permite como excepción al derecho de información previa «un imperativo importante relativo a la protección de los intereses públicos o privados» (Fundamento 133).

Respecto a los criterios de proporcionalidad necesarios en la ponderación de los derechos de ambas partes, esto es, el derecho de las personas trabajadoras a que su vida privada sea respetada y el derecho de la empresa a proteger sus bienes (Fundamento 132), el TEDH admite la existencia de un motivo legítimo para justificar la instalación del sistema de videovigilancia encubierta, así como que la medida era adecuada y proporcionada, pues el objetivo para el que fue instalada no hubiese podido ser alcanzado con otras medidas que hubiesen supuesto una menor injerencia en los derechos de las personas trabajadoras (Fundamento 132)[11].

La instalación de un sistema de videovigilancia encubierta es aceptada, ante la existencia de sospechas razonables sobre la comisión de graves irregularidades por las personas trabajadoras, así como la transcendencia que los robos cometidos tuvieron para la empresa (señala expresamente la STEDH: «el alcance de los robos constatados») (Fundamento 134). Pudiendo las demandantes haber resarcido la vulneración de su derecho fundamental a través de otros medios por los que no optaron (Fundamentos 135 y 136) pues la normativa nacional incluye mecanismos destinados a sancionar la vulneración del derecho a la protección de datos.

Por último, sobre la admisibilidad de las imágenes captadas a partir del sistema de vidovigilancia encubierta en un juicio, el TEDH considera que estos condicionantes deben ser establecidos por las normas nacionales, pudiendo únicamente el TEDH conocer si el procedimiento en su conjunto, incluida la forma en que se obtuvieron las pruebas, fue equitativa (Fundamentos 149 y 150). Concluye, admitiendo al respecto que los tribunales nacionales valoraron la prueba con equidad y, además, que las demandadas tuvieron acceso a

11 Señala expresamente que: «...existía un motivo legítimo que justificara la medida de videovigilancia, y si las medidas adoptadas a tal fin eran adecuadas y proporcionadas, habiendo constatado especialmente que el objetivo legítimo perseguido por el empleador no podía alcanzar mediante medidas menos intrusivas para el derecho de las demandantes».

las grabaciones, pudiendo impugnarlas y, sin embargo, no lo hicieron (F 155) (además de que en supuesto enjuiciado existían otras pruebas adicionales). Por lo que estas pruebas no vulneraron el carácter equitativo del procedimiento (Fundamento 158).

6. Un ejemplo de la doctrina judicial

Interesa dejar constancia de la STSJ de Galicia n.º 2645/2021, de 28 de junio de 2021[12]. En el caso, detectada la extracción de dinero de una hucha en el domicilio en el que la trabajadora de hogar prestaba servicios se instala una cámara en el interior de la vivienda grabando, en al menos dos ocasiones, la sustracción de cantidades de la citada hucha sin contar con el consentimiento, conocimiento o permiso de ninguno de los empleadores, y por ello, se procede al despido disciplinario.

La trabajadora solicita la nulidad del despido aludiendo la falta de información de la instalación de cámaras de vigilancia en el hogar familiar, así como la ausencia de ningún tipo de cartel informativo que permitiese conocer su existencia.

La cuestión se centra en si la actuación de la empresa está amparada en alguno de los marcos legales habilitantes para la restricción del derecho fundamental a la protección de datos personales aunque no haya indicado la ubicación de las cámaras («lo que, como hemos avanzado, es perfectamente legítimo en cualquiera de los marcos habilitantes contemplados en el artículo 89 de la LOPD»), o ha establecido una videovigilancia no amparada en ninguno de los marcos legales habilitantes («lo que nos situaría ante una videovigilancia secreta que no se encuentra permitida fuera de los casos a que más arriba se ha aludido, y en particular fuera de los casos en que se trata de actuaciones de prevención o investigación de delitos»).

Teniendo en cuenta los datos fácticos, el TSJ considera que el incumplimiento de que se trata en el caso de estas actuaciones es un ilícito penal (hurto de dinero), que pudiera conllevar actuaciones de prevención o investigación de delitos que pudieran habilitar la instalación legítima de cámaras sin conocimiento de las personas interesadas en los términos establecidos en la legislación que fuere de aplicación al caso. *El régimen general es el de recabar la previa información expresa de la persona trabajadora cuando por parte de la empresa se van a adoptar medidas de comprobación de la prestación laboral a través de la grabación de imágenes. Esa exigencia se ve relevada en los casos de comisión de actos ilícitos, siendo suficiente entonces con la colocación de un dispositivo informativo en lugar suficientemente visible, extremo que no se cumple en el presente caso pues en el centro de trabajo no se había colocado cartel informativo alguno.*

---

12 STSJ de Galicia n.º 2645/2021, de 28 de junio de 2021 (ECLI:ES:TSJGAL:2021:4136).

La Sala confirma el despido y desestima el recurso de la trabajadora, en este caso se entiende que no se han alterado los hechos probados (extracción de dinero)[13].

7. Doctrina unificada sobre videovigilancia en el empleo doméstico

En la materia que examinamos posee máxima relevancia la sentencia 692/2022 de 22 julio (rec. 701/2021), emanada del Pleno de la Sala Cuarta del Tribunal Supremo. Se plantea en ella, de manera frontal, la validez de la prueba de videovigilancia aportada por la empleadora para justificar el despido de la empleada de hogar. Conviene adelantar que esta resolución censura el criterio acogido por el TSJ de Asturias[14] y da validez a la grabación (lo que significa tanto como admitir ese modo de fiscalizar la actividad laboral) aunque eso solo sucede a la vista de las concretas circunstancias del caso.

A) El caso

La empleadora (mujer tetrapléjica) es advertida por una persona que la cuida acerca de cierto desajuste en su cajonera y ello propicia que se detecte la falta de dinero y joyas. La familia interpone una denuncia ante la Comisaría de la Policía Nacional, indicando que habían sido sustraídos de la caja fuerte de su domicilio 30.000 euros en efectivo y varias joyas del cajón de la cómoda de la habitación. Dicha denuncia se amplió con posterioridad, al señalar que había colocada una cámara de grabación en su vivienda dirigida al armario donde se ubica la caja fuerte y que había grabado a la empleada de hogar despedida abriendo la puerta del armario, quitando la tapa de la caja fuerte e intentando abrirla, no pudiendo al haber introducido el denunciante un código, volviendo a dejarlo todo como estaba.

De la prueba videográfica se observa como la empleada de hogar se dirige al armario donde se ubica la caja de seguridad y accede al cajón simulado en cuyo interior está la caja fuerte y realiza alguna manipulación.

Acto seguido, la empleada doméstica es despedida, entregándole escrito en que se detalla lo acaecido y la fundamentación jurídica de esa decisión.

---

13 *Vid.* ROJO TORECILLA, E.: «Sobre los límites al control por videovigilancia del personal del servicio doméstico. Notas a la sentencia del TSJ de Galicia de 28 de junio de 2021», en http://www.eduardorojotorrecilla.es/2021/09/sobre-los-limites-al-control-por.html.

14 STSJ de Asturias n.° 1762/2020, de 20 de octubre de 2020. AS 2021, 283. ECLI:ES:TSJAS:2020:2322.

B) La sentencia de suplicación

Frente a la sentencia del Juzgado de lo Social, que consideró procedente el despido disciplinario (y válida la prueba aportada), la despedida formalizó recurso de suplicación. Resolviéndolo, el TSJ resolvió que no podía ser tomada en consideración la prueba de videovigilancia aportada por la empleadora para justificar el despido de la empleada de hogar, revocando así la sentencia de instancia que había entendido lo contrario: «en el presente caso la instalación de la cámara de videovigilancia por la empresa es completamente opaca para las trabajadoras, pues no se había dado cumplimiento a ninguno de los deberes de información ya expuestos.

Recuerda que el Tribunal Supremo, en un supuesto similar al presente, de despido disciplinario con utilización de cámaras de videovigilancia visibles en el centro de trabajo pero donde no se había colocado el dispositivo de información, consideró (STS 15 enero 2019) que no era lícita la utilización como medio de prueba de las grabaciones así obtenidas, señalando al efecto que *a la hora de valorar si la sentencia recurrida se aparta de la doctrina constitucional (contenida en la* STC 39/ 2016*) no puede reducirse tal examen a la mera valoración de existencia del consentimiento, con base en que la instalación de las cámaras era conocida por todos los trabajadores, ya que la doctrina constitucional no se limita a ese extremo a la hora de justificar si hay vulneración de derechos fundamentales sino que atiende a la concurrencia de la información legalmente exigible en la materia y al juicio de ponderación*. En la medida en que en este caso no se da la doble concurrencia citada por el Tribunal Supremo, de información legalmente exigible y ponderación, es por lo que se acoge el motivo y no se puede tomar en consideración a efectos probatorios la grabación en cuestión»[15].

C) El recurso de casación unificadora

La empleadora formalizó recurso de casación para la unificación de doctrina aportando como contradictoria una sentencia del TSJ/Andalucía, Sala de Sevilla, en un supuesto donde la trabajadora fue despedida disciplinariamente por transgresión de la buena fe contractual y abuso de confianza por sustracción de bienes empresariales, lo que se acreditó, tras la existencia de sospechas, por una grabación de videovigilancia sin que los trabajadores hubieran sido informados o advertidos de la existencia de las cámaras.

El debate jurídico principal del caso lo centra nuestro máximo órgano casacional en determinar, si en el presente supuesto, la prueba de videovigi-

15 Para un análisis de esta sentencia, *vid.* GONZÁLEZ DEL RÍO, J.M.ª: «Despido de empleada de hogar y análisis de la validez de la prueba obtenida por cámara oculta», *Nueva Revista Española de Derecho del Trabajo*, n.º 246, 2021.

lancia aportada por la empleadora para justificar el despido de la empleada de hogar debió ser tomada en consideración.

Aunque la Sala de lo Social del Tribunal Supremo es plenamente consciente de la obligación legal del empresario de informar al trabajador de la instalación de cámaras de videovigilancia, que en el caso de que se hayan cometido actos ilícitos puede estar exenta de la misma siempre que al menos aparezca un dispositivo informativo de la instalación de cámaras en un lugar suficientemente visible, sin embargo entiende plenamente aplicable la doctrina emanada del Tribunal Europeo de Derecho Humanos en su Sentencia de 17 de octubre de 2019 (caso López Ribalda II), en virtud de la cual solo una imperativa protección de intereses públicos o privados importantes puede justificar la ausencia de información previa. En consecuencia, entiende el TS que, en determinadas circunstancias, la citada doctrina admite que la empresa no advierta al trabajador de la existencia ni del emplazamiento de determinadas cámaras de videovigilancia, «de manera que esa ausencia de información no ha de conducir necesariamente a la no toma en consideración de la prueba de videovigilancia que sustenta la sanción al trabajador y acredita el incumplimiento y su autoría».

D) Conclusiones y valoraciones

1.ª - **La vigilancia encubierta tenía una justificación seria**

Habida cuenta del alcance de lo denunciado como cantidad sustraída en el domicilio familiar en el que prestaba servicios la empleada (30.000 euros y otras monedas y billetes antiguos sustraídos de una cámara fuerte, así como joyas). Debe tenerse en cuenta, además, que la cámara únicamente enfocaba al armario en el que estaba instalada la caja fuerte, sin que lo hiciera sobre ningún otro punto de la habitación ni del hogar familiar, no tratándose de un sistema de videovigilancia permanente, sino de un sistema de videovigilancia ad hoc ante la existencia de fundadas sospechas. Y debe señalarse, especialmente, la gran vulnerabilidad de la empleadora (mujer con severa discapacidad). La videovigilancia era, así, «una medida justificada e idónea para el fin perseguido».

2.ª - **Consecuencias de la norma sobre protección de datos**

El posible incumplimiento de la legislación de protección de datos tiene otras consecuencias y otras posibles protecciones, que no se agotan en el debate sobre la validez de la prueba de videovigilancia en un proceso por despido. De ello parece desprenderse que el incumplimiento que, en su caso, pudiera producirse de la legislación de protección de datos, no acarrea necesariamente la nulidad de los medios de prueba obtenidos. En este sentido, resulta necesario señalar que la Sentencia del TEDH de 17 de octubre de 2019 (López Ribalda II), señala a este respecto, que la protección efectiva del derecho a la vida privada en el contexto de la videovigilancia en el lugar de trabajo puede garantizarse por diversos medios que pueden depender del derecho laboral, pero también del derecho civil, administrativo o penal. La propia Sala de lo Social del TS invoca la STC 39/2016, de 3 de marzo (RTC 2016, 39), en la que se establece que el incumplimiento del deber de información previa «sólo supondrá una vulneración del derecho fundamental a la protección de datos tras una ponderación de la proporcionalidad de la medida adoptada». Por aplicación de esta doctrina, entiende nuestro Tribunal Supremo «no todo incumplimiento del deber de información previa, en nuestro caso, del artículo 89.1 de la Ley Orgánica 3/2018, conlleva una vulneración del derecho fundamental a la protección de datos del artículo 18.4 CE. Una ponderación de la proporcionalidad de la medida adoptada puede excluir la vulneración de este derecho fundamental».

3.ª- Dificultad de acreditar los hechos por otro medio

La imposibilidad de que se considere en el proceso de despido la prueba de videovigilancia, que es a la conclusión a la que llega la sentencia recurrida, deja inerme a la empleadora, especialmente vulnerable como ya hemos dicho, para poder acreditar el grave incumplimiento acaecido y su autoría. No es fácil imaginar con qué otra prueba podría acreditarse dichos incumplimientos y autoría, que la empleadora está obligada a probar en el juicio por despido (artículo 105.1 LRJS).

Ello hace ver que, en el presente caso, la prueba de videovigilancia no solo era idónea, sino que era necesaria («debido a la inexistencia de otro tipo de medios menos intrusivos para conseguir la citada finalidad», STS 1003/2021, 13 de octubre de 2021, rcud 3715/2018) y proporcionada al fin perseguido, por lo que satisfacía las exigencias de proporcionalidad que imponen la jurisprudencia del TEDH y de nuestro Tribunal Constitucional.

4.ª- La «excepción doméstica»

Especial mención debe hacerse de la llamada «excepción doméstica» del artículo 2.2 c) del Reglamento (UE) 2016/679 del Parlamento Europeo y del Consejo, de 27 de abril de 2016, relativo a la protección de las personas físicas en lo que respecta al tratamiento de datos personales y a la libre circulación de estos datos y por el que se deroga la Directiva 95/46/CE (Reglamento general de protección de datos). Este precepto dispone que el Reglamento no se aplica al tratamiento de datos personales «efectuado por una persona física en el ejercicio de actividades exclusivamente domésticas». Y ciertamente en el hogar familiar su titular y quienes con él conviven ejercen derechos fundamentales de especial importancia y reforzada tutela.

5.ª- Ausencia de distintivo admonitorio

Atendiendo a las circunstancias concurrentes, especialmente a la prestación de servicios de la empleada en el hogar familiar, en el presente supuesto era difícilmente practicable la colocación del distintivo o dispositivo informativo de la Instrucción 1/2006 de la Agencia Española de Protección de Datos, pues tal colocación habría con toda probabilidad frustrado la posibilidad de acreditar el grave incumplimiento, sobre el que existían muy fundadas sospechas, así como la posibilidad de acreditar la autoría de dicho incumplimiento. No es fácil imaginar con qué otra prueba podrían acreditarse dichos incumplimiento y autoría, que la empleadora está obligada a probar en el juicio por despido (artículo 105.1 LRJS)». Esto implica que, en el presente caso, «la prueba de videovigilancia no solo era idónea, sino que era necesaria debido a la inexistencia de otro tipo de medios menos intrusivos para conseguir la citada finalidad», resultando plenamente «proporcionada al fin perseguido, por lo que satisfacía las exigencias de proporcionalidad que imponen la jurisprudencia del TEDH y de nuestro Tribunal Constitucional». Se argumenta, además, que, en el presente supuesto, concurre una imperativa protección de importantes intereses, que pueden ser no solo «públicos», sino también «privados», que pueden justificar la ausencia de información previa», tal como ya hemos advertido, admite expresamente la Sentencia del TEDH de 17 de octubre de 2019 (López Ribalda II).

6.ª- No es un dispositivo permanente

Existen significadas diferencias entre un sistema de videovigilancia permanente y un sistema de videovigilancia instalado ad hoc ante la existencia de fundadas sospechas. En el primer caso será inesquivable el cumplimiento de las obligaciones de información del artículo 89.1 de la Ley Orgánica 3/2018. Pero, en el segundo, tales obligaciones podrán excepcionalmente modularse en supuestos tan especiales como el presente, en el que, por lo demás, un sistema de videovigilancia permanente sobre el que desde luego habría que proporcionar la información previa mencionada, podría estar difícilmente justificado y resultar desproporcionado.

7.ª- Excepcionalidad del supuesto

Como resultado final, concluye el Pleno de la Sala de lo Social Tribunal Supremo que debe insistirse en que estamos examinando un supuesto excepcional y singular, de manera que solo excepcionalmente —y si se dan circunstancias similares a las aquí concurrentes— se podrá prescindir del distintivo informativo mencionado. Y con ello estima el Recurso de Casación para la Unificación de doctrina, casando y anulando la sentencia de la Sala de lo Social del TSJ de Asturias.

8. Consecuencias de la videovigilancia prohibida

Cuestión especialmente relevante respecto del problema aquí analizado es la referida las consecuencias de que la empresa adopte una decisión (prototípicamente, el despido) con apoyo en pruebas para cuya obtención ha vulnerado derechos fundamentales.

Respecto del tema que ahora abordamos resulta de máximo interés la ya citada STC 61/2021 de 15 marzo. Aborda un supuesto en que admite que la empresa ha obtenido imágenes de forma ilícita, siendo calificado el despido del trabajador como improcedente por el TSJ; el máximo intérprete de la Constitución concluye que si hay vulneración de derecho fundamental debe procederse a su reparación, sin perjuicio de que el despido pueda ser declarado improcedente o nulo. Recapitulemos sus núcleos principales a nuestros efectos.

A) La doctrina anterior a 2021

En los casos examinados por las SSTC 125/2018 y 92/2008 la decisión extintiva del contrato de las trabajadoras vino motivada bien por el ejercicio legítimo de su derecho de participación política reconocido en el artículo 23.2 CE, bien por razones de discriminación por sexo, sin que se apreciara la ilicitud de prueba alguna.

Por otra parte, no puede considerarse que la declaración de nulidad pretendida pueda ampararse en la STC 196/2004, de 15 de noviembre. En esta sentencia se reconoció que la prueba del despido disciplinario se sustentaba en el resultado de una exploración clínica obtenida con vulneración del derecho a la intimidad personal (art. 18.1 CE) y se acordó la nulidad del despido basándose en «constante doctrina de este tribunal (entre otras, SSTC 38/1981, de 23 de noviembre; 114/1989, de 22 de junio; 186/1996, de 25 de noviembre; 1/1998, de 12 de enero; 57/1999, de 12 de abril, 20/2002; de 28 de enero, o 49/2003, de 17 de marzo), pero, como argumenta el Ministerio Fiscal, ninguna de las sentencias en las que sustenta la dicha nulidad, se refirieren a un supuesto de prueba ilícita, sino de extinción de la relación laboral por razones discriminatorias y/o lesivas de los derechos a la libertad sindical y de la libertad de expresión.

B) Es cuestión de legalidad ordinaria

El problema se contrae a determinar si en el caso de que se acredite en el procedimiento laboral que una fuente de prueba utilizada para justificar el despido se ha obtenido vulnerando derechos o libertades fundamentales, dicha ilicitud debe proyectarse sobre la calificación del despido, de tal manera que este debe ser declarado nulo [...] o sí por el contrario la ilicitud de la prueba únicamente produce como efecto su expulsión del acervo probatorio por aplicación del *art. 90.2 LJS —y también del art. 11.1 LOPJ—* [...], sin que dicha exclusión probatoria pueda afectar a la calificación del despido, que será declarado improcedente o procedente en función de que existan o no otras pruebas.

La STC 61/2021 advierte que la interpretación constitucional no es instrumento adecuado para descartar ninguna de las dos opciones interpretativas enfrentadas (a saber: siempre será nulo el despido cuando se base en una prueba nula; siempre será improcedente si se elimina la prueba nula y no existen otras válidas). Desde luego hay que distinguir aquellos supuestos en que la decisión extintiva vulnera un derecho fundamental —en cuyo caso necesariamente procede la declaración de nulidad del despido—, de aquellos otros en que el despido no ha ocasionado dicha vulneración, al haberse derivado esta del proceso de obtención de pruebas, por lo que podrá ser calificado como procedente o no, en función de que existan pruebas desconectadas de la obtenida con violación de derechos fundamentales y libertades públicas (art. 90.2 LJS).

C) Autonomía entre nulidad de la prueba y calificación del despido

El Tribunal Constitucional afirma de manera frontal que un despido no es necesariamente nulo por el hecho de que venga basado en una fuente probatoria que haya comportado la vulneración de derechos fundamentales. Se trata, precisamente, de la opción asumida por la sentencia referencial invocada en este recurso (al igual que el objeto del amparo constitucional en el asunto de la STC 61/2021). Dicha distinción, contraria a trazar una correlación entre la nulidad de la fuente de prueba y la nulidad del despido, no merece ser calificada de arbitraria o de manifiestamente irrazonable. Ninguna de las partes lo ha hecho tampoco. Tan es así que, a falta de un pronunciamiento del máximo intérprete de la legalidad ordinaria (art. 123.1 CE), tal planteamiento es compartido por muchos pronunciamientos dictados por otros tantos tribunales superiores de justicia[...] Ahora bien, debe indicarse que dicha tesis dista de ser unánime en la jurisdicción ordinaria.

D) La posible vinculación entre la prueba y el despido

Al explicar que el debate trabado en el caso es ajeno a los derechos fundamentales invocados (intimidad, propia imagen, tratamiento de datos) y que debe abordarse desde la perspectiva de una eventual vulneración de la tutela judicial, la *STC 61/2021* apunta la que, a nuestro entender, constituye la clave del problema que se nos ha suscitado:

Proyectada dicha doctrina constitucional a la cuestión planteada, podemos afirmar que no puede proclamarse que entre la calificación del despido y la reconocida lesión extraprocesal de un derecho fundamental pueda afirmarse la existencia de una «consecutividad lógica y jurídica». Dicho, en otros términos, no existe un derecho constitucional a la calificación del despido laboral como nulo, por lo que la pretensión de la actora no puede tener sustento en una vulneración de los derechos reconocidos en el art. 18.1 y 3 CE.

E) Doctrina unificada sobre el particular

La STS 696/2022 de 26 julio (rcud. 1675/2021) ha descartado que el problema deba resolverse abrazando una de las dos opciones puras: 1.ª) la consecuencia de que la fuente probatoria esté contaminada debe ser, exclusivamente, la expulsión del procedimiento de las grabaciones obtenidas; 2.ª) el despido está inevitablemente contaminado en todo caso; pero también, claro está, cabe que nos inclinemos por una posición intermedia o, simplemente, distinta.

A partir de ese relativismo pasa a primer plano el examen del modo en que se ha producido la vulneración de derechos fundamentales. No resulta inescindible la declaración de que una prueba ha sido obtenida con vulneración de derechos fundamentales y la ulterior calificación del despido como nulo. Lo que sucede es que la determinación de en qué medida concurre la «conexidad» entre la vulneración de derechos fundamentales y el despido es cuestión tributaria de la valoración de cuantas circunstancias concurran. Las previas amonestaciones por advertencias, incluso sanciones, la posibilidad de utilizar otros medios de vigilancia, la intensidad y persistencia del mecanismo fiscalizador utilizado, etc. pasan a poseer relevancia en este aspecto.

9. Colofón

A partir de 29 de febrero de 2024 estará en vigor para España el Convenio OIT sobre el trabajo decente para las trabajadoras y los trabajadores domésticos cuyo artículo sexto exhorta a adoptar medidas a fin de asegurar que los trabajadores domésticos, como los demás trabajadores en general, disfruten de condiciones de empleo equitativas y condiciones de trabajo decente, así como, si residen en el hogar para el que trabajan, de condiciones de vida decentes que respeten su privacidad.

No es que hasta esa fecha estuvieran sin garantizar esos derechos, sino que tales efemérides constituyen un buen estímulo para comprobar que la vigilancia sobre el trabajo doméstico no ignora esos requisitos, a la postre identificables con los derechos y libertades fundamentales.

BIBLIOGRAFÍA

Altés Tárrega, Juan Antonio: «La videovigilancia encubierta en la nueva regulación sobre derechos digitales laborales y la incidencia de la STEDH López Ribalda II», *Revista General de Derecho del Trabajo y de la Seguridad Social*, núm. 55, 2020.

Cuadros Garrido, M.ª Elisa: *Trabajadores Tecnológicos y Empresas Digitales*, Aranzadi, 2018.

González del Río, José María: «Despido de empleada de hogar y análisis de la validez de la prueba obtenida por cámara oculta», *Nueva Revista Española de Derecho del Trabajo*, n.º 246, 2021.

Henríquez Tillería, Sebastián: «Protección de datos, videovigilancia laboral y doctrina de la sentencia López Ribalda II: Un peligroso camino hacia la degradación de la obligación de información», *IUSLABOR* 3/2019.

Lenzi, Olga: «El control de la prestación laboral a través de fórmulas de videovigilancia: El concreto supuesto del trabajo doméstico», *Temas Laborales* núm. 146/2019.

López Balaguer, Mercedes: «El control empresarial por videovigilancia en la LOPD», *Temas laborales: Revista andaluza de trabajo y bienestar social*, núm. 151, 2020, págs. 357-372.

Monereo Pérez, José Luis y **Ortega Lozano**, Pompeyo: «Se justifica la grabación con cámaras ocultas en el centro de trabajo por la existencia debidamente acreditada de sospechas razonables de irregularidades graves. STEDH (Gran Sala) de 17 de octubre de 2019 (números 1874/13 y 8567/13) (asunto López Ribalda II), *Revista de Jurisprudencia Laboral*, núm. 8, 2019.

Montesdeoca Suárez, Arturo: «La videovigilancia en el ámbito laboral: El poder de control del empresario versus el derecho a la protección de datos de las personas trabajadoras», *Revista de Estudios Jurídico-Laborales y de Seguridad Social*, núm. 5, 2022.

Ochoa Ruiz, Natalia: «Tribunal Europeo de Derechos Humanos. Asunto López Ribalda y otros c. España [GC_], nos. 1874/13 y 8567/13, de 17 de octubre de 2019», *Revista Aranzadi Doctrinal*, núm. 1, 2020.

Rojo Torrecilla, Eduardo:

- «Medias verdades y fake news en el mundo jurídico. No cabe todo en la videovigilancia de una persona trabajadora. A propósito de la sentencia «López Ribalda» de la Gran Sala del TEDH de 17 de octubre de 2019 (y recordatorio de la sentencia de Sala de 9 de enero de 2018 y del caso Barbulescu II, sentencia de Gran Sala de 5 de septiembre de 2017)» en http://www.eduardorojotorrecilla.es/2019/10/medias-verdades-y-fake-news-en-el-mundo.html

- «Sobre la privacidad del trabajador en su vida laboral tras la jurisprudencia Barbulescu II, del TEDH. A propósito de la sentencia del TS de 8 de febrero de2018 (caso Inditex) y la «recuperación» de la doctrina del TC en sentencia núm.170/2013 de 30 de octubre», en http://www.eduardorojotorrecilla.es/2018/04/sobre-la-privacidad-del-trabajador-en.html.

- «Sobre los límites al control por videovigilancia del personal del servicio doméstico. Notas a la sentencia del TSJ de Galicia de 28 de junio de 2021», en http://www.eduardorojotorrecilla.es/2021/09/sobre-los-limites-al-control-por.html

Román Lemos, Jaime: «La videovigilancia en el ámbito laboral. Algunos aspectos destacados en la reciente doctrina de los Tribunales Superiores de Justicia (2019-2020)», *Revista Internacional de la Protección Social*, Volumen VI, núm. 2, 2021.

Ruiz González, Carlota: «Las nuevas propuestas interpretativas del Tribunal Europeo de Derechos Humanos sobre el control del uso laboral de la tecnología de la empresa: Barbulecu y López Ribalda», *Cuadernos de derecho transnacional*, Vol. 10, núm. 2, 2018.

Valdés Dal-Ré, Fernando: «La sentencia del López Ribalda II más sombras que luces», *Derecho de las relaciones laborales*, núm. 5, 2020.

CAPÍTULO XI

RIESGOS PSICOSOCIALES DE LOS EMPLEADOS DE HOGAR

Mirentxu Marín Malo
Profesora Contratada Doctora (DEI)
Derecho del Trabajo y de la Seguridad Social
Universidad Pública de Navarra

1. Introducción

Los riesgos psicosociales generan, en la actualidad, importantes problemas de salud no solo en la población en general, sino de manera particular, en la población trabajadora. Tal como señala la Agencia Europea para la Seguridad y Salud en el Trabajo, cerca de la mitad de los trabajadores europeos «*consideran que el estrés es un elemento común en sus lugares de trabajo y contribuye a cerca de la mitad de todas las jornadas laborales perdidas*[1]», sin que sea, ni mucho menos, la única enfermedad psicológica que afecta a los trabajadores.

Las enfermedades derivadas de este tipo de riesgos tienen un origen multifactorial, y no tiene por qué estar relacionado en su totalidad con el trabajo. Sin embargo, el entorno laboral está plagado de factores de riesgo psicosocial que pueden afectar a la salud de los trabajadores y a los que el empresario, como garante de la salud de estos, debe hacer frente.

En España, la tradicional exclusión de las personas trabajadoras al servicio del hogar familiar del ámbito de aplicación de la normativa preventiva ha supuesto, durante décadas, un abandono de las condiciones de seguridad y salud laboral que afectaban a este colectivo. Así, se confiaba en el «buen hacer» del cabeza de familia o titular del hogar familiar para garantizar la

1 *Los riesgos psicosociales y el estrés en el trabajo,* OSHA. Información disponible en: https://osha.europa.eu/es/themes/psychosocial-risks-and-stress

protección de la seguridad y salud de las personas a su servicio, sin que estuviera obligado a realizar un adecuado análisis y valoración de los riesgos existentes en el domicilio ni a poner medidas preventivas específicas. Sin embargo, en los últimos años este colectivo de trabajadoras ha dejado de ser invisible, mostrando las carencias y necesidades que tenían tanto en materia laboral general como en prevención de riesgos laborales de forma específica. Tanto es así que la reciente aprobación *Real Decreto-ley 16/2022, de 6 de septiembre, para la mejora de las condiciones de trabajo y de Seguridad Social de las personas trabajadoras al servicio del hogar* (en adelante, RD-ley 16/2022) modificó la normativa preventiva, eliminando la exclusión de estos de su ámbito de aplicación para garantizar a este colectivo unos niveles de protección similares a los de cualquier otro empleado por cuenta ajena.

Este sector, si bien está invisibilizado por tratarse de uno de los sectores con mayor índice de empleo sumergido, ocupa de forma oficial a más de medio millón de trabajadores en España, del que más del 95 % son mujeres[2]. Teniendo en cuenta la importancia de este colectivo, se muestra necesario analizar, por una parte, las implicaciones que el mencionado cambio normativo supone para estas trabajadoras y, en especial, para sus empleadores como nuevos sujetos obligados por la normativa preventiva. Además, y por la relevancia que los factores de riesgo psicosocial y las enfermedades mentales derivadas de los mismos tienen en la sociedad actual, es imprescindible analizar cómo estos afectarán a este colectivo, con el objetivo de garantizar unos niveles de protección de su seguridad y salud adecuados.

El presente Capítulo tratará de realizar un análisis genérico a las cuestiones planteadas, con objeto de sentar las bases para, a falta de un desarrollo normativo específico para este ámbito, facilitar el cumplimiento del empleador doméstico de sus obligaciones preventivas, en concreto, con relación a los riesgos de carácter psicosocial presentes en el domicilio.

2. Las obligaciones preventivas del cabeza de familia. Marco general

2.1. La reciente inclusión de los empleados de hogar en el ámbito de aplicación de la Ley de Prevención de Riesgos Laborales

Como se ha señalado, recientemente, el RD-ley 16/2022 modificó la *Ley 31/1995, de 8 de noviembre, de prevención de Riesgos Laborales* (en ade-

2 Datos extraídos de la última Encuesta de Población Activa (INE). Disponibles en: https://www.ine.es/dyngs/INEbase/es/operacion.htm?c=Estadistica_C&cid=1254736176918&menu=ultiDatos&idp=1254735976595

lante, LPRL) para incluir a las personas trabajadoras al servicio del hogar familiar en su ámbito de aplicación de forma plena[3]. Así, en la actualidad, la Disposición Adicional Decimoctava LPRL establece que este colectivo tiene derecho, al igual que el resto de los trabajadores incluidos en el ámbito de aplicación de esta norma, a una protección eficaz en materia de seguridad y salud en el trabajo, si bien establece que deberán tenerse en cuenta «*las características específicas del trabajo doméstico, en los términos y con las garantías que se prevean reglamentariamente a fin de asegurar su salud y seguridad*». Además, establece la necesidad de prestar una especial atención, en este ámbito, a la prevención de la violencia contra las mujeres.

A falta del desarrollo reglamentario pertinente, el empleador deberá, en todo caso, garantizar que el trabajo se realiza en adecuadas condiciones de seguridad y salud; adoptando aquellas medidas que sean necesarias para su logro; obligación que ya venía prevista en el art. 7.2 del *Real Decreto 1620/2011, de 14 de noviembre, por el que se regula la relación laboral de carácter especial del servicio del hogar familiar* (en adelante, RD 1620/2011). Dicho precepto establece que, en caso de incumplimiento por parte del empleador, las personas trabajadoras al servicio del hogar podrán solicitar la extinción de su contrato de trabajo.

Hasta la inclusión de los trabajadores domésticos en el ámbito de aplicación de la LPRL[4], la postura doctrinal era clara: la exclusión de este colectivo del ámbito de aplicación de la normativa preventiva implicaba que la deuda de seguridad del cabeza de familia respecto a estos no tenía el alcance previsto en el art. 14 LPRL, y que por tanto, no podía exigírsele el cumplimiento de la totalidad de las obligaciones específicas previstas en esta Ley, aun cuando sí se le exigiese garantizar que el trabajo se realizaba en unas adecuadas condiciones de seguridad e higiene[5]. En todo caso, el reconocimiento de este derecho a unas adecuadas condiciones de seguridad e higiene, tanto por parte de la normativa preventiva como por parte del RD 1620/2011, ha resultado siempre ineficaz, quedando «*más próximo al simple deber moral o a las buenas intenciones que a su intención de constituir una auténtica obligación jurídica con contenido material*»[6].

3 Hasta la fecha, el art. 3.4 LPRL excluía de su ámbito de aplicación a este colectivo, si bien es cierto que obligaba al titular del hogar familiar a garantizar unas condiciones mínimas de seguridad e higiene en la prestación de sus servicios.

4 Téngase en cuenta que, hasta la modificación introducida en la LPRL por el RD-ley 16/2022, los empleados de hogar eran el único colectivo de trabajadores por cuenta ajena que, estando expresamente incluido en el ámbito de aplicación del Estatuto de los Trabajadores, quedaba excluido del ámbito de aplicación de la normativa preventiva.

5 En este sentido, véase CORDERO GORDILLO, Vanessa: *La relación laboral especial del servicio del hogar familiar. RD 1620/2011 de 14 de noviembre,* Tirant Lo Blanch, Valencia, 2014, p.81.

6 En GARCÍA GONZÁLEZ, Guillermo: *El nuevo marco regulador de los empleados de hogar. Una aproximación crítica desde la dogmática jurídica*, Dykinson, Madrid, 2022, p. 130.

Sin embargo, en la actualidad cabe preguntarse si, a falta del tan esperado desarrollo normativo en el que se concrete la obligación de seguridad que el empleador tiene respecto a las trabajadoras domésticas, debe aplicarse la normativa preventiva en su conjunto, como en cualquier otra empresa y garantizando los niveles de protección que la normativa exige para el resto de los trabajadores por cuenta ajena. La respuesta a esta pregunta ha de ser afirmativa por varias razones. En primer lugar, una vez derogada la exclusión explicita de este colectivo del ámbito de aplicación de la LPRL, y sin otro marco normativo aplicable, debe entenderse que este colectivo queda automáticamente incluido en el ámbito de aplicación de dicha normativa en su totalidad; y no solo por la falta de exclusión expresa, sino porque, una vez derogado este precepto, no cabe sino aplicar lo señalado en el art. 3.1 LPRL, que incluye plenamente en su ámbito de aplicación a *«las relaciones laborales reguladas en el Texto Refundido de la Ley del Estatuto de los Trabajadores»*, donde se incluyen las relaciones laborales de carácter especial establecidas en su art. 2, y que recoge expresamente *«la del servicio del hogar familiar»*. Por otra parte, no existe ningún precepto en la actualidad que ampare una exclusión o un cumplimiento parcial de la normativa preventiva por parte del empleador de trabajadores domésticos[7].

De lo anterior se extrae la necesidad de aplicar el marco normativo preventivo en su conjunto, teniendo en cuenta, tal como señala la DA 18.ª LPRL, *«las características específicas del trabajo doméstico»* como elemento modulador de las obligaciones preventivas que recaen sobre el empleador; al menos hasta la aprobación de una normativa de desarrollo específica que concrete las obligaciones empresariales en este ámbito[8].

Así, y hasta el señalado futuro desarrollo reglamentario de las obligaciones específicas que, en materia preventiva, recaigan sobre el empleador de personas trabajadoras al servicio del hogar familiar, su contenido y su alcance concreto, se debe atender al propio contenido de la LPRL y a las recomendaciones facilitadas por distintos organismos nacionales en esta materia.

En este sentido, el Instituto Nacional de Seguridad y Salud en el Trabajo (en adelante, INSST) ha publicado recientemente una guía de buenas prácticas preventivas, dirigidas tanto al empleador como al trabajador al servicio del hogar, con el objetivo de proteger de forma eficaz la seguridad y salud de estos trabajadores[9].Por su parte, el Instituto Vasco de Seguridad y Salud Laboral (en adelante, OSALAN), ha publicado una guía de contenido similar a

7 En este sentido, véase García González, Guillermo: *El nuevo marco regulador..., op. cit.*, pp. 149 y ss.

8 *Ibidem.,* p. 128 y p. 152.

9 Gavilanes Pérez, Cecilia y Sánchez Sauce, Ana: *Buenas prácticas preventivas en el servicio doméstico dirigidas a la persona titular del hogar y del servicio doméstico,* INSST, Madrid, 2021. Documento disponible en: https://www.insst.es/documents/94886/1409228/Buenas+practicas+preventivas+en+el+Servicio+Domestico+-+A%C3%B1o+2021.pdf/1fa63083-f875-ba5f-cb29-54813a75bb10?t=1637160745074

la del INSST, en la que se definen riesgos frecuentes en este trabajo y medidas preventivas básicas[10].

2.2. Obligación general de seguridad y su concreción en las obligaciones específicas: especial referencia a la evaluación de riesgos

La normativa preventiva reconoce el derecho de todos los trabajadores incluidos en su ámbito de aplicación a una protección eficaz de su seguridad y salud en la prestación de sus servicios. Igualmente, establece la obligación general de seguridad que recae sobre el empresario, dirigida a garantizar el citado derecho. En concreto, el art. 14 LPRL obliga a este a *«garantizar la seguridad y salud de los trabajadores a su servicio en todos los aspectos relacionados con el trabajo»*. Es, por tanto, un deber de contenido extenso, pues para su adecuado cumplimiento precisa de *«la aplicación de las medidas y del desarrollo de las actividades que sean necesarias para evitar o disminuir los riesgos que puedan afectar a la salud y a la integridad psicofísica del trabajador»*[11]; lo que implica que no puede limitarse al estricto contenido de las obligaciones normativamente previstas, sino que debe ir más allá, persiguiendo niveles máximos de protección.

Con la inclusión de las personas trabajadoras al servicio del hogar familiar en el ámbito de aplicación de la normativa preventiva, estas se convierten automáticamente en titulares del citado derecho, por lo que el empleador será garante del mismo en los términos establecidos por dicha normativa. Así, el empleador estará obligado, atendiendo al contenido del art. 14 LPRL, a garantizar el derecho de información, consulta y participación de los trabajadores a su servicio; la formación en materia preventiva, la posibilidad de paralizar la actividad laboral en caso de riesgo grave e inminente y a vigilar la salud de los trabajadores de manera expresa.

Sin embargo, la normativa preventiva va más allá, y obliga al empleador a realizar una prevención de riesgos laborales que tenga en cuenta, no solo esta obligación general, sino todas las específicas que se desarrollan en los artículos siguientes. Esto se debe a que estas obligaciones específicas resultan ser *«deberes concretos, por ser especificaciones o especialidades del deber genérico empresarial recogido ene l art. 14.1 LPRL»*[12]. Por otra parte,

10 *Guía básica de prevención de riesgos laborales para personas trabajadoras del hogar,* OSALAN, Barakaldo, 2019. Documento disponible en: https://www.osalan.euskadi.eus/contenidos/libro/gestion_201935/es_def/adjuntos/guia_basica_prl_trabajo_hogar.pdf

11 López Gandía, Juan y Blasco Lahoz, José Francisco (Coords.); *et. al.*: *Curso de prevención de riesgos laborales,* Tirant Lo Blanch, Valencia, 2023, p. 81.

12 Camas Roda, Ferrán: *Las obligaciones del empresario en la normativa de prevención de riesgos laborales,* La Ley, Madrid, 2002, p. 116.

debe tenerse en cuenta que el cumplimiento formal de la normativa por parte del empresario no supone que esté cumpliendo plenamente con su obligación preventiva, pues el art. 14 LPRL exige una máxima diligencia vinculada a la prevención de riesgos ligados a «todos los aspectos relacionados con el trabajo», estén o no previstos de forma específica en la LPRL o en su normativa de desarrollo. Dicho de otro modo, el empresario deberá cumplir con todas las obligaciones específicas normativamente previstas, pero el simple cumplimiento de todas ellas no le exime de su responsabilidad[13].

En cuanto a las obligaciones específicas que recaen sobre el empresario, son múltiples y de variada tipología. Así, la LPRL establece, en sus arts. 16 y ss. obligaciones tanto de carácter documental como instrumental; entendiendo por las primeras aquellas que obligan a la redacción y actualización de cierta documentación en materia preventiva y, por las segundas, las relativas a la adopción de medidas preventivas específicas. En todo caso, la normativa de desarrollo de estas obligaciones es extensa, y también forma parte de la obligación general de seguridad que recae sobre el empresario.

Las obligaciones empresariales recogidas en el art. 16 LPRL, y posteriormente desarrolladas en el Real Decreto 39/1997, de 17 de enero, por el que se aprueba el Reglamento de los Servicios de Prevención (en adelante, RSP) merecen una especial atención, por ser la base sobre la que debe sustentarse el sistema preventivo. El citado artículo recoge los tres instrumentos que resultan esenciales para la adecuada gestión de prevención y para el consiguiente logro de unos niveles de protección de la seguridad y salud de los trabajadores adecuados. Así, señala que el empresario estará obligado a realizar un plan de prevención, una evaluación de riesgos y una planificación de la actividad preventiva con el objetivo de determinar los riesgos existentes en el centro de trabajo, valorarlos y adoptar aquellas medidas preventivas que resulten oportunas en cada caso.

A la hora de adaptar el contenido de las citadas obligaciones al ámbito doméstico, la realización de un plan de prevención no presenta demasiadas dificultades; si bien en este ámbito podría resultar poco útil, pues *«podría parecer excesivo o innecesario un instrumento de estas características en un ámbito tan reducido como el doméstico»*[14]. Por su parte, debe tenerse en cuenta la importancia que la evaluación de riesgos tiene en materia pre-

---

13 En este sentido, CAMAS RODA señala que *«el cumplimiento de dicha obligación es exigible aún en el caso de que no exista norma alguna sobre medidas específicas destinadas a cualesquiera riesgos laborales»*. *Vid.* CAMAS RODA, Ferrán: *Las obligaciones del empresario...*, *op. cit.*, p. 43.
Por su parte, ALARCÓN CARACUEL ha señalado que *«no basta con cumplir dicha normativa, que puede, en determinadas circunstancias, ser insuficiente o haber quedado obsoleta»*. En ALARCÓN CARACUEL, Manuel Ramón: «Los deberes del empresario respecto a la seguridad y salud de los trabajadores», en OJEDA AVILÉS, A.; *et. al.*: *La prevención de riesgos laborales: aspectos clave de la Ley 31/1995*, Aranzadi, Cizur Menor, 1996, p. 106.

14 GARCÍA GONZÁLEZ, Guillermo: *El nuevo marco regulador...*, *op. cit.*, p. 161.

ventiva, pues de los resultados de esta dependerán las medidas preventivas a adoptar, y, por consiguiente, la adecuada garantía de la protección a la seguridad y salud de los trabajadores. Por ello, la realización de una correcta evaluación de riesgos en el ámbito doméstico resultará indispensable para el cumplimiento de las obligaciones empresariales en materia preventiva. Además, de esta evaluación se extrae la propia planificación de la actividad preventiva, que, si bien no presenta mayores dificultades en el ámbito doméstico, es una herramienta indispensable para la correcta aplicación de la normativa preventiva en cualquier ámbito.

Así, y en lo que al contenido de este Capítulo interesa, una de las principales obligaciones que el empleador doméstico adquiere, y de mayor complejidad, es la de realizar una evaluación de todos los riesgos presentes en el lugar de trabajo (incluidos los de seguridad, higiene, ergonomía y psicosociología) con el objetivo de establecer aquellas medidas preventivas que sean necesarias y dotar al trabajador de medios de protección adecuados para el desarrollo de su trabajo.

En definitiva, el empleador doméstico está obligado a realizar una evaluación de todos los riesgos presentes en el domicilio, incluidos aquellos de carácter psicosocial que se analizarán posteriormente, y para los que precisará, indudablemente, de la participación de un experto, bien sea autorizando su entrada al propio domicilio o mediante la entrevista cualitativa al trabajador al servicio del hogar familiar, donde se analicen dichos riesgos laborales[15]; por lo que los posibles problemas de acceso al domicilio quedarían solventados en este ámbito.

2.3. El necesario acceso al domicilio de terceras personas para el cumplimiento y control de la normativa preventiva: cuestiones problemáticas

El acceso al domicilio de terceras personas en el ámbito del trabajo doméstico puede ser necesario en dos supuestos: para la realización de la evaluación de riesgos y para la comprobación del cumplimiento de las obligaciones empresariales por parte de la Inspección de Trabajo y Seguridad Social. En ambos casos se necesitará el consentimiento del titular de la vivienda, pues el acceso al domicilio de terceras personas puede interferir con el derecho a la inviolabilidad de este establecido en el art. 18.2 de la *Constitución Española* (en adelante, CE). Este precepto establece la imposibilidad de acceder al domicilio, incluso por parte de las autoridades, sin consentimiento del titular o autorización judicial salvo cuando se sospeche que se está produciendo en su interior la comisión de un delito flagrante. Lo anterior impide la entrada al domicilio privado, por resultar este *«inmune a cualquier tipo de invasión o*

15 En este sentido, ibidem, p. 163.

agresión exterior de otras personas o de la autoridad pública»[16], salvo en el supuesto señalado[17].

En cuanto al primero, para la realización de la evaluación de riesgos, se necesitará siempre el consentimiento del titular de la vivienda, si bien no debería presentar problemas; especialmente cuando el empleador sea su único titular, ya que será la forma de dar cumplimiento a esta obligación preventiva. Sin embargo, en aquellos casos de cotitularidad, los problemas suscitados pueden ser mayores, ya que uno de los titulares podría negar el acceso al domicilio. En estos supuestos, podría ser el propio empleador quien realice la evaluación de riesgos, asumiendo personalmente la actividad preventiva, tal como establece el art. 30.5 LPRL y el art. 11 RSP. Sin embargo, *«en función de los riesgos identificados, puede proceder la realización de determinadas evaluaciones específicas»*[18] que quedan fuera del alcance del empleador. Entre otras, aquellas de carácter psicosocial, a las que se dedicarán los siguientes apartados de este Capítulo y que *«en ningún caso podrán ser desarrolladas directamente por el empleador, no solo por su previsible ausencia de capacidad, sino también por la propia naturaleza y contenido de las materias evaluadas»*[19].

En definitiva, el empleador doméstico está obligado a realizar una evaluación de todos los riesgos presentes en el domicilio, incluidos aquellos de carácter psicosocial que se analizarán posteriormente, y para los que precisará, indudablemente, de la participación de un experto, bien sea autorizando la entrada de este al propio domicilio o mediante la entrevista cualitativa al trabajador al servicio del hogar familiar, donde se analicen dichos riesgos laborales[20]; por lo que los posibles problemas de acceso al domicilio quedarían solventados en este ámbito.

Con relación al segundo supuesto, cuando sea la Inspección de Trabajo y Seguridad Social quien quiera acceder al domicilio para comprobar las condiciones laborales y de prestación de servicios de los empleados de hogar, podría parecer, a priori, que este problema queda resuelto por la propia normativa reguladora de las facultades de los inspectores de trabajo. Así, el art. 13.1 de la *Ley 23/2015, de 21 de julio, Ordenadora del Sistema de Inspección de Trabajo y Seguridad Social* establece que los inspectores de trabajo, durante el ejercicio de sus funciones, estarán habilitados para *«entrar libre-*

16 STC núm. 22/2003, de 10 de febrero (rec. 4400/1999), FJ Tercero.

17 Para saber más, véase Marín Malo, Mirentxu: «La obligación de evaluar el riesgo en el teletrabajo. Dificultades para su cumplimiento por la incompatibilidad con otros derechos protegidos», Comunicación presentada a *Congreso Internacional ORP 2023*, Bilbao, 2023. Pendiente de publicación.

18 García González, Guillermo: *El nuevo marco regulador..., op. cit.*, p. 163.

19 Ibidem, p. 163.

20 En este sentido, ibidem, p. 163.

mente, en cualquier momento y sin previo aviso, en todo centro de trabajo, establecimiento o lugar sujeto a inspección, y a permanecer en el mismo»[21]. Sin embargo, el mismo precepto que establece esta facultad, la limita cuando el centro de trabajo coincida con el domicilio de una persona física, en cuyo caso exige obtener el expreso consentimiento de aquella o la autorización judicial a la que la propia CE hace referencia.

Por tanto, en estos supuestos también será indispensable que el inspector cuente con la autorización del titular del domicilio, salvo que haya obtenido una autorización judicial o sospeche de la comisión de un flagrante delito contra la salud o la integridad física de los propios empleados domésticos.

3. Riesgos psicosociales en el trabajo doméstico

Al hablar de riesgo psicosocial se hace referencia a aquel riesgo derivado de *«deficiencias en el diseño, la organización y la gestión del trabajo, así como de un inadecuado contexto social del trabajo y que pueden producir resultados psicológicos, físicos y sociales negativos como el estrés laboral, el agotamiento o la depresión»*[22]. Estos riesgos pueden provocar problemas en la salud de los trabajadores de diverso tipo, siendo los más comunes el estrés, la irritabilidad, el desánimo, la ansiedad, el agotamiento o la depresión.

La exclusión, durante décadas, de las personas trabajadoras al servicio del hogar familiar del ámbito de aplicación de la normativa preventiva ha supuesto un desinterés en el análisis de los riesgos laborales que podrían afectar a este colectivo[23]; lo que se traduce en una patente falta de bibliografía en la materia, si bien es cierto que, en los últimos años, se ha abordado esta problemática desde diversos ámbitos y se han publicado varias guías sobre prevención de riesgos en el empleo doméstico. Estos trabajos han permitido *«una primera aproximación a los riesgos de seguridad, higiénicos, ergonómicos y de naturaleza psicosocial a los que están expuestos los trabajadores domésticos»*[24], aunque dicha aproximación resulta claramente insuficiente, y en la actualidad debemos abordar de manera concreta y en profundidad esta cuestión desde el ámbito preventivo.

A continuación, se analizarán los principales riesgos psicosociales presentes en el ámbito del trabajo al servicio del hogar familiar.

---

21 Art. 13.1 Ley 23/2015, de 21 de julio, Ordenadora del Sistema de Inspección de Trabajo y Seguridad Social.

22 Así lo define la Agencia Europea para la Seguridad y Salud en el Trabajo en «Los riesgos psicosociales y el estrés en el trabajo», OSHA. Documento disponible en: https://osha.europa.eu/es/themes/psychosocial-risks-and-stress

23 En este sentido, véase GARCÍA GONZÁLEZ, Guillermo: *El nuevo marco regulador..., op. cit.*, p. 179.

24 GARCÍA GONZÁLEZ, Guillermo: *El nuevo marco regulador..., op. cit.*, p. 179.

3.1. El estrés laboral, la ansiedad y la depresión. Enfermedades del siglo XXI, también en el empleo doméstico

El estrés laboral es una de las más habituales consecuencias de la exposición de los trabajadores a diferentes factores de riesgo psicosocial, siendo considerado, en la actualidad, el principal riesgo de este tipo[25]. Sus consecuencias son de múltiple tipología, pudiendo generar una disminución del rendimiento del empleado, así como su irritabilidad o, en casos severos, llevar a una depresión y generar problemas de salud de carácter fisiológico[26].

Esta enfermedad surge *«cuando las demandas del entorno de trabajo superan la capacidad de los trabajadores de lidiar con ellas»*[27], lo que se da generalmente cuando hay grandes exigencias (cualitativas o cuantitativas) y el trabajador no puede controlarlas para adaptarlas a sus capacidades[28]. En concreto, incluye cualquier *«respuesta nociva física y emocional que se produce cuando las exigencias del trabajo no corresponden a las capacidades, recursos o necesidades del trabajador»*, y lleva aparejadas consecuencias para la salud del trabajador, como alteraciones del sueño, cambios de humor, fatiga crónica o dolores de cabeza y estómago persistentes o angustia, entre otras[29].

En todo caso, los niveles de estrés experimentados por el trabajador pueden cambiar a lo largo del tiempo, pues *«es el resultado de la continua interacción entre el individuo y la situación, y por lo tanto puede variar de un momento al otro»*[30]. Esta inestabilidad hace imprescindible analizar los niveles de estrés que percibe cada trabajador, con el fin de adaptar aquellos estresores que están afectando de forma negativa a su salud y lograr reducir esos niveles.

El estrés puede ser un factor desencadenante de múltiples trastornos mentales crónicos, como la depresión o la ansiedad; aunque puede dar lugar a otros muchos trastornos de menor incidencia entre la población. Los trastor-

---

25 Cavas Martínez, Faustino: «Breves consideraciones sobre la prevención de los riesgos psicosociales», en AA.VV., *Los riesgos psicosociales: teoría y práctica,* Thomson Reuters Aranzadi, Cizur Menor, 2009, p. 102.

26 En este sentido, véase Catalina Romero, Carlos y Román García, Javier: «El desafío del estrés laboral», en AA.VV., *Los riesgos psicosociales: Teoría y práctica,* Thomnson Reuters Aranzadi, Cizur Menor, 2009, pp. 31 y ss.

27 AA.VV.: *OSH in figures: stress at work – facts and figures*, OSHA, Luxemburgo, 2009, p. 14. Documento disponible en: https://osha.europa.eu/en/publications/osh-figures-stress-work-facts-and-figures

28 En este sentido, véase AA.VV.: *La estimación del coste del estrés y los riesgos psicosociales relacionados con el trabajo,* OSHA, Luxemburgo, 2014, p. 5.

29 Cavas Martínez, Faustino: «Breves consideraciones..., *op. cit.*, pp. 103 y 104.

30 Catalina Romero, Carlos y Román García, Javier: «El desafío del estrés...», *op. cit.*, p. 24.

nos depresivos son una de las enfermedades psicológicas que se observan con mayor frecuencia entre la población trabajadora, siendo ya la segunda causa de incapacidad laboral por detrás de los trastornos musculoesqueléticos[31].

En el empleo doméstico, las principales causas del estrés laboral están vinculadas al aislamiento del trabajador, la monotonía, la sobrecarga, la falta de recursos y reconocimiento o al cuidado de personas dependientes[32]; causando trastornos de estrés vinculados a la ansiedad, depresión, fatiga o baja autoestima acompañados de problemas psicosomáticos del aparato digestivo o del sueño[33].

3.2. El acoso laboral y la violencia en el lugar de trabajo

Se entiende por «acoso laboral» al *«fenómeno en que una persona o grupo de personas ejerce una violencia psicológica extrema, de forma sistemática y recurrente —al menos una vez por semana— y durante un tiempo prolongado —más de seis meses— sobre otra persona en el lugar de trabajo, con la finalidad de destruir las redes de comunicación de la víctima o víctimas, destruir su reputación, perturbar el ejercicio de sus labores y lograr, finalmente, que esa persona o personas acaben abandonando el lugar de trabajo»*[34]. Nuestro ordenamiento jurídico, por su parte, ha definido acoso como cualquier conducta no deseada por quien la sufre, con origen en una característica personal concreta que tiene como objetivo menoscabar la dignidad de la persona atacada, intimidarla, humillarla y ofenderla[35]. Además, La *Ley Orgánica 3/2007, de 22 de marzo, para la igualdad efectiva de mujeres y hombres* (en adelante, LO 3/2007) ha definido «acoso sexual» como *«cualquier comportamiento, verbal o físico, de naturaleza sexual que tenga el propósito o produzca el efecto de atentar contra la dignidad de una persona, en particular cuando se crea un entorno intimidatorio, degradante u ofensivo»,* y «acoso por razón de sexo» como el comportamiento de estas características con origen en el sexo de la persona atacada.

---

31 Así lo manifiestan los expertos en diversos foros como «Dialogo online de escucha activa. ¿Pueden las empresas ayudar a prevenir la depresión? Los retos de la depresión en el entorno laboral. También lo pone de manifiesto el *Global Benefits Attitudes Survey*, WTW, 2022. Datos disponibles en: https://www.wtwco.com/en-US/insights/2022/06/2022-global-benefits-attitude-survey

32 En este sentido, véase SORIA TRUJANO, Rocío y LARA DE JESÚS, Nancy: «Estrés y apoyo social en mujeres amas de casa y empleadas domésticas», en *Alternativas en psicología,* núm. 38, 2017, pp. 103 y ss.

33 Véase *Guía de buenas prácticas para autónomos y pymes: Empleado de hogar,* Ministerio de Empleo y Seguridad Social y Activa Mutua, p. 20.

34 Definición dada por Heinz Leymann en su *Enciclopedia del Mobbing.*

35 Art. 28.1.d Ley 62/2003, de 30 de diciembre, de medidas fiscales, administrativas y de orden social.

En el ámbito del empleo doméstico, debe señalarse que la DA.ª 18 LPRL no se limita a incluir a las personas trabajadoras al servicio del hogar familiar en el ámbito de aplicación de la norma, sino que recalca la especial importancia que en este ámbito laboral tienen los riesgos vinculados a la violencia contra las mujeres, poniendo así de manifiesto la feminización de este sector productivo y la necesidad de que dicha cuestión sea tenida en cuenta, también desde la perspectiva preventiva.

Si bien violencia y acoso laboral no son lo mismo, están estrechamente vinculados entre sí, y, en el ámbito del empleo doméstico *«integran una variedad de conductas abusivas, protagonizadas por miembros del grupo familiar, que tienen un efecto humillante y denigrante para quien la padece, afectando a su integridad moral y psicofísica»*[36]. En el ámbito familiar destacan conductas vinculadas al abuso de poder, bien manifestado a través del acoso laboral o sexual, así como la violencia sexual o física, con consecuencias que van más allá de la lesión de la dignidad del trabajador, pues pueden generar enfermedades psicológicas como el estrés postraumático, la ansiedad, etc.

Tanto la violencia laboral como el acoso sexual o por razón de sexo son riesgos psicosociales a los que están frecuentemente expuestos las empleadas de hogar, como consecuencia, entre otros factores, del aislamiento y de la feminización de este sector productivo. Téngase en cuenta que el 95 % de los trabajadores al servicio del hogar familiar son mujeres, jóvenes y migrantes[37]. Estos factores parecen ser determinantes y aumentar la vulnerabilidad ante situaciones de acoso laboral y sexual[38], y a facilitar el aislamiento de la trabajadora, que además presenta especiales dificultades para solicitar ayuda ante estas situaciones como consecuencia de la falta de un entorno social sólido en el lugar de prestación de servicios.

Estas situaciones pasan desapercibidas muchas veces, pues en el entorno doméstico —más aún si la prestación de servicios se realiza en régimen interno— el aislamiento de la persona trabajadora facilita su ocultamiento, ya que se depende de la denuncia de la persona afectada para conocer la situación de acoso o violencia que se está manifestando[39]. Por otra parte, la relación que se mantiene entre la persona trabajadora y el empleador resulta, en numerosas ocasiones, más estrecha que la que se desarrollaría en una organización productiva al uso. Esto se debe, por una parte, a las característi-

---

36 CORREA CARRASCO, Manuel: «Los riesgos psicosociales en el trabajo doméstico y de cuidados», en *Lex Social, Revista jurídica de los derechos sociales,* 2021, núm. 11(1), p. 435.

37 GARCÍA GONZÁLEZ, Guillermo: *El nuevo marco regulador..., op. cit.,* pp. 17 y ss.

38 MORENO-JIMENEZ, Bernardo Y RODRÍGUEZ CARVAJAL, Raquel: «Sociología de la salud laboral», en AA.VV., *Salud laboral. Riesgos psicosociales y bienestar laboral,* pirámide, Madrid, 2013, pp. 51 y ss.

39 En este sentido, véase CORREA CARRASCO, Manuel: «Los riesgos psicosociales...», *op. cit.*, p. 436.

cas particulares que presenta este sector productivo. En primer lugar, el lugar de trabajo; pues no se trata de un centro de trabajo común, sino del domicilio del propio empleador. En segundo lugar, el aislamiento, que se manifiesta más intensamente cuando la prestación de servicios se realiza en régimen interno, unida al perfil señalado de este colectivo (mujer, joven y migrante), hace que en ocasiones no exista ni siquiera un entorno social al que acudir, fuera del lugar de trabajo, a solicitar ayuda en casos de ser víctima de violencia o acoso.

Por otra parte, la falta de otras personas trabajadoras en el mismo lugar, así como la imposibilidad de acudir a representantes legales en la empresa, como consecuencia de la especialidad que presenta el lugar de trabajo, pueden suponer una desprotección de las personas trabajadoras afectadas en este ámbito. Todo ello, unido a la dificultad mencionada anteriormente que la prestación de servicios en el contexto del hogar familiar presenta para que tanto la ITSS como la representación colectiva, a través de los sindicatos, puedan comprobar las condiciones de trabajo y detectar situaciones de acoso o violencia, se traduce en un complejo problema al que los poderes públicos deben hacer frente estableciendo herramientas que se adapten a estas circunstancias, con el fin último de garantizar la protección de la seguridad y salud de las personas trabajadoras al servicio del hogar familiar en estos aspectos.

A este respecto, cabe preguntarse si el empleador está obligado, en este sector concreto, a realizar un protocolo anti-acoso. Desde la aprobación de la LO 3/2007 y del *RD 901/2020, de 13 de octubre, por el que se regulan los planes de igualdad y su registro* (en adelante, RD 901/2020), todas las empresas o autónomos empleadores, independientemente del número de trabajadores que tengan, han de disponer del Protocolo de Acoso Laboral[40]. Hasta la inclusión de las personas trabajadoras al servicio del hogar familiar en el ámbito de aplicación de la LPRL, podría argumentarse que el cabeza de familia no debía ser considerado empresa ni autónomo empleador. Sin embargo, en la actualidad, la obligación analizada al inicio del Capítulo que recae sobre el empleador de este colectivo de proteger la seguridad y salud de los trabajadores a su servicio en todos los aspectos relacionados con el trabajo incluye, de forma indirecta, la necesidad de establecer medidas de actuación ante la posibilidad de que estas personas trabajadoras sufran acoso o violencia en el trabajo. Es probable que, en este supuesto, exigir al empleador un protocolo anti-acoso sea excesivo, pero deberán tomarse medidas de algún tipo para evitar estas situaciones dentro del hogar familiar; bien facilitando el control de las condiciones laborales por parte de la ITSS y los representantes de los trabajadores o bien a través de actuaciones específicas de control por parte de las administraciones públicas.

40 Art. 2.1 RD 901/2020.

4. Los factores de riesgo psicosocial en el trabajo doméstico

Como se ha señalado en el apartado anterior, el empleador de trabajadores al servicio doméstico está obligado a prevenir todos los riesgos derivados de la prestación de este servicio. Sin embargo, los estudios muestran que, en el ámbito doméstico, los riesgos psicosociales cobran una especial relevancia por distintas razones[41]. El aislamiento de la persona trabajadora, la precarización laboral de este tipo de empleos o la feminización del trabajo doméstico son solo algunas de las causas o factores de riesgo psicosocial que llevan a una mayor incidencia de los riesgos psicosociales en el entorno doméstico[42]. En todo caso, estos factores de riesgo son especiales, ya que también pueden tener efectos positivos sobre el trabajador. Así, tal como señala el INSST, *«una característica que diferencia los factores psicosociales de otras condiciones de trabajo es que, si bien son potencialmente factores de riesgo, el objetivo preventivo ha de ser no su eliminación o reducción sino su optimización, a fin de evitar los efectos adversos y promover sus efectos beneficiosos»*[43].

Se entiende por factor de riesgo psicosocial a *las «condiciones de trabajo o características de este relacionadas con el ámbito psicosocial, esto es, relacionadas con la organización, el contenido del trabajo y la realización de la tarea, y que tienen la capacidad de afectar tanto al bienestar o a la salud (física, psíquica o social) del trabajador como al desarrollo del trabajo»*[44]. Así, esta especialidad preventiva analiza tanto las condiciones laborales relacionadas con los aspectos señalados, como las capacidades concretas de la persona trabajadora, atendiendo a sus necesidades, su cultura o cualquier otra característica personal que pueda afectar a su bienestar psicológico[45].

---

41 En este sentido, GARCÍA GONZÁLEZ señala que *«los riesgos de naturaleza psicosocial tienen una elevada incidencia en los empleados de hogar por múltiples razones»*, en GARCÍA GONZÁLEZ, Guillermo: *El nuevo marco regulador…, op. cit.*, p. 182.

42 Algunos datos pueden consultarse en *Estudio para la detección de riesgos psicosociales en el trabajo de hogar*, Ministerio de Trabajo, Migraciones y Seguridad Social; Fundación Estatal para la Prevención de Riesgos Laborales y CC. OO, 2019. Documento disponible en: https://habitat.ccoo.es/2d29c5d658bfaa7d80b588382c8f0f4d000072.pdf

43 PÉREZ BILBAO, Jesús y NOGAREDA CUIXART, Clotilde: *NTP 926: Factores psicosociales. Metodología de evaluación*, INSST, 2012, p. 1. Documento disponible en: https://www.insst.es/documents/94886/326775/926w.pdf.

44 LARA RUIZ, Ángel; OTERO APARICIO, María Jesús; MANZANO SANTAMARÍA, Noemí; FIDALGO VEGA, Manuel; VEGA MARTÍNEZ, Sofía y PÉREZ BILBAO, Jesús: *Algunas orientaciones para evaluar los factores de riesgo psicosocial,* INSHT, Madrid, 2015, p. 59. Documento disponible en: https://www.insst.es/documents/94886/96076/Maqueta+18+4+Angel+lara.pdf/9b38de84-a9e0-4c08-bce4-92b5ff4f0861

45 *Guía de actuaciones de la ITSS sobre Riesgos Psicosociales,* Ministerio de Empleo y Seguridad Social, Madrid, 2012, p. 12. Documento disponible en: https://www.mites.gob.es/

En la actualidad, son uno de los principales focos de riesgo laboral, con independencia del sector productivo, y dan lugar a múltiples daños en la salud de los trabajadores, tanto de carácter psicológico como físico, que van en aumento año tras año[46]. En todo caso, no debe confundirse «riesgo psicosocial» con «factor de riesgo psicosocial» pues uno se refiere a la probabilidad de que se produzca un determinado daño y el otro, aquí analizado, a la causa generadora de dichos daños, ya mencionados en el apartado anterior[47].

Por otra parte, la complejidad que estos factores de riesgo entrañan para su detección y para la adopción de medidas preventivas suficientes y adecuadas, ha sido puesta de manifiesto por diferentes organismos internacionales, como el Comité Mixto OIT-OMS sobre Medicina del Trabajo[48]. Esta complejidad está vinculada no solo al tipo de riesgos en sí, sino a que estos se ven afectados por las percepciones y experiencias de cada trabajador individual; lo que dificulta en gran medida su correcto análisis. Además, estos factores no actúan de forma aislada, sino que, normalmente, se produce una interacción de varios de ellos al mismo tiempo[49].

A continuación, se analizarán los diferentes factores de riesgo psicosocial que pueden afectar a los empleados al servicio del hogar familiar, haciendo referencia a los daños que pueden ocasionar en la salud de los trabajadores y a las posibles medidas preventivas a adoptar en cada caso. Debe señalarse que una correcta identificación de los factores de riesgo psicosocial es la base para el desarrollo de la evaluación de riesgos y la adopción de las medidas preventivas más pertinentes en cada caso.

Tal como señalan algunos autores, estos factores de riesgo psicosocial se manifiestan de forma específica en el trabajo doméstico a causa de la

itss/ITSS/ITSS_Descargas/Atencion_ciudadano/Normativa_documentacion/Docum_ITSS/Guia_psicosociales.pdf

46 Así lo pone de manifiesto la *Tercera encuesta europea de empresas sobre riesgos nuevos y emergentes* (ESENER). Documento disponible en: https://osha.europa.eu/es/facts-and-figures/esener
Igualmente, véase *Estudio para la detección de riesgos psicosociales en el trabajo de hogar,* Ministerio de Trabajo, Migraciones y Seguridad social; Fundación Estatal para la Prevención de Riesgos Laborales y CC.OO., Madrid, 2019. Documento disponible en: https://habitat.ccoo.es/2d29c5d658bfaa7d80b588382c8f0f4d000072.pdf

47 En este sentido, CAVAS MARTÍNEZ, Faustino: «Breves consideraciones sobre la prevención de los riesgos psicosociales», en AA.VV., *Los riesgos psicosociales: teoría y práctica,* Thomson Reuters Aranzadi, Cizur Menor, 2009, p. 102.

48 Véase *Factores psicosociales en el trabajo: naturaleza, incidencia y prevención: informe del comité Mixto OIT-OMS sobre Medicina del Trabajo,* Ginebra, 1984. Documento disponible en: https://documentacion.fundacionmapfre.org/documentacion/publico/es/bib/9352.do

49 *Guía de actuaciones de la ITSS sobre Riesgos Psicosociales,* Ministerio de Empleo y Seguridad Social, Madrid, 2012, p. 15. Documento disponible en: https://www.mites.gob.es/itss/ITSS/ITSS_Descargas/Atencion_ciudadano/Normativa_documentacion/Docum_ITSS/Guia_psicosociales.pdf

especificidad de cuestiones vinculadas *«al entorno laboral, la actividad o las condiciones en la que se presta, que incrementan notablemente el grado de exposición de los trabajadores a los riesgos psicosociales»*[50]. A continuación, se analizarán los factores de riesgo psicosocial que inciden de forma específica en el empleo doméstico diferenciándolos en tres grupos: vinculados a las condiciones de trabajo, a la precariedad laboral y al género.

4.1. Factores de riesgo vinculados a las condiciones laborales

Una gran parte de los factores de riesgo psicosocial están vinculados a las condiciones laborales, entendiendo por tales aquellos factores relacionados con la organización del trabajo, el diseño de las tareas, la comunicación o las relaciones interpersonales.

Las peculiaridades que el empleo doméstico presenta en la prestación del servicio se extienden también a las condiciones de trabajo en las que el mismo es desarrollado. Además, tal como se viene señalando desde hace años, los factores de riesgo vinculados a las condiciones de trabajo están estrechamente vinculados a enfermedades como el estrés, la ansiedad u otras de carácter psicológico. Son múltiples las cuestiones a abordar en materia de condiciones de trabajo, aunque en el ámbito doméstico presentan especial relevancia aquellas vinculadas a la falta de protección jurídica de este colectivo, bien porque prestan sus servicios de forma irregular (sin contrato de trabajo o alta en la Seguridad Social) o bien porque las condiciones establecidas en la normativa respecto a jornada, descansos o vacaciones no se respetan, pese a existir una relación laboral documentada. Lo anterior, unido a la dificultad de comprobar estas condiciones por parte de Inspección de Trabajo y Seguridad Social (recuérdese el derecho a la inviolabilidad del domicilio mencionado anteriormente), supone una desprotección jurídica para el trabajador que es causa directa de diversos trastornos psicológicos.

4.1.1. La organización del tiempo de trabajo en el empleo doméstico

En el empleo doméstico, al igual que en otros sectores productivos, los principales factores de riesgo psicosocial vinculados a las condiciones laborales están relacionados con el tiempo de trabajo, haciendo referencia a cómo se organiza temporalmente el trabajo diario, semanal o mensual; incluyendo los periodos de descanso permitidos y la posibilidad de conciliar la vida laboral y personal del trabajador.

---

50 CORREA CARRASCO, Manuel: «Los riesgos psicosociales...», *op. cit.*, p. 436.

En este ámbito, parece habitual *«la prolongación de la jornada laboral por encima del horario pactado»*[51] como consecuencia de imprevistos de última hora a los que debe atenderse; lo que implica una importante falta de previsión de los tiempos de descanso y disponibilidad, más aún cuando el servicio doméstico se presta en régimen interno. En otros casos, la parcialidad en las jornadas laborales de las personas trabajadoras al servicio del hogar familiar, que se da en un 60 % de los casos, les obliga a tener varios empleos en distintos hogares familiares, con el objeto de lograr una jornada mayor y, en consecuencia, unos ingresos mayores[52].

Debe tenerse en cuenta que la mayoría de la población trabajadora organiza su vida en función del horario laboral, siendo este uno de los principales condicionantes para la conciliación de la vida personal y laboral. La imposibilidad de conciliar es, en consecuencia, uno de los principales estresores que afectan a la salud de los trabajadores[53]. Además, diversos estudios han señalado que las jornadas de trabajo prolongadas son un factor de riesgo vinculado a la hipertensión, cuestión que debe ser tenida en cuenta a la hora de realizar la valoración del riesgo psicosocial[54].

Para evitar los riesgos derivados de esta cuestión, resulta imprescindible que se facilite la conciliación trabajo-vida personal; definiendo claramente los tiempos de trabajo y de descanso, el horario laboral (incluyendo las pausas), así como procurar no alargar la jornada laboral de estos empleados de forma permanente o crónica. Estas cuestiones cobran especial relevancia cuando el trabajo se presta en régimen interno, pues será indispensable definir correctamente los tiempos y espacios de trabajo y descanso, con el fin de respetar los procesos de recuperación tras el trabajo realizado[55]. Este proceso de recuperación resulta imprescindible, pues es lo opuesto al de generación de estrés, y se considera *«un proceso de relajación psicofisiológica tras la exposición a una situación que requiere un esfuerzo»*; lo que resulta elemental como prevención del estrés en el trabajador[56].

---

51 Ibidem, p. 438.

52 En este sentido, véase Gómez Rufián, Luis: «Características personales y condiciones jurídico-laborales del empleo doméstico en España: Estudio a través d ellos microdatos de la encuesta de población activa», en *Revista Jurídica de los Derechos Sociales, Lex Social,* núm. 9 (2), 2019, pp. 139 y ss.

53 Sanz Vergel, Ana Isabel: «Conciliación y salud laboral: ¿una relación posible? Actualidad en el estudio del conflicto trabajo-familia y la recuperación del estrés», en *Medicina y Seguridad del trabajo,* 2011, núm. 57 (1), p. 118.

54 AA.VV.: *El efecto sobre la salud de los riesgos psicosociales en el trabajo. Una visión general,* Ministerio de Trabajo, Migraciones y Seguridad Social y INSST, Madrid, 2018, p. 52.

55 En este sentido, véase Sanz Vergel, Ana Isabel: «Conciliación y salud laboral...», *op. cit.*, p. 123.

56 Ibidem, p. 120.

4.1.2. La ambigüedad y falta de definición de las funciones encomendadas

La organización del tiempo de trabajo en el empleo doméstico se vincula especialmente a otro de los factores de riesgo psicosocial relacionados con la organización del trabajo: la falta de definición en las tareas a realizar por el empleado o la falta de planificación en las tareas a realizar.

Generalmente, el trabajador doméstico tiene cierta autonomía a la hora de gestionar y tomar decisiones sobre el trabajo que realiza, tanto sobre cuestiones de procedimiento como sobre la organización de su tiempo de trabajo; factor comentado anteriormente[57]. Sin embargo, esta autonomía no implica una adecuada definición del contenido del trabajo a realizar, que puede llevar a la *«persistente sensación de falta de tiempo suficiente»* para hacer frente a las tareas encomendadas, lo que a su vez es un *«factor que incide en el incremento del estrés soportado»* por el trabajador[58].

Resulta habitual que, en estos trabajos, el empleador de por hecho que la persona trabajadora conoce qué debe hacer y cómo hacerlo; lo que supone una falta de órdenes claras sobre lo que se espera. Lo anterior hace que exista una gran *«incertidumbre acerca del cumplimiento efectivo de las condiciones pactadas»,* por una parte, por no saber exactamente qué se espera del empleado y, por otra, porque en este sector productivo *«son habituales los cambios unilaterales y no deseados en las principales condiciones de trabajo concertadas»*, especialmente en lo relativo al mantenimiento del empleo o a la conciliación de la vida personal y laboral, lo que genera una gran incertidumbre en el trabajador[59]. Entre estas condiciones de trabajo modificadas unilateralmente por el empleador son habituales cuestiones como salario, jornada, horarios, descansos, funciones específicas, etc.

La inseguridad laboral está asociada a *«un importante deterioro de la salud física y psicológica de los trabajadores»*, dando lugar a enfermedades como la depresión o la ansiedad; además de generar elevados niveles de estrés en la población trabajadora y afectar al comportamiento de los empleados[60]. Esto, unido a la incertidumbre sobre el contenido del trabajo a

---

57 PÉREZ BILBAO, Jesús y NOGAREDA CUIXART, Clotilde: *NTP 926: Factores psicosociales..., op. cit.,* p. 2.

58 CORREA CARRASCO, Manuel: «Los riesgos psicosociales...», *op. cit.*, p. 439.
En similar sentido, véase GARCÍA GONZÁLEZ, G.: *El nuevo marco regulador..., op. cit.*, pp. 183 y ss.

59 CORREA CARRASCO, Manuel: «Los riesgos psicosociales...», *op. cit.*, p. 438.

60 SORA, Beatriz; CABALLER, Amparo y PEIRÓ, José María: «La inseguridad laboral y sus consecuencias en un contexto de crisis económica», en *Papeles del psicólogo,* 2014, Vol. 35 (1), p. 18.
En similar sentido, véase AA.VV.: *El efecto sobre la salud de los riesgos psicosociales en el trabajo. Una visión general,* Ministerio de Trabajo, Migraciones y Seguridad Social y INSST, Madrid, 2018, pp.44 y ss.

realizar son dos de los grandes estresores presentes en el trabajo al servicio del hogar familiar.

Para evitar que estos factores de riesgo causen daños en la salud de los trabajadores será imprescindible definir claramente sus funciones, y hacerle conocedor de qué se espera de él en el conjunto de su jornada laboral y de las funciones que debe desempeñar. Por otra parte, garantizar la estabilidad en el empleo de este colectivo, y no realizar cambios unilaterales e imprevistos en las condiciones de trabajo serán cuestiones indispensables para asegurar una adecuada salud psicológica del trabajador, sin que el empleo se convierta en fuente de estrés constante.

4.1.3. El aislamiento del empleado doméstico como factor de riesgo psicosocial

En el ámbito doméstico se observa un factor de riesgo psicosocial específico, como es el aislamiento del trabajador; lo que impide *«el desarrollo de relaciones sociales en el trabajo y, consecuentemente, el apoyo de compañeros o superiores»* [61]. El INSST ha definido «trabajo en situación de aislamiento» como *«aquellos que se realizan en soledad, sin otras personas que desarrollen su labor en el mismo recinto o sala»*, mostrando características como la falta de contacto visual con otras personas o el no poder oír ni se oídos por otros[62]. Este problema se ve agudizado, además, cuando el servicio se presta en régimen interno, donde se difuminan los tiempos de trabajo y de descanso, así como los espacios de trabajo y ocio, eliminando así *«una esfera de privacidad personal»* del propio trabajador doméstico[63], sin que comparta espacio, en ocasiones, con otros internos o trabajadores.

El ser humano es un ser social que, como tal, necesita del contacto con otros seres humanos. Por ello, este aislamiento es un importante riesgo psicosocial que puede provocar aburrimiento, falta de interés o atención en las labores realizadas (lo que aumentará la probabilidad de sufrir un accidente de trabajo), ansiedad o fatiga psicológica provocada por sentimientos de soledad y/o angustia[64]. Para evitar el riesgo derivado del aislamiento social del trabajador al servicio del hogar familiar se aconseja tomar medidas dirigidas a facilitar la conciliación de la vida personal y laboral, así como a favorecer la comunicación interpersonal con los miembros de la unidad familiar[65].

---

61 Correa Carrasco, Manuel: «Los riesgos psicosociales...», *op. cit.*, p. 439.

62 Oncins de Frutos, Margarita: *NTP 334: Trabajos en situación de aislamiento,* Ministerio de Trabajo y Asuntos Sociales, INSHT, Madrid, 1999, p. 1. Documento disponible en: https://www.insst.es/documents/94886/326853/ntp_344.pdf

63 Correa Carrasco, Manuel: «Los riesgos psicosociales...», *op. cit.*, p. 439.

64 Oncins de Frutos, Margarita: *NTP 334: Trabajos en situación..., op. cit.*, p. 2.

65 En este sentido, ibidem, p. 2.

4.1.4. El desempeño de funciones de cuidado a terceras personas y su impacto en la salud psicológica del empleado al servicio del hogar familiar

Un importante factor de riesgo psicosocial que debe analizarse está vinculado a las tareas de cuidado de terceras personas. Cuando el empleo doméstico implica las funciones de cuidado de personas dependientes, debe prestarse atención a las demandas psicológicas del trabajo, entendiendo por tal a aquella exigencia del trabajo de *«naturaleza cognitiva o emocional»* que puede afectar al trabajador a consecuencia del grado de esfuerzo intelectual que debe realizar. Se ha señalado que *«la exposición continuada al trato con personas, debida a la naturaleza del trabajo y el consiguiente contenido del trabajo (...) supone un riesgo para la salud»*, generando elevados niveles de estrés que aumenta cuanto más tiempo se dedica a estas funciones de cuidado[66].

Así, cuando la persona trabajadora debe implicar emociones en el desempeño de su trabajo, generalmente *«dirigido a reprimir los sentimientos o emociones y a mantener la compostura»*, pueden generarse daños psicológicos en la salud del trabajador[67].En los trabajos de cuidados, con independencia del entorno laboral, las demandas psicológicas son elevadas; y debe prestarse especial atención a las mismas desde el ámbito preventivo. Existe una doble carga laboral: la prestacional y la emocional. Ello hace que deban analizarse estas funciones buscando el adecuado equilibrio entre ambos aspectos, con el fin de evitar sobrecargas emocionales y psicológicas en el trabajador que puedan generar daños como estrés, ansiedad, depresión u otros de carácter psicológico.

Las medidas preventivas en estos supuestos estarán encaminadas a asegurar una buena capacidad de gestión emocional por parte del empleado, así como unos adecuados descansos dentro de la jornada laboral que le permitan cierta flexibilidad a la hora de actuar de forma correcta en la gestión de sus emociones durante el desempeño de las labores de cuidado.

4.2. La precariedad laboral del empleado al servicio del hogar familiar

Tradicionalmente, el empleo al servicio del hogar familiar ha formado parte de la conocida economía sumergida o empleo informal[68]; entendiendo por

---

66 AA.VV.: *El efecto sobre la salud de los riesgos psicosociales en el trabajo. Una visión general*, Ministerio de Trabajo, Migraciones y Seguridad Social y INSST, Madrid, 2018, pp. 45 y ss.

67 PÉREZ BILBAO, Jesús Y NOGAREDA CUIXART, Clotilde: *NTP 926: Factores psicosociales...*, *op. cit.*, p. 2.

68 La OIT lo ha definido como *«todo el trabajo remunerado que no está registrado, regulado o protegido por marcos legales»*.

tal el de aquellas personas que, aun debiendo estar dadas de alta en un régimen específico de la Seguridad Social y protegidas por la normativa laboral, no lo están por no haberse cumplido las exigencias legales para la formalización de la relación laboral. Es decir, trabajadores por cuenta ajena que, aun siéndolo, carecen de contrato y alta en la Seguridad Social y que, por tanto, son «invisibles» para el sistema[69].

Esta contratación irregular de los empleados de hogar es la principal causa de su precariedad laboral, y surge desde la entrada de estos trabajadores al propio mercado laboral. En numerosas ocasiones, la relación laboral de las personas trabajadoras al servicio del hogar familiar se realiza de forma directa a través del empleador —titular del hogar familiar[70]— y sin que sea precisa la intermediación de una empresa o agencia de colocación[71].

De esta especial circunstancia, y por el ámbito específico en el que se desarrollan los servicios, la normativa laboral incluyó esta relación laboral entre sus relaciones de carácter especial cuando quien contrataba no fuese una empresa sino el titular del hogar familiar[72].

Una de las causas por las que este colectivo ha estado siempre incluido en el empleo informal es, precisamente, la falta de contrato de trabajo y de la consiguiente afiliación al régimen correspondiente de la Seguridad Social. Pero no es la única causa. Así, aun cuando el trabajo se realiza de forma regular, existe una importante precarización de las condiciones de trabajo derivada, especialmente, de *«la acumulación de distintos empleos a lo largo del día con jornadas extenuantes»*, con el objetivo de, bien conseguir unos ingresos suficientes o bien lograr, mediante la prestación de servicios en diferentes domicilios, una jornada laboral completa[73].

En todo caso, el estrés generado por la precariedad laboral se encuentra en aumento; y es, además, un factor de riesgo psicosocial que afecta de diversas formas a la salud de los trabajadores, manifestándose a través de trastornos como la ansiedad, la depresión, malestar generalizado o incluso con trastornos psicosomáticos vinculados al aparato digestivo o a enfermedades cardiovasculares.

---

69 Para saber más sobre el empleo informal en el sector laboral del servicio del hogar familiar, véase PLÁ JULIÁN, Isabel (Dir.); *et. al.*: *Informalidad del empleo y precariedad laboral de las empleadas de hogar,* Ministerio de Igualdad e Instituto de la Mujer, Madrid, 2004, pp. 23 y ss. Documento disponible en: https://www.inmujeres.gob.es/publicacioneselectronicas/documentacion/Documentos/DE0097.pdf

70 Véase art. 1.3 RD 1620/2011.

71 Esta posibilidad la establece, de forma expresa, el art. 4.1 RD 1620/2011.

72 En este sentido, véase RODRÍGUEZ CRESPO, María José: «La contratación irregular de los empleados al servicio del hogar familiar», en *Lex Social. Revista Jurídica de los Derechos Sociales,* núm. 2, Vol. 9, 2019, pp. 180 y ss.

73 En este sentido, véase GARCÍA GONZÁLEZ, Guillermo: *El nuevo marco regulador…, op. cit.*, p. 183. Para ver más datos, GÓMEZ RUFIÁN, Luis: «Características personales y condiciones…», *op. cit.*

Todo ello hace indispensable que, desde el ámbito preventivo, se tomen medidas dirigidas a eliminar la precariedad laboral en este sector con un doble objetivo: garantizar unas condiciones de trabajo dignas y cuidar la salud mental de los trabajadores empleados de hogar. Para ello, es indispensable avanzar tanto en la regulación como en la concienciación de los empleadores, de forma que se garanticen unas condiciones de trabajo estables y dignas para este colectivo.

BIBLIOGRAFÍA

AA.VV.: *La estimación del coste del estrés y los riesgos psicosociales relacionados con el trabajo,* OSHA, Luxemburgo, 2014

AA.VV.: *El efecto sobre la salud de los riesgos psicosociales en el trabajo. Una visión general,* Ministerio de Trabajo, Migraciones y Seguridad Social y INSST, Madrid, 2018

Alarcón Caracuel, Manuel Ramón: «Los deberes del empresario respecto a la seguridad y salud de los trabajadores», en Ojeda Avilés, A.; *et. al.*: *La prevención de riesgos laborales: aspectos clave de la Ley 31/1995*, Aranzadi, Cizur Menor, 1996.

Camas Roda, Ferrán: *Las obligaciones del empresario en la normativa de prevención de riesgos laborales,* La Ley, Madrid, 2002.

Catalina Romero, Carlos y **Román García**, Javier: «El desafío del estrés laboral», en AA.VV.: *Los riesgos psicosociales: Teoría y práctica,* Thomnson Reuters Aranzadi, Cizur Menor, 2009, pp. 23-44.

Cavas Martínez, Faustino: «Breves consideraciones sobre la prevención de los riesgos psicosociales», en AA.VV.: *Los riesgos psicosociales: teoría y práctica,* Thomson Reuters Aranzadi, Cizur Menor, 2009, pp. 101-118.

Cordero Gordillo, Vanessa: *La relación laboral especial del servicio del hogar familiar. RD 1620/2011 de 14 de noviembre,* Tirant Lo Blanch, Valencia, 2014.

Correa Carrasco, Manuel: «Los riesgos psicosociales en el trabajo doméstico y de cuidados», en *Lex Social, Revista jurídica de los derechos sociales,* 2021, núm. 11(1)

García González, Guillermo: *El nuevo marco regulador de los empleados de hogar. Una aproximación crítica desde la dogmática jurídica*, Dykinson, Madrid, 2022.

Gavilanes Pérez, Cecilia y **Sánchez Sauce**, Ana: *Buenas prácticas preventivas en el servicio doméstico dirigidas a la persona titular del hogar y del servicio doméstico,* INSST, Madrid, 2021. Documento disponible en:

https://www.insst.es/documents/94886/1409228/Buenas+practicas+preventivas+en+el+Servicio+Domestico+-+A%C3%B1o+2021.pdf/1fa63083-f875-ba5f-cb29-54813a75bb10?t=1637160745074

Gómez Rufián, Luis: «Características personales y condiciones jurídico-laborales del empleo doméstico en España: Estudio a través de los microdatos de la encuesta de población activa», *en Revista Jurídica de los Derechos Sociales, Lex Social,* 9 (2), 2019, pp. 115 – 153.

Lara Ruiz, Ángel; **Otero Aparicio**, María Jesús; **Manzano Santamaría**, Noemí; **Fidalgo Vega**, Manuel, **Vega Martínez**, Sofía y **Pérez Bilbao**, Jesús: *Algunas orientaciones para evaluar los factores de riesgo psicosocial,* INSHT, Madrid, 2015. Documento disponible en: https://www.insst.es/documents/94886/96076/Maqueta+18+4+Angel+lara.pdf/9b38de84-a9e0-4c08-bce4-92b5ff4f0861

López Gandía, Juan y **Blasco Lahoz**, José Francisco (Coords.); *et. al.*: *Curso de prevención de riesgos laborales,* Tirant Lo Blanch, Valencia, 202.

Marín Malo, Mirentxu: «La obligación de evaluar el riesgo en el teletrabajo. Dificultades para su cumplimiento por la incompatibilidad con otros derechos protegidos», en *Congreso Internacional ORP 2023*, Bilbao, 2023. Pendiente de publicación.

Moreno-Jimenez, Bernardo y **Rodríguez Carvajal**, Raquel: «Sociología de la salud laboral», en AA.VV.: *Salud laboral. Riesgos psicosociales y bienestar laboral,* pirámide, Madrid, 2013.

Oncins de Frutos, Margarita: *NTP 334: Trabajos en situación de aislamiento,* Ministerio de Trabajo y Asuntos Sociales, INSHT, Madrid, 1999. Documento disponible en: https://www.insst.es/documents/94886/326853/ntp_344.pdf

Plá Julián, Isabel (Dir.); *et. al.*: *Informalidad del empleo y precariedad laboral de las empleadas de hogar,* Ministerio de Igualdad e Instituto de la Mujer, Madrid, 2004. Documento disponible en: https://www.inmujeres.gob.es/publicacioneselectronicas/documentacion/Documentos/DE0097.pdf

Pérez Bilbao, Jesús y **Nogareda Cuixart**, Clotilde: *NTP 926: Factores psicosociales. Metodología de evaluación*, INSST, 2012. Documento disponible en: https://www.insst.es/documents/94886/326775/926w.pdf

Rodríguez Crespo, María José: «La contratación irregular de los empleados al servicio del hogar familiar», en *Lex Social. Revista Jurídica de los Derechos Sociales,* núm. 2, Vol. 9, 2019, pp. 173-197.

Sanz Vergel, Ana Isabel: «Conciliación y salud laboral: ¿una relación posible? Actualidad en el estudio del conflicto trabajo-familia y la recuperación del estrés», en *Medicina y Seguridad del trabajo,* 2011, núm. 57 (1), pp. 115-126.

Soria Trujano, Rocío y **Lara de Jesús**, Nancy: «Estrés y apoyo social en mujeres amas de casa y empleadas domésticas», en *Alternativas en psicología,* núm. 38, 2017, pp. 99-114.

Sora, Beatriz; **Caballer**, Amparo y **Peiró**, José María: «La inseguridad laboral y sus consecuencias en un contexto de crisis económica», en *Papeles del psicólogo,* 2014, Vol. 35 (1), pp. 15-21.

WEBGRAFÍA

«Dialogo online de escucha activa. ¿Pueden las empresas ayudar a prevenir la depresión? Los retos de la depresión en el entorno laboral. También lo pone de manifiesto el *Global Benefits Attitudes Survey*, WTW, 2022. Datos disponibles en: https://www.wtwco.com/en-US/insights/2022/06/2022-global-benefits-attitude-survey

Encuesta de Población Activa (INE). Información disponible en: https://www.ine.es/dyngs/INEbase/es/operacion.htm?c=Estadistica_C&cid=1254736176918&menu=ultiDatos&idp=1254735976595

Estudio para la detección de riesgos psicosociales en el trabajo de hogar, Ministerio de Trabajo, Migraciones y Seguridad Social; Fundación Estatal para la Prevención de Riesgos Laborales y CC. OO, 2019. Documento disponible en: https://habitat.ccoo.es/2d29c5d658bfaa7d80b588382c8f0f4d000072.pdf

Factores psicosociales en el trabajo: naturaleza, incidencia y prevención: informe del comité Mixto OIT-OMS sobre Medicina del Trabajo, Ginebra, 1984. Documento disponible en: https://documentacion.fundacionmapfre.org/documentacion/publico/es/bib/9352.do

Guía de buenas prácticas para autónomos y pymes: Empleado de hogar, Ministerio de Empleo y Seguridad Social y Activa Mutua.

Guía de actuaciones de la ITSS sobre Riesgos Psicosociales, Ministerio de Empleo y Seguridad Social, Madrid, 2012. Documento disponible en: https://www.mites.gob.es/itss/ITSS/ITSS_Descargas/Atencion_ciudadano/Normativa_documentacion/Docum_ITSS/Guia_psicosociales.pdf

Guía básica de prevención de riesgos laborales para personas trabajadoras del hogar, OSALAN, Barakaldo, 2019. Documento disponible en: https://www.osalan.euskadi.eus/contenidos/libro/gestion_201935/es_def/adjuntos/guia_basica_prl_trabajo_hogar.pdf

Los riesgos psicosociales y el estrés en el trabajo, OSHA. Información disponible en: https://osha.europa.eu/es/themes/psychosocial-risks-and-stress

Tercera encuesta europea de empresas sobre riesgos nuevos y emergentes (ESENER). Documento disponible en: https://osha.europa.eu/es/facts-and-figures/esener

AA.VV.: *OSH in figures: stress at work – facts and figures*, OSHA, Luxemburgo, 2009. Documento disponible en: https://osha.europa.eu/en/publications/osh-figures-stress-work-facts-and-figures.

CAPÍTULO XII

INMIGRACIÓN Y SERVICIO DOMÉSTICO: CLAVES LABORALES DE SUS RECIENTES REFORMAS[1]

Paz Menéndez Sebastián
Profesora Catedrática de Derecho del Trabajo y de la Seguridad Social
Universidad de Oviedo

Álex Minculeasa Copcea
Becario de Investigación (FICYT) del Área de Derecho del Trabajo y de la Seguridad Social
Universidad de Oviedo

1. Las reformas del servicio doméstico y de la extranjería ¿mundos secantes o tangentes?

Hace algo más de una década el legislador inició lo que parece ser un proceso imparable hacia la homogeneidad de las condiciones laborales y de Seguridad Social de la prestación de servicios en el entorno doméstico, con la vista puesta en convertir a las personas trabajadoras de este sector en un colectivo equivalente al del resto de asalariadas. Como se sabe, ese proceso se inició con la reforma de su relación laboral especial mediante la aprobación de un nuevo Real Decreto, el 1620/2011, de 14 de noviembre, por el que se regula la relación laboral de carácter especial del servicio del hogar familiar (en adelante, RD 1620/11), llamado a sustituir al añejo Real

1 Esta publicación es parte del proyecto de I+D+i /PID2020-118499GB-C33, financiado por MCIN/ AEI/10.13039/501100011033/ y «FEDER Una manera de hacer Europa» y del Proyecto «Envejecimiento activo y brecha prestacional de género en el entorno del trabajo familiar», subvencionado por el Gobierno del Principado de Asturias a través de la FICYT (AYUD/2022/26224).

Decreto 1424/1985, de 1 de agosto. Esa decisión legislativa respondía a una acción previa en la Seguridad Social, acometida a través de la Ley 27/2011, de 1 de agosto, sobre actualización, adecuación y modernización del sistema de Seguridad Social, que integró el Régimen Especial de la Seguridad Social de los Empleados de Hogar en el Régimen General de la Seguridad Social (disposición adicional trigésima novena), habilitando al Gobierno a modificar, en consonancia con esa integración, la regulación de la relación laboral de carácter especial del servicio del hogar familiar. Habilitación que derivó en la promulgación del señalado Real Decreto en 2011.

En 2022 ese proceso recibió el aldabonazo definitivo con la aprobación del Real Decreto-ley 16/2022, de 6 de septiembre, para la mejora de las condiciones de trabajo y de Seguridad Social de las personas trabajadoras al servicio del hogar (en adelante, RDL 16/2022), que no sólo ha variado sustancialmente las reglas laborales de esta prestación, sino también las propias de la cotización, de la acción protectora e incluso las rectoras del alta en la Seguridad Social, en algunos puntos con especial repercusión en la prestación de servicios de una persona extranjera[2].

No obstante, todas estas reformas curiosamente se han venido haciendo de espaldas de una evidencia, tan conocida e insorteable como intencionadamente ignorada por el legislador. Nos referimos a la realidad que arrojan los datos estadísticos publicados por el propio Ministerio de Trabajo, a cuyo tenor casi la mitad de las personas dadas de alta como trabajadoras del servicio doméstico son extranjeras, en concreto, según los datos de diciembre de 2022, 168.500 personas extranjeras aparecían afiliadas al sistema especial del servicio doméstico del Régimen General, ascendiendo el número total de personas afiliadas a este sistema en ese mismo mes a 373.700[3]. Es decir,

2 Nótese, entre otras cosas, que por ejemplo se permitía a las personas contratadas para prestar servicios durante menos de 60 horas al mes, dándose de alta la propia empleada, que asumieran también las obligaciones de abono de su cotización. Esta opción se ha suprimido, derogando el apartado 2 del artículo 43 del Real Decreto 84/1996, de 26 de enero, por el que se aprueba el Reglamento General sobre inscripción de empresas y afiliación, altas, bajas y variaciones de datos de personas trabajadoras en la Seguridad Social. La consecuencia de tal supresión es que, a partir de ahora, la obligación de cotización y la gestión correspondiente corresponde al empleador, que deberá comunicar a la TGSS los datos a tal fin. En el tema que nos ocupa esta supresión puede tener particular interés, pues, con frecuencia las personas extranjeras en esta situación no formalizaban su alta en la Seguridad Social por varios motivos, entre otros, que las relaciones administrativas con las entidades gestoras no siempre les resultaban sencillas, especialmente de no dominar el idioma o ante dudas sobre las consecuencias jurídicas que de su alta podían derivarse.

3 Ello prescindiendo del hecho de que desde 2013 se ha producido un curioso y destacado descenso de la población extranjera en alta en este sistema especial. Ese año figuraban 224.105 personas extranjeras en alta en el sistema especial. El número fue reduciéndose sucesivamente (212.481 en 2014, 204.126 en 2015, 194.817 en 2016, 183.459 en 2017, 176.872 en 2018, 169.469 en 2019 y desde entonces ha venido rondando los 163.000 aproximadamente). La disminución coincide con la que se ha producido en las cifras globales del sistema, que se situaban en 2013 en 422.100 personas, en 2014 en 426.700

el 45,1 % de las personas afiliadas como trabajadoras del servicio doméstico son extranjeras, aun estando sólo a los datos oficiales, sin barajar de ningún modo los de quienes pueden estar prestando servicios fuera de la protección social que, huelga decirlo, serán probablemente en mayor porcentaje personas extranjeras de terceros Estados (las que se encuentren fuera del ámbito de aplicación del régimen comunitario)[4], aunque solo sea por las dificultades adicionales para regularizar su situación y, por ende, para trabajar dadas de alta en la Seguridad Social. Pero es que, además, estos datos requieren de una reflexión adicional, igualmente conocida: el marcado sesgo de género de esta actividad, realizada mayoritariamente por mujeres. La conclusión es evidente, un porcentaje muy elevado de mujeres extranjeras se dedican al trabajo del hogar. De hecho, de las 62.196 autorizaciones de trabajo concedidas a mujeres extranjeras en 2021, 30.236, es decir, el 48,62 %, han sido para el servicio doméstico[5].

Pese a estos abrumadores datos, una revisión rápida de los nuevos contenidos normativos es suficiente para poder aseverar sin miedo a equivocarse que las profundas reformas del servicio doméstico no han tenido en cuenta, en la medida en que era aconsejable, la realidad nacional de las personas trabajadoras. Buena parte de las reglas de contratación, extinción y protección social, sólo por referenciar algunos aspectos, concilian mal con la normativa de extranjería. Lo que llama aún más la atención si se tiene en cuenta que esa misma normativa ha sido también objeto de reforma en fechas próximas a la promulgación del RDL 16/2022. Ciertamente, a finales de julio vio la luz el Real Decreto 629/2022, de 26 de julio, por el que se modifica el Reglamento de Extranjería, con sustanciales reformas en el ámbito laboral y en el que ni una sola referencia puede encontrarse a la singularidad del servicio doméstico. Es más, la negación legal de la situación real que aquí interesa alcanza un grado tal que el servicio doméstico ni tan siquiera se incluye en el Catálogo de Ocupaciones de Difícil Cobertura, lo que por otra parte tampoco había sucedido con anterioridad (aunque sí estuvo en su momento incluido

---

personas, en 2020 en 379.400 personas. Una extensa valoración de las estadísticas de años precedentes, en Camas Roda, Ferrán: «Obstáculos de la legislación laboral y del régimen jurídico de extranjería en la consecución de un trabajo decente para las trabajadoras migrantes del servicio doméstico», en *Lex social,* vol. 11, núm. 1, 2021, pág. 455-ss.

4 Recuérdese que el régimen «comunitario», principalmente regulado en el Real Decreto 240/2007, de 16 de febrero, sobre entrada, libre circulación y residencia en España de ciudadanos de los Estados miembros de la Unión Europea y de otros Estados parte en el Acuerdo sobre el Espacio Económico Europeo, no incluye solamente a personas nacionales de otros Estados de la Unión Europea, sino también a nacionales de Islandia, Liechtenstein, Noruega y Suiza, junto con sus familiares (entendidos como tales de acuerdo con las previsiones contempladas en dicha norma). Así, a una persona nacional de un tercer Estado le podría resultar de aplicación el régimen comunitario por sus vínculos familiares.

5 MINISTERIO DE TRABAJO Y SEGURIDAD SOCIAL, Anuario de Estadísticas del Ministerio, 2021: https://www.mites.gob.es/es/estadisticas/anuarios/2021/index.htm (última consulta 25 de febrero de 2023).

en el contingente)[6]. Aunque es justo decir en descargo del legislador que esta situación puede deberse a los mecanismos que de ordinario se emplean para encontrar a estas personas trabajadoras, que rara vez son los oficiales de los Servicios Públicos de Empleo[7], siendo precisamente competencia estatal confeccionar el catálogo en atención a las demandas de empleo que no se han conseguido cubrir con nacionales[8].

En síntesis, el RD 1620/11 no contiene una sola mención a la condición de persona extranjera que puede tener la prestadora del servicio, y la legislación de extranjería carece de referencia específica alguna al servicio doméstico. Esta situación normativa genera un incómodo e incompresible contexto, el de mundos tangentes que se tocan en un único punto (la condición de extranjería de la persona empleada doméstica), pero que mantienen vidas paralelas para el resto[9]. Además, la ausencia de regulaciones secantes, que

---

6 Dice el preámbulo de la norma que «se propone reformar la determinación de la situación nacional de empleo, recogida en el artículo 65 del Reglamento de la Ley Orgánica 4/2000, de 11 de enero, de cara a conformar un Catálogo de Ocupaciones de Difícil Cobertura que permita una *fotografía más exacta de las necesidades del mercado de trabajo*; una mejora en los procedimientos de la gestión de la contratación en origen y de la migración circular, fidelizando a aquellas personas que cumplan con todos los compromisos adquiridos, especialmente el de retorno, con la reforma de los artículos 167 a 170 del citado reglamento; una adecuación de los arraigos laboral, social y familiar a la realidad laboral y social actual; y la creación de una nueva figura de arraigo, el arraigo para la formación, con la reforma del artículo 124». Fotografía en la que claramente no se ha querido incluir el sector que nos ocupa, pese a lo abultado de las cifras con las que se ha iniciado este trabajo. Así se puede observar en la Resolución de 22 de febrero de 2023, de la Dirección General del Servicio Público de Empleo Estatal, por la que se publica el Catálogo de Ocupaciones de Difícil Cobertura para el primer trimestre de 2023.

7 Téngase en cuenta que la Ley 3/2023, de 28 de febrero, de Empleo prevé la transformación del Servicio Público de Empleo Estatal en la Agencia Española de Empleo, autorizando la creación y remitiendo a un futuro Real Decreto a la regulación de las condiciones de dicha transformación.

8 Tampoco deben pasar desapercibidas las circunstancias especiales de esta actividad, que no exige cualificación específica, que no atrae a la población nacional, que se sitúa en general en una precariedad difícilmente comparable con otras actividades, muy feminizada, con una exacerbada parcialidad, etc. (RODRÍGUEZ COPÉ, María Luisa: «Empleo digno y de calidad: ¿utopía en el trabajo doméstico?», en *Lex Social, Revista de Derechos Sociales*, núm. 11-2, 2021, pág. 594-ss). Sobre estas circunstancias y su incidencia en la realidad del servicio doméstico, prestado mayoritariamente por mujeres extranjeras, CAMAS RODA, Ferrán: «Obstáculos de la legislación laboral y del régimen jurídico de extranjería en la consecución de un trabajo decente para las trabajadoras migrantes del servicio doméstico», en *Lex social,* vol. 11, núm. 1, 2021, pág. 451-452. En ese trabajo se valora también el discriminatorio alcance que las restricciones vinculadas al COVID han tenido en el servicio doméstico prestado por personas extranjeras.

9 Ya se había puesto sobre la mesa esta cuestión con la promulgación del RD 1620/11, pues la doctrina reconocía que hasta las propias trabajadoras del hogar inmigrantes vinculaban *«el empeoramiento de las condiciones de empleo en el sector con la entrada en vigor del RD».* AA.VV.:, «Percepción de las trabajadoras inmigrantes del servicio doméstico sobre los efectos de la regulación del sector en España», en *Gaceta Sanitaria*, vol. 28, núm. 2, 2014, pp. 109-115.

combinen la regulación laboral y de Seguridad Social del servicio doméstico con la de extranjería, con frecuencia juega en contra de las personas trabajadoras, por lo demás especialmente vulnerables en la mayoría de los casos precisamente por su condición de no nacionales (son contratadas con contratos temporales, por un escaso número de horas declaradas, etc.)[10].

Pues bien, partiendo del escenario descrito, en las líneas que siguen se ofrece un balance de las distintas problemáticas que la combinación de ambas condiciones (persona extranjera y servidora doméstica) genera al calor de la nueva regulación legal vigente del servicio doméstico. Para ello se van desgranando ordenadamente los contenidos del RD 1620/11 desde la óptica de la extranjería, poniendo de relieve las particulares dificultades que cada concreta previsión plantea cuando la persona empleada carece de nacionalidad española o comunitaria. Si bien, para facilitar esa labor se ofrece antes al lector una somera presentación de las reglas básicas de extranjería que inciden en mayor medida en el contexto que aquí se examina.

2. Aspectos generales de la extranjería con posible repercusión en el entorno doméstico

Para poder entrar a analizar los aspectos más relevantes de la extranjería en el trabajo del hogar, primero hemos de repasar someramente algunos conceptos clave, así como las figuras más comunes en este ámbito. Conviene empezar recordando la diferencia entre el régimen general de extranjería[11] y el comunitario[12], que resultará esencial en el ámbito laboral, al recibir los ciudadanos de la órbita de la Unión Europea y sus familiares[13] (es decir, quienes conforman el régimen comunitario), en términos generales, el mismo tratamiento que los nacionales, tanto en la libertad de trabajo como

10 Un análisis de esta especial precariedad en Aragón Medina, Jorge, Martínez Poza, Alicia, Cruces Aguilera, Jesús y Rocha Sánchez, Fernando: «La integración laboral de las personas inmigrantes en España. Una aproximación al empleo y las condiciones de trabajo», en *Informes de la Fundación Primero de Mayo*, 2010, pág. 113.

11 Cuyo marco normativo está compuesto, principalmente, por la Ley Orgánica 4/2000, de 11 de enero, sobre derechos y libertades de los extranjeros en España y su integración social (en adelante LOEx) y el Real Decreto 557/2011, de 20 de abril, por el que se aprueba el Reglamento de la Ley Orgánica 4/2000, sobre derechos y libertades de los extranjeros en España y su integración social, tras su reforma por Ley Orgánica 2/2009 (en adelante, RLOEx).

12 Regulado en el Real Decreto 240/2007, de 16 de febrero, sobre entrada, libre circulación y residencia en España de ciudadanos de los Estados miembros de la Unión Europea y de otros Estados parte en el Acuerdo sobre el Espacio Económico Europeo.

13 Los familiares cuyo vinculo forzará la inclusión en este régimen, de acuerdo con el art. 2 del RD 240/2007, son el cónyuge, la pareja de hecho, los descendientes directos menores de 21 años, a cargo o incapaces y los ascendientes directos que vivan a cargo. Estos dos últimos pueden ser tanto de la persona que ostente la ciudadanía de la UE como de su pareja.

en el acceso y disfrute de las prestaciones contributivas[14]. Estos últimos no precisan de la obtención de una autorización administrativa previa que les habilite para trabajar en España, pues ya cuentan con ese derecho. Aunque sí habrán de inscribirse en el registro español de ciudadanos de la UE o, en su caso, solicitar la tarjeta de familiar de ciudadano de la UE[15] que, a diferencia de las autorizaciones de residencia o estancia y trabajo, que veremos a continuación, tiene efectos meramente declarativos[16]. Por tanto, la relación

14 Recogido en el art. 45 del Tratado de la Unión Europea y en distintos reglamentos y directivas, como la Directiva 2004/38/CE, relativa al derecho de los ciudadanos de la Unión y de los miembros de sus familias a circular y residir libremente en el territorio de los Estados miembros. Nótese, sin embargo, que respecto de los familiares rigen algunas reglas que pueden alterar esta convicción. Por ejemplo, los ascendientes a cargo o descendientes mayores de 21 años a cargo de una persona nacional de la Unión Europea, de llevar a cabo una actividad laboral que les permita tener medios económicos propios, perderían su tarjeta de familiar de ciudadano y deberían pasar al régimen general pues, como se deduce, dejarían de estar «a cargo» del ciudadano comunitario, por lo que ya no entrarían en su mismo régimen. Más problemática es la situación de los familiares de personas de nacionalidad española, que tienen un pie en cada régimen y, actualmente, para regularizar su situación, han de acudir al arraigo familiar (régimen general) y no a la tarjeta de familiar de ciudadano de la UE (régimen comunitario).

15 Al respecto ha de recordarse que, tanto para la inscripción en el registro de ciudadanos de la UE como para la expedición de la tarjeta de familiar de ciudadano UE, es necesario probar la tenencia de medios económicos suficientes para no convertirse en una carga para el Estado (en particular, para la asistencia social). En estos términos se recoge en el art. 3 de la Directiva 2004/38/CE del Parlamento Europeo y del Consejo, de 29 de abril de 2004, relativa al derecho de los ciudadanos de la Unión y de los miembros de sus familias a circular y residir libremente en el territorio de los Estados miembros y nuestro RD 240/2007.

16 Así lo defiende el TJUE, en su sentencia de 27 de febrero de 2020, C-836/18 (ECLI:EU:C:2020:119), relativa a la denegación de una tarjeta de familiar de ciudadano de la UE al cónyuge de un español por no contar el matrimonio con *medios económicos suficientes.* Si bien esta exigencia trae causa en el derecho mismo de la UE, lo cierto es que la carencia de dichos medios no puede suponer una causa de denegación en sí misma, sin valorar las particularidades del caso. La necesidad de extender las libertades de circulación y trabajo inherentes a la ciudadanía europea a sus familiares tiene una sólida justificación. De otro modo se estaría restringiendo la libertad del propio ciudadano de la UE e, incluso, forzarle a abandonar el territorio europeo junto con sus familiares nacionales de terceros Estados, en su caso. Por tanto, es contrario al derecho de la UE denegar una tarjeta de este tipo a familiares (en los términos de la normativa mencionada anteriormente), aun cuando no cuenten con medios económicos suficientes para sostenerse sin precisar de asistencia social, cuando exista una relación de dependencia *«de tal naturaleza que, en caso de denegarse un derecho de residencia derivado a este último, el ciudadano de la Unión se vería obligado a abandonar el territorio de la Unión Europea en su conjunto y quedaría privado, en consecuencia, del disfrute efectivo del contenido esencial de los derechos conferidos por su estatuto».* No obstante, nuestra jurisprudencia entiende que esa situación no permite sin más el acceso a todos los derechos reconocidos en nuestro ordenamiento social. Así por ejemplo, en la STS (sala de lo social) 4129/2022, 2 de noviembre de 2022 (ECLI:ES:TS:2022:4139), respecto del derecho a la asistencia sanitaria en el Sistema Nacional de Salud de una ciudadana extranjera, en este caso argentina, con permiso de residencia temporal en España por ser madre de una ciudadana española, se sostiene que la concesión de la residencia no supone la

laboral especial que nos ocupa no presentará particularidades relevantes en relación con esta categoría de personas extranjeras.

Distinta suerte correrá el resto de las personas extranjeras, es decir, todas aquellas que no entren en el régimen comunitario[17]. Ellas habrán de obtener una autorización administrativa previa que les habilite a trabajar en España, si quieren suscribir el contrato que aquí interesa, dependiendo su régimen jurídico de las condiciones en las que la contratación se lleve a efecto. En hipótesis, la autorización puede obtenerse por la vía de la contratación colectiva en origen[18]. Esta permite la contratación de personas trabajadoras que no se encuentren ni residan todavía en España. Como su nombre indica, este procedimiento está pensado para contrataciones grupales, ya sea para una sola persona empleadora y al menos diez personas trabajadoras, o para varios sujetos empleadores que acuerden solicitarlo conjuntamente. Precisamente por ello, es poco probable que resulte posible una contratación colectiva en origen a través de esta vía para las personas trabajadoras del hogar, debiendo, además, tomarse en consideración la situación nacional de empleo, lo que no tiende a beneficiar a este colectivo[19]. Lo mismo sucede

---

existencia automática del derecho a la asistencia sanitaria, cuya dinámica está sujeta al mantenimiento del requisito de su concesión relativo a que el reagrupante disponga de recursos suficientes para no convertirse en una carga para la asistencia social en España durante su periodo de residencia y de un seguro de enfermedad que cubra los riesgos del reagrupado en España [así se ha venido sosteniendo en STS (Sala de lo social) de 13 de mayo de 2019, Rec. 3626/17 (ECLI:ES:TS:2019:1955), 4622/17 (ECLI:ES:TS:2019:1985), 1068/18 (ECLI:ES:TS:2019:1769); 2022/18 (ECLI:ES:TS:2019:1843), de 21 de junio de 2022, Rec. 2091/2019 (ECLI:ES:TS:2022:2534), de 27 de abril de 2022, Rec. 631/2019 (ECLI:ES:TS:2022:1815); de 7 de julio de 2022, Rec. 1704/2019 (ECLI:ES:TS:2022:2955), 15 de junio de 2022, Rec. 1851/2019 (ECLI:ES:TS:2022:2542), y 11 de mayo de 2022, Rec. 1075/19 (ECLI:ES:TS:2022:1878)].

17 En este sentido téngase en cuenta también que el régimen comunitario es indisponible o, más bien, no cabe elegir uno u otro régimen según resulte más favorable. Por tanto, los familiares de ciudadanos de la UE, si no cumplen los requisitos para la expedición de la tarjeta de familiar de ciudadano UE, en principio no podrían acudir a ninguna autorización del régimen general. Sin embargo, por exigencias jurisprudenciales, la Subdirección General de Inmigración ha extendido la aplicación del art. 124.3 del RLOEx, relativo al arraigo familiar, a progenitores de menores nacionales de un Estado miembro de la UE, EEE o Suiza que residan en España, siempre y cuando hayan solicitado previamente, sin éxito, la tarjeta de familiar de ciudadano de la UE. En estos términos se contempla en las Instrucciones DGM 8/2020 sobre la residencia en España de los progenitores, nacionales de terceros países, de menores ciudadanos de la Unión, incluidos españoles.

18 La gestión colectiva de contrataciones en origen es posible en virtud del art. 39 de la LOEx y los arts. 167-177 RLOEx. Las previsiones específicas se desarrollan en la Orden ISM/1302/2022, de 27 de diciembre, por la que se regula la gestión colectiva de contrataciones en origen para 2023.

19 Téngase en consideración que para este puesto de trabajo no se requiere una formación específica o superior, ni tienden a exigirse requisitos que no puedan cumplir fácilmente personas nacionales. Además, como ya se indicaba, no es habitual que exista una alta demanda de personas trabajadoras del hogar, al menos oficialmente, pues se suele cubrir

con la autorización inicial de residencia temporal y trabajo por cuenta ajena, que también permite la contratación de una persona que no se encuentre ni resida en España al momento de la solicitud, pero que al tener que superar el filtro de la situación nacional de empleo tiene difícil encaje en la contratación que aquí interesa[20]. Ello supone, además, que, pese a la especial relación de confianza que caracteriza al trabajo del hogar, no cabe la contratación directa, sin opción de elegir aspirantes en base a ese criterio (legítimo, por cierto, si se tiene en cuenta que supone la integración de la persona trabajadora en el entorno más íntimo de la receptora del servicio).

Por tanto, la contratación de personas extranjeras para el servicio doméstico tendrá lugar, en términos generales, cuando éstas se hallen ya en territorio español. En tal contexto, con carácter general, para poder trabajar en España se precisa de una autorización de residencia, salvo las personas solicitantes de asilo que, en base a la disposición adicional vigesimoprimera del RLOEx, están autorizadas a trabajar «*una vez transcurridos seis meses desde la presentación de la solicitud*». Esta autorización opera automáticamente si ha sido admitida a trámite la solicitud de asilo y «*no estuviera resuelta por causa no imputable al interesado*». Habrá de entenderse, por tanto, que no operan tampoco las limitaciones habituales en el ámbito prestacional para

---

por vías extraoficiales. Prueba de ello es su exclusión del catálogo de ocupaciones de difícil cobertura, como se adelantaba. Con todo, aunque no esté contemplado en este catálogo, sería posible igualmente considerar que la situación nacional de empleo lo permite, de acuerdo con el art. 65.2 RLOEx, si se obtiene un certificado negativo expedido por el Servicio Público de Empleo. Esto es, un certificado que acredite que, tras haber realizado una oferta pública de empleo a través de su portal y publicitado por este, ha habido igualmente «*una insuficiencia de demandantes*».

20 Así, se considera que la situación nacional de empleo lo permite si: 1) «*La ocupación que va a desempeñar el trabajador en la empresa está incluida en el catálogo de ocupaciones de difícil cobertura que el Servicio Público de Empleo Estatal publica trimestralmente*» que no incluye el trabajo del hogar; 2) «*La Oficina de Extranjería competente considera que no se ha podido cubrir el puesto de trabajo a tenor del certificado que el Servicio Público de Empleo emite sobre la gestión de la oferta de empleo*» que también resulta complicado en este sector pues para este trabajo no se exige formación específica que pueda reducir el número de demandantes y es difícil que no pueda cubrirse con la oferta nacional, como se decía; 3) «*La autorización va dirigida a nacionales de Estados con los que España haya suscrito acuerdos internacionales (Chile y Perú)*» y 4) «*Pueden acreditar la concurrencia de un supuesto recogido en el artículo 40 de la Ley Orgánica 4/2000*». Este último hace referencia a los supuestos de exención de la situación nacional de empleo, la mayoría contemplados para colectivos especialmente protegidos en el régimen de extranjería (familiares reagrupados, algunos ex refugiados y apátridas, extranjeros nacidos y residentes en España, hijos o nietos de españoles de origen, etc.), pero también se prevé, en su apartado segundo, la exención de este requisito para «*la cobertura de puestos de confianza y directivos de empresas*». Esta previsión se completa con la de la disposición adicional decimoquinta del RLOEx, que aclara que ello se refiere a «*aquellos trabajadores que desempeñen únicamente actividades propias de alta dirección por cuenta de la empresa que los contrate, basadas en la recíproca confianza y que ejerzan legalmente la representación de la empresa o tengan extendido a su favor un poder general*». Obviamente, la prestación de servicios en el entorno doméstico, por muy ligada a la confianza que resulte, es ajena a esta excepción.

quienes se encuentren en situación irregular, pues en este caso sí cabe alta en la Seguridad Social y no se está incurriendo en ningún tipo de irregularidad en el ámbito laboral.

Así las cosas, las personas extranjeras que han solicitado asilo, con las limitaciones temporales ya dichas, están legalmente en condiciones de prestar servicios en el entorno doméstico, dándose la circunstancia de que, si finalmente se deniega su solicitud de asilo, la efectiva prestación de servicios en el lapso temporal previo a la resolución[21] puede derivar en el reconocimiento de una autorización de residencia temporal por circunstancias excepcionales a través de un *arraigo laboral*[22]. No en vano, esta excepcionalidad puede traer causa en la existencia de una actividad laboral durante seis meses a jornada completa. Por tanto, esta situación de *semi irregularidad* de las personas solicitantes de asilo puede terminar en la concesión por arraigo laboral de una autorización que permita a la persona continuar prestando los servicios domésticos que la llevaron a ese reconocimiento, en régimen de estricta regularidad[23]. Sin embargo, no se debe olvidar que, pese a la habitualidad con la que se prestan servicios en el marco de esta relación laboral especial por parte de personas extranjeras en situaciones administrativas tan delicadas, lo cierto es que la exigencia de llevar a cabo dicha actividad laboral a tiempo completo perjudica notablemente a las personas trabajadoras del hogar, sector en el que, como se sabe, predomina la parcialidad. Así, en caso de prestar servicios a tiempo parcial, se aumentará proporcionalmente el tiempo cotizado exigido para acceder a esta autorización excepcional, siendo por ello más difícil en el entorno doméstico obtenerla por la prestación de servicios mientras se espera la resolución de la solicitud de asilo[24].

---

21 Aunque ha de recordarse que, actualmente, se consideran compatibles las solicitudes de asilo y arraigo laboral, no ha sido siempre así. Sobre esta problemática véase ROLDÁN SÁNCHEZ ARÉVALO, Clara: «Las modificaciones en la regulación del arraigo laboral y su compatibilidad con las solicitudes de protección internacional», en *Revista de Derecho migratorio y extranjería*, núm. 59, 2022, pp. 95-116.

22 Figura recogida en el art. 31.3 de la LOEx y los arts. 123 y ss del RLOEx.

23 En similar situación podrán encontrarse las personas extranjeras que habiendo tenido una autorización que les permitiese trabajar, la han visto extinguida. Antes de la reforma del RLOEx, también debían acudir a esta vía las que, durante una situación de irregularidad pura, habían trabajado, también un mínimo de seis meses a tiempo completo, sin contrato ni alta en la Seguridad Social, por la falta de autorización de trabajo, y pueden probar dicha situación ya sea con sentencia firme o acta de Inspección de Trabajo. Ahora, dichas personas tendrán que acudir a una autorización de residencia temporal por colaboración con autoridades administrativas o por interés público que, por lo demás, no difiere apenas del arraigo laboral. Sobre la evolución de esta figura véase ROJO TORRECILLA, Eduardo: «Ampliación de la posibilidad de solicitar la autorización de residencia por arraigo laboral. STS-CON 452/2021, de 25 de marzo», en *Anuario 2021 de jurisprudencia laboral (Estudio de 100 casos relevantes)*, 2022, pp. 477-484.

24 Por ejemplo, si se trata de una media jornada, necesitará un año cotizado para poder solicitar el arraigo laboral.

La otra vía vinculada al trabajo que permite una regularización de la situación administrativa de quienes ya se encuentran en territorio español[25] es, quizás, la más conocida y habitual, *el arraigo social*[26]. Para ello, además de los requisitos generales para este tipo de autorizaciones[27] y un tiempo mínimo de estancia en España de tres años, se precisa de la presentación de un contrato de trabajo que cuenta con una serie de particularidades que procederemos a analizar en los epígrafes siguientes en relación con el trabajo del hogar. Por tanto, la relación laboral (de servicio doméstico) comenzaría, en este caso, una vez concedida la autorización de residencia y trabajo, a diferencia de la modalidad de arraigo anterior —el arraigo laboral—, que requería de una relación laboral que se hubiese dado con anterioridad a la concesión de la autorización.

Una última autorización que puede resultar de interés en este ámbito es la de estancia por estudios[28], que también se ha visto afectada por la reciente reforma del RLOEx. Esta autorización, como su nombre indica, es de estancia y no de residencia[29] y, antes de la reforma, no autorizaba a trabajar automá-

---

25 Sobre el predominio del trabajo del hogar en la regularización administrativa de las mujeres en situación irregular véase LEBRUSÁN MURILLO, Irene, CÁCERES ARÉVALO, Pierina, BREY, Elisa: «El servicio doméstico como vía de acceso a la regularización administrativa en España», en *Anuario CIBOD de la Inmigración*, 2019, pp. 246-272.

26 Regulado en el art. 31.3 LOEx y los arts. 62-66 y 123-120 RLOEx. Véase, AGUILERA IZQUIERDO, Raquel: «El acceso de los inmigrantes irregulares al mercado de trabajo: los procesos de regularización extraordinaria y el arraigo social y laboral», *Revista del Ministerio de Trabajo y Asuntos Sociales*, núm. 63, 2006, pág. 175-ss.

27 Téngase en cuenta que existen algunos requisitos ineludibles comunes a las dos vías de arraigo que aquí nos conciernen. La carencia de antecedentes penales en España y/o en el país o países en los que la persona solicitante ha residido en los 5 años anteriores (lógicamente, si existen antecedentes penales en otro Estado, pero los actos que llevaron a dicha condena no son constitutivos de delito en España, no supondrán un incumplimiento de este requisito) es un elemento común a la mayoría de las autorizaciones de residencia y trabajo. También, como medio de prueba del tiempo de estancia en territorio español para la solicitud de una y otra autorización (2 años para el arraigo laboral y 3 para el arraigo social), ha de acudirse al padrón municipal. Sin lugar a duda, esta exigencia resulta más que problemática cuando nos encontramos ante personas en situación irregular que, en muchas ocasiones, no se empadronan ya sea por desconocimiento de que pueden hacerlo en su situación, miedo a posibles represalias o por falta de recursos para acceder a una vivienda estable.

28 Su marco normativo consta de la Directiva (UE) 2016/801, del Parlamento Europeo y del Consejo, de 11 de mayo de 2016, relativa a los requisitos de entrada y residencia de los nacionales de países terceros con fines de investigación, estudios, prácticas, voluntariado, programas de intercambio de alumnos o proyectos educativos y colocación *au pair*, los arts. 25 bis, 30 y 33 LOEx y los arts. 37-42 RLOEx.

29 Cuando hablamos de estancia nos referimos, habitualmente, a la situación que permite permanecer temporalmente en España, normalmente por tiempo inferior a 90 días. Es el caso de quienes acuden a España con un visado de turismo, por ejemplo. Sin embargo, en algunos supuestos caben prórrogas y, para la estancia por estudios, este tiempo puede alcanzar incluso varios años. En todo caso, esta situación se basa en un retorno posterior al país de origen una vez finalizado el periodo por el que se concedía la autorización.

ticamente. Para ello, debía, la persona empleadora, solicitar una autorización de trabajo que contaba con muchas limitaciones (entre ellas no exceder la actividad laboral las 20 horas semanales). Ahora ya no se requiere esta solicitud previa, por lo que, en principio, una persona con este tipo de autorización para estudiar puede prestar servicios en el ámbito doméstico hasta 30 horas semanales[30]. Se abre, por ende, aquí una vía adicional de acceso de las personas extranjeras a la actividad laboral doméstica, lo que teniendo en cuenta la parcialidad que la caracteriza, puede resultar de particular interés.

Lo expuesto basta, por el momento, para afrontar el abordaje de las distintas problemáticas que se presentan en la relación laboral especial del servicio doméstico cuando entra en juego el elemento de la extranjería.

3. Incidencia de la extranjería en el ámbito de aplicación de la relación laboral especial

Como se sabe, la relación laboral especial que nos ocupa es la que concierta la persona titular del hogar familiar con quien, dependientemente y por cuenta de aquella, presta servicios retribuidos en el ámbito doméstico. Desde la estricta perspectiva de la persona receptora del servicio, el hecho de que quien lo presta sea de ciudadanía extranjera tiene relevancia en cuanto a las obligaciones que se generan en la tramitación de la solicitud de autorización, amén como es lógico de las sanciones que por el empleo de una persona en situación irregular pueden imponérsele[31]. No se olvide que cons-

---

También existen algunas reglas especial de cómputo del tiempo de estancia en España a la hora de obtener otras autorizaciones y, por su carácter, no cuenta en absoluto dicho periodo como residido para acceder a la nacionalidad por residencia.

30 Ello solo alcanza, por tanto, a la estancia por estudios del art. 37.1.a) RLOEx, es decir, quienes realicen o amplíen «*estudios en un centro de enseñanza autorizado en España, en un programa de tiempo completo, que conduzca a la obtención de un título o certificado de estudios*». Por tanto, quienes realicen actividades de investigación o formación, estén en programas de movilidad de alumnos, realicen prácticas no laborales o voluntariado, sí habrán de someterse a las reglas previas, debiendo obtener una autorización previa de trabajo, solicitada por la persona empleadora.

31 En este sentido, ha de recordarse que la LOEx contempla una serie de infracciones, en los arts. 52 y ss., que se pueden imponer al empresario por no gestionar adecuadamente la contratación de una persona extranjera. Así, es una infracción leve, de acuerdo con el art. 52 LOEx, «*La contratación de trabajadores cuya autorización no les habilita para trabajar en esa ocupación o ámbito geográfico, incurriéndose en una infracción por cada uno de los trabajadores extranjeros ocupados*». Sin embargo, esta no tendrá mayor repercusión en el sector que nos concierne, pues esta infracción está pensada para quienes sí cuentan con una autorización de trabajo pero que, por ejemplo, solo les habilita para tareas de investigación en el marco de una autorización contemplada en la Ley 14/2013, de 27 de septiembre, de apoyo a los emprendedores y su internacionalización o, solamente en una parte de España diferente de donde se celebra el contrato. Obviamente, no es habitual que este supuesto acontezca en relación con el trabajo del hogar, en tanto que resulta excepcional

tituye, de acuerdo con el art. 54 de la LOEx y el art. 27 del Real Decreto Legislativo 5/2000, de 4 de agosto, por el que se aprueba el texto refundido de la Ley sobre Infracciones y Sanciones en el Orden Social (en adelante, LISOS), infracción muy grave contratar a una persona extranjera cuando esta no cuente con autorización de trabajo (además de constituir una infracción grave trabajar por cuenta ajena en España sin autorización para ello y muy grave hacerlo por cuenta propia). Por tanto, ocupar en el servicio doméstico a una persona sin autorización para trabajar puede conllevar la imposición de una multa cuyo importe oscila entre los 7.501 y los 120.005 euros (grado mínimo y medio), pudiendo llegar hasta los 225.018 euros (en grado máximo) (art. 40.1.c LISOS).

Considerando la gravedad de estas consecuencias se antoja imprescindible valorar la diligencia que se le puede exigir a la persona titular del hogar, que desde luego no es una empresa al uso, sino un particular con una capacidad y unos recursos por lo general mucho más limitados para poder hacer frente a estas obligaciones. Unas obligaciones cuyo alcance con frecuencia desconoce, dándose incluso en ocasiones la circunstancia de que la persona extranjera presenta para la firma del contrato una documentación que no es la propia o que no está en regla, sin que la persona empleadora se percate de ello. En estos casos exigirle una diligencia de máximo rigor puede resultar, a todas luces, inapropiado, sin que por tanto su ausencia deba derivar en la imposición de la sanción que correspondería a una empresa ordinaria, especialmente si no ha habido dolo[32] y se ha observado una diligencia mínima[33].

---

que la autorización de trabajo tenga limitaciones geográficas que puedan derivar en una infracción de este estilo.

32 Aunque no hay doctrina unificada del Tribunal Supremo sobre el particular, algunos tribunales ya han tenido oportunidad de delimitar el alcance de la diligencia exigible al titular del hogar ante la situación de extranjería de sus empleados, llegando a eximirse de responsabilidad en el pago de prestaciones profesionales al empresario que contrató a un extranjero sin autorización que había suplantado la personalidad de otro en situación regular [STS (sala de lo social) 21 de enero de 2010, Rec. 106/09 (ECLI:ES:TS:2010:948)]. También la STSJ La Rioja (sala de lo social) 45/2021, de 31 de marzo (ECLI:ES:TSJLR:2021:115), consideró que no cabía imponerle la sanción correspondiente a un empresario ordinario que contaba con dos trabajadores extranjeros sin autorización de trabajo en su finca, porque estos le habían presentado documentación de identidad de otras personas en el momento de la contratación y fueron dados de alta con dichos datos. Este Tribunal considera que la falta de diligencia por no comprobar la identidad de los trabajadores contratados, que tampoco se asemejaban a las fotografías de los documentos que le entregaron, es relevante, pero la falta de dolo o culpa excluye la responsabilidad en este caso, al darse también una suplantación de personalidad por parte de los trabajadores.

33 Ello se deduce de la STSJ de Cataluña (sala de lo social) 2306/2016, de 18 de abril de 2016 (ECLI:ES:TSJCAT:2016:2598), en un supuesto de contratación de trabajadores sin autorización, en el cual la persona extranjera también había aportado documentación ajena y dónde sí se considera que cabe exigir responsabilidad por dicha infracción, por falta de la más mínima diligencia en la contratación. En este caso, no solo el trabajador no se asemejaba en absoluto a la fotografía del documento de identidad que mostró al empleador, sino

En principio, poco más cabe referenciar en este punto, con la salvedad de que esas señaladas responsabilidades pueden generar dificultades cuando quien recibe la prestación del servicio no es la persona que ha contratado a la prestadora. No es inusual en este contexto que quien contrata sea un familiar (por ejemplo, un descendiente consanguíneo o afín de la persona que va a disfrutar de dicha prestación) que no reside en el hogar en el que se ha de prestar el servicio (clásico ejemplo del cuidado o limpieza de la casa de los padres o madres mayores o con alguna discapacidad). Con frecuencia, en estos casos, si existe un contrato escrito figura como persona empleadora una distinta de la titular del hogar en el que se realiza la actividad. Esta circunstancia que en general puede suscitar dificultades cuando se trata de imputar responsabilidades[34], se vuelve particularmente compleja cuando la persona en cuestión es extranjera. En esos casos, no es sencillo determinar a quién han de imputarse las responsabilidades derivadas de la tramitación administrativa de los mecanismos de regularización de la persona empleada y, por tanto, a quién habrá de sancionarse en caso de no llevarse debidamente a cabo. La literalidad de la norma deja poco margen a la interpretación: será la persona que materialmente reciba la prestación la que merezca la consideración de empleadora a esos efectos, pero en el caso que nos ocupa esas consecuencias pueden ser desproporcionadas e injustas, pues con frecuencia la persona titular del hogar no está en condiciones de asumir toda la gestión que la contratación de personas extranjeras exige y que de ordinario llevará a cabo quien ha decidido contratar el servicio a desplegar en la residencia del pariente.

Recuérdese, por lo demás, que tras la última reforma se han relajado considerablemente los trámites adicionales previos que debía observar la persona empleadora, una vez determinada está en base a lo ya dicho, si quería ocupar en su hogar a una empleada con una estancia por estudios, lo que atendiendo a la particular parcialidad que rige en este contexto puede no

que, además, le había dado una copia plastificada de este, sin enseñarle siquiera el original. Se entiende, por tanto, que, de haberse observado una diligencia mínima, en la línea de las sentencias ya mencionadas, no cabría la imposición de la sanción correspondiente.

34 En la Sentencia TSJ Cataluña (sala de lo social) 3436/2021, de 28 de junio (ECLI:ES:TSJCAT:2021:6319) se valora precisamente la posibilidad de considerar despido la extinción por fallecimiento de la empleadora, en tanto que la demandante, empleada del hogar, que trabajaba limpiando y cuidando de una mujer mayor, alegaba estar trabajando para los hijos de esta que residían en otro domicilio, que --como quedó probado-- en diversas ocasiones le habían dado instrucciones expresas, incluso con posterioridad a la muerte de su madre, pagado alguno de sus salarios, etc. Sin embargo, el Tribunal considera que la norma es muy clara en este aspecto: la verdadera empleadora es la titular del hogar para el que se había realizado el contrato --la madre, en este caso-- (FJ 3º). Por tanto, tras su muerte, el contrato se extingue por fallecimiento de la persona empleadora (art. 49.1.g) ET), generando únicamente el derecho a una indemnización de mes de salario. Si se considerase que, en efecto, los empleadores eran los hijos de la mujer, no estaríamos ante una extinción por fallecimiento, sino ante un despido que, en este caso, al no cumplir con forma alguna, podría considerarse improcedente, y acarrearía la indemnización correspondiente.

ser inusual[35]. Nótese, en este punto, que nos referimos a la contratación de «estudiantes» para tareas del hogar o de cuidado de menores o personas dependientes, no para la enseñanza de idiomas en régimen de *au pair*. En este sentido, conviene recordar que para que la actividad desplegada tenga encaje en la relación laboral especial, ha de consistir *exclusivamente* en la ejecución de los servicios o actividades cuyo desarrollo es propio del hogar familiar/lugar de residencia, lo que alcanza a cualesquiera tareas domésticas, incluidas las de «dirección o cuidado del hogar en su conjunto o de algunas de sus partes, el cuidado o atención de los miembros de la familia o de las personas que forman parte del ámbito doméstico o familiar, y otros trabajos que se desarrollen formando parte del conjunto de tareas domésticas, tales como los de guardería, jardinería, conducción de vehículos y otros análogos», a excepción de las tareas de cuidado (profesional o no) de personas en situación de dependencia, que se regirán por la normativa común (profesionales) o especial (cuidadores no profesionales) correspondiente[36].

En este punto concreto, es importante insistir en que caen fuera de la relación laboral las prestaciones de cuidado de personas dependientes llevadas a cabo en el marco de la Ley 39/2006, 14 de diciembre, de promoción de la autonomía personal y atención a las personas en situación de dependencia. Ello tiene especial interés aquí pues con muchísima frecuencia las labores de cuidado son llevadas a cabo en nuestro país por mujeres extranjeras, que se ocupan de nuestros mayores o de personas dependientes. La frontera que separa materialmente las prestaciones de servicios con encaje en la relación laboral especial que nos ocupa (que hemos dicho pueden alcanzar también a las tareas de cuidado personal) y las que quedan fuera ex Ley de dependencia es extraordinariamente difusa, y eso hace que con habitualidad la actividad descrita se sitúe en tierra de nadie, pues la relación no se considera especial de servicio doméstico pero tampoco encaja sin más en un vínculo laboral ordinario (menos en la contratación de personas autónomas), aunque sólo sea porque en buena medida la persona prestadora del servicio se

35 Como se indicó más arriba, antes de la reforma del RLOEx realizada por el Real Decreto 629/2022, de 26 de julio, las personas que tuviesen una autorización de estancia por estudios solamente podían trabajar si, con carácter previo, la persona empleadora solicitaba una autorización de trabajo a la Oficina de Extranjería con, además, una serie de limitaciones que garantizasen que dicho trabajo fuese compatible con los estudios. Tras la reforma del RLOEx, solamente se requiere la solicitud previa por parte del empleador en algunos supuestos de estancia, mientras que en el más habitual ya no es necesario. Como se adelantaba, se requiere todavía la autorización para quienes actividades de investigación o formación, estén en programas de movilidad de alumnos, realicen prácticas no laborales o voluntariado.

36 Resulta ardua la tarea de determinar qué labores de cuidados caen dentro de esta relación laboral especial y cuáles no. Es habitual, también, que recaigan sobre las mujeres extranjeras incardinadas en este régimen el llamado «*trabajo reproductivo*». Sobre esta cuestión véase Parella i Rubio, Sonia: «La inserción laboral de la mujer inmigrante en los servicios de proximidad en Cataluña», en *Revista Internacional de Sociología,* núm. 36, 2003, pp. 85-113.

convierte en una suerte de *alter ego* de la receptora a muchos efectos[37]. De todas formas, la nacionalidad de la persona trabajadora en este punto concreto no tiene mayor trascendencia, a salvo de las exigencias de autorización a las que se ha venido haciendo mención.

De otro lado, también quedan fuera de la relación laboral especial, como es lógico, las actividades de atención y cuidado del hogar que puedan llevar a cabo los propios familiares, si bien aquí el RD 1620/11 alteró sustancialmente la normativa precedente en un sentido que puede tener particulares consecuencias en el contexto que aquí interesa. Tradicionalmente la prestación de servicios domésticos entre familiares estaba excluida de la legislación laboral, no autorizándose el alta en la Seguridad Social (hasta el tercer grado de parentesco)[38]. Pero con la integración en el año 2011 de este colectivo en el Régimen General de la Seguridad Social, dentro de un sistema especial específico, la legislación varió el régimen de exclusión, rigiendo hoy la presunción *iuris tantum* ordinaria del trabajo familiar, que admite prueba en contrario y sólo alcanza hasta el segundo grado[39].

---

37 Sobre el particular CEINOS SUÁREZ, Ángeles: «Roles de cuidados asumidos por mujeres: el fenómeno de la inmigración», en *Lex social,* vol. 11, núm. 2, 2021, pág. 513-ss; MIÑARRO YANINI, Margarita: «Formas esclavas de trabajo y servicio del hogar familiar: delimitación conceptual, problemática específica y propuestas», en *Relaciones Laborales*, núm. 10, 2014.

38 Véase el art. 3 del Decreto 2346/1969, de 25 de septiembre, por el que se regula el Régimen Especial de la Seguridad Social del Servicio Doméstico, a cuyo tenor: «Estarán excluidos del campo de aplicación de este Régimen Especial: a) El cónyuge, descendientes, ascendientes y demás parientes del cabeza de familia, por consanguinidad o afinidad, hasta el tercer grado, inclusive. b) Los prohijados o acogidos de hecho o de derecho [...] Dos. La exclusión que se establece en el apartado a) del número anterior no afectará a los familiares del sexo femenino de Sacerdotes célibes que convivan con ellos y que reúnan las demás condiciones exigidas, siempre que no tengan ningún empleado de hogar a su servicio. No podrá quedar comprendido en este Régimen Especial más que un solo familiar por cada Sacerdote que se encuentre en la situación prevista sea cualquiera el número de los que con él convivan».

39 En coherencia con ello, el art. 250 LGSS, en su apartado primero, advierte hoy que «[q] quedaron comprendidos en este Sistema Especial para Empleados de Hogar los trabajadores sujetos a la relación laboral especial a que se refiere el artículo 2.1.b) del texto refundido de la Ley del Estatuto de los Trabajadores». Lo que es tanto como remitir a la regulación reglamentaria específica, que sólo excluye las relaciones familiares si no son asalariadas, con remisión a las reglas del art. 1.3.e) ET. En efecto, el RD 1620/11 dispone en su art. 2.1. e) que «no están incluidas en el ámbito de esta relación laboral especial: e) Las relaciones concertadas entre familiares para la prestación de servicios domésticos cuando quien preste los servicios no tenga la condición de asalariado en los términos del artículo 1.3, e) del Estatuto de los Trabajadores» (no ha variado en la reforma de este Real Decreto, acometida por el RDL 16/2022). El Real Decreto 1424/1985, contenía una fórmula similar, pues el art. 2.1 disponía lo que sigue: «quedan fuera del ámbito de la relación laboral especial del servicio del hogar familiar: b) las relaciones concertadas entre familiares para la prestación de servicios domésticos, cuando la parte que preste el servicio no tenga la condición de asalariado en los términos del artículo 1., tres, e), del estatuto de los trabajadores».

Así las cosas, la carga de probar que la prestación no es asalariada pesará sobre quien niegue tal carácter salvo que sea prestada por el cónyuge, los parientes hasta segundo grado por consanguinidad, afinidad o adopción convivientes con el titular del hogar en el que se va a llevar a cabo la actividad, y esta circunstancia tiene trascendencia en el contexto que aquí importa. En el caso de las personas extranjeras no es inusual que la convivencia en el mismo domicilio se produzca con quienes se tienen lazos de parentesco más alejados en grado (tercero o más). En estos casos, en principio a la prestación no le resulta de aplicación la presunción de no laboralidad del art. 1.3.e) ET, con lo que pesará sobre quien niegue su carácter asalariado la prueba pertinente. Es cierto que la convivencia hace que resulte difícil aislar la actividad que se pueda llevar a cabo a cambio de una retribución, de la que pueda desplegarse gratuitamente en el contexto de las normas internas para el adecuado funcionamiento del hogar que se comparte. No en vano, la actividad contratada en la relación laboral especial que nos ocupa es, precisamente, la realización de las tareas domésticas que, con mayor o menor intensidad, toda persona debe hacer en su propio domicilio. No obstante, la carga de esa prueba si no entra el art. 1.3.e) ET pesará, en su caso, sobre la TGSS o quien niegue el carácter laboral.

Pero la convivencia en el mismo domicilio no sólo es problemática en el caso de los parientes. En la temática que nos ocupa es imprescindible también tener presente que se puede acceder a la autorización de residencia por circunstancias excepcionales, en su modalidad de arraigo social, tras un largo periodo de estancia en situación irregular en España. Pues bien, no es inusual que la persona trabajadora comience a prestar servicios sin alta en la Seguridad Social mucho antes de obtener una autorización para ello y en el caso de las internas esa prestación tiene lugar precisamente en el domicilio que figura como su lugar de residencia, en el que se empadronan habitualmente porque dicho trámite es esencial para poder acceder a atención sanitaria básica y demostrar la estancia en España para poder obtener posteriormente una autorización de residencia y trabajo.

El problema se genera con la interpretación que la Oficina de Extranjería viene haciendo de las exigencias de acceso a esa autorización excepcional, que con carácter general requiere la presentación de un contrato de trabajo de al menos un año, por el que se garantice que se percibirá no menos del salario mínimo profesional en cómputo anual. Dicha Oficina, para asegurarse de que se trata, en efecto, de un contrato serio y real, y de que se llevará a buen puerto una vez concedida la autorización, manteniendo su duración, suele denegar la autorización a las personas que, sin vínculo de parentesco, comparten domicilio con el supuesto empleador[40]. La postura de la Adminis-

40 En efecto, la mera existencia de convivencia, al margen incluso de la relación de parentesco, genera para la administración dudas sobre la realidad de la contratación laboral especial. En este sentido puede verse, por ejemplo, STSJ País Vasco (sala de lo conten-

tración en este punto no puede ser más reprobable, porque supone un exceso injustificado en la aplicación de una norma que dispone lo contrario (la presunción de no laboralidad mediando convivencia sólo rige para los parientes próximos), sin que en nuestro sistema el fraude se presuma. Dicho de otro modo, carece de sustento legal la negativa expuesta sin otro argumento que la convivencia en el mismo domicilio o un vínculo personal previo[41], y además deja en una posición particularmente vulnerable a las personas trabajadoras internas, que no podrán por esta causa regularizar su situación.

Tampoco tiene sustento normativo propio el requisito adicional que la Oficina de Extranjería viene imponiendo a la persona trabajadora solicitante de esta autorización excepcional (desde la irregularidad), de probar la viabilidad de la relación laboral, acreditando la solvencia de la empresa (en este caso de la persona empleadora), o su ausencia de deudas con la Seguridad Social. Es cierto que el art. 66 RLOEx, en el marco de la autorización de trabajo por cuenta ajena, exige que el empleador acredite «*que cuenta con medios en cuantía suficiente para hacer frente a su proyecto empresarial y a las obligaciones derivadas del contrato firmado con el trabajador extranjero*», y si es una persona física, como sucede en el supuesto del trabajo del hogar, que además acredite que «*cuenta con los medios suficientes para atender sus necesidades y las de su familia*».

Dicha exigencia puede ser razonable cuando se trata de una contratación en origen, pues la relación de trabajo es causa y justificación del cambio

cioso) 48/2017, de 26 de enero (ECLI:ES:TSJPV:2017:92), sobre si se trata de un contrato de trabajo simulado o no cuando la persona trabajadora del hogar reside en el domicilio del empleador como subarrendatario. A pesar de las dificultades presentadas, no se considera que el contrato sea simulado pues no existían pruebas suficientes para probar dicho punto, pese a contar con un acta de Inspección de Trabajo, que había acudido al domicilio del empleador, presentando dudas sobre la existencia de la relación laboral. No hay que olvidar en este punto que en nuestro sistema el fraude no puede presumirse, como se insiste en la STSJ País Vasco (sala de lo contencioso) 211/2018, de 3 de mayo (ECLI:ES:TSJPV:2018:1660), que reconoce finalmente la concesión de una autorización de residencia temporal por arraigo social que había sido denegada por considerar que un contrato de trabajo de empleada de hogar era fraudulento y su único fin era el de obtener una autorización de residencia, habiendo tenido que probar en vía penal que no eran falsos dichos contratos, por el hecho de figurar en varios contratos de trabajo el mismo domicilio.

41 Aun cuando no existiese un empadronamiento previo, es habitual también, en caso de futuras trabajadoras del hogar extranjeras, que ya tuviesen algún tipo de vínculo con la persona que posteriormente fuese su empleadora. En el caso de la STSJ de Galicia (sala de lo contencioso) 116/2020, de 11 de marzo de 2020 (ECLI:ES:TSJGAL:2020:662), donde se admitía, incluso, que la persona extranjera en situación irregular ya «*ayudaba*» a su futuro empleador con «*actividades básicas de la vida diaria*» debido a su delicado estado de salud y se le reconoce igualmente la autorización de residencia solicitada. Ello sin perjuicio de que, en la práctica, tienda a ser habitual que la persona extranjera simplemente preste ya servicios como trabajadora del hogar sin la correspondiente autorización de trabajo ni alta en la Seguridad Social, como se adelantaba.

de residencia a otro país de la persona extranjera, y, como la propia redacción deja claro, la carga de probar dicha viabilidad recae sobre la persona empleadora, que es la solicitante de la autorización en dichos supuestos. Sin embargo, cuando estamos ante un arraigo social, que parte de una situación de excepcionalidad, en la que la persona solicitante es la propia persona extranjera y el fin último del contrato es probar que esta contará con medios económicos suficientes una vez se le otorgue dicha autorización, carece de lógica esta exigencia, que además no está en la norma, y que tendrá especial dificultad en el caso de los hogares particulares que son el centro de imputación en la relación laboral que nos ocupa[42], debiendo de nuevo recordar que el fraude no se presume[43].

De hecho, la jurisprudencia ha dejado meridianamente claro que no cabe denegar la autorización sin más por faltar esa acreditación, aunque la Administración pueda requerir a la parte para que aporte la documentación pertinente para reconocerla[44], fundamentando en su caso la denegación si considera

---

42 Sin lugar a duda, la obligación de acreditar la solvencia de la persona empleadora puede afectar desproporcionadamente a las trabajadoras del hogar. Es más, la Oficina de Extranjería, como pone de manifiesto en sus instrucciones, aunque la norma haga referencia en todo caso a las unidades familiares para el cálculo de la capacidad económica –ya sea de la persona solicitante o de la empleadora--, tiende a considerar las unidades de convivencia. Cuando a la persona a la que se le presta el servicio es de avanzada edad y, en muchas ocasiones, su única fuente de ingresos es una pensión de jubilación, resultará complicado dar cumplimiento a este requisito, pues tiende a ser insuficiente para acreditar su capacidad económica para hacer frente a un salario anual, a sus propias necesidades y a las del resto de su familia. Máxime si se toma en consideración toda persona que reside en dicho domicilio para este cómputo, aun cuando no exista un vínculo relevante o una dependencia económica entre estos. Por ejemplo, si están empadronados en ese domicilio otros familiares, como hijos estudiantes, hermanos independientes, etc.

43 Ello sin olvidar que el RDL 16/2022, sin reparar en la situación de extranjería de un porcentaje muy alto de las personas trabajadoras del hogar, incluye una previsión en la disposición adicional primera encaminada a, una vez se desarrolle reglamentariamente, reconocer bonificaciones del 45 y 30 % en la aportación empresarial a la cotización por contingencias comunes, en base a la renta y el patrimonio de la unidad familiar o de convivencia de la persona empleadora. Si bien la propia exposición de motivos de la norma, en relación con este precepto, considera «*una modulación [...] en función de [...] las necesidades de cuidado de las familias*», este particular no se valora, sino solo lo meramente económico. En cualquier caso, esta y demás bonificaciones que se establecen en el RDL pueden suponer una dificultad añadida cuando lo trasladamos al régimen de extranjería. La normativa del servicio doméstico pretende fomentar el alta en la Seguridad Social incluso de quienes cuentan con muy pocos recursos para ello, pero se olvida de que entorpece la regularización de las personas extranjeras, la mayoría del sector, pues, si una familia cumple con los requisitos de renta y patrimonio para beneficiarse de estas bonificaciones, probablemente no pueda probar su solvencia ante la Oficina de Extranjería para poder contratar a una persona extranjera que precisa de la obtención de una autorización de trabajo.

44 En la STSJ Madrid (sala de lo contencioso) 409/2016 de 28 de noviembre de 2016 (ECLI:ES:TSJM:2016:13068), ya se declaró improcedente la denegación de una solicitud de arraigo social por no haber acreditado la solvencia de su empleador o por no probar

probado que el contrato no es real y efectivo[45]. Lo que ha obligado a la Administración a replantearse su actuación, habiéndose incorporado expresamente este criterio jurisprudencial a las Instrucciones SEM 1/2022, sobre el arraigo para la formación y otras cuestiones comunes a las autorizaciones de residencia temporal por motivos de arraigo previstas en el art. 124 RLOEx[46].

4. Formalización del contrato y pactos contractuales

La nueva versión del RD 1620/11 refuerza la presencia de la norma laboral común en la forma del contrato, que habrá de adaptarse hoy a las reglas generales del ET, y en concreto a las previsiones del art. 8 ET, que permite la contratación no escrita únicamente para los contratos indefinidos y los tem-

---

que este estaba al corriente de sus obligaciones con la Seguridad Social, pues no era un requisito exigido por la norma. Poco tiempo después, la STS (sala de lo contencioso) 47/2019, de 22 de enero de 2019 (ECLI:ES:TS:2019:239), insistió en que no se trata tanto de determinar si dicho requisito es exigible pues, *«no es admisible, como por el recurrente se pretende, imponer a quien solicita el permiso de residencia temporal a que venimos haciendo referencia, aportar con su solicitud, no ya un contrato de trabajo en las condiciones que impone el mencionado artículo 124.2.b) del Reglamento, sino una prueba plena sobre la viabilidad del proyecto empresarial en el seno del cual se integra dicha relación laboral. Claramente se descubre esa conclusión de la misma dicción del precepto, e incluso de su propia interpretación lógica, porque no puede exigírsele al interesado aportar con su petición una prueba sobre unas circunstancias que, no solo le es difícil de obtener porque es fácil concluir la dificultad de acceder a los medios probatorios para acreditarlo, sino que incluso difícilmente le pudiera ser facilitada a quien ya debe recabar una contratación laboral no siempre de fácil consecución»*. En cambio, por sus consecuencias prácticas, lo que interesa es si la Administración, la Oficina de Extranjería, puede solicitar que se acredite dicha solvencia pues *«nada tiene que ver con la carga que se impone al interesado, de aportar el mencionado contrato, con la potestad de la Administración, una vez iniciado el procedimiento, para examinar dicha documentación y constatar esa viabilidad laboral»*. Por tanto, concluye que, si bien no puede exigirse en un momento inicial acreditar este punto como un requisito más, sí se le permite a la Administración, si tuviese dudas respecto a si se trata de un contrato real y efectivo, abrir un periodo probatorio con todas las garantías correspondientes para el interesado.

45 Así, la STS (sala de lo contencioso) 1695/2019, de 11 de diciembre de 2019 (ECLI:ES:TS:2019:4033), en un caso en el que la denegación se debía a la existencia de deudas con la Seguridad Social del futuro empleador, mantuvo el criterio de la sentencia antes mencionada, pero considerando además que, para que la Administración pueda denegar una solicitud por no considerar viable un contrato presentado para dicha solicitud, ha de motivar adecuadamente las razones que la han llevado a considerarlo así, no siendo suficiente la negativa en base a la mera existencia de una deuda con la Seguridad Social, por no tratarse de un requisito exigible por la normativa de extranjería.

46 Así, establece que *«en la solicitud inicial no será necesario aportar, por parte del interesado, documentación acreditativa del cumplimiento de los requisitos 64 y 66 del RLOEx. En los casos en que el contrato aportado genere dudas fundadas sobre que sea un contrato real y efectivo podrá requerirse la aportación de documentación adicional sobre estos extremos. La denegación por esta causa deberá estar adecuadamente fundada y justificada»*.

porales de menos de cuatro semanas. A tenor de lo dispuesto en el apartado segundo de este precepto del ET, por lo que ahora interesa, habrá de observarse la forma escrita en los contratos formativos, los contratos a *tiempo parcial*, «fijos-discontinuos y de relevo y los contratos para la realización de una obra o servicio determinado; también constarán por escrito los contratos por tiempo determinado cuya duración sea superior a cuatro semanas...» (véase el capítulo correspondiente).

Llevado esto al ámbito que nos ocupa (y sin perjuicio de la supresión del contrato de obra y servicio que incomprensiblemente sigue referenciado el ET), hay que entender que la mayoría de la contratación del servicio doméstico, en tanto que fundamentalmente a tiempo parcial, habrá de formalizarse siempre por escrito. Lo que en el caso de extranjeras en situación irregular es, en principio, necesario por las consecuencias que sobre su situación tiene la celebración del contrato, es decir, de cara a una futura regularización (aunque en la práctica no vaya a ser tan sencillo). No en vano, la persona extranjera ha de acreditar la realidad de su contratación para obtener las autorizaciones por arraigo social, por lo que, frente a lo que pueda suceder con el resto de las personas trabajadoras, para ellas la forma escrita no parece una opción, aun cuando la prestación se lleva a cabo de forma indefinida y a tiempo completo. Recuérdese, en este sentido, que el acceso a la autorización excepcional por arraigo (social) desde una situación de irregularidad (salvo, con matices, el caso del asilo) exige la prueba de la existencia de un contrato de ejecución futura (a tiempo completo o varios a tiempo parcial), como ya se ha dicho, por el que se perciba por lo menos el salario mínimo interprofesional en cómputo anual, a fin de acreditar que se cuenta con sustento económico suficiente para la duración de la autorización[47].

Téngase en cuenta, además, que este contrato de ejecución futura imprescindible para el acceso al arraigo social (a diferencia del arraigo laboral que se refiere a las prestaciones pasadas en régimen de regularidad o irregularidad) ha de contener una cláusula específica relativa al comienzo de la relación laboral. Dicho de otro modo, cuando se pasa de una situación de irregularidad administrativa (esto es, sin autorización de residencia/estancia y trabajo) a una situación de regularidad por arraigo social sustentada en el contrato, este ha de incluirse expresamente una cláusula que condicione el inicio del trabajo a la obtención efectiva de la autorización

47 La reforma del Reglamento de Extranjería ha mejorado las posibilidades de obtener una autorización de residencia temporal por arraigo social presentando un contrato en este sector pues se flexibilizan ligeramente los criterios, permitiendo la aportación de contratos a tiempo parcial o de varios contratos en más supuestos que ni siquiera tienen que tener una duración de un año (igual a la duración de la autorización), siempre y cuando, por supuesto, se perciba el salario mínimo interprofesional en cómputo anual igualmente. Siendo, así las cosas, pese a dicha flexibilización, sigue resultando complicado obtener una retribución semejante en el trabajo del hogar.

que es la que habilite a la persona para trabajador. Es decir, esa cláusula no condiciona la vigencia del contrato de trabajo a la posesión de una autorización de trabajo (pues la extinción o pérdida de una autorización de trabajo no es causa de extinción de la relación laboral), sino el efectivo inicio de la actividad laboral.

Esta realidad incide también en la propia modalidad contractual a emplear. El art. 6 del RD 1620/11 se limita a advertir que el contrato «podrá celebrarse por tiempo indefinido o por una duración determinada, en los términos previstos en el Estatuto de los Trabajadores y sus normas de desarrollo». Por tanto, en principio, la temporalidad del contrato habrá de encontrar acomodo en las reglas generales de contratación, pero en la materia que nos ocupa esa previsión debe compadecerse con el régimen jurídico de las autorizaciones para trabajar. Antes de la reforma del RLOEx, la duración del contrato aportado para la regularización a través del arraigo social no podía ser inferior a un año, aunque en la práctica tampoco se aceptaban contratos de duración superior, por lo que la Oficina de Extranjería solamente admitían contratos de un año de duración para la regularización por arraigo. Tras la reciente reforma del art. 124 del RLOEx, ya no se contempla previsión alguna sobre la duración del contrato, sino que se pone el foco en que se garantice el salario mínimo interprofesional anual, sea cual sea la duración del vínculo contractual. Por tanto, si en cómputo anual se alcanza este umbral de ingresos con un contrato temporal de duración inferior al año será suficiente, aunque la precariedad salarial de este ámbito difícilmente facilitará la observancia de esta exigencia.

Lo mismo se puede decir respecto de la parcialidad del contrato[48], teniendo esto particular interés en el entorno doméstico, en el que (con excepción de las personas internas) es más habitual contar con varios contratos a tiempo parcial que con uno solo a tiempo completo. Sin embargo, cuando estamos ante una autorización de este tipo, contar con varios contratos complica enormemente las posibilidades de regularización de la persona trabajadora extranjera, pues ha de cumplir con todos los requisitos relativos al contrato y a la persona empleadora respecto de cada uno de ellos, corriendo el riesgo de que, si tan solo uno no se ajusta a estas exigencias, se obtenga una resolución denegatoria[49].

---

48 En principio, de acuerdo con el art. 124.2 RLOEx, es necesario contar con un contrato de al menos 20 o 30 horas, dependiendo de si se tiene menores o personas a cargo, aunque también se admite presentar varios contratos en «*caso de desarrollo de actividades en una misma o distinta ocupación, trabajando parcialmente y de manera simultánea para más de un empleador*».

49 Como se decía, al ser necesario obtener una retribución que alcance el SMI en cómputo anual, si uno solo de los diversos contratos a tiempo parcial presentados no cumple con todos los requisitos exigidos por la normativa de extranjería, la persona solicitante ya no cubriría dicha cuantía en su totalidad, por lo que no podría obtener la pertinente autorización de residencia y trabajo para ninguna de las relaciones laborales propuestas.

En cuanto al contenido del contrato, únicamente recordar los derechos de información básica, que incluyen, por lo que aquí más pudiera interesar, el régimen de las pernoctas de la persona empleada de hogar en el domicilio familiar, lo que puede tener particular interés para las internas extranjeras[50], en tanto que aproximadamente el 100 % de las personas internas carecen de nacionalidad española[51].

También tiene especial interés, por su transcendencia en la extranjería, el periodo de prueba. Como se sabe, el art. 14 ET y el art. 6.2 del RD 1620/11 autorizan la celebración de un pacto de prueba siempre que se haga por escrito como parte del contrato (véase el capítulo correspondiente). Este pacto por lo general no genera problemática específica en el ámbito doméstico, sin embargo, sí lo hace cuando la persona trabajadora es extranjera, pues la pérdida del empleo puede ubicarla en una comprometida situación administrativa (acúdase a lo que se dirá a propósito de la extinción). Ahora bien, aunque ello sea así, no parece viable sostener que la condición de extranjera de la persona empleada pueda tener alguna repercusión en las posibilidades extintivas de la empleadora durante el periodo de prueba. Dicho de otra forma, aunque la decisión de poner fin a la relación, sin necesidad de explicación adicional, durante esta fase inicial del contrato pueda conllevar el pase a una situación irregular de la persona trabajadora, es un derecho legalmente reconocido a quien recibe la prestación del servicio, que no cabe restringir porque la persona en cuestión haya podido, por ejemplo, venir de su país a prestar servicios en ese hogar, es más, tampoco cabe restricción alguna cuando esa persona viene en régimen de interna, aunque la extinción contractual la deje incluso sin domicilio. Sin embargo, si bien la normativa de extranjería no hace referencia alguna a la incorporación de un periodo de prueba en el contrato, dado que se ha de garantizar en la medida de lo posible que dicha relación laboral se extiende durante la totalidad del año que dura la autorización (sin perjuicio de las posibles prórrogas), en la práctica, la Oficina de Extranjería se muestra muy reacia a admitir este tipo de pactos en el contrato para conceder la autorización.

50 La particular situación de las trabajadoras del hogar internas extranjeras resulta preocupante, pues sus condiciones laborales tienden a ser pésimas, incluso en comparación con el resto del sector. El Dictamen del Comité Económico y Social Europeo sobre el tema «Derechos de los cuidadores domésticos internos» 2016/C-487/02, pone de manifiesto, a través de sus recomendaciones, que queda aún mucho trabajo por hacer para equiparar las condiciones de trabajo de este colectivo a las del resto del sector.

51 Según los datos se viene admitiendo que el 100 % de las personas internas son extranjeras, Ceinos Suárez, Ángeles: «Roles de cuidados asumidos por mujeres: el fenómeno de la inmigración», en *Lex social,* vol. 11, núm. 2, 2021, pág. 531. Gómez Rufián, Luis: «Características personales y condiciones jurídico-laborales del empleo doméstico en España: estudio a través de los microdatos de la encuesta de población activa», en *Lex Social*, vol. 9, núm. 2, 2019, p. 126.

5. Régimen jurídico de la prestación del servicio de la persona extranjera

El régimen jurídico de la actividad laboral, en principio, es ajeno a la condición de extranjería, rigiéndose por las reglas generales cuestiones tales como el salario. No obstante, conviene tener presente la regla ya expuesta respecto del importe anual de la retribución a efectos del acceso a la autorización por arraigo social, que ya se ha dicho ha de alcanzar el salario mínimo interprofesional, debiendo ser conscientes de que en este entorno es habitual el pacto de retribución por horas. Según el Real Decreto 99/2023, de 14 de febrero, el salario mínimo de las empleadas y empleados del hogar que trabajen por horas se fija en 8,45 € por hora efectivamente trabajada, cuantía que incluirá la parte proporcional de domingos y festivos, pagas extraordinarias y vacaciones, y que será, en cómputo anual, la que habrá de tomarse en consideración si se aportan varios contratos a tiempo parcial para cubrir las exigencias retributivas de acceso a la autorización por arraigo.

El tiempo de trabajo tampoco presenta singularidades específicas, aunque es aconsejable tener en cuenta las reglas particulares de descanso de las trabajadoras internas[52], en tanto que son exclusivamente extranjeras[53]. De todas formas, lo más relevante para este colectivo es la garantía (novedad de 2011) de que, en caso de suspensión del contrato de trabajo por incapacidad temporal por enfermedad o accidente, las personas internas puedan seguir alojadas en el domicilio en el que prestan servicios un mínimo de treinta días, salvo que, por prescripción facultativa, se recomiende su hospitalización. No parece razonable que una persona extranjera que no tenga más lugar de residencia que aquel en el que presta servicios, cuando no pueda hacerlo por enfermedad o accidente deba buscarse un lugar donde residir temporal-

---

52 Estudios indican que un 42,85 % de las mujeres internas no tienen ninguna hora de descanso en la jornada diaria. También, el 67 % de mujeres internas descansa menos de 10 horas entre jornadas de trabajo. Al respecto véase SERVICIO JESUITA A MIGRANTES, *Visibilizar lo invisible. Mujeres migradas y empleo del hogar*, 2018.

53 La jornada continuará siendo de cuarenta horas semanales máximo, de trabajo efectivo (sin perjuicio de los tiempos de presencia, a disposición del empleador, que pudieran acordarse entre las partes y que habrá de compensarse específicamente), conforme al horario fijado por las partes, siguiendo las horas extraordinarias el régimen laboral común, con respeto del derecho a un descanso mínimo de doce horas entre jornada y jornada (diez si se trata de personal interno, compensando el resto hasta doce horas en períodos de hasta cuatro semanas), y de treinta y seis horas consecutiva semanales, así como las fiestas y permisos comunes. Por lo demás, las reglas previstas en el Real Decreto para garantizar a la persona interna unos tiempos mínimos de descanso entre jornadas —doce horas como mínimo, reducibles a diez horas, compensando el resto hasta doce horas en períodos de hasta cuatro semanas— así como un tiempo mínimo para las comidas principales (dos horas diarias, que no se consideran computables como de trabajo), son previsiones que en la mayoría de los casos se destinan a la población extranjera, aunque jurídicamente esa realidad no tenga consecuencias específicas.

mente. Ahora bien, transcurrido ese primer mes de baja médica, si continúa sin poder prestar servicios, es inevitable preguntarse qué será de la persona trabajadora extranjera, probablemente sin otro lugar en el que alojarse, y que puede ser «desalojada» del domicilio en el que venía prestando servicios. Es evidente que mantener a la persona trabajadora en el hogar sin prestar servicios y teniendo que ser sustituida por otra persona en esa labor acarrea una dificultad añadida al sujeto empleador, amén de un coste adicional, pero igual de incontestable resulta que si esa persona, precisamente por su condición de extranjera, no dispone de otro lugar de residencia, no resulta de recibo dejarla sin lugar donde vivir durante el tiempo que no pueda prestar servicios. Máxime si la causa de la incapacidad es de origen profesional (es decir, derivada precisamente de la actividad laboral)[54].

En cuanto al derecho a vacaciones anuales retribuidas, únicamente hay que recordar que la referencia a que al menos uno de los periodos en caso de fraccionamiento dure un mínimo de quince días naturales consecutivos, tiene particular interés en el caso de las personas extranjeras, pues puede garantizarles un tiempo mínimo para retornar a su país, como suelen hacer[55]. Nótese, además, que las personas trabajadoras del hogar internas (todas ellas extranjeras) durante el disfrute de sus vacaciones no tendrán obligación

---

54 La norma nada distingue en este sentido, y se limita a garantizar el alojamiento durante un mes, dejando en manos de la conciencia o posibilidad económica del receptor del servicio la decisión de mantener la situación protegida más tiempo. En todo caso, durante ese intervalo de inactividad la persona interna mantendrá su derecho a lucrar prestaciones de incapacidad temporal, siempre, claro está, que si el origen es una enfermedad común haya cotizado lo suficiente al sistema (seis meses), pues en caso contrario no tendrá derecho a prestación, debiendo recordar que el tiempo prestado de forma irregular no genera cotización a estos efectos una vez regularizada la situación. Así se ha sostenido respecto del desempleo, pero parece igualmente extensible a la incapacidad temporal. Véanse las SSTS (sala de lo social) 31 de enero de 2017, Recs. 1153/15 y 3345/15 (ECLI:ES:TS:2017:656). Doctrina que se refuerza con la LOEx, en la medida en que sostiene que sólo los extranjeros «residentes» (esto es, en situación de residencia legal) tienen derecho a acceder a las prestaciones y servicios de la Seguridad Social (art. 14.1), y que, «en todo caso, el trabajador que carezca de autorización de residencia y trabajo no podrá obtener prestaciones por desempleo» (art. 36.5), «de lo que ineludiblemente se sigue, mientras otra cosa no se excepcione, que el tiempo trabajado en situación irregular tampoco podrá adicionarse a otro distinto».

55 Recuérdese que las ausencias del territorio español pueden derivar en una pérdida de la autorización de residencia, si bien sólo las prolongadas (constituye causa de extinción de la autorización de residencia temporal, de acuerdo con el art. 162 RLOEx la permanencia fuera de España durante más de seis meses en un periodo de un año). Aunque no hay que olvidar que algunas personas con autorización de trabajo pueden no contar con una autorización de residencia (solicitantes de asilo, por ejemplo) que les permite tanta movilidad y, en particular, retornar siquiera a su país de origen. En el caso de solicitantes de asilo y protección internacional la razón es evidente: si se solicita protección a un Estado porque la vida peligra en el país de origen, retornar a esta evidencia la falta de justificación de dicha solicitud. Sin embargo, no se nos puede escapar la compleja realidad de muchas personas solicitantes de asilo que con mucha frecuencia han de dejar a parte de su familia en el país de origen.

ni de residir en el domicilio de la familia para la cual presta servicios, ni de desplazarse con ella si pasan el periodo vacacional en otro lugar, aunque la duda es, hasta qué punto, en ese caso tienen derecho a permanecer en el hogar habitual si la familia se traslada a otro vacacional. Nótese que la norma no prevé garantía alguna en este sentido, es decir, no dispone que en el periodo de vacaciones la persona interna mantiene su derecho a permanecer en el domicilio familiar, que es, al fin y a la postre, de hecho, el suyo propio.

Por último, conviene también hacer una referencia a la conservación del contrato en caso de subrogación contractual por cambio de la persona empleadora, contemplado en el art. 10 del RD 1620/11, que sólo procederá previo acuerdo de las partes, presumiéndose este cuando la persona empleada de hogar siga prestando servicios, al menos, durante siete días en el mismo domicilio, pese a haber variado la titularidad del hogar familiar. Esta previsión no es más que un traslado del art. 44 ET sobre la sucesión de empresa a este ámbito tan particular. Pero, en el contexto que nos ocupa, esa subrogación habrá de acompañarse no sólo de un acuerdo entre las partes, sino también de la consiguiente observancia de los trámites administrativos respecto de la autorización de trabajo y residencia. No en vano, un cambio de empleador puede tener consecuencias relevantes en el ámbito de la extranjería, aunque dependerá de cuándo se produzca esa modificación y de cuál sea su causa.

Así, por ejemplo, si se ha solicitado una autorización de residencia temporal por arraigo social con una persona empleadora, es necesario, en principio, que, una vez concedida dicha autorización, para realizar los restantes trámites que permitan la expedición de la tarjeta de residencia correspondiente, se efectúe el alta en la Seguridad Social en los términos del contrato presentado para la solicitud. Por tanto, no cabría una modificación en este punto de la persona empleadora, especialmente considerando que las exigencias de solvencia antes mencionadas están vinculadas a quien contrata[56]. Pero una vez obtenida la autorización por arraigo social[57], la autorización que le sigue exige acreditar «la continuidad en la relación laboral que dio lugar a la concesión de la autorización cuya renovación se pretende»[58]. Pues bien,

56 Es más, tampoco cabría una subrogación contractual pues la relación laboral, en este punto, todavía no ha comenzado siquiera (con la excepción de los tiempos COVID). Debido al COVID, vieron la luz las Instrucciones DGM 6/2020, sobre los procedimientos iniciados relativos a arraigos sociales en el contexto del COVID-19. Así, novedosamente se comenzó a permitir el cambio de persona empleadora una vez concedida la autorización, si bien con ciertos límites temporales y condicionado a cumplir los mismos requisitos que si se hubiese solicitado inicialmente con este nuevo contrato.

57 Pues no se trata de una renovación en sí misma, sino de una modificación de autorización, si bien han de darse también los requisitos del art. 71 LOEx, correspondientes a la renovación de las autorizaciones de residencia temporal y trabajo por cuenta ajena.

58 Así lo establece el art. 71 RLOEx. En su defecto, se puede acreditar haber trabajado un periodo mínimo de tres meses por año, siempre y cuando, exista un contrato con un

parece lógico pensar que si se produce una modificación de la titularidad del hogar y, por tanto, de la persona empleadora mediando subrogación, se podrá considerar continuada la relación laboral que ha dado lugar a la autorización, pues así resulta de la normativa laboral (art. 10 RD 1620/11), en vez de entender que el cambio genera una nueva relación contractual a estos efectos, lo que dificultaría la renovación, aunque la normativa de extranjería nada disponga sobre el particular.

6. Repercusión de la extranjería en la extinción contractual

Es por todos conocida la modificación que el RDL 16/2022 ha hecho de la extinción contractual, en particular, la supuesta eliminación de la vía extintiva del desistimiento[59], que hasta ahora permitía a la persona empleadora extinguir el contrato sin tener siquiera que alegar una causa, ya fuese esta más o menos cierta[60]. Prescindiendo ahora del alcance real de esta supresión, lo que debe recordarse aquí es que la persona trabajadora en el entorno doméstico puede hoy ser *despedida* disciplinaria u objetivamente (véase el capítulo correspondiente)[61]. Como fuere, por lo que aquí interesa, la decisión

---

nuevo empleador con las mismas características en el momento de la renovación o, entre otros, «que la relación que dio lugar a la autorización cuya renovación se pretende se interrumpió por causas ajenas a su voluntad, y que ha buscado activamente empleo».

59 Si bien algunos preceptos del RD 1620/11 se mantienen intactos, haciendo todavía referencia a dicha figura.

60 Esta supresión no debe asumirse como un acto de gracia del legislador. En realidad, hace décadas que la desaparición del desistimiento, al menos tal y como se formulaba en el RD 1620/11, era una tarea pendiente, en concreto, desde que nuestro país había ratificado en abril de 1985 el convenio 158 de la OIT (1982), que exige una causa justificada para la extinción por iniciativa del empleador, sin autorizar expresamente su desplazamiento para el servicio doméstico.

61 El primero de los despidos seguirá la suerte de causas, formalidades y consecuencias previstas en el ET, el segundo en tanto que puede, sin duda, generar muchas dudas interpretativas se configura ahora de forma específica, en cierta medida trasladando algunos supuestos de este precepto al contexto que nos ocupa. Así, dispone el art. 11.2 del RD 1620/11 que, además de por las causas comunes del ET, la extinción podrá producirse por alguna de las siguientes causas, siempre que estén justificadas: disminución de los ingresos de la unidad familiar o el incremento de sus gastos por circunstancia sobrevenida; o modificación sustancial de las necesidades de la unidad familiar que justifiquen la extinción. La tercera de las causas, por su parte, deriva del comportamiento de la persona empleada y, por ello, constituye, en realidad, el mantenimiento del desistimiento, si bien ahora causal, frente al acausal previo. La conducta generadora de la decisión extintiva ha de ser de gravedad menor, aunque la exigencia de fundamento causal debe entenderse en el sentido de no bastar la alegación de circunstancias de menor entidad que no superen los filtros de la mínima justificación que exige la reforma. Dicho de otro modo, no se trata de buscar una excusa, sino de justificar en una causa «objetiva suficiente» la pérdida

extintiva pone a la persona trabajadora extranjera en una situación complicada, por la repercusión sobre su autorización de residencia y trabajo, por las dificultades en la obtención y mantenimiento de la prestación de desempleo si desea volver a su país, etc. Precisamente porque esas dificultades son mucho más gravosas que para cualquier otra persona trabajadora, se hace aquí, más imprescindible aún si cabe, apostar por una interpretación estricta del despido por pérdida de confianza que ahora (en sustitución del desistimiento libre) prevé la norma.

Por razones obvias, la norma laboral no impone mayor carga justificativa a la persona empleadora por el hecho de que la empleada en la que ya no confía sea extranjera. Pero en la medida en que la normativa de extranjería sanciona notablemente, en vistas a la renovación de su autorización de residencia, a quienes han visto su relación laboral extinguida por causas que les pueden ser «imputables»[62], se impone una interpretación de esta normativa que no considere la pérdida de confianza causada por el comportamiento de la persona trabajadora como incardinable en esta categoría. La referencia legal a la que aquí se alude debe entenderse relacionada con la finalización de la relación laboral por voluntad de la persona trabajadora, no con cierto grado de imputabilidad en la razón final de la pérdida de confianza[63].

---

de confianza. En este sentido, consúltese Menéndez Sebastián, Paz y Minculeasa Copcea, Álex: «El nuevo estatuto jurídico del personal al servicio del hogar», en AA.VV., *El Derecho del Trabajo que viene. Reflexiones sobre la reforma laboral que necesitamos (en prensa)*, Colex, 2023.

62 El art. 71.2.b). 3° RLOEx contempla un supuesto de renovación basado en que la persona trabajadora haya realizado actividad laboral durante un mínimo de tres meses por año, siempre y cuando, entre otros, «*la relación laboral que dio lugar a la autorización cuya renovación se pretende se interrumpió por causas ajenas a su voluntad*». También el supuesto recogido en el 71.2.d). 1° hace referencia a la interrupción de la relación laboral por causas ajenas a la voluntad de la persona trabajadora.

63 La STS (sala de lo contencioso) 1311/2022, de 17 de octubre de 2022 (ECLI:ES:TS:2022:3715), por ejemplo, si bien viene a analizar otro requisito, menciona expresamente que «*la interrupción de la relación laboral que dio lugar a la autorización no se deba a causas imputables al mismo*». Las pocas sentencias sobre esta cuestión sostienen la improcedencia de la denegación por incumplir dicho requisito si se acredita, por cualquier medio, que la causa de extinción era ajena a su voluntad, incluso cuando esté contemplada como una baja voluntaria. En el caso de la STSJ Andalucía (sala de lo contencioso) 256/2018, de 12 de febrero de 2018 (ECLI:ES:TSJAND:2018:8143) constaba como un cese o baja voluntaria de la trabajadora del hogar, sin embargo, la empleadora afirmaba que el fin de la relación laboral se debía a que esta no contaba con la capacidad económica suficiente para poder seguir haciendo frente a los gastos que ello suponía. Sin perjuicio de que, en ese momento, cabía el desistimiento libre y no se había hecho uso de dicha vía de extinción, lo cierto es que se ajustaba a la normativa aplicable la acreditación por otros medios de este requisito. Por supuesto, la sentencia lo que afirma es la improcedencia de la denegación por no dar cumplimiento al requisito de que la relación haya finalizado por una causa ajena a la voluntad de la persona trabajadora, lo cual no es óbice para que se le pueda denegar igualmente por incumplir la otra parte de dicho requisito, relativo a acreditar la búsqueda activa de empleo.

Además de las singularidades que puedan referenciarse en cuanto a la incidencia de la extranjería en el régimen ordinario de extinción contractual, en lo atinente a la repercusión que la extinción contractual puede tener en el devenir de las autorizaciones de extranjería, es obvio que el factor de la extranjería tiene aún mayor relevancia en la relación inversa, es decir, en cómo las autorizaciones pueden incidir en la vida de la relación laboral. Dicho de otro modo, la determinación de la vía adecuada y ajustada a derecho de extinción cuando se pierde la autorización de trabajo que posibilitaba el desarrollo de dicha relación laboral[64].

En este punto resulta imprescindible rememorar lo dicho sobre las distintas autorizaciones y momentos en los que es posible desarrollar una actividad laboral. Cuando una persona extranjera con autorización de trabajo se encuentra trabajando y, por cualquier causa, deja de ser titular de esa autorización, bien porque se le extingue, bien porque se le deniega la renovación o bien porque cambia su régimen de autorización a uno que no le permite trabajar, deja de estar autorizada para prestar servicios.

Quizá convenga comenzar recordando el art. 36.5 LOEx, a cuyo tenor «*La carencia de la autorización de residencia y trabajo, sin perjuicio de las responsabilidades del empresario a que dé lugar, incluidas las de Seguridad Social, no invalidará el contrato de trabajo respecto a los derechos del trabajador extranjero, ni será obstáculo para la obtención de las prestaciones derivadas de supuestos contemplados por los convenios internacionales de protección a los trabajadores u otras que pudieran corresponderle, siempre que sean compatibles con su situación*». La norma no requiere en este punto mucha interpretación, el contrato no se convierte en nulo por carecer la persona trabajadora de la consiguiente autorización, y como ha señalado la jurisprudencia, al no tratarse de un contrato nulo, la persona trabajadora tiene derecho a toda protección derivada del vínculo contractual[65]. Pero en tanto que la prestación no puede continuar porque la persona trabajadora no puede prestar lícitamente servicios sin la autorización correspondiente ¿qué debe hacer el titular del hogar familiar? ¿qué vía debe emplear para poner fin a la prestación de servicios?

Lógicamente del precepto antes reproducido se deduce que la pérdida de la autorización no es en sí misma causa de extinción de la relación laboral, debiendo además tener en cuenta que la jurisprudencia tampoco considera que se pueda condicionar la duración o vigencia del contrato a la posesión de la correspondiente autorización, por lo que no es posible pactar su extinción sin indemnización sustentada en la pérdida de la autorización de

---

64 Sobre esta cuestión véase LÓPEZ CUMBRE, Lourdes: «Despido (improcedente) por pérdida del permiso de trabajo. ¿La autorización para trabajar constituye una condición contractual?», en *Análisis Gómez-Acebo & Pombo,* 2017.

65 Obviamente, la persona trabajadora conserva el derecho a lucrar los salarios generados hasta la extinción *ex* art. 9.2 ET.

trabajo[66]. En términos generales esta situación ha sido solventada por la jurisprudencia, reconduciendo la extinción a un despido por causas objetivas, previsto en el art. 49.1.l) y desarrollado en el art. 52 ET, es decir, a una suerte de «*ineptitud del trabajador conocida o sobrevenida...*»[67].

A día de hoy esta doctrina es igualmente trasladable al servicio doméstico, pero curiosamente no lo era antes de la reforma acometida por el RDL 16/2022 del RD 1620/11, pues hasta ese momento no se contemplaba la posibilidad de una extinción por las causas objetivas del ET para las personas trabajadoras del hogar, toda vez que la antigua redacción del art. 11 del RD excluía expresamente la aplicación de la letra l) del art. 49.1 ET, por no considerarlo compatible con la naturaleza de esta relación laboral especial. En tal tesitura la única opción viable para extinguir el contrato cuando la persona extranjera perdía su autorización para trabajar era el desistimiento, con todas las exigencias económicas y de preaviso que le eran propias. Ahora, parece evidente que la pérdida de la autorización para trabajar de la persona empleada en el hogar familiar habrá de derivar en un despido objetivo en los términos dichos.

Nótese además que la jurisprudencia ha considerado improcedente la extinción por cualquier otra vía distinta a la ineptitud sobrevenida del ET. Por lo que, en principio, hay que entender que tampoco tendría encaje el supuesto que nos ocupa en una extinción objetiva por pérdida de confianza (el desistimiento causal hoy vigente). Con independencia de lo que pueda sostener la jurisprudencia en este punto, no cabe prescindir del hecho de que en todo caso la diferencia no tiene consecuencias prácticas, pues en ambos casos (despido por ineptitud o por pérdida de confianza) el régimen jurídico de la extinción es el mismo. De todos modos, dos objeciones pueden hacerse a esta realidad, la primera que el titular del hogar familiar no es, como ya se ha dicho reiteradamente, un empresario al uso, y obligarle a transitar por un despido indemnizado para poder extinguir el contrato de quien por su situación no está en condiciones de continuar prestando servicios (porque ha perdido su autorización) es quizá un exceso, especialmente porque esa situación es ajena a la persona empleadora.

Segunda que precisamente por esa singularidad de la empleadora, puede resultar desproporcionado exigirle que conozca y gestione debidamente todas las dificultades que, en ocasiones, acompañan de la determinación de los límites de la autorización de trabajo, a la renovación de autorizaciones, a sus posibles prórrogas, a las denegaciones de solicitudes de asilo ya notifica-

66 La sentencia del TS (sala de lo social) 955/2016, de 16 de noviembre de 2016 (ECLI:ES:TS:2016:5350), afirma expresamente que no es posible extinguir el contrato a través de la vía del art. 49.1.b) ET, referido a «*las causas consignadas válidamente en el contrato salvo que las mismas constituyan abuso de derecho manifiesto por parte del empresario*».

67 Véase SSTS (sala de lo contencioso) 955/2016 de 16 de noviembre de 2016 (ECLI:ES:TS:2016:2990) y 642/2021 de 23 de junio de 2021 (ECLI:ES:TS:2021:2457).

das y al largo etcétera de cuestiones administrativas propias del régimen de extranjería, que de ordinario el titular del hogar no conoce, máxime si se trata de una persona mayor, dependiente y vulnerable. Y no hay que olvidar que el error en la formulación del tipo exacto de despido (objetivo por ineptitud sobrevenida), puede derivar en la declaración de improcedencia del mismo (con el considerable incremento de la indemnización que corresponde a un despido objetivo procedente), cuando con frecuencia en la práctica lo que sucederá es que la persona empleadora a la que la prestadora del servicio comunica que ya no está autorizada para trabajar, entienda que esa circunstancia basta para dar por rota la relación laboral, sin más consecuencias.

Por último, respecto de la extinción contractual cabe referenciar que tras la reforma del RD 1620/11, esta situación genera derecho a desempleo a favor de las personas empleadas de hogar, como se analiza en el capítulo específico dedicado a los aspectos de Seguridad Social. Obviamente, no es el momento de profundizar en las singularidades de esta prestación, que desde luego son múltiples y han sido muy estudiadas por la doctrina (no para el servicio doméstico, sino en general para el acceso de los extranjeros al desempleo), pero sí conviene hacer algún recordatorio. En primer lugar, es necesario tener presente que a ciertos extranjeros cuando pasan a la situación de desempleo, se les permite capitalizar la prestación y retornar a su país de origen[68], con el compromiso de no regresar a España en tres años[69],

68 Ello sucede en el marco del programa de Retorno Voluntario (APRE) para trabajadores extranjeros de determinados países no comunitarios, siempre que sea originaria de Andorra, Argentina, Australia, Bolivia, Brasil, Canadá, Chile, Colombia, Ecuador, Estados Unidos, Federación Rusa, Filipinas, Japón, Marruecos, Méjico, Paraguay, Perú, República Dominicana, Túnez, Ucrania, Uruguay, Venezuela, El Salvador, República de Corea y República de Cabo Verde. Véase, CHARRO BAENA, Pilar: «Retorno voluntario de extranjeros extracomunitarios: Configuración general y medidas adoptadas en el contexto de crisis económica: La capitalización del desempleo», en *Revista del Ministerio de Empleo y Seguridad Social*, núm. 105, 2013, pág. 70-ss.

69 Esta posibilidad de cobro acumulado no alcanza a «los trabajadores nacionales de países que formen parte de la Unión Europea o del Acuerdo sobre el Espacio Económico Europeo y de Suiza», conforme al apartado tres del artículo único del RDL 4/2008. Pero cabe preguntarse qué ocurre cuando la persona en cuestión está casada con un nacional. A esta cuestión ha dado respuesta el TS (sala de lo social) en su sentencia de 17 de mayo de 2022, Rec. 851/19 (ECLI:ES:TS:2022:1879) respecto de un nacional peruano, casado con una española, que quería capitalizar en los mismos términos que los españoles la prestación por desempleo, pero retornando a su país de origen. Para resolver la cuestión es preciso tener en cuenta que conforme al Real Decreto 240/2007, de 16 de febrero, las personas extracomunitarias casadas con nacionales tienen libertad de entrada en territorio nacional. Paralelamente, conviene tener en cuenta que el Real Decreto-ley 4/2008, de 19 de septiembre y el Real Decreto 1800/2008, de 3 de noviembre, que le da desarrollo, autorizan el abono acumulado y de forma anticipada de la prestación contributiva por desempleo a trabajadores extranjeros no comunitarios que retornen voluntariamente a sus países de origen, exigiéndoles la suscripción de un compromiso de retornar a su país de origen y el de no regresar a España en el plazo de tres años para residir y/o realizar una actividad lucrativa o profesional por cuenta propia o ajena. Pues bien, entiende la Sala

sin que la regla expuesta prevea exclusión si el desempleo se ha producido en el entorno doméstico.

En segundo lugar, es justo recordar que aunque el acceso de las personas extranjeras a este derecho no tiene en principio un régimen jurídico específico, en la medida en que rigen para ellas las mismas exigencias legales que para el resto de personas trabajadoras, quedan igualmente obligadas a acreditar que se encuentran en situación legal de desempleo y que están en condiciones de observar el compromiso de actividad (ahora acuerdo de actividad), lo que puede resultar complejo en el caso de los no nacionales, ya que su situación administrativa debe permitirles no sólo residir en España[70], sino también trabajar[71].

Por último, quizá no esté de más recordar que en el caso de las personas extranjeras en situación irregular que han prestado efectivamente servicios para la persona empleadora, no funciona el alta de pleno derecho, ni la automaticidad de las prestaciones (que sí lo hace para las personas nacionales)[72], porque a tenor de lo dispuesto en el art. 36.5 LOEx «el trabajador que

---

que, tratándose de una excepción restrictiva del derecho contemplado en la norma, no cabe interpretación analógica, y por tanto no cabe extender la restricción a quienes, como en el caso de autos, son nacionales de terceros Estados, aunque casados con nacionales. Por tanto, hay que entender que quien está en condiciones de capitalizar el desempleo y regresar a su país de origen tiene el derecho a hacerlo, que no la obligación. El ejercicio del derecho específico (percibir la prestación en estas condiciones) comporta una restricción del genérico (circular y desarrollar actividades en España), pero la misma forma parte de la propia institución, es aceptada libremente y, además, puede revocarse afrontando las consecuencias de ello. Por tanto, el sujeto no puede disfrutarse al mismo tiempo las dos condiciones (capitalizar con retorno y tener derecho a retornar libremente a España), pero puede optar libremente por una u otra posibilidad. Dicho de otro modo, acceder a la condición de cónyuge de española no significa perder los beneficios inherentes a la propia nacionalidad, sino obtener un estatuto adicional de posibilidades. Por lo que la persona que ostenta una nacionalidad extranjera, aunque esté casada con otra de nacionalidad española y amparada por el RD 240/2007, tiene derecho a capitalizar la prestación por desempleo en las condiciones previstas por el RDL 4/2008. Obviamente, si quien asume, voluntariamente, la obligación de permanecer tres años en su país de origen decide incumplirla podrá activar los derechos específicos de cónyuge de persona comunitaria, pero estará obligado a devolver la prestación capitalizada.

70 Parte de la doctrina entiende que es suficiente con la autorización de residencia para poder gozar del nivel contributivo, ROQUETA BUJ, Remedios: «Las condiciones de trabajo y Seguridad Social de los extranjeros en España», en *Revista de Derecho Migratorio y Extranjería*, núm. 10, 2005, pág. 73.

71 Sobre el particular, LÓPEZ INSUA, Belén del Mar: «El derecho a las prestaciones por desempleo de las personas inmigrantes», en *Lex Social*, núm. 11-1, 2021, pág. 138–207; TARIBINI-CASTELLANI AZNAR, Margarita: «Los derechos de los trabajadores extranjeros: Puntos críticos», en *Revista del Ministerio de Trabajo y Asuntos Sociales*, núm. 63, 2006, págs. 198-201.

72 Sí funciona para el resto de las prestaciones derivadas de contingencia profesional (por todas, STS (sala de lo social) 9 de junio de 2003, Rec. 4217/2002, (ECLI:ES:TS:2003:3940)). Véase también, MONEREO PÉREZ, José Luis y VILA TIERNO, Francisco: «La (des)protec-

carezca de autorización de residencia y trabajo no podrá obtener prestaciones por desempleo». Precisamente porque mientras las personas nacionales pueden permanecer en nuestro país actualizando debidamente su compromiso/acuerdo de actividad y procurando encontrar empleo, las extranjeras en situación irregular no pueden hacerlo, porque no están en condiciones de aceptar libremente un empleo[73].

7. Conclusiones

De cuanto se ha dicho en las líneas precedentes resultan algunas conclusiones incontestables, a las que muy someramente haremos referencia a continuación. La primera y más evidente es que la legislación rectora de la prestación laboral de servicios en el entorno doméstico y la propia de extranjería no son, desde luego, vasos comunicantes, sino que cada una de ellas parece responder a una realidad diferente, que prescinde del hecho de que la mayoría de las personas que trabajan en este singular ámbito de actividad son mujeres extranjeras extracomunitarias. Esta falta de sintonía entre una normativa y la otra arroja un sinfín de dificultades de gestión práctica y un listado interminable de incoherencias.

La segunda conclusión tampoco requiere mucho cuestionamiento, aunque el legislador ha querido aproximar e incluso en la mayoría de los puntos equiparar la regulación especial a la común del resto de personas trabajadoras, lo ha hecho de espaldas a la realidad de este sector, en el que falta una persona empresaria al uso y en el que la intimidad y la confianza son los ejes vertebradores del contrato de trabajo. Al prescindir de ello afloran por doquier desajustes, que ponen incluso en tela de juicio la veracidad de algunos derechos recién conquistados, como la protección frente a la insolvencia (FOGASA) o el acceso al desempleo en plenitud de garantías, y que si la persona es extranjera son aún más difíciles de disfrutar.

En tercer lugar, es igualmente una obviedad que la situación de extranjería de la persona trabajadora reporta a la parte empleadora un número muy elevado de obligaciones y responsabilidad (administrativas y de otro género) que no siempre está en condiciones de asumir con garantías de éxito, obviando ya el hecho de que el alcance mismo de esa suma de deberes ni siquiera está claro, reinando en este ámbito como en pocos la más absoluta inseguridad jurídica.

---

ción social del trabajador extranjero en situación irregular. La incidencia de las autorizaciones administrativas previas respecto al reconocimiento de la prestación por desempleo», en *Derecho de las Relaciones Laborales*, núm. 11, 2017, págs. 1080-ss; Rubio de Medina, María Dolores: «Inmigración irregular y protección social en los accidentes de trabajo y en la prestación por desempleo», en AA.VV., *Aspectos jurídicos de la inmigración irregular en la Unión Europea*, Murcia, Laborum, 2009.

73 Véase STS (sala de lo social) de 18 de marzo de 2008, Rec. 800/2007 (ECLI:ES:TS:2008:1864).

En síntesis, estos son sólo algunos botones de muestra de la amalgama de dificultades que resulta de la combinación del binomio servicio doméstico y extranjería. Sería deseable que en reformas venideras o desarrollos reglamentarios futuros se solventasen todas estas incoherencias y dificultades, que no hacen más que sembrar de incertidumbre la ya de por sí compleja relación laboral especial. Pero si nos atenemos a lo que ha venido sucediendo hasta la fecha (la realidad del porcentaje de mujeres extranjeras en el servicio doméstico no es reciente precisamente), quedan poco espacio para la esperanza de que una regulación más coherente y cohonestada vea la luz.

BIBLIOGRAFÍA

Aguilera Izquierdo, Raquel: «El acceso de los inmigrantes irregulares al mercado de trabajo: los procesos de regularización extraordinaria y el arraigo social y laboral», *Revista del Ministerio de Trabajo y Asuntos Sociales*, núm. 63, 2006, pág. 175-ss.

Aragón Medina, Jorge, **Martínez Poza**, Alicia, **Cruces Aguilera**, Jesús y **Rocha Sánchez**, Fernando: «La integración laboral de las personas inmigrantes en España. Una aproximación al empleo y las condiciones de trabajo», en *Informes de la Fundación Primero de Mayo*, 2010, pág. 113.

Camas Roda, Ferrán: «Obstáculos de la legislación laboral y del régimen jurídico de extranjería en la consecución de un trabajo decente para las trabajadoras migrantes del servicio doméstico», en *Lex social,* vol. 11, núm. 1, 2021.

Ceinos Suárez, Ángeles: «Roles de cuidados asumidos por mujeres: el fenómeno de la inmigración», en *Lex social,* vol. 11, núm. 2, 2021, pág. 531.

Charro Baena, Pilar: «Retorno voluntario de extranjeros extracomunitarios: Configuración general y medidas adoptadas en el contexto de crisis económica: La capitalización del desempleo», en *Revista del Ministerio de Empleo y Seguridad Social*, núm. 105, 2013.

Gómez Rufián, Luis: «Características personales y condiciones jurídico-laborales del empleo doméstico en España: estudio a través de los microdatos de la encuesta de población activa», en *Lex Social*, vol. 9, núm. 2, 2019, p. 126.

López Cumbre, Lourdes: «Despido (improcedente) por pérdida del permiso de trabajo. ¿La autorización para trabajar constituye una condición contractual?», en *Análisis Gómez-Acebo & Pombo,* 2017.

López Insua, Belén del Mar: «El derecho a las prestaciones por desempleo de las personas inmigrantes», en *Lex Social*, núm. 11-1, 2021.

Lebrusán Murillo, Irena; **Cáceres Arévalo**, Pierina y **Brey**, Elisa: «El servicio doméstico como vía de acceso a la regularización administrativa en España», en *Anuario CIBOD de la Inmigración*, 2019, pp. 246-272.

Menéndez Sebastián, Paz y **Minculeasa Copcea**, Álex: «El nuevo estatuto jurídico del personal al servicio del hogar», en AA.VV., *El Derecho del Trabajo que viene. Reflexiones sobre la reforma laboral que necesitamos (en prensa)*, Colex, 2023.

Parella i Rubio, Sonia: «La inserción laboral de la mujer inmigrante en los servicios de proximidad en Cataluña», en *Revista Internacional de Sociología,* núm. 36, 2003.

Rodríguez Copé, María Luisa: «Empleo digno y de calidad: ¿utopía en el trabajo doméstico?», en *Lex Social, Revista de Derechos Sociales*, núm. 11-2, 2021, pág. 594-ss).

Rojo Torrecilla, Eduardo: «Ampliación de la posibilidad de solicitar la autorización de residencia por arraigo laboral. STS-CON 452/2021, de 25 de marzo», en *Anuario 2021 de jurisprudencia laboral (Estudio de 100 casos relevantes)*, 2022.

Roldán Sánchez Arévalo, Clara: «Las modificaciones en la regulación del arraigo laboral y su compatibilidad con las solicitudes de protección internacional», en *Revista de Derecho migratorio y extranjería*, núm. 59, 2022.

Roqueta Buj, Remedios: «Las condiciones de trabajo y Seguridad Social de los extranjeros en España», en *Revista de Derecho Migratorio y Extranjería*, núm. 10, 2005.

SERVICIO JESUITA A MIGRANTES: *Visibilizar lo invisible. Mujeres migradas y empleo del hogar*, 2018.

Taribini-Castellani Aznar, Margarita: «Los derechos de los trabajadores extranjeros: Puntos críticos», en *Revista del Ministerio de Trabajo y Asuntos Sociales*, núm. 63, 2006, págs. 198-201

CAPÍTULO XIII

LA ACTUACIÓN DE LA INSPECCIÓN DE TRABAJO EN EL ENTORNO LABORAL DE LAS PERSONAS TRABAJADORAS DEL HOGAR FAMILIAR

Rocío Carbonero Santaella
Inspectora de Trabajo y Seguridad Social

1. Delimitación: la inspección de trabajo y Seguridad Social

El Cuerpo Superior de Inspectores de Trabajo y Seguridad Social, como tal, es un grupo de funcionarios de la Administración General del Estado de España, que ejerce las funciones de vigilancia y control del cumplimiento de las normas de orden social (relaciones laborales, prevención de riesgos laborales y Seguridad Social).

Es un cuerpo de funcionarios profundamente reglado. Se rige por la Ley Ordenadora del Sistema de Inspección de Trabajo y Seguridad Social[1], y por su reglamento de desarrollo el Reglamento de Organización y Funcionamiento de la Inspección de Trabajo y Seguridad Social[2].

Además de la normativa referida, las actuaciones de los funcionarios de la Inspección de Trabajo principalmente es la de la vigilancia del orden social, es decir, que en caso de constatar algún incumplimiento procedería a llevar a cabo actuaciones de tipo sancionatorio que han de relacionarse en el artículo Texto Refundido de la Ley sobre Infracciones y Sanciones en el Orden Social[3].

---

1 Ley 23/2015, de 21 de julio, Ordenadora del Sistema de Inspección de Trabajo y Seguridad Social (BOE núm.174, de 22.07.2015).

2 Real Decreto 138/2000, de 4 de febrero, por el que se aprueba el Reglamento de Organización y Funcionamiento de la Inspección de Trabajo y Seguridad Social. (BOE. Núm. 40, de 16.02.2000).

3 Real Decreto Legislativo 5/2000, de 4 de agosto, por el que se aprueba el texto refundido de la Ley sobre Infracciones y Sanciones en el Orden Social (BOE núm. 189 de fecha de8.07.2000).

La Inspección de Trabajo para realizar sus funciones de control y de vigilancia, su principal instrumento es la VISITA DE INSPECCION, que como se establece en el artículo 13 de la Ley de Inspección de Trabajo y Seguridad Social[1], se le confiere la facultad de entrar libremente en cualquier momento y sin previo aviso en todo centro de trabajo, establecimiento o lugar sujeto a inspección y a permanecer en el mismo. Por lo que la fórmula de la visita al centro de trabajo permite conocer, además de la ubicación de la empresa, como se desarrolla el trabajo y la identificación de trabajadores que prestan servicios y poderles preguntar cuáles son sus condiciones laborales.

La visita de inspección te permite una visión de la realidad de la situación laboral de la empresa y de sus trabajadores.

Existe la posibilidad, en vez de realizar visita poderle requerir directamente a la empresa la documentación necesaria para poder resolver el expediente, por lo que en determinadas situaciones puntuales puede resolverse la situación sin la necesidad de la visita de inspección.

Como indica la propia Exposición de Motivos de Ley Ordenadora del Sistema de Inspección de Trabajo y Seguridad Social[1]:

> «La prestación del servicio público de Inspección de Trabajo y Seguridad Social debe adecuarse a los cambios normativos habidos en nuestro ordenamiento sociolaboral, en el que tras sucesivas reformas legislativas se han ido introduciendo importantes modificaciones, que persiguen conjugar la necesaria flexibilidad en la gestión de los recursos humanos con una mayor protección de los derechos de los trabajadores, entre los que sin duda se encuentra el derecho que tiene todo trabajador a recurrir a la Inspección de Trabajo y Seguridad Social cuando considere que sus derechos han sido conculcados».

Y esta exposición de motivos se añade la regulación de la figura del empleado u empleada del hogar familiar que desde el año 2011 ha sido modificada su regulación de forma sucesiva.

2. Personas trabajadoras del hogar desde el punto de vista de la actuación inspectora

2.1. Régimen especial del hogar familiar

La figura de la persona trabajadora del hogar se remonta a tiempos pasados en los que las familias más adineradas disponían de servicio para realizar las labores domésticas. Desde siempre, ha existido la figura de la persona que presta servicios de limpieza en los hogares pero ha sido un sector olvidado integrado como Sistema Especial del Régimen de la Seguridad Social de Empleadas de hogar que comenzó a regularse a partir de la [4]Ley de

4 Ley 193/1963, de 28 de diciembre, de Bases de la Seguridad Social (BOE núm. 312 de 30 de diciembre de 1963).

Bases de la Seguridad Social, en su base tercera señalaba que «en aquellas actividades profesionales que por su naturaleza, sus peculiares condiciones de tiempo y lugar o por la índole de sus procesos productivos se hiciere preciso, se establecerán Regímenes Especiales para la adecuada aplicación de los beneficios de la Seguridad Social».

Concretamente, el art. 9 del Texto Refundido de la Ley General de Seguridad Social[5] (LGSS), establecía que el sistema de Seguridad Social estaría integrado por el Régimen General y los Regímenes Especiales. Así el artículo 10 de esta misma norma señalaba que «se establecerán Regímenes especiales en aquellas actividades profesionales en las que, por su naturaleza, sus peculiares condiciones de tiempo y lugar o por la índole de sus procesos productivos se hiciere preciso tal establecimiento para la adecuada aplicación de los beneficios de la Seguridad Social»[6].

EL Pacto de Toledo[7] cuya recomendación cuarta advertía que la homologación de los Regímenes Especiales respecto del Régimen General no puede circunscribirse a la protección, sino que «a igualdad de acción protectora debe ser también semejante la aportación contributiva». Nos indicaba el camino hacia la homogeneidad entre trabajadores, señalando que la aportación mediante cuotas a la Seguridad Social debe de permitir estar dentro del ámbito de protección de la Seguridad Social.

La DA 1.ª de la Ley 32/1984, de 2 de agosto estableció el carácter especial de la relación de servicio del hogar familiar y su regulación se llevó a cabo, primeramente, mediante el Real Decreto 1424/1985, de 1 de agosto. En la actualidad, dicha norma ha sido sustituida por otra: el RD 1620/2011 de 14 de noviembre (BOE del 17), por el que se regula la relación laboral de carácter especial del servicio del hogar familiar. La aprobación de esta trae consigo un cambio significativo en la regulación de ciertos aspectos importantes de la relación laboral, y en general, supone la confirmación del carácter especial de dicha relación a la vez que se adecúan las especialidades a las transformaciones sociales y de las costumbres que se han producido en los veinticinco años transcurridos desde la primera regulación reglamentaria.

---

5 Texto Refundido de la Ley General de Seguridad Social, aprobado por Real Decreto Legislativo 1/1994, de 20 de junio, (BOE 154 de 29 de junio de 1994).

6 Por lo que se consideraban Regímenes especiales los que se encuadrasen en los siguientes grupos:
a) Trabajadores dedicados a las actividades agrícolas, forestales y pecuarias, así como los titulares de pequeñas explotaciones que las cultiven directa y personalmente.
b) Trabajadores del mar.
c) Trabajadores por cuenta propia o autónomos.
d) funcionarios públicos, civiles y militares.
e) Empleados de hogar.
f) Estudiantes.
g) Los demás grupos que determine el Ministerio de Trabajo.

7 Pacto de Toledo. BOCG de 12 de abril de 1995.

Según el tenor de la norma se considera relación laboral especial del Servicio del Hogar Familiar, la que conciertan el titular de este como empleador y la persona que, dependientemente y por cuenta de aquel, presta servicios retribuidos en el ámbito del hogar familiar. La persona trabajadora del hogar es la persona física que en virtud de un contrato se compromete a prestar sus servicios, libremente, de forma dependiente y por cuenta del titular del hogar familiar. Dichos servicios han de estar dirigidos a satisfacer necesidades estrictamente domésticas a cambio de una remuneración[8].

A los efectos de la relación laboral especial, se considera empleador/a al titular del hogar familiar, ya lo sea efectivamente o como simple titular del domicilio o lugar de residencia en el que se presten los servicios domésticos.

Se entiende, además, que el empleador/a es una persona física y sin ánimo de lucro. Por el contrario, se excluyen las relaciones que, aun teniendo el mismo objeto que los anteriormente señalados, se concierten por personas jurídicas, de carácter civil o mercantil, aunque su objeto sea la prestación de servicios o tareas domésticas, quedando éstas sometidas a la normativa laboral común. Las tareas domésticas prestadas por personas trabajadoras no contratadas directamente por los titulares del hogar familiar, sino al servicio de empresas, ya sean personas jurídicas, de carácter civil o mercantil, determinarán el alta de tales trabajadores en el Régimen General de la Seguridad Social por cuenta de tales empresas. Expresamente, la norma declara no incluidas en el ámbito de esta relación laboral especial, las relaciones concertadas a través de empresas de trabajo temporal[9].

Quedan también fuera del ámbito de esta relación laboral especial, las relaciones concertadas entre familiares para la prestación de servicios domésticos, cuando la parte que presta el servicio no tenga la condición de asalariado en los términos del art. 1.3 e) ET. Tampoco se aplica esta regulación a los cuidadores no profesionales de las personas en situación de dependencia en su domicilio[10]. Se trata de cuidados prestados por personas de la familia o de su entorno, no vinculadas a un servicio de atención profesionalizada, de acuerdo con la Ley 39/2006 de 14 de diciembre, de promoción de la autonomía personal y atención a las personas en situación de dependencia. En cuanto a las relaciones de los cuidadores profesionales contratados por instituciones públicas o por entidades privadas de acuerdo con la Ley, también se contempla expresamente su exclusión del ámbito de la relación laboral especial en el art. 2.1 c). Y tampoco constituyen trabajo doméstico los trabajos realizados a título de amistad, benevolencia o buena vecindad.

---

8 QUESADA SEGURA, R.: *El contrato del servicio doméstico*. La Ley, Madrid,1991. p.108

9 PÉREZ-BEDMAR, M. DE S.: *La Relación Laboral Especial de los Empleados de Hogar: Aspectos Laborales y de Seguridad Social*.2011.pag.141

10 AA.VV.: *El estatuto jurídico del cuidado informal,* Ramón Areces, 2010.

Respecto de las relaciones concertadas por un titular del hogar familiar con una persona que, además de prestar servicios domésticos, deba realizar con cualquier periodicidad otros servicios ajenos al hogar familiar en actividades o empresas de cualquier carácter del empleador, la norma presume la existencia de una única relación laboral de carácter común. No obstante, dicha presunción admite prueba en contrario que acredite que la realización de dichos servicios no domésticos reviste un carácter esporádico o marginal con respecto a ellos. [8]

Es el día 1 de enero de 2012 en el que el Régimen Especial de Empleados del Hogar se integra en el Régimen General de la Seguridad Social mediante el establecimiento de un sistema especial.

La finalidad es la igualdad, muchas personas trabajadoras empleadas del hogar familiar prestaban servicios en hogares familiares durante años y cuando finalizaban sus servicios por jubilación o por alguna incapacidad se encontraban sin ningún tipo de prestación y sin posibilidad de reclamación debido a que ha sido un sector muy necesario pero muy olvidado sin el correcto amparo normativo.

A partir de su integración en el Régimen General como sistema especial, se genera una serie de obligaciones para las personas que contrata a la persona trabajadora del hogar familiar.

2.2. Empleador/a del hogar familiar

La creación de la figura del EMPLEADOR/A DEL HOGAR FAMILIAR, como el titular del hogar familiar ha de solicitar su alta como empresario debiéndole de asignarse un Código de Cotización de Cotización en la Tesorería General de la Seguridad Social. A efectos de la Seguridad Social, consta como empresario/a.

Una vez que el titular del hogar familiar tiene asignado este Código de Cuenta de Cotización referida ha de proceder al alta de la persona trabajadora.

EL contrato de trabajo entre el titular del hogar familiar y la persona trabajadora debe efectuarse por escrito. Si no se ha formalizado por escrito, el contrato se presumirá indefinido y a jornada completa, salvo que pueda acreditarse lo contrario. Tanto la persona trabajadora como la persona empleadora podrán exigir que el contrato se formalice por escrito en cualquier momento. La persona trabajadora deberá ser informada sobre los elementos esenciales del contrato y sus condiciones de trabajo como las posibles retribuciones en especie, los detalles de la distribución de tiempos de presencia y de su duración, así como el régimen de las pernoctas en el domicilio donde se prestan servicios, en su caso.

El contrato puede recoger un periodo de prueba que no podrá superar los dos meses. Dentro de este periodo podrá producirse la resolución de la relación laboral por cualquiera de las partes, pudiendo pactarse un periodo de preaviso que no podrá superar los siete días naturales[11].

2.3. Derecho a la inviolabilidad del domicilio

Para la Inspección de Trabajo y Seguridad Social el control de las altas de las personas trabajadoras que prestan servicios en el hogar familiar choca con el derecho fundamental a la inviolabilidad del domicilio.

La sentencia del Tribunal Supremo 113/2018 de la Sala de lo Penal[12] reconoce que el derecho a la inviolabilidad del domicilio es un derecho fundamental del individuo que, según el artículo 18.2 de la Constitución solo cede en caso de consentimiento del titular; cuando se trate de un delito o cuando media una resolución judicial. En cuanto a que deba entenderse por domicilio, no todo espacio cerrado ni todo lugar que necesite el consentimiento del titular para tercero puedan entrar ilícitamente constituyen domicilio. Según ha declarado el Tribunal Constitucional, resaltando el carácter de base material de la privacidad (STC 22/9184), por tanto, el domicilio es un «espacio apto para desarrollar vida privada».

La forma clave de comprobación para los funcionarios de la Inspección de trabajo es la VISITA, a los efectos de identificar a la persona trabajadora que presta servicios en el centro de trabajo realizando labores propias de la actividad laboral. Pero en la misma normativa reguladora del Cuerpo Superior de Inspectores de Trabajo[1] Ley Ordenadora del Sistema de Inspección de Trabajo y Seguridad Social, en su artículo 13 limita la visita de inspección para el caso de domicilios particulares en el siguiente sentido: «Entrar libremente en cualquier momento y sin previo aviso en todo centro de trabajo, establecimiento o lugar sujeto a inspección y a permanecer en el mismo. Si el centro sometido a inspección coincidiese con el domicilio de una persona física, deberán obtener su expreso consentimiento o, en su defecto, la oportuna autorización judicial».

Así el art. 18.2 de la Constitución[13] reconoce como derecho fundamental la inviolabilidad del domicilio, de modo que ninguna entrada o registro podrá hacerse en él sin consentimiento del titular o resolución judicial.

El domicilio también se protege en los siguientes textos normativos:

- Art. 7 de la Carta de los Derechos Fundamentales de la Unión Europea[14].

---

11 Real Decreto-ley 16/2022, de 6 de septiembre, para la mejora de las condiciones de trabajo y de Seguridad Social de las personas trabajadoras al servicio del hogar (BOE núm.216 de 8/09/2022)

12 Sentencia del Tribunal Supremo. Sala de lo Penal. Numero de Resolución 113/2018, de 12.03.2018.

13 Constitución Española. BOE núm. 311, de 29.12.1978.

14 Carta de los Derechos Fundamentales de la Unión Europea. Diario Oficial de la Unión Europea 30.03.2010.

- Art. 8 del Convenio Europeo de Derechos Humanos[15].
- Art. 12 de la Declaración Universal de Derechos Humanos[16].
- Y art. 17 del Pacto Internacional de Derechos Civiles y Políticos[17].

Por lo que para el caso que exista conocimiento para la Inspección de Trabajo de una persona trabajadora del hogar familiar que no se encuentre en alta en el Sistema de la Seguridad Social, la comprobación que están prestando servicios, por parte de los funcionarios se limita a que el titular del hogar familiar presta se consentimiento al acceso a su domicilio particular.

En efecto, el empleo doméstico y el cuidado de personas dependientes se encuentran condenados a una situación de facto irremediable de vulnerabilidad jurídica y social debido a que se tratan éstas de relaciones que se desarrollan en el seno del ámbito privado4, donde la inspección de trabajo tiene un papel regulador sumamente limitado. De ahí que resulte muy complicado denunciar las ilegalidades debido a la inviolabilidad del hogar (centro de trabajo). La situación de las trabajadoras resulta especialmente delicada, sobre todo en caso de no cumplimiento del contrato o de maltrato psíquico y acoso sexual. Aparte, al tratarse en la mayoría de los casos de un sólo trabajador resulta muy fácil averiguar quién ha sido el denunciante y tomar represalias. Por lo que, al término, sino se implementan las medidas de control y se incentiva la contratación en condiciones dignas, difícilmente la mejor ley podrá ser cumplida[18].

Para el caso que el titular del hogar familiar no permita la entrada en su domicilio, no podremos considerarlo como una obstrucción a la labor inspectora que viene regulada en el artículo 50 de la Ley de Infracciones y Sanciones en el Orden Social[3].

En este punto del derecho a la inviolabilidad del domicilio se pronuncia la siguiente jurisprudencia al respecto:

STS 3286/2019. Sala de lo Contencioso[19]:«:.Tanto en la solicitud de entrada y registro como en el auto autorizatorio debe figurar dentro de su

---

15 Convenio Europeo de Derechos Humanos. Roma.4 de noviembre de 1950.Ratificado BOE NUMERO 243 DE 10 DE OCTUBRE DE 1979.

16 Declaración Universal de los Derechos Humanos adoptado por la Asamblea General de las Naciones Unidas en Resolución de 10 de diciembre de 1948.Paris

17 Pacto Internacional de Derechos Civiles y Políticos de 19.12.1966. nueva York. Ratificado BOE 30.04.1977.

18 López Insua, B.del M.: «Nadando entre dos aguas: salario decente "versus" economía irregular en el empleo al servicio del hogar familiar», *Revista Española de Derecho del Trabajo* num.231/2020.

19 STS 3286/2019Tribunal Supremo. Sala de lo Contencioso. Procedimiento: Recurso de Casación Contencioso-Administrativo (L.O. 7/2015) recurso de la empresa. Esta Sala ha visto el recurso de casación núm. 2818/2017 interpuesto por el procurador de los tribunales don Fernando Fernández Cieza, en nombre y representación de la entidad SOCIEDAD

contenido mínimo la finalidad de la entrada, con expresión de la actuación inspectora a llevar a cabo, la justificación y prueba de su necesidad, de que es absolutamente indispensable o imprescindible, el único medio posible para conseguir la finalidad porque existen concretos, precisos y objetivos indicios de defraudación tributaria, con explicación de cuál es el presunto ilícito y cuáles son los concretos indicios que permitan conocer su gravedad, seriedad y entidad, avanzando la cuantía del fraude o la deuda tributaria eludida y explicando por qué ese registro domiciliario es instrumento único y eficaz para su constatación, y que han sido o podrían ser infructuosos otros posibles medios o medidas alternativas menos gravosas (sentencias del Tribunal Constitucional de 31 enero 1985, 24 de junio y 18 de julio de 1996).

En este mismo sentido, y a tenor de esas mismas sentencias, tanto la solicitud como el auto que la autoriza deben ofrecer una explicación de la concurrencia del principio de subsidiariedad, que impone una adecuada constatación de que no hay otras medidas menos incisivas o coercitivas que afecten a un derecho fundamental para lograr la misma finalidad, como podrían ser —por ejemplo— los requerimientos de obtención de información al propio sujeto o a terceros.

En relación con este imprescindible «fin legítimo» de la entada en el domicilio y su necesidad, conviene recordar la doctrina del Tribunal Europeo de Derechos Humanos (sentencia caso Société Colas Est y otros c.Francia, de 16 de abril de 2002 o sentencia de 30 de septiembre de 2008, Isaldak c. Turquía), según la cual, aunque los Estados gozan de cierto margen de apreciación para considerar necesaria una intromisión, ha de hacerse una interpretación estricta de las excepciones del artículo 8 del Convenio, y debe quedar establecida convincentemente su necesidad en el caso concreto como verdadera garantía de que la inmisión en este derecho fundamental es imprescindible para alcanzar aquel fin legítimo.

Si se trata de una entrada *inaudita parte* —como es el caso— se tiene que solicitar expresamente el consentimiento —bien informado— del titular del derecho, y dejar referencia a la posibilidad de su revocación en cualquier momento, pues es doctrina consolidada del Tribunal Constitucional —sentencias núm. 22/1984, de 17 de febrero, 209/2007, de 24 de septiembre, y 173/2011, de 7 de noviembre— que el consentimiento puede ser revocado en cualquier momento, antes o durante la entrada o registro, pues ello no es más que el ejercicio de un derecho constitucional que, obviamente, no puede ser objeto de sanción por considerar que implica una voluntad obstruccionista de la labor inspectora.

ANÓNIMA HULLERA VASCO LEONESA, contra la sentencia de la Sala de lo Contencioso-Administrativo (Sección Tercera) del Tribunal Superior de Justicia de la Castilla y León (con sede en Valladolid) de fecha 10 de febrero de 2017, dictada en el recurso de apelación núm. 467/2016, sobre autorización de entrada en domicilio.

Finalmente debe concurrir y cumplirse el principio de proporcionalidad, en su triple vertiente —idoneidad de la entrada y registro, adecuación y proporcionalidad en sentido estricto—, ad *casum*, esto es, específicamente determinada en el supuesto de hecho analizado por el juez competente para otorgar la autorización (sentencias del Tribunal Constitucional núm. 69/1999, de 26 de abril y 188/2013, de 4 de noviembre).»

Por lo que no solo ha de jugar el derecho a la inviolabilidad del domicilio, sino que ha de ponderar también el principio de proporcionalidad en la medida a adoptar.

3. Cotización empleadas del hogar familiar

3.1. Bases de cotización

Las bases de cotización por contingencias comunes de las personas trabajadoras en el hogar familiar, en este sistema especial serán las determinadas en un sistema de tramos, en función de la retribución percibida por los empleados de hogar por cada relación laboral.

La persona trabajadora incluida en el Régimen General de la Seguridad Social su base de cotización se calcula en función de su salario real, sin embargo, en el caso de las personas trabajadoras empleados/as en hogar familiar se cotizan por una base de cotización según tramos, habrá que determinar el tramo en el que se encuentra el salario percibido por la persona trabajadora para verificar que tramo de base de cotización estará encuadrado.

El salario mínimo interprofesional, fijado anualmente por el Gobierno, es aplicable en el ámbito de esta relación, de acuerdo con los términos y las condiciones establecidas en el ordenamiento laboral común y se entiende como tal el establecido a jornada completa, prorrateándose si se realizara una jornada inferior. Las normas sobre salario mínimo, cada año, vienen estableciendo una cantidad correspondiente al SMI diario (cifrada en 21,38 euros para el año 2012) y una cantidad mensual (cifrada en 641,40 euros para el año 2012); para personas trabajadoras del hogar familiar que trabajen por horas se establece una regla especial. Todas estas cuantían mínimas habrán de abonarse en metálico y no pueden reducirse mediante el pago de salario en especie.[8]

Desde la perspectiva técnico-jurídica, el Salario Mínimo Interprofesional —SMI— es el salario fijado legalmente como suelo irreductible de la contratación laboral. Es mínimo porque por debajo de esta cantidad no se puede contratar a ninguna persona trabajadora asalariada, pues formalmente corresponde a un umbral mínimo de subsistencia personal —y familiar—. Es interprofesional porque es uniforme para todos. Aunque no se debe olvidar que hay países que mantienen un salario mínimo legal simplemente «profesional» (lo cual toman en consideración los referidos instrumentos normativos de la OIT). En lo que se refiere a su fundamento normativo, hay que recordar que, si bien no está presente todavía hoy en todos los Ordenamientos jurídicos, esta institución es inherente a un Estado Social de Derecho —STC 34/1984— y se recoge en un amplio elenco de normas internacionales —Carta Social Europea; Carta de los Derechos Fundamentales de la Unión Europea; Carta Comunitaria—. En los países de la Unión Europea está reconocido legalmente que es una norma de orden público socioeconómico, por tanto, indisponible, salvo mejora, para la autonomía, colectiva e individual.[16]

En cuanto a la base de cotización, esta es establecida mediante una escala por tramos según la retribución mensual incluida la parte proporcional de las pagas extra, la cual debe actualizarse en idéntica proporción al incremento que experimente el salario mínimo interprofesional. Desde 2012 no solo se actualizan las bases de cotización, sino que en paralelo también lo hacen las retribuciones mensuales. A partir del año 2023, salvo prórroga, las bases de cotización por contingencias comunes y profesionales se deberán determinar conforme a lo establecido para el Régimen General, sin que la cotización pueda ser inferior a la base mínima que se establezca legalmente. Este recelo para con la fecha real de la convergencia no surge de la nada, teniendo en cuenta que la fecha ha sido modificada varias veces ya, la última el 22 de diciembre por medio del Real Decreto-ley 35/2020, de medidas urgentes de apoyo al sector turístico, la hostelería y el comercio y en materia tributaria.[20]

En el año 2023, las retribuciones mensuales y las bases de cotización serán las contenidas en la siguiente escala:

Tramo	Retribución mensual Euros/mes				Base de cotización Euros/mes
1.º	Hasta	269,00			250,00
2.º	Desde	269,01	Hasta	418,00	357,00
3.º	Desde	418,01	Hasta	568,00	493,00
4.º	Desde	568,01	Hasta	718,00	643,00
5.º	Desde	718,01	Hasta	869,00	794,00
6.º	Desde	869,01	Hasta	1.017,00	943,00
7.º	Desde	1.017,01	Hasta	1.166,669	1.166,70
8.º	Desde	1.166,67			Retribución mensual

20 Gómez García, F.X. (2021): «Empleados de hogar y su protección desde la seguridad social: una situación aún deficitaria», Lex Social, *Revista de Derechos Sociales*, 11(2),824–841. López Gandia, Juan y Toscani Gimenez, Daniel: «El nuevo régimen laboral y de Seguridad Social de los trabajadores al servicio del hogar familia» ISBN: 9788415000570.

Los intervalos de retribuciones, así como las bases de cotización se actualizarán en la misma proporción que lo haga el salario mínimo interprofesional para el año 2023.

Por lo que tanto el salario de una persona trabajador perciba al mes 450 euros, como que su salario sea 550 euros su base de cotización será la misma (493 euros).

A personas empleadora del del hogar familiar debe de actualizar el salario de las personas trabajadoras a su servicio conforme a las actualizaciones del salario mínimo interprofesional.

El salario es la contraprestación (atribución patrimonial) que recibe la empleada del hogar por la prestación de servicios laborales. Por tanto, la deuda salarial es la obligación principal contraída por el empleador con su empleada —titular del «crédito salarial»— en virtud de la celebración del contrato, cuya percepción ha de garantizar incluso en situaciones en las que no hay prestación efectiva de trabajo[21] .

Por parte de la Inspección de Trabajo, se verifica que las horas de trabajo se correspondan con el salario mínimo interprofesional y a su vez se cotice dentro del tramo en el que este encuadrado el salario que se abone. Estas actuaciones se basan en la Campaña de Actuación Inspectoras correspondiente al año 2022 como un NUEVO PLAN DE ACTUACION[22] para regularizarse salarios y cotizaciones a la seguridad Social de las personas trabajadoras empleadas del hogar familiar.

Esta campaña se inicia con el envío masivo de carta dirigidos a las personas empleadoras, a las que se les proporciona asistencia técnica e información para proceder a la regularización de los salarios que se encuentren por debajo del SMI y la correspondiente regularización de las cotizaciones a la Seguridad Social.

Para proceder a la regularización de salario y cotizaciones de las personas trabajadoras del hogar, el titular del hogar familiar habrá de comunicar a la Tesorería General de la Seguridad Social el salario real, que en ningún caso podrá ser inferior al SMI o la parte proporcional correspondiente a las horas trabajadas.

Para las situaciones en las que no se ha procedido por parte del titular del hogar familiar a la regularización expuesta, es cuando se inicia la actuación inspectora al objeto de proceder a la regularización no llevada a cabo con carácter voluntario.

---

21 Monereo Pérez, J.L.; Molina Navarrete, C.; Moreno Vida, M.ª N. y Vila Tierno, F.: Manual de Derecho
del Trabajo. Comares 2019.Granada

22 https://www.mites.gob.es/itss/web/Documentos/CAMPANA_Servicio_HOGAR/index.html

Por lo que se ha procedido a practicar actas de liquidación al empleador, para los casos en los que procedió a dar de alta a la persona trabajadora del hogar familiar y ya no volvió a actualizar su salario a las subidas que en los últimos años del salario mínimo interprofesional.

3.2. Caso concreto de un acta de liquidacion por cotizacion inferior al tramo que le corresponde de acuerdo con las horas que presta de servicio y el salario que le corresponde en funcion de las horas

A) Actuaciones inspectoras

1. El día 5 de septiembre se remite por correo certificado con acuse de recibo citación inspectora de comparecencia al domicilio social de ________ a la dirección _______ en la localidad de Molina de Segura, siendo recepcionada en fecha de 6 de septiembre de 2022.
2. En fecha de 20.09.2022 comparece en las dependencias de la Inspección ______ procediendo a la aportación de documentación requerida previamente.

B) Hechos comprobados

1. La trabajadora ______ está vinculada a D. ______ mediante contrato indefinido a tiempo completo desde el 15.01.2018, manteniendo durante toda la relación laboral la jornada completa, hasta la fecha de 25.04.2022, pasando a realizar 35 horas semanales.
2. La empleadora ha cotizado durante el periodo 1 de enero de 2019 a 31 de agosto de 2021, por una escala de tramo, inferior a la que le correspondía. Se comprueba que las bases de cotización han sido las siguientes:
   - Año 2019: 877,00 euros, debiendo ser de 1.050,00 euros.
   - Año 2020: 877,00 euros, debiendo ser de 1097 euros.
   - Año 2021 (hasta el 31 de agosto): 1050,00 euros, debiendo ser 1097 euros.
3. A este efecto, deben tenerse en cuenta la ley de presupuestos generales y órdenes de cotización del año al que se refieren las diferencias. A saber:

   Año 2019: Ley 6/2018, de 3 de julio, de Presupuestos Generales del Estado para el año 2018 (BOE del 04 de julio), prorrogada y desarrollada por la Orden TMS/83/2019, de 31 de enero, por la que se desarrollan las normas legales de cotización a la Seguridad Social, desempleo, protección por cese de actividad, Fondo de Garantía Salarial y formación profesional para el ejercicio 2019 (BOE del 02 de febrero).

Según el artículo 14 de la Orden TMS/83/2019, de 31 de enero, por la que se desarrollan las normas legales de cotización a la Seguridad Social, desempleo, protección por cese de actividad, Fondo de Garantía Salarial y formación profesional para el ejercicio 2019 (BOE del 02 de febrero): Bases y tipos de cotización en el Sistema Especial para Empleados de Hogar establecido en el Régimen General de la Seguridad Social:

1. A partir de 1 de enero de 2019, las bases de cotización por contingencias comunes a este sistema especial serán las determinadas en la escala siguiente, en función de la retribución percibida por los empleados de hogar por cada relación laboral.

   Por otro lado, y en relación con los tipos de cotización, se destaca del citado artículo:

2. Durante el año 2019, el tipo de cotización por contingencias comunes, sobre la base de cotización que corresponda según lo indicado en el apartado anterior, será el 28,30 por ciento, siendo el 23,60 por ciento a cargo del empleador y el 4,70 por ciento a cargo del empleado.

Año 2020: Ley 6/2018, de 3 de julio, de Presupuestos Generales del Estado para el año 2018 (BOE del 04 de julio), prorrogada y desarrollada por la Orden TMS/83/2019, de 31 de enero, por la que se desarrollan las normas legales de cotización a la Seguridad Social, desempleo, protección por cese de actividad, Fondo de Garantía Salarial y formación profesional para el ejercicio 2019 (BOE del 02 de febrero).

Según el artículo 14 de la Orden TMS/83/2019, de 31 de enero, por la que se desarrollan las normas legales de cotización a la Seguridad Social, desempleo, protección por cese de actividad, Fondo de Garantía Salarial y formación profesional para el ejercicio 2019 (BOE del 02 de febrero): Bases y tipos de cotización en el Sistema Especial para Empleados de Hogar establecido en el Régimen General de la Seguridad Social:

1. A partir de 1 de enero de 2019, las bases de cotización por contingencias comunes a este sistema especial serán las determinadas en la escala siguiente, en función de la retribución percibida por los empleados de hogar por cada relación laboral.

   Por otro lado, y en relación con los tipos de cotización, se destaca del citado artículo:

2. Durante el año 2019, el tipo de cotización por contingencias comunes, sobre la base de cotización que corresponda según lo indicado en el apartado anterior, será el 28,30 por ciento, siendo el 23,60 por ciento a cargo del empleador y el 4,70 por ciento a cargo del empleado.

Año 2021 (01/01/2021 a 31/08/2021): Para los tipos de cotización se han tomado los correspondientes según lo dispuesto en la Ley 11/2020, de 30 de diciembre, de Presupuestos Generales del Estado para el año 2021. (BOE del 31 de diciembre) prorrogada y desarrollada por la Orden TMS/83/2019, de 31 de enero, por la que se desarrollan las normas legales de cotización a la Seguridad Social, desempleo, protección por cese de actividad, Fondo de Garantía Salarial y formación profesional para el ejercicio 2019 (BOE del 02 de febrero).

Según el artículo 14 de la Orden TMS/83/2019, de 31 de enero, por la que se desarrollan las normas legales de cotización a la Seguridad Social, desempleo, protección por cese de actividad, Fondo de Garantía Salarial y formación profesional para el ejercicio 2019 (BOE del 02 de febrero): Bases y tipos de cotización en el Sistema Especial para Empleados de Hogar establecido en el Régimen General de la Seguridad Social:

1. A partir de 1 de enero de 2019, las bases de cotización por contingencias comunes a este sistema especial serán las determinadas en la escala siguiente, en función de la retribución percibida por los empleados de hogar por cada relación laboral.

   Por otro lado, y en relación con los tipos de cotización, se destaca del citado artículo:

2. Durante el año 2019, el tipo de cotización por contingencias comunes, sobre la base de cotización que corresponda según lo indicado en el apartado anterior, será el 28,30 por ciento, siendo el 23,60 por ciento a cargo del empleador y el 4,70 por ciento a cargo del empleado.

Consecuencia de todo lo anterior, se ha producido durante el período no prescrito que se liquida (1 de enero de 2019 a 31 de agosto de 2021), diferencias de cotización al Sistema de la Seguridad Social, circunstancia que motiva la práctica de la presente Acta de liquidación en virtud de los dispuesto en el artículo 34.1.a) del Texto Refundido de la Ley General de la Seguridad Social, aprobado por el Real Decreto Legislativo 5/2000, de 4 de agosto (BOE del día 8), en relación con el artículo 31.1.a) del Real Decreto 928/1998, de 14 de mayo, por el que se aprueba el Reglamento General sobre procedimientos para la imposición de sanciones por infracciones en el orden social y para los expedientes liquidatarios de cuotas de la Seguridad Social (BOE del día 3 de junio).

C) Preceptos infringidos

Tales hechos constituyen infracción por incumplimiento de lo dispuesto en:

- Artículos 139, 141, 142, 144, 148 y 154 del Texto Refundido de la Ley General de la Seguridad Social, aprobado por el Real Decreto Legislativo 5/2000, de 4 de agosto (BOE del día 8).

- Artículos 7, 29, 30, 31 y 32.3 del Real Decreto 84/1994, de 26 de enero, por el que se aprueba el Reglamento General sobre inscripción de empresas y afiliación, altas, bajas y variaciones de datos de trabajadores en la Seguridad Social (BOE del día 27).
- Artículos 6, 7, 15, 18, 22 y 23 del Real Decreto 2064/1995, de 22 de diciembre, por el que se aprueba el Reglamento General sobre Cotización y Liquidación de otros derechos de la Seguridad Social (BOE del día 25 de enero de 1996).
- Artículos 12, 55 a 59 del Real Decreto 1415/2004, de 11 de junio, por el que se aprueba el Reglamento General de Recaudación de la Seguridad Social (BOE del día 25).

D) Datos tenidos en cuenta para el cálculo del débito

- Trabajador afectado. Dña. ______________________.
- Período total del descubierto. – Desde el 1 de enero de 2019 hasta el 31 de agosto del 2021.
- Base de cotización. Se tiene en cuenta el importe del salario mínimo interprofesional para cada uno de los períodos arriba indicados, por el número de horas de trabajo comprobadas en la relación laboral, conforme a la normativa vigente en cada período según la tabla arriba recogida.

  Teniendo en cuenta dicha cuantía se han tomado como bases de cotización las determinadas en las normas de cotización aplicables durante el período objeto de liquidación, según los tramos correspondientes:

  - Artículo 14 de la Orden TMS/83/2019, de 31 de enero, por la que se desarrollan las normas legales de cotización a la Seguridad Social, desempleo, protección por cese de actividad, Fondo de Garantía Salarial y formación profesional para el ejercicio 2019.
  - La Disposición adicional segunda del Real Decreto-ley 18/2019, de 27 de diciembre, por el que se adoptan determinadas medidas en materia tributaria, catastral y de seguridad social acuerda la prórroga de la Orden TMS/83/2019, de 31 de enero, por la que se desarrollan las normas legales de cotización a la Seguridad Social, desempleo, protección por cese de actividad, Fondo de Garantía Salarial y formación profesional para el ejercicio 2019.
- Tipos de cotización. Serán los vigentes en la fecha en que las cuotas se devengaron, tal y como establece el artículo 154.3 del Texto Refundido de la Ley General de la Seguridad Social, aprobado por el Real Decreto Legislativo 8/2015, de 30 de octubre, siendo para el 2019 la

Orden TMS/83/2019, de 31 de enero (BOE del día 2 de febrero) y para el 2020 y 2021 la prórroga realizada sobre la Orden TMS/83/2019, de 31 de enero (BOE del día 2 de febrero).

En cuanto a la cotización por contingencias profesionales, se realiza de conformidad con la tarifa de primas de la Disposición adicional cuarta de la Ley 42/2006, de 28 de diciembre. Se aplica el correspondiente recargo el 20 % en virtud de lo establecido en el artículo 30 del Texto Refundido de la Ley General de la Seguridad Social, aprobado por el Real Decreto Legislativo 8/2015.»

La actuación inspectora de control del cumplimiento normativo respecto de las personas trabajadoras en el hogar familiar, en la mayoría de las ocasiones, es de tipo documental.

Como hemos señalado, la dificultad que ofrece la visita de inspección, condicionada al consentimiento del titular del hogar familiar.

Para la verificación del pago correcto del salario a la persona trabajadora se revisará en funciona de los recibos de salarios y transferencias bancarias realizadas por el empleador/a y en base a las declaraciones mensuales que realicen a la Tesorería General de la Seguridad Social en base a las cuotas a la Seguridad Social declarada.

4. Reflexiones finales

Estamos ante una figura, aún pendiente de regular, nos encontramos en sus comienzos, a pesar de ser un puesto de trabajo que siempre ha estado ocupando un lugar esencial en los hogares familiares, e incluso para muchos/as, imprescindible.

Son personas trabajadoras como cualquier/a persona trabajadora por cuenta ajena, que realiza una prestación de servicios generando unos derechos y unas obligaciones, por lo que merecen equiparse al resto en el marco del orden social.

Desde el punto de vista de la Inspección de Trabajo, nos estamos empezando a encontrar como las personas trabajadoras del hogar familiar comienzan a reclamar derechos y de denunciar injusticias. Anteriormente, eran casos aislados, pero en la actualidad cada vez se está produciendo con más regularidad. Y esto se debe en parte, a que se están empezando a encontrar amparados/as en el marco normativo tanto laboral como del sistema de la Seguridad Social.

Aunque los instrumentos que cuenta la Inspección de Trabajo pudieran en ocasiones limitarse como se ha indicado con el derecho de la inviolabilidad del domicilio, con los mecanismos que nos proporciona la normativa reguladora se pretende velar por la garantía de los derechos de las personas trabajadoras como personas trabajadoras del hogar familiar.

BIBLIOGRAFÍA

AA.VV.: *El estatuto jurídico del cuidado informal,* Ramon Areces, Madrid 2010.

Alonso Arana, María; **Inda Errea,** Mabel: *La equiparación de condiciones de las personas trabajadoras al servicio del hogar* (Análisis normativo RDL 16/2022, de 6 septiembre). Editora. Área Social. Thomson Reuters Aranzadi.

Gomez García, Francisco Xaviere: «Empleados de hogar y su protección desde la seguridad social: una situación aún deficitaria», Lex Social, *Revista de Derechos Sociales*, núm. 2021, 11(2).

Pérez-Bedmar, María de Sande: *La Relación Laboral Especial de los Empleados de Hogar: Aspectos Laborales y de Seguridad Social.*2011.

Quesada Segura, R.: *El contrato del servicio doméstico.* La Ley, Madrid,1991.

López Insua, Belén del Mar: «Nadando entre dos aguas: salario decente "versus" economía irregular en el empleo al servicio del hogar familiar», *Revista Española de Derecho del Trabajo núm.231, 2020.*

López Gandia, Juan y **Toscani Giménez**, Daniel:

- «Los trabajadores al servicio del hogar familiar aspectos laborales y de seguridad social: propuestas de reforma.» ISBN:84-86977-94-0.

- «El nuevo régimen laboral y de Seguridad Social de los trabajadores al servicio del hogar familia» ISBN: 9788415000570.

CAPÍTULO XIV

DOMESTIC WORK IN THE ITALIAN LEGAL SYSTEM[1]

Domenico Mezzacapo
Ordinario di Diritto del lavoro
Facoltà di Giurisprudenza - Dipartimento di Scienze giuridiche
SAPIENZA Università di Roma

Luisa Rocchi
Docente a contratto
Diritto del lavoro
CUSANO Universita' degli Studi Niccolo' Cusano

Flaminia de Giuli
Facoltà di Giurisprudenza - Dipartimento di Scienze giuridiche
SAPIENZA Università di Roma

Chiara Trotta
Facoltà di Giurisprudenza - Dipartimento di Scienze giuridiche
SAPIENZA Università di Roma

Dario Calderara
Facoltà di Giurisprudenza - Dipartimento di Scienze giuridiche
SAPIENZA Università di Roma

Fabrizio Ferraro
Facoltà di Giurisprudenza - Dipartimento di Scienze giuridiche
SAPIENZA Università di Roma

Gianluca Giampà
Facoltà di Giurisprudenza - Dipartimento di Scienze giuridiche
SAPIENZA Università di Roma

---

1 Although the result of collective reflections, the individual paragraphs of this chapter are to be attributed as follows:
Par. 1 and 2: Domenico Mezzacapo; par. 3 and 3.1: Luisa Rocchi; par. 4 and 6: Flaminia De Giuli; par. 5: Chiara Trotta; par. 7 and 10: Dario Calderara; par. 8, 8.1, and 8.2: Fabrizio Ferraro; par. 9 and 11: Gianluca Giampà.

1. Speciality of the domestic employment relationship and nature of the service

In Italian law, domestic work is considered a special employment relationship.

The notion of subordination accepted by the Italian Civil Code, in fact, is constructed with reference to the workers' inclusion in the enterprise.

From this point of view, the legal definition of subordinate worker in article 2094 c.c.[2] derives mainly from the doctrine of Paolo Greco, for whom the exchange contract could not in itself induce the status of subordination unless combined with the workers entry or permanence, stable or transitory, in the organisation of the enterprise[3].

So Italian Civil Code regulates, firstly, «employment in the enterprise» (Book V, Title II) and, only subsequently, «subordinate employment in particular relationships» (Title IV), «not inherent to the exercise of the enterprise»[4], with particular reference to domestic work (art. 2240 - 2246).

Domestic employment relationship, therefore, is special «because it is aimed at satisfying a personal need of the employer and not instrumental to the exercise of the employers' professional activity»[5].

According to authoritative Doctrine[6], domestic work is essentially characterised by the fact that it takes place in an organisation that is not a business, i.e., it is not intended for the production and exchange of goods and services. Normally, but not necessarily, this organisation is the family. The work is intended to meet the living needs of the members of the organisation and normally consists of the provision of services inherent in the running of a household and the personal needs of those living there.

---

2 Art. 2094 c.c.: «An employee is anyone who undertakes, for remuneration, to collaborate in the enterprise, performing intellectual or manual labour in the employ and under the direction of the entrepreneur».

3 See GIUSEPPE SANTORO-PASSARELLI, «Il rapporto individuale di lavoro e il contratto collettivo nella normativa precedente al Codice, nel Codice civile del 1942 e nella disciplina successiva», in *Diritto delle relazioni industriali*, 2022, pag. 475 and GIUSEPPE SANTORO-PASSARELLI, *Realtà e forma nel diritto del lavoro*, IV, Giappichelli, Torino, 2022, pags. 1 ff., spec. pag. 5, with all further references. From this point of view, the Civil Code ends up transforming into an archetype what, instead, for Barassi, was a subtype.

4 Art. 2239 c.c.: «Employment relationships that are not inherent to the exercise of a business are governed by the provisions of sections II, III and IV of Chapter I of Title II, insofar as they are compatible with the special nature of the relationship».

5 GIUSEPPE SANTORO-PASSARELLI, *Diritto dei lavori e dell'occupazione*, Giappichelli, Torino, 2022, pag. 549.

6 MATTIA PERSIANI, entry «Domestici. I – Lavoro domestico», in *Enciclopedia del diritto*, vol. XIII, 1964, pags. 826-827.

However, the reference to the family must be understood in a broad sense, «extended to all cohabitations that have the characterising elements of the family»[7]: the cohabitation of a group of persons that creates a community of life aimed at satisfying the main moral and material needs such as mutual assistance, food, and shelter.

So, as a general rule, a person working in the employ of persons other than natural persons cannot be classified as a domestic worker, irrespective of their legal status, «on the basis of the decisive consideration that, in the present case, no personal or family needs can be envisaged»[8].

But in some particular cases, services rendered in favour of «para-family» communities such as, for example, religious or military communities may fall within domestic work. The latter, in fact, although they bring together people not bound by blood ties, can create for those who are part of them a bond of belonging like that of the family of origin[9].

Where the activity is performed only partially to meet personal or family needs (e.g., drivers who perform their services both for the personal needs of a business owner and for the business needs of the business owner), the prevailing activity must be considered for the purposes of qualifying the relationship.

The special nature of the domestic employment relationship entails a special discipline, designed to derogate from that of salaried employment in the enterprise, applicable on a residual basis only insofar as it is compatible with the special nature of the relationship.

It is worth noting this speciality does not seem to be able to be challenged even considering the recent judgment of the Court of Justice of the European Union C-389/2020 of 24 February 2022, rendered precisely with reference to a Spanish regulation.

At first glance (but please refer to the more specific contributions on this point in this volume for further details), this ruling does not appear to deny the specificity of domestic workers, but, for the purposes of the application of anti-discrimination law, merely notes a disparity of treatment between the latter and «other categories of workers whose work relationship is carried out at home for non-professional employers, or whose work sector presents the same specificities in terms of employment rates, qualifications and remuneration as that of domestic workers»[10].

---

7 FULVIO BIANCHI D'URSO, entry «Lavoro doméstico», in *Enciclopedia giuridica*, 1990, pag. 1.

8 FULVIO BIANCHI D'URSO, entry «Lavoro doméstico», in *Enciclopedia giuridica*, 1990, pag. 1.

9 See LUISA ROCCHI, «Particolari rapporti di lavoro», in *Diritto e processo del lavoro e della previdenza sociale. Privato e pubblico,* collective work, G. Santoro-Passarelli (ed.), vol. I, UTET, Torino, 2020, pag. 514.

10 Par. 63.

2. Regulatory developments and discipline framework

The regulation of domestic work in the Civil Code is rather meagre.

As already mentioned, it is encapsulated in seven articles (2240 - 2246) which, paradoxically, do not provide a definition of domestic work but merely identify the applicable rules on the probationary period, the right to board, lodging and assistance, the holiday period, termination of employment, seniority compensation and the issuance of the work certificate.

These rules are mandatory *in pejus, but* they may be derogated from *in melius* by agreement and custom.

A legal notion of domestic work was introduced only later, by l. n. 339/1958, according to which «domestic servants are understood to be workers of both sexes who work in any capacity whatsoever for the operation of family life, whether they are specifically qualified or whether they are engaged in general duties»[11].

This law also dictates a more comprehensive and organic regulation of the relationship and, together with the clauses of the collective agreements of domestic workers[12], constitutes the main source of regulation of domestic work today.

It is important to dwell on the scope of l. n. 339/1958 and the relationship between it and the original Civil Code.

L. n. 339/1958 «applies to employment relationships concerning domestic service workers who work continuously and predominantly for at least four hours a day for the same employer, with remuneration in cash or in kind»[13].

The same law does not repeal the previous provisions of the Civil Code.

The relationship between the two regulations, the original Civil Code, and the later l. n. 339/1958, can then be reconstructed according to the usual criterion of the relationship between general and special regulations: the former is applied to relationships that do not reach the minimum daily duration limit provided for by the latter or for what the latter does not regulate.

In the absence of any regulation of domestic work, general or special, the regulation of subordinate work will apply insofar as it is compatible with the special nature of the relationship, pursuant to Article 2239 of the Civil Code.

---

11 Art. 1, l. n. 339/1958.

12 See, in particular, the CCNL signed on 8th September 2020 by FINALDO and DOMINA, representing the employers, and FILCAMS-CGIL, FISASCAT-CISL, UILTuCS and FEDERCOLF, representing the workers.

13 Art. 1, l. n. 339/1958.

3. The qualification of the relationship in case law

When faced with a subordinate domestic employment relationship, it is not always easy to distinguish especially when the activity is possibly carried out *affectionis vel benevolentiae causa*, given the absence of a clear definition in the codified and special rules. Despite this, case law has given a significant contribution to the correct qualification. First, the qualification of domestic work based merely on the worker's hourly commitment has long been superseded: the United Sections in their judgment n. 1961/1964[14] affirmed that even employment relationships lasting less than four hours must be considered as domestic work if the requirements are met.

The irrelevance of the 'time' factor has also recently been emphasized in relation to discontinuous and occasional services, which, as it is well known, do not exclude the subordination bond[15].

Article 1 of l. n. 339 /1958, however, merely identifies domestic work in relation to the purpose for which the activity is carried out «for the functioning of family life»[16].

Doctrine[17] and jurisprudence are inclined to consider that two requirements are necessary for the service to be qualified as domestic work[18].

First of all, the activity must be carried out in a family or para-family context in «a stable community of people living together, on a non-profit basis, in observance of mutual assistance principle, similar to that of families based on blood ties, in affectionate solidarity between people sharing food and lodging»[19].

Not only households linked by marriage, kinship, adoption, civil union or *more uxorio* cohabitation are considered as such, but also similar contexts, which are now equated with the family by collective bargaining (*infra* par...) and case law; on the other hand, merely occasional aggregations are excluded[20].

---

14 Cass. S.U., 22.7.1964, n. 1961.

15 For example, she was correctly considered a domestic worker for working only two mornings a week (Trib. Roma, 26.4.2019, n.4005).

16 The rule reproduces the wording in force during the corporative period and contained in article 3, par. 1 of Royal Decree n. 1955 of 1923.

17 MATTIA PERSIANI, entry «Domestici (lavoratori)», in *Enc. dir.*, vol. XIII, 1964, pag. 827; CATERINA TIMELLINI, entry «Lavoro domestico», in *Digesto Discipline Privatistiche*, Agg. 2, 2003, pags. 564 ff.

18 Cass., 6.12.1996, n. 10872; Cass., 6.8.1996, n. 7185; Cass., 6.12.1985, n. 6150.

19 Cass., 30.8.2018, n. 21446; Cass., 6.9.1988, n. 5049.

20 Cass., 6.9.1988, n. 5049.

Jurisprudence, in fact, has pronounced on the recognition of the employment relationship in case of activities performed in favour of particular social groups, such as religious[21] (convents and monasteries) and the military communities[22].

However, it is not always easy to distinguish whether the activity is rendered under a contract or whether it is motivated by a spirit of affection or because it is rendered as a member of a certain social group for which case law excludes the subordinate nature of the service (*infra* par. 3.1).

For this reason, it is considered necessary to verify that the activity provided is «aimed at the functioning of family life in order to satisfy a personal need of the employer»[23], such that it does not, on the contrary, constitute an instrument for the exercise of their professional activity.

In other words, the employer must be a non-entrepreneur, according to case law[24], «a person who carries out non-profit activities of political, trade union, cultural, educational, worship or religious nature to be qualified on the basis of the nature of the activity, to be assessed according to the ordinary criteria with reference to the type of organization and the cost-effectiveness of management».

In light of the dual requirement, the service rendered by the cook or the cleaner in favour of monks and seminarians has therefore been qualified as domestic work, even though this community, outside the pursuit of profit, occasionally hosts other people[25], (in addition to monks and seminarians), so excluding the application of the collective agreement for the hotel and tourism sector. In this context, according to case law, the main service, performed in the exclusive interest of the religious community, is of primary importance for the correct classification of the employment relationship, and not the accessory tasks carried out for the benefit of guests.

On the contrary, the applicability of the discipline of domestic work was ruled out in the case of an activity performed by the tutor or by the housemaster who carries out their work, not for the personal needs of the employer, but for the functioning of the institutional and professional activity carried out by the latter, which in this case consisted in the management of the community accommodation for minors[26].

---

21 Cass., 30.8.2018, n. 21446. Administrative practice has also extended the regulation of domestic work to such activities as long as they are performed in favour of stable communities, characterized by the absence of lucrative purposes, and sharing a roof and canteen, see d.p.r. n. 1403/971.

22 These were already included in the domestic work discipline by art. 3, par. 1, r.d. n. 1955/923.

23 Cass., 30.8.2018, n. 21446.

24 Cass., 26.1.2004, n. 1367.

25 Cass., 6.9.1988, n.5049.

26 Cass., 14.12.2005, n. 27578.

Moreover, the orientation taken by case law is inclined to the view that other services may be added to the main services required of a domestic worker, provided that the functional connection linking the activity performed to the satisfaction of the family's personal interest is still in place.

In this sense, pursuant to Article 2240 of the Civil Code, it has been held that «in the domestic employment relationship, the service may also be extended outside the strictly domestic sphere, provided that it is performed to meet a need of the employer and does not constitute an instrument of the employer's professional activity, especially when the use of the service is not for the employer's profit-making purposes»[27].

Therefore, the activities of drivers, gardeners, housekeepers, and doormen were recognized as such, provided they only work in favour of a family unit[28].

On the contrary, people placed as *au pairs*, (provided that all the elements required by l. n. 304/1973 are fulfilled) and those who assist handicapped minors by performing their services away from the employer's home do not fall within the scope of the relationships under consideration but are brought within the employment relationship[29].

3.1. The boundary with gratuitousness

The fact that the work must be performed in favour of the employer and to satisfy an interest of the employer may raise certain critical issues in order to identify the correct *discrimen* between domestic work and activity performed *affectionis vel benevolentiae causa*.

---

27 Cass., 7.5.1971, n. 1295; Cass., 8.7.1987, n. 5969 in which the Court set aside the judgment under appeal that had failed to assess whether, in application of that principle, an activity of cleaning, supervision, custody, maintenance and illustration to the public of objects forming part of a museum-collection located in the private home of the employer should not be classified as domestic work.

28 Massimiliano Panci, Marianna Russo, «Particolari rapporti di lavoro», in *Diritto e processo del lavoro e della previdenza sociale*, 2017, pag. 317; Caterina Timellini, entry «Lavoro domestico», in *Digesto Discipline Privatistiche*, Agg. 2, 2003, pags. 572-573. Const. C., 20.7.1976, n. 207 that, in relation to portering, stated that «the fiduciary nature of the relationship is not in itself sufficient to determine full parity, which could only be accepted in the case of portering at the service of a single-family home».

29 Cass., 1.4.2005, n. 6824: «According to article 1 of l. n. 339/1958, the characteristic element of the domestic employment relationship is the performance of work for the purpose of family life, and this is confirmed by article 1 of Presidential Decree No 1403 of 31.12.1971 regulating the social security obligations of workers employed in domestic and family services, which, for the purposes of identifying the workers to whom that decree is applicable, refers to the performance of tasks for the purpose of family life».

As a general rule, it should be noted that there is a presumption of remuneration of work performance in the legal system, so that any activity that can be classified as employment is presumed to be performed for consideration, unless the employer proves otherwise[30].

Therefore, if the existence of a domestic employment relationship is inferred, the employer must promptly infer the gratuitousness of the relationship and the specific circumstances capable of overcoming the presumption of subordination and onerousness that characterizes such services[31].

Only services rendered on the basis of bonds of solidarity and affection escape this presumption, since in these cases the consideration of services, typical of the employment contract, cannot be recognized, with the consequence that the activity must be considered free of charge[32].

In other words, services rendered «under the sole stimulus of moral and affective principles and impulses»[33] —subject to proof to the contrary— are presumed to be performed outside of any contractual meeting of wills, without subordination and, therefore, remuneration.

This makes it possible, for example, to exclude the possibility that *more uxorio* cohabitation is compatible with the domestic employment relationship, because the work and care activities carried out within a family context in favour of the cohabitee are generally based on the existing *de facto* bonds of solidarity and affection, which are an alternative to the typical bonds of a relationship based on consideration, such as the employment relationship[34].

It is up to the cohabitee to prove that the services rendered in the family context can be qualified as an employment relationship by providing proof of the exercise of the typical employer's powers[35].

The presumption of gratuitousness, however, does not apply in the case of a family business as referred to in Article 230-*bis* ff. of the Civil Code, i.e. a business in which the spouse, relatives up to the third degree, and relatives-in-law up to the second degree collaborate, and in which the services are not performed out of a spirit of benevolence and solidarity arising from mere family obligations, but from the necessary satisfaction of the needs of the business, there being a subordination between the members of the family itself.

30 Trib. Roma, 26.4.2019, n.4005.

31 Cass., 6.12.1996, n.10872.

32 Cass., 7.8.2008, n. 21365.

33 Trib. Roma, 13.2.2018, n.1092, which ruled out the presumption of gratuitousness in the case of a receptionist employed by a cohabitee.

34 Trib. Roma, 2.10.2017, n. 7929. However, jurisprudence does not rule out the possibility that services may sometimes be provided in the form of a subordinate employment relationship, of which strict proof must be provided as to the exercise of managerial and supervisory powers; App. Roma, 9.11.2018, n. 4044; Trib. Trani, 17.1.2019.

35 Cass., 15.3.2006, n.5632; Cass., 29.5.1991, n. 6083; Cass., 17.2.1988, n. 1701.

Finally, it has been recently ruled out that the care activities carried out by the caregiver for the benefit of the person assisted on non-working days (holidays) are not overtime. In fact, in this case, the Court, through an investigation of fact, held that the voluntary nature of the worker's stay in the home and her participation in the activities carried out on non-working days could not give rise to the onerous nature of the service[36].

This interpretative approach confirms the need to conduct a concrete investigation as to the attitude of the relationship, both in the case of the performance of promiscuous activities or, in any case, not exclusively personal ones —as seen in the preceding paragraph— as in the case of activities provided *affectionis vel benevolentiae causa.*

4. The role of collective bargaining

The role of collective bargaining in domestic work has changed profoundly over time. In fact, although Section 2068, par. 2 of the Italian Civil Code excludes from the «discipline of collective bargaining the labor relationships regarding services of a personal or domestic nature», following a historic ruling of the Italian Constitutional Court[37], currently there are collective agreements for domestic workers[38].

Originally, the labor relationships in this field were governed exclusively by the Italian Civil Code and l. n. 339/1958. Prior to the enactment of the Italian Constitution, the exclusion of domestic work relationships from the collective bargaining could be justified by the peculiarities of such relationships, which distinguished them from the provisions of Section 2094 of the Italian Civil Code[39]. Indeed, since such relationships were characterized by «benevolence», they were deemed inconsistent with «common labor law» as the management of this labor relationships finds its foundation in the personality of the bond, as well as in the commonality of life and habits that arise, in most cases, from a material cohabitation. Such elements are unrelated to the conflicting logic that the collective initiative represents[40]. The issue had been subject to an extensive debate, both in doctrine and case law. While, from the very beginning, the majority of commentators deemed

36 Cass., 16.12.2020, n. 28703.

37 Const. C., 27.31969, n. 68.

38 ANTONIO IOLI, «Dal primo contratto collettivo sul lavoro domestico ai giorni nostri», in *Lavoro domestico e di cura: quali diritti?,* collective work, F. Sarti (ed.), Ediesse, Roma, 2010, pags. 192 ff.

39 CATERINA TIMELLINI, entry «Lavoro domestico», in *Digesto Discipline Privatistiche*, Agg. 2, 2003, pag. 566 ff.

40 FRANCESCO BASENGHI, «Il lavoro domestico. Artt. 2240-2246», in P. Schlesinger (dir.), *Il Codice Civile. Commentario*, Giuffrè, Milano, 2000, pag. 32.

Section 2068, par. 2 of the Italian Civil Code inconsistent with constitutional principles[41], case law recognized its legitimacy[42] at first.

It was only through the decision n. 68/1969, that the Italian Constitutional Court found Section 2068, par. 2 of the Italian Civil Code[43] unconstitutional under Section 3 of the Italian Constitution, considered the different treatment reserved for domestic workers compared to the generality of workers[44]. In fact, as pointed out by the constitutional judges, there was an unjustified unequal treatment on the trial level[45], because, at the time, special proceedings applied only to labor relationships regulated by collective autonomy[46].

However, the first national collective agreement for domestic workers was stipulated in 1974. This temporal shift was caused by the difficulties encountered on the one hand by the trade unions, given the category's very low unionization rate and its fragmentation, and on the other hand by the employers, given the lack of a representative entity[47]. The agreement in

---

41 Some believed that l. n. 339 of 1958 redefined the domestic labor relationship (GIORGIO GHEZZI, «Osservazioni sull'esclusione del rapporto di lavoro domestico dalla contrattazione collettiva», in *Giurisprudenza Italiana*, 1966, vol. I, 1, pags. 409 ff.; RENATO CORRADO, *Trattato di diritto del lavoro*, Utet, Torino, vol. II, 1966, pag. 475). According to others, the rule was contrary to the principle of union freedom under Section 39, par. 1 of the Italian Constitution. (MATTIA PERSIANI, «Il lavoro domestico», in *Rassegna di Diritto del Lavoro*, 1961, pag. 633). Finally, some others argued its overcoming due to the fall of the corporate regime (FERRUCCIO PERGOLESI, *Diritto del lavoro*, Zuffi, Bologna 1948, pag. 178; LUIGI DE LITALA, *Contratti speciali di lavoro*, Utet, Torino, 1958, pags. 45 ff.; GIOVANNI PETRACCONE, «Il lavoro domestico nella nuova legislazione», in *Novissimo Digesto*, 1958, pag. 381; GIROLAMO SIRCHIA, «Il rapporto di lavoro domestico nella regolamentazione collettiva e nel rito», in *Novissimo Digesto*, 1962, pags. 609 ff.). See *contra* GIUSEPPE FEDERICO MANCINI, «Lavoro domestico e contrattazione collettiva», in *Giurisprudenza Costituzionale*, 1968, pag. 1612.

42 According to case law, the domestic labor relationship would have been refractory to general regulation given its special personal dimension and, therefore, this exclusion seemed entirely legitimate. In addition, the difficulty of a union organization of the employers, due to the performance of said activities outside the enterprise, was not considered secondary. Finally, the rule was not deemed restrictive of the union freedom, but it was considered instead as precluding the introduction of a regulation by means of collective agreement (Cass., 27.10.1965, n. 2278).

43 In a previous ruling, Cons. C., 2.7.968, n. 101, the Constitutional Court had found inadmissible the question of constitutional legitimacy of Section 2068, par. 2 of the Italian Civil Code under art. 39, par. 4 of the Italian Constitution.

44 CATERINA TIMELLINI, entry «Lavoro domestico», in *Digesto Discipline Privatistiche*, Agg. 2, 2003, pags. 566 ff.

45 The former wording of Section 429 of the Italian Code of Civil Procedure provided that Chapter I Title IV of the Code of Civil Procedure applied in disputes concerning labor and employment relations governed by collective agreements.

46 FULVIO BIANCHI D'URSO, entry «Lavoro domestico», in *Enciclopedia Giuridica*, 1990, pag. 2.

47 ANTONIO IOLI, «Dal primo contratto collettivo sul lavoro domestico ai giorni nostri», in *Lavoro domestico e di cura: quali diritti?*, collective work, F. Sarti (ed.), Ediesse, Roma, 2010, pag. 193.

subject, signed by Filcams-Cgil, Fisascat-Cisl, Uiltucs-Uil and Federcolf with the New Collaboration and the National Federation of Italian Clergy, took up the provisions of l. n. 339/1958, specifying, however, that the agreement (i) applied to all those who carried out domestic activities on a continuous basis regardless of whether the minimum hourly rate of four hours per day with the same employer, set forth by current regulations[48], was reached; and (ii) introduced an initial classification of the personnel in the sector, as well as specific regulations on hours and pay.

Since 1974, there have been numerous collective agreements that have succeeded one another over time supplementing the legal discipline, albeit with the difficulties related to their lack of subjective constraint[49].

5. The establishment of the relationship. Forms and procedures

As to the establishment of the relationship, it is necessary to make a historical premise. Originally, the recruitment of the domestic worker fell within the hypotheses of direct employment of the worker. In fact, the last paragraph of art. 11, l. n. 264/1949, required only the employer's reporting of the establishment of the relationship to the Provincial Labor Office. This provision was also confirmed by the subsequent art. 2, l. n. 339/1958, which regulated that this obligation had to take place within thirty days after the probationary period had passed. Also art. 2, last paragraph, l. n. 339/1958, contemplated a case of labor mediation by third parties, which had to be carried out by job placement offices authorized by the Ministry of Labor and constituted at the headquarters of trade unions or patronages. If the establishment took place under such circumstances, the authorized parties performing the mediations were required to report the placement to the relevant public employment offices. The rationale behind these provisions was to ensure that placement bodies had overall control over the labor market, while taking into account the peculiarities of domestic work. However, as pointed out by the doctrine, these were regulations of little effectiveness as they were completely free of sanctions[50].

With regard to the establishment of the relationship, the discipline underwent an important development with the introduction of art. 9 *bis* of d.l.

---

48 Art. 1, l. n. 339 del 1958.

49 ANGELO LORUSSO, *Disciplina giuridica del lavoro domestico*, Cappelli, Bologna, 1975, pag. 39.

50 MONICA MC BRITTON, entry «Lavoro domestico», in *Digesto Discipline Privatistiche*, vol. VIII, 1992, pags. 225 ff., *ivi* pags. 227-228.

n. 510/1996, converted into l. n. 608/1996, which, in Paragraph 4, provided for the exemption of domestic employers from fulfilling the publicizing burdens provided for in Paragraphs 2 and 3 of the same article, relating to the communication to the competent office and the delivery to the employee of the certificate containing the essential data of the new relationship. However, this paragraph 4 was repealed under art. 8 of d.lgs. n. 297/2002. Hence, as of today, the applicable discipline in terms of communication results from art. 16-*bis* of d.l. n. 185/2008, converted into l. n. 2/2009, whereby, in paragraphs 11 and 12, for domestic employers, the obligations under art. 9 *bis* d.l. n. 510/1996 are understood to be fulfilled with the submission to INPS, through simplified modalities, of the recruitment communication. It will then be up to the social security agency to notify the relevant offices, such as the Ministry of Labor or INAIL, that the relationship has been established[51]. As pointed out by the doctrine, the subject of the establishment of the domestic employment relationship has been characterized by «a sometimes-tortuous line of evolution», as it was first «relegated to the list of relationships deserving of largely derogatory treatment», only to be governed today, for the most part, by rules similar to the generalized legislation, thus becoming standard in its own way[52].

After outlining the general regulations, it seems appropriate to mention the regulations regarding non-EU domestic workers and underage domestic workers.

In the former case, a more complex regulation is provided for by d.lgs. n. 268/1998, as amended by d.l. n. 195/2002, converted into l. n. 222/2002, whereby the domestic employer applies by name to the peripheral office of the Ministry of Labor for the issuance of work authorization, documenting the foreigner's living arrangements, with no further requirement to ascertain the unavailability of Italian or EU candidates.

In the case of the employment of minors, on the other hand, art. 4 of l. n. 339/1958 provided for the possibility of establishing a domestic employment relationship as an exception to the general limit of fifteen years of age, lowering this limit to fourteen years of age. However, there was a need for written authorization, endorsed by the mayor of the worker's municipality of residence, from the person exercising parental authority-now parental responsibility-with which the minor was allowed to live with the employer's family and be placed within a family context other than their own. Regarding the efficacy of this declaration, the prevailing doctrine tends to exclude that it affects the minor's capacity to contract where it is allowed under art. 2 of

51 Caterina Timellini, entry «Lavoro domestico», in *Digesto Discipline Privatistiche*, Agg. 2, 2003, pags. 564 ff., *ivi* pags. 575-577.

52 Francesco Basenghi, «Il lavoro domestico. Artt. 2240-2246», in P. Schlesinger (dir.), *Il Codice Civile. Commentario,* Giuffrè, Milano, 2000, pag. 152.

the Civil Code[53]. This arrangement has been maintained over time except with regard to the age limit for access to employment: in fact, art. 5 of d.lgs. n. 345/1999, amending l. n. 977/1967, introduced, for the employment of the minor a mobile threshold given by the moment of the conclusion of the period of compulsory education, subject in any case to the minimum attainment of the fifteenth year of age, which is thus unavoidable and mandatory by the previous discipline.

About the form of the contract, in the absence of specific regulatory provisions, one must opt for the free form under art. 1326 of the Civil Code, which thus legitimizes both the oral constitution and by *facta concludentia* of the bond. While part of the doctrine has strongly reiterated the irrelevance of the information obligations under d.lgs. n. 152/1997 and the exclusion of domestic work from the scope of the same, it is worth mentioning that collective bargaining has always provided, even in this field, that the employer should issue the employee with a special letter containing an indication of certain elements of the relationship for the purpose of transparency and information. This can only be consistent with the choice of the legislature to include also domestic employees within the scope of d.lgs. n. 104/2022, pursuant to art. 1, paragraph 3, lect. b).

A final mention deserves to be devoted to the probationary period, which in domestic work continues to have a highly derogatory discipline with respect to the general rules: in fact, art. 2096 of the Civil Code, which imposes written form *ad substantiam*, i.e., for the purposes of validity, on the probationary agreement, does not apply. On the contrary, art. 2241 c.c. provides that the trial pact is presumed for the first eight days of the relationship, so that it is possible to say that the trial clause is a natural effect of the contract. L. n. 339/1958 also contemplates a similar provision but introduces a distinction between workers employed in clerical tasks, for whom the probationary period cannot exceed thirty days, and manual workers, for whom there is a maximum of eight days of probation. On this last provision, there is a split in the doctrine: for some there is the most total non-derogation of terms by private autonomy[54], for others the terms provided for in art. 5 of l. n. 339/1958 can be derogated from but only by probation agreements stipulated in writing, by virtue of the fact that the law introduces a mere presumption[55].

---

53 Marino Offeddu, «Il lavoro domestico», in P. Rescigno (dir.), *Trattato di diritto privato*, vol. XV, t. 1, UTET, Torino, 1986, pag. 667; Angelo Lorusso, *Disciplina giuridica del lavoro domestico*, Cappelli, Bologna, 1975, pag. 49.

54 Luigi de Litala, entry «Domestici (Contratto di lavoro e previdenza sociale)», in *Novissimo Digesto*, VI, 1960, pags. 172 ff., *ivi* pag. 175.

55 Mattia Persiani, «Domestici (lavoratori)», in *Enciclopedia del diritto*, vol. XIII, 1964, pag. 831.

6. The remuneration of domestic workers

Remuneration is an essential element of labor relationships since it is the main obligation of the employers, and also a fundamental right of the employees[56].

However, remuneration is not limited to the sole consideration since it is also the essential means of livelihood for employees. Considering this, Section 36 of the Italian Constitution provides that remuneration must be proportionate to the quantity and quality of the work performed and must be in any case sufficient to guarantee a free and dignified existence to the workers and their family[57]. Absent any legal provisions or a general effectiveness of collective bargaining, the determination of a just pay is left to the parties or, in case it lacks or does not meet the criteria set forth by Section 36 of the Italian Constitution, to the judge, who, through a constitutionally-oriented interpretation of Section 2099 of the Italian Civil Code, shall directly determine it, by considering as a presumptively adequate parameter the minimum rates set forth by collective agreements[58].

In domestic labor relationships, long characterized by the absence of collective bargaining (par. 4)[59], the judge had long been forced to refer

56 ANGELO LORUSSO, *Disciplina giuridica del lavoro domestico*, Cappelli, Bologna, 1975, pags. 99 ff.

57 MARIA LUISA DE CRISTOFARO, *La giusta retribuzione: l'articolo 36 comma I della Costituzione nella giurisprudenza delle corti di merito*, Il Mulino, Bologna, 1971, pag. 30; RENATO SCOGNAMIGLIO, «Il lavoro nella Costituzione italiana», in *Il lavoro subordinato nella giurisprudenza costituzionale,* collective work, R. Scognamiglio (ed.), Franco Angeli, Milano, 1978, pags. 73 ff.; TIZIANO TREU, «Sub art. 36. Rapporti economici. Art. 35-40», in *Commentario della Costituzione,* collective work, G. Branca (ed.), Zanichelli-Il Foro Italiano, Bologna, Roma, 1979, pag. 89; MATTIA PERSIANI, «La retribuzione tra legge, autonomia collettiva e determinazione giudiziale», in *Nuove forme di retribuzione e attualità dei principi costituzionali*, in *Quaderni Argomenti di Diritto del Lavoro*, 1998, pag. 31; STEFANO BELLOMO, «Retribuzione. (I) Rapporto di lavoro», in *Enciclopedia giuridica Treccani*, XXXI, 2009; PIETRO ICHINO, «La retribuzione», in *Lezioni di Diritto del Lavoro*, Giuffrè, Milano, 2004; PAOLO PASCUCCI, *Giusta retribuzione e contratti di lavoro. Verso un salario minimo legale?*, Franco Angeli, Milano, 2018, pags. 25 ff.; LORENZO ZOPPOLI, «La retribuzione», in *Diritti e doveri nel rapporto di lavoro,* collective work, P. Curzio, L. Di Paola, B. Romei (ed.), Giuffrè, Milano, 2018, pag. 346.

58 LUIGI ANGIELLO, «La retribuzione. Artt. 2099-2102», in Schlesinger P. (dir.), *Il Codice Civile Commentario*, Giuffrè, Milano,1990; PIETRO ICHINO, «Il lavoro subordinato: definizione e inquadramento. Artt. 2094-2095», in P. Schlesinger (dir.), *Il codice civile. Commentario*, Giuffrè, Milano, 1992, pag. 268; PAOLO PASCUCCI, «La giusta retribuzione nei contratti di lavoro oggi», in *La retribuzione. Annuario di Diritto del Lavoro n. 54*, Giuffrè, Milano, 2018, pag. 97; PAOLO PASCUCCI, *Giusta retribuzione e contratti di lavoro. Verso un salario minimo legale?*, Franco Angeli, Milano, 2018, pag. 47; SUSANNA PALLADINI, «I principi costituzionali in materia di retribuzione e la loro applicazione giurisprudenziale», in *La retribuzione,* collective work, E. Gragnoli, S. Palladini (ed.), Utet, Torino, 2012. Cass., 28.10.2008, n. 25889.

59 Surveys on average monthly wages made by the Provincial Commissions under Section 14(a) of l. n. 339/1958 have been a point of reference for judges.

exclusively to customs or empirical and contingent criteria[60]. All of this initially led to a lack of effectiveness of the aforementioned protection mechanism since the determination of the remuneration treatment was mostly left to the individual parties[61]. Therefore, the introduction of a collective discipline had a considerable impact on remuneration since it entailed an articulation, albeit elementary, of workers into different levels of classification. Furthermore, the introduction of such collective discipline has introduced the distinction of the employees based on the sc. full, reduced, or hourly service, the definition of a quantum for the allowance in replacement of board and lodging and mechanisms to adjust wages to the cost of living[62].

Regarding the forms of remuneration[63], domestic work can be paid in money or in kind, or partly in money and partly in kind (sc. mixed form)[64]. In fact, Section 2242 of the Italian Civil Code provides that the «domestic worker admitted to family cohabitation» is entitled not only to the monetary remuneration but also to board and lodging, as well as, in case of short-term illness, to medical care and assistance.

In addition, the remuneration for domestic work can be paid at different frequencies: monthly, weekly, or daily[65]. On this, Section 6 of l. n. 339/1958 specifies that the employer has to pay the remuneration in a timely manner according to the established conditions and, in any case, no later than monthly.

This rule also sets out that in case the employer is required to provide board and lodging, the provided environment must not be harmful to the physical and moral integrity of the worker and the nutrition must be healthy and sufficient[66]. In the event board and lodging is due, since it qualifies as remuneration in kind[67], it contributes to the remuneration of the worker and must, therefore, be taken into account for the purpose of calculating

60 Angelo Lorusso, *Disciplina giuridica del lavoro domestico*, Cappelli, Bologna, 1975, pag. 101.

61 Francesco Basenghi, «Il lavoro domestico. Artt. 2240-2246», in P. Schlesinger (dir.), *Il Codice Civile. Commentario*, Giuffrè, Milano, 2000, pag. 215.

62 Francesco Basenghi, «Il lavoro domestico. Artt. 2240-2246», in P. Schlesinger (dir.), *Il Codice Civile. Commentario*, Giuffrè, Milano, 2000, pag. 215.

63 Section 2099 of the Italian Civil Code also provides for workers to be paid, in whole or in part, by profit or product sharing or commission.

64 Angelo Lorusso, *Disciplina giuridica del lavoro domestico*, Cappelli, Bologna, 1975, pag. 101.

65 Fulvio Bianchi D'Urso, entry «Lavoro domestico», in *Enciclopedia Giuridica*, 1990, pag. 4.

66 Angelo Lorusso, *Disciplina giuridica del lavoro domestico*, Cappelli, Bologna, 1975, pag. 102.

67 Caterina Timellini, entry «Lavoro domestico», in *Digesto Discipline Privatistiche*, Agg. 2, 2003, pag. 580.

seniority allowance[68], vacation pay, allowance in replacement of notice, marriage leave[69], as well as in the assessment regarding the adequacy of the remuneration[70].

Domestic workers, in accordance with the general rules, are entitled to the 13th month pay[71].

In any case, the detailed rules on remuneration are, in general, left to the collective and individual autonomy[72].

7. Other issues of the relationship. Particularly transparent and predictable working conditions, suspension of the employment relationship and weekly rest

The domestic employment relationship is characterised by the specialty and singularity of its profiles resulting from the fact that it falls within an area of low legal regulation.

It is well known that following the Constitutional Court's pronouncement, collective agreements previously excluded by art. 2068, c. 2 also apply as sources of regulation of the relationship[73]. Notwithstanding the special nature of the relationship, Art. 1, par. 3(b) of d.lgs. n. 104/2022 provides for the extension of the right to information on the essential elements of the employment relationship and working conditions and the protection thereof also to domestic workers, to promote transparent and predictable working conditions. This, according to Article 4 of the aforementioned decree, specifically requires the employer to provide the worker with an

68 In the decision of May 30, 1973, n. 72, the Italian Constitutional Court ruled that Section 17 (a) and (b) of l. n. 339/1958, was constitutionally unlawful insofar as it provided that the seniority allowance, to be paid in the event of dismissal or resignation of clerical personnel and manual laborers, had to be proportionate only to the monetary remuneration and not also to the equivalent of board and lodging when these benefits were conventionally due.

69 Caterina Timellini, entry «Lavoro domestico», in *Digesto Discipline Privatistiche*, Agg. 2, 2003, pag. 580.

70 Francesco Basenghi, «Il lavoro domestico. Artt. 2240-2246», in P. Schlesinger (dir.), *Il Codice Civile. Commentario*, Giuffrè, Milano, 2000, pag. 221.

71 Monica MC Britton, entry «Lavoro domestico», in *Digesto Discipline Privatistiche*, vol. VIII, 1992, pag. 230.

72 Angelo Lorusso, *Disciplina giuridica del lavoro domestico*, Cappelli, Bologna, 1975, pag. 104.

73 Constitutional Court, 27.03.1969, n. 68, which declared Article 2068 paragraph 2 unlawful due to conflict with Article 3 of the Constitution.

information document. This document must contain: the place of work; the constituent elements of remuneration; the method of payment of remuneration; the date of commencement of the relationship; the type of relationship; the duration of leave for holidays —26 days pursuant to article 17 of the CCNL— and other leave; the CCNL applied and a detailed description of working hours; the duration of notice of termination and the method of communication; an indication of the bodies to which contributions are paid. D.lgs. n. 104/2022 —cd. «Transparency»— applies from 13 August 2022 for new hirings.

Among the relevant profiles of the domestic employment relationship the possibilities of suspension of the relationship cannot be overlooked. This is understood as temporary non-prosecution of an activity or work situation[74]. As part of these possibilities, the employment relationship remains legally in existence, despite the fact that the service is not performed by the employee. In these possibilities in the face of the impossibility of the performance of work, the contractual bond is preserved, also because the employment contract is a performance-related contract.

In the classic hypothesis provided for by the Civil Code in article 2110 of the Civil Code, in the event of injury and illness that does not allow the normal performance of work, the employee has the right to job preservation with annexed prohibition of dismissal, unless the grace period is exceeded. A reference article can be identified in the regulations on domestic work relations, which is article 2242 of the Civil Code for the hypotheses classifiable among those mentioned. This article recognises, in fact, the domestic worker's right to medical care and assistance in cases of short-term illness. As can be easily guessed, however, this rule shows a substantial lack of guarantee for the domestic worker, and thanks to article 2239 of the Civil Code and article 21 of l. n. 339/1958, in the area of illness and injury the domestic worker can use article 2110 of the Civil Code as a normative reference[75], which provides the possibility of freeing the worker from any possible attack on the employment guarantee within specific time limits[76]. In addition to what has already been anticipated in relation to the preservation of employment, this provision also provides for a salary or indemnity obligation of which the employer is responsible in cases where the law or collective rules do not provide for

74 Rosario Santucci, «Le cause sospensive della prestazione di lavoro», in G. Giugni (dir.), *Dottrina e giurisprudenza di diritto del lavoro*, Torino, UTET, 1993.

75 Francesco Basenghi, «Il lavoro domestico. Artt. 2240-2246», in P. Schlesinger (dir.), *Il Codice Civile. Commentario*, Giuffrè, Milano, 2000, pag. 258. This seems to be the position of constitutional jurisprudence, see Const. C., 15.7.1969, n. 135; and, more recently, Const. C., 15.3.1994, n. 86; Const. C., 26.5.1995, n. 193.

76 Riccardo del Punta, «La sospensione del rapporto di lavoro. Malattia, infortunio, maternità, servizio militare. Artt. 2110-2111», in P. Schlesinger (dir.), *Il Codice Civile, Commentario*, Giuffrè, Milano, 1992, pag. 363.

equivalent forms of welfare or assistance for as long as is determined by special laws, custom or equity[77].

Precisely by virtue of the Constitutional Court's ruling, collective agreements are also categorised as sources of regulation of the relationship, and collective bargaining provides for a structured discipline distinguishing the hypothesis of illness from that of injury also due to different treatment in the social security sphere[78]. As regards the provisions on job preservation, the rules laid down for illness and for accident, respectively articles 27[79] and 29[80] of the Collective Labour Agreement for domestic helpers and carers, vary between a minimum of 10 and a maximum of 180 calendar days. Periods of job retention are calculated in the calendar year, which is understood to be the period of 365 days starting from the event.

This homogeneity of treatment is not maintained with reference to economic protection, given that, with reference to sickness, the overall wage for a maximum of 8, 10, 15 days in total in the year, depending on the servant's seniority, is paid, for the first three consecutive days, at the rate of 50 % and from the 4th day onwards, up to a maximum of 15 days, in its entirety.

As regards the regulation of accidents, in the event of an accident at work or occupational disease, the worker is entitled to the benefits provided for by Presidential Decree n. 1124 of 30 June 1965, as amended and supplemented. This entails the application of article 66 of the aforementioned Presidential Decree, which provides for the recognition of various insurance benefits that can be extended to domestic servants, including: a daily allowance for

77 MONICA MC BRITTON, entry «Lavoro domestico», in *Digesto Discipline Privatistiche*, vol. VIII, 1992, pag. 231.

78 FRANCESCO BASENGHI, «Il lavoro domestico. Artt. 2240-2246», in P. Schlesinger (dir.), *Il Codice Civile. Commentario*, Giuffrè, Milano, 2000, pags. 380-383.

79 In the event of illness, the worker, whether cohabiting or not, is entitled to job preservation for the following periods:
- 1) for seniority up to 6 months, after the probationary period, 10 calendar days;
- 2) for seniority from more than 6 months to 2 years, 45 calendar days;
- 3) for seniority over 2 years, 180 calendar days.
These periods will be increased by 50 % in the event of oncological illness, documented by the competent ASL. In the event of an accident at work or occupational disease, the worker, whether cohabiting or not, is entitled to job preservation for the following periods:
a) for seniority up to six months, after the probationary period, 10 calendar days;
b) for seniority from more than six months to two years, 45 calendar days;
c) for seniority over two years, 180 calendar days.

80 In the event of an accident at work or occupational disease, the worker, whether cohabiting or not, is entitled to job preservation for the following periods:
a) for seniority up to six months, after the probationary period, 10 calendar days;
b) for seniority from more than six months to two years, 45 calendar days;
c) for seniority over two years, 180 calendar days.

temporary incapacity and an annuity for permanent incapacity on the basis of collective declarations; an allowance for continuous personal assistance; an annuity for survivors and a one-off allowance in the event of death; medical and surgical treatment, including clinical examinations; and the provision of prostheses. However, formal, and procedural obligations remain with the employer insofar as the benefits are provided by INAIL, to which the employer must report all occupational accidents or illnesses within specific deadlines[81].

However, the employer remains obliged to pay the domestic worker the de facto global remuneration for the first three days of absence due to an accident or occupational disease. The addition of the conventional allowance in lieu of board and lodging, for employees who normally use it, is only owed if the employee does not get hospitalised during the labour relationship or does not already live at the employer's home.

The complementary nature of the regulatory sources, legal and contractual, in this sense is also appreciated in relation to the obligations to communicate the event that is suspending performance. For example, article 52 of the Consolidated Law on Compulsory Insurance against Accidents at Work and Occupational Diseases provides that the insured person is obliged to give immediate notice to his employer of any accident that happens to him. If the insured fails to comply with the notification obligation, no indemnity is paid for the days preceding the day on which the employer was notified of the accident. On the other hand, the notification of the occupational disease must be made by the insured to the employer within 15 days of the event under penalty of forfeiting the right to compensation for the time preceding the notification.

In the event of an illness, the worker must promptly notify the employer and, depending on whether the worker is cohabiting or not, must prove the illness with a medical certificate issued no later than the day after the onset of the illness[82]. In the first case, it is not necessary to send the medical certificate, unless the employer expressly requests it.

Collective bargaining supplements the rules by providing in article 29 that the report to INAIL must be made on a special form prepared by that institute and accompanied by the medical certificate. Another report must be submitted within the same timeframe to the public safety authority.

81 O within 24 hours and telegraphically for those fatal or presumed fatal; o within two days of receipt of the relevant accident or occupational disease certificate, for events prognosticated not curable within three days; or within two days of receipt of the relevant continuation certificate, for events initially prognosticated curable within three days but not cured within that period.

82 The document must indicate the period of alleged impediment and must be sent or delivered to the employer within two days of the certificate being issued.

There may also be a case of unjustified absence from work that could have repercussions on the termination of the employment relationship, for which see § 8 below.

Other cases of suspension of the employment relationship are matrimonial leave, maternity leave, and leave.

Marriage leave is governed by article 15 of l. n. 339/1958 and by collective bargaining[83].

The law in article 15 and collective bargaining in article 24 establish that in the event of marriage, workers are granted a leave of 15 consecutive days.

Collective bargaining specifies that the worker who habitually benefits from board and lodging is entitled, for the period of the leave, to the conventional substitute compensation, if the worker does not benefit from such payments during that period. Interesting and useful, as is often the case in collective agreements, is the provision of some flexibility for the worker, who may choose to take the marriage leave even if it does not coincide with the date of marriage, provided that it is within a year from the date of marriage. If the leave is not taken due to the worker's resignation, it will not lead to any entitlement to the relevant allowance instead.

Domestic workers are entitled to maternity leave and to the maternity protection rules laid down in d.lgs. n. 151/2001. That is why, according to the provisions of the law, it is strictly forbidden for women to work: during the two months preceding the —presumed— date of delivery; during the period between the presumed date of delivery and the actual date, except in the case of anticipation or postponement; during the three months after delivery, except for authorised postponements. According to the provisions of article 25 of the CCNL, these periods are still counted in seniority, including those relating to Christmas bonuses and holidays. Female workers are entitled to a maternity allowance paid by INPS equal to 80 % of the average daily wage and is paid by INPS. Female workers are not entitled to optional abstention. From the beginning of the pregnancy, provided it occurred during the course of the employment relationship, and until the end of maternity leave, the employee may not be dismissed, except for just cause. On the other hand, resignations tendered during that period are ineffective and of no effect if not communicated in writing or if not intervened upon in the fora referred to in article 2113, c. 4 of the Civil Code.

In relation to a request for time off work, understood as an occasional event that is beneficial for the wellbeing of the domestic employee, but incompatible with the ordinary performance of work, collective bargaining provides for various hypotheses in which the domestic worker is granted the possibility of taking it, while retaining the right to remuneration.

---

83 Caterina Timellini, entry «Lavoro domestico», in *Digesto Discipline Privatistiche*, Agg. 2, 2003, pag. 585.

This is provided for in articles 19, 20 and 43 of the collective agreement.

Article 19 provides that workers have the right to individual paid leave for: documented medical examinations; for tasks related to the renewal of the residence permit; for family reunification procedures, provided that they coincide even partially with working hours. The amount of leave that can be taken by workers varies according to whether or not the domestic worker is a cohabitant. In the first hypothesis, leave is equal to 16 hours per year reduced to 12 for workers performing overtime work; in the second hypothesis, with working hours of at least 30 hours per week, leave is equal to 12 hours per year. For non-cohabiting workers with weekly working hours of less than 30 hours, the 12 hours are made proportionate to the hours worked.

A worker suffering a proven misfortune to cohabiting family members or relatives within the 2nd degree is also entitled to a paid leave of 3 working days. The father worker is entitled to 2 days paid leave in the event of the birth of a child.

Article 19 also provides for the granting of short-term unpaid leave for justified reasons. As also argued by authoritative doctrine, it is possible for workers to benefit from additional unpaid leave in the event of an agreement between the parties for a variety of contingencies[84].

In the case of unpaid leave, the allowance in lieu of board and lodging are not owed.

Article 20, on the other hand, deals with the issue of vocational training and provides for the possibility for full-time and permanent workers, with a length of service of at least six months, to make use of an annual amount of 40 hours of paid leave to attend specific vocational training courses for collaborators or family assistants[85].

It is possible for training activities required by law and necessary for the renewal of residence permits to be conducted while deducting hours from the total number of agreed working hours for the employee. The use of the total number of hours for the purposes indicated must be confirmed by appropriate documentation, also showing the hours of the training activities carried out.

In any case, the possibility of accumulation of the permits in question over multiple years, which must be taken during the annual accrual period, is excluded.

Lastly, article 43 establishes the possibility of taking a so-called «trade union leave». The members of the territorial and national executive bodies of the trade union organisations that sign the CCNL, whose office is verified by the employer, are entitled to paid leave for documented participation in the meetings of the aforementioned bodies, up to six working days per year.

84 MARIO RUSCIANO, «Sospensione del rapporto di lavoro (cause di)», in *Enciclopedia giuridica,* XXX, 1993, pag. 2.

85 The annual amount of paid leave is 64 hours.

Workers willing to exercise this right must notify their employer, normally three days in advance, by submitting the leave request issued by the trade union organisation to which they belong.

Another aspect of the relationship worthy of note is the weekly rest period, which is also in this case subject to two dedicated legal rules, one specifying the other: Article 2243 of the Civil Code[86] and article 7 of l. n. 339/1958[87].

Article 2243 of the Civil Code provides that the domestic servant is entitled to weekly rest according to custom, while article 7 clarifies that the worker is entitled to a weekly rest of a full day, usually coinciding with Sunday[88], or two half-days, one of which coincides with Sunday. It is precisely this last option that has given rise to various perplexities as to the legal consistency of the system with constitutional principles[89], in particular with respect to article 36 of the Constitution. According to this article, the consecutiveness of rest of at least twenty-four hours is considered indispensable precisely to distinguish weekly rest from daily rest. There could be a danger of affecting the recovery of the worker's psychophysical energies and the possible balancing of work-life balance, by jeopardising the enjoyment of personal time due to the even partial overlap with other types of rest[90]. These indications call for a reinterpretation of article 7[91], according to the provisions of article 13 of the CCNL. In fact, the weekly rest for cohabiting workers is 36 hours and must be enjoyed for 24 hours on Sundays, while the remaining 12 hours can be enjoyed on any other day of the week agreed by the two parties. On this day, the worker shall work for a number of hours not exceeding half of those constituting a normal daily working time. If work is then carried out during the 12 hours of non-Sunday rest, it shall be remunerated at the de facto global remuneration increased by 40 %, unless

86 ANGELO LORUSSO, *Disciplina giuridica del lavoro domestico*, Cappelli, Bologna, 1975, pag. 75.

87 FULVIO BIANCHI D'URSO, entry «Lavoro domestico», in *Enciclopedia Giuridica*, 1990, pag. 5.

88 Although there is no provision for the prohibition of dominical work, it is considered an implicit prohibition of Sunday work unless there are opposing interests deserving of protection that permit the waiver of the day's rest. GIANCARLO RICCI, «L'orario di lavoro nell'ordinamento comunitario», in *Lavoro e Diritto*, n. 12, 1998, pag. 94.

89 PIETRO ICHINO, LUIGI VALENTE, «L'orario di lavoro e i riposi, Artt. 2107-2109», in P. Schlesinger (dir.), *Il Codice Civile, Commentario*, Giuffrè, Milano, 2012, pag. 160; PIETRO ICHINO, *Il tempo della prestazione nel rapporto di lavoro,* I, Giuffrè, Milano, 1984, pag. 189. PIETRO ICHINO, «Il tempo di lavoro nell'Unione Europea», in *Rivista Italiana di Diritto del Lav*oro, 1998, pag. 15.

90 Already the Const. C., 4.2.1982, n. 23 emphasises how superimposing any fraction of weekly rest «on daily rest means frustrating the purpose of the precept intended by the constituent».

91 RAFFAELE DE LUCA TAMAJO, «Il tempo di lavoro (il rapporto individuale di lavoro)», in *Il tempo di lavoro, Atti delle giornate di studio di diritto del lavoro tenute a Genova il 4-5 aprile 1986*, Giuffrè, Milano, 1987, pags. 16 ff.

the rest is taken on another day of the same week other than the agreed day. By contrast, the weekly rest period for non-cohabiting workers is 24 hours and must be taken on Sunday.

The Sunday weekly rest period cannot be waived. If work is required due to unforeseeable needs such that it cannot otherwise be met, an equal number of hours of unpaid rest will be granted on the immediately following day and the hours thus worked will be remunerated with a surcharge of 60 % of the de facto global remuneration.

In addition, the last paragraph of article 13 provides that in the event that the employee practices a religious faith that requires solemnisation on a day other than Sunday, the parties may agree on the substitution for all contractual purposes of Sunday with another day.

8. The regulatory framework of the termination of the domestic employment contract

The domestic employment contract may terminate for voluntary (resignation, dismissal, mutual agreement) or involuntary causes (death of the employee or of the employers or unforeseeable circumstances preventing the possibility or the ability to work[92]). The legal framework has been constantly influenced by the peculiar interest of the domestic employer, which uses the working performance to meet personal and familiar needs —under the constitutional protection pursuant to Articles 2 and 29 Cost.— and not to organize an undertaking, as the general definition of «subordinate worker» pursuant to art. 2094 c.c. presupposes. For this reason, domestic work is considered a non-ordinary type of employment «subject to the provisions of sections II, III e IV of chapter I of title II, if compatible with the peculiarity of the relationship» (art. 2239 c.c.).

The legal framework of the withdrawal is provided by art. 2244 c.c. (Civil Law Code), pursuant to which «the rules on voluntary and for just cause withdrawal, laid down in articles 2118 e 2119, apply to the domestic employment». The discipline above mentioned, after the extension of the protection schemes (l. n. 604/1966), is considered «residual»[93]. The rule pursuant to art. 2118, based on the freedom to withdraw, at the time of the entry into force of the Civil Code had the effect to mitigate the speciality of the domestic employment regulation, on the contrary it emphasizes nowadays the non-ordinary nature of the employment relationship.

92 Among the most common causes of supervening impossibility of work performance (art. 1256 c.c.), are included, the insanity of the employer or the sickness of the employee. The non-temporary impossibility causes the termination of the obligation undertaken and, consequently, the termination of the contract.

93 Francesco Basenghi, «Il lavoro domestico. Artt. 2240-2246», in P. Schlesinger (dir.), *Il Codice Civile. Commentario*, Giuffrè, Milano, 2000, pag. 298.

With regard to the legal framework of termination, a distinction must be made between fixed-term and open-ended contracts. The parties may withdraw in advance from a fixed-term contract for just cause and, whenever the employee withdraws with immediate effect, he is entitled to an indemnity for failure to give notice (art. 2119 c.c.; see below).

When the contract is open-ended, after the trial period[94] the domestic worker may be dismissed or he may resign with notice, according to the general rule of art. 2118 c.c.[95]. Alternatively, the withdrawing party may invoke a just cause when the choice to resign depends on the definitive lack of trust (art. 2119 c.c.)[96].

Dismissal is the main cause of termination of the contract, because of its social and legal importance.

The category of domestic employment remained basically unrelated to the norm limiting the power of dismissal of the employer (read art. 4, l. n. 108/1990). Art. 2244 c.c., which mentions Art. 2118 c.c., represents a formal confirmation of the application of the discipline of dismissal *ad nutum.* Due to the peculiarities of that employment relationship, this rule does not appear to be contrary to article 30 («Protection in the event of unjustified dismissal») of the Charter of Fundamental Rights of the European Union, pursuant to which «every worker has the right to protection against unjustified dismissal, in accordance with Community law and national laws and practices».

The legal framework of the dismissal of the domestic employee is bound to the general rule pursuant to art. 2118 c.c. (applicable to the resignation as well): the employer may dismiss the domestic employee on a discretionary basis, without giving any justification and orally. If a just cause emerges —a fact (breach of contract or other relevant facts) that, in connection to the peculiarity of the contract, prevents the party to continue the employment relationship, blurring the reliability of the counterparty— the notice of termination is not due (or, if the employee pleads the just cause, he is entitled to an indemnity for failure to give notice: read art. 2119 c.c.).

The just cause, both in case of resignation and in case of dismissal (see below), is assessed considering the special trust that characterizes this employment relationship, as well as the necessity to ensure, in competition

94 During the probation period it is possible for both parties to withdraw without notice nor indemnity. See art. 5, par. 3, l. 339 del 1958; and art. 2096 c.c. The art. 12, par. 4, CCNL provides that «if the employee was hired firstly from another Region, without transferring his residency, and the withdrawal of the relationship is without just cause, he is entitled to a period of notice of 3 days or, failing, the corresponding remuneration».

95 Cass., 30.8.2018, n. 21446.

96 About the non-configurability of a peculiar notion of just cause and, at the same time, about the different content of the same relationship relating to the peculiarity of the agreed and due activity see FRANCESCO BASENGHI, «Il lavoro domestico. Artt. 2240-2246», in P. Schlesinger (dir.), *Il Codice Civile. Commentario*, Giuffrè, Milano, 2000, pag. 305.

with the guarantee of the physical and psychological integrity pursuant to art. 2087 c.c. applicable according to the compatibility criterion of art. 2239 c.c.[97], compliance of «personality» and «moral freedom» of the employee (art. 6, l. n. 339/1958)[98].

However, the withdrawal may take place orally or *per facta concludentia*, since the rule regarding the written form of the act of dismissal pursuant to art. 2 of l. n. 604/1966 does not apply (neither the written form requirement could be inferred from the necessary arrangement of a written letter of employment, pursuant to art. 6 of CCNL)[99].

The parties are free to choose by mutual agreement to terminate the contract at any time. The online procedure to assess the effectiveness of voluntary resignations or mutual agreements (art. 26, paragraph 7, d.lgs. n. 151/2015; see also art. 25, par. 3, CCNL and the previous legal framework on validation pursuant to art. 4, par. 17 ff., l. n. 92/2012) does not apply.

The legal framework of the dismissal of the domestic employee excludes for logical reasons the application of art. 7 of the Workers Statute, containing principles and rules of disciplinary proceedings. In the case of domestic employment, it is never necessary to express the reason for the dismissal. However, if a «disciplinary» just cause emerges, the collective agreement seems to assume the application of minimum standards of protection, such as a «letter of charges» delivered before the dismissal (mentioned by art. 22, par. 2)[100].

The leaves for maternity, illness or accident procrastinate the effect of the dismissal, pursuant to the general rule of art. 2110 c.c.

---

97 On the applicability to domestic work read PAOLO PASCUCCI, «Dopo la legge n. 123 del 2007. Titolo I del d.lgs. 9 aprile 2008, n. 81 in materia di tutela della salute e della sicurezza nei luoghi di lavoro», in *WP C.S.D.L.E. «Massimo D'Antona».it,* 73, 2008, pag. 59; and LUCIANO ANGELINI, PAOLO PASCUCCI, «La tutela della salute e sicurezza dei lavoratori domestici. Nuovi spunti di riflessione dopo il d.lgs. 81/2008», in *Lavoro domestico e cura: quali diritti?* collective work, R. Sarti (ed.), Ediesse, Roma, 2011, pags. 223 ff., *ivi* pags. 239 ff.

98 The assessment of just cause, resulting from outside the fulfillment – the commission of a crime – or a default, depends on investigation on the impact that this circumstance has on the relationship. It can be emphasized how the fiduciary nature of this contract ends up extending, compared to employment in business, the scope of actions that can configure just cause.

99 Without dwelling on the theoretical problem of the formal «derived» obligations, it can be emphasized how the formality of the letter does not strictly constitute a written form limit pursuant to art. 1352 of the Civil Code. The violation of these specific obligations does not imply the nullity of the entire contract.

100 It is a yardstick of just cause rather than an implicit reference to the more complex procedure of the Statuto. To the point that the letter of charges is not explicitly considered as necessary, neither the CCNL provides specific rules about the procedure in relation to terminating and/or conservative sanctions. This is maybe because of the need to not interfere in negotiations that the social parties themselves believe belong to individual relationship parties.

In addition to the legal framework, the collective agreement regulation may be applicable[101], when the parties expressly recall it in the contract or when the collective agreement rules are implicitly accepted.

In case of discriminatory dismissal, article 18, par. 1 to par. 3 of l. n. 300/1970 applies[102]. Indeed, article 4 of l. n. 108 of 1990, which excludes the applicability of reinstatement to the domestic worker, except as provided in article 3 of the same law regarding the hypothesis of the discriminatory dismissal[103]. According to the meaning of art. 3, also article 4, l. n. 604/1966 is considered applicable to domestic work, as well as any other provision that falls within the framework of anti-discriminatory law (d.lgs. n. 216/2003)[104].

The norm which prohibits the dismissal during the maternity leave and the first year of life of the child —art. 62, d.lgs. n. 151/2001— is not applicable to domestic workers (art. 54, d.lgs. n. 151/2001)[105]. This exclusion reproduces the previous regulation (art. 1, l. n. 1204/1971), several times under examination by the judges of the Constitutional Court, but never declared unconstitutional[106].

Art. 62, par. 1, abovementioned, names only articles 6, par. 3, 16, 17 and. 22, par. 3 and par. 6[107] and not art. 54. For this reason, the Supreme Court,

---

101 On the unconstitutionality of art. 2068 c.c., see Const. C., 9.4.1969, n. 68.

102 Trib. Brescia, 25.9.2009, on the dismissal of the non-EU worker without a residency permit that it has been arranged, when the employer was under the obligation to start the regularization procedure, it is a discriminatory act pursuant to art. 3 l. n. 108/1990 with the consequent application, towards the domestic employee, of art. 18. The art. 2, d.lgs. n. 23/2015 finds doubtful application, but it cannot be excluded by the field of application of the rule (art. 1 par. 1), given that l. of 1958 distinguishes between workers and employees.

103 However, significant objections have been raised, both on the suitability of the reinstatement nature of the protection considering the peculiar characteristics of domestic employment, starting with the need to protect the domicile (art. 13 of the Constitution), and on its congruity related to the system of overall protections devised by the legislator. However, these are complex evaluation orders on which it is not given to stop and reflect in the space available.

104 Some recent interventions by the Court of Justice emphasize the need not to exclude domestic work from the broader scope of anti-discriminatory law. See EUCJ C-843/2019.

105 Neither is applicable the rule limiting the freedom to resign during the maternity (article 55, Legislative Decree No 151 of 2001). Nor the law expressly sanctions with nullity the dismissal during parental leaves or in case of illness of the child or even during the marriage leave, despite the fact that article 15 of l. n. 339/1958 recognises a paid leave of fifteen consecutive days in the case of marriage, art. 25 of the main sectoral collective agreement provides specific protections: the ban of the dismissal without a just cause during the maternity leave and ineffectiveness of the resignation if oral or not confirmed in front of the specific subject listed in art. 2113(4) of the Civil Code.

106 Const. C., 13.2.1974, n. 27; e Const. C., 15.1.1976, n. 9. See also Const. C., 15.3.1994, n. 86.

107 Regarding the economic indemnity in case of maternity see the Presidential Decree n. 1403/1971, still in force.

like the Constitutional Court, confirmed the formal exclusion of domestic workers from the protection against this kind of heinous layoff[108].

The lack of protection cannot be easily justified in the light of the Constitutional principles (articles 3 and 37 Cost.) and of the Directive EU 2019/1158. Anyway, it seems coherent with the provisions of the so-called «Mother Directive» on safety and health of workers (dir. CEE 1989/391) in whose field of intervention the discipline of protection of working mothers is included. Indeed, domestic servants are excluded pursuant to art. 3 of the EU Directive of 1989.

Consequently, the protection of domestic workers in case of dismissal during the maternity leave can be found in art. 2110 of the Civil Law Code, as in at least two cases the Constitutional Court hypothesized[109]. According to art. 2110, the *ad nutum* dismissal during the maternity leave —as in the case of sick leave for illness or injury— can produce its typical effects only at the end of a certain period[110]. The period of leave, if no collective agreements are applicable (like art. 25, par. 3 of the main sectoral collective agreement does), is decided by each judge using equity (art. 2110, par. 2 of the Civil Law Code)[111]. The start of the «secure period» is not certain, due to the lack of mandatory certifications. Anyway, the maternity must be known by the employer in order to stop the working performance.

Moreover, when the withdrawal is valid and effective, the notice terms established by art. 40 of the CCNL (see below) «will be doubled in the event that the employer calls for dismissal before the thirty-first day following the end of the maternity leave». It allows the working mother to have more time available to look for a new job.

Art. 2244 c.c. states that «the period of notice must not be less than eight days or, if the length of the relationship is more than two years, less than fifteen days». The specification of a short number of days of the notice period derogates from the general rule laid down in art. 2118 of the Civil Law Code, aiming at defending the personal and familiar interest of the domestic employer.

The notice periods were lately modified after l. 339 del 1958 which, in distinguishing domestic workers and employees, applied to the first ones the general rules and to the second ones those provided from the «Italian private employment law» (l. n. 1825/1924)[112] still in force. Furthermore, the

108 Cass., 2.9.2015, n. 17433.

109 Const. C., 7.3.1004, n. 86; and Const. C., 18.5.1995, n. 193.

110 On the debate, see GIOVANNI PERA, «Ancora un incidente di costituzionalità sulla licenziabilità delle domestiche gravide», in *Rivista Italiana di Diritto del Lavoro*, 2, 1995, pags. 731 ff. It is difficult to demonstrate that a dismissal directly violates the ban of art. 2110 c.c.

111 Cass., 22.6.1998, n. 6899.

112 In this regard, any conflicts between the law and the collective agreement should be

law provides for, during the «worked» notice period, no less than 8 hours weekly for the worker to seek another job (art. 16, par. 4, l. n. 339/1958).

According to art. 40 of the main collective agreement, signed by the «most representative» trade unions in this sector, the notice periods (eight, fifteen ot thirty days) depend on the working hours and the length of the service. The collective agreement provides also special terms for particular «types» of domestic activities.

If the notice period is not respected, the worker has the right to perceive an indemnity equal to the remuneration due in the period of notice (an additional compensation is due in case of food and lodging).

Art. 2246 c.c., amended by subsequent legislation[113], provides that «at the time of the termination of the contract the employee is entitled to the issue of a certificate to assess the duties and the period of service performed». Moreover, pursuant to art. 40 of the main collective agreement, in case of dismissal, the employer, upon written request of the employee, is required to provide a written statement of the dismissal.

9. Domestic and family services and safety at work

The protection of the health and safety of domestic workers has always been a concern for Italian labour law scholars. Due to the unique nature of the domestic work environment, it has been necessary to establish a specialised discipline for this type of working relationship.

This explains the exclusion of domestic work from the scope of the Italian laws on health and safety at work. Both legislative decree n. 626 of 1994 and legislative decree n. 81 of 2008 (the so-called *«Testo Unico sulla sicurezza nei luoghi di lavoro»*), following the «subtractive» technique often applied in regulating domestic work[114], have expressly excluded it from their scope of application[115].

resolved according to the rule of *favor*. See on this topic FRANCESCO BASENGHI, «Il lavoro domestico. Artt. 2240-2246», in P. Schlesinger (dir.), *Il Codice Civile. Commentario*, Giuffrè, Milano, 2000, pags. 311-312.

113 See FRANCESCO BASENGHI, «Il lavoro domestico. Artt. 2240-2246», in P. Schlesinger (dir.), *Il Codice Civile. Commentario*, Giuffrè, Milano, 2000, pags. 389-391, that quotes the l. 152 del 1997.

114 FRANCESCO BASENGHI, «La legge 339/1958: continuità e innovazioni», in *Lavoro domestico e cura: quali diritti?*, collective work, R. Sarti (ed.), Ediesse, Roma, 2011, pags. 208-209 and pag. 216.

115 Article 304, comma 1, lett. a of Legislative Decree n. 81 of 2008 also expressly repealed Presidential Decree n. 547 of 1955 on the prevention of accidents at work, which had been deemed applicable, as long as it was in force, also to domestic workers. See Cass. 24 aprile 2003, n. 34464. See on this point, and on the «residual regulatory capacity»

This exclusion was originally provided for by article 3(1)(a) of the directive on health and safety at work (Dir. 89/391/EEC), of which both the decrees are implementations. As has been correctly pointed out, the complete exclusion of domestic work contradicts the cardinal principle of the regulation of safety in the workplace in the Italian legal system: the principle of ensuring the protection of the person who works regardless of the type of contract, but because of an organizational insertion of the worker[116].

The exclusion of domestic work from the application of the general rules on safety at work is now provided by article 2, comma 1, lett. as of Legislative Decree n. 81 of 2008, which, in defining the notion of «worker», specifies that domestic and family service workers are excluded from it[117]. The exclusion also applies to minor domestic work of an occasional nature (article 3, comma 8), while other workers who perform occasional work (within the meaning of Italian law) in a non-domestic context are, on the contrary, covered by certain protective rules. The aim to avoid the application of the rules of decree n. 81 of 2008 with reference to any form of domestic work is clear.

This choice is in line with what was already provided for by the Italian Civil Code. Article 2087 of the Civil Code, which provides for the employer's obligation to take the necessary measures to protect the worker's physical integrity and moral personality, does not apply to the domestic employment relationship. This is because article 2239 of the Civil Code does not provide for the application of rules governing the obligations of the entrepreneur to employment relationships not related to the exercise of the enterprise,

of art. 6, Francesco Basenghi, «La legge 339/1958: continuità e innovazioni», in *Lavoro domestico e cura: quali diritti?*, collective work, R. Sarti (ed.), Ediesse, Roma, 2011, pag. 217. See also Luciano Angelini, Paolo Pascucci, «La tutela della salute e sicurezza dei lavoratori domestici. Nuovi spunti di riflessione dopo il d.lgs. n. 81/2008», in *Lavoro domestico e cura: quali diritti?*, collective work, R. Sarti (ed.), Ediesse, Roma, 2011, pags. 236-237. There was also some debate as to the compatibility of a repeal of Presidential Decree n. 547 of 1955 with the «non-regression clause» provided for in the directive, according to which its implementation could not give rise to worse conditions for workers than those previously in force. See Paolo Pascucci, *La tutela della salute e della sicurezza sul lavoro. Il Titolo I del d.lgs. n. 81/2008 dopo il Jobs Act*, Aras, Fano, 2017, pag. 74.

116 Luciano Angelini, Paolo Pascucci, «La tutela della salute e sicurezza dei lavoratori domestici. Nuovi spunti di riflessione dopo il d.lgs. n. 81/2008», in *Lavoro domestico e cura: quali diritti?*, collective work, R. Sarti (ed.), Ediesse, Roma, 2011, pag. 241; Paolo Pascucci, *La tutela della salute e della sicurezza sul lavoro. Il Titolo I del d.lgs. n. 81/2008 dopo il Jobs Act*, Aras, Fano, 2017, pag. 76.

117 It is worth noting that in the initial draft of decree-law n. 48 of 2023, there was an article that would have partially extended the rules on health surveillance (as outlined in article 41 of Legislative Decree n. 81 of 2008) to domestic workers, as requested by the workers. The specific procedures for implementing health surveillance would have been defined in a subsequent decree. However, this article was removed in the approved version of the text.

including article 2087 c.c.[118]. This rule is closely linked to the regulation of the organisation of the enterprise, which is extraneous to work in a family environment.

The only source that specifies the obligations of the domestic employer regarding health and safety is l. n. 339/1958, that provides for the special regulation of domestic work. Article 6 of this law regulates the rights and duties of the parties in the employment relationship and specifies that the employer is obliged to «provide the worker [...] with an environment that is not harmful to the worker's physical and moral integrity, as well as healthy and sufficient nutrition». The employer must also protect the worker's health «particularly if there are sources of infection in the family».

It is worth noting that the provisions of article 2087 of the Civil Code, which, as previously stated, does not apply to domestic work, can be considered partially absorbed by article 6, where it obliges the employer to provide a «non-harmful» environment with respect to the same rights protected by article 2087 of the Civil Code[119].

The protected goods are the same, but no similarity can be seen regarding the way in which the employer's obligation is implemented. The employer-entrepreneur must adapt their organisation to ensure «maximum technologically available safety» is guaranteed, while the employer's obligation in domestic work seems to have a static content[120], lacking the dynamism guaranteed by the Civil Code provision.

Another debated issue concerns the exact meaning of the term «environment» (*ambiente* in italian). Probably, it would have been more appropriate to adopt a broad interpretation of the term. «Environment» refers not only to the physical workplace but also to the «material substrate in

118 ANTONIO VALLEBONA, «Aspetti sistematici e profili di novità della sicurezza del lavoro», in *Diritto del lavoro,* 1996, I, pags. 85 ff. See LUCIANO ANGELINI, PAOLO PASCUCCI, «La tutela della salute e sicurezza dei lavoratori domestici. Nuovi spunti di riflessione dopo il d.lgs. n. 81/2008», in *Lavoro domestico e cura: quali diritti?*, collective work, R. Sarti (ed.), Ediesse, Roma, 2011, pag. 226. See *contra* Smuraglia C., *La sicurezza sul lavoro e la sua tutela penale*, Giuffrè, Milano, 1974, p. 56; ROBERTO ROMEI, «Il campo di applicazione del decreto legislativo 626 del 1994 e i soggetti», in *Ambiente, salute e sicurezza,* L. Montuschi (ed.), Giappichelli, Torino, 1996, pag. 74; and ANGELO LORUSSO, *Disciplina giuridica del lavoro domestico*, Cappelli, Bologna, 1975, pag. 64.

119 Indeed, several authors consider the obligation under art. 6 to be evocative of art. 2087. See FRANCESCO BASENGHI, «Il lavoro domestico. Artt. 2240-2246», in P. Schlesinger (dir.), *Il Codice Civile. Commentario*, Giuffrè, Milano, 2000, pag. 238; LUCIANO ANGELINI, PAOLO PASCUCCI, «La tutela della salute e sicurezza dei lavoratori domestici. Nuovi spunti di riflessione dopo il d.lgs. n. 81/2008», in *Lavoro domestico e cura: quali diritti?*, collective work, R. Sarti (ed.), Ediesse, Roma, 2011, pag. 225; and CATERINA TIMELLINI, entry «Lavoro domestico, in *Digesto Discipline Privatistiche*, Agg. 2, 2003, pag. 581.

120 FRANCESCO BASENGHI, «Il lavoro domestico. Artt. 2240-2246», in P. Schlesinger (dir.), *Il Codice Civile. Commentario*, Giuffrè, Milano, 2000, pag. 243.

which the performance takes place»[121]. However, case law has interpreted the notion restrictively, applying the rule only to domestic workers admitted to cohabitation[122]. This explains the additional obligation, expressly provided for, to protect the worker's health in the event of sources of infection in the family, which would also apply to domestic workers not allowed to cohabit[123].

The obligation to protect the worker's health with regard to sources of infection gained particular prominence during the Covid-19 pandemic. Nevertheless, in the legal and contractual disciplines introduced during the emergency, domestic work was given little attention[124]. Article 16 of d.l. n. 18/2020 had provided for the employer's obligation to provide masks.

Typical risks associated with domestic work include chemical and biological hazards from the use of substances, physical risks such as burns, wounds, or hematomas, and ergonomic risks from prolonged assumption of uncomfortable positions[125]. Other risks are related to the demographic composition of the workforce, which is predominantly made up of women and non-Italian nationals. Finally, it is crucial to consider the psycho-social risks that often arise for caregivers, who are typically women providing assistance to the elderly or individuals who are not self-sufficient and who may be regularly exposed to situations of suffering or distress.

Collective bargaining provides little additional guidance on legal obligations. The most recent collective bargaining agreement applicable to domestic workers, signed by the most representative trade unions on 8 September 2020, simply reiterates in article 28 that «every worker has the right to a safe and healthy working environment»[126]. The agreement specifically states that employers must ensure an appropriate differential circuit breaker is present on the electrical installation and it provides information on any risks related to the working environment, including

---

121 LUIGI MONTUSCHI, entry «Ambiente di lavoro», in *Digesto delle discipline privatistiche,* I, 1987, pag. 86.

122 On the notion of 'environment' and the typical risks of the home environment, see LUCIANO ANGELINI, PAOLO PASCUCCI, «La tutela della salute e sicurezza dei lavoratori domestici. Nuovi spunti di riflessione dopo il d.lgs. n. 81/2008», in *Lavoro domestico e cura: quali diritti?*, collective work, R. Sarti (ed.), Ediesse, Roma, 2011, pag. 224.

123 FRANCESCO BASENGHI, «Il lavoro domestico. Artt. 2240-2246», in P. Schlesinger (dir.), *Il Codice Civile. Commentario*, Giuffrè, Milano, 2000, pag. 239.

124 CLAUDIO DE MARTINO, «Chi bada alle badanti? La specialità del lavoro domestico alla prova del Covid-19», in *Diritto del lavoro e delle relazioni industriali*, 2021, pag. 70.

125 LUCIANO ANGELINI, PAOLO PASCUCCI, «La tutela della salute e sicurezza dei lavoratori domestici. Nuovi spunti di riflessione dopo il d.lgs. n. 81/2008», in *Lavoro domestico e cura: quali diritti?*, collective work, R. Sarti (ed.), Ediesse, Roma, 2011, pag. 224.

126 CCNL on the regulation of domestic work, signed on 8th september 2020 by FILCAMS-CGIL, FISASCAT-CISL, UILTuCS, FEDERCOLF (trade unions) and FIDALDO and DOMINA (employers' associations).

the use of equipment. The agreement also mentions the importance of the bilateral entities, which are composed of employers and workers' representatives, in promoting initiatives on health and safety and establishing monitoring centres for detecting, analysing, and proposing solutions to potential risks.

In the event of an employer's failure to comply with safety obligations towards domestic workers established by law, the worker is entitled to compensation for any losses suffered as a result of the violation of the rules. Additionally, the worker may object to the employer's breach and legitimately refuse to perform their services[127] without forfeiting their remuneration, in accordance with the scheme generally provided for by the rules on contracts in the Italian Civil Code (article 1460).

Another possible remedy, although with little protection for the employee, is termination for just cause when the breach of safety obligations makes it impossible to continue the employment relationship, even temporarily[128].

10. Social security profiles

Domestic workers are subject to special rules not only with regards to the employment relationship but also with regards to the social security system[129]. Even the judges of the Constitutional Court in its ruling of 27th April 1988, n. 486[130], emphasised the special nature of domestic work such as to substantially differentiate it from any other employment relationship, both in terms of its purpose and in relation to the people concerned. It is precisely because of this peculiarity that a different social security protection is justified. One that does not prevent a correlatively reduced contribution in favour of the social insurance management bodies.

The domestic work relationship, as anticipated in § 5, can also be carried out on a part-time basis or on all or some days of the week.

127 CATERINA TIMELLINI, entry «Lavoro domestico», in *Digesto Discipline Privatistiche*, Agg. 2, 2003, pag. 581; see LUIGI MONTUSCHI, «La tutela della salute e la normativa comunitaria: l'esperienza italiana», in *Rivista italiana di Diritto del Lavoro,* I, 1990, pags. 384 ff.

128 See ANGELO LORUSSO, *Disciplina giuridica del lavoro domestico*, Cappelli, Bologna, 1975, pag. 70

129 The speciality of the relationship was recently the subject of a ruling by the Court of Justice: ELISA CHIERREGATO, «La Corte di Giustizia contesta la specialità del rapporto di lavoro domestico alla luce del diritto antidiscriminatorio europeo», in *Rivista Italiana di Diritto del Lavoro*, 2, 2022, pags. 366-367.

130 The judges of the Constitutional Court, faced with the censures on the consistency of the protections with Articles 3 and 38 of the Constitution, resolved the questions raised in the negative by insisting on the peculiarities of domestic work and the legitimacy of the dedicated regime.

For the purposes of the social security contribution due to INPS, the conventional salary established by law according to article 5 of Presidential Decree n. 1043/1971 must be taken as a reference.

The costs arising from the forms of social security and welfare protection under consideration are covered by contributions payable by both the employer and the employee in accordance with the rates laid down in the aforementioned article 5. Remarkably, the principle of automaticity under article 2116 of the Civil Code also applies to domestic work relationships, whereby compulsory social security and assistance benefits are owed to the employee even if the employer has not regularly paid contributions, unless otherwise provided for by special laws[131].

There are three ranges of conventional hourly wages, corresponding to three ranges of actual wages.

As the effective remuneration increases, to which the 13th month's salary and the board and lodging allowance (if due) also contribute, the conventional remuneration based on which the benefits are calculated also increases.

The social security contribution is not only paid for the hours actually worked, but also for paid absences, e.g., sickness or holidays.

The above rates apply to conventional hourly wages, including the 13th month's pay and any other allowances or payments in kind. Remuneration must be classified into one of the three classes to which the hourly contribution corresponds.

The hourly contribution due to INPS is commensurate with three different classes of actual hourly remuneration if the working time does not exceed 24 hours per week; whereas it is fixed if the working time exceeds 24 hours per week. In the first hypothesis, the hourly contribution to be paid to INPS varies according to the actual hourly remuneration received by the worker, which is determined on the basis of: the de facto hourly remuneration by agreement between the parties; the hourly portion of the 13th month salary; and the conventional value of board and lodging, calculated on an hourly basis.

Once the hourly contribution is multiplied by the number of hours worked up until the last Saturday of the calendar quarter, the amount to be paid to INPS[132] and for contribution exemptions is obtained.

The employee is responsible for a minimum contribution, which is deducted from the salary, but the employer remains responsible for the entire payment. As of 1 January 2013, an additional contribution of 1.4 % of the taxable

131 Trib. Rome, 30.10.2019, n. 9438, according to which the principle has a general applicative scope with respect to the entire system of compulsory social security and assistance proper to the employment relationship and constitutes a corollary of the social protection purposes of the compulsory insurance systems for domestic servants.

132 Most recently Circular n. 13/2023.

salary for social security purposes must be paid by the employer for fixed-term domestic workers[133].

Employers of domestic workers are routinely penalised for the following failures[134]: evasion of paying contributions, in the case of omitted or late reporting of the domestic employment relationship and in cases of untruthful reporting (this also occurs in cases of inspections and in cases of late submission of quarterly payment slips); failure to pay contributions when the taxpayer, within the prescribed time limits, has provided the due date, but has paid contributions in an amount lower than the amount indicated by the taxpayer.

Social security contributions in favour of INPS are paid by employers in favour of domestic servants on a quarterly basis by the tenth day of the month following each quarter, unless deferred to the first working day.

Through national collective bargaining, treatments for domestic workers similar to the ones that would be otherwise to generic workers have been reserved, and through the agreement between the social partners of 18.05.2010 the 'Cassa Colf' (domestic helpers' fund) was established for workers in the sector.

The purpose of the Cassa Colf is to offer benefits and services to registered workers and employers, including supplementary and additional treatments to benefits provided by public institutions. All workers and employers who apply the Ccnl of the domestic sector in force are enrolled in the Cas.Sa. Colf, provided that they are up to date with the payment of contractual assistance contributions together with compulsory social security contributions. The benefits of Cas.Sa. Colf for employees and employers who are members are many and varied. Examples are per diems on hospitalisation or convalescence, or allowances on major surgeries in public facilities, health tickets, oncological forms, reimbursements on pregnancy period expenses and support on newborn expenses, as well as reimbursements on orthopaedic prostheses and orthopaedic medical aids, physiotherapy treatments and specialist visits.

Entitlement to pension benefits is subject to reaching minimum requirements: retirement age; a specified number of paid contributions; termination of employment. Requirements vary according to the calculation system used: in the mixed system (retributive and contributory) an age of sixty-seven is required for men and women and contributions paid for at least twenty years; in the contributory system, on the other hand, an age varying between sixty-four and seventy-one is required for men and women, and contributions paid for at least five years.

133 Except in the case of temporary employment to replace absent workers. According to the Dignity Decree, the increase in the additional contribution does not apply to domestic work.

134 In particular, INPS Circulars n. 225/1997 and n. 18/1998.

The age requirement does not apply if the contribution period accrued is at least forty-two years and ten months for men, and forty-one and ten months for women regardless of age. The calculation does not include any redeemed study periods and periods covered by voluntary contributions.

It is, however, essential to point out that the system for calculating the amount of the old age pension varies according to the length of contribution years accrued by the worker[135]. There are, in fact, several options: the contributory system for workers hired after 31 December 1995 in which the calculation of the pension is based on the accrual of annual contributions revalued on the basis of GDP trends; the retributive system for workers who had at least 18 years of contributions on 31 December 1995, in which the calculation is linked to the wages of the last ten years of employment; the mixed system for workers with less than 18 years of seniority on 31 December 1995, in which the transitional calculation system is based on both the contributions paid and the wages received up to 31 December 1995.

Domestic workers, regardless of the length of their service, are entitled to the following social security insurances: invalidity; old age and survivors; tuberculosis; Naspi; family allowance; maternity; accidents at work and occupational diseases[136].

11. Domestic occasional services performed via digital platform. Notes on the helpling Italy case

The issue of protecting domestic workers, especially in terms of health and safety, has recently become a significant concern in the context of digital platform-mediated labour intermediation[137].

135 MATTIA PERSIANI, NADIA D'ONGHIA, *Diritto della sicurezza sociale*, Giappichelli, Torino, 2022, pag. 144.

136 MASSIMO MONTANARI, «Il lavoro domestico», in C. Cester (ed.), *Il rapporto di lavoro subordinato: costituzione e svolgimento*, in F. Carinci (dir.), *Diritto del Lavoro. Commentario*, II ed., Utet, Torino, 2007, pag. 2008; PIETRO ICHINO, «Il contratto di lavoro», in Cicu, F., Messineo, F. (diretto da), *Trattato di diritto civile e commerciale,* vol. XXVII, I, 2000, pag. 363; and, finally, on sources of discipline and protection ANTONIO VALLEBONA, *Istituzioni di diritto del lavoro II. Il rapporto di lavoro*, CEDAM, Padova, 2011, pag. 741.

137 The literature about digital platform work is potentially endless. Among the most relevant contributions: JEREMIAS PRASSL, MARTIN RISAK, «Uber, Taskrabbit, & co: Platforms as Employers? Rethinking the legal analysis of crowdwork», in *Comparative Labour Law Policy Journal*, n. 8, 2016; JEREMIAS PRASSL, *Humans as a Service: The Promise and Perils of Work in the Gig Economy*, Oxford, 2018; GIUSEPPE SANTORO-PASSARELLI, «Il lavoro mediante piattaforme digitali e la vicenda processuale dei riders, in *Diritto delle Relazioni industriali,* 1, 2021, pags. 111 ff.; MANFRED WEISS, «La platform economy e le principali sfide per il diritto del lavoro», in *Diritto delle Relazioni industriali*, 2016, pags. 715 ff. See also, on the subject of health and safety of the workers, ANGELO DELOGU, «Salute, sicurezza e «nuovi» lavori: le sfide prevenzionali nella gig economy e nell'industria 4.0, in *Diritto della sicurezza sul lavoro*, 2, 2018, pags. 37 ff.

The involvement of these platforms in work performance varies depending on the type of service offered. In some cases, the platform's activity significantly impacts the service's performance, while in others, it only facilitates matching labour supply and demand.

Understanding how these platforms operate is essential to accurately qualify the employment relationship between the domestic worker and the platform. The correct qualification determines the appropriate application of employment regulations[138].

Three different qualifying alternatives exist. If the platform exercises direction and control over domestic workers, an employment relationship exists between the workers and the platform-operating company. Therefore, the special rules of subordinate domestic work must apply (l. n. 339/1958). On the other hand, if the platform only provides general organisational and managerial guidance without affecting the worker's performance in the inner elements, a self-employment relationship exists between the platform-operating company and the worker. The regulation of the relationship will depend on whether it is one of self-employment pursuant to articles 2222 ff. of the Italian Civil Code or of coordinated and continuous collaboration as defined by article 409, n. 3 of the Italian Code of Civil Procedure. Coordinated and continuous collaboration is a form of self-employment characterised by the coordination of the performance by the client (similar in some respects to the Spanish TRADE). Lastly, if the platform is a mere intermediary between demand and supply of labour, the company operating it has no direct liability towards the workers who use the service. The employment relationship is between client and worker, without any involvement of the platform. The customer will therefore be free to regulate the employment relationship in the form considered most appropriate.

Among the platforms that intermediate between demand and supply of work for cleaning services, Helping has a large diffusion in Europe and in some Asian countries. In Italy, Helpling operates in major cities and its main competitor is undeclared work[139].

Workers who want to offer their performance through the platform are subject to a procedure for activating their account (so-called onboarding

138 On the issue of the qualification of platform labour in the Italian legal system, among others: GIUSEPPE SANTORO-PASSARELLI, «Sui lavoratori che operano mediante piattaforme anche digitali, sui riders e il ragionevole equilibrio della Cassazione 1663/2020», in *WP C.S.D.L.E. «Massimo D'Antona».it,* n. 411, 2020; VALERIO MAIO, «Il lavoro per le piattaforme digitali tra qualificazione del rapporto e tutele», in *Argomenti di Diritto del Lavoro*, 3, 2019, pags. 582 ff.; ELENA GRAMANO, «Riflessioni sulla qualificazione del rapporto nella gig economy», in *Argomenti di Diritto del Lavoro*, 3, 2018, pags. 730 ff.

139 On the specific case study, see also IVANA PAIS, «Le piattaforme di lavoro domestico: il caso Helpling», in *Il tassello mancante. L'intervento organizzativo come leva strategica per la transizione tecnologica,* collective work, I. Pais, A. M. Pollenzini (ed.), Fondazione Giacomo Feltrinelli, 2021.

phase), which includes a phone interview. The activation of the profile is followed by a «trial» phase, aimed at assessing the correspondence of the services offered by the worker with the needs of the platform. The trial phase is characterised by the limited functionality of the worker's profile, which cannot commit to more than a certain number of weekly appointments with customers.

The platform provides two different evaluation systems of the workers. On the one hand, a review system allows the customer to evaluate the worker's performance from time to time. The customer is not obliged to evaluate the worker's performance but is incentivised by the platform through a pop-up. The reviews are public but do not affect the position of the worker on the homepage of the application. The platform does not give preferential treatment to workers with better reviews in terms of visibility to customers. On the other hand, there is also an internal ranking system, visible only to platform internal operators. This system takes the conduct of workers into account in a broader sense, taking into account factors such as the number of appointments, cancellation rate, and availability.

The worker's profile on the platform displays their hourly remuneration. Initially, the worker is encouraged to follow the company's suggestions for determining their pay. However, after gaining experience, the worker has the freedom to set their own rate. The platform suggests a fee based on the worker's experience. The fee is paid by the customer to the platform, which then transfers the fee to the worker on a fortnightly basis. It is in any case left to the client to decide how to fulfil tax and social security obligations.

Helpling does not impose a maximum period for which a worker's profile can remain inactive. However, a worker's profile may be deactivated outside the trial period. There is no provision for an automatic or forced deactivation of a worker's profile, not even in the case of repeated violations or negative reviews. There are no other forms of profile deactivation as a sanction. According to company management, profile deactivation is always agreed upon and justified by the common intentions of the platform and the worker.

From the point of view of the exercise of trade union freedoms, there are no forms of aggregation among workers who use the platform. Workers do not even know each other and do not have any way of interacting directly. As a result, there is no worker representation that communicates with the platform, not even on an informal level. Trade union representatives in the sector also confirmed the difficulty in interacting with workers using this platform or similar tools, due to a lack of common consciousness regarding work-related issues[140]. Given the difficulty of trade unions in representing

140 See, on the subject, MICHELE FAIOLI, «Jobs "App", Gig economy e sindacato», in *Rivista Giuridica del Lavoro*, 2, 2017, pags. 291 ff.

workers in this sector, and given the fact that the platform has no duties or responsibilities comparable to those of an employer towards an employee, it is necessary to imagine an alternative path to guarantee a minimum core of protections for these workers. In the case of genuinely intermediary platforms, it can be imagined, *de iure condendo,* a legislative intervention regulating certain obligations on those who, while not being employers, are concretely engaged in the management of labour relations through intermediary activities. It is indeed crucial to regulate accident prevention and safety obligations in this context.

BIBLIOGRAPHY

Angelini, Luciano; **Pascucci**, Paolo: «La tutela della salute e sicurezza dei lavoratori domestici. Nuovi spunti di riflessione dopo il d.lgs. 81/2008», in *Lavoro domestico e cura: quali diritti?* collective work, R. Sarti (ed.), Ediesse, Roma, 2011.

Basenghi, Francesco: «Il lavoro domestico. Artt. 2240-2246 », in P. Schlesinger (dir.), *Il Codice Civile. Commentario*, Giuffrè, Milano, 2000.

Bianchi D'Urso, Fulvio: *Enciclopedia giuridica*, 1990.

Chierregato, Elisa: «La Corte di Giustizia contesta la specialità del rapporto di lavoro domestico alla luce del diritto antidiscriminatorio europeo », in *Rivista Italiana di Diritto del Lavoro*, 2, 2022.

Delogu, Angelo: *Diritto dellasicurezza sul lavoro*, 2, 2018.

Faioli, Michele: «Jobs "App", Gig economy e sindacato», in *Rivista Giuridica del Lavoro*, 2, 2017

Gramano, Elena: «Riflessioni sulla qualificazione del rapporto nella gig economy», in *Argomenti di Diritto del Lavoro*, 3, 2018.

Ichino, Pietro; **Valente**, Luigi: «L'orario di lavoro e i riposi, Artt. 2107-2109», in P. Schlesinger (dir.), *Il Codice Civile, Commentario*, Giuffrè, Milano, 2012.

Ichino, Pietro: «Il contratto di lavoro», in Cicu, F., Messineo, F. (diretto da), *Trattato di diritto civile e commerciale*, vol. XXVII, I, 2000.

- «Il tempo di lavoro nell'Unione Europea», in *Rivista Italiana di Diritto del Lavoro*, 1998.

Ioli, Antonio: «Dal primo contratto collettivo sul lavoro domestico ai giorni nostri», in *Lavoro domestico e di cura: quali diritti?*, collective work, F. Sarti (ed.), Ediesse, Roma, 2010.

De Litala, Luigi: «Domestici (Contratto di lavoro e previdenza sociale)», in *Novissimo Digesto*, VI, 1960.

Lorusso, Angelo: *Disciplina giuridica del lavoro domestico*, Cappelli, Bologna, 1975.

De Luca Tamajo, Raffaele: «Il tempo di lavoro (il rapporto individuale di lavoro)», in *Il tempo di lavoro, Atti delle giornate di studio di diritto del lavoro tenute a Genova il 4-5 aprile 1986*, Giuffrè, Milano, 1987

De Martino, Claudio: «Chi bada alle badanti? La specialità del lavoro domestico alla prova del Covid-19», in *Diritto del lavoro e delle relazioni industriali*, 2021.

MC Britton, Monica: «Lavoro domestico», in *Digesto Discipline Privatistiche*, vol. VIII, 1992.

Messineo, F. (diretto da): *Trattato di diritto civile e commerciale*, vol. XXVII, I, 2000.

Montanari, Massimo: «Il lavoro domestico, in C. Cester (ed.)», Il rapporto di lavoro subordinato: costituzione e svolgimento, in F. Carinci (dir.), *Diritto del Lavoro. Commentario*, II ed., Utet, Torino, 2007

Montuschi, Luigi: «La tutela della salute e la normativa comunitaria: l'esperienza italiana», in *Rivista italiana di Diritto del Lavoro*, I, 1990.

- «Ambiente di lavoro», in *Digesto delle discipline privatistiche*, I, 1987.

Offeddu, Marino: «Il lavoro domestico, in P. Rescigno (dir.)», *Trattato di diritto privato*, vol. XV, t. 1, UTET, Torino, 1986.

Panci, Massimiliano; **Russo**, Marianna: «Particolari rapporti di lavoro», in *Diritto e processo del lavoro e della previdenza sociale*, 2017.

Pera, Giovanni: «Ancora un incidente di costituzionalità sulla licenziabilità delle domestiche gravide», in *Rivista Italiana di Diritto del Lavoro*, 2, 1995

Persiani, Mattia; **D'Onghia**, Nadia: *Diritto della sicurezza sociale*, Giappichelli, Torino, 2022.

Persiani, Mattia; **Pais**, Ivana: «Le piattaforme di lavoro domestico: il caso Helpling», in *Il tassello mancante. L'intervento organizzativo come leva strategica per la transizione tecnologica*, collective work, I. Pais, A. M. Pollenzini (ed.), Fondazione GiacomoFeltrinelli, 2021.

Persiani, Mattia: *Enciclopedia del diritto*, vol. XIII, 1964.

Prassl, Jeremias and **Risak**, Martin: Uber, Taskrabbit, & co: «Platforms as Employers? Rethinking the legal analysis of crowdwork», in *Comparative Labour Law Policy Journal*, n. 8, 2016.

PRASSL, Jeremias: *Humans as a Service: The Promise and Perils of Work in the Gig Economy*, Oxford, 2018.

DEL PUNTA, Riccardo: «La sospensione del rapporto di lavoro. Malattia, infortunio, maternità, servizio militare». Artt. 2110-2111, in P. Schlesinger (dir.), *Il Codice Civile, Commentario*, Giuffrè, Milano, 1992.

ROCCHI, Luisa: «Particolari rapporti di lavoro», in *Diritto e processo del lavoro e della previdenza sociale. Privato e pubblico*, collective work, G. Santoro-Passarelli (ed.), vol. I, UTET, Torino, 2020.

ROMEI, Roberto: *Il campo di applicazione del decreto legislativo 626 del 1994 e i soggetti, in Ambiente, salute e sicurezza*, L. Montuschi (ed.), Giappichelli, Torino, 1996.

RUSCIANO, Mario: «Sospensione del rapporto di lavoro (cause di)», in *Enciclopedia giuridica*, XXX, 1993.

SANTORO-PASSARELLI, Giuseppe:

- «Il rapporto individuale di lavoro e il contratto collettivo nella normativa precedente al Codice, nel Codice civile del 1942 e nella disciplina successiva», in *Diritto delle Relazioni industriali*, 2022.

- *Diritto dei lavori e dell'occupazione*, Giappichelli, Torino, 2022.

- «Il lavoro mediante piattaforme digitali e la vicenda processuale dei riders», in *Diritto delle Relazioni industriali*, 1, 2021.

- «Sui lavoratori che operano mediante piattaforme anche digitali, sui riders e il ragionevole equilibrio della Cassazione 1663/2020», in *WP C.S.D.L.E. «Massimo D'Antona».it*, n. 411, 2020.

SANTUCCI, Rosario: «Le cause sospensive della prestazione di lavoro», in G. Giugni (dir.), *Dottrina e giurisprudenza di diritto del lavoro*, Torino, UTET, 1993.

TIMELLINI, Caterina: *Digesto Discipline Privatistiche*, Agg. 2,2003.

VALLEBONA, Antonio:

- *Istituzioni di diritto del lavoro II. Il rapporto di lavoro*, CEDAM, Padova, 2011.

- «Aspetti sistematici e profili di novità della sicurezza del lavoro», in *Diritto del lavoro*, 1996.

WEISS, Manfred: «La platform economy e le principali sfide per il diritto del lavoro», in *Diritto delle Relazioni industriali*, 2016

Made in the USA
Monee, IL
05 November 2026

67811069R00247